Maria Anna
Schwester des Königs
Maximilian I. Joseph
1753—1824
1780 verm. mit Wilhelm v. Birkenfeld-Gelnhausen, erstem Herzog in Bayern
Urgroßeltern väterl.

Pius August
Herzog in Bayern, verm. 1807 mit Luise Julie, Prinzessin von Arenberg
Großeltern väterl.

Ludovika
genannt Luise
1808—1892

Max
Herzog in Bayern
1808—1888
Vetter seiner Gemahlin

vermählt 1828
Mutter Vater

wig
-1891
1859
ıriette
del
ıller-
:)

Wilhelm
geb. u. gest. 1832

Helene
genannt Nené
1834—1890
verm. 1858 mit Erbprinz Maximilian von Thurn u. Taxis

Elisabeth
genannt Sisi
geb. 24. XII. 1837
gest. 10. IX. 1898
verm. 24. IV. 1854 mit Kaiser Franz Joseph I. von Österreich (1830—1916)

Karl Theodor
genannt Gackel
1839—1910
verm. in 1. Ehe 1865 m. Sophie v. Sachsen; in 2. Ehe 1874 mit Marie José Infantin von Portugal

Marie
1841—1925
verm. 1859 mit Franz II. König v. Neapel

Mathilde
genannt Spatz
1843—1925
verm. 1861 mit Graf Ludwig v. Trani

Sophie
1847—1897
verm. 1868 mit Herzog von Alencon

Max Emanuel
genannt Mapperl
1849—1893
verm. 1875 mit Amalie von Koburg

Marie Wallersee
Gräfin Larisch

Sophie
geb. 1855
gest. 1857

Gisela
1856—1932
verm. 1873 mit Leopold Prinz von Bayern

Rudolf
1858—1889
verm. 1881 mit Stephanie Prinzessin von Belgien

Marie Valerie
1868—1924
verm. 1890 mit Erzherzog Franz Salvator von Österreich

Egon Caesar Conte Corti

Sissi
Glück und Tragödie einer großen Kaiserin

Fäg. 05. 08. 2002

Egon Caesar Conte Corti

Sissi

Glück und Tragödie einer großen Kaiserin

Nach dem schriftlichen Nachlaß der Kaiserin,
den Tagebüchern ihrer Tochter
und sonstigen unveröffentlichten
Tagebüchern und Dokumenten

NAUMANN & GÖBEL

Corti, Egon Caesar Conte:
Sissi – Glück und Tragödie einer großen Kaiserin
Lizenzausgabe für die Naumann & Göbel Verlagsgesellschaft mbH
in der VEMAG Verlags- und Medien Aktiengesellschaft, Köln
mit freundlicher Genehmigung der Styria Medien AG/Verlag Styria, Graz

Umschlagmotiv: Archiv für Kunst und Geschichte, Berlin
Gesamtherstellung: Naumann & Göbel Verlagsgesellschaft mbH, Köln
ISBN 3-625-20399-5

INHALTSVERZEICHNIS

I.	IN DER HEIMAT (1837—1853)	9
II.	VERLOBUNG AUF DEN ERSTEN BLICK (1853—1854)	23
III.	HOCHZEIT, HEIMWEH UND GOLDENE FESSELN (1854—1856)	47
IV.	POLITIK DES LIEBREIZES (1856—1859)	66
V.	DER ITALIENISCHE KRIEG UND DIE KRISE VON MADEIRA (1859—1862)	81
VI.	HÄUSLICHE KÄMPFE UND WECHSELNDE STIMMUNGEN (1863—1865)	108
VII.	KÖNIGGRÄTZ, ELISABETH UND UNGARN (1866—1867)	126
VIII.	EIN NEUER LEBENSINHALT (1867—1871)	164
IX.	IM ENGSTEN KREISE DER KAISERIN (1872—1875)	197
X.	ZU PFERD IN DER FREMDE (1875—1882)	246
XI.	SPAZIERMÄRSCHE UND GEFAHREN (1882—1886)	292
XII.	DER TOD LUDWIGS II., HEINE UND DIE HOMERISCHE WELT (1886—1887)	324
XIII.	DER TOD DES KRONPRINZEN (1888—1890)	366
XIV.	DIE ODYSSEE DER KAISERIN (1890—1897)	396
XV.	ELISABETH UND LUCHENI (1898)	433

In der vorliegenden Arbeit versuche ich, auf Grundlage nur echten und glaubwürdigen, bisher unveröffentlichten Materials das Bild einer Frau zu geben, von der eine ihrer Hofdamen, die Landgräfin von Fürstenberg[1], einmal gesagt hat: »Wie sie wirklich war und was an ihr so anziehend und bezaubernd wirkte, das kann kein Meißel und kein Pinsel wiedergeben, das war nur ihr eigen. Sie wird in der Legende fortleben, nicht in der Geschichte ...«

Ich habe mir hiemit vorgenommen, sie aus der Legende heraus in das strahlende Licht der Geschichte zu versetzen, und mich dabei bemüht, überall bei der vollen Wahrheit zu bleiben. Ich brauche nicht besonders zu betonen, daß mir alles Kritisieren ebenso ferngelegen ist wie der byzantinische Stil früherer Zeiten. Die Gestalten des Kaiserpaares vertragen auch dort, wo Heikles berührt werden muß, durchaus das Licht der Wahrheit, brauchen keine Schonung und keine Kriecherei. Frau von Ferenczy, die getreue Dienerin der Kaiserin, hat durchaus recht, wenn sie einem ihrer Interviewer, dem Hofrat Julius Weiß, Jahre nach dem Umsturz erklärte: »Man öffne alle Archive! Das Ergebnis wird wahrhaftig der jetzt häufig ungerechterweise angegriffenen Dynastie Ehre machen ...«

In diesem Buche sind Licht und Schatten, wie sie nun einmal jedem menschlichen Wesen anhaften, nach bestem Wissen und Gewissen verteilt. Mag auch ein Lebenswerk nicht nur Erfolge zeitigen, in dem guten Willen handelnder Personen und im trotzdem wenig glücklichen Ausgang liegt die Tragik menschlichen Lebens. Verurteilt ist schnell, man muß sich aber bemühen, zu verstehen. Ich wollte mit dieser Arbeit

[1] Landgräfin von Fürstenberg an ihre Schwester Gabriele, 7. Juni 1907, anläßlich der Enthüllung des Denkmales der Kaiserin Elisabeth in Wien, Rechberg-Archiv.

die Kaiserin Elisabeth begreifen lehren und die Voraussetzungen klären, in denen sie ihr Leben verbrachte. Zu viele, ja zuweilen völlig unwissende Leute haben durch sensationslüsterne oder romanhaft ausgeschmückte, oft ganz aus der Luft gegriffene Darstellungen die Kenntnis und Meinung der Welt über diese Frau verwirrt. Es galt, auf dem nüchternen Boden der Wahrheit fußend, sie dem Verständnis und der Urteilskraft der Menschheit näherzubringen.

Ich las und sammelte zuerst alles, was an gedrucktem Schrifttum sich auch nur entfernt mit der Kaiserin beschäftigt, doch mußte ich bald erkennen, daß nur äußerst wenige, ja eigentlich nur drei gedruckte Arbeiten, die ihrerseits auch nur Bruchstücke aus dem Leben der Kaiserin behandeln, überhaupt für eine ernste Arbeit herangezogen werden können. So war mir bald klar: Die Arbeit kann nur dann mit Aussicht auf Erfolg geleistet werden, wenn aus privaten und öffentlichen Archiven unveröffentlichte Dokumente in großer Zahl zusammengetragen werden können. Ich ging in aller Welt, in Österreich, Ungarn, Bayern, England und der Schweiz, auf die Suche, und es gelang mir, dieses Material aus den Archiven des kaiserlichen Hauses Bayern, aus den verschiedenen Staatsarchiven und dem Besitze von Privatpersonen in einer unendlich reichen Weise zusammenzutragen.

Unter dem gesammelten Material ragen die Korrespondenz des Kaiserpaares untereinander, das vielbändige Tagebuch der Erzherzogin Valerie, Tochter der Kaiserin, und jenes der Gräfin Maria Festetics, die siebenundzwanzig Jahre in der engsten Umgebung der Kaiserin lebte, sowie die Korrespondenz Elisabeths mit zahlreichen anderen Fürstlichkeiten und Personen besonders hervor.

Möge die Arbeit im gleichen Geiste aufgenommen werden, wie sie geschrieben ist, als ein wahrheitsliebender, aufrichtiger und unabhängiger Beitrag zur Erforschung des Wesens der hohen Frau, die in jeder Beziehung eine einmalige Gestalt gewesen ist.

Der Verfasser

I

IN DER HEIMAT

1837—1853

Mehr als siebenhundert Jahre hat das Geschlecht der Wittelsbacher über Bayern geherrscht. Unter den Fürsten dieses Hauses fanden sich sehr wenige Durchschnittsmenschen. Keiner aber unter seinen Königen im 19. Jahrhundert. Jeder besaß ausgesprochene Neigungen, bald zu Poesie, bald zu Wissenschaft, bildender Kunst oder Musik, alle standen sie im einen oder anderen Sinne im Banne des Kultes der Schönheit. Kurfürst Max Joseph[1], von Napoleon 1805 als Maximilian I. zum König erhoben, hegte, selbst aus einer Nebenlinie des Hauses Wittelsbach stammend, besondere Freundschaft für einen Vetter aus einer anderen Zweiglinie, den Herzog Wilhelm von Birkenfeld-Gelnhausen. Beim Regierungsantritt im Jahre 1799 verlieh Maximilian Joseph ihm die Würde eines Bayernherzogs, trug ihm aber dabei die Führung des Namens Herzog *in* Bayern auf, um nicht der älteren und stolzeren Linie den Wert ihres Titels »Herzog *von* Bayern« zu schmälern. Die Nebenlinie, die bisher kein Land und keinen Fürstensitz besaß, wurde durch die engen Bande mit dem Herrscher nun auch materiell viel bessergestellt und ließ sich bleibend in München nieder.
Der erste König Bayerns besaß aus zwei Ehen nicht weniger als zwölf Kinder. Aus der ersten mit einer Prinzessin von Hessen-Darmstadt ging der König Ludwig I.[2] hervor, der trotz seinem von der Mutter stammenden bald heiteren, bald jähzornigen Temperament mit Neigung zu Absonderlichkeit eine ausgesprochen sympathische Herrschergestalt war. Ludwig I. besaß zahlreiche Eigenschaften, wie schalkhaften Witz, Kunstbegeisterung, Liebe zum Hellenismus und nationales Gefühl, die später in vielen Persönlichkeiten der bayrischen Familie wiederkehren sollten. Er dichtete, obwohl er dazu wenig Begabung

[1] Großvater Kaiserin Elisabeths mütterlicherseits.
[2] Stiefonkel Kaiserin Elisabeths mütterlicherseits.

besaß, aber das änderte nichts daran, daß er sich für alles Hohe und Schöne begeistern konnte und seine Königsmacht in den Dienst dieser Gefühle stellte. Der Kult der Schönheit blieb nicht auf die Poesie und die bildende Kunst allein beschränkt. Kaum jemand war für ein hübsches Frauengesicht so empfänglich wie König Ludwig I., der Begründer jener weltberühmten Schönheitsgalerie, die neben den Bildern von Prinzessinnen aus königlichem Geblüt, von Hofdamen und Schauspielerinnen auch dem Porträt des reizenden Töchterleins eines ehrsamen Schuhmachermeisters Raum gab. Bezeichnend auch neben dem Gemälde der berühmten Lola Montez, die dem König schließlich zum Verhängnis wurde, das Bild der schönen Griechin Katharina Botzaris, deren Porträt gleichsam die Begeisterung des Königs für alles Hellenische und für den Befreiungskampf der Griechen verkörpert, die ihn schließlich dazu brachte, ihnen 1832 seinen zweiten Sohn Otto zum König zu geben.

In der Schönheitsgalerie findet sich nur ein Bild einer der Schwestern des Königs, der Prinzessin Sophie, die durch persönliche Würde, Kraft des Willens wie katholische Glaubenstreue gleich hervorragt und 1824 den Erzherzog Franz Karl von Österreich heiratet. Der König besitzt aus der zweiten Ehe seines Vaters zwei Zwillingsschwesternpaare, und Sophie gehört dem 1805 geborenen jüngeren an. Die Prinzessinnen erreichen alle hohe Stellungen in der Welt. Vom älteren Paar wird Elisabeth Königin von Preußen, vom jüngeren Marie Königin von Sachsen[1].

Sophie, die nach Österreich geheiratet hat, überragt an Ehrgeiz alle ihre Schwestern, auch die jüngere Ludovika, deren Vermählung mit dem Herzog Max in Bayern aus der Birkenfelder Linie schon in ihrer Kindheit verabredet war. Diese Ehe, die am 9. September 1828 geschlossen wird, ist wegen der nahen Verwandtschaft der beiden Heiratskandidaten bedenklich. Ludovika heiratet ihren Vetter. Keine natürliche Neigung führt die beiden zusammen, sondern sie folgen einfach dem Geheiß ihrer Eltern. Die Ehegatten leben in der Folge jeder sein Leben für sich, was allerdings nicht hindert, daß sie eine zahlreiche und mit Geistes- und Körpervorzügen und -schwächen recht verschieden ausgestattete Nachkommenschaft erhalten.

[1] Als ihr Gatte verunglückte, kam Johann von Sachsen (1854—1873), der Maries Schwester Amalie vom älteren Zwillingspaare zur Frau hatte, zur Regierung.

Max Herzog in Bayern war schon in seiner Jugend das, was man eine »unruhige Flugvogelnatur« nennt, und sehnt sich nun, auf großen Reisen die Welt kennenzulernen. Sein Schicksal meint es gut mit ihm. Fern von den Pflichten und Sorgen eines Souveräns, materiell gut gestellt, kann er seinen Neigungen und Liebhabereien nach Gefallen leben. Erst die Ehe fesselt den unruhigen, im gleichen Alter wie seine Frau stehenden Mann einige Zeit an die Residenz, wo dem jungen Paar ein Palast errichtet wird. Schon am 21. Juni 1831 wird ihm der erste Sohn Ludwig geboren. In ihm und den folgenden Kindern macht sich die Inzucht psychisch dadurch fühlbar, daß die in einzelnen Gliedern der Nachkommenschaft Maximilians I. schwach vorhandene Neigung zu Weltflucht, Verlegenheit und einer gewissen nervösen Unruhe in verstärktem Maße wiederkehrt.
Die Reiselust des Herzogs Max in Bayern läßt ihn nicht rasten. Er zieht mit seiner jungen Frau in der Schweiz und in Italien umher. Nach der Rückkehr in die Heimat erwirbt er 1834 als Sommerheim für seine wachsende Familie das etwa 28 Kilometer von München entfernte Schloß Possenhofen am reizenden, von bewaldeten Hügeln umrahmten Starnberger See. Der klobige, von vier schweren Ecktürmen flankierte Bau steht inmitten eines entzückenden Parkes mit herrlichen Rosengärten, der sich bis an das Seeufer hinzieht. An schönen Tagen sieht man über den See und die Wälder bis zu den schneebedeckten Gipfeln des Wettersteingebirges und der Zugspitze.
Das Schloß wird bald zu einem gemütlichen Fürstensitz ausgestaltet und heißt im herzoglichen Familienkreise nur noch schlicht und einfach Possi.
Am 4. April 1834 wird dem herzoglichen Paar die erste Tochter geboren, die in der Taufe den Namen Helene erhält, aber Nené gerufen wird. Drei Jahre später, am Weihnachtsabend des Jahres 1837, gibt die Herzogin wieder einem Kinde das Leben. Das geht unter genauer Einhaltung höfischen Zeremoniells vor sich. Um 10 Uhr 43 Minuten abends kommt ein Mädchen zur Welt. Kaum ist dies geschehen, werden die als Zeugen bestimmten Staatsmänner[1] in das weiße Boudoir der Hoheit geführt, wo ihnen die Hebamme die soeben geborene kleine Prinzessin zeigt. Das ganze Zimmer der Herzogin ist gefüllt mit Damen und Herren. Die Kleine wird allgemein gebührend bewundert.

[1] Siehe Geburtsurkunde der Herzogin Elisabeth in Bayern. Geheimes Hausarchiv, München.

Man bespricht insbesondere die ungewöhnliche Erscheinung[1], daß das Kind, ähnlich wie es bei Napoleon der Fall gewesen sein soll, schon einen kleinen Zahn im Munde hat. Sofort beeilen sich die Höflinge, dies als ein besonderes Glückszeichen zu deuten, das durch die Tatsache noch unterstrichen wird, daß die kleine Prinzessin nicht nur ein Weihnachtsgeschenk des Himmels, sondern auch noch ein Sonntagskind ist. Die Königin Elisabeth von Preußen wird zur Taufpatin gewählt und der neugeborenen Prinzessin ihr Name gegeben. Der kleine Weihnachtsengel heißt aber zeitlebens im Familienkreis nur Sisi.

Schon vier Wochen nach der Geburt der kleinen Elisabeth folgt der Vater wieder seiner Reiselust, läßt Weib und Kind zu Hause und unternimmt eine große Fahrt in den Orient. Er sehnt sich besonders danach, den klassischen Boden Griechenlands zu betreten, denn Herzog Max ist wie König Ludwig I. ein begeisterter Philhellene und verfolgt mit gespanntem Interesse die Schicksale seines Neffen Otto auf dem Athener Königsthrone. Trotzdem vermeidet es Herzog Max, beim Betreten griechischen Bodens seinem Verwandten einen Besuch abzustatten. Er will Land und Leute kennenlernen und nicht höfische Feste und Feierlichkeiten mitmachen, für die er auch in der Heimat keinen Sinn hat. Er berührt auf der Weiterreise auch Kairo und kauft auf einem dortigen Sklavenmarkt vier kleine Negerknaben, die er mit in seine Heimat nimmt. Hier erregen sie kein geringes Aufsehen. Ganz München wohnt der feierlichen Taufe der Mohren des Herzogs bei. Man hat schon gehört, daß der Fürst allerlei merkwürdige Ideen im Kopfe trägt, diese Schwarzen aber scheinen den Münchnern der Gipfelpunkt komischer Liebhaberei.

Nach der Reise widmet sich der Herzog mit verdoppeltem Eifer literarischen Bestrebungen. Schon als Fünfzehnjähriger hat er einen Einakter geschrieben, und in der Folge bleibt seine Feder nicht mehr müßig. Zunächst verbirgt er sich unter dem Namen »Phantasus«. Auch sehr viele Gedichte verfaßt er — nicht allzu gute, muß man sagen. Die literarischen Arbeiten behandeln im Wesen recht abenteuerliche und phantastische Stoffe. Immerhin aber erfreut sich der Herzog nebenher auch an kleinen Dialektdichtungen, Knüttelversen und Reimen heiterer Art. Er singt sie zur Zither, die er mit Vorliebe spielt.

[1] Mitteilungen der Kaiserin an ihre Tochter Erzherzogin Valerie. Aufzeichnungen der Erzherzogin für eine geplante Biographie I. M. der Kaiserin Elisabeth. Erzherzogliches Archiv Schloß Wallsee (von nun an gekürzt E. A. S. W.).

Von Haus aus heiter und zu tollem Treiben geneigt, kennt er den Begriff der Unnahbarkeit nicht. Wer lustig, frisch und fröhlich ist und geistig etwas zu geben hat, der ist sein Mann. So sammelt er einen anregenden, vielfach dem Bürgertum angehörenden Kreis um sich. Er gibt Gastmähler und Trinkgelage, veranstaltet aber auch als guter Reiter und Liebhaber des edlen Pferdes in einem eigens bei seinem Palast erbauten Hippodrom Vorstellungen, bei denen er selbst die Hohe Schule vorreitet und seinen Gästen besonders gelehrige Tiere zeigt. Reiterquadrillen, Pantomimen und Parforcejagdszenen werden aufgeführt.

Für Politik hat der Herzog gar nichts übrig. Er verfolgt sie kaum als stiller Beobachter und bedauert alle, die beruflich genötigt sind, dabei mitzutun. Bei seinen historischen Forschungen zeigt er sich immer liberal. Angesichts des kühlen Verhältnisses zu seiner Frau und mit seinem nur schwach ausgeprägten Familiensinn weilt er nur immer kurz und vorübergehend im Kreise der Seinen. Den Starnberger See aber und seine reizende Umgebung liebt der Herzog. Er lehrt auch seine Kinder, sich in die Natur einzufühlen, und findet mit all seinen Liebhabereien besonders bei seiner Tochter Sisi Verständnis, die überhaupt sehr viel vom Vater hat[1].

Herzog Max zeigt sich im allgemeinen weit über seine Jugendjahre hinaus von überquellender Lebensfreude. Zuweilen jedoch, plötzlich und ganz unvermittelt, legt sich ein Schatten trübsinniger Anwandlungen über seine heitere Lebensart. Die Last der Kindererziehung, aber auch die Freude, sie heranwachsen, klug und schön werden zu sehen, bleibt der einfacheren und bescheideneren Mutter überlassen. Sie lächelt nur, wenn sie hört, ihr Gatte habe eine Tafelrunde von vierzehn »Rittern«, denen er als König Artus vorsteht. Einer der lustigsten von ihnen ist Kaspar Braun, der Begründer der »Fliegenden Blätter«.

Alle Ritter befleißigen sich bei eifrigem Trunke des damals so beliebten Versspieles der Leberreime. Es galt zum Beispiel, schleunigst auf einen so klugen Vers wie etwa: »Die Leber ist von einem Hecht und nicht von einem Zobel« einen witzigen Reim zu finden.

Die Herzogin läßt ihren Mann gewähren und denkt nur an die Zukunft ihrer Kinder. Sie hat keinen weitreichenden politischen Ehr-

[1] Über Herzog Max in Bayern siehe »Deutsche Biographie«, Band 52, S. 258, sowie Dr. A. Dreyer, Herzog Maximilian in Bayern, München 1909.

geiz und steht unter dem Einfluß ihrer höchst energischen Schwester, der Erzherzogin Sophie. Ludovika läßt ihre Kinder frei und ungebunden aufwachsen, und sie haben daher eine heitere und sorglosere Jugend, als man bei dem herrschenden Verhältnisse der Eltern zueinander hätte annehmen sollen[1].

Den ersten drei Kindern folgen, meist in Zwischenräumen von zwei Jahren, fünf weitere. Am Anfang und am Ende dieser Reihe steht je ein Sohn, dazwischen drei Töchter. 1839 kommt Karl Theodor zur Welt, den man in der Familie »Gackel« nennt und der sich bald seiner bloß um zwei Jahre älteren Schwester Sisi innig anschließt. Dann 1841 Marie, 1843 Mathilde, die, weil sie so zart ist, den lustigen Beinamen »Spatz« bekommt, und vier Jahre später Sophie; den Reigen beschließt Max Emanuel, den man nur das »Mapperl« nennt.

Die heranwachsenden Kinder vertragen sich untereinander ausgezeichnet, lieben sich und halten zusammen, und niemals kommt es vor, daß eines das andere verklagt. Im Winter durchtoben sie das Palais in München, im Sommer die Gärten von Possenhofen, und die unwillkommenen Lehrer und Erzieher haben ihr rechtes Kreuz, weil das Lernen nicht gerade die Lieblingsbeschäftigung, besonders Sisis, ist.

Als diese neun Jahre alt geworden ist, löst eine Baronin Luise Wulffen[2] die Nurse ab. Die neue Erzieherin findet, daß die ältere Schwester Nené auf die zartere und feiner geartete, etwas überempfindliche Sisi einen Einfluß ausübe, der nicht gerade zu ihren Gunsten ist. Sie sorgt daher unmerklich dafür, daß die beiden etwas auseinandergehalten werden und sich Sisi eher an ihren zwei Jahre jüngeren Bruder Karl Theodor anschließt.

»Der Charakter Helenens«, schreibt die Baronin im Jahre 1846 an eine Freundin in Dresden[3], »läßt es mir wünschenswert erscheinen, sie von ihrer Schwester Elisabeth zu trennen. Ohne schlimm zu sein, hat sie doch einen schlechten Einfluß auf sie, die viel weicher und von Natur sehr skrupelvoll ist. Aber die ältere dominiert sie . . .«

Sisi ist mit neun Jahren gar nicht hübsch, doch hat sie einen unwider-

[1] Mitteilungen Kaiserin Elisabeths an Erzherzogin Valerie. Aufzeichnungen der Erzherzogin für eine geplante Biographie der Kaiserin. E. A. S. W.

[2] Spätere Gräfin von Hundt.

[3] Baronin Luise Wulffen an eine Freundin Linda in Dresden. E. A. S. W.

stehlichen Charme und ist der allgemeine Liebling im Hause[1]. Wollen die Kinder einmal irgend etwas von der Mutter haben, so wird feierlich sie als Gesandte erwählt. Sisi jubelt, wenn man von der Stadt aufs Land zieht, Possenhofen ist für sie ein Paradies. Da kann sie vor allem ihre Tiere betreuen, und sie hat deren eine Unzahl; zeitweise ein Reh, ein Lamm, putzige Kaninchen und eine ganz wundervolle Hühner- und Perlhühnerzucht. Die arme Baronin Wulffen hat es nicht leicht. Immer wieder entschlüpft ihr kleiner Schützling in den großen Park. Sisi ist fortwährend in Bewegung, und nur ihrer Lust zu zeichnen gelingt es, sie ab und zu auf einen Sessel festzubannen. Da zeichnet sie ihre Tiere, die Bäume des Parks, die ferne Kette der Alpen, ihr geliebtes Possi und beginnt schon, unbeholfen ihre Umgebung, besonders die Erzieherin, zu karikieren. Aber die Landschaft ist in dieser Zeit doch ihr liebstes Motiv. Sie wird mit Klavier gequält, aber sie kommt nicht weiter, denn für Musik hat sie wenig Sinn.

Aus der Umgebung kommen Kinder aus guten Häusern zu Besuch. Vor allem die Familie des Grafen Paumgartten, mit dessen Töchterchen Irene[2] sich Sisi am besten versteht. Die kleine Gräfin ist ein bißchen träumerisch, hat manchmal ganz merkwürdige Ideen, ist anders als ihre Schwestern, und das gefällt der Prinzessin. Im geheimen beginnt Sisi Verse zu machen, sie sind recht ungeschickt und kindisch, aber die Freundin findet sie hübsch, und das freut immer. Im Backfischalter werden diese dichterischen Versuche häufiger. Das väterliche Blut macht sich geltend, wenn der Herzog auch nicht viel bei seinen Kindern weilt. Da er so viel von ihnen getrennt lebt, haben diese auch keine besondere Sehnsucht nach ihm. So erwidert Sisi zum Beispiel einmal auf die Frage einer Dame, ob sie ihren schon seit einigen Tagen von einer seiner zahlreichen Reisen zurückgekehrten Vater gesehen habe: »Nein, aber ich habe ihn pfeifen gehört!«

Manchmal erscheint Herzog Max unerwartet, mitten während der Lehrstunden. Nicht um zu prüfen, o nein, im Gegenteil, er enthebt die Kinder augenblicklich des Lernens und zieht mit ihnen unter

[1] Diese Darstellung der ersten Jugend Elisabeths beruht auf einem Briefe der Herzogin Amalie von Urach, Tochter des Herzogs Karl Theodor von Bayern, an Fräulein Maria von Glaser und einem Berichte der Gräfin Luise Hundt-Wulffen an Erzherzogin Marie Valerie vom 4. Februar 1900. E. A. S. W.

[2] Irene, geboren 1839, unvermählt geblieben.

wildem Geschrei in den Garten, um Obstbäume zu plündern, oder er bringt ein kleines Orchester mit, und es gibt ein Konzert und eine Tanzerei. Ist er dann guter Laune, so benützen die Kinder dies, um die väterliche Autorität anzurufen, wenn sie bei der Mutter irgendeinen Wunsch nicht haben durchsetzen können.

Pünktlich um acht Uhr früh wird immer bei Mama gefrühstückt, und dann folgen bis zwei Uhr nachmittags die Lehrstunden. An Fleiß aber nimmt es Sisi mit ihrer älteren Schwester nicht auf, und sowie die Lehrerin wegsieht, macht sie Gedichte, sieht beim Fenster hinaus und freut sich auf den Augenblick, da die Stunde aus ist und man hinüberwandern kann auf das andere Ufer der Isar, in Papas Park nach Bogenhausen oder anderswohin ins Freie.

Im Alter von elf und zwölf Jahren hat Sisi ein rundes Gesicht wie ein Bauernmädchen, von Schönheit keine Spur. Ludovika, die Mutter von fünf Töchtern, denkt mit Sorge daran, wie schwer es sein wird, sie alle einmal gut zu verheiraten. Aber das hat noch Zeit, vorläufig ist man lustig. In den Sommerferien macht die Herzogin kleine Reisen ins Gebirge, nimmt die älteren Kinder mit, und so kommen Nené und Sisi und die zwei älteren Brüder zum Passionsspiel nach Oberammergau, aber auch hinüber nach Österreich, nach dem Achensee, nach Jenbach und Innsbruck. Bei der Gelegenheit kann man vielleicht einmal Tante Sophie sehen und ihre Söhne, die Vettern aus Wien, kennenlernen.

Erzherzogin Sophie machen die Zustände in ihrem Österreich Sorge. Die Unzufriedenheit in Ungarn, in Italien, aber auch im Herzen des Kaiserstaates war in den vierziger Jahren, der letzten Zeit des Metternichschen Regimes, bedenklich gewachsen. Auch Sophie, die neben ihrem willensschwachen Gemahl mit heißem, ehrgeizigem Herzen die Entwicklung der Dinge verfolgte, war vor allem damit nicht einverstanden gewesen, daß Metternich es durchgesetzt hatte, daß der geistig vollkommen unzulängliche Erzherzog Ferdinand den Thron bestieg. Sie durchschaute es sehr genau, daß das alles nur geschehen war, um des Kanzlers Alleinherrschaft möglich zu machen. Sie fühlt, daß dieser Egoismus dem Ansehen der kaiserlichen Familie furchtbar schadet, und lehnt sich dagegen auf. Ihr Mann, Erzherzog Franz Karl, ist der erste Agnat zum Throne, und das muß einmal anders werden. Leider nur, daß ihr Gemahl wohl ein gutmütiger, wohlwollender und braver Mann ist, aber auch nicht imstande wäre, die verfahrenen Geschicke des Reiches mit kraftvoller Hand zum Besseren zu lenken.

Sie würde wohl hinter ihm stehen, ihm raten und helfen, aber es wäre doch nicht dasselbe, wie wenn eine energische, kluge, frische und junge Kraft unter ihrer Anleitung arbeiten könnte. Sie hat doch nicht weniger als vier gesunde, kräftige und wohlgeratene Buben. Besonders der älteste, 1830 geborene Franz Joseph ist ein prächtiger junger Mann. Er ist nicht nur der Augapfel seiner Mutter, sondern auch die Zukunftshoffnung Österreichs. Erzherzogin Sophie will sehen, wie er sich weiterentwickelt, und dann den geeigneten Moment wahrnehmen, um dem Metternichschen Spuk ein Ende zu machen.

Die Ereignisse schreiten jedoch schneller. Als die Februarrevolution von 1848 in Frankreich ausbricht, läßt sich auch das Volk in Österreich nicht mehr halten. Der Staatskanzler muß am 14. März des Jahres 1848 fliehen, sein System fällt, und die lombardisch-venezianischen Königreiche erheben sich ebenso wie die radikalen Ungarn, die das Losreißen ihres Landes vom Kaiserstaate betreiben.

War die Erzherzogin Sophie auch bisher überzeugt, daß frische Luft in der Regierung des Kaiserstaates nötig sei, *so* hat sie es nicht gemeint. Aufruhr und Revolution in dieser Form, nein! Sie sieht, daß das Volk, mit den gleich nach dem Sturz Metternichs gemachten Zugeständnissen nicht zufrieden, ungestüm immer mehr verlangt. Nun wird sie, »der einzige Mann am Hofe«[1], von der Notwendigkeit erfüllt, mit der bisher, Gott sei Dank, treugebliebenen Armee den Aufstand ebensowohl in der Residenz wie im Süden und im Osten niederzuschlagen.

Unmerklich — wie von selbst — finden sich die Zügel der Gegenrevolution in ihrer Hand zusammen, sie bleibt aufrecht und ungebeugt. Sie haßt die Italiener dort unten, die sich in der äußersten Gefahr des Kaiserreiches erheben, sie haßt aber noch viel mehr die Ungarn, die, wie sie meint, das Reich in zwei Hälften spalten wollen und die Armee zur Untreue verführen. Der Wunsch Ungarns nach Eigenstaatlichkeit und Verfassung, nach Achtung der uralt überkommenen Rechte und Privilegien findet bei ihr kein Verständnis. Erzherzogin Sophie ist empört, als Erzherzog Stephan die Bildung eines unabhängigen, verantwortlichen Ministeriums unter dem Vorsitz des Grafen Louis Batthyány zugesteht, und billigt bewundernd die Geste des Generals Grafen Karl Ludwig Grünne, des Kammervorstehers des Erzherzogs, der seine Abberufung erbittet, als dieser den Ungarn nachgibt. Den Mann will sie sich merken, den will sie noch einmal dafür belohnen.

[1] Siehe Viktor Bibl, Von Revolution zu Revolution, Wien 1924, S. 39.

Aber die Unsicherheit wird immer größer. Am 15. Mai 1848 rüsten Aufständische zu einem Zuge gegen die Hofburg. Das Leben der kaiserlichen Familie ist bedroht. Tiefer Schreck erfüllt alle, auch Erzherzogin Sophie. Sie sagt sich, daß man unter solchem Druck nicht handeln könne, darum wehrt sie sich auch nicht gegen die Flucht des Kaisers und seiner Familie nach Innsbruck. Unter dem Deckmantel einer harmlosen Spazierfahrt wird sie angetreten. Die Erzherzogin folgt und nimmt ihre ältesten drei Söhne, ihren Augapfel Franz Joseph, ihren Liebling Max und den sympathischen Karl Ludwig, mit. Im treuen Tirol wird es möglich sein, aufzuatmen, weiterzudenken und zu arbeiten an der Niederwerfung der Revolution und an der Wiederaufrichtung des Kaiserreiches. Die bayrischen Schwestern halten indes zusammen. Die Königinnen von Preußen und Sachsen, dann die Herzogin in Bayern und Sophie, sie schreiben sich, besuchen sich, sie handeln und denken in dieser Zeit der Gefahr und Aufregung. Es ist ja nicht weit von München nach Innsbruck, und die Herzogin Ludovika kommt mit zwei Buben und den zwei ältesten Töchtern Nené und Sisi im Juni 1848 ihre Schwester besuchen. Dabei lernen sich Vettern und Cousinen kennen, aber Franz Joseph, der älteste, beachtet sie sehr wenig, er ist zu sehr erfüllt von den politischen Ereignissen, er interessiert sich brennend für all das, was in der Monarchie geschieht. Er weiß ja, es wird einmal *sein* Haus sein, das jetzt einzustürzen droht, und er ist doch schon ein großer Herr von achtzehn Jahren und lächelt über die Cousinchen von dreizehn und elf. Anders Karl Ludwig. Er ist zwar erst fünfzehn, aber er scheint ein Kenner zu sein, ihm gefällt Cousine Sisi so gut. Sie ist ja gar nicht so hübsch, aber sie hat etwas so Liebes in den Augen, er weiß selbst nicht recht, was. Er geht ihr nach, wo immer er sie findet, bringt Blumen und Früchte und ist verzweifelt, als die Herzogin mit ihren Kindern Innsbruck wieder verläßt. Von da an schreibt er mit wunderschöner, wie gestochener Schrift zierliche Briefe an Sisi. Karl Ludwig ist verliebt in sein kleines Cousinchen, und sie ist recht geschmeichelt über seine Huldigungen.

Dem Besuch in Innsbruck folgt ein häufiger Briefwechsel. Die Geschenke und Briefe Karl Ludwigs sind sehr deutlich. Im Juni schickt er Sisi einen schönen Ring und eine Rose, und sie dankt ihm nicht nur[1],

[1] Herzogin Elisabeth an Erzherzog Karl Ludwig, München, 26. Juni 1848. E. A. S. W.

sondern läßt ihm auch einen Ring senden. Begeistert versichert ihr Karl Ludwig in einem langen Brief, daß er sich davon nie trenne, und Sisi antwortet, daß auch sie seinen Ring trage, lädt ihn nach Possi ein, erzählt[1] von Kunstreitern und Seiltänzern, die sie gesehen. Im August und Oktober schreibt Karl Ludwig häufig und sendet Sisi Zuckerwerk sowie eine Uhr mit Kette, die sie sich schon lange wünscht. Sie dankt immer herzlich, nie aber schreibt sie von selbst. Es sind stets nur Antworten, liebe, kleine Jungmädelbriefe. Wie sie sich über die zwei »sehr netten Lämmer« freut, die ihr Mama geschenkt hat und die so zahm sind, daß sie ihr überall nachlaufen[2]; wie lustig die Spazierfahrten zu Land und zu Wasser sind, wie schön es wäre, wenn die Vettern sie dabei begleiten könnten, usw.[3]

Unmittelbar nach dem Zusammensein in Innsbruck ist die Erinnerung am lebendigsten, sind die Briefe am zahlreichsten[4]. Dann ebben sie ab. Sisi ist ja so jung, steht nun, 1849, im zwölften Lebensjahre. Daß sie Karl Ludwig gefallen hat und er sie gerne hat, ist ihr nur ganz natürlich vorgekommen, denn sie ist so gewöhnt, von jedermann geliebt zu werden, daß das für sie gar nichts Besonderes ist. Auch der Erzherzog schreibt mit der Zeit seltener, doch schickt er ihr am Neujahrstag 1850 wieder ein Armband, für das Sisi in ihrer winzigen, zierlichen Jungmädchenschrift dankt[5]. Das rings von Blumen und roten Rosen umrahmte blaue Briefpapier wärmt ein wenig, aber sonst ist der Dankbrief recht kühl und inhaltslos.

Eine kleine Idylle ist dies nur, die Erzherzogin Sophies Mutterherz gern sieht und fördert. Aber jetzt ist keine Zeit für dergleichen. Zu kritisch ist die Lage des Kaiserstaates. In Ungarn haben die Radikalen unter Kossuths Leitung Oberwasser bekommen. Am 28. September 1848 wird der Oberbefehlshaber der kaiserlichen Truppen, Graf Lamberg, in Budapest ermordet, und der offene Kampf mit den aufständischen Ungarn bricht aus. Auch in Prag und Wien herrscht Aufruhr.

[1] Herzogin Elisabeth an Erzherzog Karl Ludwig, Possenhofen, 12. Juli 1848. E. A. S. W.
[2] Dto., Possenhofen, 28. Juli 1848. E. A. S. W.
[3] Dto., Possenhofen, 15. Juli 1849. E. A. S. W.
[4] Dto., Possenhofen, 29. Juli 1849. E. A. S. W.
Es sind im E. A. S. W. acht Briefe der Herzogin Elisabeth aus dem Jahre 1848, zwei aus dem Jahre 1849 und einer aus dem Jahre 1850 vorhanden.
[5] Herzogin Elisabeth an Erzherzog Karl Ludwig, München, 1. Jänner 1850. E. A. S. W.

Mit Schauder hat Erzherzogin Sophie die ganze Entwicklung der letzten Zeit mitgemacht. Sie ist entschlossener als je, die Revolution aufs energischeste zu bekämpfen. Mit Ferdinand, der die Schwäche des Kaiserhauses förmlich verkörpert, geht es nicht mehr.

Das lang Geplante wird jetzt zur Tat. Ihr Ältester, Franz Joseph, wird am 18. August achtzehn Jahre alt und großjährig erklärt. Bei dieser Gelegenheit teilt Sophie ihrem Sohn den General Grafen Grünne als Obersthofmeister zu, der ihr durch seine ungarnfeindliche Haltung so sympathisch geworden ist. Das Ministerium Batthyány, die nüchternen, liberalen Minister Franz von Deák und der auch als Dichter bekannte Freiherr von Eötvös ziehen sich erbittert zurück. Die Jugend der Ersten Familien Ungarns, darunter auch der sechsundzwanzigjährige Graf Gyula Andrássy, wird ins radikale Lager getrieben.

Am 2. Dezember 1848 dankt Kaiser Ferdinand ab, und Franz Joseph besteigt den Thron. Schluchzend vor Aufregung und Rührung, liegt er nach der Feierlichkeit in den Armen seiner Mutter. Die Erzherzogin kann sich sagen, sie habe alles getan, um ihren Sohn so gut wie möglich auf seine Aufgabe vorzubereiten. Wenn sie ihm jetzt das Thronfolgerecht ihres Gatten und die äußere Würde einer Kaiserin zum Opfer bringt, so will sie in Wirklichkeit doch Herrin bleiben und die ersten Schritte des jungen Kaisers beaufsichtigen und lenken. Verständig, mit schneller Auffassung begabt, sieht Franz Joseph bald ein, daß man im Leben hart arbeiten muß, und seine Wesensart kommt ihm dabei entgegen. Allerdings stellt sich der junge Kaiser die Dinge einfacher vor, als sie sind.

Unendliche Dankbarkeit gegen seine Mutter beseelt ihn, und es ist selbstverständlich, daß die ersten Jahre seiner Regierung völlig in ihrem Zeichen stehen werden. Erzherzogin Sophie ist eine politisch denkende Frau, und in dieser Richtung hat sie ihres Ältesten Erziehung geführt. Die Größe und Einheit Österreichs, das ist ihr innerster Gedanke. Alles, was nun geschieht, geht auf diese Grundidee zurück. Franz Joseph wird ihr um so leichter folgen, als ihn nichts in seiner Geistesrichtung davon abzieht. Er hat keinen Sinn für Musik, keinen für Literatur, klare Nüchternheit beherrscht sein Denken schon in früher Jugend. Aber vorläufig führt ihn noch seine Mutter.

Für sie und die ihr ergebenen Männer gilt es nun, an ihrem auch öffentlich ausgesprochenen Programm weiterzuarbeiten, und das geht dahin, »alle Lande und Stämme der Monarchie im Einverständnis mit den Völkern zu einem großen Staatskörper zu verschmelzen«. Aber dieses Einverständnis ist nicht leicht zu erlangen. Es muß mit der Waffe in der Hand erfochten werden. In Ungarn kommt es zum Aufstand, ja zum Krieg, der am 14. April 1849 mit der Erklärung der völligen Unabhängigkeit Ungarns und der Absetzung des habsburg-lothringischen Herrscherhauses einhergeht. Man muß sich in Wien schweren Herzens entschließen, den Zaren um Hilfe anzurufen. Damit ist der Zusammenbruch des ungarischen Aufstandes und der Kossuthschen Bestrebungen über kurz oder lang gegeben.

In Italien ist indes Radetzky dank dem treugebliebenen Heer des von dem König von Piemont gestützten Aufruhrs auch in der Lombardei und in Venetien Herr geworden. Der sardinische König wird zum Friedensschluß gezwungen, und murrend beugt sich das Volk der Waffengewalt. Wohl sind die Lombardei und Venetien niedergeworfen, aber sie ersehnen nach wie vor ihr Ideal nationaler Freiheit und stellen von nun ab auch den wohlgemeintesten Bestrebungen der Herrschenden passiven Widerstand entgegen. Immerhin wird die Revolution in Italien viel milder behandelt als jene in Ungarn. Da wird nach der Waffenstreckung von Világos dem rauhen Haynau freie Hand gelassen. Dreizehn Generale, die an der ungarischen Erhebung mitgekämpft, werden ohne Gnade erhängt oder erschossen. Kaiser Franz Joseph oder, besser gesagt, Erzherzogin Sophie wehren diesem Blutgericht leider nicht. Man hat sie von der angeblichen Notwendigkeit, ein abschreckendes Beispiel zu geben, überzeugen können. Selbst der Ministerpräsident Graf Ludwig Batthyány wird hingerichtet. Zahllose Ungarn werden eingekerkert, andere, oft Angehörige der edelsten Familien des Landes, wie Graf Gyula Andrássy, fliehen ins Ausland. Der furchtbare Eindruck dieser Bluturteile und anderseits die Mordtaten der Aufständischen bleiben wie eine schwere schwarze Gewitterwolke zwischen dem Herrscherhause, seinen zentralösterreichischen Bestrebungen und dem Freiheit und Verfassung liebenden Ungarn bestehen.

Nun ist die Revolution allerorts niedergeworfen, der Reaktion Tür und Tor geöffnet. Die österreichische Märzverfassung 1849 kennt nur noch einen einheitlichen Kaiserstaat Österreich, der auch das »Kronland« Ungarn umfaßt, ebenso wie die Lombardei und Venetien nun einfache Provinzen sind. Trotzdem bleibt die Sehnsucht nach der staatlichen Selbständigkeit Ungarns bestehen. Auch der flüchtige Graf Gyula Andrássy, den man wegen der Teilnahme an der Revolution wenigstens in effigie gehängt hat, hält im fernen Asyl dies Ideal hoch. Aber vorläufig ist nichts zu tun. Man muß sich der siegreichen Wiener Regierung unterwerfen.

Dort hat man jetzt freie Hand. Man kann auch Deutschland wieder seine Aufmerksamkeit zuwenden und Preußen in seinen Gelüsten nach der Vormachtstellung in den Arm fallen. Auf Bayern kann sich Franz Joseph dank den durch seine Mutter gegebenen Beziehungen verlassen und auch zu Hause daran denken, die Märzverfassung über Bord zu werfen und gänzlich zur Selbstherrschaft zurückzukehren. Das entspricht dem Wunsche der Kaiserinmutter und des mit ihr vollkommen gleich denkenden Grafen Grünne, der, zum Generaladjutanten des Kaisers ernannt, über die Armee gebietet. Ebenso auch den innigsten Wünschen der um den Hof gescharten österreichischen Hocharistokratie und des von Erzbischof Rauscher geführten, der Erzherzogin Sophie sehr nahestehenden Klerus. Nun ist da alle Machtvollkommenheit vereinigt. Die Frage ist jetzt, wie diese benützt wird, ob die innen- und außenpolitischen Entschlüsse richtig und weitblickend sein werden, was allein vor einem Volke und vor der Geschichte die Aufrichtung einer rein persönlichen, absolutistischen Herrschaft nicht nur rechtfertigen, sondern sogar zum höchsten denkbaren Glück gestalten kann.

In Italien aber wie in Ungarn duldet man und wartet ab. Erzherzogin Sophie ist Siegerin. Man kann sagen, was man will, zielbewußt, mit Kraft und Sicherheit hat sie in schwerster Zeit das durchgesetzt, was sie für recht und billig hält. Beliebtheit hat sie sich damit wohl nicht erworben, man sieht in ihr das Haupt einer »Hofkamarilla«. Ihre Umgebung aber gewöhnt sich daran, sie im geheimen »unsere Kaiserin« zu nennen. Grünne, der immer mächtiger wird, vor allen anderen. »Die Mutter des Kaisers«, sagt Redlich ganz richtig[1], »ist und bleibt der Mittelpunkt und der leitende Geist des ganzen Hofes«; sie hat auch für Rußland und seinen andersgläubigen Monarchen trotz der geleisteten Hilfe nicht viel übrig und überträgt dieses Gefühl auf ihren Sohn.

So steht der Beginn des Jahres 1853 im Zeichen aufkeimender Verstimmung mit Rußland. Im Innern des Kaiserstaates herrscht dabei anscheinend Ruhe, aber die Gegensätze glimmen unter der Asche fort.

[1] Joseph Redlich, Kaiser Franz Joseph von Österreich, Berlin 1928, S. 52.

II

VERLOBUNG AUF DEN ERSTEN BLICK

1853—1854

Die schwere politische Sorge um das Reich scheint nun gebannt. So glaubt Erzherzogin Sophie in der folgerichtigen Durchführung ihrer langgehegten Pläne einen weiteren Schritt tun zu können. Einer ihrer Lieblingsgedanken ist, ihre Heimat Bayern durch neue verwandtschaftliche Bande mit Österreich zu verknüpfen und dabei den Interessen ihrer eigenen Familie zu dienen.

Kaiser Franz Joseph ist nun dreiundzwanzig Jahre alt, ein schlanker, eleganter, blühend frischer und gesunder Leutnant im Generalskleide. Die Mutter hat ihn ganz in der Hand, er wird ihr völlig gehorchen. Wer weiß, wie lange noch. Jetzt wird er vielleicht ohne Widerspruch die Braut annehmen, die sie, Sophie, für ihn ausgesucht hat. Schon längst hat sie mit ihrer Schwester in München den Plan besprochen, deren älteste Tochter Nené mit ihrem Sohne Franz Joseph zu vermählen. Das Projekt einer Verbindung mit der schönen und klugen Tochter des Palatins Joseph von Ungarn findet nicht ihre Billigung. Ungarn ist eine unterworfene Provinz und soll es bleiben. Viel wichtiger ist es, daß Österreich in Deutschland die erste Rolle spiele und daß ein neues verwandtschaftliches Band von Bayern her das Kaisertum mit einem der drei mächtigsten Königreiche Deutschlands verbinde. Die Nachrichten aus München lauten erfreulich. Herzogin Ludovika hat geschrieben, daß ihre älteste Tochter zu einem großen, ganz hübschen Mädchen erblüht ist, das weiß, was es will, und ungleich ernster und verständiger ist als ihre übrigen Geschwister.

Allerdings stehen diese dem Herzen der Mutter näher. Das ist vornehmlich von dem Paar Karl Theodor und Sisi zu sagen. Besonders die letztere hat sich überraschend herausgemacht; sie war bisher, trotz all ihrem persönlichen Liebreiz, ein unbeholfener, gar nicht hübscher Backfisch, aber jetzt wandelt sich auch ihr Äußeres. Die Linien ihres Gesichtes werden feiner und mädchenhafter, überraschend reich und schön wird ihr goldblond schimmerndes Haar, das gut zu den scheuen Augen paßt, die so sehr an ein Reh erinnern. Doch sie ist noch ein rechtes Kind, Nené aber bereits eine Dame, die auch schon reiten lernt, wenn es auch nicht besonders gut geht. Kaum sieht das Sisi, ist ihr höchster Wunsch, auch mitzutun. Bald ist Sisi bei den Reitstunden die Dritte im Bunde. Im Nu überflügelt sie ihre ältere Schwester, weil sie gar keine Furcht kennt, während Nené immer ängstlich bleibt und überdies die Lust am Reiten verliert, weil Sisi zu schnelle Fortschritte macht und ihr das Zurückstehen vor der jüngeren Schwester unangenehm ist.

Wenn aber Sisi nach Hause kommt, eilt sie zu ihrem Schreibtisch. Niemand darf es wissen, ganz im geheimen dichtet sie. Im April 1853 wird sie gefirmt. Der Tag soll, wie es üblich ist, mit lustigen Fahrten, Theater und Spiel gefeiert werden, aber ein Schatten fällt in die Festesfreude. David Paumgartten, der kleine Bruder ihrer liebsten Spielgefährtin und Freundin Irene, ist schwer an Lungenentzündung erkrankt und schwebt zwischen Leben und Tod. Zum erstenmal spürt Sisi den Ernst des Daseins. Sie ist unendlich erschüttert, als die traurige Nachricht kommt, daß ihr fünfzehnjähriger Spielgefährte seiner Erkrankung erlegen ist. Traurig geht sie an ihren Schreibtisch und dichtet ein Verslein an den Dahingegangenen:

Du bist so jung gestorben
Und gingst so rein zur Ruh';
Ach, wär', mit dir gestorben,
Im Himmel ich wie du.

Urplötzlich, wie unbewußt, zieht Sehnsucht nach dem Tode durch die Seele der jungen Prinzessin, obwohl es doch sonst im Elternhause so fröhlich zugeht. Die kleinen Ereignisse in ihrem Leben, der Wechsel des Aufenthaltes zwischen München und Possenhofen spielen eine große Rolle. Sisi weiß nicht recht, wohin mit sich und ihrem kleinen Herzchen, es ist immer unruhig, immer erregt. Lachen und Weinen sind einander gar so nahe, der Schalk leuchtet in den Augen, aber die Träne gewinnt oft die Oberhand. In Briefen und Gedichten kommt Frohsinn nicht zum Ausdruck, nein, eher Weltschmerz, Liebessehnsucht und Begeisterung. Alles muß mithelfen, um in ihrem kleinen Gedichtbuch, das sie als ihr Heiligstes hütet, die augenblickliche Stimmung festzulegen. Oft sind die Verse mit roter Tinte geschrieben, mit kleinen Zeichnungen versehen[1].

Sisi steht im fünfzehnten Lebensjahr, da lernt sie am herzoglichen Hof einen jungen Mann kennen, den sie täglich sieht und der ihr gleich von allem Anfang an tiefen Eindruck macht. Am meisten haben es ihr seine Augen angetan. Sie haben sie förmlich verzaubert, sie muß immerfort daran denken:

Oh, ihr dunkelbraunen Augen,
Lang hab' ich euch angesehn,
Und nun will mir euer Bildnis
Nicht mehr aus dem Herzen gehn . . .

Sisi steht immer am Zaun und wartet, bis der junge Mann vorbeigeht. Schließlich wird man aufmerksam. Man kommt der kleinen Schwärmerei auf die Spur, und die romantische Idylle findet ein rasches Ende. Man nimmt Sisi sein Bild weg und stellt eine hochnotpeinliche Untersuchung darüber an, woher sie es bekommen. Jäh ist der liebliche Traum

Vorbei!

Du frische junge Liebe,
So blühend wie der Mai,
Nun ist der Herbst gekommen
Und alles ist vorbei.

Und nun ist er mir so ferne,
Und ich sehe ihn gar nie.
Ach, ich wollt' zu ihm wohl gerne,
Wüßt' ich nur, wohin und wie!

[1] Die Gedichte stammen aus einem kleinen Gedichtbüchlein der Kaiserin Elisabeth aus ihrer Mädchenzeit, das sich im Besitze Ihrer kaiserlichen Hoheit der Gräfin Waldburg-Zeil, geborenen Erzherzogin von Österreich und Enkelin der Kaiserin, befindet. Die Gedichte sind sämtlich in der der Herzogin Elise damals eigenen winzig kleinen und zarten Jungmädchenschrift geschrieben. Einzelne von den hier nicht wiedergegebenen Gedichten sind datiert, zum Beispiel eines vom 22. Mai 1852, ein zweites vom 25. Mai 1853. Es ergibt sich aus dem ganzen klar, daß auch die anderen hier angegebenen nicht datierten Gedichte aus der gleichen Zeit vor der Verlobung mit Kaiser Franz Joseph stammen. Archiv Schloß Syrgenstein. (Von nun an: A. S.)

Längere Zeit ist er fortgeblieben, man hat ihn mit irgendeinem Auftrag weggesandt. Dann kehrt er wohl wieder, aber krank, und man hält dies vor Sisi geheim. Sein Leiden wird nicht besser, er gesundet nicht mehr, und auch der Mann scheidet aus dem Leben, der Sisis erste kindliche Schwärmerei gewesen!

Die Würfel sind gefallen,
Ach, Richard ist nicht mehr!
Die Trauerglocken schallen —
Oh, hab Erbarmen, Herr!
Es steht am kleinen Fenster
Die blondgelockte Maid.
Es rührt selbst die Gespenster
Ihr banges Herzeleid[1].

Eine in ihrer Unbeholfenheit rührende kleine Zeichnung illustriert das traurige Gedichtchen. Ein Leichenzug tritt aus einem Tor, einzelne Gestalten gehen wie von einem Kinde aufgestellte Zinnsoldaten rechts und links vom Sarge einher. Mit Bangen sieht die Mutter das merkwürdige Verhalten ihres Töchterchens mit an. Die Lustigkeit ist wie weggewischt. Wenn man Sisi anspricht, hat sie oft Tränen in den Augen. Nur die Pferde freuen sie noch, aber sie will immer allein reiten, allein sein, und das geht doch nicht. Es ist ja traurig, was Sisi erlebt hat, und sie denkt immer wieder an den Verstorbenen; aber bald verdrängen neue Eindrücke die alten. Sisi ist ja noch so jung.
Winter ist's wieder geworden. Auf den Dächern liegt der Schnee, aber ein warmer Wind zaubert ihn hinweg. Das gleicht ein wenig dem Kummer, der langsam, aber doch vergessen wird:

Und die Liebe, sie vergeht . . .
Schneller, wie der Schnee zergeht,
Wenn ihn Maienlüft' verwehen.

Andere Gestalten treten bald in Sisis Leben. Da ist ein junger Graf F. R., der oft an den herzoglichen Hof kommt, und in das geheime Liederbüchlein stiehlt sich auf einmal wieder ein begeistertes Liebesgedicht:

[1] Gedicht, »*An Ihn*«. E. A. S. W.

Zu lang hab' ich gewendet
Mein Aug' aufs Antlitz dein,
Und nun bin ich geblendet
Von seiner Schönheit Schein[1].

Diesmal sind es blaue Augen, die es ihr angetan haben. Aber ihr Besitzer macht sich nicht viel aus dem jungen fürstlichen Kinde. Um so mehr ist Sisi von ihm erfüllt.

»Hätt' ich die Kunst, zu singen, ich säng' von dir allein . . .« Morgens beim Aufstehen, abends beim Schlafengehen denkt sie seiner:

Wenn der erste Sonnenstrahl
Mich des Morgens grüßt,
Frage ich ihn jedesmal,
Ob er dich geküßt.
Und den goldenen Mondenschein
Bitt' ich jede Nacht,
Daß von mir er insgeheim
Dir viel Liebes sagt.

Zum Worte Mondenschein zeichnet Sisi rührend und fein das Gesicht des »alten, braven, strahlenden« Mondes und dankt ihm in einem neuen kleinen Gedichtchen, daß er aus »hohen, mächtigen Räumen« in ihr Kämmerlein blickt und des Geliebten Bild in ihren Träumen einflicht.

Die Begeisterung hält einige Monate an, doch da das Gefühl nicht erwidert wird, so muß auch dieses Erlebnis schmerzlich enden[2]:

Denn ach, ich kann ja nimmer hoffen,
Daß liebend je du dich mir neigst.
Die harte Wahrheit sah ich offen,
's ist Freundlichkeit nur, was du zeigst.

Sisi aber ist zu stolz, um dem allzulange nachzuhängen. Sie flüchtet zu ihren Pferden, streift durch Wald und Flur, und Liebesleid und Liebesschmerz versinken. Frei und ungebunden kann sie sich bewegen,

[1] »An Graf R.«, A. S.
[2] »An F. R.«, A. S.

man kümmert sich nicht allzuviel um sie. Man hat auch keine Zeit. Es sind ja soviel Kinder da, und jetzt hat man Nenés Zukunft im Kopf, plant große Dinge mit ihr.

Kaiserin soll die älteste Tochter werden. Kaiserin des wiederhergestellten mächtigen Staates an der Donau, Herrin vielleicht einmal des ganzen, mit Österreich vereinigten Deutschland. Sie muß Sprachen lernen, tanzen, reiten, viel in Gesellschaft gehen, sich im Cerclehalten und Auftreten vor vielen Leuten üben. Nené hin, Nené her, alles dreht sich um sie, man achtet nicht Klein Sisis und ihres Herzeleids. Sie vergräbt es in sich, nur ihre Freundin Irene Paumgartten darf es wissen.

Der Vetter da drüben in Österreich, der ahnt nichts von alledem. Er schreibt nach wie vor und sendet nette Sachen, aber Sisi findet, daß sie den Namen Karl Ludwig von ihrer Mutter, von ihrer Schwester schon zu oft hört! Der Frühling geht dahin, der Sommer kommt, und eines Tages erklärt Mama: »Nené und Sisi werden mit mir im August nach Ischl zu Tante Sophie reisen. Freut euch, Kinder! Wir sind eingeladen, vielleicht wird auch der Kaiser kommen.«

Erzherzogin Sophie und ihre Schwester sind im Frühling und Sommer 1853 fortwährend in Bewegung. Jetzt geht es nach Ischl, wo die Königin von Preußen schon weilt. Dort soll es zur großen Entscheidung kommen. Franz Joseph weiß ungefähr, um was es sich handelt, ist daher sehr ungeduldig und reist mit besonders schnellen Pferden nach Ischl ab. Auf der Fahrt bespricht Graf Grünne die orientalische Frage und das Verhältnis zu Rußland mit dem jungen Monarchen. Der aber ist nicht ganz bei der Sache. Er ist eher neugierig, wie die Cousine aussieht, an die man ihn vielleicht verheiraten will. Er hat sie nun seit 1848 nicht gesehen und alles mögliche über sie gehört. Während man sonst dreißig Stunden braucht, um nach Ischl zu kommen, hat der Kaiser die Reise in neunzehn bewältigt. Dieser reizende Fleck Erde verdankt seiner Heilquelle, die einst den Erzbischof Erzherzog Rudolf gesunden ließ, daß er zur Sommerfrische für die kaiserliche Familie wurde.

Auch bietet der Ort ausgezeichnete Jagdmöglichkeiten. Vorläufig wohnt man noch zur Miete, und für Herzogin Ludovika und ihre Töchter ist in einem Hotel Quartier gemacht.

Am 15. August kommen sie anderthalb Stunden später als erwartet an. Die Koffer sind nicht da, man kann sich nicht umziehen, aber Erzherzogin Sophie sieht Nené und Sisi an, deren blendender Jugendfrische auch das einfache Reisekleid nichts anhaben kann. Nur notdürftig werden die beiden Mädchen schnell vom Staub befreit. Erzherzogin Sophie schickt um ihre Kammerfrau, die kämmt sorgfältig und eifrig Nenés Haar, während Sisi sich ihres mit anmutiger Bewegung selbst ordnet. Die Kammerfrau läßt der Herzogin gegenüber einige bewundernde Worte über beide Prinzessinnen fallen, aber das herrliche Haar Sisis und überhaupt ihr Charme entzückt sie am meisten. Schließlich geht alles hinüber in den Salon, wo der Kaiser wartet. Etwas förmlich ist die Begrüßung, auch Franz Joseph ist verlegen, Prinzessin Helene recht befangen. Sie weiß genau, was auf dem Spiel steht, und der Kaiser hat das unangenehme Gefühl, das jeden Mann erfaßt, den man mehr oder weniger gegen seinen Willen verheiraten will. Aber er liebt seine Mutter, die ihm die Kaiserwürde zum Opfer gebracht hat, er weiß, daß sie nur sein Bestes und sein Glück will, und ist neugierig, wie die so viel gelobte Prinzessin aussieht. Franz Joseph findet sie ja schön, groß, schlank, gewiß, aber sie hat etwas Energisches und Hartes in den Zügen, trotz ihren zwanzig Jahren, das durch die Verlegenheit des Augenblicks noch um einiges verschärft wird.

Sisi, die jüngere, dagegen ist vollkommen unbekümmert. Sie liebt zwar Gesellschaften und Familienfeste nicht, insbesondere dann nicht, wenn fremde Verwandte da sind, sie ist auch nicht so weltgewohnt wie ihre ältere Schwester, die schon seit einigen Jahren »ausgeht«, aber sie weiß oder ahnt zumindest, was da vorgeht, und schaut mit einigem Interesse den Kaiser und ihre Schwester von der Seite an, neugierig, wie sie sich wohl benehmen werden. Da auf einmal sieht sie, daß Franz Joseph sich weniger mit Nené als mit ihr beschäftigt. Als er sich einen Augenblick unbeobachtet glaubt, sieht er gebannt Sisis zarte, feine Gestalt, ihr herrliches Haar, den süßen Ausdruck in ihrem lieben Kindergesicht, und plötzlich ist es aus mit dem Selbstbewußtsein und der Ruhe und Unbefangenheit. Sisi wird brennend rot im Gesicht, schaut verlegen zu Karl Ludwig hinüber. Der hat es eifersüchtig auch gleich bemerkt, daß sein Bruder, der Kaiser, auffallend mehr zu seiner kleinen Flamme hinübersieht als zu Nené, mit der er sich doch von Rechts wegen beschäftigen sollte. Als es zum Essen geht, hat das fortwährende Angucken des Kaisers Sisi schon völlig in Verlegenheit gebracht. Beim Speisen sitzt sie mit ihrer Erzieherin unten am Tisch, wendet sich leise zu ihr und sagt ihr: »Ja, die Nené hat's gut, die hat schon viele Menschen gesehen, aber ich nicht. Mir ist so bange, daß ich gar

nicht essen kann[1].« Am nächsten Tag in der Früh sagt der eifersüchtige Karl Ludwig zu seiner Mutter: »Mama, die Sisi hat dem Franzi so gut gefallen, viel besser als Nené. Du wirst sehen, er wird viel eher sie wählen als die ältere Schwester.«
»Aber wo denkst du hin, diesen Fratz«, meint beschwichtigend Erzherzogin Sophie.
Karl Ludwig hat jedoch recht, die Augen der Eifersüchtigen sehen scharf. Franz Joseph ist entzückt von Sisi. Am 17. August in aller Früh, Erzherzogin Sophie hat kaum das Bett verlassen, ist der junge Kaiser schon bei seiner Mutter. Ganz aufgeregt sagt er zu ihr:
»Weißt du, Sisi ist entzückend.«
»Sisi?« antwortet die Erzherzogin erstaunt, »aber die ist doch noch ein Kind.«
»Ja, gut, aber sieh doch ihr Haar, ihre Augen, ihren Charme, ihre ganze Gestalt, sie ist allerliebst.«
Von Nené spricht er kein Wort. »Ruhig Blut«, sagt seine Mutter. »Du kennst sie ja noch gar nicht, mußt besser zusehen. Du hast ja Zeit, du brauchst dich ja nicht zu eilen. Kein Mensch verlangt, daß du dich gleich verlobst.«
»Ach nein, es ist viel gescheiter, solche Dinge nicht in die Länge zu ziehen«, und schon stürmt er weg, um vielleicht Sisi noch vor dem Diner zu begegnen. Als er sie nicht findet, kehrt er wieder zur Mutter zurück, spricht aufgeregt von allem möglichen, nicht immer nur von Sisi, aber man sieht ganz klar, er denkt nur an sie. Beim gemeinsamen Diner dann wiederholt sich das Spiel vom Vorabend. Er wendet kein Auge von ihr, er vergißt fast auf Nené, neben der er sitzt, redet kein Wort mit ihr, während Sisi drüben auf der anderen Seite des Tisches zwischen Ludwig von Hessen und Erzherzogin Sophie vor lauter Verlegenheit nicht mehr weiß, wo sie hinschauen soll. Der Hessenprinz ist nicht im Bilde, sieht nur, daß seine herzige kleine Nachbarin blutüber-

[1] Die Darstellung beruht auf kritischer Benützung eines Briefes, den die Erzherzogin Sophie über die Verlobung ihres Sohnes an ihre Schwester, die Königin von Sachsen, gerichtet hat. Die Kaiserinmutter bemüht sich in dem Briefe, ihre Enttäuschung über die Wahl Sisis statt Nenés zu verbergen und so zu tun, als hätte sie ihrem Sohn völlig freie Wahl gelassen. Der Brief wurde von Marion Gilbert in ihrem Büchlein »Elisabeth de Wittelsbach«, Paris, infolge rührender Unkenntnis der deutschen Sprache fehlerhaft abgeschrieben veröffentlicht. Abschrift im Nachlaß der Frau von Ferenczy, der sich im Archiv von deren Nichte, der Frau Elisabeth von Farkas, in Felsöbabád befindet. Dieses wird von nun an kurzweg Farkas-Archiv benannt.

gossen neben ihm sitzt und kaum eine Speise anrührt. »Bis jetzt hat Sisi nur Suppe und gemischten Salat gegessen«, sagt er verwundert zur Mutter des Kaisers, »sie muß sich rein einen Fasttag ausgeschrieben haben.«

Aber in die Verlegenheit, die Sisis Wangen mit rosigem Schimmer überhaucht, mischt sich schon ein klein wenig Triumph und Freude an der Aufmerksamkeit, die der Kaiser aus freien Stücken, ganz unabhängig und unbeeinflußt, ihr statt einer anderen widmet. Am Nachmittag ist Franz Joseph wieder bei seiner Mutter, er hat keine Ruhe für irgend etwas anderes, er kann mit niemand über die Sache sprechen, nur mit ihr; und da wird schon ausgemacht, daß er am Abend, beim Ball, nicht, wie es vorgesehen war und wie es auch die Etikette erfordert hätte, mit der älteren Prinzeß Nené den Kotillon tanzen würde, sondern mit Sisi, und wer je bei Hof getanzt hat, weiß, was das bedeutet. Dieser Tanz zweimal hintereinander mit demselben Mädchen ist fast schon ein Verlobungsversprechen. Am Abend erscheinen die beiden Schwestern mit ihrer Mutter beim Ball. Nené in einem herrlichen weißseidenen Kleid, mit Efeu über der Stirn, Sisi in einem süßen, leichten, rosaweißen Musselinkleidchen, mit einem kleinen Diamantpfeil im Haar, der ihr die goldbraunen Wellen aus der Stirn heraus nach rückwärts hält. Als sie eintritt, wenden sich aller Augen ihr zu, man weiß schon, daß sie den Kaiser entzückt, aber sie glaubt immer noch nicht, daß es wirklich Ernst sei. Franz Joseph gegenüber, den sie mit frischem, freiem Handschlag begrüßt, bleibt sie eher unbefangen, nur all die anderen Leute, die sie anstarren, erschrecken sie und sind ihr furchtbar unangenehm. An der ersten und zweiten Polka nimmt der Kaiser noch nicht teil. Er sagt zu seiner Mutter: »Ich möchte gerne Sisi tanzen sehen.« Da schickt die Erzherzogin Sophie den Flügeladjutanten Major Baron Weckbecker zu ihrer kleinen Nichte, und er fordert sie zur zweiten Polka auf. Sisi macht es gut, wenn man ihr auch anmerkt, daß sie frischweg von der Tanzstunde kommt. Sie fühlt dabei, wie Franz Joseph sie ansieht, wie sein Blick sich förmlich an ihren Augen festsaugt, wie er gar nicht mehr wegsehen kann. Mittlerweile ist es Mitternacht geworden, nach alter, so heiterer und schöner Sitte rüstet der Vortänzer zum Kotillon, und jetzt kommt der große Augenblick. Der Kaiser tanzt mit Sisi! Nun ist allen klar, was da vorgeht, nur ihr, der Hauptbeteiligten noch nicht. Sie sieht, daß Franz Joseph ihr neben dem Kotillonstrauß auch die übrigen Bukette überreicht, die er pflichtgemäß den anderen Damen hätte bringen sollen, mit denen er getanzt hat.

Als man Sisi nach dem Ball fragt: »Ist dir das nicht aufgefallen?« antwortet sie: »Nein, es hat mich nur geniert.«
Am nächsten Tag, am 18. August, dem dreiundzwanzigsten Geburtstag des Kaisers, gießt es in Strömen. Vormittag kann man nicht ausgehen. Alles bleibt zu Hause. Man ist allgemein spät aufgestanden, nur Franz Joseph nicht. Er hat nicht schlafen können und ist schon frühzeitig wieder drüben bei seiner Mutter. Beim Mittagessen sitzt Sisi diesmal schon neben Franz Joseph. Nené drüben am anderen Ende des Tisches, wo am Vortag Sisis Platz war. Der Kaiser strahlt, sieht sie immer wieder begeistert an, ist lustig, gesprächig. Nach Tisch wird im geschlossenen Wagen ausgefahren, denn das Wetter hat sich ein bißchen gebessert. Nené, der Kaiser, seine Mutter und Sisi. Die einzige, die spricht — laut, viel und lustig —, ist Nené, nur hat man das Gefühl, daß alles etwas gepreßt und gemacht klingt. Auch wird die Spazierfahrt nicht allzu lange ausgedehnt. Nachher bittet Franz Joseph seine Mutter unter vier Augen, zu der Herzogin Ludovika zu gehen und sie zu ersuchen, Sisi zu sondieren, ob sie ihn zum Gatten nehmen wolle. »Jedoch, ich bitte dich, flehe sie an, nicht den geringsten Zwang auf Sisi auszuüben, denn meine Lage ist so schwer, daß es, weiß Gott, keine Freude ist, sie mit mir zu teilen.«
»Aber mein liebes Kind, wie kannst du denn glauben, daß eine Frau nicht glücklich wäre, dir durch Anmut und Heiterkeit deine Lage zu erleichtern?« Erzherzogin Sophie sieht, daß da nichts zu machen ist. Sie muß sich damit abfinden, daß nicht die verständige, schon erwachsene, ruhige und ernste Nené, sondern dieses halbe Kind Sisi die Frau ihres Sohnes werden soll. Im Grunde ihrer Seele findet sie es als einen Unsinn. Eine Kaiserin soll eine fertige Frau sein, nicht aber ein Kind, das man erst erziehen muß. Doch was will man tun, Männer lassen sich auch von ihren Müttern nicht gerne vorschreiben und befehlen, wen sie heiraten sollen. Halb gehorcht ja Franz Joseph doch, denn er heiratet eine Schwester der ihm zugedachten Prinzeß. Und die Männer sind schon just einmal so, sie heiraten gerne das hübschere Gesicht, wenn auch alles andere ein großes Fragezeichen ist, wie in diesem Falle. Die Mutter des Kaisers ist sich darüber klar, weitere Vorstellungen würden nicht nur nichts nützen, sondern vielleicht überhaupt die Heirat ihres Sohnes mit einer Tochter ihrer Schwester gefährden. So beschließt sie nachzugeben, nicht ohne den Hintergedanken: Gut denn, aber ich werde diese Sisi schon in die Arbeit nehmen, sie erziehen und formen, damit sie eine Kaiserin wird, wie *ich* sie mir vorstelle. —

Dann sagt Sophie ihrer Schwester Ludovika den Wunsch des Kaisers. Mit Tränen in den Augen preßt Sisis Mutter die Hand der Erzherzogin in rührender Bewegung, denn bis zum letzten Augenblick hat sie befürchtet, daß die Pläne ihrer Schwester scheitern würden. Daß sie sich jetzt anders erfüllen, als sie und Sophie es sich dachten, das ist eben force majeure.

Nach dem Tee singen Tiroler im Speisesaal, Erzherzogin Sophie geht einen Augenblick in ihr Zimmer, trifft dort Rodi, die Gouvernante Sisis, und sagt ihr rasch: »Herzogin Ludovika wird heute abend mit Sisi über den Wunsch des Kaisers sprechen, daß sie seine Braut werden soll.« Mit Tränen in den Augen und in heller Aufregung eilt diese zu Sisi hinüber. Am Abend kommt die Mutter und will ihr sagen, wie es steht; da gibt die Kleine zu verstehen, sie wisse schon alles. Als sie gefragt wird, ob sie den Kaiser lieben könne, verliert sie völlig die Fassung und bricht in Tränen aus: »Ja, wie sollte man den Mann nicht lieben können? Aber wie kann er nur an mich denken, ich bin ja so jung, so unbedeutend. Ich würde ja alles tun, um den Kaiser glücklich zu machen, aber ob es wohl gehen wird?«

Am nächsten Tag, dem 19., schüttet Sisi weinend ihrer Gouvernante ihr Herz aus. »Ja, ich habe den Kaiser schon lieb. Wenn er nur kein Kaiser wäre!« Ihre künftige Stellung erschreckt sie. Sie weiß sich noch gar nicht zu fassen, kann sich noch gar nicht klarwerden über all das, was so plötzlich über sie hereingebrochen ist und was die Leute rund um sie herum ein namenloses Glück nennen. Mama Herzogin hat nach der Unterredung mit Sisi, die dabei mehr geweint als gesprochen hat, ein rührendes Zettelchen an Erzherzogin Sophie geschrieben, das die Einwilligung Sisis enthält. Es ist kaum sieben Uhr vorbei, da schickt sie das Briefchen direkt zu Franz Joseph, der augenblicklich, strahlend vor Glück, herübereilt. Es ist noch nicht acht Uhr, da ist er schon im Hotel, trifft zuerst die Herzogin, dankt und sagt ihr, wie glücklich er sei, dann läßt er sie stehen und stürmt zu Sisi. Die ist schon auf, kommt zur Tür, und Franz Joseph breitet die Arme aus, umfängt sie und küßt sie halbtoll vor Freude. Elise von Preußen kommt gerade dazu und sieht die ganze rührende Szene. Lachend und begeistert berichtet sie darüber der Erzherzogin Sophie, und nun vergessen die Schwestern Nené und alle ihre einstigen Pläne und freuen sich nur, daß doch eine ihrer Nichten Kaiserin von Österreich wird, und daß nun alles »richtig« sei. Nur Karl Ludwig steht bei dem Freudentaumel etwas still beiseite; einen Augenblick scheint es, als zerdrücke er eine Träne im Auge, dann kommt auch er und wünscht Sisi Glück, viel, viel Glück, und küßt ihr beide Hände.

Nun läßt der Kaiser Grünne und die anderen Adjutanten kommen und stellt sie seiner Braut vor. Auch der General denkt bei sich, dies junge Kind wird noch mehr Wachs sein in der Erzherzogin Hand, als es die ältere Schwester gewesen wäre. Nun ist die Verlobung offiziell, und man will sie niemand mehr verbergen, im Gegenteil, der Kaiser möchte sie am liebsten hinausschreien in alle Welt, so glücklich und begeistert ist er über seine entzückende kleine Braut. Um elf Uhr ist die Messe. Der Pfarrer ist schon eingeweiht. Ganz Ischl ist herbeigeeilt, die Kirche zum Erdrücken voll. Da kommt der Hof, die Volkshymne ertönt, der Kaiser, die Mutter des Kaisers und Sisi streben dem Eingang in einer Reihe zu. Auf einmal geht eine Bewegung durch die Reihen der Zuschauer, was ist das? Erzherzogin Sophie bleibt zurück, als erste vor ihr betritt Klein Sisi, reizend in ihrer Verlegenheit, die Kirche. Sie möchte am liebsten den Kopf ganz tief in einen dunklen Schal hüllen. Diese unzähligen neugierigen Blicke wirken auf sie wie ebenso viele Nadelstiche in ihr liebes kleines Gesichtchen, und doch, sie ist ja die Glückliche, die Erwählte, die Braut eines der Mächtigsten der Erde, und dabei eines strahlend jugendfrischen, männlich-schönen Jünglings in schimmernder Uniform. Herz, was begehrst du noch mehr? Die Brust von tausend Gefühlen durchbebt, beugt das Brautpaar in dem heiligen Augenblick der Wandlung das Knie. Als der Priester nach beendetem Opfer die Stufen des Altars hinabschreitet, um segenspendend von der Gemeinde Abschied zu nehmen, da faßt Franz Joseph Sisi so behutsam, als wäre sie eine heikle, taufrische Blume, bei der Hand und führt sie dem Geistlichen entgegen: »Ich bitte, Hochwürden, segnen Sie uns, das ist meine Braut.«

Dem Regentage ist ein herrlich schöner Sonntag gefolgt. Alles prangt in frischem Grün, und als das Brautpaar aus der Kirche tritt, wird es mit Blumen überschüttet. Ängstlich faßt Sisi die Hand ihres Bräutigams, er sieht sie zärtlich an und ist gerührt über die Verwirrung, die in ihrem süßen kleinen Antlitz deutlich zu sehen ist. Schnell entzieht er sie den Huldigungen der herandrängenden begeisterten Menge.

Nachmittag wird wieder ein Ausflug zu Wagen in die herrlichen Waldungen der Umgebung gemacht. Da wird es etwas kühl, Klein Sisi fröstelt nervös, weniger der Kälte wegen als infolge ihrer ganzen seelischen Aufregung. Einen wärmeren Umhang hat sie nicht, da nimmt Franz Joseph seinen Militärmantel, hüllt seine Braut darin ein und flüstert ihr dabei ins Ohr: »Weißt du, ich kann dir gar nicht sagen, wie glücklich ich bin.« Und als Mutter Sophie das hört, fühlt sie das Glück ihres Sohnes und denkt bei sich: »Vielleicht, man weiß es nicht, vielleicht ist's so besser.« Aber der Strich durch die Rechnung wurmt sie doch ein wenig. »Du hast recht«, sagt Sophie, als sie einen Augenblick mit ihrem Sohn allein ist, »Sisi ist sehr hübsch, nur hat sie gelbe Zähne!«

Herzogin Luise telegraphiert an ihren Gemahl und ihren Sohn: »Kaiser verlangt Sisis Hand und deine Einwilligung, bleibt bis Ende August in Ischl, wir sind alle glückselig[1].« Die Telegramme machen tiefsten Eindruck, auch Herzog Max ist außer sich vor Freude. »Da hat meine Frau doch einmal etwas Tüchtiges geleistet«, denkt er. Aber die liebe kleine Sisi? So ein Teufelsmädchen! Nun ja, sie war ja immer der Liebling aller, und in letzter Zeit ist sie gar auch noch reizend hübsch geworden. Augenblicklich macht er sich auf die Reise nach Ischl. Blitzschnell hat sich die große Nachricht überallhin verbreitet. In Bayern erweckt sie in allen Kreisen der Bevölkerung wahren Jubel. In Wien ist die Freude nicht ganz ungeteilt. Man wünschte dort wohl auch, daß der Kaiser heiratet. Aber Erzherzogin Sophie ist von der Niederwerfung der Revolution her nicht sehr beliebt. Man sieht zu sehr das Walten ihrer Hand bei dieser Verlobung und tröstet sich nur damit, daß sie wenigstens nicht genau nach Wunsch ausgefallen ist.

Im ganzen Reiche wandern nun schnell hergestellte Bildnisse der Kaiserbraut von Hand zu Hand, Man hat gehört, daß es des Monarchen persönliche Wahl war, und man ist ungeheuer gespannt und neugierig, wie das Mädchen aussieht, das den ersten Mann des Reiches so entschieden, so schnell, so restlos fesselte.

Das Brautpaar verlebt die letzten Augusttage in ungetrübter Freude. Sisi hat sich ein wenig gefaßt, beginnt sich etwas in ihre neue Lage hineinzuleben, und wenn auch Bangen und Traurigkeit sie, besonders wenn sie allein ist, häufig erfassen, so hat sie doch ihre Freude an der wahrhaft tollen Glückseligkeit ihres Bräutigams, dem sie täglich mehr gefällt. Zu jeder Stunde entdeckt er einen neuen Reiz und einen neuen Charme an ihr. Alles, was sie sagt, findet er klug, gut, gescheit und entzückend. Sisi wird gemalt, Franz Joseph sitzt dabei, um ihr die Zeit zu vertreiben, und sieht sie immerzu an. Der Künstler sagt ihm, so ein

[1] Herzogin Ludovika in Bayern an Herzog Max, Ischl, 19. August 1853. Original Elisabeth-Museum, Budapest.

liebliches Gesicht habe er überhaupt noch nicht gemalt. Das Beste daran ist, daß das gar nicht wie Schmeichelei, sondern ganz aufrichtig klingt. Das macht Eindruck auf Sisi, und am Ende des Aufenthaltes ist sie beinahe wirklich glücklich. Nur die Mutter des Kaisers ist ihr ein wenig unheimlich. Sie sieht sie manchmal so kritisch von der Seite an, macht ihr häufig Ausstellungen. Nun hat sie gar der Herzogin Ludovika gesagt, Sisi solle sich die Zähne besser putzen. Das hat die Kleine sehr gekränkt und sogar ein wenig rebellisch gemacht. Doch das scheint nur ein kleiner Schatten auf dem farbigen Gesamtbilde.

Dann kommt der Tag des Auseinandergehens. Franz Joseph muß »ins Joch« zurück, Sisi wieder heim nach Possi. Scheiden war ihr immer schwer, sei es von lieben Menschen oder von ihren Tieren oder bloß von einem Ort. Das ist diesmal auch so, aber Franz Joseph wird nicht lange fernbleiben. Er ist viel zu entzückt von seiner kleinen Braut, er wird sicher bald wieder da sein. Ganz traurig sitzt er nun nach der »göttlichen Ischler Zeit« in Wien mitten in den Geschäften. »Es war ein harter und schwerer Sprung aus dem irdischen Himmel in Ischl in die hiesige papierene Schreibtischexistenz mit ihren Sorgen und Mühen«, schreibt er seiner Mutter[1].

Im Reisewagen und dann im stillen Possi überdenkt Sisi ihre neue Lage. Was ist denn nur geschehen? Ahnungslos ist sie damals ausgefahren und nun, mehr oder weniger wider ihren Willen, als Braut zurückgekehrt! Sie wird eine große und mächtige Kaiserin werden, über ein riesiges Reich mit unzähligen Völkern herrschen, von deren Sprachen und Sitten sie gar keine Ahnung hat, und ist doch nur ein kleines, banges Mädchen. Aber dabei hat sie den festen Willen, ihr Leben zu leben, den Wünschen ihres Kopfes und ihres Herzens zu folgen. Wie wird das wohl werden bei ihrem unbändigen Freiheits- und Unabhängigkeitsgefühl? Da war früher die alte Liebe im Herzen, und jetzt auf einmal ist eine neue da, so rasch, so unvermittelt. Sisi blickt beim Fenster hinaus, sieht die Schwalben ziehen, die sie schon so oft beneidet hat, weil sie frei sind von aller Erdenschwere, von jeder Pflicht und von jedem Gesetz, es sieht zumindest so aus. Da kommt der Wunsch über sie, eine der Ihren zu sein, fern von allem, was da droht, schön und geheimnisvoll, aber vielleicht auch furchtbar. Und Elisabeth nimmt wieder, wie

[1] Kaiser Franz Joseph an Erzherzogin Sophie, Schönbrunn, 6. September 1853. Dr. Franz Schnürer, Briefe Kaiser Franz Josephs I. an seine Mutter 1838—1872. München 1930.

einst in den Tagen ihrer ersten keuschen Liebessehnsucht, Zuflucht zu ihrem Büchlein mit den Gedichten in roter Tinte:

O Schwalbe, leih mir deine Flügel,
O nimm mich mit ins ferne Land.
Wie selig sprengt' ich alle Zügel,
Wie wonnig jedes fesselnd Band.

Oh! schwebt' ich frei mit dir dort oben
Am ewig blauen Firmament,
Wie wollte ich begeistert loben
Den Gott, den man die Freiheit nennt.

Wie wollt' ich schnell mein Leid vergessen,
Die alte und die neue Lieb'.
Und niemals sollt' ein Schmerz mich pressen
Und nimmer wär' mein Auge trüb[1].

Früher hat man Elisabeth viel in Ruhe gelassen, sie konnte tun, was sie wollte, jetzt ist sie plötzlich zum Mittelpunkt aller geworden. Da sind nicht weniger als drei Künstler um sie beschäftigt. Das schönste Bild soll der Kaiser bekommen. Es ist dringend notwendig, denn ein Porträt des Wiener Malers Kaiser war so schlecht, daß es ein »weißes Mohrengesicht« zeigte. Franz Joseph hat es sofort beschlagnahmen lassen. Eben hat Ende September ein Kurier aus Wien das in Ischl angefertigte Miniaturbild des kaiserlichen Bräutigams gebracht, das aufs prachtvollste in ein Armband von Diamanten gefaßt ist. Für Mitte Oktober wird schon ein Besuch Franz Josephs angesagt.

Nun gibt es Trousseau- und Kleidersorgen aller Art. Sie machen Sisi weniger Freude als sonst Mädchen in ihren Jahren und in ihrer Lage. Sie sieht immer mehr, sie gehört nicht mehr sich allein. Erzherzogin Sophie hat ihr Zeichnungen von Ischl geschickt, die sie an die dortige glückliche Zeit erinnern sollen. Sisi dankt am 29. September in einem lieben Brief, in dem sie ihrer Tante natürlich »du« sagt und von ihrer Ungeduld spricht, den Kaiser wiederzusehen.

Während die junge Braut nur mit ihren Gedanken, Gefühlen und ihrem Herzen beschäftigt ist, zeigt Franz Joseph bei aller Verliebtheit,

[1] Gedicht Elisabeths. A. S.

daß er streng korrekt und ordentlich ist. Er will feierlich am Münchener Hof um die Hand Ihrer königlichen Hoheit, der Prinzessin Elisabeth, Herzogin in Bayern, anhalten lassen[1]. Der Gesandte in München muß erst ausführlich begründen, daß das gar nicht notwendig sei.

Endlich, am 11. Oktober 1858, eilt Franz Joseph zu seiner Braut. Nur schnell einen Besuch beim König in München, dann geht's nach Possenhofen weiter, um Sisi zu umarmen. Franz Joseph ist überglücklich, es ist eine Freude, ihm zuzusehen. Er legt den Kaiser gänzlich ab, ist heiter und lustig. In ausgelassenster Laune tobt und spielt er mit den jüngeren Geschwistern seiner Braut, ein Kind unter Kindern. Er findet Sisi womöglich noch schöner und anmutiger, sie bewegt sich viel natürlicher und sicherer als damals in Ischl. Der Bräutigam ist ganz überrascht. Er sieht Sisi zu Pferde, ist entzückt und vergißt ganz, daß ihm Mutter Sophie eingeschärft hat, die Herzogin zu mahnen, sie solle die zarte Sisi nicht allzuviel reiten lassen. Aber die Kleine, die das leidenschaftlich tut, hätte sich sowieso nicht zurückhalten lassen. Begeistert schwärmt Franz Joseph seiner Mutter von seiner Braut vor. »Sie hat nun auch schon ganz weiße Zähne«, verteidigt er Sisi[2]. Nach dem Besuch bei der herzoglichen Familie geht es am 15. Oktober zurück nach München. Zur Feier des Geburtsfestes der Königin Marie ist große Parade. Am Abend Festvorstellung im Hoftheater. Die Intendanz, deren Takt nicht allzuweit her ist, hat die Oper »Wilhelm Tell« angesetzt, in deren Mittelpunkt die Gestalt des österreichischen Fronvogtes Geßler dem freien und edlen Schweizer gegenübergestellt wird. Das fällt dem König auf, er verbietet Tell, eine andere Oper muß her, und was wählt man? »Katharina Cornaro« des bayrischen Generalmusikdirektors Lachner. Da kommt man vom Regen in die Traufe, denn so wird als Festvorstellung vor einem kaiserlichen Brautpaar, dem ganz Bayern seine hellste Begeisterung ausdrücken will, eine Oper gegeben, die mit dem Bruche eines feierlichen Verlöbnisses beginnt und mit den Leiden eines sterbenden Kaisers endet! Als das Brautpaar aber die Loge betritt, umtost es ungeheurer, nicht endenwollender Jubel. Sisi fährt förmlich erschrocken zurück und fühlt sich als Mittelpunkt des Ganzen so grenzenlos bedrückt und verlegen, daß sie bei denen, die sie kennen, fast Mitleid erregt.

[1] Kaiser Franz Joseph an Buol, Wien, 9. Oktober 1853. Wien, Staatsarchiv.
[2] Kaiser Franz Joseph an Erzherzogin Sophie, München, 17. Oktober 1853. Schnürer, a. a. O. S. 219.

Die folgenden Tage sind durch Hoffeste ausgefüllt. Beim Tanze im großen Saale der Residenz bezaubert Sisi alle Menschen. Ganz verwundert fragt man sich, wie man denn ein solches Juwel an Schönheit und Anmut bisher so unbeachtet hatte lassen können. Sisi selber ist weniger entzückt. Die Vorstellung aller Diplomaten langweilt und geniert sie maßlos, obwohl sie doch in allen Gesichtern nur Bewunderung lesen kann. Bloß der preußische Gesandte sieht alledem mißgünstig zu. »Der Besuch Kaiser Franz Josephs«, meldet[1] er, »hat in München einen wahren Rausch der Begeisterung erzeugt. Man macht schon den Versuch, diese auf Kosten der Freundschaft zu Preußen auszubeuten.« Der Diplomat beklagt sich über die Umgebung des Kaisers Franz Joseph, die das Selbstgefühl der Bayern verletze. Besonders über den General Grafen Grünne. Der Preuße hat recht, auch Sisi hat keinen angenehmen Eindruck von ihres Bräutigams Generaladjutanten bekommen. Er sieht auch sie etwas von oben herab und ironisch von der Seite an, und das ist das, was sie am allerwenigsten vertragen kann.

Schweren Herzens muß Kaiser Franz Joseph am 21. Oktober wieder heimfahren, er ist besonders in Possenhofen selig gewesen und dankt seiner Mutter aus tiefstem Herzen, ihm ein so inniges Glück gegründet zu haben, um bei ihr den Eindruck zu verwischen, daß doch eigentlich er selber es getan. Begeistert schreibt er ihr:

»Alle Tage liebe ich Sisi mehr, und immer überzeuge ich mich mehr, daß keine für mich besser passen kann als sie[2].« Nach dem Besuche des Kaisers ist in München alles bei Hof und im Volk stolz und freudig gestimmt, auch Sisis Vater, Herzog Max. Seine Tafelrunde Alt-England beglückwünscht ihn nach ihrer lustigen Art bei einem Diner am 30. Oktober 1853, an welchem Tage neben der Verlobung auch die silberne Hochzeit des Herzogspaares mit einem Kranz von fünfundzwanzig Leberreimen und Gedichten gefeiert wird. Übermütig vergißt man fast auf alle schuldige Achtung, wenn dabei im Chore der Leberreim gesungen wird:

»Die Leber ist von einem Hecht und nicht von einem Kater,
Laßt's schmecken euch gar fein und wohl beim neuen Schwiegervater.«

[1] Von Bockelberg in einem Privatbrief an den Ministerpräsidenten Freiherrn von Manteuffel in Berlin, 4. November 1853. Preußisches Staatsarchiv, Dahlem.

[2] Kaiser Franz Joseph an die Erzherzogin Sophie, München, 17. Oktober 1853. Schnürer, a. a. O. S. 215.

Das wird in München bekannt, und Herzog Max hat einige Schwierigkeiten mit der königlichen Familie. Man gibt ihm zu verstehen, er sei nun nicht mehr so sehr Privatmann, durch die Verlobung seiner Tochter beschäftige sich alle Welt mit ihm, und seine ganze Familie sei viel mehr in das Licht der Öffentlichkeit gerückt. Das ist sowohl dem Herzog wie der Herzogin unangenehm. Sie wollen ihr Leben so weiterleben wie bisher.

Nun gilt es, die bisher recht ahnungslose Sisi auch ein wenig mit der Geschichte und Politik nicht nur Österreichs, sondern auch Ungarns besser bekannt zu machen. In dem literarischen Kreise, in dem Herzog Max verkehrt, findet sich ein Graf Johann Majláth, ein Ungar, der in der Geschichte sehr bewandert ist. In Wien erzogen, spricht er Deutsch fast besser als seine Muttersprache. Dies gibt ihm die Möglichkeit, dem deutschen Volke die ungarische Literatur, Sagen- und Märchenwelt zu vermitteln. Da kommt er als Lehrer in das Haus des Herzogs Max zu Sisi, und plötzlich strömt in das so aufnahmsfähige Herz der jungen Kaiserbraut Majláths ganze poetische Welt, die eine rein ungarische ist. Das Singen und Sagen von Liebe, Lust und Leid, von der Begeisterung und dem nationalen Stolz des ungarischen Volkes. Und sie horcht auf bei dieser für sie ganz neuen Weise. Das Ritterliche, das in jedem Ungarn lebt, den Mut und die Kraft dieses schneidigen Reitervolkes malt ihr Majláth in glühenden Farben aus. Sie hat noch kaum einen anderen Ungarn gesehen und das Land nicht betreten, da durchglüht sie schon das gleiche Gefühl, das diesen feurigen Patrioten durchpulst, der sehnsuchtsvoll fern seiner Heimat lebt. Dreimal wöchentlich ist Majláth bei der Prinzessin, und sie, die sonst die Lehrstunden haßt und ihnen immer möglichst schnell entflieht, freut sich jedesmal auf sein Kommen. Wenn Schüler die Schule hassen, dann sieh dir die Lehrer genauer an.

Begeistert zeigt sie ihm die herrlichen Geschenke, die aus Wien kommen. Zum Namenstag am 19. November hat ein kaiserlicher Leibgendarm eine herrliche Brosche, ein prachtvoll gefaßtes Rosenbukett in Diamanten, gebracht[1]. Zum Weihnachtsabend und gleichzeitig Geburtstag Sisis trifft Franz Joseph in der Nacht vom 20. auf den 21. Dezember nach Mitternacht in München ein. Es ist sehr spät, als er im herzoglichen Palais anlangt, aber er läßt sich's nicht nehmen, gleich, sofort muß er Sisi sehen. Der junge Kaiser will den Aufenthalt nur ganz en famille, das heißt den ganzen Tag mit Sisi verleben. Am Weihnachtsabend

[1] Sie kostete 80.000 Gulden.

schenken sich die beiden gegenseitig ihre Bilder zu Pferd. Unter dem Christbaum überreicht Franz Joseph seiner Braut einen herrlichen frischen Blumenstrauß, den eine halbe Stunde vorher ein Expreßkurier aus dem Wiener Palmenhaus gleichzeitig mit einem Papagei aus der Schönbrunner Menagerie gebracht hat. Neben vielen sonstigen Geschenken hat Erzherzogin Sophie Sisi in mahnender Anspielung auch einen Rosenkranz gesandt.

Aber die politische Lage fordert vorzeitig des Monarchen Rückkehr nach Wien. Der preußische Gesandte hat den Aufenthalt des Kaisers wieder recht kritisch verfolgt. Er will bemerkt haben, daß Franz Joseph und König Max sich nicht allzu gut vertrugen und daß die Mißstimmung in Hofkreisen über das Auftreten der Umgebung des Kaisers anhält. »Wie Augenzeugen versichern«, berichtet er[1], »begleitete der Monarch während seines hiesigen Aufenthaltes jeden Schritt und jede Bewegung seiner Braut mit beobachtendem Blicke, und es soll seinem Scharfblick auch bereits der sehr bestimmte und entscheidende Wille, der einen Hauptzug in dem Charakter der jugendlichen Prinzessin bildet, nicht entgangen sein. Es scheinen in dieser Beziehung selbst bezeichnende Worte gefallen zu sein, und man will nach der diesmaligen Abreise des Kaisers eine gewisse ernste Stimmung im herzoglichen Palaste wahrnehmen.«

Aber so schlimm ist es in Wirklichkeit nicht, wenn auch ein Körnchen Wahrheit dabei ist. Kaiser Franz Joseph hat bei wiederholten Gelegenheiten gesehen, daß seine kleine Braut einen ausgesprochenen Willen hat und das oder jenes wünscht, was dann einfach zu geschehen hat, will man sich nicht ihre Ungnade zuziehen. Wirklich lautet diesmal Franz Josephs Bericht an seine Mutter aus München etwas kühler, aber er findet Sisi nach wie vor reizend und überschüttet sie mit Geschenken. Am 16. Jänner ist, weil Sisi zu Weihnachten einmal über Kälte geklagt hat, von einem besonderen kaiserlichen Kurier ein prächtiger und kostbarer Pelz für sie angekommen. Sisi ist ja noch ein Kind, und all die schönen Sachen machen ihr Spaß. Was aber am meisten? Der Papagei! Ein winzigkleines, spitzenumrahmtes Brieflein an ihre einstige Erzieherin, die Gräfin Hundt, verrät dies[2]. Sisi wird zwar bald Kaiserin, aber sie bleibt ihren kindlichen Lieblingsneigungen getreu, sie liebt ihre Tiere

[1] Von Bockelberg an den König von Preußen, München, 13. Jänner 1854. Preußisches Geheimes Staatsarchiv, Dahlem.

[2] Herzogin Elisabeth in Bayern an Gräfin von Hundt, München, nach dem Stempel 27. Jänner 1854. E. A. S. W.

und Vögel, beschäftigt sich mit ihnen, und für die ernsten Dinge des Lebens sorgen andere.

Schon werden die einleitenden Vorarbeiten für die Hochzeit gemacht; vor allem gibt es Hindernisse rechtlicher Natur. Denn Sisi ist mit ihrem Bräutigam, da sie Geschwisterkinder sind, mütterlicherseits im zweiten und väterlicherseits im vierten Grade verwandt. Beides bildet nach kanonischem Rechte, und die erste Verwandtschaft überdies auch nach dem Bürgerlichen Gesetzbuch, ein Ehehindernis. Man hat seine guten Gründe dafür, aber bei den Großen wird zu leicht darüber hinweggesehen. Die Dispens des Papstes wird eingeholt und anstandslos erteilt.

Dann muß man den Ehevertrag verfassen. All das ist für Sisi ein spanisches Dorf. Sie bekommt »aus väterlicher Liebe und Zuneigung« als Heiratsgut von zu Hause 50.000 Gulden, nebst dem eine »standesgemäße« Ausstattung. Der Kaiser dagegen verspricht, das Heiratsgut seiner Braut mit »100.000 Gulden zu widerlegen«. Außerdem stellt er eine »Morgengabe« von 12.000 Dukaten in Aussicht, nach jenem alten, schon im Sachsenspiegel niedergelegten Rechte, daß der Ehemann seiner Frau am Morgen nach der Brautnacht ein Entgelt für die verlorene Jungfernschaft zu bieten hat. Dann verpflichtet sich Franz Joseph, seiner Gemahlin zu eigenem Gebrauch und freier Verwendung alljährlich 100.000 Gulden bar auszahlen zu lassen. Diese Summe, Spennadelgeld genannt, soll lediglich für Putz, Kleider, Almosen und kleinere Ausgaben dienen. Alle übrigen Kosten werden vom Kaiser bestritten. Ferner wird der Kaiserin ein eventueller Witwenunterhalt von 100.000 Gulden zugesichert[1]. Mit kaiserlichem Handschreiben erhält der österreichische Finanzminister Befehl, für den Tag nach der Vermählung die Morgengabe in neuen Gold- und Silbermünzen in einer »anständigen Kassette zur Behändigung an die durchlauchtigste Braut« bereitzuhalten[2].

Dann muß der König von Bayern feierlich erklären, daß keinerlei Ehehindernis für Sisi besteht, wobei er die Gelegenheit benützt, in der Urkunde zu versichern, daß er als Oberhaupt des königlichen Hauses die Zustimmung zur Ehe mit »ganz besonderem Vergnügen« erteilt habe[3]. Ein Inventar über die Ausstattung der kaiserlichen Braut wird aufgestellt. Es ist unbeschreiblich, wie gewissenhaft dieses abgefaßt wird.

[1] Ehevertrag, errichtet 4. März 1854, ratifiziert 20. März. Wien, Staatsarchiv.
[2] Kaiser Franz Joseph an Finanzminister Ritter von Baumgartner, Wien, 26. März 1854. Wien, Staatsarchiv.
[3] Königliche Erklärung vom 11. März 1854. Wien, Staatsarchiv.

Neben jedem einzeln aufgeführten Gegenstand steht genau der Wert. Die Geschmeide, goldenen Geräte und Kleinodien bilden die erste Gruppe, das Silber die zweite. Die dritte, die Garderobe, ist die reichhaltigste. Da gibt es siebzehn Putzkleider, vierzehn seidene Montantkleider, sechs Schlafröcke, neunzehn leichte Sommerkleider, in den Farben von Rosen und Veilchen, Kornähren und Vergißmeinnicht, und vier Ballkleider. Dazu sechzehn Hüte und Schleier mit Federn, Rosen und Veilchen, darunter auch jener Gartenhut mit Feldblumenkranz, der Franz Joseph in Ischl berückt hat. Sechs Mäntel, acht Mantillen und fünf Mantelets aus Samt und schwerem Tuch vervollständigen die Ausstattung. Dann folgt die reiche Wäsche, vierzehn Dutzend Hemden, davon ein Dutzend aus Batist mit entzückenden Valenciennesspitzen, vierzehn Dutzend Strümpfe von der feinsten Seide bis zur schweren Winterwolle, sechs Dutzend Unterröcke, fünf Dutzend Beinkleider, Frisiermäntel, Negligés usw. Dann Stiefel und Schuhe, sechs von jeder Art, und zwanzig Dutzend Handschuhe in allen Farben und Sorten[1].
Man hat versucht, Sisi für ihre Ausstattung ein wenig zu interessieren, aber das ewige Probieren, das Getue rings um sie herum ist ihr unleidlich. Sie enteilt, wo sie kann. Die Schneiderinnen und Wäschenäherinnen beklagen sich, die Prinzeß ist immer fort, und wenn man sich ihrer einmal bemächtigt hat, dann will sie gleich fertig sein, ist ungeduldig und will wieder freikommen. Es ist schwer, für sie zu arbeiten, klagen die Leute, und doch schön, denn es ist herrlich, einen so schlanken, entzükkenden Mädchenkörper zu kleiden und zu schmücken, wie es einer Kaiserbraut geziemt.

Noch einmal, am 13. März, kommt Kaiser Franz Joseph auf Besuch und übergibt seiner Braut dabei als Geschenk der Mutter jenes wundervolle Diadem mit Kollier und Ohrringen in Opalen und Diamanten, das sie einst an ihrem Hochzeitstag getragen. Es ist fast soviel wert wie alles zusammen, was Sisi sonst an Schmuck und Geschmeide mitbekommt[2]. Aber der Bräutigam erwähnt gleichzeitig wie nebenbei, Mutter Sophie sei sehr befremdet gewesen, daß Sisi sie in ihrem letzten

[1] Zusammenstellung der Inventarien über die Ausstattung Ihrer königlichen Hoheit der Herzogin Elisabeth in Bayern. Wien, am 30. April 1854. Wien, Staatsarchiv.

[2] Im Inventar ist der Gesamtwert der Geschmeide, goldenen Geräte und Kleinodien, die Elisabeth nach Wien mitbringt, mit 102.334 Gulden ausgewiesen, wobei allein dieses Geschenk der Erzherzogin Sophie als das Hauptstück mit 62.460 Gulden geschätzt erscheint. Wien, Staatsarchiv.

Brief geduzt habe. »Das geht nicht«, sagte er ihr, »ich, ihr leiblicher Sohn, schreibe ›Sie‹. Das gebietet der Respekt und die Ehrfurcht vor der älteren Frau.« Sisi schüttelt den Kopf, sie findet, daß man einer Tante, die überdies auch noch Schwiegermutter wird, du sagt. Aber wenn's der Kaiser, ihr Bräutigam, will, gut, doch auch der Ton des Dankbriefes für das schöne Geschenk wird auf »Sie« abgestimmt. Er klingt wesentlich kühler, wenn er auch die Wendung enthält, es sei ein wohltuender Gedanke für Sisi, sich stets und in allen Lagen ihres Lebens vertrauensvoll der mütterlichen Liebe der Erzherzogin hingeben zu dürfen[1]. Ein bitterer Nachgeschmack bleibt zurück. Von der Mutter des Kaisers muß sie doch immerfort eine Ausstellung oder Mahnung erfahren. Wie war das gut, als noch kein Mensch sich um sie bekümmerte und sie frei und ungebunden in Possi durch Wald und Garten streifen konnte. Jetzt gibt es fortwährend irgend etwas Wichtiges, was ja im Grunde doch nur eine lächerliche Formsache ist. Da ist zum Beispiel der Renunziationsakt. Die Prinzessinnen aus der Nebenlinie kämen zur Nachfolge erst dann in Betracht, wenn der königliche und der herzogliche Zweig in Bayern keinen einzigen männlichen Vertreter mehr zählt! Und Sisi hat doch allein drei Brüder. Aber das Hausgesetz befiehlt, sie muß vor aller Welt im feierlich hergerichteten Thronsaal den Verzicht schwören und unterzeichnen[2]. Erst nach diesem Theater ist man zufrieden. Sisi lächelt darüber, dann ärgert sie sich, aber was nutzt das alles, sie muß sich der überkommenen Sitte beugen. Es ist nur ein Vorgeschmack von tausend Ähnlichem, was sie als Kaiserin erwartet. Nachdenklich kehrt sie von der Zeremonie heim.

Näher und näher rückt der Tag, da es Abschied nehmen heißt. Für den 24. April ist die Trauung in Wien endgültig festgesetzt. Am 14. sind schon siebzehn große und acht kleinere Koffer Elisabeths nach Wien abgegangen. Am Ostersonntag, dem 16. April, findet ein großes Galakonzert am königlichen Hofe zu München statt. Das diplomatische Korps hat gewünscht, der Kaiserbraut vor ihrer Abreise noch einmal zu huldigen. Sisi erscheint diesmal in reichem Diamantschmuck und das erstemal mit den ihr neu verliehenen Orden geschmückt. Sie ist bildschön und anmutig, aber tiefernst. »Die junge Herzogin«, meint der

[1] Herzogin Elisabeth in Bayern an Erzherzogin Sophie, München, 16. März 1854. Schnürer, a. a. O. S. 223.

[2] Renunziationsakt, Montag, den 27. März 1854. Zeremoniell des königlich-bayrischen Oberstkämmererstabes. Wien, Staatsarchiv.

preußische Gesandte[1], »scheint bei allem Glanz und aller Hoheit der Stellung, die ihrer an der Seite ihres erhabenen kaiserlichen Bräutigams wartet, doch den Abschied von ihrer bisherigen Heimat und ihrem hohen Familienkreise schwer zu empfinden, und der Ausdruck hievon warf einen leisen Schatten über das in der Fülle jugendlicher Anmut und Schönheit strahlende Antlitz der durchlauchtigsten Prinzessin.«
Und wirklich, der Gesandte hatte diesmal nicht zu düster gesehen. Je näher der Tag kommt, desto mehr packt Sisi die Angst vor dem Fremden und Unbekannten, das sie erwartet. Noch einmal vor der Abreise ist sie nach ihrem geliebten Possi hinausgefahren. Mit Tränen in den Augen nimmt sie von ihrem Jungmädchenzimmer, von ihrem lieben Garten, der gerade die ersten Blätter und Blüten ansetzt, von ihren lieben Bergen und dem schönen See Abschied. Sie erinnert sich der ersten freudigen Regungen der Freundschaft, ihrer ersten Träume von Liebe und Leid, und wie immer dann, wenn sie ein Gefühl besonders stark ergreift, nimmt sie die Feder zur Hand, und es entsteht ein Gedicht[2].

Lebet wohl, ihr stillen Räume,
Lebe wohl, du altes Schloß.
Und ihr ersten Liebesträume,
Ruht so sanft in Seesschoß.
Lebet wohl, ihr kahlen Bäume,
Und ihr Sträucher, klein und groß.
Treibt ihr wieder frische Keime,
Bin ich weit von diesem Schloß.

Da kommt der Tag der Abreise heran. Am Morgen des 20. April, bei herrlichem Frühlingswetter, erscheinen die Könige Max und Ludwig im herzoglichen Palais, um Sisi Lebewohl zu sagen. Wohl hat man sich jede öffentliche Feier verbeten, und doch durchwogt die Ludwigstraße, die der Reisezug passiert, vom herzoglichen Palais bis zum Siegestore eine tausendköpfige Menge aller Stände, die der scheidenden Prinzeß einen Abschiedsgruß zuwinken will. Ein sechsspänniger Reisewagen fährt aus dem Palast, der Sisi nach Straubing an der Donau bringen soll, wo das kaiserliche Schiff wartet. Am Rücksitz Herzogin Ludovika

[1] Herr von Bockelberg an den König von Preußen, 17. April 1854. Preußisches Geheimes Staatsarchiv.
[2] Eigenhändige Niederschrift der Herzogin Elisabeth. A. S.

und Sisi, auf den Vordersitzen zusammengedrängt Nené und die übrigen Schwestern, am Bocke Karl Theodor, der sich's trotz Platzmangel nicht nehmen läßt, sein Schwesterchen wenigstens bis zur ersten Reisestation zu begleiten. Sisi, in dunklem Reisekleid, mit einem kleinen Kapotthütchen am Kopf, wird bei ihrem Erscheinen unbeschreiblich bejubelt. Sie ist tiefernst und doch allerliebst, die Bewegung übermannt sie. Unaufhaltsam rinnen ihr die Tränen über die Wangen, und als sich die Menge herandrängt, ihr zuwinkt und zuruft, erhebt sie sich wiederholt im Wagen, wendet sich zurück und winkt mit beiden Händen ihrer Heimat, ihren Lieben, ihrer Kindheit den Abschiedsgruß. Da flattert ein Blättchen in den Wagen, als wollte es trösten:

Rose von Baierland,
Just im Erblüh'n.
Sollst nun am Donaustrand
Duften und glüh'n.
Rose von Baierland,
Trau dem Bericht:
Bessere Gärtnerhand
Findest du nicht[1].

[1] Gedicht des österreichischen Lyrikers Johann Nepomuk Vogl.

III

HOCHZEIT, HEIMWEH UND GOLDENE FESSELN

1854—1856

Die Kaiserstadt Wien rüstet zum herrlichen Feste. Die Braut des Monarchen soll sehen, daß ihr künftiger Gatte die Liebe seiner Völker, insbesondere aber seiner Haupt- und Residenzstadt besitzt. Von Franz Joseph erhofft man alles. Seine junge, reizende Frau wird ihn und damit auch den Kaiserstaat glücklich machen. Freilich, die junge Braut ist zu nah verwandt. Schon die Töchter Rudolfs von Habsburg haben den Reigen der Verbindungen zwischen den Häusern Österreich und Wittelsbach eröffnet. Franz Josephs Ehe ist da schon die zweiundzwanzigste. Aber Glanz und Pracht der Hochzeit sollen alle Bedenken überstrahlen.

Elisabeth passiert mit ihren Eltern und den beiden ältesten Geschwistern am 21. April die Grenze Österreichs, und am Abend steht Franz Joseph am Landungssteg in Linz, um seine liebe, kleine, bange Braut in das niedliche, landesüblich eingerichtete Nachtquartier im Landhaus zu führen. Kaum ist das geschehen, wirft er sich in den Reisewagen und eilt nach Wien zurück. Dort hat man die glänzendsten Vorbereitungen für den Empfang getroffen. Alles betet um Schönwetter. Drohende Wolken stehen am Himmel, nachmittags aber teilt sie ein heftiger Wind, und im Augenblick, als das blumenüberschüttete Brautschiff in Nußdorf landet, überspannt strahlend blauer Himmel das festliche Bild. Am Landungsplatz warten der Kaiser, seine Eltern, die höchsten Würdenträger und unabsehbare Tausende schaulustigen Volkes. Kaum hat das Fahrzeug angelegt — es klafft noch ein breiter Spalt zwischen Land und Schiff —, da springt Kaiser Franz Joseph schon hinüber in die Arme seiner Braut, umarmt und küßt sie begeistert vor aller Welt. Nun betritt Sisi im rosa Seidenkleid mit weißem Überwurf, verschüchtert und blaß, am Arme ihres Bräutigams das Land, und wie ein Orkan schallt ihr tausendstimmig der Ruf »Hoch Elisabeth!« entgegen. Einen Augenblick bleibt sie wie festgebunden stehen und sieht, bis ins Innerste bewegt, in die jubelnden Massen, unschlüssig, verlegen. Dann besinnt sie sich, grüßt nach rechts und links, winkt mit dem Spitzentuch, und der Anblick ihrer holdseligen Gestalt reißt die Umstehenden immer wieder zu von Herzen kommenden Jubelrufen hin. Nun sucht Franz Joseph sie der Menge rasch zu entziehen, die Wagen mit den herrlichen Lipizzaner-Schimmeln werden bestiegen, und rasch geht es nach Schönbrunn, wo die übrige kaiserliche Familie zur Begrüßung versammelt ist. Auch da im Schloßgarten steht die Menge dichtgedrängt Kopf an Kopf, und obwohl Sisi müde und abgespannt ist und die lange Reise und die Aufregung sich in der Blässe ihres lieben Gesichtchens ausdrücken, muß sie wieder hinaus auf den Balkon, sich zeigen, lächeln, grüßen, nicken, wie es von nun ab ihr Beruf, ihre Pflicht werden wird. Aber auch in den inneren Gemächern findet sie noch keine Ruhe. Es wird ihr ihre Oberhofmeisterin vorgestellt, die Gräfin Sophie Esterházy-Liechtenstein, eine Dame von sechsundfünfzig Jahren, mit etwas vertrocknetem, ledernem Gesicht. Mißtrauisch sieht Sisi sie an, sie gefällt ihr nicht, sie hat etwas so Gouvernantenmäßiges. Selbstverständlich ist sie eine Vertraute der Erzherzogin Sophie, die hat sie ausgewählt und an die Seite der künftigen Kaiserin gestellt. Sie weiß wohl, warum, denn auf die Gräfin kann sich die Mutter des Kaisers verlassen. Sie hat auch die zwei anderen Hofdamen bestimmt, die Sisis engste Umgebung bilden sollen, eine Gräfin Paula Bellegarde, die Elisabeth nett und sympathisch erscheint, und eine Gräfin Karoline Lamberg, die Tochter jenes 1848 auf der Kettenbrücke zu Pest von den Ungarn ermordeten Generals. Die Damen sollen sie in alle Sitten des Hofes einführen.

Man hat Sisi vorbereitet: Die Feste, das spanische Zeremoniell, der Prunk und alle Pracht des kaiserlichen Hofes sind unerhört und werden anstrengend und mühsam genug sein, aber was wirklich kommt, hat sie sich doch nicht so vorgestellt. Als sie abends schlafen gehen will, drückt man ihr ein umfangreiches Schriftstück in die Hand, »Zeremoniell bei dem öffentlichen Einzug Ihrer königlichen Hoheit der durchlauchtigsten Prinzessin Elisabeth« steht darauf. Das soll sie studieren, damit am nächsten Tag alles am Schnürchen gehe. Sisi ist aufgeregt, sie kann sowieso nicht schlafen, das neue Bett, die neue Umgebung, alles, was da kommen soll und kommen wird, überwältigt sie. Dabei ist Franz Joseph rührend um sie bemüht. Er sucht ihr alles zu erleichtern, er fragt tausendmal nach ihren Wünschen, er beruhigt sie, wenn sie Besorgnisse äußert, wie alles sein wird. »Ach Gott, denk nicht daran,

Liebling«, sagt Franz Joseph, »das gehört einmal zu unserem Beruf, und du wirst sehen, wie die Wiener von meiner lieben, reizenden Braut entzückt sein werden.«

Anderntags, am 23. April, ist schon frühmorgens, wie es das Zeremoniell vorschreibt, alles in großer Gala. Die Damen in reichen, »runden« Kleidern, es herrscht ja die Krinoline, die Kaiserin Eugenie in Frankreich zu Ehren gebracht hat. In sechsspännigen Wagen rollen Herzogin Ludovika und ihre Tochter von Schönbrunn nach dem Theresianum, dem alten Kaiserschloß, von dem seit Jahrhunderten die Braut des jeweiligen Monarchen ihren Einzug in die Hauptstadt nimmt. Dort überwältigt Sisi der Ernst des Augenblicks, sie beginnt zu weinen, und mühsam nur ist sie zu beruhigen. Sie kann und kann dieses Angestarrtwerden nicht ertragen, und nun gar in diesem achtspännigen Prachtwagen von Glas, in den sie jetzt hinein soll, um ganz Wien vorgeführt zu werden wie ein kostbares fremdländisches Tier. Aber die Schwäche ist nur vorübergehend, ein harter, energischer Zug steht plötzlich in ihrem lieblichen Gesichtchen, sie sieht einen flüchtigen Augenblick ihrer älteren Schwester Nené ähnlich; dann steigt sie in den Wagen, in die goldüberladene, von Rubens bemalte Prachtkarosse, und die acht milchweißen Lipizzaner ziehen an. Mit Ergebung fügt sie sich in die Fahrt, die jedes anderen Mädchens Herz mit höchstem Stolz und unbeschreiblicher Genugtuung erfüllt hätte. Über den Wienfluß ist eine neue Brücke erbaut, die eben fertig geworden ist. Die Kaiserbraut ist die erste, die sie benützt. Die Straßen sind zu einem reinen Blumengarten geworden, weißgekleidete Mädchen streuen überall Rosen auf den Weg, und unübersehbar ist die Menge, die sich hinter dem militärischen Spalier drängt. So langt das Sonntagskind auch an einem Sonntag in seinem künftigen Heim, der Hofburg, an. Es ist ein entzückendes Bild, als Sisi mit vor Aufregung geröteten Wangen in ihrem silberdurchwirkten, mit Rosengirlanden gezierten rosa Atlaskleid aus dem Prunkwagen klettert. Er ist ja prachtvoll, aber in der Form ein vorsintflutliches Ungeheuer, und als Sisi das hohe Trittbrett hinabsteigt, bleibt sie mit dem Diamantendiadem einen kurzen Augenblick oben an der Türeinfassung hängen. Aber schnell ist das wieder in Ordnung, mit anmutiger Gebärde richtet sie sich das Haar, und, gottlob, für diesen Tag ist die Arbeit getan.

Der nächste Tag dient zur Vorbereitung für die entscheidende Stunde. Wieder bringt die Oberhofmeisterin zwei umfangreiche Schriftstücke. Eines, das Sisi nur durchlesen, das andere, das sie sich behalten, ja aus-

wendig lernen soll. Das erste ist das neunzehn Seiten umfassende lithographierte Zeremoniell für die Vermählung. Mit Schauder liest Sisi da von »Allerhöchsten und Höchsten Frauen«, von »palast- und appartementmäßigen Damen«, von »Edelknaben und Schleppenträgern«, von »aufwartenden Generälen« und von »Cortegierung« in der Kirche und zurück bis in die inneren Gemächer. »Was sind appartementmäßige Damen?« fragt sie belustigt und erfährt, daß dies solche seien, die zum Unterschiede von jenen des »großen« und »kleinen« Zutrittes nur nach erhaltener Ansage und zu ganz bestimmten Stunden in den Appartements erscheinen dürfen. Mit gelindem Schauder gibt sie der Gräfin Esterházy die erste Schrift wieder zurück. Das andere Aktenstück führt den Titel »Alleruntertänigste Erinnerungen«. Es enthält die Weisung für den folgenden Tag. Das Zeremoniell zeigt seine Macht, es schreibt dem Kaiserpaar genau vor, wie es sich bei der Hochzeit zu benehmen hat[1].
Der Kaiser hat das gleiche bekommen. Lachend sucht er die Wolke von dem Antlitz seiner Braut zu zerstreuen. »Es wird schon nicht so gefährlich werden, und ist das einmal überstanden, dann bist du doch meine süße kleine Frau, und wir werden den ganzen Zauber in unserem schönen Laxenburg bald vergessen.«
Um halb sieben Uhr abends des 24. April führt Franz Joseph seine Braut in der Augustinerkirche zum Altar. Keine Feder kann das prächtige Bild beschreiben, das die Kirche bietet. Was im Kaisertum stolz und groß ist, findet sich da zusammen. Die Prunkgewänder der hohen Würdenträger der Kirche, die Uniformen des Heeres, die Schleppkleider der Damen, der Schmuck, in dem sich der Strahl Tausender von Kerzen spiegelt, wirken verwirrend farbenprächtig. Da geht plötzlich eine Bewegung durch die glänzende Versammlung; Totenstille tritt ein, der feierliche Zug aus der Hofburg naht. An der Spitze, ganz allein, der Kaiser, groß, schlank, in der Feldmarschalluniform, ordenubersat, eine schöne, jugendlich-stolze, männliche Erscheinung, dahinter Erzherzogin Sophie und Herzogin Ludovika. Zwischen ihnen Elisabeth in gold- und silbergesticktem weißem, reich mit Myrten geschmücktem Schleppkleid, mit dem funkelnden Brautdiadem der Erzherzogin Sophie im herrlichen Haar und einem Strauß taufrischer weißer Rosen an der Brust. Sie geht überaus anmutig, aber

[1] Beide Aktenstücke im Faszikel XIII: Vermählung Seiner kaiserlich-königlichen Apostolischen Majestät 1854. Wien, Staatsarchiv.

tiefernst und totenblaß, ohne rechts und links zu sehen, auf ihren Platz am Betschemel. Wie im Traume steht sie dort und sieht gebannt auf die Ringe, die der Geistliche eben zu weihen beginnt. Es bedarf erst eines ermunternden Stoßes und Anblickens des Kaisers, bis Elisabeth sich erhebt, um mit dem Bräutigam an den Hochaltar zu treten. Wie aus der Ferne hört sie plötzlich die Fragen des Geistlichen, der sie zusammengibt, kaum hörbar flüstert sie das Ja, während das des Kaisers überlaut durch den Raum schallt[1]. Nun hat sie den goldenen Reif am Finger, und ihre feine Hand liegt in der vor Erregung zitternden des Kaisers. In diesem Augenblick ertönt die Salve der am Josephsplatz in Parade aufgestellten Infanterie, erschreckt fährt Elisabeth zusammen. Da donnern auch schon die Geschütze von den Wällen der Stadt, und zugleich erklingen sämtliche Glocken aller Wiener Kirchen. Dann tritt plötzlich wieder Stille ein. Der ehrwürdige Fürsterzbischof von Wien, Kardinal Rauscher, tritt an den Altar und spricht zu dem eben verbundenen Paar. Wie verzaubert steht Elisabeth dort und hört, ohne recht folgen zu können, die lange, kaum endenwollende Rede an ihr Ohr dringen. Vom Allmächtigen ist da die Sprache, von Eintracht und Liebe zwischen Mann und Weib, von der Pflicht und den hehren Aufgaben eines Herrscherpaares. Sie versteht nicht alles, nur ab und zu ein Wort, einen abgerissenen Satz. Aber plötzlich horcht sie auf. Was ist das? Sie hört: »Der heilige und zartfühlende Augustinus spricht: Wenn die Frau den Mann liebt, weil er reich ist, so ist sie nicht rein: denn sie liebt nicht den Gatten, sondern das Geld des Gatten. Wenn sie den Gatten liebt, so liebt sie ihn, und sei er auch arm und von allem entblößt.«

Eine flüchtige Röte überzieht das Antlitz Elisabeths, fragend sieht sie ihren jungen Gemahl an. Was soll diese Anspielung? Es weiß doch jedermann, daß sie nicht Macht und Reichtum gesucht hat, daß alles ohne ihr Zutun über Nacht gekommen ist wie ein Wunder und daß dieser Sturmwind sie mitgerissen hat, ob sie wollte oder nicht. Und da fällt ihr unwillkürlich ein, daß sie gestern den hohen geistlichen Herrn mit dem Konzept der Rede aus dem Zimmer der Erzherzogin Sophie hatte treten sehen. Sollte das Absicht gewesen sein? Aber nein, die folgenden gütigen Worte des hohen Würdenträgers der Kirche verwischen das bittere Gefühl wieder, das jenes Gleichnis einen Augenblick in der Seele Elisabeths geweckt hat. Noch ernster, als sie gekommen, ver-

[1] Tagebuch des Prinzen Alexander von Hessen, Eintragung vom 24. April 1854. Archiv des Fürsten Alexander von Erbach-Schönberg, Schloß Schönberg.

läßt die jugendliche Kaiserin Österreichs unter Trompeten- und Paukenschall die Kirche, unter Vorantritt der Edelknaben und Würdenträger, inmitten des stolzen Cortège, das die Hellebardiere der Leibgarde flankieren, um im Zeremoniensaal auch noch die »Gratulationscour« über sich ergehen zu lassen.

Nun zeigt sich, daß ein Kaiserpaar nicht sich selbst gehört. Jedermann sonst kann unmittelbar nach der Hochzeit eine Reise antreten, um sich den lieben, aber neugierigen Verwandten, Freunden und Bekannten auf einige Wochen zu entziehen. Kaiser und Kaiserin können das nicht, sie müssen eine Flut von Festen und Feierlichkeiten über sich ergehen lassen. Eine Beleuchtung der Stadt, Theater paré, Bälle, Abordnungen. Nicht nur aus dem Reiche, von weither kommen sie. Da ist zum Beispiel eine Deputation von Großhandelsleuten aus Smyrna unter Führung eines aus Griechenland stammenden Bankiers Themistokles Baltazzi. Die Vermählungsfeier in Wien ist ein Vorwand, um mit den Großen der Monarchie und dem Hofe in Berührung zu treten.

Elisabeth läßt an der Seite ihres Gemahls all diese Zeremonien und Feste wortlos über sich ergehen. Überall, wo sie erscheint, wird sie umjubelt, aber sie kann daran keine rechte Freude finden. Ihr Tag ist eingeteilt wie in einem Kloster; sie hat keine Minute für sich, sie wird beobachtet und geleitet, und fortwährend ist Erzherzogin Sophie an ihrer Seite, bekrittelt dies und bekrittelt das.

»Du mußt dich besser halten, freundlicher grüßen, du hast diese Dame nicht beachtet und warst mit jenem Herrn zu freundlich.« Schließlich ist sie doch eine Frau und Kaiserin, wenn sie auch noch vor ganz kurzem ein unbedeutendes kleines Prinzeßchen war. Unbeachtet ja, aber dafür auch freier und unabhängiger.

Auch für Freitag, den 28., sind in ununterbrochener Reihenfolge Deputationen und Empfänge angesetzt, aber Elisabeth streikt. Sie ist müde, nervös und will Ruhe haben. Erzherzogin Sophie findet das ungehörig, aber Franz Joseph versteht es, gibt seiner jungen Frau recht, bestellt die Empfänge ab und führt Elisabeth statt dessen selbst kutschierend mittags in den Prater. Mit Blitzeseile verbreitet sich die Nachricht davon, und ganz Wien strömt zur Hauptallee. Der Kaiser muß einen großen Umweg machen und die Allee schleunigst verlassen, wenn er mit seiner jungen, anmutigen Frau eine halbe Stunde in Ruhe frische Luft genießen will.

Die Feierlichkeiten sind Elisabeth im allgemeinen wohl ein Greuel, aber eine davon, das Volksfest am 29. April, freut sie. Denn was der

Kunstreiter Renz da zeigt, erinnert sie an ihre liebe Heimat, an ihren Vater und seine Zirkuspassion in München. Renz strengt sich auch an. In glänzendem Zuge führt sein in mittelalterlicher Tracht gekleidetes Personal sechzig Pferde, herrliche Tiere aller Rassen, durch den Prater. Auf dem Feuerwerksplatz nächst dem Dritten Kaffeehaus hält der Zirkuskönig an. Auf zwölf Schimmeln und zwölf Rappen wird eine Quadrille geritten. Am Schluß bilden alle Reiter einen Halbkreis, und während vierundvierzig Luftballons in den abenteuerlichsten Menschen- und Tierformen in die Lüfte steigen, reitet Herr Renz einen herrlichen Araber-Schimmelhengst in der Hohen Schule vor. Sonst kann Elisabeth das Ende aller Feste kaum erwarten, diesmal ist sie nicht wegzubringen, und als der Kaiser sie mahnend drängt, sagt sie ihm auf der Heimfahrt: »Zu schön, nein, zu schön. Den Mann muß ich kennenlernen.«

Elisabeth ist ein Kind, ein rührend liebes, und blutjung, vielleicht zu jung für das heiße, stürmische Liebeswerben ihres Mannes. Aber am härtesten empfindet sie es, daß sie am Morgen, da sie ihrem Gatten ganz gehörte, auf Wunsch der Erzherzogin Sophie wie an jedem anderen Tage beim gemeinsamen Familienfrühstück erscheinen muß. Elisabeth wehrt sich, ihr ist das gräßlich[1], sie glaubt diese Qual nicht über sich bringen zu können, aber Kaiser Franz Joseph ist noch so gewohnt, seiner Mutter zu folgen, daß er selbst da keinen Einspruch wagt. Er fürchtet, daß bei einer Weigerung eine Szene zwischen Mutter und Schwiegertochter entstehen könnte, und bittet Elisabeth, doch zu kommen, und sie beugt sich und erscheint.

Aber es ist ihr furchtbar, weinend und nervös kehrt sie in ihr Gemach zurück, während Sophie nicht verfehlt, ihren Sohn auszufragen nach allem und jedem.

Überhaupt, Elisabeths Gemahl ist den ganzen Tag beschäftigt, sie sieht ihn wenig, und was sonst ihre Umgebung ist, gehört zum Kreis ihrer Schwiegermutter. Die Oberhofmeisterin und die Hofdamen sind Elisabeth wie alle und alles völlig fremd. Keine einzige Dame aus der Heimat hat sie mitnehmen dürfen, man hat das von Haus aus verhindert, und so fühlt sich die junge, kleine Kaiserin, wenn ihr Gemahl nicht bei ihr weilt, einsam, verlassen, jener geheimen Macht ausgeliefert, die ihre Schwiegermutter darstellt und die sich gleich in den ersten

[1] Mündliche Mitteilung der Kaiserin Elisabeth. Tagebucheintragung der Gräfin Marie Festetics, Ischl, 15. Oktober 1872. F. F. A.

Tagen ihrer Ehe so schwer fühlbar machte. Denn sofort zeigt sich, was schließlich zu Kampf und Streit führen muß. Erzherzogin Sophie ist gewöhnt, mit ihrer ausgesprochen energischen Persönlichkeit die Individualität aller Menschen um sie herum zu brechen. Aber obwohl Elisabeth erst sechzehn Jahre alt ist, hat sie doch einen ganz bestimmten Willen und einen unbändigen, in der Heimat ausgebildeten, vom Vater her ererbten Freiheitsdrang. Und nun, keinen Schritt darf sie tun, ohne daß ihre Schwiegermutter davon weiß. Im einsamen Laxenburg muß sie von früh bis abends geschmückt und tadellos angezogen sein, denn es könnte sie jemand sehen, darf das und jenes nicht tun, weil es die Etikette verwehrt und weil es einer Kaiserin nicht ziemt. Gewiß, Sophie meint es gut, das ist gar kein Zweifel. Sie ist weitblickend und denkt politisch, und das ist so ziemlich das, was der jungen Kaiserin am allerwenigsten liegt. Elisabeth sieht sich förmlich eingeschlossen in Laxenburg; wenn der Kaiser den Tag über drinnen in der Hofburg arbeiten muß, ihr ist so bange in dieser kalten, fremden Welt. Sie hat sich immer gefürchtet, aber sich doch alles ganz, ganz anders vorgestellt. Ihre Heimat und ihre Geschwister fehlen ihr. Wehmütig denkt sie an das sorglose Dasein in Possenhofen, das so natürlich und einfach war, und jetzt ist alles, das ganze Leben, eine Kette von verwickelten Zeremonien. Es handelt sich nicht um das Sein, das Scheinen ist alles, und das ist so hart. Freilich, der Kaiser, der ist immer gut, lieb und reizend zu ihr, aber er versagt, wenn seine Mutter auftritt, und er ist ja auch so selten da.

Elisabeths Trost sind ihre Tiere, die sie teilweise noch aus Possi mitgenommen hat. Stundenlang kann sie vor den Käfigen ihrer Papageien sitzen und sich damit abmühen, ihnen Namen, ja ganze Sätze einzuprägen. Ein weiterer Trost ist das Dichten. Wie sie sich in Possi so oft zu ihrem kleinen Versbüchlein geflüchtet hat, so tut sie es anfangs auch in Laxenburg wieder, und während draußen die Natur sich mit frischer Blütenpracht zu schmücken beginnt, schreibt Elisabeth ihre »Sehnsucht« nieder[1]:

Es kehrt der junge Frühling wieder
Und schmückt den Baum mit frischem Grün
Und lehrt den Vögeln neue Lieder
Und macht die Blumen schöner blüh'n.

[1] Gedicht der Kaiserin Elisabeth. In ihrer Handschrift. Datiert April 1854. A. S.

Doch was ist mir die Frühlingswonne
Hier in dem fernen, fremden Land?
Ich sehn' mich nach der Heimat Sonne,
Ich sehn' mich nach der Isar Strand.

Ich sehn' mich nach den dunklen Bäumen,
Ich sehn' mich nach dem grünen Fluß,
Der leis in meinen Abendträumen
Gemurmelt seinen Abendgruß.

Abends, wenn ihr »trübes« Auge sieht, wie ihr alter, lieber Mond alles rings um sie mit seinem Silberschimmer erleuchtet, kommt es ihr vor, als fragte er sie, was ihr, die er doch sonst nie traurig gefunden, eigentlich wäre[1]. Das Heimweh überwältigt sie, und in einem Gedicht, das sie »Der gefangene Vogel« überschreibt, vergleicht sie ihr Leben von einst, da sie »durch Wald und Flur flog«, mit ihrem Käfig in Laxenburg[2]:

Umsonst muß ich zum Himmelsblau,
Gefangen, eingekerkert, schmachten.
Die Eisenstäbe kalt und rauh,
Mein bitt'res Heimweh schnöd verachten.

Im Seufzen springt bald meine Brust:
Ihr könnt mich lange nicht mehr halten. —
O überschwenglich süße Lust,
Die geist'gen Schwingen zu entfalten!

Fortwährende kleine Nadelstiche der Erzherzogin Sophie steigern die Unlustgefühle der kleinen Kaiserin, die von dem ungeheuren Wechsel in ihrem Leben noch ganz überwältigt ist. Sie kannte das kaum, was es heißt, wenn jemand einen von oben herab nörgelnd erziehen will. Wenn ihre Mutter selten genug einmal etwas ausstellte, so geschah es in freundlichster und zartester Weise. Erzherzogin Sophie aber ist von härterem Holze geschnitzt. Sie hält es für ihre Aufgabe und Pflicht,

[1] Nach einem eigenhändig niedergeschriebenen Gedicht der Kaiserin, das den Vermerk trägt: »Dieses Gedicht verfaßte ich im April 1854.« A. S.
[2] Gedicht »Der gefangene Vogel«, ungefähr aus der gleichen Zeit wie die vorigen. Von der Kaiserin eigenhändig. A. S.

aus einem kleinen Mädel, das sich ihr Sohn nun einmal eingebildet hat, eine pflichtbewußte Kaiserin zu machen. Bei aller Wohlmeinung ist die Art jedoch schroff, und Elisabeth ist überdies empfindlich wie eine Mimose. Wenn ihr einmal jemand nur ein wenig unfreundlich oder unlieb entgegenkommt, dann ist und bleibt der Betreffende ihr Feind. Was immer er auch später tun und sagen mag, sie wird es ebenso stets mit Mißtrauen und Abneigung aufnehmen, wie sie überströmend nett, ja zärtlich sein kann, wenn sie merkt, daß sie jemand wirklich liebt und schätzt. Diese Empfindlichkeit wird genährt durch das ihr ja doch innewohnende stolze Gefühl: »*Ich* bin die Kaiserin, die erste Frau im Lande, und niemand sonst.« Um so härter empfindet sie die Fesseln, die sich um sie legen, und sie redet sich in eine Seelenstimmung, ja in eine Verzweiflung hinein, die in Wirklichkeit gar nicht vorhanden ist, die sie aber zu fühlen glaubt. So entsteht genau vierzehn Tage nach der Hochzeit jenes bange Gedicht vom 8. Mai 1854, das man in seiner Bedeutung nicht überschätzen darf, das einer trüben Augenblicksstimmung sein Entstehen verdankt, aber immerhin zeigt, daß der Charakter dieses nunmehr zur Kaiserin erhobenen jungen Mädchens kein einfacher, alltäglicher ist, sondern zu Gefühlsausbrüchen neigt, die ihre Beziehungen zur Umwelt ernstlich gefährden können:

Oh, daß ich nie den Pfad verlassen,
Der mich zur Freiheit hätt' geführt.
Oh, daß ich auf der breiten Straßen
Der Eitelkeit mich nie verirrt!

Ich bin erwacht in einem Kerker,
Und Fesseln sind an meiner Hand.
Und meine Sehnsucht immer stärker —
Und Freiheit! Du, mir abgewandt!

Ich bin erwacht aus einem Rausche,
Der meinen Geist gefangenhielt,
Und fluche fruchtlos diesem Tausche,
Bei dem ich Freiheit! Dich — verspielt[1]*!*

Elisabeth muß dieses Gedicht wohl verschlossen halten, denn unabsehbar wäre es, wenn es ihrer Schwiegermutter in die Hände fiele. Sie

[1] Original in der Handschrift Elisabeths.

würde daraus Schlüsse ziehen, die weit über das hinausgehen, was man wirklich daraus folgern kann.

Alles verschwört sich gegen die junge Frau, um solche Stimmungen zu fördern. Auch das Wetter trägt dazu bei, Sisi den Aufenthalt in Laxenburg zu verleiden. Der Mai ist sonst immer die schönste Jahreszeit in Wien und Umgebung, diesmal aber regnet und stürmt es unausgesetzt, und die Heizanlagen in Laxenburg sind nicht gerade die besten.

Elisabeth verkühlt sich und hustet, und dies steigert ihre innere Unruhe. Nun merkt es auch schon Franz Joseph, und über wiederholtes stürmisches Bitten seiner Frau denkt er daran, sie möglichst bald nach Ischl zu bringen und Elisabeths Mutter und Schwestern dahin einzuladen, nach denen sie sich so sehr sehnt. Aber es fällt ihm persönlich schwer, er müßte sich ja zunächst für einige Zeit von seiner entzückend schönen jungen Frau trennen, die ihn trotz ihren Eigenheiten, trotz ihren Stimmungen und Klagen täglich mehr betört.

Vorläufig gibt eine gemeinsame Reise des Kaiserpaares in die Kronländer Böhmen und Mähren, die am 9. Juni 1854 angetreten wird, Gelegenheit, eine Zeitlang den so mißlichen Verhältnissen zu Hause zu entfliehen. Die herrlichen Feste, die man dem Kaiserpaare gibt, der Hochzeitszug aus der Hanna, jener Gegend Mährens, die sowohl durch die malerischen Gewänder der Bewohner als die Fruchtbarkeit des Landes berühmt ist, entzückt Elisabeth ebenso wie später in Prag das glanzvolle Ritterfest des Adels. Auf dieser Reise lernt sie ihre Aufgabe als Kaiserin kennen, besucht Klöster und Kirchen, Spitäler, Armen- und Waisenhäuser, vornehmlich jene, die für Frauen und Mädchen bestimmt sind. Ihre einfache, liebe Art und die süße Anmut ihrer Erscheinung bezaubern dabei und reißen jedermann zu jubelnder Huldigung hin. Wie beneidet man die jugendschöne, reizend gekleidete Kaiserin, die erste Frau des Landes, und ahnt dabei nicht, wie sie sich daheim bedrückt fühlt.

Elisabeth kehrt zurück, der Kaiser bleibt noch eine Zeitlang Wien fern, da erhält er am 29. Juni 1854 einen Brief von Sophie, der unendlich charakteristisch ist für das Verhältnis zwischen Mutter und Sohn und dafür, wie weitgehend sich die Erzherzogin um alles kümmert. Bei Elisabeth haben sich Anzeichen gezeigt, die auf gewisse Hoffnungen hindeuten, und sofort gibt Mutter Sophie ihrem Sohne Verhaltensmaßregeln und bittet ihn, den stürmischen Liebhaber seiner Frau, inständigst, sie zu schonen.

»Auch glaube ich[1]«, schreibt sie, »daß Sisi sich nicht zu sehr mit ihren Papageien abgeben sollte, da zumal in den ersten Monaten man sich so leicht an den Tieren verschaut, die Kinder Ähnlichkeit mit ihnen erhalten. Sie sollte lieber sich beim Spiegel und Dich anschauen. *Dies* Verschauen lass' ich mir gefallen.«
Diese wahrhaft mütterliche Sorge der Erzherzogin Sophie ist ja aufs beste gemeint, aber sie mengt sich zu sehr in alles. Sie ist auch fast immer da, wenn der Kaiser in Laxenburg weilt, sie hat Angst, daß die schöne, junge Frau ihren Gemahl allzusehr an sich fesselt, zu großen Einfluß auf ihn gewinnt. Sophie weiß das kindliche Wesen ihrer Nichte absolut nicht zu schätzen, sie macht aus Elisabeths harmlosem Vergnügen an Natur, Pferden, Hunden und Vögeln eine Sünde und ist immer gleich mit Ermahnungen bei der Hand[2]. Elisabeth ist in ihrem Zimmer nie sicher, Erzherzogin Sophie kommt jeden Augenblick herüber, um nachzusehen, was sie tut, und die kleine Kaiserin empfindet das als Ausspähen und Ausspitzeln. Sie klagt, daß die Erzherzogin die kleinste Sache immer zu einer Staatsaffäre aufbauscht und sie, aber auch sogar den Kaiser manchmal wie Schulkinder beschimpft.
Elisabeth übertreibt schon, sie redet sich in einen förmlichen Haß gegen die Schwiegermutter hinein, der sie sich rettungslos ausgeliefert fühlt. Und die junge Frau geht in ihr Zimmer, legt am Schreibtisch den Kopf auf die Arme und weint herzzerbrechend. Jahre später klagt sie darüber, welch ein Leben sie da geführt[3], wie verlassen sie sich gefühlt habe. Der Kaiser kann natürlich tagsüber nicht da sein, er fährt immer zeitig früh nach Wien, um sechs Uhr erst kehrt er zum Abendessen zurück. Elisabeth will nach Wien, ihm nachfahren, da sagt Sophie: »Es ist unschicklich für eine Kaiserin, ihrem Manne nachzulaufen und dort- und dahin zu kutschieren wie ein Fähnrich.« Einmal bittet aber Elisabeth ihren Gemahl doch, sie mitzunehmen. Er stimmt zu, sie ist glücklich darüber und sieht endlich die Schwiegermutter einen ganzen Tag nicht. Es tut so gut, wenigstens einmal vierundzwanzig Stunden diesem »traurigen Ort« Laxenburg fern zu sein. Aber kaum sind die jungen Eheleute am Abend zurückgekehrt, kommt Erzherzogin Sophie schon herübergestürzt, macht ihnen die größten Vorwürfe, ja »beschimpft« sie sogar,

[1] Erzherzogin Sophie an Kaiser Franz Joseph, 29. Juni 1854. E. A. S. W.
[2] Diese Darstellung stützt sich auf persönliche Erzählungen der Kaiserin gegenüber ihrer Tochter Erzherzogin Marie Valerie und der Gräfin Festetics, die sich in den Tagebüchern dieser beiden Damen erwähnt finden.
[3] Tagebucheintragung der Gräfin Marie Festetics vom 26. Juni 1873. F. F. A.

will man Elisabeths Versicherungen vollen Glauben schenken. Dann natürlich geschieht es nicht mehr, und sie bleibt in Laxenburg eingeschlossen. Obwohl heller Sonnenschein und blauer Himmel durch die Fenster hereinsehen, erscheinen ihr die Räume des Schlosses traurig, düster und kalt. Die junge Kaiserin vergißt völlig, daß das nicht alles Schikane der »bösen« Frau ist, wie sie Sophie nennt, sondern daß dem Sorge um das Kind zugrunde liegt, das nun keimt und dessen kostbares Leben vielleicht einmal jenes des ersehnten Thronerben sein wird.
Die Gedankengänge der Erzherzogin liegen der Kaiserin völlig fern. Während des ersten Aufenthaltes nach der Hochzeit war ein Teil des Gartens von Laxenburg für die übrige Welt abgesperrt und stand ihr ausschließlich zur Verfügung. Eines Tages merkt sie, daß die Sperre aufgehoben ist und das Publikum nunmehr fast bei den Fenstern des Schlosses hineinsehen kann. Daraufhin geht Elisabeth kaum noch in den Garten, einmal, weil es sie langweilt, sich immer schon in aller Früh so herauszuputzen und jemand rufen zu lassen, der dann jede ihrer Bewegungen beobachtet, und außerdem, weil es sie stört, wenn jeder sie so ansieht, nun, da sie in anderen Umständen ist. Sowie aber die Erzherzogin merkt, daß Elisabeth nicht mehr hinuntergeht, kommt sie herüber, schleppt die Kaiserin in den Garten und erklärt ihr, es sei ihre Pflicht, ihren Zustand vor aller Welt zu »produzieren«, damit sich das Volk des zu erhoffenden Ereignisses freuen könne. Das ist der jungen Kaiserin, wie sie sagt, »ganz gräßlich«, ihr ist es überhaupt peinlich, angestarrt zu werden, aber unter solchen Umständen unerträglich. Da findet sie es verhältnismäßig noch als eine Wohltat, allein drinnen im Schloß bleiben und weinen zu können. Elisabeth ist verzweifelt, aber sie verbirgt das noch möglichst vor ihrem Gemahl, um ihn nicht zu kränken. Sie weiß ganz genau, wie sehr er von seiner Mutter abhängt, aber auch wie sehr er sie liebt, und will ihn möglichst nicht zwischen zwei Feuer bringen. Im Grunde, sagt sie sich, »leidet« auch er unter dem Übergewicht der Mutter genauso wie sie, traut sich aber doch nicht, etwas zu sagen. Erzherzogin Sophie berät ja ihren Sohn in allem und jedem, auch in der großen Politik, in der sie die eingeschlagene rußlandfeindliche und doch nicht ganz zu den Westmächten neigende Richtung billigt und den jungen Kaiser darin bestärkt, sich vom so viel älteren Zaren völlig unabhängig zu halten. Es wird sich ja erst später zeigen, daß man sich auf diese Weise zwischen zwei Sessel setzt und alle Freunde verliert. Vorläufig sieht es so aus, als sei man mächtig genug, um auch dem Zaren ein Paroli zu bieten. Elisabeth mischt sich gar nicht

ein. Davon versteht sie absolut nichts und denkt, daß ihre Schwiegermutter vielleicht hierin wenigstens die richtige Meinung hat.
Überdies hat die Kaiserin nun genug mit ihrem Zustand zu tun. Die normalen Erscheinungen der Schwangerschaft treten auf. Ende Juli geht es nach Ischl, wo Erzherzogin Sophie die Villa Marstallier für ihr junges Paar gekauft hat, die allmählich zur »Kaiservilla« ausgebaut wird. Dort findet Sisi zu ihrer Freude ihre Mutter, Karl Theodor und Nené. Nun ist Erzherzogin Sophie nicht mehr imstande, so sehr in das tägliche Leben der Kaiserin einzugreifen wie in Laxenburg. Der Sommer vergeht rasch, und auch im Winter erscheint Elisabeth, angesichts des zu erwartenden freudigen Ereignisses, nirgends. Sie und mit ihr ihr Gemahl hoffen sehr, daß es gleich ein Knabe sein werde, aber es ist eine Enttäuschung. Am 5. März 1855 wird als erstes Kind des Kaiserpaares ein Mädchen geboren, das — Elisabeth wird gar nicht gefragt — selbstverständlich den Namen der Mutter des Kaisers erhält. Sie ist Taufpatin, und Sophie heißt das Kind, das unter endlosen Zeremonien und großem Pomp getauft wird. Die Diplomaten aller Länder wohnen der Feier bei, nur einer fehlt, der Vertreter Rußlands, dessen Zar, über die Haltung Österreichs und seines Kaisers erbittert, selbst an einem so unpolitischen Familienfeste nicht beteiligt sein will. Elisabeth freut sich unendlich auf ihr erstes, liebes Kind, aber auch da macht sie die Rechnung ohne ihre Schwiegermutter. Alle Anordnungen trifft Erzherzogin Sophie. Die Umgebung der Kleinen wählt sie aus, kaum je kann die Mutter allein bei ihrem Kinde sein. Was die Kaiserin sagt und anordnet, ist am nächsten Tag widerrufen, und anstatt eine Quelle der Freude zu sein, ist das Kind nur ein neuerlicher Anlaß zu Widerspruch, Kampf und Streit.
Da es Elisabeth gar nicht freut, immer nur mit ihrer Schwiegermutter bei ihrem Töchterchen zu sein, gibt sie schließlich den Kampf auf und geht selten hinauf zu der Kleinen, die bezeichnenderweise nicht in unmittelbarer Nähe ihrer Räume einquartiert ist. Nach außen werden diese Verhältnisse sorglich geheimgehalten. Das Volk ahnt nichts von der wahren Lage. Man sieht nur die strahlende Schönheit der Kaiserin, die herrlichen Kleider, die sie trägt, den Prunk und den Glanz, mit dem sie überall erscheint. Bald häufen sich Bitten um Fürsprache beim Kaiser, und man legt sich dafür im Sekretariat der Kaiserin die Formel zurecht: »Ihre Majestät nimmt keinerlei Einfluß.« Im Sommer des Jahres 1855 steht überdies die Frage des Konkordates auf der Tagesordnung. Elisabeth ist eine gläubige Katholikin, hört fast täglich die Messe

und ist weit davon entfernt, etwas gegen die Religion tun zu wollen. Aber sie beobachtet dabei genau, welch ungeheuren, auch politischen Einfluß der Klerus bei ihrer Schwiegermutter besitzt und insbesondere, wieviel Fürsterzbischof Rauscher bei Hofe mitzusprechen hat. Sie wundert sich nicht, als es bald darauf im Sommer 1855 zum Abschlusse des Konkordates kommt, das der Kirche unendlich wichtige und überragende Rechte und Gewalten des Staates überträgt. Elisabeth hat das vage Gefühl, daß sich ihr Gemahl dabei zu weitgehend seiner Herrscherrechte begeben hat.

Franz Joseph tut nach wie vor, was er seiner Frau an den Augen ablesen kann, und forderte sie daher auf, am 21. Juni des Jahres 1855, seit ihrer Hochzeit zum erstenmal, in ihre geliebte Heimat zu reisen. Die ganze herzogliche Familie fährt ihr entgegen und holt sie freudig und begeistert nach Possi ein. Statt des lieblichen, aber zarten und unfertigen Mädchens, das dereinst das Schloß verlassen, ist nun eine bezaubernd schöne, anmutige und würdevoll auftretende junge Frau zurückgekehrt. Ihre Gesundheit ist ausgezeichnet, und in Possenhofen kann man sie täglich bei jeder Witterung, auch bei strömendem Regen, an den Ufern des Starnberger Sees spazierenreiten sehen. Die Mutter bestürmt Elisabeth, ihr zu sagen, wie sie sich fühle, was sie erlebt habe, was sie bedrücke, und ihr und Nené klagt Elisabeth ihr Leid über die Mutter des Kaisers. Nené schien sie in der ersten Zeit gleichsam etwas abbitten zu müssen, und nun ist doch alles so anders geworden, und es wäre ihr viel leichter, wenn ihre Schwester dort ferne an der Donau weilen würde und sie dafür in ihrem Possenhofen bleiben könnte. Wenn nur der Kaiser und vor allem die kleine Sophie nicht wären; die Liebe ihres Gatten rührt sie, und ihr herziges kleines Kind geht ihr über alles, wenn sich auch zwischen diese beiden lieben Menschen und sie immer wieder jene Frau drängt.

Selbst wenn Elisabeth ferne weilt, muß sie auf Wunsch des Kaisers seiner Mutter über sich und das Kind brieflich berichten. Das lautet stets recht förmlich, beginnt mit der Anschrift: »Liebe Schwiegermutter« und endet etwa noch kühler: »Mit dem Kaiser Ihre Hände küssend, Ihre ergebene Schwiegertochter Elise[1].«

Nicht »Liebe Mama«, nicht »Sisi«, ein paar sachliche Sätze, das sind Elisabeths Briefe an Erzherzogin Sophie.

[1] Siehe z. B. Schnürer, a. a. O. S. 239. Kaiserin Elisabeth an Erzherzogin Sophie, Laxenburg, 14. August 1855.

Die Kaiserin kehrt nach Ischl und später nach Wien zurück, und das tägliche Leben und der tägliche Kampf nehmen ihren Fortgang. Einmal, am 14. Dezember 1855, erlebt sie einen jähen Schreck. Elisabeth fährt an diesem Tage im Vidererzug mit sonst sehr vertrauten Pferden hinaus nach Schönbrunn. Da, in der Mariahilfer Straße, verstrickt sich eines der Vorauspferde in die Zügel, die Tiere werden scheu, reißen die rückwärtigen mit, der Kutscher wird vom Bock herabgeschleudert, und herrenlos galoppieren die vier Pferde mit dem Wagen, in dem sich die Kaiserin und die Gräfin Bellegarde befinden, in wildem Tempo durch die Straßen. Schon will die Gräfin hinausspringen, aber Elisabeth, die schon einmal in Possenhofen in solcher Lage war, hält sie zurück. Der Wagen rast in eine Seitengasse, dort aber stellt der Kutscher eines gerade vorbeifahrenden Bauernwagens sein Gefährt quer über den Weg, die Pferde der kaiserlichen Equipage stürzen, die Deichsel bricht, aber Elisabeth und ihre Dame bleiben unverletzt. Blaß und erschüttert entsteigen sie dem zertrümmerten Wagen und fahren in einem Fiaker in die Burg zurück. Noch unter dem Eindruck der Szene erzählt Elisabeth dem tieferschrockenen Kaiser den glücklichen Ausgang des Zwischenfalls.

Im übrigen dauern die Unstimmigkeiten mit der Erzherzogin Sophie an. Sie hat die Tochter der Kaiserin förmlich beschlagnahmt. Die kleine Sophie ist innerhalb der Gemächer der Kaisermutter, in einem ganz anderen Stockwerke als Elisabeth, untergebracht. Will sie ihr Kind sehen, muß sie immer erst die Stiegen hinaufkeuchen und ist dann erst nicht allein mit dem Kinde, sondern sieht sich außer dem Erziehungspersonal und den Dienstleuten, der sogenannten »Kammer«, auch stets der Schwiegermutter, ja oft Fremden gegenüber, denen diese das Kind zu zeigen pflegt. Das ist besonders empfindlich in einer Zeit, da Elisabeth wieder hoch in der Hoffnung ist und ihr das Stiegensteigen schwerfällt. Sie hofft sehr, daß es diesmal ein Bub wird. Um sieben Uhr früh des 15. Juli 1856 geht die Geburt glücklich und glatt vor sich. Ganz traurig ist Elisabeth aber, als ihr Franz Joseph auf ihre bange Frage sagen muß, daß es wieder eine Tochter und kein Thronerbe ist. »Vielleicht«, sagt gütig scherzend der Kaiser, »weil du dem Rat jenes Rabbiners aus Pest nicht gefolgt bist, während der Geburt ein hebräisches Gedicht an deiner Tür anzuschlagen[1].« Taufpatin ist diesmal die Mutter der Kaiserin, in

[1] Ratschlag des Rabbiners J. Alexandersohn aus Pest, 2. Juli 1856. Privatsekretariat Ihrer Majestät (von nun an P. S. I. M.).

deren Vertretung Erzherzogin Sophie die Kleine über das Taufbecken hält.
Die Neugeborene erhält den Namen Gisela nach jener bayrischen Prinzessin Gisela Elisabeth, die im Jahre 955 dem damals noch heidnischen Ungarfürsten Waik aus dem Hause der Arpáden, nachmaligem Stephan I. dem Heiligen, knapp nach seiner Taufe angetraut wurde, was den Ausgangspunkt der Christianisierung Ungarns bedeutete. Die ganze Monarchie ist gleich wie Franz Joseph enttäuscht. Man wünscht sich inständigst einen Thronerben, und dies zeigt sich auch in zahlreichen wohlgemeinten Ratschlägen aus der Mitte der Bevölkerung. Trotzdem ist die Anteilnahme an dem freudigen Ereignis rührend. Die Kaiserin ist starr vor Staunen, daß die anläßlich der Geburt aus allen Teilen des Reiches einlaufenden Geschenke ein ganzes Zimmer füllen.
Mit dem jüngsten Töchterchen Elisabeths geschieht jedoch dasselbe wie mit der kleinen Sophie. Es kommt einfach in die unter den Fittichen der Erzherzogin stehende »Kindskammer« und ist damit der Mutter ebenso weggenommen wie das erste. Der behandelnde Arzt Dr. Seeburger, dessen Anordnungen für die Kinder sklavisch befolgt werden müssen, ist vollkommen im Fahrwasser der Erzherzogin, deren Vertrauen er ebenso wie Grünne seine Stellung verdankt. Auch mit ihm gibt es fortwährend Zusammenstöße. Es erbittert Elisabeth maßlos, daß sie sich jedesmal ärgern muß, wenn sie ihre eigenen Kinder sehen will. Es ist ein unmöglicher, unnatürlicher Zustand, und Elisabeth dringt in ihren Gemahl, dem dadurch ein Ende zu machen, daß man Sophie und Gisela aus ihrer jetzigen Wohnung in der Burg in Gemächer übersiedelt, die in demselben Stockwerk liegen wie jene der Kaiserin und mit ihnen in direkter Verbindung sind. Und dies um so mehr, als die kleine Sophie öfters recht unwohl war und wiederholt erbrach, ohne daß Seeburger eigentlich recht wußte, warum. Der Kaiser, der seine nun nach dem zweiten Kinde mehr als je in höchster Schönheit prangende Gemahlin anbetet, gibt diesmal nach. Er schreibt seiner Mutter[1], er habe sich entschlossen, die Kinder in der Burg in den Radetzky-Zimmern einzuquartieren, weil sie geräumiger und praktischer sind und die Kaiserin keine Stiegen steigen muß, um hinzugehen. Der Brief geht am 30. August ab, weil beide sich ein wenig vor der Wirkung fürchten und das Kaiserpaar schon am 2. September eine lang geplante Reise durch

[1] Kaiser Franz Joseph an Sophie, Laxenburg, 28. August 1856. Schnürer, a. a. O. S. 254.

die Steiermark und Kärnten antritt. Wenigstens können sie diese zwölf Tage miteinander verleben, ohne daß sich die Schwiegermutter zwischen sie schiebt.

Der schönste Tag der Reise ist der Aufstieg auf den Großglockner. In Heiligenblut, einem der höchstgelegenen Orte der Welt, mit seiner entzückenden gotischen Wallfahrtskirche, wird Station gemacht. Die Kaiserin ist in ihrer Naturliebe überwältigt von dem herrlichen Panorama, das sich ihr bietet. Auch der Kaiser, der gleich ihr das Gebirge über alles liebt, ist entzückt und freut sich der Begeisterung seiner alle Welt durch ihre einzigartige Schönheit bezaubernden jungen Frau. Wie stets, wenn Franz Joseph dem unmittelbaren Einfluß seiner Mutter entzogen ist, gewinnt Elisabeth die Oberhand. Und es ist auch sehr nötig, denn auf den Brief vom 30. August sind knapp nacheinander zwei sehr erboste Briefe der Erzherzogin Sophie eingetroffen, die dem Kaiser noch auf der Reise zukommen. Sie ist empört über die Zumutung, daß die Kinder von ihr weggenommen und woanders untergebracht werden sollen. Eine bittere Spitze gegen die Kaiserin ist aus jedem Worte herauszufühlen. Ja, Erzherzogin Sophie droht, ihre jetzige Wohnung zu verlassen und ganz aus der Hofburg wegzuziehen.

Franz Joseph antwortet zunächst nicht. Selbst auf der Reise wird er mit aus Wien kommenden Aktenstößen geplagt, muß immer um vier Uhr in der Früh aufstehen und jeden freien Augenblick zu ihrer Erledigung benützen. Überdies schiebt man heikle Antworten auf unangenehme Briefe gern hinaus. Nun aber geht Franz Joseph daran. Zum erstenmal zeigt er sich widerspenstig gegenüber den Wünschen seiner Mutter. Es bleibt bei der Übersiedlung der Kinder. Der stichhältige Einwand, daß sie in der neuen Wohnung keine Sonne hätten, wird mit ein paar Worten abgetan und Erzherzogin Sophie inständigst gebeten, »Sisi nachsichtig zu beurteilen, wenn sie vielleicht eine zu eifersüchtige Mama sei, sie wäre ja doch eine so hingebende Gattin und Mutter«[1]. Dann wird ungeschminkt von dem peinlichen Gefühl des Elternpaares gesprochen, das das förmliche Einschließen der Kinder in der Wohnung der Erzherzogin hervorgebracht habe, und auch bemerkt, daß das viele »Produzieren« und dadurch Eitelmachen der Kinder auch ihm, dem Vater, ein Greuel sei.

Erzherzogin Sophie ist entsetzt, sie sieht schon, wie ihr Sohn ihrer

[1] Kaiser Franz Joseph an seine Mutter, Schönbrunn, 18. September 1856. Schnürer, a. a. O. S. 255.

Kaiserin Elisabeth
Nach dem Gemälde von Einsle, Lithographie von Dauthage, 1858

Porträt des Erzherzogs Franz Joseph
Kohlezeichnung von Leopold Kupelwieser, im Besitz des Verfassers

Herzogin Elisabeth im Alter von fünfzehn Jahren
Nach einer Lithographie von H. Kohler, 1852

Herzog Max in Bayern
Nach einem Aquarell

Herzogin Elisabeth im siebzehnten Lebensjahr
Gemälde von Dürck, 1854

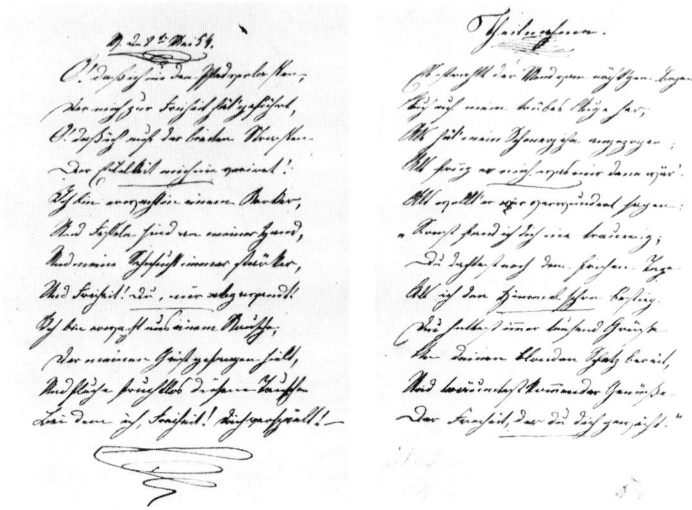

Aus dem Gedichtbuch der Kaiserin

Herzogin Elisabeth in der Brautzeit
Nach dem Kaiser Franz Joseph am Weihnachtsabend 1853 geschenkten Gemälde

Elisabeth als Braut zu Pferd in Possenhofen
Nach einem Stich von Andreas Fleischmann, Nationalbibliothek, Wien

Bildnis der Kaiserin Elisabeth
Lithographie von Eduard Kaiser, 1855, Nationalbibliothek, Wien

Macht langsam, aber sicher entrückt wird, auch vielleicht bald in anderen Dingen als diesen so höchst persönlichen. Elisabeth, die schöne Gattin, hat für den Augenblick gesiegt und die ehrgeizige Mutter dadurch ins Herz getroffen. Die Folge ist, daß das Verhältnis zwischen den beiden Frauen ein ganz unleidliches wird. Nun ist es schon ein Kampf der Mutter und der jungen Gattin um den Kaiser. Muß auch Sophie sehen, daß die schöne Frau steigenden Einfluß nimmt, so ist ihre Besorgnis, ihr Sohn werde auch in politischer Beziehung bald nicht mehr auf sie hören, zunächst noch unbegründet. Elisabeth versteht nichts von Politik und hat vorläufig gar keinen Ehrgeiz, sich dareinzumischen, und darum spiegeln sich in der Seele und in den Gedanken Franz Josephs nach wie vor die Überzeugungen seiner Mutter wider. Freilich, viel Erfolg haben diese bisher nicht errungen. Unwiederbringlich ist durch die Haltung im Krimkriege, der in diesem Jahre zu Ende gegangen, die Freundschaft Rußlands verscherzt. In furchtbarer Weise soll sich in der Zukunft der Ausspruch des russischen Botschafters Baron Meyendorff bewahrheiten, der schon 1854 bei seiner Abreise von Wien mit Kummer ausrief: »Mich dauert nur der junge Kaiser, denn seine Politik hat uns Russen so tief verletzt, daß er darauf zählen kann, keine ruhige Stunde mehr zu haben, solange er regiert[1].« Seit jenem Ausspruche ist Österreichs Politik Rußland gegenüber nicht freundlicher geworden. Aber auch der Traum der Erzherzogin Sophie, ganz Deutschland mit dem zentralisierten Österreich zu einem Siebzigmillionenvolk zu vereinigen, ist von seiner Verwirklichung weiter als je entfernt. Dabei gärt es im Innern des Kaiserstaates bedenklich. Dunkel und trüb ist die Aussicht in die Zukunft.

[1] Graf Lerchenfeld, bayrischer Gesandter in Wien, an seinen König, 16. November 1857. Bayrisches Geheimes Staatsarchiv.

IV

POLITIK DES LIEBREIZES

1856—1859

Angesichts der ungünstigen Weltlage Österreichs beginnt Kaiser Franz Joseph auf die Ratgeber zu hören, die da sagen, man müsse die zwei so verstimmten Länder Ungarn und das Lombardo-Venetianische Königreich auch seelisch wiederzugewinnen suchen.

Franz Joseph hat in Böhmen und Kärnten die Erfahrung gemacht, daß seine liebreizende Frau jeden entzückt, und hofft, es werde auch in Italien so sein. Elisabeth ist mit den Reiseplänen einverstanden, so wird sie die unleidlichen Zustände zu Hause auf einige Monate los. Auch kennt sie den wahren Stand der Verhältnisse dort unten nicht. Nur die Trennung von den Kindern gerade jetzt, so bald nach dem schwer erkämpften Teilsieg über die Schwiegermutter, ist ihr unsympathisch. Denn die bleiben ihr dann ganz ausgeliefert. Das Regime der Erzherzogin hat zudem nach Ansicht Elisabeths ihrer Tochter Sophie recht wenig gutgetan. Als sie von der Kärntner Reise zurückkehrte, fand sie die Kleine blaß und abgemagert. So beschließt die Kaiserin, sie auch wider den Rat ihrer Schwiegermutter nach Italien mitzunehmen und nur das Baby Gisela in Wien zurückzulassen.

Briefe aus Mailand aus dieser Zeit prophezeien zwar, die Reise werde glatt ablaufen, aber die politische Lage nicht viel geändert werden können. Die Italiener würden in ihrem planmäßigen Widerstreben und ohnmächtigen Haß gegen die österreichische Herrschaft verharren[1]. Trotzdem tritt das Kaiserpaar am 17. November des Jahres 1856 die Reise nach Venedig über Triest an. In Laibach besucht die Kaiserin unter anderem auch das Ursulinerinnenkloster. Kaum hat man sie darin ein wenig umhergeführt, erkundigt sich Elisabeth bei der Oberin, ob sie nicht etwa, gleich den Mohren ihres Vaters, auf den Sklavenmärkten

[1] Der bayrische Gesandte in Wien, Graf Lerchenfeld, an seinen König, 19. November 1856. Geheimes Bayrisches Staatsarchiv, München.

des Orients losgekaufte Negermädchen im Kloster habe. Auf die Antwort: »Ja, Majestät, drei«, läßt sie sie sogleich herbeirufen, schenkt ihnen Zuckerwerk, spielt mit ihnen, vergißt Oberin, Klosterschwestern, Kinder und Umgebung, und muß, da es schon höchste Zeit für andere Besuche ist, erst zum Aufbruch gemahnt werden. Die Obersthofmeisterin Esterházy, die ganz im Sinne der Erzherzogin Sophie denkt, ist etwas entrüstet. Elisabeth aber lacht nur, was die Empörung der Gräfin steigert. Während die kleine Sophie direkt nach Venedig vorausfährt, trifft das Kaiserpaar am 20. November auf der Triest überragenden Höhe von Opčina ein, wo sich überraschend der Ausblick auf die wunderschöne blaue Adria und die in strahlendem Sonnenglanz und Fahnenschmuck prangende Hafenstadt bietet. Wie überall, wo der Kaiser hinkommt, gibt es Empfänge, Paraden, Diners und Theater paré. Es schaut alles sehr glänzend aus, aber noch während der Vorstellungen bricht im Magistratsgebäude durch eine angeblich zufällige Entzündung der dort aufbewahrten, zur Beleuchtung am Abend bestimmten bengalischen Feuer ein ziemlich bedeutender Brand aus. Es herrscht zwar Bora, aber nicht allzu stark, immerhin muß sie als Grund für zwei weitere merkwürdige Zwischenfälle herhalten. Auf der »Galeggiante«, einem für Fahrten des Kaisers im Hafen bestimmten riesigen Prunkfloß, zerspringt plötzlich eine gewaltige Kaiserkrone aus Kristallglas in tausend Stücke[1].

Man verschweigt der Kaiserin zwar nach Tunlichkeit die Gerüchte, die von böswilliger Sabotage sprechen, aber man kann es ihr nicht ganz verbergen, daß schon in Triest nicht alles so ist, wie es sein soll. Wie wird es nun, denkt sie, erst in Venedig und Mailand werden?

In der Lagunenstadt haben Monate vorher fieberhafte Vorbereitungen für Empfang und Aufenthalt des Kaiserpaares eingesetzt. Dabei zeigten sich auch hier oft recht merkwürdige Schwierigkeiten. Der königliche Palast muß instand gesetzt werden, und es ergibt sich die Notwendigkeit, im großen Speisesaal einen Teppich aufzulegen. Der Raum ist in Weiß und Rot gehalten, und geheimnisvolle Einflüsse bewirken, daß dazu grünes Tuch benützt wird. Erst als man damit fertig ist, merkt die Behörde, daß der ganze Saal nun in den Farben der italienischen Trikolore prangt[2].

[1] Nach den Berichten des Hofsekretärs H. v. Raymond, Triest, 21. und 23. November 1856. Wien, Staatsarchiv.

[2] Hofquartiermeister v. Heidt nach Wien, Venedig, 14. November 1856. Wien, Staatsarchiv.

Zur Not ist alles fertig geworden, da trifft das Kaiserpaar am 25. November in Venedig ein. Auch hier muß es bei den Giardini pubblici eine zwar sehr prächtige antike Galeggiante besteigen, wie sie einst die Dogen bei feierlichen Anlässen benützten, aber sie ist ein bedenklich unsicheres, schwankendes Fahrzeug. Die Behörden haben alles getan, was in ihrer Macht steht, um eine möglichst glänzende Aufnahme vorzutäuschen. Der Empfang schiene ganz zufriedenstellend und prächtig, wenn nicht das Kaiserpaar, als es auf der Piazzetta landet, unter eisigem Schweigen der Kopf an Kopf dichtgedrängten Menge zur Markuskirche hinübergehen müßte. Kein einziges Evviva, nur Hoch und Hurras aus dem Munde heimischer Beamter oder Offiziere. Der englische Generalkonsul schüttelt den Kopf. »Das einzige Gefühl des Volkes«, meldet er nach Hause, »war nur Neugierde, die Kaiserin zu sehen, deren Ruf, wunderbar schön zu sein, natürlich auch bis hieher gedrungen ist[1].«
Von peinlichen Gefühlen beseelt, folgt Elisabeth ihrem Gemahl über die Piazza San Marco in die Kirche. Die Majestäten steigen dann im kaiserlichen Palast ab, einem geschmacklos eingerichteten wahren Labyrinth, in dem sich Elisabeth nur schwer zurechtfindet. Das Kaiserpaar ergeht sich oft in den Straßen Venedigs, aber zu Anfang wird jeder geringste isolierte Versuch, mit Hochrufen zu grüßen, von den Umstehenden sofort unterdrückt. Die Massen verharren in vorbedachtem Schweigen. Am meisten halten sich die großen Adelsfamilien der Stadt fern.
Am 29. November gibt das Kaiserpaar einen Empfang. Dabei zeigt es sich, daß die Pisani, Dolfin, Giustinian und viele andere fehlen. Von 130 Patriziern erschienen nur 30, um dem Kaiser ihren Respekt zu bezeigen. Die Damen kommen zahlreicher, aber sie werden lange an dieses Fest denken. Die schönen Frauen mit den großen historischen Namen sind gezwungen, nach dem Aussteigen aus den Gondeln in ihren prachtvollen Hoftoiletten noch zweihundert Meter durch dichtgedrängte Massen Volkes zu gehen, bevor sie die Tore des Palastes erreichen. Dabei bekommen sie die bittersten Beleidigungen und Schimpfworte zu hören. Elisabeth bleibt das alles nicht verborgen. Sie spürt die eisige Atmosphäre bei ihrem Erscheinen im Teatro Fenice, wo kaum jemand grüßt und die Logen der vornehmsten Familien leer bleiben. Kaiser und Kaiserin wundern sich nicht, sie waren auf dergleichen gefaßt, und nun

[1] Britischer Konsul G. Harris an den Earl of Clarendon, Venedig, 26. November 1856. London, Record-Office.

ist es ihre Aufgabe, die Leute, soweit möglich, eines Besseren zu belehren. Was Elisabeth mit ihrer Liebenswürdigkeit und ihrem Charme tun kann, das geschieht. Dabei fällt es ihr schwer, sich mit den Leuten zu verständigen. Der Prinz Alexander von Hessen, Bruder der Zarin von Rußland, der in der österreichischen Armee in Italien dient, findet die Kaiserin zwar »jolie comme un coeur«, lächelt aber über ihre kleinen, eingelernten italienischen Phrasen ebenso wie über ihr recht wenig geläufiges Französisch[1]. Für ihre Frauenschönheit aber sind die Venezianer trotz aller politischen Einstellung nicht unempfindlich. Je länger das Kaiserpaar in der Stadt weilt, desto wärmer wird die Bevölkerung. Dort und da beginnt man schon freundlich zu grüßen. Als am 3. Dezember Amnestiedekrete erlassen und die Güter politischer Flüchtlinge freigegeben werden, gestaltet sich die Lage wirklich wesentlich besser. Tags darauf werden Franz Joseph und Elisabeth im Teatro Fenice sogar mit lautem und wiederholtem Beifall empfangen.

Nette kleine Vorfälle, die bekannt werden, tun das Ihrige, um die Stimmung zu verbessern. Einmal, bei einem Spaziergang des Kaiserpaares auf einem der Plätze Venedigs, nähert sich ein Mann mit einer Bittschrift. »Geben Sie das im Palais ab«, meint der Kaiser. »Ich habe das schon einmal versucht, Majestät, bin aber zurückgewiesen worden«, erwidert der Bittsteller, ein ehemaliger Offizier namens Jura, der wegen Teilnahme an der Revolution vom Jahre 1848 seine Majorspension verloren hat. »Hier ist kein Platz für Geschäfte«, sagt der Kaiser, »kommen Sie einmal zu mir ins Schloß.«

»Da wird man mich wieder nicht hineinlassen«, versetzt der Offizier.

Schon will der Kaiser weitergehen, da sieht ihn Elisabeth mit bittendem Blick an und sagt: »Gib dem Mann doch einen deiner Handschuhe, dann werden wir Befehl geben, dessen Besitzer hereinzulassen.« So geschieht es, der Major erhält seine Pension wieder, die Sache spricht sich schnell herum und wird sympathisch beurteilt[2].

Auch der englische Generalkonsul vermerkt diese Besserung der Gefühle, die er der Jugend, der erlesenen Schönheit der Kaiserin, ihrem Charme und ihrer Liebenswürdigkeit zuschreibt, »aber es bleibt doch alles«, meldet er, »ganz unabhängig von der Politik[3]«. Auf diesem Ge-

[1] Tagebuch Alexanders von Hessen. Erbach-Archiv.

[2] S. H. Seymour an den Earl of Clarendon, Wien, 14. Dezember 1856. Record-Office, London.

[3] G. Harris an Lord Clarendon, Venedig, 17. Dezember 1856. London, Record-Office.

biet kann auch die sympathische Art des Kaiserpaares nun einmal nichts ändern. Elisabeth fühlt sich in dieser Atmosphäre auch körperlich nicht wohl. Das matte Klima tut ihr nicht gut, und vor allem vermißt sie, die so gerne reitet und in Wald und Garten herumstreift, die körperliche Bewegung. Denn sie kann in Venedig nicht ausgehen, ohne von einer Menge Volkes fast erdrückt zu werden, und ist überdies immer der Gefahr eines Attentates oder einer Beschimpfung ausgesetzt. Aber dazu kommt es doch nicht.

Die Weihnachtsfeier ist nicht so einfach; eine Tanne ist in Venedig eine Kostbarkeit und muß dem botanischen Garten entnommen werden. Im allgemeinen sind Kaiser und Kaiserin mit ihrem Aufenthalt nicht ganz unzufrieden, aber sie hegen nicht unberechtigte Bedenken wegen der Weiterreise. Die Nachrichten über die Stimmung sind nicht gerade erfreulich. Der Mailänder Adel ist noch viel weniger verläßlich.

Neujahr wird noch in Venedig verbracht, dann geht es am 5. Jänner über Vicenza nach Verona. Überall das gleiche Bild. Die Landbevölkerung und die einfacheren Klassen in den Städten zeigen eine nicht unfreundliche Gesinnung, dagegen die höheren Mittelklassen und die höchsten Kreise überall wohlberechnete Kälte und Zurückhaltung. In Vicenza lassen sich überhaupt nur zwei Damen des Adels vorstellen, in Verona ist der Empfang etwas besser, aber ein Nationalfest, das am 9. Jänner gefeiert wird, das sogenannte Bacchanale dei gnocchi, wird zu dem Versuch benützt, das Kaiserpaar und die höchsten Beamten lächerlich zu machen.

Nach alter Sitte wird dabei unter dem Jubel des Volkes der höchste Beamte, in diesem Falle der Statthalter Baron Jordis, mit gnocchi gefüttert. Der empfindet das als einen zu schweren Schlag für seine Unnahbarkeit, doch selbst das Kaiserpaar stimmt in das allgemeine Gelächter ein. Erst als man auch ihm die gnocchi unter ironischem Jubel der Menge reicht, merkt man, daß man nicht nur Spaß und Maskenfreude meint, sondern der Würde des Kaiserpaares nahetreten will. Mit recht gemischten Gefühlen kehren Elisabeth und ihr Gemahl von diesem sonst so harmlosen Nationalfest in ihr Quartier zurück[1].

Am bösesten ist der Empfang am 11. in Brescia, wo Haynaus scharfes Vorgehen noch unvergessen ist. Eisiges Schweigen begleitet den kaiserlichen Zug bis zum Palazzo Fenaroli. Tränen treten der Kaiserin in die Augen, als sie den bekümmerten Ausdruck ihres Gemahls sieht.

[1] Prinz Alexander von Hessen, Tagebuch. Erbach-Archiv.

In Mailand[1] hat die Behörde indessen alles nur Menschenmögliche getan, um den Empfang nicht zu einem öffentlichen Skandal ausarten zu lassen. Auf die Landbevölkerung der Umgebung wird ein Druck ausgeübt, für diesen Tag in die Stadt zu gehen. An Tausende wird eine Lira pro Kopf ausgezahlt. Die Nachricht wird verbreitet, der Kaiser werde bei seiner Ankunft eine Amnestie geben und die Steuern herabsetzen. Neugierde und Schaulust tun ein übriges dazu.

Als das Kaiserpaar kommt, füllt eine Riesenmenge die Zufahrtsstraßen bis zum Palast. Ab und zu weht von den befehlsgemäß besetzten Balkons ein Sacktuch, doch nicht ein einziges »Evviva« erklingt. Gegen das Schweigen der ungeheuren Mehrheit der Zuseher bleibt die Polizei ohnmächtig. Am schwierigsten ist es, am Abend den Riesenraum der Oper, der weltberühmten Scala, zu füllen. Die Behörde hat Vorsorge getroffen, daß jeder melden muß, ob er seine Loge benützen werde. Andernfalls müssen Beamte oder Offiziere hinein. Die Mailänder Gesellschaft sendet ihre Dienstleute in die Logen, und auch bei den Vorstellungen und Empfängen erscheint nur ein Fünftel der hoffähigen Mailänder Adeligen. Elisabeth sieht dies alles mit kritischeren Augen an als ihr Gemahl. Franz Joseph hofft immer noch, daß die Schönheit und der Charme seiner Frau, für die auch die Mailänder nicht unempfindlich sind, sowie die Amnestie und der Steuernachlaß, die er auch hier gegen den Rat seiner Generäle gibt, ähnlich wie in Venedig einen Umschwung mit sich bringen werden. Doch in Mailand ändert das alles die Haltung der Gesellschaft nicht. Bei den Hofkonzerten ladet man, weil nur so wenige Damen des Adels erscheinen, noch 250 aus dem Bürger- und Handelsstande ein, aber auch von diesen kommen nur 26.

Herzog Karl Theodor, der Bruder der Kaiserin, bespricht mit ihr wiederholt den traurigen Stand der Dinge in den italienischen Provinzen. Oft und oft muß er erleben, wie die vor den Toren des Palastes und auf den Stufen des Domes herumstehende Menge bei der Ausfahrt der Kaiserin schweigt, ja nicht einmal den Hut lüftet.

»Obwohl der Besuch des Kaisers offiziell als ein sehr erfolgreicher dargestellt wird«, meldet der britische Generalkonsul, »bleibt doch die

[1] Für die Schilderung des Aufenthaltes des Kaiserpaares in Italien benütze ich mit Absicht vornehmlich die Berichte des englischen Generalkonsuls G. Harris an Lord Clarendon vom 15. Jänner, 8. Februar und 2. März 1857, London, Record-Office, weil man aus ihnen noch am ehesten die wahren Verhältnisse entnehmen kann. Die vorliegenden italienischen und österreichischen Berichte darüber sind natürlich zu stark gefärbt. Der Verf.

offen bekannte und an den Tag gelegte Abneigung des bedeutend größeren Teiles der wohlhabendsten und intelligentesten Lombarden eine Tatsache, die sehr ernst in Betracht zu ziehen ist.«

Erzherzogin Sophie hört daheim die Nachrichten aus Italien mit Sorge. Auch die scharfe Spannung zwischen ihr und ihrer Schwiegertochter ist ihr unangenehm, da sie mit ganzer Seele am Glücke und Gedeihen ihres Sohnes hängt und alles, was sie tut, doch nur diesem überstarken Muttergefühl entspringt. Nun versucht sie eine Annäherung und sendet der Kaiserin ein Bild der kleinen Gisela.

Elisabeth drängt nun schon nach Hause. Das Leben in der feindlichen Atmosphäre Mailands ist ihr höchst unangenehm, und außerdem sehnt sie sich nach ihrem kleinen Baby, das sie nun so lange nicht mehr gesehen hat. Am 2. März reisen Franz Joseph und Elisabeth von Mailand fort, die Straßen sind nicht belebter als gewöhnlich, die Bevölkerung mimt völlige Gleichgültigkeit. Noch aber kann man nicht direkt heimreisen, in verschiedenen Städten müssen Besuche mit den unvermeidlichen Festlichkeiten überstanden werden, deren Lästigkeit durch die feindseligen Gefühle der Bevölkerung verschärft wird. Das ewige Anziehen und Schmücken ist der Kaiserin schon zuviel, um so mehr, als die Mode der Krinoline die denkbar unbequemste ist. In Cremona zum Beispiel sitzt bei einem Diner Prinz Alexander von Hessen neben Elisabeth und schreibt dann belustigt seiner Schwester nach Petersburg[1]: »Der Umfang ihres Kleides war so kolossal, daß ich halb *darunter* saß!«

Auf der Rückfahrt bewundert das Kaiserpaar die mit Tausenden von Lämpchen beleuchtete Adelsberger Tropfsteinhöhle mit ihren Sälen, kühnen Brücken, gotischen Tempeln und Säulen. Dann geht es heimwärts.

Franz Joseph und seine Gemahlin sind froh, wieder zu Hause zu sein, sie sind wohl nicht beruhigt von dem, was sie gesehen, aber der Kaiser hofft, daß der Takt seines Bruders Max, den er nun als Gouverneur in Italien eingesetzt hat, mit Gottes Hilfe das dort so schwierige Terrain ebnen werde. Das Klima in Mailand ist etwas besser gewesen, und Elisabeth hat sich gesundheitlich sehr erholt. Auch der kleinen Sophie tat der Aufenthalt gut. Ärgerlich ist bloß die Behauptung der Mailänder, das Kaiserpaar hätte die Kleine nur als eine Art Versicherung gegen

[1] Prinz Alexander von Hessen an Zarin Marie von Rußland, 1857. Erbach-Archiv.

Attentate mit sich genommen. Elisabeth begrüßt ihr kleines Baby stürmisch, doch es hat sich nun während der Abwesenheit der Mutter ganz an Großmama gewöhnt. Elisabeth schmerzt das, und sie flieht verbittert zu ihren wahren Freunden, den Tieren aller Art. Sie umgibt sich mit großen Hunden und weilt am liebsten bei ihren Pferden, die sie reitet, füttert, betreut und deren einige ihr nachlaufen wie ihr Pudel.
Der Kaiser läßt dieser Liebhaberei seiner Frau freien Lauf, obwohl er besonders für Hunde gar nichts übrig hat und die großen Tiere mit ihrem unvermeidlichen Geruch ihm in den Zimmern herzlich unsympathisch sind. Aber er fügt sich still und sucht nur das allzu viele, stundenlange Reiten seiner Frau, gegen das Mutter Sophie immer so sehr wettert, durch zarten Zuspruch etwas einzudämmen. Elisabeth fällt es auf, wie schlecht die Erzherzogin auf alles Ungarische zu sprechen ist. Schon darum wird ihr Ungarn sympathisch, obwohl sie noch gar nicht dort gewesen ist. Auch ihre sonstige Umgebung bläst ins Horn der Erzherzogin Sophie: die Obersthofmeisterin Esterházy führt zwar als Witwe einen großen ungarischen Namen, aber sie ist eine Liechtenstein und hat mit Ungarn weiter nichts zu tun, und von der Ersten Hofdame Gräfin Lamberg, der Tochter des in Budapest ermordeten Generals, kann man wirklich keine freundliche Gesinnung für Ungarn verlangen. Elisabeths geheime Wünsche gehen dahin, sich einmal ihre Umgebung selbst auszusuchen, mit der sie tagaus, tagein von früh bis abends verkehren muß. Denn nirgends engen die Kaiserin die Fesseln der spanischen Etikette mehr ein als in ihrem täglichen Umgang. Die großen Adelsfamilien des Landes bilden eine förmlich undurchdringliche Mauer um das Kaiserpaar. Kaum jemand, der nicht zu ihnen gehört, und mag er persönlich noch so wertvoll sein, gelangt in die Nähe des Kaiserpaares. Wer zur Kaiserin kommen darf, ist ganz genau festgelegt, nur 23 den größten historischen Familien des Landes angehörende Herren und 229 Damen haben den sogenannten »großen Zutritt«, das heißt, sie dürfen, wenn Cercle gehalten wird, ohne weiteres zu beliebigem Zeitpunkt dabei erscheinen. Elisabeth ist das ein Greuel. Sie will mit jedem, der ihr gefällt, und mit jedem, der sie interessiert, sprechen können. Durch das fortwährende Nur-untereinander-Verkehren ist innerhalb der hohen Aristokratie vielfach ein Familiengespräch zur Gewohnheit geworden, das Elisabeth schon deswegen nicht interessiert, weil sie nicht in diesem Kreise aufgewachsen ist und erst von außen hineinverpflanzt wurde. Somit entsteht wie von selbst eine gewisse Spannung zwischen der Kaiserin und diesen hohen Adelskreisen, die auch politisch gesamt-

österreichisch-zentralistisch gesinnt sind und daher eher dem Anhang der Erzherzogin Sophie zuneigen, der scharf gegen die Kaiserin Stellung nimmt. Dazu gehört vor allem der maßgebende Mann in der Umgebung des Kaisers, der Generaladjutant Graf Grünne, der besonders in der Armee schon so allmächtig geworden ist, daß man vom Heere scherzt, es bestehe aus »grünnen«, aber nicht »schwarzgelben« Soldaten. In diesen Kreisen herrscht Antipathie gegen das Zentralösterreich widerstrebende Ungarn, das nach wie vor nicht einfach als Provinz im Gesamtstaate aufgehen, sondern wohl *mit* Österreich, aber gleichzeitig *neben* diesem einhergehen will.

Der Minister des Innern, Baron Bach, nach der Niederwerfung der Revolution der eigentliche Kopf der gesamtösterreichischen Idee, ist nun der Ansicht, man müsse etwas tun, um nach Italien auch Ungarn durch einen Besuch möglichst zu versöhnen und durch Amnestie und Entgegenkommen zu gewinnen zu suchen. Dabei aber soll die Grundidee unberührt bleiben; der Kaiser ist entschlossen, davon nicht um Haaresbreite abzuweichen. Man erhofft sich auch, dem Volkscharakter der Ungarn entsprechend, noch viel mehr als in Italien eine zündende Wirkung von der Schönheit und dem Liebreiz der Kaiserin. Vor der Abreise gibt es noch einen häuslichen Kampf. Elisabeth will die Kinder wenigstens nach Budapest mitnehmen, damit sie sie einmal beide ohne Mutter Sophie genießen kann, die sich natürlich hütet, ihren Fuß nach Ungarn zu setzen. Die Erzherzogin äußert Besorgnis für die Gesundheit der Kleinen, aber Elisabeth sieht dahinter nur wieder das altbekannte Streben ihrer Schwiegermutter, sie ihren Kindern zu entfremden, und setzt ihren Willen beim Kaiser durch.

Sowie man in Ungarn von dem in Aussicht stehenden Besuch hört, zeigt sich sofort Mißtrauen, das man gegenüber Österreich und seinen Herrschmethoden hegt. Aber wenn auch das Widerstreben gegen den Wiener politischen Kurs im Herzen eines jeden Ungarn glüht, gelingt es schließlich doch, beim Eintreffen des Kaiserpaares am 4. Mai 1857 auf der Donau in Ofen einen leidlich prächtigen, allerdings nicht herzlichen Empfang zustande zu bringen. Elisabeth ist entzückt von der landschaftlichen Schönheit der ungarischen Hauptstadt, begeistert von der persönlichen Bewunderung, die man ihr auf Schritt und Tritt trotz aller politischen Spannung entgegenbringt, geschmeichelt von dem unverhohlenen Entzücken, das ihre Schönheit in Adel und Volk hervorruft, besonders wenn sie zu Pferd im Stadtwäldchen oder bei den Paraden erscheint.

Obwohl die Zeit bis 13. Mai, die das Kaiserpaar in Budapest zubringt, mit Festlichkeiten aller Art, die Elisabeth so zuwider sind, mehr als je ausgefüllt ist, fühlt sie sich merkwürdig wohl hier, und die Sympathie für das ungarische Wesen, die ihr aus den Augen leuchtet, weckt wie von selbst Liebe und Herzlichkeit auf der Gegenseite. Es ist schon längst auch bis nach Ungarn gedrungen, daß zwischen der Mutter des Kaisers und Elisabeth Gegensätze bestehen, und da man die Einstellung der Erzherzogin Sophie kennt und ihre Rolle aus der Zeit der Revolution nicht vergessen hat, so regt sich in jedem Ungarn das dunkle Gefühl, daß man da an der Seite des Kaisers eine Freundin, ja vielleicht gar eine Bundesgenossin der ungarischen Nation gewinnen könnte, und man verdoppelt nun die Bemühungen, der Kaiserin den Aufenthalt angenehm zu gestalten. Gegen Franz Joseph ist man zurückhaltender. Er hat wohl eine Amnestie erlassen, aber den Hingerichteten kann man das Leben nicht wiedergeben, und der Kaiser widerstrebt immer noch den heißen Wünschen der Nation. Doch bleibt es schwer, seiner Gemahlin Liebe und ihm Abneigung zu zeigen. Wenn er auch die Annahme der Adresse von 127 konservativen Adeligen, die die Wiedereinführung der ungarischen Verfassung anregt, verweigert, so fällt auch auf ihn, wie Bach gehofft hat, ein Teil der seiner Frau zugedachten Herzlichkeit. Da tritt ein Ereignis ein, das den vor der Abreise von der Erzherzogin Sophie geäußerten Besorgnissen recht zu geben scheint. Am 13. Mai sollte die Reise des Kaiserpaares nach dem Inneren Ungarns fortgesetzt werden. Da erkrankt plötzlich die kleine Gisela an Durchfall und Fieber. Daraufhin wird die Reise aufgeschoben. Gisela gesundet verhältnismäßig rasch wieder, aber nun zeigen sich am 19. Mai bei der kleinen Sophie die gleichen Erscheinungen. Hofrat Seeburger behauptet zunächst, es käme vom Zahnen. Es ist aber schwer, anzunehmen, daß er recht hat, wenn sich mit Schleim und Galle vermengte Blutentleerung zeigt.

»Die Kleine schreit und weint immerwährend, daß es einem das Herz zerreißt«, schreibt Franz Joseph seiner Mutter. Sie sieht jämmerlich aus, und die Eltern sind in größter Bestürzung, besonders Elisabeth, die an den Streit in Wien vor der Abreise denkt. Sie sieht entmutigt in die Zukunft, insbesondere da sie von Seeburger nichts hält. Als aber scheinbar wirklich nachhaltige Besserung eintritt, gibt die Kaiserin den Vorstellungen Gehör, man solle doch reisen, das Land sei in hellster Erwartung, habe bereits die höchsten Aufwendungen für den Empfang gemacht, man dürfe es nicht enttäuschen.

Am 23. Mai wird die Fahrt nach Jászberény angetreten. Die Kaiserin hätte ihre Freude gehabt an den herrlichen Pferden, an den schönen Leuten in prächtigen Nationalkostümen, die überall den Weg säumen, wäre nicht die zehrende Sorge um ihre über alles geliebten Kinder gewesen. Als die hohen Besucher am 28. Mai in Debreczin eintreffen, erhalten sie ein Telegramm von Seeburger, der im Gegensatz zu all seinen bisherigen Voraussagen besorgniserregende Nachrichten über das Befinden der kleinen Sophie meldet. Sofort wird die Reise abgebrochen und auf schnellstem Weg die Rückfahrt nach Budapest angetreten. Kaum angekommen, eilt Elisabeth augenblicklich zu ihrem Kind und findet es sehr schlecht, schwach über alle Maßen, mit ganz matten Augen. Seeburger ist sehr kleinlaut, auf drängende Fragen erklärt er nur, er gebe die Hoffnung nicht auf.

Wilder Schmerz erfaßt die junge Mutter, und sie weicht von nun an keinen Augenblick mehr von dem Krankenbett der geliebten Kleinen. Doch kann sie dem fortschreitenden Verhängnis nicht wehren. Elf Stunden lang folgt die Kaiserin, bebende Angst im Herzen, den verschiedenen Phasen des Leidens und Sterbens des geliebten Kindes. Hilflos stehen die Ärzte dabei und sind mit ihrer Weisheit am Ende. Um halb zehn Uhr abends hat das kleine, bloß zwei Jahre alt gewordene Kind ausgerungen, und Elisabeth drückt ihm tränenüberströmt die Augen zu. »Unsere Kleine ist ein Engel im Himmel«, telegraphiert der Kaiser seinen Eltern[1], »wir sind vernichtet. Sisi ist voll Ergebung in den Willen des Herrn.« Das ist nun nicht ganz so. Elisabeth ist in hellster Verzweiflung, klagt sich und die Welt an, und es nützt nichts, wenn man ihr vorstellt, daß dieses Unglück überall eingetreten wäre und niemandem ein Vorwurf gemacht werden könne.

Die Reise in Ungarn wird aufgegeben und am 30. Mai nach Laxenburg zurückgekehrt. Der traurige Vorfall hat wenigstens in politischer Beziehung eine günstige Nachwirkung. Dem Kaiserpaar wird persönlich und menschlich überall auch dort warme Teilnahme entgegengebracht, wo man politischen Groll hegt, und den widerstrebenden Regungen in Ungarn ist für den Augenblick der Wind etwas aus den Segeln genommen.

Elisabeth weint von früh bis spät, spricht immer von ihrem Baby, und ganz besonders schrecklich ist ihr das Wiedersehen mit Erzherzogin Sophie. Obwohl diese sich angesichts des Schmerzes der Kaiserin takt-

[1] Schnürer, a. a. O. S. 2.

voll zurückhält, glaubt die Kaiserin doch, in jeder Anordnung und in jedem Worte der Erzherzogin den versteckten Vorwurf zu lesen, das Unglück wäre nicht geschehen, hätte man auf den weisen Rat der erfahrenen Frau gehört. Elisabeth ist erst neunzehn Jahre alt, aber sie hat den Eindruck, als wäre sie schon ein Jahrzehnt verheiratet. Deshalb versteht sie auch nicht, daß Sophie ihr gegenüber immer noch die Einstellung einer vernünftigen alten Mutter zu einem sehr hübschen, wohl hochgestellten, aber völlig unerfahrenen Kinde hat. Angesichts der Verzweiflung der Kaiserin entschließt sich ihre Mutter, mit den drei Schwestern nach Laxenburg zu kommen, um sie ein wenig aufzuheitern und zu zerstreuen. Es ist dies sehr notwendig, denn Elisabeths Schmerz nimmt zuweilen ganz ungewöhnliche Formen an. Sie hat Gesellschaft von jeher nicht allzusehr geliebt, jetzt aber läßt sie außer dem Kaiser überhaupt niemand in ihre Nähe, will fast immer allein gehen und reiten und zieht sich völlig in sich selbst zurück. In diesem Zustand kann man nicht daran denken, die Reise in Ungarn mit ihr wieder aufzunehmen, und der Kaiser entschließt sich zur Alleinfahrt, was natürlich lange nicht die gewünschte Wirkung hat.

Trotzdem ist Franz Joseph nun Ungarn gegenüber für scharfe Maßnahmen schwerer zu gewinnen als früher. Schon erleichtert man vielen Emigranten aus der Revolutionszeit die Heimkehr, und so kommt auch Graf Gyula Andrássy nach Ungarn zurück, der sein Exil inzwischen in nicht unangenehmer Weise in Paris verlebt hat. Von seiner Mutter reichlich mit Geldmitteln versehen, war der elegante junge Graf ein begeisterter Verehrer des schönen Geschlechts, ein gerngesehener Gast in den vornehmsten Häusern. Der junge Revolutionär wird von den Pariser Damen, die ihn »le beau pendu de 1848« nennen[1], sehr verwöhnt. Er beteiligt sich aber nicht mehr an den Londoner Wühlereien Kossuths gegen die Regierung Franz Joseph, ja er tritt öffentlich für Versöhnung zwischen seiner Heimat und Österreich ein.

Aufmerksam verfolgt man in Wien alles, was die Emigranten im Ausland tun. So vermerkt man mit Wohlgefallen, daß Andrássy in seiner Wut auf das im Jahre 1848 gegen sein Vaterland zu Felde gezogene Rußland darauf hinweist, daß Ungarn das höchste Interesse habe, das Zarenreich nicht zum Herrn der Donau und des Schwarzen Meeres werden zu lassen. Diese Ansicht Andrássys begegnet sich mit dem damaligen russenfeindlichen Kurs der Wiener Regierung. Indes hat der

[1] Eduard von Wertheimer, Graf Julius Andrássy, I, S. 58.

Graf im Jahre 1856 die reiche ungarische Gräfin Katinka Kendeffy geheiratet, deren Familie in Österreich als politisch einwandfrei gilt. So wird Andrássy, dem einst in effegie Gehängten, im Juni des Jahres 1857 straffreie Rückkehr und Aufhebung der über ihn verhängten Güterbeschlagnahme zugebilligt.

Im Schoße der kaiserlichen Familie wird all dies eifrig besprochen. So vergeht dieser traurige Sommer, und nur einmal kann eine Nachricht die düsteren Gedanken der Kaiserin verscheuchen, als sie nämlich hört, daß sich ihre Schwester Marie mit dem Kronprinzen Franz von Neapel und Sizilien verlobt hat.

Zu Hause aber bleibt Elisabeth nach wie vor in stetem, wenn auch verstecktem Kampf mit ihrer Umgebung. Sie versucht nach dem Tode ihrer Tochter den Hofrat Seeburger aus dem Sattel zu heben, aber Erzherzogin Sophie weiß das zu hintertreiben. Der Arzt bleibt und behandelt trotz aller Antipathie selbst die Kaiserin weiter, die sich zu dieser Zeit ein Überbein an der Hand zugezogen hat. Seeburger legt zwei Silberzwanziger darauf, verbindet die Hand sehr fest und hofft so, daß die Geldstücke durch ihren Druck das Überbein zum Verschwinden bringen werden. Elisabeth läßt sich das zwei Tage gefallen, dann hat sie die größten Schmerzen, wirft den famosen Geldverband weg und hilft sich durch einfaches Massieren. Im November übersiedelt das Kaiserpaar neuerdings innerhalb der Burg, da die alte Wohnung zu traurige Erinnerungen erweckt und sich als zu eng erweist. Die Kaiserin erhält das sogenannte Amalienappartement mit direktem Zugang zum Kinderzimmer. Dies ist jetzt besonders wichtig, denn Elisabeth ist seit dem Winter des Jahres 1857 wieder in Erwartung, und so kann sie sich entsprechend schonen. Auch Erzherzogin Sophie ist in der letzten Zeit liebenswürdiger gewesen, aber es nützt nichts mehr. Ihre viel zu häufige Anwesenheit bedrückt Elisabeth trotzdem.

Wieder kommen der Kaiserin aus allen Ecken und Enden der Monarchie Ratschläge zu, wie sie sich in der Schwangerschaft benehmen solle, damit das Kind ein Bub werde. Sie läßt sich diese immer vorlegen, denn ein bißchen abergläubisch ist sie und sehnt einen Sohn so innig herbei.

Alles Unangenehme muß man der Kaiserin nun sorglich fernhalten. So verheimlicht man ihr, daß am 16. August in Schönbrunn die Bewohner des Schlosses plötzlich morgens durch ein fürchterliches Krachen, das die Mauern erschütterte, aufgeschreckt wurden. Der große Luster im Zeremoniensaal war herabgefallen und lag in tausend Stücken am spiegelnden Parkett. Zum Glück nahm niemand Schaden. Das war in zwei

Jahren schon der zweite Fall. »Ich werde mich wohl hüten[1]«, meint der Oberhofmeister der Erzherzogin Sophie dazu, »bei Hofe unter einem Luster zu sitzen.« Elisabeth aber hätte dieses Ereignis bestimmt als eine schlechte Vorbedeutung gewertet.

Nun rückt der kritische Tag heran. Am 21. August wird plötzlich der Erzherzogin Sophie aus Laxenburg telegraphiert: »Ihre Majestät die Kaiserin geht zum Kinde.« Augenblicklich fährt die Mutter Franz Josephs hinaus und läßt als erste Maßnahme das Hochwürdigste in der Schloßkapelle aussetzen[2]. Es ist alles überraschend gekommen. Um zehn Uhr abends hat Elisabeth so starke Wehen, daß sie, die bei den ersten Kindern kaum gestöhnt hat, in ein herzzerreißendes Geschrei ausbricht, während die Kaiserinmutter und die Oberhofmeisterin Esterházy weinend auf die Knie fallen, um für sie zu beten[3]. Die Geburt ist eine sehr schwere. Endlich, um viertel elf Uhr abends, ist die arme Kaiserin befreit.

»Ist es ein Sohn?« fragt sie ängstlich mit matter Stimme.

»Die Hebamme Gruber weiß es noch nicht«, erwidert Franz Joseph in der Furcht, daß ihr auch die Freude schaden könnte. Darauf Elisabeth ganz kleinlaut:

»Ach, gewiß wieder ein Mädchen!«

»Nun, und wenn es ein Knabe wäre?«

Da geht ein Leuchten über Elisabeths liebliche Züge, und sie ist überglücklich. Sofort aber meldet sich wieder das Mißtrauen, sie fürchtet, daß man sie täuscht. Sie glaubt es erst, als sie ihren Kleinen selbst sehen kann.

Die ersten Tage erholt sich die Kaiserin nicht schnell, da der starke Andrang von Milch sie nicht zur Ruhe kommen läßt und ihr nicht gestattet wird, das Kind selbst zu nähren. Sie ist darüber ganz unglücklich und erbittert über Seeburger. Aber sonst freut sie sich unaussprechlich.

Franz Joseph möchte der jungen Mutter am liebsten alle Edelsteine der Welt schenken. Er findet seinen Sohn zwar nicht schön, aber »magnifique gebaut und sehr stark«. Wenn man ihm gratuliert, laufen ihm die Tränen der Freude nur so über die Wangen. Wäre es möglich gewesen,

[1] Graf Nikolaus Szécsen an seine Frau, geborene Gräfin Forgách, Schönbrunn, 16. August 1858. Szécsen-Archiv, Gyöngyösszentkereszt.

[2] Dto., Schönbrunn, 22. August 1858. Szécsen-Archiv, Gyöngyösszentkereszt.

[3] Graf Nikolaus Szécsen an seine Frau, Schönbrunn, 22. August 1858. Szécsen-Archiv.

die Liebe zu seiner entzückenden Frau hätte sich noch mehr gesteigert. Erzherzogin Sophie wird es nun schwerer haben. Die Stellung der Kaiserin bei ihrem Gemahl ist gefestigter als je. Aber das macht nichts. Die Mutter des Kaisers freut sich genauso wie Franz Joseph, ihr liegt ja doch vor allem anderen — und das hat Elisabeth nie so recht verstanden — die Zukunft und das Glück ihres Sohnes und ihres Reiches am Herzen. Und in diesem Kinde sieht Sophie die beste Gewähr dafür und will nun alles tun, um es nach ihrer Art aufzuziehen, zu beeinflussen und zu formen, wie sie es einst bei ihrem Sohne getan und es für einen Kronprinzen allein für möglich und notwendig hält.
Zu den pädagogischen Eigenschaften der Kaiserin hat sie vielleicht mit einigem Recht kein allzu großes Vertrauen, geht aber darin entschieden zu weit, wenn sie den Einfluß der Mutter gänzlich unterbinden will. Darin liegt bei dem so wenig schmiegsamen Charakter der Kaiserin für die Zukunft Konfliktstoff in Hülle und Fülle.
Alle Beteiligten meinen es gut, jeder glaubt im Recht zu sein, und dennoch zieht jeder den Strang in eine andere Richtung.

V

DER ITALIENISCHE KRIEG UND DIE KRISE VON MADEIRA

1859—1862

Elisabeth hat in der Fremde niemals den innigen Zusammenhang mit dem Elternhaus verloren. Eine ihrer Schwestern heiratet nach der anderen. Zuerst Helene im August 1858 den Erbprinzen Maximilian von Thurn und Taxis, einen der reichsten Fürsten des Landes, und dann ihre Schwester Marie den Kronprinzen von Neapel und Sizilien. Über diese Ehe herrscht große Freude im herzoglichen Haus, da wieder eine Tochter des Herzogs Herrscherin eines europäischen Staates wird. Sie ist nicht so schön wie die Kaiserin, aber in der Gestalt ähnelt sie ihr sehr und ist dabei eine energische, willensstarke Frau. Elisabeth begleitet sie bis nach Triest und sieht kopfschüttelnd der Schlußzeremonie der Übergabe ihrer Schwester an einen königlich neapolitanischen Kommissär zu, der sie zu ihrem Gemahl nach Neapel zu bringen hat. Im großen Saal des Regierungspalastes in Triest wird ein Band gelegt, das symbolisch die Grenze zwischen den beiden Staaten Bayern und Neapel vorstellt. Auf der einen Seite steht der übergebende Graf Rechberg, auf der anderen der übernehmende Herzog von Serra Capriola. Marie erscheint, überschreitet die »Grenze«, und der neue Hofstaat tritt in seine Rechte.

Elisabeth will soweit als möglich ihrer Schwester die Fahrt in ein unbekanntes Land, zu einem mehr oder weniger ganz Fremden, der jetzt ihr Gemahl wird, erleichtern. Bei Marie kann man von Liebe oder Zuneigung gar nicht reden, ja das erste Zusammentreffen des Ehepaares in Neapel verläuft geradezu peinlich. Marie kann nicht Italienisch, der Kronprinz kein Wort Deutsch, kaum Französisch. Aber selbst wenn sie sich verstünden, wüßten sie nicht, was sie sich sagen sollten. Elisabeth gelobte sich im stillen, ihr beizustehen, soviel es in ihrer Macht steht.

»Die Ehe wird sich«, denkt Elisabeth, »im Laufe der Zeit schon besser gestalten.« Sie vergleicht ihrer Schwester Schicksal mit dem eigenen. Anfangs war es ihr ja auch so furchtbar schwer; Elisabeth erinnert sich

ihrer verzweifelten Gedichte damals, als sie noch glaubte, den Zwang des neuen Lebens nicht ertragen zu können. Nun aber hat sie in vier Jahren schon das dritte Kind von ihrem sie so innig liebenden Gatten, dessen Persönlichkeit sie schätzengelernt hat. Sie ist gerührt über die Zärtlichkeit, ritterliche Aufmerksamkeit und seine sich in allem und jedem aussprechende Liebe. Das hat sie schließlich auch den Gegensatz zu ihrer Schwiegermutter ertragen lassen. Nun geht ihr alles nahe, was ihren Mann betrifft, und auch seine politischen Sorgen lasten auf ihr.
Elisabeth fürchtet nichts so sehr, als mit ihrer Schwiegermutter und den nur dieser ergebenen Mitgliedern des Hofstaates allein zu sein. Sie hat sich in Politik nie gemengt, wenn das Gespräch dennoch darauf kommt, zeigt sie sich liberal aus Erziehung und Überzeugung, aber auch ein wenig aus Widerspruchsgeist gegen Erzherzogin Sophie. Diese behandelt die Kaiserin in solchen Dingen als ein unverständiges Kind, obwohl die Politik im Innern und nach außen keineswegs erfolgreich ist, die Erzherzogin Sophie zumindest billigt, wenn sie sie nicht selbst macht. Österreich steht nun nach dem Krimkrieg völlig isoliert da, der Zar ist vor den Kopf gestoßen, aber auch Napoleon III. und England wurden nicht als Freunde gewonnen. Elisabeth weiß es aus eigener Anschauung, wie sehr die Unzufriedenheit der italienischen Provinzen und Ungarns auf dem inneren Gebiete der Monarchie lastet. Piemont will den günstigen Augenblick der Vereinsamung Österreichs benützen, es schürt so lange, bis man sich in Wien zu einem voreiligen Ultimatum verleiten läßt, das den Auftakt zum Kriege gegen das mit Frankreich verbündete Sardinien gibt. Überhastet ist man zu dem Entschluß gekommen, hat nicht einmal Preußen verständigt. Nun ist der Krieg da.
Elisabeth hat bisher politisch ruhige Zeiten erlebt, nun wird es anders. Nervös und eindrucksfähig, wie sie ist, sieht sie die Zukunft des Reiches und damit die ihres Gemahls und ihrer Kinder gefährdet. Sie hat nun keinen rechten Kopf für die engeren Sorgen innerhalb ihrer bayrischen Familie, die in größter Aufregung ist, nicht wegen des Krieges und Kriegsgeschreies, sondern wegen der Verlobung von Elisabeths ältestem Bruder Ludwig mit einer allerdings bildschönen Schauspielerin Henriette Mendel von bürgerlicher Abstammung. Große Empörung überall, aber Herzog Ludwig bleibt fest, man gibt schließlich nach, Henriette wird zur Freiin von Wallersee erhoben, und am 28. Mai 1859 findet die Hochzeit statt.
In Italien hat inzwischen Grünnes Günstling, der General Graf Gyulay, die Gelegenheit versäumt, die Piemontesen und die Franzosen vor ihrer

Vereinigung einzeln zu schlagen. Seine Führung ist eine höchst unglückliche. Schon ist die Armee im Rückzug. Kaiser Franz Joseph sieht mit Sorge zu, und endlich sagt er sich, er müsse selber nach dem Rechten sehen und zur Armee abgehen. Als er Elisabeth diesen Entschluß bekanntgibt, bricht sie in Tränen aus, zeigt sich betrübt und aufgeregt. Tausend Mahnungen gibt sie ihrem Gemahl auf den Weg mit. Er muß ihr feierlich versprechen, daß er sich schonen und auf sich achtgeben wird. »Um meiner und der Kinder willen denke auch an dich und nicht allein an Arbeit und Krieg ...«

Verzweifelt kehrt Elisabeth nach Schönbrunn zurück, nachdem sie am Bahnhof schweren Abschied genommen. Unerwartet erscheint sie am 31. Mai in der Gnadenkirche Maria-Lanzendorf bei Wien, um Gott um die Erhaltung des Lebens ihres Gatten zu bitten. Franz Joseph ist seines Versprechens, Elisabeth sofort nach der Ankunft und überhaupt sehr viel zu schreiben, eingedenk. Innige Zuneigung spricht aus jedem Wort dieser Briefe, die nun in kurzen Zwischenräumen vom Kriegsschauplatz eintreffen. »Meine liebste Engels-Sisi«, schreibt Franz Joseph nach der Ankunft in Verona am 31. Mai 1859, »die ersten Augenblicke nach dem Aufstehen benütze ich, um ... Dir wieder zu sagen, wie sehr ich Dich liebe und wie ich mich nach Dir und den lieben Kindern sehne. Wenn es Dir nur recht gutgeht und Du Dich fleißig schonst, wie Du es mir versprochen hast ... Suche Dich auch recht viel zu zerstreuen, um nicht traurig zu sein ...[1]«

Elisabeth ist aber unendlich trübsinnig, schließt sich ganz ab, schon um auch mit ihrer Schwiegermutter weniger zusammensein zu müssen. Sie reitet von früh bis spät und weiß sich vor lauter innerer Unruhe nicht recht zu beschäftigen. Erzherzogin Sophie schüttelt den Kopf, und die Umgebung der Kaiserin zerreißt sich über ihr merkwürdiges Verhalten den Mund. Besonders ihr alter Feind, der Leibarzt Doktor Seeburger. Als er zufällig einmal den Polizeiminister[2] trifft, ergießt er sich in Tadel und Klage über die Kaiserin: »Sie entspricht weder als solche noch als Frau ihrer Bestimmung; während sie eigentlich unbeschäftigt ist, sind ihre Berührungen mit den Kindern nur höchst flüchtig, und während sie um den abwesenden edlen Kaiser trauert und weint, reitet sie stundenlang zum Abbruche ihrer Gesundheit. Zwischen ihr und der

[1] Franz Joseph an Kaiserin Elisabeth, Verona, den 31. Mai 1859. E. A. S. W.
[2] Joseph Karl Mayer, Das Tagebuch des Polizeiministers Kempen von 1848/49, Wien 1931, S. 515 f.

Erzherzogin Sophie besteht eine eisige Kluft, und die Obersthofmeisterin Gräfin Esterházy besitzt gar keinen Einfluß auf die Kaiserin.«
Leute wie Seeburger können nur kritisieren, aber sich nicht in die Seele einer jungen Frau hineindenken, die sich ganz einsam und verlassen, von lauter verkappten Feinden umgeben fühlt. Ihr einziger Trost sind lange Briefe an ihren Gemahl. Am 29. und 30. Mai gehen solche Schreiben ab, die von Elisabeths trauriger Stimmung zeugen, und in denen sie Franz Joseph inständig bittet, ihr doch zu gestatten, zu ihm ins Hauptquartier nach Verona zu kommen. Da dies ganz unmöglich ist, antwortet Franz Joseph[1]: »Ich kann leider Deinem Wunsche für jetzt nicht entsprechen, so unendlich gerne ich es täte. In das bewegte Hauptquartier passen keine Frauen, ich kann meiner Armee nicht mit schlechtem Beispiel vorangehen, auch weiß ich selbst gar nicht, wie lange ich hier bleibe ... Ich bitte Dich, mein Engel, wenn Du mich liebhast, so gräme Dich nicht so sehr, schone Dich, zerstreue Dich recht viel, reite, fahre mit Maß und Vorsicht und erhalte mir Deine liebe, kostbare Gesundheit, damit, wenn ich zurückkomme, ich Dich recht wohl finde und wir recht glücklich sein können.«
Tag für Tag schreibt Elisabeth ihrem Gemahl, sie schickt ihm die Photographie der kleinen Gisela und einmal auch einen kleinen gepreßten Vergißmeinnichtstrauß.
Die Dinge am Kriegsschauplatz stehen aber schlecht. Nach der Schlacht von Magenta, die nur wegen schlechter Führung verlorengeht, muß Mailand geräumt werden, und die österreichischen Truppen werden gezwungen, weit in das Festungsviereck zurückzugehen. In der Monarchie ist man in größter Aufregung, die Hiobsbotschaften jagen einander und dringen bis an das Ohr der Kaiserin, die sich vor Gram und Aufregung kaum fassen kann. Neuerdings wiederholt sie die Bitte, ins Hauptquartier kommen zu dürfen, aber unter den jetzigen Verhältnissen geht das natürlich schon gar nicht. »Mein lieber, lieber, einziger Engel[2]«, schreibt Franz Joseph. »Ich bitte Dich, um der Liebe willen, die Du mir geweiht hast, nimm Dich zusammen, zeige Dich manchmal in der Stadt, besuche Anstalten. Du weißt gar nicht, was Du mir dadurch helfen kannst. Das wird die Leute in Wien aufrichten und den guten Geist erhalten, den ich so dringend brauche ... Bitte erhalte Dich für mich, der ich so viel Kummer habe ...«

[1] Franz Joseph an Elisabeth, Verona, am 2. Juni 1859. E. A. S. W.
[2] Dto., Verona, den 7. Juni 1859. E. A. S. W.

Trotz all den Sorgen, die ihm Elisabeths Briefe machen, freut sich Franz Joseph doch immer unendlich auf die Post; er erhält sie immer schon beim Erwachen und »verschlingt sie förmlich noch im Bette«[1]. Elisabeth möchte gerne helfen, wo es ihr nur immer möglich ist, sie denkt an Neapel, hofft, daß dieses Königreich voll und ganz auf Österreichs Seite treten werde, und vergißt dabei auf die mächtige französische Flotte. Dort ist ihre Schwester kaum drei Monate an den Kronprinzen verheiratet, da stirbt am 22. Mai plötzlich König Ferdinand II., und Marie ist Königin. Trotzdem kann sie nichts tun, was die schwere Stellung Franz Josephs erleichtern könnte.

Wohl lebt Elisabeth indes ihr altgewohntes Laxenburger Leben weiter, aber sie ißt und schläft kaum und ist den ganzen Tag zu Pferd. Meist reitet sie allein, zuweilen auch zu zweit mit Stallmeister Henry Holmes, der ihr sympathisch und ein Künstler in seinem Fach ist. Erzherzogin Sophie findet, daß das nicht angehe. Sie hat offenbar darüber ihrem Sohn geklagt, und der zerbricht sich mitten in seinen Kriegssorgen den Kopf, was da zu tun sein. »Wegen Deinem Reiten«, meint er[2], »habe ich nachgedacht. Mit Holmes allein kann ich Dich nicht reiten lassen, denn das schickt sich nicht.« Franz Joseph schlägt schließlich den Oberstjägermeister als Begleiter vor. Jeder der Briefe aus dem Feldzug ist von Liebesbeteuerungen erfüllt. »Ich kann Dir nicht genug sagen, wie lieb ich Dich habe und wie viel ich an Dich, mein Engel, denke ... Ich habe Dich ungeheuer lieb.« – »Meine liebe, himmlische Sisi ... mein einziger, schöner Engel ...«, heißt jedes zweite Wort darin. Elisabeth findet nach wie vor, sie gehöre in Stunden der Gefahr an die Seite ihres Gatten. In ihrer Nervosität reitet sie vor- und nachmittags und beginnt nun auch zu Franz Josephs Schrecken systematisch das Springen zu Pferd. Weitere schlechte Nachrichten vom Kriegsschauplatz rufen in Elisabeth eine förmliche Panik hervor. Sie hat schon jedes Vertrauen zu den Generälen ihres Mannes verloren und fürchtet, daß der Kaiser und das ganze Hauptquartier in Verona abgeschnitten werden könnten. Sie reitet in einem Zug von Laxenburg bis Vöslau und wieder zurück. Franz Joseph beschwört sie, nicht so lange zu reiten, was ja reiner Unsinn sei. »Versprich mir das«, schreibt er am Vorabend von Solferino, ohne ein Wort von der bevorstehenden Schlacht. »Du ermüdest mir sonst gar zu sehr und wirst mir zu mager.«

[1] Franz Joseph an Elisabeth, Verona, den 9. Juni 1859. E. A. S. W.
[2] Dto., Verona, den 13. Juni 1859. E. A. S. W.

Zwei Tage später kommt der traurige Bericht über den verlorenen Kampf: »So mußte ich den Befehl zum Rückzug geben ... Ich ritt ... bei einem fürchterlichen Gewitter nach Valeggio, von wo ich nach Villafranca fuhr. Dort verbrachte ich einen schrecklichen Abend, denn da war eine Konfusion von Blessierten, Flüchtlingen, Wagen und Pferden ... Das ist die traurige Geschichte eines entsetzlichen Tages, an dem viel geleistet worden ist, aber das Glück uns nicht gelächelt hat. Ich bin um viele Erfahrungen reicher geworden und habe das Gefühl eines geschlagenen Generals kennengelernt ... Ich bleibe so lange hier, bis die Armee hinter der Etsch ist und die wichtigsten Einleitungen für die Zukunft getroffen sind, dann fliege ich nach Wien, wohin mich viele Pflichten rufen. Mein einziger Trost und Lichtstrahl ist jetzt, zu Dir, mein Engel, zu kommen. Wie ich mich darauf freue, kannst Du Dir denken ... Dein treuer Franz[1].« In Angst, seine himmlische Engels-Sisi könnte alles zu schwer nehmen, mahnt Franz Joseph: »Nur verzweifeln darfst Du mir nicht und mußt so wie ich auf Gott vertrauen, der gewiß alles zum Besten führen wird. Er straft uns hart und wir sind wohl nur am Beginne noch ärgerer Leiden, allein diese muß man mit Ergebenheit tragen und in allem seine Pflicht tun.«

Die Niederlage in Italien hat auch ihre Rückwirkungen auf Ungarn. Dort erheben sich die revolutionären Elemente, wittern Morgenluft und hoffen, jetzt vielleicht ihren alten Wünschen Geltung verschaffen zu können. Elisabeth, die in Laxenburg ein Verwundetenspital eingerichtet hat und dort die meiste Zeit des Tages verbringt, hört von alledem. Nun sieht sie, daß die Politik zusammenzustürzen beginnt, für die sie, vielleicht mehr als der Wahrheit entspricht, hauptsächlich ihre Schwiegermutter verantwortlich macht. Die letzte Säule der Achtung vor dieser Frau, die in dem Gefühl ihrer politischen Überlegenheit beruht hat, stürzt zusammen. Nun sieht sie es bestätigt, daß Erzherzogin Sophie und alle ihre Kreaturen, die sie dem Kaiser an die Seite gestellt, der Lage einfach nicht gewachsen sind, ja sogar Staat, Dynastie und somit das Schicksal ihres Mannes und ihrer Kinder gefährden. Jetzt erkennt sie, daß Jammern und Klagen nichts nützt und es ihre Aufgabe ist, in einem Augenblick, wo alle anderen politischen Ratgeber Schiffbruch erlitten haben, selbst mit ihrem Rat aufzutreten. In Sorge über die Haltung Ungarns, rät sie ihrem Gemahl, möglichst bald mit Napoleon in Verhandlungen zur Beendigung des Krieges einzutreten.

[1] Franz Joseph an Elisabeth, Verona, den 26. Juni 1859. E. A. S. W.

Aber dann meldet sich gleich wieder die Frau und Gattin in ihr: »Hast Du mich über all den Ereignissen vergessen? Liebst Du mich noch? Wenn das nicht wäre, wäre ja doch alles gleichgültig, was immer geschehe.« — »Aber«, antwortet Franz Joseph, »meine innigstgeliebte arme Sisi, wie ich mich nach Dir sehne, kannst Du Dir denken, und wie ungeheuer lieb ich Dich habe, brauche ich Dir wohl nicht zu wiederholen. Du weißt es doch, trotz den Zweifeln, die Du darüber in Deinen Briefen aussprichst. Ich freue mich wahnsinnig auf den herrlichen Augenblick, der mich wieder mit Dir, mein Engel, vereinigt ... Ich beschwöre Dich, sei ruhig und ängstige Dich nicht umsonst ... Daß Du ein Spital in Laxenburg etablierst, ist herrlich. Für beides nehme meinen innigsten Dank. Du bist mein guter Engel und hilfst mir sehr viel. Sei nur stark und halte aus, es werden schon wieder bessere Zeiten kommen ...«

Dem Kaiser hat man indessen nahegelegt, in diesem Augenblick die Truppen nicht zu verlassen. »Mein lieber, lieber Engel«, schreibt er also, »Du mußt nicht glauben, daß ich mutlos bin und alles aufgebe, im Gegenteil, ich habe Vertrauen und gebe mir alle Mühe, es auch den anderen beizubringen ... Da ich nur deshalb nach Wien wollte, weil ich glaubte, jetzt dort notwendiger wie hier zu sein, dies aber nicht der Fall ist, so bleibe ich bis halben Juli hier bei meinen braven Truppen. Gräme Dich deswegen nicht ... Dein politischer Plan enthält sehr gute Ideen, doch muß man jetzt die Hoffnung noch nicht aufgeben, daß Preußen und Deutschland uns doch noch helfen werden, und so lange ist an Verhandlungen mit dem Feinde nicht zu denken ...«[1]

Diesmal ist Elisabeth ganz verzweifelt darüber, daß ihr Gemahl immer noch nicht zurückkehrt. Sie sieht tausend Gefahren für ihn, glaubt, daß die Lage viel schlechter ist, als er sie ihr darstellt. Sie fürchtet, er könnte vor dem Feinde fallen, sich vor Anstrengung oder im Regen und Gewitter eine schwere Krankheit holen, gefangen werden oder einem Eisenbahnattentat erliegen. Die junge Frau verliert die Nerven, und Franz Joseph muß immerfort beruhigen, er sei im Gefecht nicht so sehr in Gefahr, vom Eingeschlossenwerden sei keine Rede und auch auf der Eisenbahn werde nichts geschehen[2]. Aber alle Mahnungen nützen nichts. Elisabeth ist übernervös geworden. Sie hat keine Ruhe und Rast, reitet von früh bis spät, schreibt des Nachts lange Briefe an Franz Joseph, an ihre Eltern und Geschwister, sieht schwarz in die Zukunft, ist über-

[1] Franz Joseph an Elisabeth, Verona, 1. Juli 1859. E. A. S. W.
[2] Dto., Verona, 5. Juli 1859. E. A. S. W.

zeugt, ihre Schwiegermutter, die wie ein böser Traum zwischen ihr und ihrem Gemahl steht, werde glücklich auch das ganze Reich zugrunde richten. Dabei ist Elisabeth unendlich um die Liebe ihres Gatten besorgt. Sie ist beleidigt, wenn Kaiser Franz Joseph sagt, er müsse Geschäfte halber nach Wien zurück, er soll lieber schreiben, das Wiedersehen mit ihr ziehe ihn unwiderstehlich heimwärts. Sie, die sich nie für Politik interessiert hat, muß es nun notgedrungen tun.

Preußen allein kann durch Bedrohung Napoleons am Rhein sofort einen Umschwung in Italien herbeiführen. Man spricht in Wien von einer Zusammenkunft zwischen Franz Joseph und dem Prinzen von Preußen. Elisabeth will genau wissen und erfahren, ob das wahr ist.

Der Kaiser hat mittlerweile von seiner Mutter neue Klagen über die Lebensweise seiner Frau gehört. Er steht vor Verhandlungen mit Napoleon III., die der Prinz Alexander von Hessen eingefädelt hat. Die Nachrichten von daheim nehmen ihm aber dabei die so sehr notwendige Seelenruhe: »Meine liebste Engels-Sisi ... Wie sehr ich mich nach Dir sehne und wie ich mich nach Dir ängstige, kann ich Dir gar nicht sagen. Ganz desperat macht mich die entsetzliche Lebensweise, die Du Dir angewöhnt hast und die Deine teure Gesundheit ganz zerstören muß. Ich beschwöre Dich, gebe dieses Leben gleich auf und schlafe bei der Nacht, die ja von der Natur zum Schlafen und nicht zum Lesen und Schreiben bestimmt ist. Reite auch nicht gar zu viel und heftig ... Es hat mir sehr leid getan, daß es Dir unangenehm war, daß ich geschrieben habe, ich müßte wegen der Geschäfte nach Wien zurück. Du kannst Dir wohl denken, daß mein einziger Drang zum Zurückkehren und meine einzige Freude dabei ist, Dich wieder zu umarmen. Allein in einer Zeit wie der jetzigen darf man sich nicht von den Gefühlen des Herzens, wenn sie auch noch so stark sind, leiten lassen, sondern nur von dem Gefühle der Pflicht. Von einer Zusammenkunft mit dem Prinzen von Preußen, von der Du mir schreibst, habe ich nie gehört. Allein eine andere Zusammenkunft könnte mir, wie ich fürchte, bevorstehen, nämlich mit dem Erzschuft Napoleon. Es wäre mir sehr unangenehm, allein wenn es zum Nutzen der Monarchie gereichen könnte, muß auch das verschluckt werden. Napoleon scheint jetzt von einer ungeheuren Waffenstillstands- und Friedenspassion erfüllt zu sein ...«[1]

Nun nehmen die Ereignisse einen raschen Fortgang. Napoleon, in Angst, daß sein Mutterland, während er in Italien weilt, eine leichte

[1] Franz Joseph an Elisabeth, Verona, 8. Juli 1859. E. A. S. W.

Beute des preußischen Heeres werden könnte, hat das gleiche Interesse, zu Frieden zu kommen, wie Österreich mit seiner geschwächten Armee, dem unzufriedenen Ungarn und dem mißgünstigen Rußland im Rükken. Diese Lage der Dinge führt am 11. Juli zur Zusammenkunft von Villafranca, der in Kürze die Unterzeichnung des Waffenstillstandes folgt. Franz Joseph kann endlich zurückkehren, um Elisabeth in die Arme zu schließen und zu Hause nach dem Rechten zu sehen. Er findet seine Frau in hochgradiger nervöser Erregung, die Kinder und auch den Kronprinzen wohl und vergnügt, das Verhältnis Elisabeths zu seiner Mutter jedoch sehr verschärft. Die Erzherzogin besteht darauf, den größten Einfluß auf die Erziehung des Kronprinzen für seinen künftigen Beruf zu üben. Dessen »Aja« hat ihre liebe Not, sie erhält von Mutter und Großmutter ihres Schützlings widersprechende Weisungen, was besonders empfindlich war, solange die höchste Instanz ferne weilte. Aber auch jetzt muß Franz Joseph fortwährend zwischen seiner Frau und seiner Mutter hin und her lavieren. Es ist sehr schwer, sich für eine der hohen Damen zu entscheiden, denn oft haben beide in ihrer Art und in ihrer verschiedenen Stellung recht. In politischer Beziehung aber rückt Franz Joseph als Folge des Krieges merklich von den Meinungen und von den Menschen ab, die die Sympathie seiner Mutter haben, und nähert sich damit dem Ideenkreis seiner Frau, die immer mehr liberal und frei gedacht hat. Schon ist Buol, der mit seiner Politik gänzlich Schiffbruch erlitten hat, gestürzt, und Graf Rechberg hat sein Amt übernommen, aber auch Bach mit seinem zentralistischen System ist gefallen, und Franz Joseph nähert sich der Ideenwelt verfassungsmäßiger Regierung, wenn er auch vor ihr noch nicht kapituliert hat. Es ist hohe Zeit, denn die allgemeine Lage ist höchst ungünstig; Österreich hat vor aller Welt an Ansehen unendlich verloren. Der nach der Bewältigung der Revolution mit der Aufhebung der Verfassung versuchte Kurs hat neben den Fehlern in der Außenpolitik nicht zum gewünschten Ziel geführt. Auch innerhalb der Armee herrscht nach der katastrophal schlechten Führung im Feldzuge höchste Unzufriedenheit. Alles weist mit dem Finger auf den Allmächtigen, der Gyulay empfohlen hat, das ist Graf Grünne. Der Kaiser entschließt sich, ihn von seinem Generaladjutantenposten zu entfernen und auf das Nebengeleise eines Oberststallmeisters zu verschieben. Dies ist gleichbedeutend mit einer direkten Niederlage der Mutter des Kaisers, deren hauptsächlichster Günstling Grünne gewesen, und wird auch als eine freundliche Handlung des Kaisers Ungarn gegenüber gewertet.

Elisabeth sieht den Wechsel mit Genugtuung. Jeder Stein, der aus dem von ihrer Schwiegermutter aufgerichteten Gebäude herausbricht, gibt ihrem Einfluß und ihrer Sinnesart mehr Übergewicht. Freilich, die Beziehungen zu Sophie verbessert das nicht, denn die Erzherzogin sieht den wachsenden Einfluß der in ihren Augen ganz verdrehten Schwiegertochter steigen und den eigenen sinken und gibt Elisabeth über Gebühr die Schuld an den eingetretenen Veränderungen. Aber die Kaiserin wird noch sehen, daß sich Erzherzogin Sophie nicht so schnell geschlagen bekennt, wenn ihr Einfluß auch für den Augenblick erschüttert ist. Das Verhältnis zwischen den beiden Frauen wird immer unleidlicher. Früher waren nur die Kinder der Zankapfel, jetzt spielt auch die politische Lage eine Rolle, denn die notwendigen Veränderungen, die Lösung der Frage der österreichischen Verfassung und der Behandlung Ungarns kommen nicht mehr zur Ruhe, und man weiß, in welchem Lager die Sympathien Elisabeths stehen.

Die junge Kaiserin findet sich Anfang des Jahres 1860 in einem Zustand dauernder Erregung. Die dreimalige Niederkunft in vier Jahren, die Aufregungen des Krieges und die ununterbrochenen Kämpfe mit der Schwiegermutter und ihren Anhängern zehren an ihrer Gesundheit. Dabei kommt noch ein neues Moment hinzu, das die ihrer Familie so anhängliche junge Frau besonders angreift. Nach Maßgabe der ungeheuren Fortschritte, die der Gedanke der Einigung Italiens nach dem Feldzug 1859 macht, hat auch die Stellung ihres Schwagers in Neapel gelitten. Das Königspaar hat keinen Augenblick mehr Ruhe. Da und dort brechen Aufstände aus. Im Mai unternimmt Garibaldi seinen berühmten »Zug der Tausend«, der im Nu ganz Sizilien vom Königreich losreißt und mit dem Fall Palermos am 6. Juni 1860 aller Welt zeigt, auf welch tönernen Füßen die bourbonische Herrschaft in Sizilien steht. Hilferuf auf Hilferuf dringt von Neapel her an die Höfe Europas und natürlich auch nach Wien. Die Königin bittet ihre Schwester, ihr beizustehen, sie wendet sich aber auch an ihre Familie in Bayern. Elisabeth beschwört ihren Gemahl, einzuschreiten, aber die Lage gestattet keine Hilfeleistung. Man kann kurz nach einem unglücklichen Feldzug, bei den elenden finanziellen und innenpolitischen Verhältnissen der Monarchie gar nicht daran denken. Am 13. Juni treffen ganz im geheimen die Herzoge Ludwig und Karl in Bayern in Laxenburg bei der Kaiserin ein. Es wird hin und her beraten, was man tun könnte, aber man kommt zu keinem Resultat. Die Herzoge haben Gelegenheit, die Aufregung Elisabeths mit anzusehen und zu erkennen, wie sehr das Verhältnis zur Schwiegermutter auf die Spitze getrieben ist und wie sich die Kaiserin auch gesundheitlich nicht wohl fühlt. Schon so unendlich lange war Elisabeth nicht mehr bei ihren Lieben in Bayern, nun verspricht sie, im Juli zu kommen. Auch in Possenhofen ist man über das Schicksal der Königin von Neapel in größter Aufregung, man hört, daß der König nicht regiert, sondern bloß verwaltet, und daß er der Lage nicht gewachsen ist. Schon denkt Garibaldi, von Sizilien aufs Festland hinüberzurücken. Der österreichische Gesandte meldet, daß der König von Neapel fast niemanden mehr hat, auf den er sich wirklich verlassen kann. Die Königin aber ist dafür, daß ihr Gemahl seine Krone mit den Waffen in der Hand verteidige, koste es, was es wolle. Da landet am 21. August Garibaldi im Süden der Halbinsel. Armee und Bevölkerung gehen überall zu ihm über. König Franz sieht dies alles[1] förmlich teilnahmslos mit an, nur die Königin ist mit ihren zwanzig Jahren bewundernswert energisch und mutig. Man sagt, sie hätte ihrem Gemahl erklärt, wenn *er* sich nicht an die Spitze der noch treu gebliebenen Truppen stelle, werde *sie* es tun.

Der Zauber des Namens Garibaldi tut indes seine Wirkung. Es bleibt nichts übrig, der König muß Neapel aufgeben und sich in die Festung Gaëta zurückziehen. Er selbst hätte am liebsten alles hingeworfen. Er verteidigt sich nur noch, weil er sich einen guten Abgang sichern will, und nicht zuletzt, weil er sich vor seiner Frau schämt, die sich, je gefährlicher es wird, desto tapferer zeigt. Sie ähnelt da sehr ihrer Schwester Elisabeth, die genauso schneidig und mutig ist und persönliche Furcht überhaupt nicht kennt, was sich besonders beim Reiten täglich zeigt. Elisabeth nimmt ungeheuren Anteil an dem Schicksal ihrer Schwester, und das Bewußtsein, die Hände im Schoß hilflos zuschauen zu müssen, steigert ihre nervöse Erregbarkeit.

Langsam gewinnt indes die Erzherzogin Sophie in Wien wieder an Terrain, je mehr die Wunden des Jahres 1859 vernarben. Das Oktoberdiplom, das die bisherige Idee des Einheitsreiches bei Zugeständnis eines Zentralparlamentes noch aufrechterhält, ist mit den Ansichten der Erzherzogin Sophie nicht unvereinbar. Franz Joseph bestätigt es ihr selbst, wenn er schreibt[2]: »Wir werden zwar etwas parlamentari-

[1] Graf Széchényi privat an Rechberg, Neapel, 29. August 1860. Wien, Staatsarchiv.

[2] Franz Joseph an Erzherzogin Sophie, 21. Oktober 1860. Schnürer, a. a. O. S. 302.

sches Leben bekommen, allein die Gewalt bleibt in meinen Händen.« Wie also Erzherzogin Sophie ihren Sohn im allgemeinen immer noch innenpolitisch in ihrer Bahn hält, obwohl er schon leise Ansätze zum Ausbrechen zeigt, um so weniger ist sie gesonnen, die Zügel in seinem Haus aus der Hand zu geben. Die Zusammenstöße zwischen Elisabeth und ihrer Schwiegermutter wegen der Kinder häufen sich, ja in den letzten Wochen des Oktobers 1860 wiederholen sie sich tagtäglich. Elisabeth macht ihrem Gemahl schwere Vorwürfe, daß er sich nicht ganz auf ihre Seite stellt. Das tut er nicht, weil ihm seine Frau zuweilen zu nervös und fahrig vorkommt, weil er innerlich bei sich denkt, daß die so wichtige Erziehung des Kronprinzen bei seiner Mutter in besseren Händen ist, die schon ihn so sorgsam für die Krone erzogen. Hin und her gerissen zwischen seiner Mutter, der er alles verdankt, und seiner reizenden Frau, die er unendlich liebt, bleibt Franz Joseph natürlich trotzdem zahllosen Versuchungen seitens der schönen Frauenwelt ausgesetzt. Wenn er sich nicht immer ganz ablehnend zeigt, wird das von der ihrer blendenden Schönheit bewußten jungen Frau an seiner Seite besonders kränkend empfunden. Sie verliert die Nerven. Der ewige Kampf hat sie aufgerieben, sie kann nicht mehr. Alles ist ihr unleidlich. Sie hat ja so viele Feinde. Alle, die nach 1859 gestürzt sind und die noch zu fallen fürchten. Deshalb hat man ein Interesse daran, den steigenden Einfluß der Kaiserin auf den Kaiser zu durchkreuzen, aber auch aus politischen Gründen, denn man weiß, wie Elisabeth denkt. Freisinnig in Staatsverfassung sowohl wie in religiöser oder, besser gesagt, in kirchlicher Hinsicht. Die Aufregungen der letzten Zeit, aber auch das übertriebene Reiten, das ganze Leben, das sie führt, plötzlich auftretende alarmierende Krankheitserscheinungen, die sich nicht gleich klären lassen, bringen sie körperlich so herunter, daß die erregten Nerven die Herrschaft über den Geist verlieren. Und nun faßt sie einen Entschluß, sie macht dem ein Ende. So geht das nicht weiter. Sie will fort, nur fort. Die Kinder! Ach ja, die Kinder. Sich von ihnen trennen, das ist schmerzlich, aber hat sie sie denn, sind sie nicht ganz in den Händen der Erzherzogin und ihrer ergebenen Diener und Hofdamen, die sich gar nicht scheuen, im vertrauten Kreise von ihrer Herrin Sophie als »unserer wahren Kaiserin« zu sprechen?

Elisabeth geht zu ihrem Gemahl: »Ich fühle mich krank, ich muß dem Winter entfliehen und möchte in ein südliches Klima.« Franz Joseph schlägt Meran vor, Arco oder einen sonnigen Platz an der Adria, aber die Kaiserin schüttelt den Kopf.

»Nein, nein, ich will weg aus dem Lande, weit weg.«
Damit man sieht, daß sie sich wirklich loslöst von allem, will sie in die Fremde, und sie nennt Madeira, das, weiß Gott, weit genug ist. Auf diese Insel, fern im Weltmeere, wo ewiger Frühling herrscht, dort will sie hin und versuchen, ihr geistiges und körperliches Gleichgewicht wiederzufinden. Elisabeth denkt in ihrer Verzweiflung nicht an die Pflichten als Gattin und Mutter, als Kaiserin und erste Frau eines großen Reiches. Sie ist sich des ungeheuren Aufsehens nicht bewußt, das ihre einer Flucht gleichende plötzliche Abreise in ein so fernes Land machen muß. Kaiser Franz Joseph erschrickt, er hat mit Sorge die Veränderung seiner Frau in den eben abgelaufenen Monaten beobachtet und war schon die letzte Zeit so schwer verstimmt, daß der Minister Graf Rechberg das bemerkte und sich fragte, was da vorgeht. Ritterlich mit Damen, wie Franz Joseph stets gewesen, ist ihm der Gegensatz zwischen Mutter und Frau entsetzlich nahegegangen. Nun aber erfaßt ihn schwerste Sorge, weil die Kaiserin überdies ernstlich erkrankt ist. Die Ärzte werden berufen, sie untersuchen hin und her, etwas klar Ausgesprochenes ist nicht zu finden, nur Halsweh, das hat die Kaiserin öfters, aber das ist nicht genug, um eine Reise nach Madeira zu begründen. Man muß es schon als eine begonnene Lungenaffektion oder aber vielleicht gar als eine beginnende Halsröhrenschwindsucht bezeichnen[1].
Es ist gerade kein österreichisches Schiff zur Verfügung. Aber warten will Elisabeth nicht. Sie muß sogleich fort. Die Queen Victoria wird gebeten, stellt ihre Jacht zur Überfahrt von Antwerpen nach Madeira zur Verfügung und läßt die Kaiserin zu sich einladen. Elisabeth dankt, blaß und abgemagert aussehend, dem englischen Gesandten für das Schiff, lehnt aber die Einladung ab, da sie im strengsten, privaten Inkognito verharren wolle. Gräfin Esterházy bleibt bei den Kindern zurück[2]. Franz Joseph führt seine Gemahlin am 17. November über München bis nach Bamberg, dann setzt Elisabeth die Reise nach Antwerpen allein weiter fort. Dort wartet schon die Jacht der Queen.
Die Nachricht von der plötzlichen Erkrankung und Abreise der Kaiserin macht in der völlig überraschten Öffentlichkeit den tiefsten Ein-

[1] Laut Mitteilung des Grafen Rechberg an den Grafen von Bray. Graf Bray an den König, Wien, 31. Oktober 1860. Bayrisches Geheimes Staatsarchiv.
[2] Die Kaiserin begleiten die Hofdamen Gräfin Karoline Hunyady, Fürstin Helene Taxis (nicht zu verwechseln mit der gleichnamigen Erbprinzessin, der Schwester der Kaiserin) und als Hofkavalier der ehemalige Flügeladjutant Husarenoberleutnant Graf Paul Hunyady.

druck, um so mehr, als von einem wirklich ernsten Zustand die Rede ist. Sofort treffen aus allen Teilen des Reiches Heilmittel für Elisabeth ein. Da bittet einer, mehrere Flaschen einer »Wunderquelle« senden zu dürfen. Ein Braumeister namens Hoff in Berlin fragt nicht lange und sendet der Kaiserin gleich eine große Kiste mit Malzextrakt »zur besseren Ernährung«[1]. Auch Erzherzogin Sophie ist ganz unter dem Eindruck des plötzlichen Entschlusses. Natürlich verurteilt sie die fluchtartige Abreise ihrer merkwürdig gearteten Schwiegertochter, aber andererseits ist das für sie nicht ungünstig. Elisabeth überläßt ihr damit wieder freies Feld, den Kaiser zu beeinflussen, die Kinder nach ihrer Meinung zu erziehen, das in der letzten Zeit verlorene Terrain wiederzugewinnen.

Die große Welt nimmt die Nachricht von der schweren Erkrankung der Kaiserin ernst. Alle Monarchen überbieten sich darin, Elisabeth gefällig zu sein. Graf Carvahal, durch Geburt und Reichtum sozusagen der König von Madeira, bietet der Kaiserin seine Villa an. Er kennt Elisabeth nicht und weiß nicht, daß sie befürchtet, in eine Fülle von gesellschaftlichen und sonstigen Verpflichtungen hineingezogen zu werden, die sie überhaupt und jetzt schon gar verabscheut. Sie hat eine kleine, in Blüten begrabene Villa mieten lassen. Geld spielt keine Rolle, denn der Kaiser hat seiner Gemahlin einen unbeschränkten Kreditbrief ausgestellt. Die Jacht »Osborne« hat von Antwerpen nach Madeira eine sehr stürmische Überfahrt, und da zeigt sich, daß von allen Passagieren die kranke Kaiserin die sehr bewegte Seereise am besten verträgt. Niemand erscheint zu den Mahlzeiten, Elisabeth aber stört der Wellengang nicht.

Schon nähert sich das Schiff der Insel. Als die hohen schwarzen Basaltklippen von Cap Garajao passiert sind, bietet sich auf einmal der Anblick der malerischen Hauptstadt Funchal. Sie liegt terrassenförmig zu Füßen und am Hang eines bis zu den Wolken ragenden Berges. Ganz oben grüßen aus grünen Pinien- und Kastanienwäldern heraus die weißen Türme der Wallfahrtskirche Nostra Senhora del Monte. Der ganze Ort ist herbeigeströmt, um das große Ereignis, die Ankunft der jugendschönen und plötzlich erkrankten jungen Kaiserin, zu genießen. Viele erwarten sich, eine blasse, abgezehrte Frau mit schönen Zügen zu sehen, manche gar, daß sie an Land getragen werden würde. Aber nichts von alledem. Elisabeth entsteigt dem Schiffe, zwar tiefernst, aber anscheinend frisch und gesund, von der Seereise angeregt. Am Molo steht ein

[1] Siehe Sekretariat der Kaiserin 1860. Wien, Staatsarchiv.

Grande von Portugal, mit einem Willkommbrief des Königs Pedro. Er findet die Kaiserin sehr wohl aussehend und wundert sich einigermaßen. Nur ganz leichtes Husten ist ab und zu zu hören. Er führt sie sofort zu ihrer Villa. Elisabeth ist entzückt. Auf einem hoch in das Meer hinausragenden Felsen liegt ein tropischer Zaubergarten. Darin das Haus mit einer schönen, von Säulen getragenen Veranda, an der sich prächtige Lianen mit gelben und lila Glockenblumen in üppiger Fülle emporranken. Von den breiten Fenstern hat man den Blick auf das freie Meer, aus dem Garten steigt berauschender Duft empor. Ein unter Blüten begrabener Pavillon steht auf dem äußersten Felsrand, der senkrecht einige hundert Fuß ins Meer stürzt. Lorbeer und Palmen umrahmen das malerische Bild. Elisabeth ist in den ersten Tagen von der großartigen Naturszenerie ganz bezaubert. Sie vergißt für einen Augenblick ihre Sorgen und ihre Krankheit, und die traurigen Stimmungen kehren erst wieder, als der Alltag erneut in seine Rechte tritt und sie sich langsam an die herrliche Umgebung gewöhnt hat. Das Heimweh nach Mann und Kindern beginnt sich geltend zu machen. Was nützt Elisabeth alle Schönheit, was der Blütenzauber und das herrliche Frühlingsklima, wenn sie krank und unglücklich ist. Besonders am Weihnachtsabend, an ihrem Geburtstage, wo die Umgebung alles tut, um ihr ein Stück Heimat vorzuspiegeln, denkt sie an die fernen Lieben. Wehmütig antwortet sie für die ihr zukommenden Neujahrswünsche: »Möchte es für uns alle ein besseres sein wie das letzte. Ich bin jetzt oft recht agitiert[1].« Elisabeth gedenkt ihrer Mutter und besonders auch ihrer in Gaëta so schwer bedrängten Schwester. Sie hat schon lange keine Nachricht von dort und erwartet die Kavaliere des Kaisers, Üxküll, Latour, Louis Rechberg, die Briefe bringen und holen und dem besorgten Kaiser berichten sollen, wie es Elisabeth geht. Die Eindrücke sind verschieden. Ihr moralischer Zustand läßt sie auch körperlich angegriffener erscheinen, als sie wirklich ist. »Die arme Kaiserin«, schreibt Graf Rechberg seiner Tante aus Madeira[2], »tut mir schrecklich leid, denn, wirklich ganz unter uns gesagt, finde ich sie sehr, sehr leidend. Ihr Husten jetzt soll in gar keinem Verhältnis besser sein als vor ihrer Reise hieher, sie hustet auch im allgemeinen wenig ... Moralisch ist aber die Kaiserin schrecklich gedrückt,

[1] Kaiserin Elisabeth an Erzherzog Ludwig Viktor, Funchal, 1. Februar 1861. E. A. S. W.

[2] Graf Louis Rechberg an seine Tante Pauline Rechberg, Funchal auf Madeira, 12. Februar 1861. Archiv der Gräfin Gabriele Rechberg, Enns.

beinahe melancholisch, wie es in ihrer Lage wohl nicht anders möglich ist — sie sperrt sich oft beinahe den ganzen Tag in ihrem Zimmer ein und weint. Unbegreiflicherweise hat sie noch keinen Brief von der Königin von Neapel, seitdem sie hier ist. Durch mich hoffte sie einen zu bekommen und weinte den ganzen Tag meiner Ankunft, als sie sich enttäuscht sah. Sie ißt schrecklich wenig, so daß auch wir darunter leiden müssen, denn das Essen, vier Speisen, vier Desserts, Kaffee etc., dauert nie über fünfundzwanzig Minuten. In ihrer Melancholie geht sie nie aus, sondern sitzt bloß am offenen Fenster, mit Ausnahme eines Spazierrittes im Schritt von höchstens einer Stunde . . .«
Häufig weilt Elisabeth bei den acht Ponys, die für sie gekauft und gemietet sind. Die Kaiserin vertreibt sich die Zeit, so gut es geht, mit den Freuden ihrer ersten Jugend. Ihre Tier- und Blumenliebe hat hier Gelegenheit zu besonderer Entfaltung. Sie kann wieder so recht das Kind sein, das immer noch in ihr steckt und das mit dem Schalkhaften ihres im Grunde doch heiteren Wesens eines der Geheimnisse ihres unendlichen Charmes ist. Wenn jemand mit ihr nett ist, ihr über den Dienst hinaus »kleine Attentionen«, wie sie das nennt, bereitet, dann hat auch sie den Wunsch, dem Betreffenden eine Freude zu machen. Zum Beispiel dem Grafen Mittrowsky. »Lieber Ludwig«, schreibt sie einmal ihrem Schwager, »nicht wahr, ich habe Dir in meinem letzten Brief ein getrocknetes Seepferd geschickt? Ich bitte Dich, sei so gut und lasse es mir . . . recht genau und hübsch in Gold ganz in derselben Größe nachahmen . . . Es soll für Mittrowsky gehören, der es mir getrocknet hat und mir immerwährend alle möglichen Seetiere bringt, die ich sehr gerne habe . . . Ich habe mir schon vor ziemlich langer Zeit einen großen Hund von England bestellt . . . Du siehst, daß ich meine Menagerie vergrößere, die vielen kleinen Vögel, fürchte ich, werden den Transport gar nicht überstehen . . .«
In jedem Brief nach Hause klagt Elisabeth, daß sie von ihren Schwestern, auch jenen in Bayern, gar keine Nachricht bekommt. Marie von Neapel freilich kann nicht schreiben. Die junge Königin benimmt sich im belagerten Gaëta auf das allertapferste. Das diplomatische Korps zieht sich nach Rom zurück. Man legt der Königin nahe, auch mitzugehen, aber sie will nicht. Sie harrt nicht nur aus, sie wird die Seele der Verteidigung, und als der belagernde General die Besatzung aufforderte, das Palais der Königin und die Spitäler entsprechend zu bezeichnen, damit sie bei der Beschießung geschont werden, läßt sie durch ihren Gemahl das Anerbieten für die Spitäler annehmen, für ihr Palais aber

förmlich ablehnen. Von allen verlassen und verraten, muß der Monarch nach fünf Monaten, am 13. Februar 1861, kapitulieren. Das Königspaar zieht sich nach Rom zurück, es flüchtet jetzt unter die Fittiche des Papstes in den Palazzo Farnese, wie seinerzeit im Jahre 1848 Pio Nono im Königreich Neapel Schutz gesucht. Nun muß das Königspaar, dessen Ehe von allem Anfang nicht sehr gut gegangen ist, auch noch untätig im Exil in Rom leben. Als Elisabeth die Nachricht bekommt, bedauert sie wohl den Verlust der Stellung ihrer Schwester, aber wenigstens ist der quälende Druck der Unsicherheit, die Angst um ihr Leben gewichen.
Überhaupt hat der Aufenthalt in der herrlichen Luft, der Friede und die Schönheit dieses ewigen Gartens von Madeira, in dem im Februar die dreißig Schuh hohen Kamelienbäume mit Tausenden von Blüten und Knospen bedeckt sind, auf Leib und Seele der Kaiserin wohltuend eingewirkt. Besucher und Kuriere finden, daß sie in letzter Zeit viel frischer aussieht, der Husten ganz geschwunden ist. Auch besserer Laune ist Elisabeth; sie lauscht öfters den Melodien der von ihr so geliebten sogenannten »Werkel«, die man ihr zu Weihnachten geschickt hat. Schon beginnt die Kaiserin von der Heimreise zu sprechen. Sie freut sich auf ihren Gemahl und die langentbehrten Kinder. Nur vor dem Wiedersehen mit der Erzherzogin Sophie fürchtet sie sich, sie hat ihr nie geschrieben, selbst dann nicht, als die Mutter Franz Josephs ihr einen schönen heiligen Georg schicken ließ, um so eine Wiederannäherung zu versuchen. Sie bittet nur indirekt den Erzherzog Ludwig Viktor[1], seiner Mutter dafür vielmals danken zu wollen. »Ich küsse ihr die Hände dafür«, meint sie, »und schreibe ihr nur nicht, da ich denke, meine Briefe müssen sie langweilen, nachdem ich Dir doch so oft schreibe und sich von hier so wenig erzählen läßt.« In Wirklichkeit vermeidet sie aber einen direkten Brief an ihre Schwiegermutter, die nun für eine Versöhnung empfänglich wäre, aber Elisabeth will nicht mehr.
Am 28. April wird die Abreise angetreten. Ganz Funchal bedauert dies unendlich. Die Kaiserin teilt nach allen Seiten Geschenke, Geld und Orden aus. Die Überfahrt nach Spanien auf der schönen und bequemen englischen Königsjacht geht bei herrlichem Wetter vonstatten. In Cadix ist jeder offizielle Empfang verbeten. Elisabeth durchstreift unerkannt die wunderschöne Stadt. Tags darauf, am 1. Mai, fährt sie in einem gewöhnlichen Postzug nach Sevilla. Sie hat inständig gebeten, ihr strengstes Inkognito zu wahren. Der Herzog von Montpensier, Schwa-

[1] Elisabeth an Erzherzog Ludwig Viktor, Funchal, 1. April 1861. E. A. S. W.

ger der Königin und großer Freund von Gepränge und Zeremoniell, läßt sich aber die gute Gelegenheit, vor der Bevölkerung großzutun, nicht entgehen, empfängt ordengeschmückt die Kaiserin am Bahnhof, führt sie zu seiner bereitgestellten sechsspännigen Galakutsche und bietet ihr seinen Palast Sant'Elmo als Wohnung an. Elisabeth ärgert das Ganze nur. Sie will in Ruhe Sevilla ansehen und keine Zeremonie mitmachen, lehnt die Wohnung im Palast ab und beschränkt ihr Entgegenkommen gegenüber dem Herzog auf das äußerste durch Höflichkeit gebotene Maß. Auch das Königspaar übersendet der Kaiserin eine Einladung nach Aranjuez. Elisabeth aber denkt nicht daran, ihr zu folgen. Sie hat schon vom Schwager der Königin und seiner Wichtigtuerei genug und sieht sich lieber ein Stiergefecht an, das am 5. Mai in Sevilla stattfindet. Die Neugierde der Spanier, die schöne Kaiserin zu sehen, von deren Erkrankung die ganze Welt gesprochen hat, ist sehr groß. Sie, die Zeremonien, Etikette und Prunk so sehr lieben, können gar nicht begreifen, daß die Kaiserin allen ihrem Rang gebührenden Ehrenbezeigungen so sehr zu entfliehen sucht. Von einer Krankheit aber sieht man nichts mehr. Alles ist entzückt von der Schönheit und dem blendenden Aussehen der jungen kaiserlichen Frau. Der österreichische Gesandte in Madrid, der ihr nach Cadix entgegengefahren ist, meldet nach Wien: »Ihre Majestät hat wirklich außerordentlich gefallen. Ihre graziöse Würde und elegante Einfachheit mußten hier, wo gespreiztes Pathos mit ungehobeltster sans façon abwechselt, natürlich großen Effekt machen und imponieren[1].« Die Weiterreise führt über Gibraltar und die Baleareninsel Mallorca nach Korfu. Überall wetteifert man, um der Kaiserin den Aufenthalt möglichst angenehm zu gestalten. Man ahnt nicht, daß man diese Absicht viel eher erreicht, wenn man sich am besten überhaupt nicht um sie kümmert.

Elisabeth ist verwöhnt von all den landschaftlichen Herrlichkeiten, die sie auf Madeira und auf der Herreise genossen. Trotz alledem ist sie auf das tiefste entzückt, als nach kurzem Aufenthalt in Malta die »Victoria and Albert« am 15. Mai des Jahres 1861 in der Bai von Gasturi auf Korfu einläuft. Überall blühende Orangenbäume, Zypressen, Lorbeer auf den grünen wellenförmigen Hügeln, rings umgeben von der einzig blauen Flut, die die Felsen mit einem Schaumgürtel umspült, und begraben unter dem gelben Ginster, der wie auf der Palette eines Malers goldene Flecken in die Landschaft zaubert. Da ragen mächtige

[1] Graf Crivelli an Graf Rechberg, Madrid, 10. Mai 1861. Wien, Staatsarchiv.

Festungswerke auf, die noch aus der Zeit der Venezianerherrschaft stammen, und im Osten die schneebedeckten Berge des albanischen Festlandes.

Korfu gehört zur ionischen Inselgruppe, die noch unter englischer Oberhoheit steht. Elisabeth möchte gern länger verweilen und die entzückende Insel kreuz und quer durchstreifen. Aber der Kaiser ist ungeduldig nach Triest gefahren und kommt ihr auf der Jacht »Phantasie« entgegen. Mit Tränen in den Augen begrüßt Franz Joseph nach so langer Trennung seine Gemahlin. Über Miramar geht es dann nach Wien zurück. Alle Welt und auch der preußische Gesandte finden die Kaiserin blühend und frisch. Kaum ist Elisabeth in Wien angekommen, muß sie sich schon dem Zeremoniell beugen und in der Hofburg stundenlang Vorstellungen der Damen der ersten Hofrangklassen über sich ergehen lassen.

Elisabeth hat größte Freude, ihre langentbehrten Kinder zu sehen, muß aber natürlich wieder feststellen, daß sie gänzlich unter den Einfluß der Erzherzogin Sophie geraten sind. Als sie da und dort Einspruch wagt, gibt man ihr unverhohlen zu verstehen, sie wäre so lange ferne gewesen, jemand müsse sich doch um die Kinder kümmern, und nun bleibe es eben bei dem Erziehungssystem, das in ihrer Abwesenheit eingeführt worden wäre. So gibt es kaum einen Tag Frieden. Sofort sind die alten Gegensätze wieder hell aufgelodert, und Elisabeth fühlt mehr als je die kalte und nur wenig verhüllte feindselige Haltung der Hofleute aller Art, die ganz im Banne der Mutter des Kaisers stehen. Elisabeth erklärt, nicht mehr in der Burg zu bleiben, wo Erzherzogin Sophie waltet, und so übersiedeln die Majestäten schon am 29. Mai nach Laxenburg. Bald verlautet von dorther, die Kaiserin wolle in größter Ruhe und Zurückgezogenheit leben, die Empfänge bei Hof, die Reise und der Klimawechsel hätten sie so sehr angegriffen, daß sie allergrößter Schonung bedürfe. Der preußische Gesandte muß seine Meldung in diesem Sinne berichtigen und fügt hinzu, es sei schon jetzt davon die Rede, daß die Kaiserin Elisabeth den nächsten Winter wieder im Süden werde zubringen müssen. Alle Hoftafeln und weiteren für die nächsten Tage vorgesehenen Empfänge werden plötzlich abgesagt. Am 19. Juni heißt es schon, der Zustand der Kaiserin, die wieder stark huste, appetitlos und schwach sei, gebe zu den ernstesten Besorgnissen Anlaß. Es ist wahr, die Ärzte empfehlen neuerlich sofortige Abreise. Kaum vier Wochen ist die Kaiserin da, und schon wieder muß sie nach dem Süden. Die wildesten Gerüchte durchschwirren Wien. Da stimmt etwas nicht. Die Kaiserin sieht blühend, gesund und taufrisch aus, und tags darauf heißt es, daß nach Ansicht der Ärzte nur eine augenblickliche Wiederabreise sie vor dem Äußersten schützen kann. Mit dem geplanten Besuche der Kaiserin in München, gelegentlich der für den 5. Juni angesetzten Heirat ihrer Schwester Mathilde mit dem Grafen Ludwig von Trani, dem ältesten Bruder des Königs Franz II. von Neapel, ist es nichts. Der bayrische Gesandte meldet sogar[1], es bestehe nur wenig Hoffnung auf Genesung, spricht von einem tödlichen Übel, von der Unfähigkeit Dr. Skodas, der aber immer noch behandelnder Arzt sei und ihm erklärt habe, wenn die Kaiserin in Wien bleibe, so hätte sie kaum noch sechs Wochen zu leben. Für den 23. Juni ist die Abreise festgesetzt. Aus München wird auch der Hausarzt des herzoglichen Hauses, Dr. Fischer, berufen, um die Kaiserin zu untersuchen. Der englische Gesandte kennt sich gar nicht aus. »Die Kaiserin«, meint er, »müsse wohl sehr krank sein. Sie ist sich auch ihres gefährlichen Zustandes voll bewußt. Sie darf nicht sprechen, um jede unnötige Reizung des Halses zu vermeiden, und da Seine Majestät oft nach Wien berufen wird, verbringt Ihre Majestät ihre Tage nahezu allein.« Graf Rechberg teilt dem Gesandten mit, daß die Kaiserin nach Korfu gehe. »Ich habe noch nie gehört«, antwortet Lord Bloomfield darauf, »daß Ärzte diesen Ort, wo es doch auch Malaria gibt, als Sommeraufenthalt für solche Kranke empfehlen.« — »Ich auch nicht«, antwortet Rechberg, »auch kann ich nicht verstehen, warum nicht Meran oder ein anderer passender Ort innerhalb der Monarchie gewählt wird.« Es ist nicht ganz klar, was da vorgeht. Ob es sich nur um Krankheit handelt oder aber ob häusliche Gegensätze innerhalb der Familie zu dem neuerlichen gesundheitlichen Zusammenbruch der Kaiserin führten. Sicher ist, daß alles in Wien gedrückter Stimmung ist, daß der Kaiser sich auf das tiefste betrübt zeigt und daß die Kaiserin sich vollkommen von aller Welt zurückzieht, gar nicht mehr essen will und ihr Gesamtzustand anscheinend zu den schlimmsten Befürchtungen Anlaß bietet.

Wirklich, schon am 23. Juni bringt Franz Joseph Elisabeth wieder nach Triest, von wo sie Erzherzog Max direkt nach Korfu geleitet. Am 27. Juni trifft Elisabeth dort ein. Schon auf der Reise fühlt sie sich viel besser, sie ist vollkommen fieberfrei und braucht den Arzt Dr. Skoda, der nach Korfu mitgefahren ist, überhaupt nicht. Der Lordoberkommis-

[1] Graf Bray an den König von Bayern, 19. und 21. Juni 1861. Bayrisches Geheimes Staatsarchiv.

sär stellt sein Stadtpalais und das Landhaus zur Verfügung. Elisabeth wählt das letztere, weil dort die strenge Zurückgezogenheit, in der sie zu leben wünscht, besser gewahrt werden kann. Sie hat sich jede Begrüßung verbeten. Der Klimawechsel ist von bester Wirkung. Dr. Skoda kehrt schon in den ersten Julitagen zurück und meldet[1], die alarmierenden Erscheinungen wären merklich zurückgegangen, der Husten habe nachgelassen und Ihre Majestät wäre frei von Fieber. Elisabeth macht lange Promenaden zu Fuß in den herrlichen Lorbeerwäldern und unternimmt weite Segelfahrten auf dem Meer. Auch Seebäder nimmt sie, was bei einer sogenannten Lungenkranken ziemlich merkwürdig ist. »Mein Leben ist hier noch stiller wie in Madeira«, berichtet Elisabeth dem Erzherzog Ludwig Viktor. »Am liebsten sitze ich am Strand, auf den großen Steinen, die Hunde legen sich ins Wasser, und ich schaue mir den schönen Mondschein im Meer an[2].« Da stört ein Besuch des Oberststallmeisters Grafen Grünne die Idylle, der in nicht allzu geschickter Weise zur Meldung über das Befinden der Kaiserin nach Korfu beordert worden ist. Kaiserin Elisabeth empfängt ihn kühl, ja beinahe feindselig, denn sie sieht in ihm nicht viel mehr als einen Spion ihrer Schwiegermutter. Grünne fühlt das sehr genau, und seine Berichte in Wien fallen für die Kaiserin nicht günstig aus. Das hört Elisabeth wieder von dritter Seite, und die Antipathie, die sie dem General als einem der engsten Vertrauten der Erzherzogin Sophie immer entgegengebracht hat, steigert sich zu einer Abneigung, die, wenn Elisabeth überhaupt wüßte, was Haß ist, zu einem solchen werden könnte.

Die bayrische Familie ist indessen durch all diese Vorfälle höchst alarmiert. Herzogin Ludovika sieht nicht klar. Auch sie erhält, wie alle übrige Welt, die widersprechendsten Nachrichten über die Gesundheit ihrer Tochter und entschließt sich daher, das Ehepaar Taxis nach Wien zu entsenden, das Aufklärung verschaffen soll, was denn an all dem Gerede wirklich wahr sei. Max Taxis bleibt bei Kaiser Franz Joseph und macht mit ihm alle Jagden mit, Helene fährt nach Korfu, wo sie am 23. August zur großen Freude Elisabeths eintrifft. Zum erstenmal, seit sie beide verheiratet sind, weilen die Schwestern längere Zeit beieinander. Der Schatten von einst ist schon längst verflogen, um so mehr, als Helene gesehen hat, daß das Los ihrer Schwester nicht so leicht ist. Als Nené ankommt, findet sie ihre Schwester blaß, mit

[1] Lord Bloomfield an Lord Russell, 4. Juli 1861. London, Record-Office.
[2] Elisabeth an Erzherzog Ludwig Viktor, Korfu, 28. Juli 1861. E. A. S. W.

etwas aufgedunsenem Gesicht, und ist erschrocken, daß die Kaiserin so gut wie nichts zu sich nimmt. Erst auf ihr Zureden gelingt es, Elisabeth dazu zu bewegen, mehrmals am Tage Fleisch zu essen. Sie macht mit ihr Ausflüge zu Land und zur See, und die Kaiserin findet dabei Gelegenheit, ihrer Schwester im Vertrauen ihr Herz auszuschütten und über all das zu klagen, was ihre Krankheit und ihre nun das zweitemal unternommene Flucht aus der Heimat hervorgerufen hat. Helene bietet sich als Vermittlerin an, fährt Ende September nach Wien zurück und erstattet Franz Joseph genauen Bericht.

Der neuerliche Aufenthalt Elisabeths in so fernem Land ist dem Kaiser persönlich höchst unangenehm. Es kommt ihm zu Ohren, daß die ganze Welt diese merkwürdigen Vorfälle Gründen zuschreibt, deren Erörterung für ihn, auch wenn sie nicht wahr sind, peinlich sein muß. Er hat, ganz abgesehen von der Liebe zu seiner Frau und dem Wunsche, mit ihr und seinen Kindern friedlich zu leben und nach des Tages Müh' ein trauliches Heim zu haben, auch für sein und seines Hauses unversehrtes Ansehen zu sorgen. Und das muß leiden, solange die Welt sich in Vermutungen und mehr oder weniger ausgeschmückten phantastischen Erzählungen über die tieferen Gründe all dieser Vorfälle mit der Kaiserin ergeht. Zu unvermittelt ist der Übergang von Lebensgefahr in Wien zu verhältnismäßig merkwürdig rascher Besserung in Madeira und Korfu.

Nun hat Helene die Brücke geschlagen. »Ich möchte die ersten Tage Oktober benützen«, schreibt Franz Joseph seiner Mutter, »um zu meiner lieben Sisi auf einige Tage nach Korfu zu eilen, wohin mich nach so langer Trennung die größte Sehnsucht treibt[1].« Am 13. Oktober früh trifft der Kaiser in Korfu ein. Er findet seine Frau gesundheitlich viel, viel besser, er stellt ihr alle seine Sorgen vor, er bittet sie, vernünftig zu sein, und verspricht ihr, im Falle der Angelegenheit der Kinder energischer als bisher auf ihrer Seite zu sein und, wenn nötig, gegen seine Mutter aufzutreten. Elisabeth sehnt sich nach den Kleinen. Wiederholt hat sie an Gisela und an Rudolf Briefe geschrieben[2], die immer in die Worte ausklingen: »Vergiß nicht Deine Mama, denke manchmal an Deine Mama.«

Nun kommen Kaiser und Kaiserin zu einem Ausgleich. Nein, nach

[1] Franz Joseph an Erzherzogin Sophie, Laxenburg, 30. September 1861. Schnürer, a. a. O. S. 307.

[2] Elisabeth an Erzherzogin Gisela aus Korfu vom 8. Juli und vom 29. September 1861. Archiv des Prinzen Konrad von Bayern, Enkels der Kaiserin, München-Harlaching.

Wien will sie nicht gleich wieder, ihre Nerven und ihre Gesundheit gestatten es noch nicht. Aber in die Monarchie ja. So kommen die beiden überein, Elisabeth werde sofort nach Venedig gehen, wohin die Kinder, natürlich ohne Erzherzogin Sophie, in kurzer Zeit nachfolgen sollen. Die Insel Korfu, die einem immerwährenden Garten gleicht, gefällt dem Kaiser sehr, aber auch da interessieren ihn am meisten die militärischen Einrichtungen der Engländer. Befriedigt tritt Franz Joseph die Heimreise an. Nun wird sich hoffentlich alles wieder einrenken lassen, und nach Venedig kann er viel häufiger fahren als in das weltferne Korfu, und der dortige Aufenthalt der Kaiserin könnte auch noch politisch günstig ausgewertet werden. Man spricht so schon allzuviel davon, daß man in Wien erwäge, nach dem Verlust der Lombardei nun auch Venetien einzutauschen oder zu verkaufen.

Am 26. Oktober läuft die Dampferfregatte »Lucia« mit Elisabeth an Bord in Venedig ein. Dort erwarten sie drei Erzherzoge, darunter Johann Salvator und der jugendliche Ludwig Salvator, der sich trotz seiner dreiundzwanzig Jahre sehr viel mit Kunst und Wissenschaft beschäftigt und darum der »gelehrte« Erzherzog heißt. Am Abend ist der Markusplatz auf Befehl des Bürgermeisters beleuchtet. Aber die Bevölkerung meidet ihn in besonders betonter Weise und nimmt absolut keinen Anteil an den Freudenbezeigungen. Die Kaiserin jedoch verlangt nichts anderes als Ruhe und setzt auch in Venedig ihr einsames Leben von Madeira und Korfu fort. Sie vertreibt sich, so gut es geht, die Zeit mit Lesen. Mit dem Spazierengehen ist es hier nichts, denn obwohl Elisabeth nicht schlecht aussieht, sind ihre Füße stark geschwollen. Auch das Gesicht ist immer noch recht aufgedunsen. Die Kaiserin freut sich schon unbändig auf Rudolf und Gisela, die am 3. November 1861 in Venedig eintreffen. Das Wiedersehen ist rührend, und Elisabeth ist ganz glücklich. Sofort nach Ankunft der Kinder setzen aber wieder Unstimmigkeiten mit der Obersthofmeisterin Gräfin Esterházy ein, die von Erzherzogin Sophie Weisungen über die Behandlung der Kinder während der Besuchszeit erhielt, mit denen Elisabeth nicht einverstanden ist. Ende des Monats trifft auch Franz Joseph ein und muß wie seine Gemahlin die Kälte feststellen, die die Bevölkerung ihm gegenüber zeigt. Das Kaiserpaar sieht, daß die Leute nur deshalb ruhig sind, weil sie militärisch niedergehalten werden, sonst aber die österreichische Herrschaft verachten. Als Kaiser Franz Joseph dem Statthalter sein Erstaunen ausdrückt, daß der venezianische Adel ihn und seine Frau meide, wird versucht, verschiedene Angehörige desselben zu veranlassen, im Palais ihre Aufwartung zu machen. Man sei dies doch der ersten Dame des Landes schuldig. Aber alles ist vergebens. Elisabeth beginnt sich in Venedig unbehaglich zu fühlen. Ihre Gesundheit wird nicht besser. Auch der ewige Gegensatz zur Obersthofmeisterin Esterházy, die sie nie für sich hat gewinnen können, zehrt an Elisabeth, und sie setzt es endlich beim Kaiser durch, daß die Gräfin enthoben wird und die frühere Hofdame Paula Bellegarde, die indessen einen Grafen Königsegg-Aulendorf geheiratet hat, ihr Amt übernimmt. Der Graf wird gleichzeitig Obersthofmeister der Kaiserin. Erzherzogin Sophie empfindet natürlich diese Veränderung wie einen gegen sie persönlich geführten Schlag.

Im März besucht Kaiser Franz Joseph seine Gemahlin neuerdings in Venedig. Elisabeth hat sich in ihrer Beschäftigungslosigkeit eine neue kleine Freude gesucht. »Ich lege mir nämlich ein Schönheiten-Album an«, schreibt sie ihrem Schwager[1], »und sammle nun Photographien, nur weibliche, dazu. Was Du für hübsche Gesichter auftreiben kannst beim Angerer und anderen Photographen, bitte ich Dich mir zu schikken ...« In der Folge geht die Bitte an den Minister des Äußern, durch alle Botschafter Österreichs in der ganzen Welt, Bilder schöner Frauen der betreffenden Länder suchen zu lassen und der Kaiserin einzusenden. Rechberg gibt diesen Auftrag weiter und bemerkt hiebei noch zum Botschafter in Konstantinopel[2], die Kaiserin wünsche nebst den Porträts orientalischer Beautés besonders solche schöner Frauen aus der türkischen Haremswelt zu besitzen. Das bringt den Diplomaten in größte Verlegenheit. Es ist geradezu lebensgefährlich, sich solche Photographien zu beschaffen, da die Sitte dem entgegensteht. Kein Mensch glaubt ihm übrigens, daß er diese Bilder wirklich für seine Kaiserin und Herrin brauche. Trotzdem gelingt es, einige wenige zu beschaffen[3]. Lächelnd denkt der Botschafter, die Kaiserin werde vielleicht die in aller Welt gesammelten Frauenschönheiten schließlich nach dem berühmten Muster des Märchens »Spieglein, Spieglein an der Wand, wer ist die Schönste im ganzen Land?« mit ihren eigenen entzückenden Porträts vergleichen.

In der zweiten Woche April trifft die Herzogin in Bayern in Venedig

[1] Elisabeth an Erzherzog Ludwig Viktor, Venedig, 21. März 1862. E. A. S. W.
[2] Rechberg an Prokesch, Wien, 18. August 1862. Wien, Staatsarchiv.
[3] Alben mit dieser Sammlung der Kaiserin befinden sich zum Teil im Elisabeth-Museum in Budapest, darunter auch die Bilder, die Prokesch aus der Türkei eingesandt hat.

ein. Sie will sich dort doch einmal selbst überzeugen, wie es mit der Gesundheit ihrer Tochter steht. Ludovika hat schon längst gehört, daß es sich nicht um die Lunge handelt. Noch einmal im Mai kommt der Kaiser zu Besuch. Dann kehrt Elisabeth in Begleitung der Herzogin in die Heimat zurück und fährt, um Franz Josephs Mutter und Wien zunächst zu vermeiden, nach Reichenau. Dorthin kommt auch Hofrat Fischer, der die Kaiserin seit ihrer Kindheit kennt und der immer der Ansicht war, daß ihr Zustand nicht richtig beurteilt worden ist. Er findet, Elisabeth leide an hochgradiger Blutleere, der Aufenthalt im Süden sei ihr, da sie nichts an der Lunge habe, gar nicht zuträglich und eine Badekur in Kissingen viel empfehlenswerter. Die Kaiserin, deren Schönheit unter den Schwellungen litt, hat mehr Vertrauen zu Dr. Fischer, und so wird beschlossen, gleich von Reichenau am 2. Juni die Badereise nach Kissingen anzutreten. Elisabeth ist eher geneigt, jede Krankheit ernster zu nehmen als notwendig. Dies erschwert die Arbeit der Ärzte, die bei den Untersuchungen immer finden, daß die Konstitution der Kaiserin im Grunde eine ausgezeichnete, harte und leistungsfähige ist, daß es also nur eine Frage der Zeit und der Nerven sein kann, bis die damals erst fünfundzwanzigjährige schöne Kaiserin wieder vollständig wiederhergestellt ist und die Furcht vor allen möglichen Krankheitsfolgen verliert. Und wirklich — der Aufenthalt in Kissingen, wo sie in einer kleinen Villa in Zurückgezogenheit lebt, tut ihr gut. Im Juli begibt sich Elisabeth nach Possenhofen, wo sie mit wahrer Rührung die Königin von Neapel und das neuvermählte gräfliche Paar Trani nach all dem Schweren wiedersieht, das sie erlebt haben. Von der Ehe der Königin von Neapel aber hört man Unerfreuliches. Sie weilt fern von ihrem Gemahl und scheint gar nicht zu ihm zurückkehren zu wollen.

Ganz plötzlich und unerwartet kommt Elisabeth nun am 14. August nach Wien zurück. Die Hofdame Fürstin Helene Taxis wird telegraphisch einberufen. »Nun haben wir sie im Lande«, berichtet diese[1], »wie vor zwei Jahren, und doch, was liegt dazwischen, Madeira, Korfu und eine Welt von Sorgen ... Sie wurde mit Enthusiasmus empfangen, wie ich es in Wien noch nie gehört. Sonntag ist Liedertafel und Fackelzug, wozu sich vierzehntausend Menschen meldeten. *Seinen* Ausdruck, als er sie aus dem Wagen hob, werde ich nie vergessen. Ich finde sie

[1] Fürstin Helene Taxis an Karoline Gräfin Wimpffen, geborene Gräfin Lamberg, 15. August (1862). Archiv Gyöngyösszentkereszt.

blühend, aber nicht natürlich aussehend, den Ausdruck gezwungen und nervös au possible, die Farbe so frisch, daß ich sie echauffiert finde, und wohl nicht mehr geschwollen, aber sehr dick und verändert im Gesicht. Daß Prinz Karl Theodor mitkam, ist ein Beweis, wie sehr sie es scheut, mit *ihm* und uns allein zu sein ...«

Der Empfang der Kaiserin in Wien ist märchenhaft. Die Freude und die Begeisterung über ihre Rückkehr nimmt einen derartigen Grad an, daß die Hofgesellschaft das schon als eine Art ungehörige Kundgebung betrachtet, die vielleicht der liberalen Kaiserin im Gegensatz zur rückschrittlichen Mutter des Kaisers gelte. Nun bleibt Elisabeth zunächst in Schönbrunn und nimmt das altgewohnte Leben wieder auf. Sie freut sich über die Kinder, besonders über den kleinen Kronprinzen, der, wie die Hofdame Taxis gleichzeitig berichtet, »ravissant, lustig, natürlich, gescheit und sehr hübsch geworden ist«. Elisabeths Füße gestatten es wieder, daß sie vor- und nachmittags ihre geliebten langen Promenaden macht. Sie beginnt auch langsam wieder mit dem Reiten. Erzherzogin Sophie ist momentan nicht anwesend und daher für den Augenblick kein Zusammenstoß zu befürchten. Immerhin fühlt sich Elisabeth in der Wiener Hofatmosphäre zunächst noch so unwohl, daß sie ihre Schwester, die Königin von Neapel, zu sich kommen läßt, als ihr Bruder Karl Theodor abreisen muß. Diese ist jetzt aber nicht die richtige Gesellschaft für sie. Im Gegenteil, sie regt sie mit ihren Klagen über ihre verfehlte Ehe nur auf.

Elisabeth hat vergessen, was Etikette gebietet, und lebt ganz nach ihrem Kopf. Die Hofdamen merken es, ja können sich schwer darüber beruhigen und beobachten jeden Schritt, den die Kaiserin tut. »Sie hat gar nicht mehr die Allüren, sich begleiten zu lassen«, berichtet am 15. September 1862 die Hofdame Helene Taxis aus Schönbrunn[1], »geht und fährt sehr viel mit Seiner Majestät aus, ist er abwesend, bleibt sie allein hier im gesperrten Garten in Reichenau. Doch gottlob ist sie doch zu Hause und gedenkt es auch zu bleiben, das ist die Hauptsache. Mit ihm ist sie vor uns wenigstens sehr freundlich, gesprächig und natürlich, alla camera mögen manche Meinungsverschiedenheiten vorkommen, das blickt so manchmal durch. Sie sieht exzellent aus, eine ganz andere Frau, gefärbt, stark und abgebrannt: ißt ordentlich, schläft gut, schnürt sich noch gar nicht, kann stundenlang gehen, doch wie sie steht, schwillt

[1] Fürstin Helene Taxis an Gräfin Karoline Wimpffen-Lamberg, Schönbrunn, 15. September 1862. Archiv Gyöngyösszentkereszt.

eine Ader am linken Fuß an. Die Königin von Neapel sieht nicht gut aus, die Menage soll schlecht gehen.«

Nun ist zu hoffen, daß die Kaiserin ihre Gesundheit ganz zurückgewinnt, und besonders ihre Umgebung sehnt wieder eine geordnete und geregelte Lebensweise herbei. Die verschiedenartigen Stimmungen, denen Elisabeth in den letzten zwei Jahren unterworfen war, die Verzweiflung über die Krankheit und ihre mimosenhafte Empfindlichkeit haben es ihrer Umgebung nicht leicht gemacht. Die Gräfin Karoline Lamberg hatte 1860 gerade rechtzeitig geheiratet, um die Wanderzeit und die Kämpfe dieser Epoche nicht mehr mitzumachen. »Ich kann Dir nur Glück wünschen«, schreibt ihr die Hofdame Helene Taxis, »daß Du diese zwei martervollen Jahre nicht mehr mit uns durchzumachen hattest. Nun sind wir stabil in Schönbrunn, der Gedanke kommt mir sonderbar vor, to be settled for good somewhere. Es fiel ihr schwer, das Herumfahren der letzten Zeit aufzugeben, was ich begreife. Wenn man überhaupt nicht den inneren Frieden besitzt, so meint man, die Bewegung mache das Leben leichter, und daran ist sie jetzt nur zu sehr gewöhnt. Helene[1] kommt übrigens auf vierzehn Tage her, während der Kaiser auf der Jagd ist, das gibt er nicht auf ... Sie hat doch immer einen kalmierenden Einfluß, ist selbst so vernünftig und ordentlich und sagt ihr die Wahrheit. Sie ritt in Reichenau und einmal hier allein mit Holmes um sieben Uhr früh. Aus dem Schritt ist natürlich bereits ein Galopp geworden, nur traben will sie noch nicht. Von Grünne und Königsegg will sie sich durchaus nicht begleiten lassen. Ersterer ward bis jetzt komplett ignoriert und gemieden. Sonst geht es gottlob gut ... Ich glaube schon, daß sie des moments de désespoir hat, doch niemand kann so lachen und hat so kindliche Einfälle. Sie sagt selbst, daß es ihr nicht unangenehm ist, uns gelegentlich zu sehen, nur uns im Dienst kommen lassen, ist ihr odios[2] ...«

Kaiser Franz Joseph versäumt nichts, um seiner Frau das Leben in der Heimat möglichst angenehm zu gestalten, er ist von unerhörter Aufmerksamkeit, er läßt die schönsten Pferde kommen, er tut alles, was er Elisabeth an den Augen absehen kann. Wenn nur die Gesundheit in den nächsten Jahren völlig wiederkehrt und sich Erzherzogin Sophie etwas Zurückhaltung auferlegt, dann kann noch alles gut werden.

[1] Die Schwester der Kaiserin.

[2] Hofdame Helene Taxis an Gräfin Karoline Wimpffen-Lamberg, Schönbrunn, 28. September 1862. Archiv Gyöngyösszentkereszt.

VI

HÄUSLICHE KÄMPFE UND WECHSELNDE STIMMUNGEN

1863—1865

Langsam beginnt Kaiserin Elisabeth sich wieder an das Hofleben zu gewöhnen. Mitte Februar erscheint sie nach drei Jahren zum erstenmal auf einem Kammerball der Hofgesellschaft, zu dem nur zweihundertfünfzig Leute geladen sind. Man ist allgemein erstaunt und erfreut über das blühende Aussehen der Kaiserin. Ihre Gesichtszüge sind wieder schmäler geworden, das Lächeln ist wiedergekehrt und läßt den ganzen Charme ihrer Erscheinung wie einst hervortreten. Aber der Tratsch und das Gerede rings um sie herum verstummen nicht. Wenn man einmal nicht von der Kaiserin selbst spricht, dann bietet ihre Familie Stoff dazu. Elisabeth bleibt ihrem Elternhause stets innig verbunden. Die letzten Ereignisse haben dieses Band nur verstärkt, und sie nimmt Anteil an allem, was insbesondere das Schicksal ihrer Geschwister betrifft. Die von Anfang an unglückliche Ehe der Königin von Neapel ist mitten in einer Krise. Sie will nicht mehr nach Rom zu ihrem Gemahl und fährt plötzlich im Oktober 1862, ohne irgend etwas zu sagen, nach Augsburg in das Kloster der Ursulinerinnen, um dort bis auf weiteres zu verbleiben. Sofort geschieht von seiten der bayrischen Familie alles, um die Ehe wenigstens vor der Welt wieder einzurenken. Die Nachrichten über diese Flucht erregen die Kaiserin um so mehr, als die Leute am Hofe schon eine Parallele mit ihren Fahrten nach Madeira und Korfu aufstellen und nur allzuleicht geneigt sind, die ganze herzogliche Familie in Bayern in Bausch und Bogen einer merkwürdigen Lebensweise zu beschuldigen. Der älteste Herzog mit seiner Mißheirat, die Kaiserin mit ihrem eigenartigen Kopfe und nun auch die Königin von Neapel! Was werden mit der Zeit noch die übrigen Geschwister für Rätsel aufgeben? Kaiserin Elisabeth ist für dergleichen sehr hellhörig. Überempfindlich, wie sie ist, spürt sie mißtrauisch auch schon dort Boshaftes heraus, wo man gar nicht daran denkt. Sie übertreibt ihre Abneigung gegen zahlreiche Vertreter des österreichischen Hochadels und schafft sich dadurch Feinde. So entsteht allmählich am Wiener Hof eine eisige Atmosphäre um Elisabeth, die sie, wie von selbst, auf den Gegenpol, den ungarischen Adelskreis, hinweist. Jeder Ungar, den die Kaiserin trifft, weiß nun schon, daß sie dem alten System widerstrebt, und kommt ihr daher von vornherein mit erwartungsvoller Ehrfurcht entgegen. Elisabeth ist geschmeichelt, weil von ungarischer Seite in Wort und Schrift mit geschickten Andeutungen betont wird, man kenne die Macht, die die Schönheit und der Zauber der anmutigen Königin auf ihren Gemahl ausübe, und hoffe, daß es ihr dadurch gelingen werde, Franz Joseph den ungarischen Herzenswünschen näherzubringen. Dabei stört Elisabeth nur das eine, daß sie sich nicht genug in den Gedankenkreis des magyarischen Volkes hineindenken und hineinfühlen kann, weil sie die Sprache nicht versteht und daher weder die Literatur noch das Volk selbst zu sich sprechen lassen kann.

Zum erstenmal spürt sie diesen Mangel empfindlich, als sie sich mit der Amme des Kronprinzen schwer verständigen kann. Von ihr lernt sie die ersten Brocken Ungarisch. Seit Februar 1863 aber studiert sie diese Sprache ernstlich. Was sich Elisabeth einmal vornimmt, das führt sie auch mit Energie durch. Sie benützt nun die Stunden, die die sorgsame Pflege ihres herrlichen, meterlangen, allmählich aus Goldblond in Goldbraun übergehenden Haarschmuckes erfordert, um Vokabeln zu lernen. Dann beim Ankleiden spricht sie mit dem Kammermädchen ungarisch, bevor sie hinübergeht zu ihren Turngeräten, zu den Ringen und Hanteln, mit denen sie ihren Körper übt und stählt, um möglichst bald alle Erinnerung an die Krankheit zu bannen und die notwendige Elastizität für ihr geliebtes Reiten wiederzugewinnen. Das ist der Sport, den sie über alles liebt; von jedem ihrer herrlichen Pferde läßt sie vom Maler Zellenberg Porträte anfertigen, die sie in einem ihrer Salons vereinigt. »Meine Reitkapelle«, nennt sie dieses Zimmer, in das sie jeden hineinführt, der Liebe zum edlen Pferd hat.

Noch ist aber Elisabeth nicht ganz hergestellt, und der Arzt besteht darauf, daß sie auch in diesem Jahre, im Juni 1863, die Kur in Kissingen wiederholt. Dort wird sie immer wie eine Fee empfangen. Die Kaiserin erscheint täglich auf der Promenade, wo sie sich mit besonderem Mitleid derer annimmt, die in Kissingen schwerkrank und invalid Heilung suchen. So begleitet und führt sie fast täglich den blinden Herzog von Mecklenburg, nimmt sich aber auch eines ihr gesellschaftlich ganz fernstehenden halbgelähmten Engländers John Collett an, der tagtäglich im Rollwagen über die Promenade gefahren wird. Das ist ein sehr belesener Mann und über die Schönheit und den Charme der Kaiserin wie jedermann aufs höchste entzückt. In Kürze verliebt sich der Unglückliche auf Tod und Leben in sie. Zuerst wußte der Schwerkranke nicht, wer Elisabeth ist, und hielt sie für ein bildhübsches English girl. Bald aber erfährt er, mit wem er es zu tun hat. Er empfiehlt Bücher, er sendet Blumen und schließlich auch selbstgemachte Gedichte. »Sie könnten mich«, läßt er der Kaiserin einmal schreiben[1], »durch ein ganz kleines Ding, nämlich eine Locke von Ihrem Haar, wahrhaft glücklich machen. Wenn ich mit dieser Bitte einen Fehler mache, bitte ich, mir zu verzeihen. Ich würde das nicht deshalb werthalten, weil Sie eine Kaiserin sind, sondern da Sie wahrhaft eine ganz wunderbare Macht über mich ausüben und ich Ihre Freundschaft um ihrer selbst willen so ungeheuer hochschätze.« John Collett ist gerührt, daß sich eine Kaiserin und noch dazu eine so märchenhaft schöne Frau eines armen Gelähmten so sehr annimmt. Unzertrennlich werden die drei, die entzückende junge Kaiserin, der blinde Herzog und der gelähmte Mann im Rollwagen, und sprechen über Gott und die Welt, über Tod und Leben, über Leiden und Glück. Und John Collett dichtet:

May God preserve the lady fair and true
whose pitying heart can feel for others pain,
for thou at least kind Queen hast not passed through
the trying fires of suffering in vain.

Mit zitternder Hand, kaum lesbar, hat es der Kranke geschrieben, und rührend klingt das Lied in Segenswünschen für Elisabeth aus.

Am 25. Juli tritt die Kaiserin die Heimreise an. Kaum ist sie fort, müht sich John Collett, ihr mit kaum gehorchender Hand rührenden Dank für den Sonnenschein zu schreiben, den sie auf seinen Leidensweg gestrahlt hat. Elisabeth antwortet Collett stets. Sie schreibt ihm, sie habe seine zwei Lieblingslieder in Musik setzen lassen und höre sie oft des Abends, wenn sie vom Reiten heimkomme. Aber die Bitte um die Locke lehnt sie ab. Sie hat ein Gelübde abgelegt[2], niemand je etwas von ihrem Haar zu geben. »Ich danke«, schreibt sie, »für das kleine Gedicht. Sie sagen mir, ich soll es kritisieren. Ich kann Ihnen nur eines sagen, Sie schätzen mich viel zu hoch ein, und ich fühle mich selbst nicht halb

[1] Mr. John Collett an Kaiserin Elisabeth, Kissingen, 20. Juni 1863. E. A. S. W.
[2] Kaiserin Elisabeth an John Collett, 27. November 1863. Konzept E. A. S. W.

so viel wert, als Sie von mir denken und über mich schreiben . . . Sie sind so leidend und müde und vergessen doch nicht für mich zu beten, wie lieb ist das von Ihnen. Oh, bitte, hören Sie damit nicht auf und bitten Sie für mich, daß mir Gott einen Wunsch erfülle, den einzigen, um den ich ihn morgens und abends und jeden Tag in der Messe bitte.« Damit meint Elisabeth wohl ihre volle Gesundung.

Während Elisabeth so ihr Eigenleben führt, müht sich Kaiser Franz Joseph, am Frankfurter Fürstentag eine Einigung zu erzielen. Preußen aber bleibt nach dem Willen Bismarcks fern, und so setzt sich der Gegensatz fort, der schließlich zum Bruderkriege um die Vorherrschaft in Deutschland führen soll. Elisabeth aber widmet sich jetzt mit wahrer Leidenschaft ihrem Studium des Ungarischen, so daß Franz Joseph seiner Mutter meldet, Sisi mache unglaubliche Fortschritte in dieser Sprache. Die Erzherzogin sieht jedoch die wachsenden Sympathien ihrer Schwiegertochter für Ungarn mit scheelem Auge an. Das zeigt sich auch in den kleinsten Äußerlichkeiten. Einmal erscheint das Kaiserpaar in der mittleren Abteilung der Hofloge im Theater, während Erzherzogin Sophie in der nächsten Platz genommen hat. Elisabeth trägt eine goldbestickte Haube, wie es ungarische Magnatenfrauen zu tun pflegen. Als Erzherzogin Sophie dies erblickt, beginnt sie ihre Schwiegertochter mit ihrem Lorgnon auffallend zu fixieren[1], ja sie erhebt sich sogar und beugt sich über die Logenbrüstung, um besser zu sehen. Dann lehnt sie sich wieder in ihren Fauteuil zurück und schüttelt halb verwundert, halb entrüstet den Kopf. Das Publikum hat die Szene mit angesehen. Allgemeine Bewegung und leises Flüstern geht durch den Saal, und Kaiserin Elisabeth verläßt vorzeitig, gefolgt von ihrem Gatten, das Theater.

Wenige Tage nach diesem Vorfall trifft eine Hiobsbotschaft aus München ein. König Maximilian II., der Freund, Künstler und Gelehrte, stirbt plötzlich und unerwartet am 10. Mai 1864. Nun folgt ihm ganz unvorbereitet sein junger achtzehnjähriger Sohn Ludwig II. Er hat sich zeitlebens viel mit Poesie beschäftigt, kennt die meisten Schauspiele Schillers auswendig, hat aber nie einen Blick in das Getriebe der Politik getan. Scheu vor den Menschen und Liebe zum Reiten hat er mit Elisabeth gemein. Aber ihre Verwandtschaft ist eine zu weit auseinander-

[1] Begegnungen mit Kaiserin Elisabeth. Persönliche Erinnerungen, mitgeteilt von Graf Nikolaus Bethlen im Budapester »Tagblatt« am Sonntag, den 18. September 1898, Nr. 257.

liegende, um aus Eigenschaften des einen Teiles auf die des anderen schließen zu können. Die Kaiserin und Ludwig haben, wie die beiliegende Tabelle zeigt, nur dessen Urgroßvater, den König Max I. von Bayern, gemeinsam, der in keiner Weise psychisch besondere Abnormitäten aufwies. Elisabeths Mutter stammt aus einer zweiten Ehe dieses Monarchen. Überdies sind die Wurzeln der Wahnsinnserscheinungen, die sich später bei beiden Söhnen des eben verstorbenen Königs zeigen sollten, erst durch die Frauen der Nachfolger Max' I. in die bayrische Familie eingebracht worden. Die Kaiserin aber steht um eine Generation höher als ihr um acht Jahre jüngerer, nun zur Regierung gelangender Vetter Ludwig II.

Dem König folgt kurz darauf auch seine Schwester, Erzherzogin Hildegard, Gemahlin des Erzherzogs Albrecht, die sich bei dem Leichenbegängnis ihres Bruders die Todeskrankheit geholt hat. Um drei Uhr nachts des 2. April wird die Kaiserin mit der Nachricht geweckt, daß die Erzherzogin im Sterben liege. Sie eilt sofort an ihr Lager und wohnt ihren letzten Stunden bei. »Es war das erstemal[1]«, schreibt Elisabeth darüber ihrem gelähmten englischen Freund, »daß ich einen erwachsenen Menschen sterben sah. Es machte mir einen furchtbaren Eindruck, ich hätte nie gedacht, daß es so schwierig ist, zu sterben, daß der Kampf mit dem Tode ein so fürchterlicher ist. Zu denken, daß jedermann das mitmachen muß! Wie sind die zu beneiden, die in der Ahnungslosigkeit der Kindheit von dieser Erde der Trauer hinübergehen. Ja, Leben ist ein häßlich Ding, in dem nichts sicher ist als der Tod.«

Bald jedoch lenkt ein anderes Ereignis die Aufmerksamkeit von diesem Trauerfall ab. Der seit Jahren erfolgte Plan des jüngeren Bruders Franz Josephs, des Erzherzogs Ferdinand Max, den das französische Kaiserpaar und eine Anzahl von gewissenlosen mexikanischen Emigranten in ihre Netze gezogen haben, der utopische Gedanke, in Mexiko ein Kaiserreich aufzurichten, wird verwirklicht. Der Erzherzog und Charlotte haben auf kein Abraten hören wollen. Auch Elisabeth steht auf der Seite derjenigen, die der Sache kopfschüttelnd zusehen, aber vielleicht aus einem anderen Grunde als die übrigen. Ob ein Kaisertum möglich oder unmöglich ist, darum handelt es sich hier nicht. Sie hat die beiden mit ihrem Streben nach einer Krone nie verstehen können, sie sollen doch froh sein, denkt sie bei sich, keine zu haben. Und als Charlotte in den letzten Wochen vor der Abreise in Wien weilt, tut sie

[1] Kaiserin Elisabeth an John Collett, Wien, 16. April 1864. E. A. S. W.

ihr alles erdenkliche Liebe, wenn sie auch mit ihrer Meinung nicht zurückhält[1]. Aber es hilft alles nichts, am 14. April sticht das Schiff mit dem erzherzoglichen Paar in See, einer mehr als unsicheren Zukunft entgegen.

Der Sommer sieht die Kaiserin wieder bei ihrer alljährlichen Kur in Kissingen und in Possenhofen bei den Verwandten. In dem Badeort erhält sie den Besuch des neuen, jungen Souveräns ihrer Heimat. Sie ist schon neugierig, Ludwig II. wiederzusehen, von dem man sagt, daß er wunderbar schön ist mit seinem dunkelbraunen Haar, das ein edles Gesicht umrahmt, aus dem ganz eigenartig faszinierende blaue Augen hervorleuchten. Überdies lauten die Berichte über den neuen König sehr verschieden. Die einen schwärmen von ihm, die anderen finden ihn zumindest etwas merkwürdig. Eines aber hört die Kaiserin von allen Seiten, auch Ludwig betet alles Schöne an in Kunst und Natur, genauso wie sie. Darum kommt der König auch nach Kissingen: Vornehmlich, um seine schöne Base, die Kaiserin, zu sehen. Zuerst nur für kurz, dann aber ist er von Elisabeth so entzückt, daß er vier Wochen in Kissingen bleibt, wo er auch die Zarin Marie, die Gemahlin Alexanders II., mit ihrem elfjährigen Töchterchen trifft. Ludwigs II. Huldigungen für Elisabeth sind jedoch anderer Natur, als es sonst bei jungen Männern schönen Frauen gegenüber der Fall ist. Er betrachtet sie wunschlos wie ein schönes Bild des Himmels und fühlt sich von Elisabeths Weltanschauung, von ihrer ganzen, auch so ungewöhnlichen Art angezogen.

Indessen ist der schleswig-holsteinsche, von Österreich gemeinsam mit Preußen geführte Feldzug im Gange. Nach Hause zurückgekehrt, gibt dies Elisabeth wieder Gelegenheit, bei den Verwundeten in den Spitälern ihr gutes Herz und Mitgefühl zu zeigen. Dabei freut sie sich, mit verletzten ungarischen Soldaten, die in den Wiener Spitälern liegen, schlecht und recht in ihrer Muttersprache reden zu können. Schon beginnt sie Eötvös und Jókai mit dem Wörterbuch in der Hand zu lesen und in ungarischen Geschichtsbüchern zu blättern. Nun wünscht sie sich eine Ungarin, mit der sie sprechen, der sie aber auch vertrauen kann. Eine Gräfin Almássy wird beauftragt, eine geeignete junge Dame für die Kaiserin zu finden. Sie stellt eine lange Liste mit vielen Namen aus

[1] Siehe den Brief der Kaiserin Charlotte von Mexiko an Elisabeth, Chapultepec, 10. April 1865, in dem es heißt: »Ich vergesse nicht das viele Herz, welches Du uns in diesen Tagen vor einem Jahr gezeigt hast.«

der ungarischen Hocharistokratie zusammen, denkt aber auch an eine alte Freundin Marie von Ferenczy aus guter ungarischer Gentryfamilie in Kecskemét, die einen Bruder besitzt, der fünf Töchter und nur einen invaliden Sohn mit zu kurzem Fuße hat. Die Gräfin fragt, ob nicht eine der fünf Töchter geeignet wäre. So kommt die kleine Ida von Ferenczy, ein nicht hübsches, aber herziges, bescheidenes und zartes Mädchen, auf die sonst so hochadelige Liste. Als Kaiserin Elisabeth sie überreicht erhält, fällt ihr Auge sofort auf den einfachsten Namen. »Ein solches Mädchen«, sagt sie sich, »werde ich ungleich leichter an mich ziehen können.« Sie verlangt eine Photographie und nähere Auskunft und meint dann: »Ja, die wird mir sicher gefallen.«

Ida Ferenczy hat von alledem keine Ahnung. Ihr Schwager, Alexander Herczeg, wird verständigt und fährt mit der wichtigen Nachricht nach Kecskemét[1]. Ida ist überglücklich. Von der Königin hat sie nur das Schönste gehört, außerdem sieht sie darin die Möglichkeit, einer Heirat, die man ihr aufzwingen will, zu entgehen. So nimmt sie mit Freuden an. Herczeg Sándor und Ida fahren in dem leichten ungarischen Juckerwagen hinaus aufs Feld zum Vater, der die Erntearbeiten beaufsichtigt. Einen Augenblick denkt dieser nach, dann sagt er: »Nun gut, ich habe dem König keinen Soldaten geben können, vielleicht kann meine Tochter ihm Dienste erweisen.« Angstvoll zittert Ida Ferenczy dem ersten Zusammentreffen mit ihrer Königin entgegen. Sie ist ein natürliches, gesundes, aufgewecktes und frohes Gemüt, hat einen unverdorbenen ungarischen Geist und liebt ihr Vaterland. Aber wird das alles genügen, um die Herrin über ein Millionenreich, die schönste Frau Europas, zufriedenzustellen, von deren Geist und Wesen man sich Wundermärchen erzählt? Ida Ferenczy ahnt ja nicht, daß Elisabeth gerade das sucht, was sie ist. Ein möglichst einfaches, von Etikette und Hofintrigen unberührtes, dem engen Kreis der Hocharistokratie fernstehendes Geschöpf. Die Kaiserin will jemanden, der *ihr* dient und nicht, wie bisher fast alle, der Mutter des Kaisers.

Im November 1864 stellt die Obersthofmeisterin Gräfin Königsegg Ida Ferenczy der Kaiserin vor. Sie ist gerade von einem Ritt zurückgekehrt und empfängt in einfachem Reitkleid, mit von der frischen Luft geröteten Wangen in bestrickender Anmut die dreiundzwanzigjährige kleine Ida, der das Herz bis zum Zerspringen klopft. Blutübergossen steht sie vor ihrer Königin. Mit dem unvergleichlichen Charme, der es ihr leicht

[1] Persönliche Mitteilung der Frau Elisabeth von Farkas an den Verfasser.

macht, die Menschen zu bezaubern, wenn sie nur will, sieht Elisabeth das junge Mädchen forschend an und sagt dann auf ungarisch: »Sie gefallen mir sehr, wir werden viel zusammen sein.«
Elisabeth hat es nicht leicht, ihre neue Dame in die streng abgestufte Hierarchie der Hofleute einzugliedern. Wegen ihrer bescheidenen Herkunft will man sie nicht gleich zur Hofdame machen, weil das vielleicht die anderen, die aus größeren Familien stammen, verletzen könnte. Man verfällt auf den Ausweg, sie zur Brünner Stiftsdame zu machen, damit sie den Titel »Frau« erhält, und nennt sie »Vorleserin Ihrer Majestät«. Nun gehört Ida Ferenczy dem Hofkreise an. Elisabeth warnt sie sofort und verbietet ihr von vornherein auf das strengste, jemals irgend jemand auch nur das geringste zu sagen, was sie redet oder tut[1]. Das sei die Grundbedingung jedes guten Einvernehmens. Elisabeth hat sehr recht, denn kaum ist Ida Ferenczy einige Tage da, stellt sich schon die erste Hofdame der Erzherzogin Sophie ein und sagt ihr bei der Vorstellung: »Wenden Sie sich nur in allem an mich und vertrauen Sie mir alles an, was Ihre Majestät meint.« In der ersten Zeit hält Elisabeth täglich förmlich Verhöre mit Ida ab, ob sie denn auch wirklich noch nicht von der Partei der Schwiegermutter gewonnen ist.
Die Hofdamen sind zuerst sehr liebenswürdig mit der »Neuen«, aber sie merken bald, daß Ida ihnen gegenüber verschlossen bleibt. Sofort ändert sich ihr Benehmen, es wird kalt und abweisend. Die Kaiserin aber erkennt in Kürze, daß sie da jemand gefunden hat, der ihr und ihr allein mit Leib und Seele ergeben ist, wie sie es sich all die Zeit über ersehnt hat. Bald ist Ida Elisabeths Freundin, der sie du sagt, der sie unbegrenzt vertraut, der sie stets läutet, wann immer sie etwas braucht, bei der sie keine Angst hat vor Spionage und Tratsch. Und so gewinnt das junge »nemens lány«[2] aus Kecskemét wahrhaft Einfluß auf die Kaiserin und lehrt sie nicht nur die ungarische Sprache, sondern nährt in ihr die aufkeimende Liebe zu ihrer Nation und Heimat. Ida Ferenczy hat sich die Kaiserin sehr schön vorgestellt, aber doch nicht so reizend und entzückend, wie sie in Wirklichkeit ist. Gesundheitlich geht es Elisabeth nach der dritten Kissinger Kur wieder ganz ausgezeichnet. Ihre alte Schönheit ist zurückgekehrt, ja die siebenundzwanzigjährige junge

[1] Die nun folgende Darstellung stützt sich auf persönliche Mitteilungen der Damen Elisabeth und Lászlo von Farkas sowie eine Aufzeichnung der Erzherzogin Valerie, »Der Eintritt Ida Ferenczys«. E. A. S. W.
[2] Edelmädchen.

Frau bietet jetzt ein noch vollkommeneres, harmonisch schöneres Bild als einst in der Mädchenzeit. Winterhalter, der Hofmaler von Paris und London, der fast alle Fürstlichkeiten und schönen Frauen seiner Zeit gemalt hat und nun auf der Höhe seines Ruhmes steht, malt zwei Bilder Elisabeths. Eines in ganzer Figur, in Staatskleid und großem Schmuck, das andere, intimere Bild mit dem aufgelösten Haar, das Franz Joseph in seinem Arbeitszimmer seinem Schreibtisch gegenüber aufstellt. Nach Paris zurückgekehrt, um Kaiserin Eugenie neuerlich zu malen, erzählt der Künstler ihr von der wunderbaren Schönheit, aber auch von den interessanten Gesprächen, die er während der Sitzungen mit Elisabeth geführt hat. Die Kaiserin hat schon lange den Wunsch, ihre »Kollegin« von Wien kennenzulernen, schon weil sie sich überzeugen will, ob sie wirklich so schön ist, wie man sagt, und ob sie sich darin von der österreichischen Kaiserin geschlagen bekennen muß. So bittet sie den Botschafter, in Wien zu sondieren, ob eine »persönliche und sehr respektvolle Annäherung von ihrer Seite« im nächsten Jahre bei einem eventuellen neuerlichen Aufenthalt der Kaiserin in Kissingen nicht unangenehm wäre. Obwohl dies mit höchster Bescheidenheit vorgebracht wird, will Elisabeth nichts davon wissen. Der Kaiserin ist nichts so unsympathisch wie Besuche, Hoffeste und Feierlichkeiten. Manchmal kann sie aber nicht aus, besonders dann nicht, wenn es sich um Festlichkeiten innerhalb ihrer eigenen Familie handelt. Im Februar des Jahres 1865 heiratet ihr Lieblingsbruder Karl Theodor in Dresden die Prinzessin Sophie von Sachsen. Ob Elisabeth will oder nicht, zu dieser Hochzeit muß sie fahren. In Dresden gerät man über Elisabeth in förmliche Verzückung, Hof und Volk sind von ihrem Liebreiz so hingerissen, daß ihr ungeheure Ovationen gebracht werden, wo immer sie erscheint. »Von der Begeisterung«, berichtet die Königin Sachsens[1], »welche die Schönheit und Liebenswürdigkeit der Kaiserin hier erregte, kannst Du Dir keine Vorstellung machen. Nie sah ich unsere ruhigen Sachsen so en émoi. Alte und Junge, Hohe und Niedere, Solide und Frivole, Gemütliche und Ungemütliche, *alle* waren rein *weg* über sie und sind es noch — elle a fait époque ici.«

Die Begeisterung ist jedoch einseitig. Elisabeth fühlt sich nicht wohl und kann die Heimkehr nicht mehr erwarten. »Recht froh werde ich sein«, schreibt sie dem nun schon siebenjährigen, für sein Alter besonders

[1] Königin Marie von Sachsen an Prinzessin Mary Hamilton, Dresden. 14. Februar 1865. F. F. A.

aufgeweckten kleinen Rudolf[1], »wenn ich wieder bei Euch bin; hier gefällt es mir gar nicht — ich bin schon ganz traurig, weil ich so gerne nach Hause möchte und noch vier lange Tage hier bleiben muß.« Doch auch das geht vorüber, und die nächste Reise führt am 28. März nach München, wo Ludwig II. die Kaiserin persönlich am Bahnhof erwartet, obwohl sich Elisabeth jeden Empfang verbeten hat. Der König steht bereits im Mittelpunkt des Interesses, weil er sich jetzt schon, also nach kaum einjähriger Regierung, so phantastisch und absonderlich zeigt, daß die beobachtenden altkonservativen Diplomaten von einem Entsetzen ins andere geraten. Besonders der österreichische Graf Blome sieht kopfschüttelnd dem Treiben des Königs zu. Schon im Herbst des Vorjahres[2] hat der Gesandte schwere Bedenken über das Verhalten Ludwigs II. und »den Übergang der Krone auf das jugendliche Haupt eines noch gänzlich unerfahrenen, dem Knabenalter kaum entwachsenen Fürsten« geäußert. »Der junge König«, berichtete er damals[3], »ist noch ein Problem, wunderliche Kontraste treten in seinen Handlungen hervor, es läßt sich gar nicht voraussehen, was er dereinst sein wird. Heute wiegen offenbar kindliche Anschauungen und romantische Schwärmereien noch vor.« Der Gesandte schildert das Schlafzimmer des Königs in Hohenschwangau, das mit einer kunstvollen Nachtlampe in Gestalt eines Mondes erleuchtet ist, die nach Belieben den Viertel-, Voll- oder Halbmond zu- und abnehmend darstellen kann und deren matter Schein auf einen stets plätschernden Miniaturspringbrunnen geleitet wird. »Zum Glück sind übrigens«, meint Blome maliziös dazu, »vom Ballett bisher nur die Dekorationen in das königliche Schlafgemach gedrungen.« Erstaunt sieht Blome im Theater zu, wie der König in »Kabale und Liebe«, dieser Erde vollkommen entrückt, der dramatischen Handlung heftig schluchzend in wechselnder Stimmung folgt. »Beurteile ich den jungen Fürsten recht«, meint er[4], »so hat die Natur ihm mehr Einbildungskraft als Verstand gegeben und ist in der Erziehung das Herz am meisten vernachlässigt worden. Ein übertriebenes Selbstgefühl, Eigenwilligkeit und Rücksichtslosigkeit machen sich in bedenklicher Weise geltend. Der König duldet keinen Rat, den

[1] Kaiserin Elisabeth an Kronprinz Rudolf, Dresden, 14. Februar 1865. Wien, Staatsarchiv.

[2] Blome an Rechberg, 24. September 1864. Wien, Staatsarchiv.

[3] Blome an Rechberg, Privatbrief vom 15. Oktober 1864. Wien, Staatsarchiv.

[4] Graf Blome an Graf Mensdorff, München, 1. April 1865, und die Berichte vom 19. Februar und 26. Mai 1865. Wien, Staatsarchiv.

er nicht verlangt hat ... Literaten und Künstler werden mehr als andere Klassen der Bevölkerung zur Audienz zugelassen ... Musik und Literatur sind die Hauptneigungen Seiner Majestät und erstere, da wirkliche musikalische Begabung abgeht — mehr des Textes, als der Töne halber. Die Dichtung des Lohengrin und die anderen dem altdeutschen Sagenkreis entlehnten Operntexte des Richard Wagner haben die Vorliebe für Wagnerische Musik erzeugt ...« Der Gesandte ist außer sich über das Verhältnis des Komponisten zum jungen König und bezeichnet das als einen Skandal, der immer größer wird. Wagners »freche Geldforderungen« und »unpassende Äußerungen« empören ihn. Zu allem Überfluß zeigt der Künstler eigenhändige Briefe des Königs vor, in denen er mit Du angeredet und in den überschwenglichsten Ausdrücken gelobt wird! »Was soll man dazu sagen«, meint Blome, »das kann nur dazu beitragen, die Achtung vor der geheiligten Person des Monarchen zu schmälern. Der König findet überhaupt bis jetzt keinen Gefallen an Damengesellschaft und Umgang mit dem weiblichen Geschlechte. So von der praktischen Welt abgeschlossen, gewinnt die Phantasie begreiflicherweise immer größeren Spielraum.«

Die Kaiserin ist sich nicht ganz klar über ihren königlichen Vetter. In ihrem Heimathause, wo sie sich so wohl fühlt, hört sie wesentlich mildere Urteile über ihn. »Gestern«, schreibt Elisabeth ihrem kleinen Rudolf, »hat mir der König eine lange Visite gemacht, und wäre nicht endlich Großmama dazugekommen, so wäre er noch da. Er ist ganz versöhnt, ich war sehr artig, er hat mir die Hand so viel geküßt, daß Tante Sophie, die durch die Türe schaute, mich nachher fragte, ob ich sie noch habe. Er war wieder in österreichischer Uniform und ganz mit Chyrpe parfümiert ...[1]« Kurz darauf erscheint Blome bei Elisabeth in Audienz und erzählt ihr die sonderbarsten Dinge über den König[2]. Wie der Monarch immer eigentümlicher wird, sich durch sein exzentrisches Auftreten die Neigung seines Volkes verscherzen werde usw. Nach Hause zurückgekehrt, bezeichnet Elisabeth ihrem Gemahl, der die Nachrichten aus München mit steigender Besorgnis liest, Blomes Berichterstattung als zu scharf, denn es ist ihr nicht angenehm, daß man über den König ihrer Heimat so absprechend urteilt.

Im Juli nimmt das Kaiserpaar wieder wie gewöhnlich mit den Kindern

[1] Kaiserin Elisabeth an Kronprinz Rudolf, 31. März 1865. Wien, Staatsarchiv.
[2] Graf Blome meldet das gleiche später auch an Graf Mensdorff, München, 26. Mai 1865. Wien, Staatsarchiv.

in Ischl Aufenthalt. Die Kaiserin ist mit ihrem Sohn nicht zufrieden, sie findet ihn blaß, zu hoch aufgeschossen und ist überzeugt, daß der umfangreiche Erziehungsplan viel zu hohe Anforderungen an das physisch und geistig zwar über sein Alter entwickelte, jedoch eher nervös-reizbare Kronprinzenkind stelle. Seit dem Jahre 1864, also dem siebenten Lebensjahr Rudolfs, ist der Kleine dem Generalmajor Grafen Gondrecourt anvertraut, seither aber körperlich recht herabgekommen.

Elisabeth möchte sich heuer die alljährliche Kissinger Kur ersparen, aber Hofrat Fischer besteht darauf. Kurz vor ihrer Abreise macht die Kaiserin mit ihrem Gemahl einen Ausflug nach Hallstatt und zur Gosaumühle. Sie ist nun wieder ausgezeichnet zu Fuß, marschiert rastlos und mit größter Ausdauer, so daß sich Franz Joseph schon vornimmt, sie nach ihrer Rückkehr sogar auf Gemsjagden mitzunehmen.

Die ersten Tage in Kissingen fühlt sich Elisabeth einsam und traurig und telegraphiert um ihren geliebten großen Schäferhund. Als dieser ankommt, ist sie glücklich. »Ich bin so froh, Horseguard hier zu haben«, schreibt sie ihrer Tochter Gisela[1], »er hatte eine furchtbare Freude, als er mich sah, und erdrückte mich fast mit seinen Armen ... Ich gehe viel in den Wald, denn am Kurplatz laufen mir die Leute zu viel nach ... Vom König habe ich einen sehr liebenswürdigen Brief erhalten, worin er mir sagt, daß ihm die Ärzte verboten haben, hierherzukommen ... Ich werde also ganz ruhig und ungestört hier leben können.« Während der langweiligen Kurzeit hat Elisabeth Muße, Briefe zu schreiben und ihre Kenntnisse im Ungarischen durch Lesen zu fördern. Sie empfindet auch die Trennung von Ida Ferenczy, an die sie sich gleich im ersten Jahre so eng angeschlossen hat, sehr schmerzlich. »Viel denke ich an Dich«, schreibt sie ihr, »während des langen Frisierens, während der Spaziergänge und tausendmal im Tage ... Jetzt bin ich nur entsetzlich traurig ... Das Leben ist hier genug langweilig. Eine lustige Gesellschaft fand ich noch nicht und habe auch keine Aussicht dazu. Ich gehe sehr viel, fast den ganzen Tag, spazieren ... lese auch sehr viel ... Hie und da spiele ich auch Orgel ... Jetzt Gott mit Dir, liebe Ida, heirate nicht während dieser Zeit, weder Deinen Kálmán noch einen anderen, sondern bleibe treu Deiner Freundin E.[2]«

[1] Kaiserin Elisabeth an Erzherzogin Gisela, Kissingen, 9. Juli 1865. Archiv des Prinzen Konrad von Bayern, Harlaching.

[2] Kaiserin Elisabeth an Frau Ida von Ferenczy, Kissingen, am 12. und am 17. Juli 1865. Farkas-Archiv.

Die Kaiserin freut sich unendlich, als sie bei der Rückkehr ihre Familie, aber auch ihre treue Ida wiedersieht. Schade nur, daß diese die großen Spaziergänge, die Elisabeth liebt, nicht mitmachen kann, denn sie ist klein und zart und hat einen, wenn auch nicht bedeutenden, Herzfehler. Die Kaiserin wird sich in der Wiener Hofatmosphäre nie wohl fühlen, denn wenn der Kaiser nicht da ist, ist das Leben, nach der Landgräfin Fürstenberg kritischem Urteil, höchst ungemütlich. »Ich weiß wahrhaftig kaum«, schreibt sie einmal in diesem Jahre[1], »wie man sich seinen guten Humor erhalten kann, umgeben von lauter klagenden, lamentierenden, desperaten Menschen, denn alles, was mich umgibt, hoch und niedrig, ist eigentlich mehr oder minder mißmutig und unzufrieden. Das ist das gepriesene Hofleben, und da soll man sich die guten Zeiten heraussuchen . . .«

Aber über ihre Erzherzogin Sophie berichtet sie nur Gutes. »Die Herrin, die wirklich wohlwollend und nachsichtig ist, Attentionen merkt und einem gern Freude macht . . . interessiert sich für alles, weiß das Unglaublichste, so daß man lernen kann . . .« Die Landgräfin bleibt Elisabeth gegenüber kritisch eingestellt und nimmt in dem sich nun entspinnenden Kampfe um die Erziehungsmethode, speziell beim Kronprinzen, voll Partei für die Erzherzogin Sophie. Diese, in ihrem Eifer, aus dem Kronprinzen einen möglichst hochgebildeten, für seinen Beruf vorzüglich vorbereiteten, hochstehenden Menschen zu machen, tut des Guten zuviel. Die Kaiserin wieder sieht nur, daß sie in die Erziehung ihres eigenen Kindes nicht hineinsprechen darf, ist in hohem Grade eifersüchtig und erkennt daher die gute Absicht nicht genügend an. Die Behandlung und die Erziehungsmethode des Generals müssen, meint sie, ihren Rudolf ja »beinahe zum Trottel« machen. »Es ist Wahnsinn[2]«, sagt Elisabeth, »ein Kind von sechs Jahren mit Wasserkuren erschrecken und zum Helden machen zu wollen.« Gondrecourt läßt es zum Beispiel an der Tiergartenmauer von Lainz innen bei der Tür stehen, schlüpft schnell hinaus und ruft dann hinein: »Es kommt ein Wildschwein!« Natürlich fängt das Kind zu schreien an, aber je mehr es brüllt, desto mehr Schrecken jagt man ihm ein. Bis der Kleine endlich so nervös wird, daß es, wie die Kaiserin sagt, förmlich »lebensgefährlich« wird. Solche Methoden wünscht auch Erzherzogin Sophie

[1] Landgräfin Therese Fürstenberg an ihre Schwester Gräfin Luise Rechberg, Wien, 8. Dezember 1865. Archiv der Gräfin Gabriele Rechberg, Enns.

[2] Die eigenen Worte der Kaiserin Elisabeth. Siehe Tagebucheintragung der Gräfin Marie Festetics vom 15. Oktober 1872. F. F. A.

nicht, aber Gondrecourt ist nun einmal ihr Schützling; und so schiebt Elisabeth die ganze Verantwortung auf ihre Schwiegermutter. Als die Kaiserin die Geschichte vom Wildschwein erfährt, ist das Maß voll. Elisabeth nimmt all ihren Mut zusammen und geht zum Kaiser. Der aber zögert. Er hat die ernste Arbeit und Hingabe seiner Mutter für die Erziehung seines Sohnes gesehen, hält da mehr auf ihr als auf seiner jungen Frau Urteil und kann sich nicht entschließen, gegen den Willen seiner Mutter Stellung zu nehmen. Da greift Elisabeth zum Äußersten: »Ich kann das nicht mit ansehen. Entweder Gondrecourt oder ich!« Nach diesen Worten verläßt sie den Kaiser, geht hinauf in ihr Zimmer und schreibt ein förmliches Ultimatum[1]. Davon soll dann alles abhängen. »Ich wünsche, daß mir vorbehalten bleibe unumschränkte Vollmacht in allem, was die Kinder betrifft, die Wahl ihrer Umgebung, den Ort ihres Aufenthaltes, die komplette Leitung ihrer Erziehung, mit einem Wort, alles bleibt mir ganz allein zu bestimmen, bis zum Moment ihrer Volljährigkeit. Ferner wünsche ich, daß, was immer meine persönlichen Angelegenheiten betrifft, wie unter anderem die Wahl meiner Umgebungen, den Ort meines Aufenthaltes, alle Änderungen im Haus etc. etc., mir allein zu bestimmen vorbehalten bleibt. Elisabeth.«

Da sieht der Kaiser, daß es seiner Frau furchtbar ernst ist, und gibt nach. Gondrecourt wird entfernt, dem Arzte Dr. Hermann Widerhofer wird die ausschließliche Behandlung des Kronprinzen übertragen, und die Erziehung übernimmt der Oberst Latour von Thurnburg. Elisabeth dankt Gott, als Gondrecourt geht. Freilich ist das Verhältnis zu Erzherzogin Sophie dadurch nicht besser geworden, im Gegenteil, die nächsten Monate bringen ein schweres Leben für die Kaiserin. Sie hat nicht nur unter Erzherzogin Sophie zu leiden, sondern auch unter deren eifrigstem Apostel, dem Oberststallmeister Grafen Grünne, der es insgeheim auch dem Einfluß der Kaiserin zuschreibt, daß er nach 1859, so wie jetzt Gondrecourt, von seinem wichtigen Posten als Generaladjutant entfernt wurde. Man versucht alles, um Elisabeth vom Kaiser zu trennen, ja sie meint sogar, man hätte sie verderben und ihr teuflisch klug Gelegenheit bieten wollen, Unrechtes zu tun, um sie ihrem Gatten zu entfremden[2].

[1] Eigenhändiger Brief der Kaiserin ohne Aufschrift, datiert Ischl, 24. August 1865. E. A. S. W.

[2] Nach der Kaiserin eigenen Worten. Tagebuch Festetics, Eintragung vom 15. Oktober 1872. F. F. A.

Aber Elisabeth ist nicht mehr das kleine Mädchen von einst. Sie ist eine Frau von achtundzwanzig Jahren, die weiß, was sie will, und die die Macht der Schönheit über den Gemahl, aber auch über die ganze Außenwelt täglich mehr fühlt.

Damit steigen Selbstbewußtsein und Einfluß, aber auch ihre Verantwortung. Und wenn die Erziehung des Kronprinzen vielleicht bisher in zu konservativem Sinne geleitet wurde, schlägt dies jetzt ins Gegenteil um. Sie wird zu freisinnig, der religiöse Einfluß der Erzherzogin Sophie wird zurückgedrängt, dabei setzt Elisabeth aber der Überfütterung des Kronprinzen mit Lehrstunden aller Art und dadurch dem systematischen Heranzüchten einer ganz unglaublichen Frühreife ihres Kindes kein Ziel. Es ist tragisch, das mit anzusehen. Alle diese Menschen meinen es aufs beste, haben sämtliche Mittel in der Hand, den Reichtum, die Möglichkeit, die edelsten und gelehrtesten Köpfe eines Millionenreiches zur Höchstausbildung *eines* Menschen auszunützen, und doch sind sie auf falschem Wege.

Eigentlich hat die Kaiserin gar kein Talent, immerfort zu jammern und unglücklich zu sein. Im Gegenteil — manchmal, ja oft möchte sie von Herzen lachen, lustig sein und Unsinn treiben. Sie ist ja eine junge Frau, und wenn auch zehnmal eine Kaiserin, so will sie doch etwas vom Leben haben. Sie freut sich ihres Sieges bei ihrem Gemahl und dankt es ihm dadurch, daß sie ihm herzlicher entgegenkommt als gewöhnlich. Und an seinem Namenstag sollen alle am Hofe einen kleinen »Schwips« bekommen. »Bei Tisch haben wir viel gelacht«, schreibt Elisabeth ihrem Sohne[1], »denn ich habe alle Damen gezwungen, auf die Gesundheit des Papa ein ganzes Glas Champagner auszutrinken; Königsegg war sehr besorgt, Paula (Königsegg) möchte zu lustig werden, und Lily (Hunyady) konnte nach Tisch kaum mehr stehen.« Nun erhält die Kaiserin immer regelmäßig Berichte von Herrn von Latour über Fortgang und Erziehung ihres Sohnes, und das macht ihr gegenüber der früheren Unorientiertheit sehr viel Freude. In der Politik verfolgt Elisabeth mit hohem Interesse die Bestrebungen, den Staat jenseits der Leitha Österreich nach den Bedingungen wieder näherzubringen, die Deák in einem Zeitungsartikel zu Ostern formuliert hat. Sie hält es da sehr mit den Ungarn, der Einfluß Ida Ferenczys macht sich bemerkbar, es wird schon von einer Reise der Kaiserin nach Budapest gespro-

[1] Kaiserin Elisabeth an Kronprinz Rudolf, Schönbrunn, 4. Oktober 1865. Wien, Staatsarchiv.

chen, und die Ernennung von vierzehn ungarischen Palastdamen läßt erkennen, daß man dem Hofhalte dort ein durchaus ungarisch-nationales Gepräge zu geben beabsichtigt.

Der Gegensatz zu der noch bei Österreich verbliebenen italienischen Provinz Venetien bleibt dabei unverändert bestehen. Der bayrische Generalkonsul berichtet von dort[1]: »Österreich hat in seiner südlichen Provinz ein paar Millionen Italienisch sprechende und Steuer entrichtende Untertanen, aber Anhänger des Kaiserstaates gibt es nicht... Hierzulande ist alles und sind alle Österreich abgeneigt, man duldet dessen Herrschaft, weil man eben muß... aber nur bis auf bessere Zeiten, die die erwünschte Verbindung mit dem Königreich Italien herbeiführen werden. Der Markusplatz ist nach wie vor der Sammelplatz von hoch und nieder, von arm und reich, von Einheimischen und Fremden, nur mit dem Unterschied, daß Italien von Österreich streng gesondert ist, gesondert promeniert, gesondert ißt und trinkt und gesondert tanzt und musiziert.«

Bei solchen Meldungen ist es freilich kein Wunder, wenn man in Bayern dem Beispiele so vieler anderer europäischer Staaten folgt und das seit dem Jahre 1861 ausgerufene Königreich Italien bayrischerseits auch formell anerkennt. Elisabeth, die das alles durch die Brille ihrer eigenen Familieninteressen sieht, ist darüber entrüstet, weil diese Anerkennung auch die Rechte ihrer Schwester Marie, der vertriebenen Königin von Neapel, berührt. Sie läßt es den bayrischen Gesandten in Wien, Grafen Fugger, fühlen, der das sofort seinem König meldet. Ludwig II., dessen Sympathien für die Kaiserin ja bekannt sind, beeilt sich, ihr zu schreiben und sie herzlichst zu bitten, ihm deswegen nicht gram zu sein, aber es wäre nichts anderes übriggeblieben.

»Lieber Vetter«, antwortet sie, »sei versichert, daß, was immer auch meine Ansichten sind, ich nie Bitterkeit oder Groll gegen Dich hegen würde. Ich kann Dir nicht leugnen, daß gerade von seiten Bayerns mich die Anerkennung Italiens sehr gewundert hat, denn jedes der vertriebenen Fürstenhäuser zählt Mitglieder der bayrischen königlichen Familie; doch, denke ich, müssen die Gründe, die Dich zu diesem unerklärlichen Schritte bewogen haben, so wichtig sein, daß meine bescheidene Ansicht über Deine Handlung bei den wichtigen Interessen und heiligen Pflichten, die Du zu vertreten hast, gar nicht in Anbetracht

[1] Bayrisches Generalkonsulat, Bericht vom 31. August 1865. Bayrisches Geheimes Staatsarchiv, München.

kommen kann. Dieses wohl einsehend, bin ich doppelt gerührt über den freundschaftlichen Impuls, der Dir den Brief an mich schreiben ließ, und bitte Dich, was für Verhältnisse auch immer eintreten mögen, überzeugt zu sein von der innigen Liebe, mit der ich an meiner Heimat hänge, und von der herzlichen, aufrichtigen Freundschaft, die ich insbesondere für Dich hege ...[1]«

Die Fühlung mit dem Heimatlande will Elisabeth stets aufrechterhalten. Sie hält ebenso wie ihr Vater und anfangs die ganze herzogliche Familie in dem Streite um Richard Wagner zu Ludwig II., obwohl die Gegner des großen Musikers damals die Oberhand behalten und sich der König am 7. Dezember 1865 gezwungen sieht, sich zeitweise von ihm zu trennen. »Dem jungen Fürsten ist mit Richard Wagners Ausweisung sein Lieblingsspiel abgetrotzt worden«, meldet Blome nach Hause[2].

Das Elternhaus bleibt Elisabeths Zuflucht, wenn sie glaubt, es in Wien einfach nicht mehr aushalten zu können. Und eine solche Krise bricht ganz überraschend und plötzlich wieder am 13. Dezember 1865 aus. Der Kaiser weilt in Ofen, da zeigen sich bei Elisabeth Erscheinungen, die befürchten lassen, daß ihr altes Leiden wiederkommen könnte. Das bringt sie zum plötzlichen Entschluß, nach München aufzubrechen. Elisabeth holt wohl telegraphisch ihres Gatten Erlaubnis ein, aber so, daß Franz Joseph gar nichts anderes übrigbleibt, als ja zu sagen. Niemand, Erzherzogin Sophie und der Minister des kaiserlichen Hauses nicht ausgenommen, hat etwas von dem Entschluß gewußt. Sie will ihren Dr. Fischer, aber der konnte nicht abkommen, und so muß *sie zu ihm,* um sich Beruhigung zu holen. Im Publikum ist man erstaunt, daß die Kaiserin jetzt, knapp vor Weihnachten und vor ihrem Geburtstag, plötzlich abreist. Der preußische Gesandte meint, in diesem Entschlusse dürfte bei der schönen hohen Frau etwas Kaprice, die »bei den Prinzessinnen aus der ›herzoglich‹ bayrischen Linie nicht ganz ungewöhnlich sei«, mitspielen[3]. Kaiser Franz Joseph ist recht erschrocken. Er hat schleunigst den Gesandten in München anweisen lassen, den König zu bitten, vom Empfang am Bahnhof abzusehen, damit die Reise der Kaiserin möglichst verborgen bleibe. Aber insgeheim macht Ludwig II.

[1] Kaiserin Elisabeth an König Ludwig II., Schönbrunn, 11. Dezember (1865). Bayrisches Geheimes Hausarchiv, München.

[2] Graf Blome an Graf Rechberg, 9. Dezember 1865. Wien, Staatsarchiv.

[3] Herr von Werther an Bismarck, Wien, 28. Dezember 1865. Preußisches Geheimes Staatsarchiv, Dahlem.

ihr doch seinen Besuch und fragt nach dem Grund der plötzlichen Fahrt. Franz Joseph erhält indes in Ofen einen Brief seiner Frau aus München, wonach sie spätestens am 23., also noch vor ihrem Geburtstag und Weihnachten, zurückkehren würde[1]. Aber sie bleibt doch bis zum Jahresende aus. Am 30. Dezember erst kehrt sie, über ihren Gesundheitszustand halbwegs beruhigt und in Begleitung ihrer Mutter, nach Wien zurück. Den Neujahrstag des Schicksalsjahres 1866 begeht sie schon wieder im Kreise ihrer Kinder an der Seite ihres besorgten Gemahls.

[1] Kaiser Franz Joseph an Kronprinz Rudolf, Ofen, 16. Dezember 1865. Wien, Staatsarchiv.

VII

KÖNIGGRÄTZ, ELISABETH UND UNGARN

1866—1867

Seit dem unglücklichen Ende des Feldzuges 1859 war die ungarische Frage nicht mehr zur Ruhe gekommen. Die Gewalt der zentralistisch gesinnten Krone ist geschwächt, und in Ungarn hören die Bestrebungen nicht auf, die alten historischen Rechte und die Verfassung von 1848 wiederaufzurichten. Gegen Ende des Jahres 1865 bahnt sich eine Annäherung zwischen der Regierung in Wien und den Bestrebungen jenseits der Leitha an. In Budapest hat sich eine Kampfgemeinschaft von patriotischen Ungarn gebildet, die in gemäßigtem Sinne, bei Aufrechterhaltung der Gemeinschaft mit Österreich, die ungarischen Forderungen durchsetzen will. An ihrer Spitze steht der damals zweiundsechzigjährige Franz von Deák, seines Zeichens Advokat, der wegen seines nüchternen politischen Sinnes, seiner vernünftigen Haltung während der Revolution 1848, seiner bescheidenen Rechtlichkeit und seiner rednerischen Begabung in seiner Heimat von hoch und nieder geschätzt wird. Er hat einmal Kossuths Losreißungsplänen entgegen betont, eine völlige Trennung von Österreich sei Ungarns Tod, und zwar ein Tod ohne Auferstehung[1]. Und diese Ansicht macht ihn zum natürlichen Vermittler.

Den Ideen Deáks schließt sich Gyula Andrássy an, der von den Sympathien der Kaiserin für Ungarn gehört hat. Ida Ferenczy, mit der er in enger Verbindung steht, erzählt ihm von den eifrigen Bestrebungen der Königin, sich die ungarische Sprache anzueignen, und von ihrem Gegensatz zu Erzherzogin Sophie, besonders auch in der ungarischen Frage. Als Andrássy in dieser Zeit zum erstenmal der Kaiserin bei einem Hoffeste gegenübertritt, steht auch er ganz unter dem Eindrucke des unendlichen Charmes und der unvergleichlichen Schönheit dieser

[1] Wie Graf Bray in seiner Meldung an den König von Bayern vom 30. Oktober 1866 behauptet. Bayrisches Geheimes Staatsarchiv, München.

Frau. Elisabeth hat ihrerseits, besonders auch durch Ida Ferenczy, viel von ihm gehört, und sie betrachtet mit einiger Neugier den »beau pendu« von 1848, der alle Frauen zu bezaubern weiß und der in seiner malerischen, pelzverbrämten Magnatenuniform, mit seiner hohen und schlanken Gestalt und seinen edlen, von dunklem Barte umrahmten Gesichtszügen das vollendete Bild eines ungarischen Edelmannes bietet. Andrássy erkennt, daß in dieser schönen Frau, der Ungarn und sein Volk so sympathisch sind und in die, wie man genau weiß, Kaiser Franz Joseph noch heute, nach elfjähriger Ehe, genauso verliebt ist wie am ersten Tage, das Mittel liegt, den schwankenden Kaiser für seine Pläne zu gewinnen.

Franz Joseph ist im Innern immer noch fest überzeugt, daß die straffe zentrale Zusammenfassung des Staates allein seinen Bestand und seine Macht für die Zukunft sichere. Aber soweit die Gemeinschaft lebenswichtiger Einrichtungen, wie Armee, Finanzen und äußere Politik, nicht angetastet wird, ist er nicht ganz abgeneigt, den Wünschen der ungarischen Nation entgegenzukommen. So soll die Großmachtstellung Österreichs gewahrt bleiben und Ungarn doch versöhnt werden. Im Winter 1865 sind die Verhandlungen auf bestem Wege, der ungarische Reichstag wird einberufen, und Franz Joseph trifft zu dessen Eröffnung am 12. Dezember allein in Budapest ein. Am 17. Dezember erscheinen Abordnungen des Oberhauses und des Reichstages vor dem Herrscher, die im Sinne Andrássys und Deáks dem Wunsche Ausdruck geben, an der Seite des Königs bald auch die »verehrte und heißgeliebte Mutter des Landes, die erhabene Königin«, in der Hauptstadt begrüßen zu können. Zustimmend nickt der Kaiser. Franz Deák beantragt daraufhin, daß beide Häuser die Kaiserin diesmal durch eine Abordnung an ihrem Geburtstage beglückwünschen. So soll Elisabeth schon jetzt gezeigt werden, daß man von ihren Gefühlen für die Nation Kenntnis hat und diese im Herzen eines jeden Ungarn unendlichen Widerhall auslösen.

Als die Deputation abreisen will, wird bekannt, daß die Kaiserin krank in München weilt, und so muß man den Empfang verschieben, der erst am 8. Jänner 1866 stattfindet und dadurch mehr zu einer allgemeinen Kundgebung der Liebe zur Herrscherin wird. In der Hofburg erscheinen nun unter Führung des Kardinalprimas die Vertreter Ungarns, fast durchwegs Mitglieder des Hochadels, in ihren malerischen Magnatentrachten. Die hohe Gestalt Gyula Andrássys überragt alle. Elisabeth erwartet die Herren, umgeben von ihrer Obersthofmeisterin und acht neuernannten ungarischen Palastdamen. Sie ist in Nationaltracht gekleidet: in weiße Seide mit Spitzenschürzchen und reich verschnürtem Häubchen, über dem eine strahlende Diamantenkrone leuchtet. Das anmutige Gesicht von Aufregung rosig überhaucht, empfängt sie die Herren, mustert sie, und ihr Blick bleibt an der Gestalt Andrássys haften, der sie, wahrhaft geblendet, mit einem Ausdruck höchster Bewunderung im Gesichte betrachtet.

Da beginnt der Kardinalprimas von der Liebe und unbegrenzten Loyalität der ungarischen Nation für die Königin, der Mutter des Thronerben, zu sprechen, und seine Worte klingen in den Wunsch aus, sie je eher, je lieber in der Hauptstadt begrüßen zu können. Als er geendet, antwortet Elisabeth ungarisch, vollkommen frei, klar und deutlich, mit nur leisem, etwas ans Englische anklingenden Akzent. Die Kaiserin dankt in herzlichen Worten und stellt ihr Kommen in Aussicht. Ein Jubelstrom folgt der Ansprache. Ungarische Worte, frei und fließend, aus dem Munde der Königin, und welch feenhaft schöner Königin dazu! Der Magnaten bemächtigt sich wilde Begeisterung. Niemals hat ein solch brausendes Eljen den Marmorsaal der Hofburg durchzittert.

In Kürze folgt Elisabeth der Einladung. Am 29. Jänner ist sie in Budapest. Der Einzug des »erblichen« Königspaares, wie man offiziell sagt, weil es noch nicht gekrönt ist, geht ohne Zwischenfall vor sich. Vor den kaiserlichen Equipagen sieht man die vornehmen Reiteraufgebote von Ofen und von Pest, die sogenannten Banderien, auf herrlichen Pferden. Aber leicht ist die Aufgabe des Herrscherpaares doch nicht. Es muß vor allem auch die Schranken zu brechen versuchen, die die ungarische Gesellschaft nach der Niederwerfung der Revolution 1849 gegenüber Österreichern aufgerichtet hat. In den letzten vierzehn Jahren hat kein Offizier in österreichischer Uniform, mitten in einer so gastfreundlichen, charmanten und glänzenden Gesellschaft lebend, das Nationalkasino oder einen vornehmen Salon betreten können[1].

Als am 1. Februar eine Abordnung der beiden Häuser das Kaiserpaar begrüßt, wird Elisabeth in so warmen Worten der heißeste Dank der ganzen Nation für ihr Erscheinen in der ungarischen Hauptstadt ausgedrückt, daß es jedermann und ihr am meisten klar wird, es sei nicht nur Zeremonie, nicht nur eine Pflichtbegrüßung, sondern wirklich

[1] Sir A. Morier an Lord Bloomfield, Budapest, 30. Jänner 1866. London, Record-Office.

Franz Joseph und Elisabeth als junges Ehepaar
Stich von Eduard Kaiser, Nationalbibliothek, Wien

Selbstporträt der Kaiserin an ihrem Schreibtisch
Aus dem Skizzenbuch der Kaiserin

Kaiser Franz Joseph am Schreibtisch
Handzeichnung aus dem Skizzenbuch der Kaiserin, etwa 1855

Erzherzogin Sophie von Österreich
Nach einem Stich von Kriehuber

Kaiserin Elisabeth
Nach einem Gemälde von Thoren, 1857

Spazierfahrt Kaiserin Elisabeths in Laxenburg
Nach einem Aquarell, Nationalbibliothek, Wien

Die Kaiserin in der Gondel, Venedig, 1862
Nach einem Gemälde

Die Kaiserin um ca. 1863
Zeitgenössische Photographie

Die Kaiserin mit dem
Hunde »Shadow«, ca. 1864
Zeitgenössische Photographie

Elisabeth im Jahre 1864
Gemälde von Franz Winterhalter. Das Bild stand jahrzehntelang Kaiser Franz Joseph in seinem Arbeitszimmer dem Schreibtisch gegenüber

warme Liebe, Zuneigung und Begeisterung für ihre Person. Elisabeth ist das nicht gewohnt, in Österreich hat sie sich im Gegenteil immer verfolgt gefühlt, ist immer in Kampf- und Abwehrstellung. Hier aber spürt sie die Wärme, die man ihr entgegenbringt, bis ans Herz heranreichen, und auch in ihr entsteht das Gefühl inniger Sympathie, wie Liebe immer und überall wieder Liebe auslöst. Elisabeth verspricht sich selbst, für diese ritterliche Nation in glücklichen wie in traurigen Tagen einzutreten, um ihnen diese Liebe zu vergelten, soviel sie es nur vermag.

Als die Kaiserin bei ihrer feierlichen Begrüßung wieder ungarisch antwortet, hat sie denselben ungeheuren Erfolg wie im Jänner in Wien. »Es wäre schwierig[1]«, meldete der britische Generalkonsul in Budapest nach Hause, »die Wirkung der Rede der Kaiserin mit der kargen Auswahl von Ausdrücken, die für einen offiziellen Bericht geeignet sind, beschreiben zu wollen.« Das macht solchen Eindruck, daß selbst die Antwort des Kaisers auf die Begrüßung nicht so abkühlend wirkt, als es sonst der Fall gewesen wäre. Sie enthält nämlich die unzweideutige Warnung, man möge sich in Ungarn nicht allzu große Hoffnungen hingeben und vor allem erfüllbare Forderungen stellen.

Aber Elisabeth fällt es auch hier, ihrer Natur entsprechend, schwer, den Verpflichtungen nachzukommen, die ihre Stellung erfordert. Sie erwähnt dies in ihren Briefen an die Kinder: »Hier führe ich ein unruhiges Leben«, schreibt sie ihrem kleinen Sohne am 6. Februar, »doch gehe ich auch jeden Tag in die Reitschule ... Wäret Ihr zwei hier, ich würde gerne auch den Winter hier verbringen, so freue ich mich aber sehr zu Euch zurück ... Jetzt muß ich schließen, um meine Toilette für den Bürgerball anzufangen, der recht heiß und mühsam sein wird. Ich spreche hier fast mehr ungarisch als deutsch[2].«

Auch ihrem Töchterchen klagt sie: »Hier gibt es viel zu tun. Das ofte Aus- und Anziehen ist mir recht langweilig; sehr fatiguant war der Damencercle, das lange Stehen und Sprechen[3].« Das bewegte Leben verträgt Elisabeth noch nicht. Wird auch alles ihr zu Ehren gegeben, so strengt sie doch dergleichen noch zu sehr an. Mahnungen ihres früheren Übels zeigen sich wieder. Manchmal, wenn es allzuviel ist, fängt sie

[1] Sir Morier an Lord Bloomfield, Budapest, 4. Februar 1866. London, Record-Office.

[2] Elisabeth an Kronprinz Rudolf, Pest, 6. Februar 1866. Wien, Staatsarchiv.

[3] Elisabeth an Erzherzogin Gisela, Ofen, 2. Februar 1866. Archiv des Kronprinzen Konrad von Bayern, Harlaching.

plötzlich, sowie sie allein ist, bitterlich zu weinen an. Aber sonst freut sie und nicht minder Franz Joseph die ungeheure Wirkung, die ihre Schönheit, aber auch Kenntnis der ungarischen Sprache überall übt. Plötzlich wird diese hoffähig, die Mitglieder des Hofstaates, die bisher nicht im Traume daran gedacht hatten, Ungarisch zu lernen, beginnen mühsam in dieser Sprache zu radebrechen.

Was immer Gutes geschieht, Begnadigungen, die Rückgabe von Gütern einstiger Aufständischer oder dergleichen, wird in der öffentlichen Meinung der Kaiserin zugeschrieben. Wenn aber Franz Joseph zu verstehen gibt, daß er den Wünschen Ungarns noch nicht ganz willfahren kann, dann wird das auf den schlechten Einfluß des Wiener Hofes, der Mutter Franz Josephs oder österreichischer Minister geschoben, deren Einfluß die Kaiserin bisher doch noch nicht völlig zurückdrängen konnte.

In Österreich ist man indes mit gemischten Gefühlen dem Aufenthalt des Kaiserpaares in Ungarn gefolgt. »Ich höre«, bemerkt Kaiser Franz Joseph[1], »daß man in Wien wieder dem gewöhnlichen Bedürfnisse Genüge leistet, sich zu fürchten, und zwar diesmal in der Angst, ich könnte hier Konzessionen machen, ein Ministerium bewilligen, etc. Das alles fällt mir natürlich gar nicht ein ... in Wien aber ... schimpft man wie gewöhnlich. Gott beschütze einen vor den Wiener Gutgesinnten! Es geht hier langsam, aber es wird gehen, mit Festigkeit einerseits, mit Vertrauen und Freundlichkeit und richtiger Behandlung des ungarischen Charakters andererseits. Sisi ist mir von großer Hilfe durch ihre Höflichkeit, ihren maßvollen Takt und ihre gute ungarische Sprache, in welcher die Leute aus schönem Munde manche Ermahnung lieber hören.«

Kaiser Franz Joseph erkennt noch gar nicht, in wie weitgehender Weise sich seine Gemahlin für Ungarn begeistert.

Als sie einmal das Mädcheninstitut der Englischen Fräulein in Budapest besucht, spricht sie die Oberin ungarisch an. Die aber ist eine Italienerin und versteht kein Wort.

»Ich hoffe, Sie werden mir, wenn ich das nächste Mal komme, in ungarischer Sprache antworten«, meint Elisabeth. Nach kaum vierzehn Tagen kehrt sie wieder, die Oberin meldet sich krank und legt sich ins Bett, aber Elisabeth sucht sie trotzdem auf, sagt ihr etwas Ungarisches, was sie nicht versteht, und verläßt den Raum. Bald darauf muß die

[1] Franz Joseph an seine Mutter, Ofen, 17. Februar 1866. Schnürer, a. a. O.

Oberin zurücktreten[1]. Zu Andrássy, den Elisabeth bei allen Gelegenheiten und Festen sieht, mit dem sie sich am besten spricht und der mit Freude erkennt, daß er seine Königin mehr und mehr für seinen Ideenkreis gewinnt, bemerkt sie einmal ganz spontan: »Ich spreche mit Ihnen vertraulich, sage daher, was ich nicht jedermann sagen würde. Wenn des Kaisers Angelegenheiten in Italien schlecht gehen, tut es mir weh, wenn dies aber in Ungarn der Fall ist, so tötet es mich.« Elisabeth verläßt am 5. März mit ihrem Gemahl nach sechswöchiger Anwesenheit die Hauptstadt. Am Bahnhof verabschiedet sie sich mit den Worten: »Ich hoffe, bald wieder in mein geliebtes, geliebtes Ungarn zurückkehren zu können.« Dabei legt sie mit ihrem unbeschreiblichen Charme einen so warmen Ton in das Wort »geliebt«, daß allen Umstehenden die Tränen in den Augen treten.

In Wien sucht man nun gegen die ungarischen Einflüsse am Hofe zu arbeiten. Im Ministerium des Äußeren läuft sogar eine polizeiliche Warnung ein, die die Vorleserin der Kaiserin Ida Ferenczy beschuldigt, von den Deputierten der Linken des Landtages gewonnen zu sein, um ihren Einfluß bei Ihrer Majestät im Sinne dieser Anschauung geltend zu machen[2]. Aber nicht Ungarn allein, auch Deutschland ist eine schwere Sorge. Dort wird schon die große politische Frage um die Vorherrschaft aufgeworfen. Die energische Hand Bismarcks will den gordischen Knoten durchhauen und die kleindeutsche, also die preußische Lösung, wenn nötig selbst mit der Waffe in der Hand, gegen Österreich durchzusetzen. Schon ist es klar, daß der Kanzler sich mit Italien verbündet hat, und im März und April 1866 zeigt sich, daß ein Krieg unvermeidlich sein wird. Elisabeth kränkt diese Lage der Dinge. Sie fragt sich, welche Rückwirkungen dies auf ihr Heimatland und damit auch auf ihr Vaterhaus haben wird. Sie weiß zwar, Ludwig von Bayern denkt an alles andere eher als an Teilnahme an einem kriegerischen Unternehmen Bismarcks. Aber ob er ein guter Bundesgenosse für Österreich sein wird, ist noch sehr die Frage. Der Gesandte in München wenigstens meint am 28. März[3]: »Der junge König führt sein indolentes Leben fort und sieht im Grunde nur den Pianisten Bülow. Er sagt: ›Ich will keinen Krieg!‹ und bekümmert sich des weiteren nicht um die Sache.«

[1] Persönliche Mitteilung der Frau Irma von Dalmady, geborene von Jamniczky.

[2] Meldung des Regierungsrates Worafka, Budapest, 28. März 1866, die den Vermerk trägt: »Ganz aufnehmen für Seine Majestät.« Wien, Staatsarchiv.

[3] Blome an Mensdorff, 28. März 1866. Wien, Staatsarchiv.

Elisabeth möchte gern nach Hause fahren, denn in Possenhofen ist mittlerweile alles mögliche vor sich gegangen. Die Verheiratung ihrer Schwester Sophie macht ihr schon lange Sorgen. Man denkt an den Herzog Philipp von Württemberg, aber daraus wird nichts. Nun, im März 1866, ist der Bruder des Kaisers, Erzherzog Ludwig Viktor, in Possenhofen gewesen, in der Absicht, um Sophie zu freien. Die Herzoginmutter unterstützt dies außerordentlich, aber die beiden jungen Leute sind sich nicht sympathisch. Elisabeth findet, wenn es auch der Herzogin um die verfehlte Partie schrecklich leid ist, daß ihre Schwester ehrlich und gescheit gehandelt hat, wenn sie ihn nicht genug gern hatte. »Der Kaiser«, meint sie zu ihrer Mutter[1], »glaubte von Anfang an nicht, daß sie ihn nimmt. Wenn sie nur einen Mann fände, den sie liebt und der sie recht glücklich macht. Aber wen?«

Elisabeth will Wien nicht verlassen, solange es so kriegerisch aussieht, und es scheint wenig Aussicht auf Frieden. »Es ist ein aufreibender Zustand«, meint sie[2], »und es wäre fast die traurige Gewißheit noch besser als dieses Hinwarten.«

Im April übersiedelt der Hof zu Elisabeths Freude von der Burg nach Schönbrunn. »Das Wetter ist jetzt herrlich«, schreibt sie ihrer Vorleserin[3], »und ich freue mich auch, die Stadt zu verlassen und mehr Freiheit zu genießen, um so mehr, da ich die Erlaubnis habe, wenn es mich freut, auch allein in den Stall zu gehen.«

Elisabeth entgeht auch der am 1. Mai traditionellen Praterfahrt, an der sich das Kaiserpaar den Wienern zuliebe immer beteiligt. »Ich feiere«, schreibt Elisabeth darüber triumphierend ihrer Mutter[4], »den 1. Mai dieses Jahres nicht auf die gewöhnliche, langweilige Art, sondern bleibe, mich mit meinem Husten entschuldigend, ruhig hier, was ohne Vergleich angenehmer ist, als mit einer Erzherzogin im Schritt, angegafft von hunderten Menschen, die Allee auf und ab fahren ... Nach Füred[5] gehe ich nicht, da die Zeitverhältnisse so traurig sind, den Krieg vor der Tür, und so mag ich den Kaiser nicht verlassen.«

Die Kaiserin behält recht. Am 3. Mai muß Franz Joseph seiner Mutter mitteilen, daß er sich gar nicht vorstellen kann, wie der Krieg noch

[1] Elisabeth an ihre Mutter, Wien, 22. April 1866. Abschrift E. A. S. W.
[2] Dto., Wien, 13. April 1866. Abschrift E. A. S. W.
[3] Elisabeth an Frau Ida von Ferenczy, Wien, 24. April 1866. Farkas-Archiv.
[4] Elisabeth an ihre Mutter, Schönbrunn, 1. Mai 1866. Abschrift E. A. S. W.
[5] Die Kaiserin beabsichtigte, die Badezeit in Balaton Füred am Plattensee zu verbringen.

mit Ehre und ohne völligen Verzicht auf die Großmachtstellung Österreichs zu vermeiden wäre. In diesen Tagen der Sorge freut sich Franz Joseph immer, wenn er ein paar Stunden erübrigt und Sonntag nachmittag ganz bürgerlich mit seiner Frau durch die Wälder nach Hainbach gehen kann.

Schon wird in Preußen am 8. Mai die gesamte Heeresmacht in Kriegsbereitschaft gesetzt, und auch Österreich beginnt in Nord und Süd zu rüsten. Der Schwager Elisabeths, der entthronte König von Neapel, will dort für den Fall des Krieges auch mit Italien einen Aufstand organisieren, bittet Franz Joseph um das dazu nötige Geld und erhält eine Million Franken, obwohl der Kaiser wenig davon hält.

Alles, was Elisabeth in dieser Zeit von Bayern hört, macht ihr Sorge. Nun will ein spanischer Prinz ihre Schwester Sophie heiraten. Die Kaiserin weiß von ihrem Gemahl, daß dieser Bewerber »ein rohes, schlechtes Subjekt« ist. Dazu hält sie den spanischen Hof für keineswegs »recommandable«, und es wird ihr angst und bange, wenn sie sich Sophie in dieser Atmosphäre denkt. Ludwig Viktor wäre ihr noch lieber gewesen. »Er ist wirklich ein guter Mensch«, meint sie, »vielleicht kann noch einmal etwas daraus werden.«

Der König von Bayern hat sich indessen um Krieg und Kriegsgeschrei keinen Deut gekümmert und ist in seinem Streben, Richard Wagner wiederzugewinnen, am 21. Mai heimlich zu ihm in die Schweiz gefahren. »Ich höre, der König ist wieder weg«, meint Elisabeth dazu[1], »wollte er sich doch ein wenig mehr um die Regierung kümmern, jetzt, wo so schlechte Zeiten sind.«

Die Kaiserin wundert sich, daß der Krieg noch nicht ausgebrochen ist. »Es wäre wirklich eine Gnade Gottes«, meint sie[2], »wenn der König von Preußen auf einmal stürbe, da würde viel Unglück erspart werden.« In dieser schweren Zeit macht Elisabeth oft Gelübde, geht am 9. Juni nach Mariazell, um für einen erfüllten Wunsch zu danken und zugleich ein neues Gelöbnis zu machen. »Jetzt gibt es ja«, sagt sie, »weiß Gott viel zu bitten.« Vom Kaiser hat sie sich sehr schwer getrennt, da so bittere Zeiten bevorstehen. Auf der Fahrt nach Ischl nimmt Elisabeth sich vor, ihrem Gemahl nicht lange fernzubleiben.

Am 15. Juni 1866 ergeht die Kriegserklärung, und am folgenden Tag schon überschreiten preußische Truppen die Grenzen ihres Landes. Auf-

[1] Elisabeth an ihre Mutter, Abschrift, Wien, 26. Mai 1866. E. A. S. W.
[2] Dto., Abschrift, Schönbrunn, 2. Juni 1866. E. A. S. W.

geregt und in trostloser Stimmung durchfliegt Elisabeth die Zeitungen. Tagtäglich schreibt sie dem Kaiser einen langen Brief. Viel unruhiger fühlt sie sich noch als im Jahre 1859, wo sie doch wenigstens die Angst um die Brüder nicht hatte. Denn auch Bayern geht an der Seite Österreichs in den Krieg, wenn auch nur ohne Enthusiasmus und moralisch gezwungen, weil es, wie Blome sagt, »der Bundespflicht und der öffentlichen Meinung halber wohl nicht anders kann[1]«.

Hätte der König entschieden, wäre es bestimmt nicht dazu gekommen. In den Tagen vor der Kriegserklärung zog sich Ludwig II. auf die Roseninsel im Starnberger See zurück, und drei Tage können die Minister nicht zu ihm. Einmal des Abends sieht man ihn ein Feuerwerk auf seiner Insel abbrennen. Das alles in dem Augenblick, wo es sich um Krieg und Frieden handelt. »Man fängt an, den König für irrsinnig zu halten«, meint Graf Blome dazu[2].

Als es nun Ernst geworden, hält es die Kaiserin nicht länger in Ischl. Kaiser Franz Joseph hat in diesen schweren Tagen keine Zeit, zu ihr zu kommen, so sucht sie ihn auf, schon »weil man da ruhiger sein kann und gleich alles erfährt, was geschieht«. Auch will Elisabeth wieder wie im Jahre 1859 in Laxenburg ein Spital einrichten. Die Kaiserin ist ihrer Familie wegen sehr unruhig. »Ich ängstige mich namenlos um die Brüder«, schreibt sie ihrer Mutter, »und wünsche mir auch oft, wären sie doch lieber alle Schwestern ... Man sagt, wenn man zum erstenmal in eine Kirche kommt, in der man noch nicht war, geht das, um was man bittet, in Erfüllung, und ich war heute zum erstenmal in einer. Du hast recht, daß einen die Zeitungen noch viel nervöser machen. Die Hauptsachen erfährt man doch darinnen nur hinterher, und die meisten Neuigkeiten sind Lügen, viel Geschwätz und Kombinationen, die an dem Gang der Ereignisse nichts ändern. Aber natürlich liest man sie doch immer, schon weil man für nichts anderes jetzt Sinn hat[3].«

Die Kinder läßt Elisabeth in Ischl zurück, verspricht ihnen, fleißig Nachrichten zu geben, und trifft am 29. Juni in Wien ein. Skeptisch betrachtet die mißgünstige Umgebung der Erzherzogin Sophie das Tun der Kaiserin. »Sie ist wenigstens hier«, meint die Landgräfin Fürstenberg bitter[4], »mehr verlangt man ja vernünftigerweise nicht.«

[1] Blome an Mensdorff, 28. Juni 1866, Privatbrief. Wien, Staatsarchiv.
[2] Dto., München, 14. Juni 1866. Wien, Staatsarchiv.
[3] Elisabeth an ihre Mutter, Ischl, 26. Juni 1866. E. A. S. W.
[4] Landgräfin Therese Fürstenberg an ihre Schwester Prinzessin Gabi Fürstenberg, 30. Juni 1866. Rechberg-Archiv, Enns.

Während man so über sie spricht, ist Elisabeth aber aufrichtig bemüht, ihrem Gemahl zur Seite zu stehen, wie es überhaupt ihre Eigenheit ist, in ruhigen Zeiten anspruchsvoll und eigenwillig zu sein, sich aber, wenn es Ernst wird und darauf ankommt, mutig und energisch zu zeigen. Seitenlang schreibt sie ihrem kleinen, nun schon achtjährigen Rudolf, der, frühreif wie er ist, für die Geschehnisse des Krieges brennendes Interesse zeigt[1]: »Trotz der traurigen Zeit und den vielen Geschäften sieht der liebe Papa gottlob gut aus, hat eine bewundernswerte Ruhe und Vertrauen in die Zukunft, obwohl die preußischen Truppen furchtbar stark sind und ihre Zündnadelgewehre einen ungeheuren Erfolg haben.« Elisabeth leistet dem Kaiser Gesellschaft, sowie er eine Minute frei hat, sonst aber geht sie in die Spitäler und ist unermüdlich in Trost und Zuspruch für die Verwundeten. Einmal zeigt ihr einer dabei ein Zündnadelgewehr, und wehmütig hält sie die lange und schwere, aber »nur zu gute« Waffe in der Hand, die so furchtbare Verheerungen anrichtet.

Ein andermal findet Elisabeth einen Infanteristen, den Zigeuner Joseph Fehér, dessen rechter Arm durch mehrere Schüsse zerschmettert ist. Der Arzt erklärt, man müsse ihn abnehmen, sonst sei der Soldat nicht zu retten. Der Zigeuner weigert sich. Elisabeth geht zu seinem Bett, redet ihm gut zu, erklärt, sie werde am nächsten Tag wiederkommen und hoffe, daß er sich dann in seinem eigensten Interesse gefügt haben werde. Aber der Soldat beharrt auf seiner Weigerung, und nun verdoppelt Elisabeth ihre Anstrengungen. Endlich sagt der Zigeuner: »Wenn Eure Majestät der Operation beiwohnen, dann willige ich ein.« Elisabeth erschrickt einen Augenblick, dann aber sagt sie energisch: »Ja.« Und wirklich, sie setzt sich an das Bett und hält mit unendlichem Mitleid die gesunde Hand des Zigeuners, während alle Vorbereitungen zur Operation getroffen werden. Erst als der Mann eingeschläfert ist, verläßt sie den Operationssaal, macht ihre Runde durch die Säle und gibt Auftrag, sie rechtzeitig zu rufen. Und wirklich, als der Soldat aus der Narkose erwacht, sitzt Elisabeth wieder an dem Bette des Mannes. Als er die Augen aufschlägt, fällt sein Blick sogleich auf die lieblichen Züge der mitleidigen Kaiserin.

Die Nachrichten vom Kriegsschauplatz lauten inzwischen immer ungünstiger. Traurig muß Elisabeth dem Erzieher ihres Sohnes berichten, daß die Nordarmee durch die letzten Kämpfe furchtbar gelitten hat

[1] Elisabeth an Kronprinz Rudolf, Wien, 29. Juni 1866. Staatsarchiv.

und, obwohl noch einige Korps unversehrt sind, Hauptquartier und Armee sich vorderhand nach Mähren zurückziehen. »Sie sehen aus alledem«, schreibt sie am 1. Juli[1], »daß wir nicht sehr gut daran sind. Der Kaiser ist bewunderungswürdig, immer gleich ruhig und gefaßt... Das sind schlechte Nachrichten, die ich Ihnen da gebe, aber man darf den Mut nicht sinken lassen. Teilen Sie Rudolf mit, soviel Sie für gut finden.«

Da bringt am 3. Juli, sieben Uhr abends, der Generaladjutant Graf Crenneville dem Kaiser das entscheidende Telegramm: »Schlacht bei Königgrätz, die Armee geschlagen, auf der Flucht nach der Festung, in Gefahr, dort eingeschlossen zu werden.« Kaiser und Kaiserin sind aufs tiefste erschüttert. Bis spät in die Nacht des 3. Juli sitzen sie beieinander und warten, ob nicht neue Hiobsbotschaften vom Kriegsschauplatz kommen. Damit sind auch alle Wirkungen des Sieges des Erzherzogs Albrecht im Süden hinfällig. Kaiser Franz Joseph ist tief betroffen, aber er und seine Frau behalten trotzdem den Kopf oben. Elisabeth besonders erfüllt nur ein Gedanke, jetzt ihrem Manne, soweit sie es kann, Stütze und Trost zu sein. Sie will noch am Abend des 3. Juli an den Erzieher Rudolfs telegraphieren, nur der Kaiser wünscht es nicht. Sie aber hält es doch für notwendig, ihren kleinen Sohn genau zu orientieren, schreibt tags darauf an Latour, sucht die Niederlage zu erklären, berichtet von den furchtbaren Verlusten und von den Verwundungen bekannter Generale. »Was jetzt geschehen wird«, schließt sie[2], »weiß niemand. Gott gebe nur, daß kein Friede geschlossen wird, wir haben nichts mehr zu verlieren, also lieber in Ehren ganz zugrunde gehen. Wie schrecklich es Ihnen und Pálffy sein muß, jetzt in Ischl ruhig auszuhalten, das begreife ich nur zu gut, aber Gott wird es Ihnen lohnen, daß Sie dieses schwere Opfer bringen und das arme Kind nicht verlassen, dessen Zukunft eine so traurige ist. Unser armer Kaiser, er wird wirklich hart geprüft.«

Elisabeth erhält angstvolle Telegramme von ihrer Mutter, was nun sein würde, wie es dem Kaiser gehe, ob er wohl in Wien bleibe oder fliehen müsse. »Wir sind noch wie im Traum«, antwortet Elisabeth am 5. Juli früh[3], »ein Schlag nach dem anderen ... und da soll man noch Gottvertrauen haben! Was jetzt noch alles geschehen wird, habe ich

[1] Elisabeth an Herrn von Latour, Wien, 1. Juli 1866. Wien, Staatsarchiv.
[2] Dto., Wien, 4. Juli 1866. Wien, Staatsarchiv.
[3] Elisabeth an ihre Mutter, Wien, 5. Juli 1866. E. A. S. W.

keine Idee... Das beste ist jetzt, keine Zeit mehr zum Denken zu haben, immer in Bewegung zu sein. Die Vormittage bringe ich in Spitälern zu, besonders bei den ungarischen Soldaten bin ich gerne. Die armen Kerle haben hier niemanden, der mit ihnen sprechen kann... Der Kaiser ist so von Geschäften überhäuft, daß es wirklich seine einzige Erholung ist, wenn wir abends ein wenig zusammen beim offenen Fenster sitzen...«

Allerdings die Obersthofmeisterin, die nicht Ungarisch versteht, ärgert sich, wenn Elisabeth bei Spitalsbesuchen z. B. mit dem verwundeten Grafen Bethlen Ungarisch spricht. Wer weiß, was sie da alles sagt.

Erzherzogin Sophie ist durch die Ereignisse womöglich noch mehr betroffen als das Kaiserpaar. Sie sieht schon alles zusammenbrechen, was ihr Traum und ihr Sehnen war. Wo ist nun das Siebzig-Millionen-Reich, das durch das Zusammenschweißen von Deutschland und Österreich unter ihres Sohnes Zepter stehen sollte? Wo auch die innige Festigkeit des zentralistischen Staates, von dem das italienische Element mit Venetien gänzlich abfällt und das ungarische, niedergehalten und unzufrieden, teilweise sogar schon mit dem Feinde hält. Der Erzherzogin ganzes politisches Gebäude stürzt zusammen, und ihre stolzesten Hoffnungen sind dahin. Jetzt wird sie auch gerechter in der Beurteilung ihrer Schwiegertochter Elisabeth. Das zeigt sich in einem Brief Sophies an den kleinen Kronprinzen[1]: »Einige Worte richte ich in Eile an Dich, mein geliebtes Kind, um Dir zum Trost zu sagen, daß der arme liebe Papa gottlob wenigstens körperlich wohl ist und die liebe Mama ihm wie sein guter Engel zur Seite steht, stets in seiner Nähe weilt und ihn nur verläßt, um von einem Spital zum andern zu ziehen und überall Trost und Hilfe zu spenden.«

Auch ihre Umgebung, selbst die so kritische Landgräfin Fürstenberg, beginnt jetzt ihre Einstellung zu Elisabeth zu verändern. »Die Kaiserin ist den ganzen Tag in den Spitälern«, gesteht sie[2], »und wirklich wie die Vorsehung, in alles eingehend, für alles sorgend, liebevoll und mütterlich. Gott sei gelobt. Endlich!... Es war Zeit qu'elle se reconcilie les coeurs du public; sie ist auf dem besten Wege[3].«

[1] Erzherzogin Sophie an Kronprinz Rudolf, Schönbrunn, 5. Juli 1866. Wien, Staatsarchiv.

[2] Landgräfin Therese Fürstenberg an ihre Schwester Gabi, 7. Juli 1866. Rechberg-Archiv.

[3] Landgräfin Therese Fürstenberg an ihre Mutter, Schönbrunn, 8. Juli 1966. Rechberg-Archiv.

Königgrätz, Elisabeth und Ungarn

Es ist furchtbar heiß in diesem Juli, und die Kaiserin denkt nicht daran, aufs Land zu gehen. Sie sitzt den ganzen Tag beim Schreibtisch des Kaisers, und dessen Adjutanten können nicht genug sagen, wie trostreich und wohltuend sie für den armen Herrscher ist und wie sie ihn bei jeder eintreffenden schlechten Nachricht aufzumuntern und zu trösten sucht. Aber der Feind dringt vor, und man muß sogar damit rechnen, daß er in absehbarer Zeit bis nach Wien kommt. Im Ministerrat vom 9. Juli 1866 wird schon über die geplante Abreise des Kaisers und der Spitzen der Behörden nach Ofen gesprochen. Elisabeth soll vorausgehen, und als Zweck ihrer Reise soll angegeben werden, daß sie die Verwundeten in Ofen besuchen will. In Wirklichkeit ist es der Beginn der Flucht des Hofes, zugleich mit der Absicht, an die Ritterlichkeit der Ungarn zu appellieren, wie es einst in fast ebenso kritischem Momente Maria Theresia getan. Wer würde sich dazu mehr eignen als Elisabeth, die Ungarn so liebt und die man dort auch so liebgewonnen hat? Das wird von wohltuendem Einfluß auf die gefahrdrohende Haltung dieses Landes sein.

Jetzt zeigt es sich, wie gut es war, daß die Kaiserin die Ungarnfeindlichkeit der Erzherzogin Sophie und ihres Kreises nicht mitgemacht hat. Elisabeth kommt mit Ida Ferenczy in Budapest an und wird begeistert empfangen. Am Bahnhofe stehen schon Andrássy und Deák. »Es wäre eine Feigheit«, hat Deák seinen Freunden erklärt, »sich nun von der Königin abzuwenden, wo sie im Unglück ist, während wir ihr noch vor kurzem entgegenkamen, als die Dinge der Dynastie noch gut standen[1].« Die ungarischen Herren begleiten die Kaiserin in die Burg nach Ofen, sie sprechen auf sie ein, sie erklären, wie die radikalen linksrevolutionären Elemente, die die Kossuthschen Maximen vertreten, die jetzige furchtbare Lage der Krone ausnützen wollen. Sie stellen ihr vor, daß es nun rasch zu handeln gelte, daß man diesen Leuten den Wind aus den Segeln nehmen und Zugeständnisse bewilligen müsse, die auf dem von den beiden Männern schon so lang gewiesenen Wege liegen.

Elisabeth sieht ein, daß gehandelt werden müsse. Sie hat nur schnell eine Villa (Kochmeister) in den Ofner Bergen gemietet. Dann ist sie am 12. Juli wieder nach Wien gefahren, um die Kinder zu holen. Sie berichtet dem Kaiser von dem, was sie in Budapest gesehen und gehört hat, bittet und beschwört ihn, Gyula Andrássy zum Minister des

[1] Konyi, Die Reden des Franz Deák, III, S. 578.

Äußeren zu ernennen. Nur in ihm sieht die von der Erscheinung und den glänzenden Fähigkeiten des Grafen tief erfüllte Kaiserin die Möglichkeit, Ungarn noch an der Stange der Dynastie zu halten und das Auseinanderbrechen der Monarchie in zwei Teile zu verhindern. Trotz all dem Schweren, das auf ihm lastet, bleibt Franz Joseph zurückhaltend. So schnell kann er sich nicht entschließen, er sieht noch nicht klar. Alles, was überhaupt getan wird, kann von den schwerwiegendsten Folgen sein. Er muß erst mit seinen Ministern beraten.
Ja, aber die Zeit drängt. Vielleicht ist es morgen schon zu spät. Nervös dringt Elisabeth neuerlich auf Erfüllung ihrer Bitte. Franz Joseph sagt: »Fahre mit den Kindern nach Ofen, sei dort mein Anwalt. Halte die Leute so gut wie möglich zurück, alles andere wird sich finden.« Der Kaiser, der auf eine Intervention Napoleons III. hofft, dem er Venetien abgetreten hat, fährt nicht nach Pest. Er fürchtet, dort zu sehr unter Druck gestellt zu werden. Wohl aber reisen am 13. seine Frau und seine Kinder. Gleichzeitig werden die kostbaren Kleinodien aus der Schatzkammer in Wien nach Ofen ins Zeughaus gebracht.
Schon am Tage nach ihrer Ankunft bittet Elisabeth den ungarischen Hofkanzler in Wien brieflich[1], er möge dem Kaiser nahelegen, Deák ans Allerhöchste Hoflager nach Wien zu berufen. Vielleicht, daß diesem gelingt, was ihr nicht gelungen ist. Sie kann nicht mehr zusehen, wie die Regierungsmänner in Wien den Karren noch weiter verfahren, insbesondere dieser Minister ohne Portefeuille Graf Moritz Esterházy, der, obwohl selbst aus ungarischer Familie, jeder entgegenkommenden Politik Ungarn gegenüber widerstrebt. Zu Majláth hat Elisabeth noch Vertrauen, er gehört zu denen, die von ihrer Schönheit und Anmut bezaubert sind, und nun, nach ihrer Fehlbitte an den Kaiser, wendet sie sich nochmals an ihn[2]: »... Ich bin aufrichtig mit Ihnen. Vor allem eine Bitte, seien Sie mein Stellvertreter beim Kaiser, übernehmen Sie mein Amt, dem Kaiser die Augen zu öffnen über die Gefahr, in die er sich unwiederbringlich stürzt, wenn er noch immer keine Konzessionen an Ungarn machen will. Seien Sie unser Retter, darum beschwöre ich Sie jetzt im Namen unseres armen Vaterlandes und meines Sohnes und zähle dabei auch auf die Freundschaft, die Sie, wie ich mir vielleicht einbilde, doch ein wenig für mich fühlen. Das Zugeständnis, zu dem ich

[1] Elisabeth an Georg von Majláth, 14. Juli 1866. E. A. S. W.
[2] Dto. Ohne Datum. Unverändert abgesandter Entwurf. Anscheinend 14. Juli 1866 geschrieben. E. A. S. W.

den Kaiser zu bewegen trachte, das er mir aber leider noch nicht machte, ist, die jetzigen Regierungsmänner zu entfernen und als Minister des Äußern Gyula Andrássy zu ernennen. Dies wäre eine Konzession an Ungarn, ohne sich durch Nachgeben jetzt zu kompromittieren. Seine Popularität im Lande würde beruhigend und vertrauenerweckend wirken und das Königreich ruhig halten, bis endlich die Verhältnisse erlauben, daß die inneren Zustände geregelt werden ... Ist der Kaiser dazu durchaus nicht zu bewegen, so sollte er wenigstens Andrássy zum Minister Ungarns machen; für jetzt ist ja das größte Bedürfnis, daß das Land beruhigt und durch einen Mann, der ihm die Bürgschaft einer besseren Zukunft gibt, dahin gebracht wird, daß es alle Kräfte, über die es nur zu gebieten vermag, dem Kaiser stellt ... In Ihre Hände lege ich nun alles ... Wären nur Sie allein immer gewesen, wie anders stünde jetzt alles, aber da wir nun einmal so weit sind, so gehen Sie wenigstens nicht, ohne den Einfluß des Grafen Esterházy gebrochen zu haben, ohne das Resultat erzielt zu haben, daß der vom Kaiser entfernt ist, dessen wohlgemeinter, aber verderblicher Rat so viel Unglück über uns bringt. Ohne Rückhalt habe ich mich an Sie gewendet. Mein Vertrauen kann ich nur ganz oder gar nicht geben. Bringen Sie das zuwege, was mir nicht gelang, dann werden Millionen Sie segnen, mein Sohn aber täglich für Sie beten, wie für seinen größten Wohltäter. Ich vertraue diesen Brief nicht der Post an. Sie können den Überbringer so lange behalten, als Sie wollen, lassen Sie ihn aber nicht ohne Antwort zurückkommen. Isten áldja meg. Elisabeth.«

Majláth antwortet[1], der Kaiser sei auch von der Notwendigkeit durchdrungen, bezüglich Ungarns entscheidende Maßregeln zu ergreifen, und fürchtet nur, daß gleiche Ursachen gleiche Wirkungen hervorbringen würden. Aber er wünsche keine einseitige Lösung, wie sie 1848 versucht wurde, und wolle selbst den Schein vermieden wissen, als ob der Druck der äußeren Verhältnisse diese Maßnahme ins Leben gerufen hätte.

Die Kaiserin kann in Ofen inmitten der verschiedenen Strömungen und unter dem unmittelbaren Eindruck der Stimmung in der Hauptstadt dieses Zögern nicht begreifen. Sie ist eben bei ihrer Obersthofmeisterin mit Andrássy zusammengetroffen und entwirft noch unter dem frischen Eindruck dieser Stunde eigenhändig einen sehr ernsten Brief an den Kaiser.

[1] Majláth an Kaiserin Elisabeth, 15. Juli 1866. E. A. S. W.

»Eben komme ich zurück von Königseggs, wo ich eine Unterredung mit Andrássy hatte, natürlich allein. Er sprach seine Ansichten klar und deutlich aus. Ich habe sie verstanden und die Überzeugung gewonnen, daß, wenn Du ihm vertraust, aber *ganz*, so sind wir, und nicht Ungarn allein, sondern die Monarchie, noch zu retten. Du mußt aber *jedenfalls* selbst mit ihm reden, und zwar gleich, denn jeder Tag kann die Verhältnisse so gestalten, daß er es am Ende gar nicht mehr übernehmen würde; in so einem Moment gehört auch wirklich viel Aufopferung dazu, es zu tun. Spreche also gleich mit ihm, Du kannst es ohne Rückhalt tun, denn diese Versicherung kann ich Dir geben, Du hast keinen Mann vor Dir, der um jeden Preis eine Rolle spielen will, nach einer Position hascht, im Gegenteil, er stellt eher seine jetzige Stellung, die eine schöne ist, aufs Spiel. Aber wie jeder Ehrenmann, ist auch er bereit, in dem Moment, wo der Staat dem Schiffbruch nahe ist, alles, was in seiner Macht steht, zur Rettung beizutragen; was er hat, seinen Verstand, seinen Einfluß im Land wird er Dir zu Füßen legen. Zum letztenmal bitte ich Dich im Namen Rudolfs, versäume den letzten Moment nicht ...

Ich habe Andrássy gebeten, Dir die Wahrheit ganz offen zu sagen, Dich von allem in Kenntnis zu setzen, wenn es auch leider nicht erfreulich ist. Ich bitte Dich, telegraphiere mir gleich nach Erhalt meines Briefes, ob Andrássy abends mit dem Zug nach Wien fahren soll. Ich bestelle ihn auf morgen wieder zu Paula, wo ich ihm dort die Antwort sage. Sagst Du ›nein‹, willst Du in letzter Stunde nicht einmal mehr einen uneigennützigen Rat hören, dann handelst Du wirklich un . lich an uns allen. Meiner ferneren B ... und Sk. (Bitte und Sekkaturen?) bist Du dann für immer enthoben, dann bleibt mir nichts mehr übrig, als mich mit dem Bewußtsein zu beruhigen, daß ich, was immer auch geschehe, Rudolf einmal ehrlich sagen kann: ›Ich habe alles getan, was in meinen Kräften stand. Dein Unglück habe nicht ich am Gewissen[1].«

Der Ton ist sehr ernst, zu scharf sogar für einen Kaiser, der unter der Last unzähliger Sorgen keucht. Aber man hat ihr die Gefahr so dringend vorgestellt, daß sie sich nicht mehr anders zu helfen weiß, und glaubt, auch im Interesse ihres Gatten so scharf sein zu müssen.

In Ungarn weiß man das Eisen zu schmieden, solang es warm ist. Man

[1] Elisabeth an Kaiser Franz Joseph, 15. Juli 1866. Eigenhändiges Briefkonzept. E. A. S. W.

weiß noch nicht, wie sehr Elisabeth schon gewonnen ist und wie sie keine Mahnung mehr braucht. Zwei Tage, nachdem ihr Brief an ihren Gemahl abgegangen ist, bringt ihr die Post ein anscheinend privates Schreiben. Die Schrift ist fremd. Elisabeth öffnet es, sieht flüchtig nach der Unterschrift auf der vierten Seite, die aber fehlt. Es ist ein anonymer Brief[1], in dem die Königin als der »irdische Schutzgeist Ungarns« gebeten wird, einzugreifen. Friede sei nur zu erreichen, wenn der Monarch die Gesetze von 1848 in voller Ausdehnung wiederherstellt, ein ungarisches Ministerium ernennt und sich zum König von Ungarn krönen läßt. Als Minister empfiehlt der Anonymus unter anderem Deák, Eötvös, Andrássy, drei Namen, die die Kaiserin jetzt überall hört, wohin sie sich auch nur wendet. Angstvoll wartet sie auf den Erfolg ihrer Bitte. Da erhält sie ein Telegramm vom Kaiser, chiffriert, eilig abgefaßt: »Habe Deák im geheimen kommen lassen. Lasse Dich daher mit Andrássy nicht zu weit ein[2].«

Die Nachricht von der Fahrt der Kaiserin nach Budapest war auch Kossuth zugekommen, der als Haupt der ungarischen Emigranten in Italien die Entwicklung der Dinge mit weitgehenden Hoffnungen begrüßte. Er erkennt sofort die Gefahr, die in der Reise der Kaiserin für seine Pläne liegt. Noch am 16. Juli schreibt er dem Grafen Csáky empört von Florenz: »Die der Kaiserin abgegebenen sympathischen Erklärungen gelegentlich ihrer Fahrt nach Pest waren hier von schlechter Wirkung. Es ist sehr wichtig, ja außerordentlich wichtig, daß ein nationales Lebenszeichen in ganz entgegengesetzter Richtung gegeben wird. Die ungarische nationale Passivität ist von sehr verstimmender Wirkung[3].«

Kaiser Franz Joseph hat mit tiefer Bewegung die Briefe der Kaiserin gelesen und entschließt sich nun auch, Gyula Andrássy zu sich zu berufen. Elisabeth spricht indes am 16. neuerlich eingehend mit dem Grafen und gibt ihm ein Schreiben an den Kaiser mit, in dem sie die ganze Lage in Ungarn zusammenfaßt und ihn noch einmal um das gleiche bittet wie früher. Elisabeth schildert dann die Villa Kochmeister und bemerkt nebenbei, daß aus ihrem Zimmer eine große Glastür in den Garten führt.

[1] Anonymer Brief an Elisabeth, Bad Trencsin, 16. Juli 1866. E. A. S. W.
[2] Franz Joseph an Elisabeth, Wien, 15. Juli 1866. E. A. S. W.
[3] Ludwig Kossuth an Graf Tivadar Csáky. Florenz, 16. Juli 1866. Archiv des Grafen Karl Attems.

Tags darauf erhält sie durch Kurier einen Brief Franz Josephs: »Geliebter Engel«, schreibt er[1], »bete recht inbrünstig für mich zu Gott, daß er mich erleuchte, das zu tun, was recht und was meine Pflicht ist. Heute erwarte ich also G. A. Ich werde ihn ruhig anhören und reden lassen und ihm dann fest auf den Zahn fühlen, um zu sehen, ob ich Vertrauen zu ihm fassen kann. Der Alte (Deák) ist nicht mehr in Pest und muß daher auf dem Lande geholt werden, so daß er erst morgen oder übermorgen hier sein kann. Mir ist es auch lieber, A. zuerst allein zu sprechen, denn der Alte ist zwar sehr gescheit, hat aber nie viel Courage gehabt. Hier hat sich die Situation jetzt geändert. Napoleon vermittelt noch, hat aber bei den Preußen noch nichts zustande gebracht ... Jetzt können sie jeden Tag angreifen, aber so leicht werden sie nicht über die Donau kommen ... Ich muß nun schließen, um zu arbeiten. Lebe wohl, mein Engel, mit den lieben Kindern umarme ich Dich mit der größten Sehnsucht nach Euch. Gott schütze uns, Gott schütze Österreich. Dein Dich heiß liebender Franz.«

Am 17., zwölf Uhr mittags, erscheint Andrássy in Audienz beim Kaiser. Er übergibt Elisabeths Brief, entwickelt anderthalb Stunden lang in aller Offenheit seine Ansichten und bittet den Kaiser vor allem, mit Deák zu reden. Franz Joseph erklärt, er habe diesen schon kommen lassen, und ersucht Andrássy, noch bis dahin zu bleiben.

Tags darauf, in aller Früh, berichtet er seiner Frau über die Unterredung mit Andrássy[2]: »Ich fand ihn übrigens wie früher immer, zu wenig präzis in seinen Ansichten und ohne die notwendige Rücksicht auf den übrigen Teil der Monarchie. Er begehrt sehr viel und bietet für den jetzigen entscheidenden Augenblick zu wenig ... er ist ein braver, ehrlicher und höchst begabter Mann, aber ich fürchte, er hat weder die Kraft, noch findet er im Lande die Mittel, um seine jetzigen Absichten durchzuführen, und dann wird er nach seiner eigenen konstitutionellen Theorie abtreten, und ich bin dann vis-à-vis der äußersten Linken oder des Belagerungszustandes. Vor allem muß ich aber noch mit dem Alten reden, dann mit beiden zusammen, ehe ich einen Entschluß fassen kann.

Sehr dankbar bin ich Dir für die ganze Beschreibung der Villa Kochmeister, die sehr hübsch sein muß. Nur freut mich die Glastüre an

[1] Franz Joseph an Elisabeth, Wien, 17. Juli 1866, fünf Uhr früh. E. A. S. W.

[2] Dto., Wien, 18. Juli 1866, halb sechs Uhr früh. Siehe über seine Unterredung auch Eduard von Wertheimer, Graf Julius Andrássy. Sein Leben und seine Zeit. Stuttgart 1910. I., S. 217 f.

Deinem Zimmer gar nicht, denn da kann man gewiß hineinsehen, wenn Du Deine Waschung vornimmst, und das ängstigt mich. Lasse doch einen großen Vorhang vor die ganze Türe machen. Ich bitte Dich, tue doch etwas für Deine Gesundheit und schone Dich, sonst wirst Du mir ernstlich krank, und das wäre fürchterlich ... Dein treuer Männeken.«
Elisabeth schreibt jeden Tag, ebenso wie ihr Gemahl, und das freut Franz Joseph unendlich, denn, wie er sagt, sind sie und die Kinder, die er in jedem Brief »mit der größten Liebe an sein Herz drückt«, jetzt sein einziger Trost.

Am 19. ist nun richtig Deák um sieben Uhr früh beim Kaiser in Audienz erschienen. Er ist ganz insgeheim unter dem Namen Advokat Ferenczy, was sehr vielsagend auf die Rolle der Vorleserin der Kaiserin hinweist, in dem höchst bescheidenen »Hasen«-Gasthof in Meidling abgestiegen und fährt in der Hofburg in einem Einspänner vor. »Wir sprachen eine Stunde sehr eingehend und offen über alle denkbaren Eventualitäten«, berichtet Franz Joseph darüber seiner Frau[1]. »Ich habe ihn nie so ruhig, so klar und so aufrichtig gefunden. Viel klarer wie A. und viel mehr der übrigen Monarchie Rechnung tragend. Ich habe aber durch ihn denselben Eindruck erhalten wie durch A. ... Deák hat mir eine so hohe Achtung für seine Ehrlichkeit, Offenheit und dynamische Anhänglichkeit eingeflößt und mich in meiner Überzeugung bestätigt, daß, wenn der unglückliche Krieg nicht dazwischengekommen wäre, ich mich in nicht zu langer Zeit mit dem Landtage auf dem eingeschlagenen Wege verständigt hätte; allein Mut, Entschlossenheit und Ausdauer im Unglücke ist dem Manne nicht gegeben. Mit A. wollte er durchaus nicht zusammenkommen, und um elf Uhr ist er wieder in aller Stille abgereist. Heute will ich wieder mit A. sprechen, um den Faden der Verhandlungen nicht abreißen zu lassen, da, wenn die äußere Situation einmal entschieden ist, mit ihm doch etwas zu machen sein wird. Jetzt muß ich schließen, um zu arbeiten. Adieu, meine Sisi. Mit den Kindern Dich umarmend, Dein Dich ungeheuer liebender Kleiner.«

Indes sind die Preußen immer weiter vorgerückt. Der König Wilhelm schlägt am 18. Juli sein Hauptquartier in Nikolsburg auf, und man kann schon von Wien aus die Wachtfeuer der Preußen leuchten sehen. Franz Joseph hofft auf Erfolg der eingeleiteten Waffenstillstandsverhandlungen und sieht ihnen angstvoll entgegen. Auch hat er Sorge um die Gesundheit seiner Frau, die ihm »immer mehr herabkommt«. Wie

[1] Franz Joseph an Elisabeth, 20. Juli 1866. E. A. S. W.

es Waffenstillstand gibt, dann könnte, so hofft er, die Kaiserin mit den Kindern wieder nach Ischl zurückgehen und er sie vielleicht manchmal besuchen. »Denn«, meint der Kaiser[1], der den Brief mit »Dein armer Kleiner« unterzeichnet, »auch mir wird der eine oder andere Tag Ruhe sehr wohl tun.«
Inzwischen ist der Waffenstillstand geschlossen, und man beginnt über die Friedensverhandlungen zu sprechen. »Schwer wird die Verhandlung werden«, meint Franz Joseph, »denn besonders der König soll von dem Erfolge sehr berauscht sein ... Gott gebe seinen Segen dazu, denn mit dem Zustand der Nordarmee und nach den erlittenen Verlusten ist von einer Fortsetzung des Kampfes nicht viel zu hoffen[2].«
Franz Joseph gibt zu, in Ungarn muß etwas geschehen. Aber er will erst etwas ändern, wenn Ruhe ist. Man kann dergleichen nicht überhetzen, man muß die ungarische staatsrechtliche Frage mit Rücksicht auf die anderen Teile der Monarchie lösen.
Elisabeth hat inzwischen, da sie sich wieder recht krank und angegriffen fühlt, den Hausarzt ihrer Eltern, Hofrat Fischer, nach Ofen kommen lassen. Das freut und beruhigt Franz Joseph. »Ich ängstige mich so um Dich«, schreibt er Elisabeth[3], »und hoffe nur, daß, im Falle ein längerer Waffenstillstand oder Frieden zustande kommt, Du Dich in der Gebirgsluft ganz erholen wirst ... Aus Deutschland treten wir jedenfalls ganz aus, ob es verlangt wird oder nicht, und dieses halte ich nach den Erfahrungen, die wir mit unseren lieben deutschen Bundesgenossen gemacht haben, für ein Glück für Österreich.«
Elisabeth bleibt nach wie vor unendlich fleißig im Briefschreiben, und Franz Joseph steht nicht zurück. Er ist tief gerührt darüber, ist ganz beschämt, wenn er an einem Tag, wie zum Beispiel am 24. Juli, nicht geschrieben hat, und fleht dann »zerknirscht« Elisabeths Verzeihung an. Wenn er um ihre Gesundheit besorgt ist, so ist sie es nicht minder um seine. Franz Joseph ist trotz allen Unglücks, das über ihn und über das Land hereingebrochen ist, körperlich vollkommen gesund geblieben. »Ich bin oft selbst darüber erstaunt«, meint er, »wie ich solche Ereignisse und eine solche Reihe namenlosen Unglücks und Schmerzes so ruhig und ohne Erschütterung meiner Gesundheit ertragen kann[4].«

[1] Franz Joseph an Elisabeth, Wien, 22. Juli 1866. E. A. S. W.
[2] Dto., Wien, 22. Juli 1866. E. A. S. W.
[3] Dto., 23. Juli 1866. E. A. S. W.
[4] Dto., Wien, 27. Juli 1866. E. A. S. W.

Bisher hat sich der Kaiser nicht getraut, Elisabeth und den Kindern ein Verlassen Ofens anzuraten. Am 26. Juli aber werden die Friedenspräliminarien unterzeichnet. Nun ist die Hauptstadt Wien nicht mehr vom Feinde bedroht, und Franz Josephs erster Gedanke ist, seine Frau wiederzusehen. »Jetzt hätte ich halt eine schöne Bitt'«, schreibt er am 28. Juli[1]. »Wenn Du mich besuchen könntest! Das würde mich unendlich glücklich machen. Ich kann jetzt keinesfalls von hier abkommen, so gerne ich zu Euch käme ... ich habe so eine Sehnsucht nach Dir, und Dich freut es vielleicht auch, mich in so trüber Zeit wiederzusehen. Du könntest die Kinder vorläufig noch unten lassen ... Es wäre ein großer Trost für mich ... Die Preußen räumen ganz Österreich und Ungarn. In den Präliminarien ist die Integrität von Österreich und Sachsen gewahrt, wir treten ganz aus Deutschland aus und zahlen zwanzig Millionen Thaler. Was die Preußen im übrigen Deutschland machen und was sie stehlen werden, weiß ich nicht, geht uns auch weiter nichts an ... Ich bin froh, daß Du wieder reiten kannst; es wird Dir gut tun.«

Indessen hat Graf Andrássy den vor ihm gleichsam geflohenen Deák auf seiner Besitzung Puszta Szent-László aufgesucht und von ihm die Zusicherung seiner so gewichtigen Unterstützung erhalten. Dann kehrt der Graf sofort wieder nach Pest zurück, erscheint neuerlich bei der Kaiserin, teilt ihr mit, daß Franz Joseph große Schwierigkeiten mache und vor allem Belcredi, der österreichische Ministerpräsident, allem widerstrebe. Er reist dann sofort wieder weiter nach Wien, wo er am 29. vom Kaiser bedeutend freundlicher als das erstemal empfangen wird. Andrássy meldet das Ergebnis seiner Besprechungen mit Deák, das im Wesen schon die Grundzüge des späteren Ausgleiches enthält. Trotz seiner Versicherungen, daß die neue Regierung sich bestreben werde, die Nation an die Interessen der Allerhöchsten Person und der Krone zu fesseln, kommt der Graf nicht weiter. Der Kaiser meint, er wolle die Sache noch sehr durchstudieren und überlegen.

Nun hält Elisabeth den Augenblick für gekommen, nach Andrássys Rat neuerlich auf ihren Gemahl persönlich einzuwirken. Auch Franz Joseph hat den dringenden Wunsch, mit Elisabeth zu sprechen, und so entschließt sie sich, am 30. Juli nach Wien abzureisen. Noch am Abend läßt sie Andrássy von Schönbrunn aus verständigen, daß sie ihn am nächsten Tage zu sprechen wünsche. »Sicher ist«, vermerkt der Graf

[1] Franz Joseph an Elisabeth, Schönbrunn, 28. Juli 1866. E. A. S. W.

unter dem Eindrucke dieser neuerlichen Einladung in seinem Tagebuch[1], »daß, wenn ein Erfolg erreicht wird, Ungarn der ›schönen Vorsehung‹, die über diesem Lande wacht, mehr zu danken haben wird, als es ahnt.« Während er das schreibt, dringt Elisabeth in ihren Gemahl, den Wünschen der Ungarn nachzugeben. Der Kaiser widerspricht ihr, er betont, daß er die Interessen *aller* Völkerschaften der Monarchie zu wahren habe, er hält ihr den Einspruch Belcredis vor, den Eindruck, den die Zugeständnisse an Ungarn auf das sowieso durch den Krieg am härtesten mitgenommene Böhmen machen werden usw. Sie aber bleibt bei ihrer Ansicht.

Die Meinungen stoßen schroff aufeinander. Elisabeth wird fast böse. Da sie immer wieder auf dasselbe Thema zurückkehrt, wird auch der Kaiser ärgerlich, obwohl er sich nach der langen Trennung, in der so viel Tragisches geschehen ist, so sehr auf das Zusammentreffen mit seiner Frau gefreut hat.

Tags darauf, am 31. Juli, erscheint Andrássy bei der Kaiserin. Sie ist traurig, muß ihm zugestehen, daß sie nichts erreicht hat, blickt höchst trübe in die Zukunft und sieht schon den Zerfall des ganzen Reiches kommen. »Ich werde weiterarbeiten im Sinne des Rettungsweges, den Sie mir gewiesen«, sagt sie dem Grafen beim Abschied, »aber ich hege keine Hoffnung mehr, meine Wirksamkeit von Erfolg gekrönt zu sehen[2].«

Elisabeth erreicht nur, daß Andrássy nochmals zum Kaiser kommen darf, um seine Ideen über die Neugestaltung der Gesamtmonarchie zu entwickeln. Nun aber steht der Friede in Aussicht. Der Druck des äußeren Feindes läßt nach. So ringt sich die Überzeugung leichter durch, daß die Lage in Ungarn nicht so kritisch sei, wie sie Andrássy und Deák und durch sie die Kaiserin darstellen, um ihre Überzeugungen und Ziele durchzusetzen.

Nach kurzem Aufenthalt ist Elisabeth am 2. August wieder zu ihren Kindern nach Ofen abgereist. Franz Joseph läßt sie trotz allem höchst ungern ziehen. »Mein lieber Engel«, schreibt er[3], »jetzt bin ich wieder mit meinem vielen Kummer allein und sehne mich nach Dir. Komme bald wieder, mich zu besuchen, das heißt, wenn es Deine Kräfte und Deine Gesundheit erlauben, denn wenn Du auch recht bös und sekkant

[1] Wertheimer, a. a. O. S. 223.
[2] Wertheimer, nach den Tagebuchaufzeichnungen Andrássys vom 30. Juli 1866. A. a. O. I., S. 223.
[3] Franz Joseph an Elisabeth, Schönbrunn, 4. August 1866. E. A. S. W.

warst, so habe ich Dich doch so unendlich lieb, daß ich ohne Dich nicht sein kann. Schone Dich nur recht und gebe beim Reiten acht, denn ich ängstige mich sehr ... Die verdammte ungarische Legion[1] ist wieder im Vorrücken gegen Ungarn. Ich hoffe nur, daß unsere Truppen sie noch erreichen und vernichten. Adieu, meine Sisi, denke mit Liebe an mich und komme bald wieder.«

Nun, da sich die Folgen des verlorenen Feldzuges zu zeigen beginnen, ist Franz Joseph »melancholisch und herabgestimmt, eigentlich abgestumpft«, und muß sich sehr zusammennehmen, um gerade jetzt im wichtigen Augenblick der Friedensverhandlungen nicht zu ermatten. In solchen Zeiten sehnt er sich mehr als je nach seiner Frau und zeichnet die Briefe mit der rührenden Unterschrift »Dein einsames Männeken«[2]. Elisabeth ist aber noch immer erbost, daß Franz Joseph ihr in der ungarischen Frage nicht nachgegeben hat. Sie hat dies als eine persönliche Niederlage betrachtet, die sie in besonders empfindlicher Weise spürt, weil sie vor den Augen Andrássys vor sich gegangen ist. Die verschiedenen Anspielungen Franz Josephs, sie möge ihn bald wieder besuchen, verhallen daher ungehört. Im Gegenteil, Elisabeth schreibt ihrem Gatten am 5. August höchst förmlich, als wollte sie ihn bestrafen, sie könne nicht kommen, Schönbrunn sei in dieser Jahreszeit ungesund, höchstens käme Ischl für sie und die Kinder in Betracht. Sie wäre doch gerade bei ihm gewesen, nun sei es an ihm, sie einmal zu besuchen.

Diesmal ist Franz Joseph ernstlich böse und, was sonst nie der Fall war, seine Antwort zeigt einen bitteren und ägrierten Ton. Schon die Aufschrift ist nicht so herzlich wie gewöhnlich. »Meine liebe Sisi«, heißt es da[3], »innigsten Dank für Deinen Brief vom 5., dessen ganzer Inhalt nur den Zweck hat, mir mit einer Menge Gründen zu beweisen, daß Du mit den Kindern im Ofen bleiben willst und wirst. Da Du einsehen mußt, daß ich jetzt im Augenblicke eines wiederbeginnenden Krieges in Italien und der Friedensverhandlungen mit Preußen nicht von hier weg kann, daß es gegen meine Pflicht wäre, mich auf Deinen ausschließlich ungarischen Standpunkt zu stellen und diejenigen Länder, welche in fester Treue namenlose Leiden erduldeten und gerade jetzt der besonderen Berücksichtigung und Sorgfalt bedürfen, zurückzusetzen, so wirst Du begreifen, daß ich Euch nicht besuchen kann. Wenn

[1] Legion Klapka, die mit den Preußen operierte.
[2] Franz Joseph an Elisabeth, Schönbrunn, 6. August 1866. E. A. S. W.
[3] Dto., Schönbrunn, 7. August 1866. E. A. S. W.

Du die hiesige Luft ungesund findest, so wird es so sein, in Ischl könnte ich Euch jetzt ebensowenig besuchen wie in Ofen, und so muß ich mich eben trösten und mein langgewöhntes Alleinsein wieder mit Geduld tragen. In dieser Beziehung habe ich schon viel auszuhalten gelernt, und man gewöhnt's endlich. Ich werde über diesen Punkt nicht ein Wort mehr verlieren, denn sonst wird unsere Korrespondenz zu langweilig, wie Du sehr richtig bemerkst, und ich werde in Ruhe erwarten, was Du später beschließt.«

Dieser Brief kommt Elisabeth in einem Augenblick zu, da sie sich sowieso schon nervös und gar nicht wohl fühlt. Sie sucht die innere Unruhe wieder dadurch zu besänftigen, daß sie stundenlange Ritte in die Umgebung Ofens unternimmt. Mit Besorgnis sieht da Ida Ferenczy, die nicht reitet und sie daher nicht begleiten kann, das unruhige, fahrige Wesen Elisabeths mit an. Auf den ärgerlichen Brief des Kaisers antwortet sie ganz kurz, geht nicht näher auf seinen Inhalt ein und berichtet lediglich von ihren Ritten.

Auf einem derselben ist die Kaiserin dem 29 Kilometer von Budapest entfernt gelegenen Schlosse Gödöllö nahe gekommen. Es wurde zu Maria Theresiens Zeiten angeblich von dem Sohne eines slowakischen Schäfers namens Grassalkovic erbaut, der durch die besondere Geschicklichkeit, sich allen, die ihm nützlich sein konnten[1], unentbehrlich zu machen, auf vielleicht nicht ganz korrekte Weise zu riesigem Vermögen und höchster Adelswürde gelangt war. Als die Grafen, später Fürsten Grassalkovic 1841 ausstarben, kam das Schloß unter den Hammer. Elisabeth hat viel davon und auch von einem Denkmal gehört, das der erste Graf seinem Lieblingsschimmel errichtete, möchte alles gerne sehen und bittet Franz Joseph, hinfahren zu dürfen, um so mehr, als dort ein Spital für die Verwundeten eingerichtet ist.

Bei Franz Joseph ist die ärgerliche Stimmung schon längst wieder verflogen, und er äußert nur wieder seinen Schrecken und seine tiefe Besorgnis, daß sich Elisabeth bei den viel zu großen Ritten abhetze und herabbringe, noch magerer werde und gewiß gar nicht mehr schlafe. Er erinnert sich der Zeit von 1859, wo ganz dasselbe der Fall war. »Wenn Du willst«, antwortet Franz Joseph[2], »kannst Du nach Gödöllö zu den Verwundeten fahren. Schaue es Dir aber nicht so an, als wenn wir es kaufen wollten, denn ich habe jetzt kein Geld, und wir müssen

[1] Franz Ripka, Gödöllö, Wien, 1898.

[2] Franz Joseph an Elisabeth, Schönbrunn, 8. August 1866. E. A. S. W.

in diesen harten Zeiten ungeheuer sparen. Auch die Familienherrschaften haben die Preußen entsetzlich verwüstet, und es wird Jahre brauchen, ehe sie sich wieder erholen. Das Hofbudget für das nächste Jahr habe ich auf fünf Millionen herabgesetzt, so daß über zwei Millionen erspart werden müssen. Fast der halbe Stall muß verkauft werden, und wir müssen sehr eingeschränkt leben ... Dein trauriges Männeken.«

Elisabeth rührt dieser Brief. Es tut ihr leid, daß sie damals so hart mit ihrem Gemahl war, und sie schreibt ihm am 9. August, sie werde ihn ungefähr am 13. August in Wien besuchen kommen und diesmal eine ganze Woche bleiben. Franz Joseph ist ganz glücklich[1]: »Jetzt habe ich noch drei Tage, wo ich mich auf das Wiedersehen freuen kann, und dann fast acht glückliche Tage, wo ich Dich ganz habe und wo wir soviel als möglich zusammensein wollen ... Sei gut für mich, wenn Du kommst, denn ich bin so traurig und einsam und brauche Deine Erheiterung.«

Als Elisabeth nach Wien zurückkehrt, spürt sie in ihrer Umgebung, ebenso wie im Verhalten der Erzherzogin Sophie, der sie nach Möglichkeit aus dem Wege geht, eine besonders eisige Kühle. Man will es sie wieder fühlen lassen, daß sie so lange vom Kaiser fern gewesen, und vor allem, daß sie so sehr zu Ungarn hinneigt. Jetzt ist es nicht nur der Hof, der gegen sie Stellung nimmt, jetzt ist es auch die Regierung, während die Bevölkerung, vor der die Schritte der Kaiserin zugunsten Ungarns streng geheimgehalten werden, zumindest die lange, nun durch die Kriegsereignisse nicht mehr allein zu begründende Abwesenheit von Wien übel vermerkt. Belcredi ist besonders empört, weil sie seine Kreise stört, und der Minister faßt sein Urteil in den Vorwurf zusammen, Elisabeth habe den seelischen Zustand des Kaisers, als all die Hiobsbotschaften auf ihn einstürmten, benützt, um die »spezifisch und egoistisch ungarischen Bestrebungen«, die sie schon lange, aber bisher erfolglos patronisierte, nur mit noch mehr Nachdruck zu unterstützen[2].

Elisabeth spricht mit Franz Joseph in diesen Tagen weniger über die ungarische Frage. Andrássy hat es ihr geraten, um den Kaiser nicht zu verstimmen, und meint, man werde zu gegebener Zeit wieder beginnen können, um den Monarchen langsam, aber sicher auf den Weg des Ausgleiches zu führen. Für Franz Joseph ist der Aufenthalt Elisabeths ein

[1] Franz Joseph an Elisabeth, Schönbrunn, 10. August 1866. E. A. S. W.
[2] Belcredi, Fragmente, VI. Jahrgang, S. 413.

wahres Labsal, denn je mehr sich der Friede nähert, desto mehr treten die inneren Schwierigkeiten hervor. Der Kaiser ist auch recht unglücklich, als sich Elisabeth am 19. August nach Pest zurückbegibt. Franz Joseph findet, daß sie beim Abschied zu heiter war. Es sind noch nicht vierundzwanzig Stunden vergangen, so schreibt er ihr, wie einsam und traurig er ist, wie sehr er sich nach ihr sehne und wie sein Mut immer mehr sinke. Nur sein Pflichtgefühl allein halte ihn aufrecht und die leise Hoffnung, daß vielleicht aus den jetzigen europäischen Verwicklungen einst doch noch bessere Zeiten hervorgehen werden. »Bei den Friedensverhandlungen dauern die Schwierigkeiten an, und wir bringen die verfluchten Preußen noch später aus dem Lande. Es ist zum Verzweifeln[1].«

All das allein mitmachen zu müssen empfindet Franz Joseph besonders schmerzlich, denn, wie er sagt[2], mit Elisabeth kann er doch sprechen, und sie erheitert ihn auch manchmal, wenn sie auch hin und wieder etwas »sekkant« ist. »Ja, der Schatz, und was für einer!!, fehlt mir sehr«, schreibt Franz Joseph seiner Frau. »Laß mich nicht so lange allein, meine Sisi. Laß mich nicht so lange schmachten und komm bald zu mir[3].« Am 23. August ist indes der Friede von Prag zustande gekommen.

Nun kann Franz Joseph daran denken, nach Ischl zu gehen, um sich in der dortigen Luft und mit seiner geliebten Jagd »in einen wieder brauchbaren Zustand zusammenflicken zu lassen, denn so, wie er jetzt ist, ist er zu nichts«[4].

Am 2. September kehrt dann auch Elisabeth mit den Kindern aus Ofen zurück. Der Aufenthalt in Ungarn, die Einwirkung Andrássys und nicht zuletzt auch Ida Ferenczys, die Liebe und Begeisterung, die das ungarische Volk ihr in so schwerer und politisch bewegter Zeit bewiesen hat, wirken in Elisabeth stark nach. Sie hat das Bedürfnis, außer der Konversation mit ihrer Vorleserin auch wieder regelrechten Unterricht im Ungarischen zu genießen. Da wird Ida Ferenczy auf einen in Wien ansässigen Sekretär ungarischer Nationalität namens Max Falk aufmerksam gemacht, der zuweilen für den »Pesti Napló« Artikel

[1] Franz Joseph an Elisabeth, Schönbrunn, 21. August 1866, halb sechs Uhr früh. E. A. S. W.

[2] Dto., Schönbrunn, 22. August 1866. E. A. S. W.

[3] Dto., Schönbrunn, 25. August 1866. E. A. S. W.

[4] Dto., Schönbrunn, 26. August 1866. E. A. S. W.

schreibt und ein sehr belesener und gebildeter Mann ist. Er wird berufen und geht nun daran, mit der Kaiserin gemeinsam ungarische Schriftsteller zu lesen, interessante Teile der Geschichte Ungarns vorzutragen und mit ihr zum Beispiel den Briefwechsel Josephs II. mit Katharina II. ins Ungarische zu übersetzen. Elisabeth ist dabei besonders gewissenhaft und macht pünktlich wie ein Schulkind ihre Aufgaben[1]. Den Stunden wohnt Ida Ferenczy bei, und oft führen die Vorlesungen zu einer Debatte über die brennenden Fragen der ungarischen Politik. Auch Falk stößt in das Horn des Ausgleichs und beeinflußt die Kaiserin im Sinne der ungarischen Forderungen, allerdings nicht ohne seiner eigenen jüdisch-liberalen Richtung dabei viel Platz einzuräumen. Sehr oft ist da von Revolution die Rede, und die Kaiserin ist recht geneigt, bei ihrer liberalen Einstellung, die sie nicht erst von Falk zu lernen brauchte, sondern schon aus der Kinderstube mitgebracht hat, die Staatsform der Republik als die beste zu erklären.
Im September steht Franz Joseph vor der schweren Entscheidung, wen er zum Minister des Äußeren machen soll. Andrássy will er diesen wichtigen Posten nicht geben, weil er den Eindruck in Wien fürchtet. Ein Österreicher aber würde wieder dem Ausgleich mit Ungarn nicht zustimmen, für den Franz Joseph nicht zuletzt durch den Einfluß seiner Gemahlin langsam, aber sicher gewonnen wird. So erwägt der Kaiser die Idee, den sächsischen Staatsmann Baron Beust, der nach dem unglücklichen Kriege den Dienst seines Königs verlassen hat, zu Österreichs Minister des Äußeren zu ernennen.
Gegen Andrássy aber wird mit allen Mitteln gearbeitet. Man weiß, die Kaiserin empfiehlt nach wie vor ihn, und sie erhält daher eines Tages einen anonymen Brief, der sie vor dem Grafen als einen »ungemein eitlen« Menschen warnt. Elisabeth zeigt ihn Andrássy sogleich, und auf seine Frage, ob sie wohl den Verleumdungen etwas Glauben schenke, verneint sie mit der Bemerkung, sie hätte ihm in diesem Falle nichts davon gesagt, sondern ihn beobachtet, um zu sehen, ob die Anklagen richtig sind. Im übrigen berichtet Elisabeth Andrássy von der Ungarn gegenüber günstigeren Stimmung des Kaisers, der sogar vor kurzem mit ihr auf den »alten Herrn« — so heißt Deák beim Herrscherpaar — angestoßen habe. Dann kommt die Rede auf Beust.
»Was haben Sie für eine Meinung über diesen Mann?« fragt Elisabeth.

[1] Franz Joseph und seine Zeit, I. Band. Herausgeber J. Schnitzer. Wien und München 1898. Dr. Max Falk, Erinnerungen, S. 47 f.

»Ich kann mir nicht denken«[1], erwidert Andrássy, »daß ein Fremder imstande ist, die Monarchie mit frischem Leben zu erfüllen. Man muß in einem Lande geboren sein und in ihm gelebt haben, um es retten zu können. Nehmen es mir Euer Majestät nicht übel und halten Sie es nicht für unbescheiden, wenn ich die Überzeugung ausspreche, daß in diesem Augenblick nur ich allein helfen kann.«

Elisabeth läßt ihn nicht aussprechen. »Wie oft«, ruft sie aus, »habe ich das schon dem Kaiser gesagt.« Sie entläßt Andrássy mit der neuerlichen Versicherung, alles aufbieten zu wollen, um ihren Gemahl völlig zu bekehren. Dazu kommt noch, daß Beust, den Elisabeth seinerzeit bei dem Besuche in Dresden kennengelernt hat, ihr persönlich unsympathisch ist. Aber trotz allen Bemühungen dringt sie mit ihrem Plan, Andrássys Ernennung zum Minister des Äußern der Monarchie schon jetzt zu erlangen, noch immer nicht durch.

Am 30. Oktober erfolgt die Bestellung Beusts, und er erklärt sogleich, es müsse die erste Aufgabe der Regierung sein, mit Ungarn ins reine zu kommen. Von da her gibt es also kein Hindernis mehr für den Ausgleich mit Ungarn. Schritt für Schritt muß der Österreicher Belcredi zurückweichen.

Zu Beginn des Jahres 1867 findet sich wieder eine Abordnung der beiden Häuser des ungarischen Reichstages bei den Majestäten in Wien ein. Sie wird bezeichnenderweise von Franz Joseph und Elisabeth getrennt empfangen. Der Kaiser sieht schlecht aus. Das abgelaufene Unglücksjahr ist an ihm nicht spurlos vorübergegangen. Die Antwort auf die Begrüßung liest er von einem Blatte vor. Beim Worte Ausgleich stockt er in seiner Rede. Nachher herrscht Stille, keine Hochrufe ertönen. Dann geht es hinüber zur Kaiserin. Der Redner lobt seine Königin für ihre Liebe zur Sprache der Nation, dem teuersten Schatz des Volkes, dankt für die mütterliche Zuneigung, die sie Ungarn gegenüber hegt und die es ihr mit ritterlicher Treue vergelten will. Mit warmen ungarischen Worten erwidert die Kaiserin.

Franz Joseph nähert sich den Ansichten seiner Frau bezüglich Ungarns, besonders seit auch Beust den Dualismus keineswegs als Gefahr für die Machtstellung der Monarchie ansieht, sondern im Gegenteil glaubt, daß diese mit einem zufriedengestellten Ungarn, auf die zwei größten Nationen des Reiches gestützt, noch viel kräftiger und mächtiger da-

[1] Wertheimer, a. a. O. S. 243. Nach eigenhändigen Aufzeichnungen Andrássys vom 6. Oktober 1866. Und für die Folge S. 273.

stehen würde. Elisabeth glaubt daher, Ende Jänner beruhigt nach Zürich abreisen zu können, wo ihre Schwester, die Gräfin Trani, eben von einer Tochter entbunden worden ist. Sie hat am 22. die sie überaus erfreuende Nachricht von der Verlobung ihrer Schwester Sophie, die schon so viele verfehlte Werbungen hat mitmachen müssen, mit dem König Ludwig II. von Bayern erhalten und entschließt sich daher, über München in die Schweiz zu reisen.

Der König hat sich gerade erkältet, liegt mit Fieber im Bett, als er aber hört, Elisabeth fahre durch, begibt er sich trotz dringenden Abratens der Ärzte auf die Bahn, muß sich aber nachher gleich wieder ins Bett legen.

In Zürich gefällt es der Kaiserin sehr gut, nur klagt sie dem eingeladenen Regierungspräsidenten sowie dem Chef des Großen Rates, Doktor Escher, daß ihr die Schulknaben auf den Spaziergängen immer scharenweise nachlaufen, was sie schon ganz nervös mache. Ihrem kleinen, süßen Rudolf berichtet sie über ihr Leben, über die »excellenten Dinge« in den Konditoreien und über die Kleine von Tante Spatz, wie die Gräfin Trani heißt. »Im großen und ganzen ist das Wickelkind nicht so abscheulich, wie solche Kinder zu sein pflegen«, meint Elisabeth, »nur von der Nähe riecht es nicht sehr gut[1].«

»Die Kleine ist mir am liebsten«, bemerkt sie zu ihrer Mutter[2], »wenn ich sie nicht sehe und höre, denn wie Du weißt, weiß ich kleine Kinder nicht zu schätzen.« Elisabeth vermißt sehr die Möglichkeit, ungarisch zu sprechen, aber sie sichert sich durch eifriges ungarisches Lesen gegen einen Rückschritt. Sie verfolgt aus der Ferne mit höchstem Interesse den Verlauf der Verhandlungen, die zum Ausgleiche mit Ungarn führen sollen. In den ersten Monaten des Jahres 1867 machen sie große Fortschritte. »Hoffe bald von Dir hören zu können«, schreibt Elisabeth ihrem Gemahl[3], »daß die ungarische Sache endlich ins reine kam und wir uns bald in Ös-Budavára befinden werden. Wenn Du schreiben wirst, daß wir hingehen, wird mein Herz beruhigt sein, da ich dann weiß, daß das ersehnte Ziel erreicht ist.«

Franz Joseph nähert sich der Idee des Deákschen Dualismus. Das führt endlich zum Bruch zwischen Belcredi und Beust. Der Kaiser stellt sich

[1] Elisabeth an Kronprinz Rudolf, Zürich, 27. Jänner 1867. Wien, Staatsarchiv.

[2] Elisabeth an Herzogin Ludovika, Zürich, 1. Februar 1867. Abschrift E. A. S. W.

[3] Elisabeth an Franz Joseph, 31. Jänner 1867. E. A. S. W.

auf die Seite des Sachsen, der auch zum Ministerpräsidenten ernannt wird. Belcredi zieht sich tiefgekränkt ins Privatleben zurück, und damit ist die Bahn für den Ausgleich frei. Am 18. Februar wird im ungarischen Abgeordnetenhaus Franz Josephs Handschreiben verlesen, in dem Andrássy zum Ministerpräsidenten ernannt und die Verfassung dem ungarischen Volke wiedergegeben wird. Nun werden Steuern und Rekruten rechtzeitig bewilligt, und die Mehrheit der Nation stellt sich auf die Seite Deáks und Andrássys, während Kossuth diese Männer des Verrates und der Preisgabe des Vaterlandes beschuldigt. Elisabeth hat diese Entwicklung mit größter Freude verfolgt. Sie ist am 8. Februar wieder in Wien eingetroffen und empfindet den Ausgang der Angelegenheit mit Ungarn, an der sie, ganz gegen ihre sonstige Gewohnheit, so tätigen Anteil genommen hat, ein wenig als persönlichen Triumph. Sie ist besonders nett und lieb mit ihrem Gemahl in dieser Zeit, um sich dankbar zu erweisen. Im Publikum weiß man kaum, welche große Rolle die Kaiserin bei alledem gespielt hat, wohl aber in den Hofkreisen und insbesondere unter den Anhängern der Erzherzogin Sophie, die allerdings nach dem Zusammenbruch von 1866 merklich das Vertrauen in die politische Einsicht der Mutter des Kaisers zu verlieren beginnen.

Auch die Spannung mit dem zentralistisch gesinnten Teil des österreichischen Hochadels wird durch den Ausgleich und die bevorstehende Krönung in Ungarn vermehrt, die ein merkliches Übergewicht der östlichen Reichshälfte befürchten läßt. In dem Maße, als Elisabeth an Volkstümlichkeit in Ungarn gewinnt, verliert sie sie in Österreich. Kaiser Franz Joseph ist der Ausgleich auch nicht aus vollem Herzen gekommen, er fügt sich darein, weil es nicht anders geht, aber in seinem Innern hat er doch das Gefühl, das Ganze sei ihm nur abgerungen worden. Er kann sich von der ihm von seiner Mutter eingeimpften Grundidee innerlich auch jetzt noch nicht ganz frei machen und fürchtet immer, daß der Apfel, der in zwei Teile gespalten ist, selbst wenn man die beiden Hälften wieder aneinanderpaßt, nie mehr so zusammenhalten kann, wie wenn er ungeteilt geblieben wäre. Aber Franz Joseph vertraut nach den Fehlschlägen von 1859 und 1866 seinem eigenen Urteil nicht mehr ganz. Er beginnt in strenger Verfassungsmäßigkeit einen Rettungsanker zu sehen und entschließt sich, den Ministern wohl Vertrauen zu schenken, ihnen aber auch die Verantwortung für ihr Tun zu übertragen. Wie immer es sei, die freisinnigen Ansichten der Kaiserin beginnen auf allen Gebieten durchzudringen, und der Einfluß der Erzherzogin Sophie sinkt. Die Krönung aber, die im Juni in Budapest stattfinden soll, muß sich zu einem ungeheuren Triumph für Elisabeth gestalten.

Im März wird die Kaiserin durch die Nachricht vom Tode ihrer Schwägerin, der Gemahlin Karl Theodors, in Trauer versetzt. Deswegen begleitet sie auch Franz Joseph am 12. März nicht nach Pest, wo er mit geradezu unbeschreiblichem Jubel empfangen wird. Der Kaiser ist ganz überwältigt von der Menschenmenge, die seinen Weg zur Ofner Burg umsäumt. »Ich wußte gar nicht, daß Pest so viel Einwohner hat«, sagt er zu Andrássy. Bei dieser Gelegenheit teilt der Graf Franz Joseph mit, daß die ungarische Nation in Freude und Begeisterung über die Aussöhnung mit dem Herrscher und in der Hoffnung, daß das Königspaar nun öfter und länger im Lande verweilen werde, für dieses einen Sommersitz in Ungarn erworben habe. Man hat sich in Pest erinnert, daß die Königin bei ihrem letzten Aufenthalt auf ihren Ritten und Verwundetenbesuchen die Lage und Umgebung von Gödöllö so bewunderte, und hat daher dieses Schloß gewählt. Auch erfährt Franz Joseph, daß man plane, ihn zugleich mit Elisabeth zu krönen. Sonst pflegt man dies bei den ungarischen Königinnen stets erst einige Tage nach dem Herrscher zu tun.

Das alles bedeutet eine besondere Huldigung für Elisabeth. Allerdings faßt sie die gleichzeitige Krönung etwas anders auf. »Mit riesiger Freude«, schreibt die Kaiserin auf diese Kunde ihrem Gemahl[1], »nahm ich die Nachricht auf, das Gödöllö unser Besitz sein wird, und erwarte kaum den Augenblick, wo es in Ordnung kommt und wir dort werden wohnen können. Jetzt bin ich noch neugieriger, wenn ich es nur bald sehen könnte. Auch das war eine angenehme Überraschung, daß wir beide zusammen gekrönt werden; da wird es nicht so ermüdend sein, als wenn das Ganze einige Tage dauern würde.« Selbstverständlich verdoppelt sich nun der Eifer, Ungarisch zu lernen. Falk spielt eine große Rolle.

Den ganzen Tag verwendet die Kaiserin dazu. »Mit den Manieren des Falk«, berichtet sie[2], »bin ich sehr zufrieden, hoffe auch, daß ich endlich wirklich Fortschritte machen werde. Brauchst auf ihn nicht eifersüchtig zu sein, er ist das lebendige Bild des echten Juden, aber sehr gescheit und angenehm.« Elisabeth ist ungeduldig, daß sie die Sprache noch nicht

[1] Elisabeth an Franz Joseph, 17. März 1867. E. A. S. W.
[2] Dto., Wien, 18. März 1867. E. A. S. W.

vollkommen beherrscht. Aber sie ist auf dem besten Wege dazu. Schon liest sie fleißig Gedichte, darunter auch jene Eötvös', der nun Minister geworden ist.
»Schade«, meint Elisabeth[1], »daß Eötvös nur so wenig Gedichte gemacht hat.« — »Gewiß«, erwidert Falk, »aber es gibt eines von ihm, das in der Sammlung nicht enthalten ist, weil es verboten ist.« — »Wie, verboten? Wie lautet es denn?« Und Falk liest den »Fahnenträger« vor, in dem davon die Rede ist, daß einst bei Mohács die gesamte Blüte der ungarischen Nation den Boden deckte, die Fahne aber als Symbol der Freiheit und Unabhängigkeit aufrecht blieb und von der Nation all die Jahrhunderte hindurch hochgehalten wurde und weiter hochgehalten wird in alle Ewigkeit.
Die Kaiserin hört, er stehe in regem Briefwechsel mit Eötvös, und bittet ihn, ihr dessen Schreiben mitzubringen. So erfährt sie manches, was ihr auf andere Art kaum je zu Ohren gekommen wäre. Später korrespondiert sie direkt mit Eötvös, den sie bittet, ihr die Briefe stets verbessert wieder zurückzusenden[2]. Elisabeth interessieren besonders alle literarischen Erscheinungen, die bisher verboten oder verfolgt waren. Als einmal auf die Werke des größten Ungarn, des so unglücklich zugrunde gegangenen Grafen Széchényi, die Rede kommt, sagt sie: »Ich habe da von einer Schrift gehört, von irgendeinem ›Blick‹. Was ist das?« Sie meint damit eine Antwort Széchényis, »Blick auf den anonymen Rückblick«, die Bachs Schrift in Grund und Boden lächerlich macht. Sie ist natürlich verboten und kann nur mühsam eingeschmuggelt werden. »Haben Sie das Buch?« fragt Elisabeth Falk. Der zögert mit der Antwort.
»Sie haben es also? Dann, bitte, bringen Sie es mir.«
»Aber Majestät«, stottert Falk.
»Glauben Sie vielleicht, daß ich solche Bücher nicht lesen darf?« Damit geht die Kaiserin zu ihrem Schreibtisch und entnimmt ihm eine schmale Broschüre. »Der Zerfall Österreichs« steht darauf, »von einem deutschen Österreicher.« In diesem kleinen Schriftchen, das Anfang 1867 in Leipzig anonym erschienen und selbstverständlich in der Monarchie auf das strengste verboten ist, wird auf eine Katastrophe vorbereitet,

[1] Max Falk, Erinnerungen Franz Joseph I. und seine Zeit, a. a. O. S. 48.
[2] Siehe solche Briefe vom 4. August und 2. November 1876 im Elisabeth-Museum der Hofburg Budapest. Emmerich von Szalay, Das Königin-Elisabeth-Museum, Budapest 1908, S. 35 und 37.

die sich nach Ansicht des Verfassers »in Österreich nach einem inneren logischen Gesetz vollziehen wird«. Es wird angeführt, wie sich in der Monarchie »das Völkerchaos bereits in Gruppen geordnet habe, die sich ruhig wie in einem unabwendbaren Naturprozesse im gegebenen Augenblicke den stamm- und interessenverwandten Staatenbildungen assimilieren werden«[1]. Das höchst radikale Büchlein, das sich sogar zu der Behauptung versteigt, auf dem Zerfalle Österreichs beruhe das Leben und der Friede der Nationen und Staaten Europas, und mit den Worten schließt, er sei eine europäische Notwendigkeit, macht tiefen Eindruck auf die noch unmittelbar unter den Einwirkungen der Katastrophenzeit des vorjährigen Sommers stehende Kaiserin. Und dies um so mehr, weil der Verfasser zufällig gerade ihre größten Feinde am Hofe, Grünne, Gondrecourt und Belcredi, lauter Männer, deren Tätigkeit sie aufs heftigste widerstrebt hat, wütend angreift. Beißend wird gerügt, daß nur Nullitäten in Österreich zu Würde, Macht und Einfluß gelangen. Falk ist ganz erschüttert, eine solche Broschüre in der Hand der Kaiserin zu finden, aber er fährt fort, ihr alles zu bringen, was verboten ist. So auch die Geschichte des Freiheitskampfes der Ungarn von Bischof Michael Horváth, der in der Folge über Elisabeths Fürbitte seine Begnadigung erhält.

Am Wiener Hofe sieht man den Einfluß des liberalen jüdischen Journalisten, der mit der zunehmenden Sympathie Elisabeths für Ungarn steigt, recht ungern. Man weiß zwar noch nicht, was wirklich geschieht, aber man ahnt es zumindest und hätte daher lieber gesehen, daß die Tätigkeit Falks in der Nähe der Kaiserin aufhöre. Direkt aber traut man sich nicht gegen ihn vorzugehen, weil dies einen öffentlichen Schlag gegen Elisabeth bedeuten würde. So sucht man die Ende April vor sich gehende Übersiedlung von der Hofburg nach Schönbrunn dazu zu benützen, um Falk auf elegante Art loszuwerden. Aber es gelingt nicht gleich, und Elisabeth hält ihn noch eine Zeitlang.

Noch ist das Ausgleichswerk nicht ganz zu Ende. Bei dem unvermittelten Wechsel der politischen Lage in dieser bewegten Zeit fürchtet Elisabeth bis zum letzten Augenblick, daß die Krönung am Ende doch nicht stattfinden könnte. Die Zeitungen alarmieren. »Je schlechter es im Ausland aussieht«, schreibt sie, »um so dringender ist der Ausgleich mit Ungarn. Gott gebe es, daß er bald zustande kommen möge[2].«

[1] Der Zerfall Österreichs. Von einem deutschen Österreicher. Leipzig 1867.
[2] Elisabeth an Franz Joseph, Wien, 21. März 1867. E. A. S. W.

Aber nun tritt nichts mehr dazwischen. Am 8. Mai fährt die Kaiserin mit Franz Joseph nach Budapest und wird dort bei ihrer Ankunft förmlich mit Blüten überschüttet. Eötvös findet kaum Worte, um die jubelnde Begeisterung zu schildern[1]. »Drei Jahrhunderte versuchten wir es mit dem Glauben, dann mehrmals mit der Hoffnung, nun blieb nur noch eines übrig, daß die Nation irgendein Mitglied des Erzhauses wirklich aus tiefstem Herzen lieben möge. Nun wir dies erreicht haben, bangt mir vor der Zukunft nicht mehr.« Damit ist Elisabeth gemeint. Und wirklich kann man sich gar keinen Begriff machen, wie sehr, je mehr die Krönung herannaht, die Begeisterung aller Schichten der Bevölkerung für sie steigt. Wenn Eötvös, der bisher stets bei der Opposition zu finden war, die Kaiserin begleitet, freut er sich über diese Gefühlsausbrüche ebenso, als wäre er ihr Obersthofmeister. So kann sie beruhigt dem kleinen Rudolf mit »Ja« antworten, wenn er fragt, ob bei der Ankunft in Pest »ein recht großes Eljen« war[2].

Am 11. Mai fährt Elisabeth mit ihrem Gemahl nach Gödöllö, wo in Schloß und Park fleißig gearbeitet wird. Sie freut sich unendlich über dieses neue Heim, dessen schattiger Park und herrliches Reitterrain sie besonders entzückt. Begeistert besucht sie die Pester Rennen und freut sich kindlich über das Reiten der Bauern auf ungesattelten Pferden.

Angstvoll verfolgt Elisabeth die Entwicklung der politischen Lage. Sie hat Horváth zu sich kommen lassen, um sich einiges ihr Unverständliches in seinem »Freiheitskampf« erklären zu lassen. »Ich bin damals noch nicht Mitglied der Dynastie gewesen«, sagt sie ihm mit Anspielung auf die Hinrichtung des Jahres 1848[3], »als vieles im Namen meines damals so jugendlichen Gemahls getan wurde, was er selbst am meisten bedauert. Wenn es in unserer Macht stünde, wir beide wären die ersten, die Ludwig Batthyány und die Arader Märtyrer wieder zum Leben erwecken würden.«

Eben hat die Kaiserin den offenen, das ganze Ausgleichswerk verdammenden Brief Kossuths an Deák gelesen und fürchtet, daß er noch in letzter Minute alles erschweren wird, obwohl ihr auch Horváth versichert hat, daß Kossuth sich überlebt habe und niemand mehr auf ihn höre[4].

[1] Márki, a. a. O. S. 53.
[2] Kronprinz Rudolf an Kaiser Franz Joseph, Schönbrunn, 9. Mai 1867. Wien, Staatsarchiv.
[3] Koloman Thaly, Századok 1898, S. 763.
[4] Elisabeth an Franz Joseph, Ofen, 27. Mai 1867. E. A. S. W.

Was nun geschieht, scheint dies zu bestätigen. Elisabeth verfolgt mit Spannung das Auf und Ab der politischen Kämpfe, liest täglich die Berichte des Reichstages, die Reden, die gehalten werden, und findet ihre Ansichten, zu denen sie auch ihren Gemahl zu bekehren versuchte, bestätigt. »Immer mehr sehe ich ein«, schreibt sie selbstironisch-stolz an Franz Joseph[1], »daß ich außerordentlich klug bin, trotzdem Du meinen vorzüglichen Verstand nicht genug würdigst.«
Dem Tag der Krönung sieht man indes mit einigem Bedenken entgegen. Deák erhielt in der letzten Zeit Droh- und Schmähbriefe, und man spricht davon, daß die Linke die Krönung gewaltsam stören werde. Umfassende Vorsichtsmaßnahmen werden getroffen.
Am 6. Juni beginnen die Feierlichkeiten. Elisabeth sieht sich zwar am Ziel ihrer Wünsche und von der Welle der Liebe des Ungarnvolkes getragen, empfindet aber einen gelinden Schauder, wenn sie daran denkt, was sie da wieder für eine endlose Reihe von Festlichkeiten mitmachen muß. »Es wird eine furchtbare Plage«, klagt sie ihrer Mutter am Vortage[2], »so von Früh angefangen in Schlepp und Diadem zu sein, fortwährende Empfänge, Cercle machen und dazu diese schreckliche Hitze. Wie angenehm muß es jetzt in Possi sein. Samstag um sieben Uhr früh ist die Krönung, die Tage vorher und nachher sind ausgefüllt mit ermüdenden Zeremonien, das Ärgste werden die Bälle und Theater sein, denn selbst nachts ist es jetzt nicht kühler.«
Als Elisabeth eben den Mantel des heiligen Stephan, der Franz Joseph bei der Krönung umgehängt werden soll, nach alter Sitte selbst ausbessert, wobei sie auch die Löcher in den Krönungsstrümpfen stopfen und die viel zu weite Krone mit einer Einlage versehen muß, erhält sie die traurige Nachricht vom Tode der achtzehnjährigen Tochter Mathilde des Erzherzogs Albrecht. Sie wollte die verbotene Zigarette vor ihrem Vater verbergen, steckte aber dabei ihr leichtes Batistkleid in Brand und ward im Nu zu einer lebendigen Fackel. Der Unglücksfall stürzt zwar den Hof in Trauer, aber die Krönungsfeierlichkeiten sind schon im Rollen, und man kann sie nicht verschieben und aufhalten.
Am 7. Juni abends wird alles in der Ofener Pfarrkirche sorgsam geprobt, wobei Elisabeth mit satirischen Bemerkungen nicht spart. Abends legt die Kaiserin versuchsweise das herrliche Weiß-Silber-Brokatkleid mit schwarzer Samttaille an, das mit Fliederdolden und Edelsteinen

[1] Elisabeth an Franz Joseph, Ofen, 29. Mai 1867. E. A. S. W.
[2] Elisabeth an Herzogin Ludovika, Ofen, 5. Juni 1867. Abschrift E. A. S. W.

übersät ist. Es ist ein Kunstwerk des Hauses Worth in Paris, das den verhältnismäßig bescheidenen Betrag von 5000 Franken gekostet hat. Elisabeth zeigt sich dem Kaiser, der ihr, über so viel Anmut entzückt, einen Kuß auf die Stirne drückt.

Um sieben Uhr früh des 8. Juni bewegt sich der über alle Maßen glänzende Krönungszug aus dem königlichen Schlosse. Die Großen des Landes bringen in noch nie gesehener Zahl in der malerischen Magnatentracht auf edelsten Rossen in goldglänzendem Geschirr dem Königtum ihre Huldigung dar, stellen aber gleichzeitig die eigene Würde und Machtstellung zur Schau. Der Kaiser in ungarischer Marschalluniform zu Pferd, Elisabeth im Nationalkleide, mit der diamantenen Krone auf dem Haupte, bezaubernd schön, im achtspännigen Galawagen, die Leibgarden, mit wehendem Leopardenfell über der Schulter, auf ihren Schimmeln, ein Bild von verwirrendem Glanz, das an die höchste Prachtentfaltung des Königtums und der Aristokratie aus der Blüte des Mittelalters erinnert.

Elisabeth denkt zu modern, um sich da ganz hineinfühlen zu können, aber nun ist sie trotzdem, wie jedermann, von der Feierlichkeit des Augenblicks ergriffen. Tränen treten ihr in die Augen, als die hochragende Gestalt Andrássys in seiner Eigenschaft als stellvertretender Palatin unter Assistenz des Fürstprimas dem Herrscher in der Kathedrale die Krone aufs Haupt setzt und den Mantel des heiligen Stephan um die Schultern legt. Dann, als man nach alter Sitte die Stephanskrone über Elisabeths Schulter hält und sie damit zur Königin Ungarns krönt, vergißt sie alle Müdigkeit und Abneigung gegen Zeremonien und erschauert im Bewußtsein der Größe des Augenblicks und der unbegrenzten Liebe, die sie in jedem Auge der glänzenden Versammlung strahlen sieht. Die herrlichen Töne des brausend einsetzenden Tedeums dringen der Kaiserin bis ins innerste Herz, und als sie und ihr Gemahl die dicken Goldmünzen mit ihren Bildern auf den goldenen Teller der Kirche opfern, füllen sich ihre Augen mit Tränen. Elisabeth verläßt mit ihrem Gemahl die Kirche, da schallt ihr orkanartig das Eljen der tausendköpfigen Menge entgegen. Während der Kaiser zu Pferde steigt, um in glänzendem Zuge, in dem auch die Kirchenfürsten in prachtvollem Ornat mit Tiaren und Kronen, hoch zu Roß, nicht fehlen, zur Schwurtribüne und zum Königshügel zu reiten und der Finanzminister Tausende von Gold- und Silbermünzen unter das Volk wirft, zieht sich Elisabeth rasch zurück, wechselt ihr schweres Schleppkleid mit einer einfachen Toilette von weichem Tüll und fährt mit dem Dampfer über die Donau hinüber zum Lloydpalais, um von dessen blumengeschmückten Fenstern dem Zuge und der Feier zuzusehen. Bei all der Pracht interessieren Elisabeth vor allem die herrlichen Pferde, die da zu sehen sind. Sie kann ein Lächeln nur schwer unterdrücken, als zwei bedauernswerte Bischöfe, die in ihrem Leben nie geritten sind, sich beim Erdröhnen der Gewehr- und Geschützsalven unfreiwillig vom Pferde trennen.

Sie betrachtet besorgt den Kaiser, dessen herrliches Tier sich auch nicht ganz folgsam verhält. Aber der geschickte Reiter hält es im Zaum. Dann sieht Elisabeth, wie ihr Gemahl die Finger zum Eid erhebt und auf milchweißem Schimmel, der sich allerdings auch nur ungern von der großen Reiterschar trennt, auf den Krönungshügel hinaufgaloppiert und nach den vier Himmelsgegenden Schwertstreiche führt. Erst nach dem Schaufestmahl kann sich das Kaiserpaar endlich todmüde in seine Privaträume zurückziehen.

Am fünften Tage der Festlichkeiten werden den Majestäten als Krönungsgeschenk je fünfzigtausend Golddukaten in prachtvoller silberner Kassette überreicht. Man hat wohl erwartet, daß das gekrönte Paar dieses Geld in irgendeiner Weise wieder dem Lande werde zugute kommen lassen, aber daß es dazu bestimmt würde, den Witwen, Waisen und Invaliden jener Honvéds zuzukommen, die einst gegen Österreich gekämpft haben, das hat man sich nicht erwartet. Und ob mit Berechtigung oder nicht, in ganz Ungarn ist man überzeugt, daß dieser Entschluß auf Elisabeth zurückzuführen ist.

Die Kaiserin freuen die den Majestäten dargebrachten Naturalgeschenke am meisten. In langem Zuge bringt eine Schar von Mädchen und Burschen in Nationalkostümen herrliche Blumen, Früchte von unwahrscheinlicher Größe, den Krönungshügel mit Seiner Majestät aus feinstem Zuckerwerk, die Stephanskrone aus edelstem Luxusgebäck, riesige, reichverzierte Schinken, auf Stangen getragen zwei ungeheure, sechzig Pfund schwere, noch lebende Fische, herzige Lämmer und Kälber und am Schluß ein entzückendes Falbfüllen für den Kronprinzen mit der Trikolore in Mähne und Schweif. Trotz allen Befürchtungen sind die sechs ermüdenden Festtage ohne Zwischenfall abgelaufen. Elisabeth hat alle, die sie gesehen, hingerissen. Der »Pester Lloyd« nennt die bezaubernde Königin eines der edelsten Wesen der Erde. Alle Welt ist sich mit Deák, der Elisabeth bei dieser Gelegenheit vorgestellt wurde, darüber einig, daß die schöne Herrin das Sinnbild der Gnade und Versöhnung vorstelle. Selbst die Hofdamen der Erzherzogin

Sophie geben das zu, wenn sie auch in jedem Lob immer eine kleine Spitze anbringen müssen. »Die Krönung ist vorüber«, berichtet Therese Fürstenberg, »Ihre Majestät sah beim solennen Akt selbst ganz überirdisch schön, so bewegt und so gesammelt wie eine Braut aus. Mir schien auch, daß sie es in einer Beziehung so auffaßte.« Höchste Begeisterung löste eine weitgehende Krönungsamnestie aus. Fast alle Emigranten kehren zurück, nur Kossuth nicht, dessen Organ, der »Magyar Ujság«, die Festlichkeiten bloß rückwärts in der Rubrik »Tagesneuigkeiten« in vier Zeilen streift. »Die Krönung«, heißt es dort lakonisch, »fand am 8. des Monats bei günstigem Wetter programmgemäß statt. Außer einigen ›Entgleisungen‹, die auf die Widerspenstigkeit des Pferdes zurückzuführen sind, waren keine Unfälle zu verzeichnen.« Mit dieser Anspielung auf Franz Josephs Schimmel ist der ganze Bericht über die Krönung erschöpft[1]!

Nun sind die stolzen Tage von Budapest zu Ende. Es war auch Zeit, denn sie bedeuteten trotz aller Begeisterung und allem Jubel eine furchtbare Anstrengung für das Kaiserpaar, das am 12. Juni die Rückreise direkt nach Ischl antritt. Dort hoffen die beiden etwas Ruhe zu finden und fühlen sich auch sicherer vor den Äußerungen der Volksstimmung in Österreich, wo man die Krönung mit mehr als gemischten Gefühlen betrachtet hat.

Alles, was im abgelaufenen Jahr geschehen ist, hat Elisabeth wohl in Ungarn zu einem gottähnlichen Wesen erhoben, aber ihr gerade darum und im selben Verhältnis in Österreich geschadet.

[1] »Magyar Ujság«, 9. Juni 1867.

VIII

EIN NEUER LEBENSINHALT

1867—1871

Nun hofft das Kaiserpaar, in Ischl nach all den Anstrengungen ungetrübte Ruhe genießen zu können, aber es wird schwer enttäuscht. Der Juni des Jahres 1867 bringt traurige Schicksalsschläge. Am 19. Juni ist Franz Josephs Bruder Maximilian in Mexiko erschossen worden, und damit hat ein Abenteuer seinen Abschluß gefunden, das einen Idealisten reinsten Wassers und seine hochstrebende Gattin dem Verderben entgegengeführt hat. Der Eindruck ist gewaltig. Am stärksten bei der Erzherzogin Sophie, deren Liebling Max gewesen, die schon längst das entsetzliche Ereignis erwartet und gefürchtet hat und sich nun doch sträubt, das Geschehene für möglich zu halten. Die Erzherzogin scheint über Nacht sehr gealtert. Sie, die sonst so gesellig ist, zieht sich, ganz gebrochen, in stillem Schmerz zurück. Elisabeth fühlt das Unglück wohl mit, aber auch dieser Schicksalsschlag nähert die beiden Frauen einander nicht. Die Kaiserin geht nach wie vor ihrer Schwiegermutter, wo sie kann, aus dem Weg. Noch stärker ergreift Elisabeth die Nachricht von dem am 26. Juni erfolgten Tode des Erbprinzen von Thurn und Taxis, des Mannes ihrer Schwester Helene, die mit ihm in glücklichster Ehe gelebt hat. Das Kaiserpaar geht zur Beerdigung nach Regensburg. Die Witwe bietet ein wahres Bild des Jammers, ja der Verzweiflung. Ganz vernichtet sucht sie Trost in doppelter Frömmigkeit, was Erzherzogin Sophies wärmste Anerkennung findet.

Am 2. Juli kehrt Elisabeth nach kurzem Aufenthalt in Possenhofen wieder nach Ischl zurück, wo sie einen Brief des Königs von Bayern vorfindet, der sie auf der Rückreise von München ein Stück begleitet hat und wieder von ihrem Charme entzückt war. »Du machst Dir keinen Begriff, liebe Cousine«, schreibt er[1] in seiner überschwenglichen

[1] König Ludwig von Bayern an Elisabeth, Schloß Berg, 3. Juli 1867. E. A. S. W.

Weise, »wie glücklich mich das gemacht hat. Die neulich im Waggon zugebrachten Stunden rechne ich zu den glücklichsten meines Lebens; niemals wird die Erinnerung daran verlöschen. Du hast mir die Erlaubnis gegeben, Dich in Ischl zu besuchen; wenn wirklich die für mich so glückliche Zeit naht, in welcher die Hoffnung in Erfüllung geht, Dich dort sehen zu dürfen, dann bin ich der seligste von allen Menschen auf Erden. Das Gefühl der aufrichtigsten Liebe und Verehrung und der treuesten Anhänglichkeit, das ich, schon als ich noch im Knabenalter war, für Dich im Herzen trug, es macht mich den Himmel auf Erden wähnen und wird nur mit dem Tode verlöschen. Aus ganzem Herzen bitte ich, vergib mir den Inhalt dieser Zeilen, aber ich konnte nicht anders . . .«

Elisabeth aber antwortet nicht. Sie hat in Possenhofen so manches über das merkwürdige Verhalten ihres künftigen Schwagers seiner Braut gegenüber gehört und hat den Eindruck, daß der so ungewöhnlich herzliche Brief des Königs das Vorspiel zu irgendwelchen Geständnissen bildet, die sie in Ischl hören soll, und sie hat gar keine Lust, sich in die Angelegenheiten dieser Heirat einzumengen. Sie will Ruhe haben und alle Potentaten, besonders auch den höchst unbequemen Ludwig II. mit seinen merkwürdigen Gewohnheiten, von Ischl fernzuhalten. Sie läßt daher Franz Joseph schreiben, aber nichts von dem geplanten Besuch erwähnen. Ein deutlicher Wink mit dem Zaunpfahl. Elisabeth fürchtet auch, daß ihr Ischler Friede von anderer Seite gestört wird, da Zeitungen melden, ihre Tante von Preußen habe die Absicht, zu kommen. In diesem Falle ist die Kaiserin entschlossen, von Ischl abzureisen, obwohl es ihr sehr unbequem ist. Die Ereignisse des Vorjahres sind noch unvergessen. »Mit Preußen will ich nicht zusammenkommen[1].«

Vor dem Tode Maximilians bestand die Absicht des Kaiserpaares, Napoleons Einladung nach Paris zu folgen. Elisabeth hatte keine Lust dazu[2]. Nun aber erledigt sich das von selbst. Es ist klar, daß Kaiser Franz Joseph jetzt nicht nach Paris kann, da ja Napoleon derjenige ist, der seinen Bruder in das Abenteuer hineingehetzt hat, das einen so traurigen Ausgang genommen hat. Dafür wollen Napoleon und Eugenie gleichsam einen Sühnebesuch in Salzburg machen. Baron Beust, der sehr bestrebt ist, Österreich Frankreich zu nähern, hält sehr darauf, daß

[1] Elisabeth an Erzherzog Ludwig Viktor, Ischl, 6. Juli 1867. E. A. S. W.
[2] Elisabeth an Franz Joseph, Ischl, 21. Juni 1867. E. A. S. W.

auch Elisabeth nach Salzburg geht, weil er weiß, daß die Kaiserin Eugenie es sich unendlich wünscht, ihre schöne Rivalin auf dem Thron endlich kennenzulernen. Elisabeth sträubt sich auch dagegen. Sie hat Schmerzen, fühlt sich nicht wohl. »Vielleicht«, meint sie zu ihrem Gemahl, »bin ich in der Hoffnung. In dieser Ungewißheit ist der Salzburger Besuch sehr erdrückend. Den ganzen Tag könnte ich weinen, so unendlich traurig bin ich. Meine liebe Seele, tröste mich, da ich es sehr nötig habe. Jede Lust verging mir, will nicht reiten, auch nicht spazierengehen, alles ist mir auf der Welt Pomade. Warum konntest Du heute früh oder morgen am Feiertag nicht kommen? Was hast Du jetzt in Wien zu tun? Oder unterhältst Du Dich *so gut* in Laxenburg (wüßte nicht, mit wem?), daß Du von dort nicht wegkommen kannst[1]??« Scherzend meint Elisabeth, Franz Joseph werde wohl sehr unterhaltende Audienzen haben, da er ständig schöne Mädchen empfange. Der Kaiser verteidigt sich, aber dann bittet er seine Frau ernst, wenn es ihre Gesundheit irgendwie zulasse, aus Staatsraison in Salzburg mitzumachen. Seufzend fügt sich Elisabeth. Nun kommt es zu jener Zusammenkunft, der die Welt nicht nur aus politischen Gründen, sondern auch darum mit Spannung entgegensieht, weil die beiden schönen Kaiserinnen, Elisabeth und Eugenie, das erstemal Seite an Seite öffentlich erscheinen werden. So wird die Welt entscheiden können, welcher von beiden die Krone der Schönheit gebührt. Die Bevölkerung Salzburgs empfängt den Kaiser der Franzosen sehr kühl. Ein scharfer Befehl muß erst den Gemeinderat zur Begrüßung zwingen. Die beiden Kaiserinnen werden mit Neugierde betrachtet, und man wundert sich, daß Eugenie, obwohl nicht aus fürstlichem Geblüte, mit Elisabeth doch die angeborene und nicht gekünstelte Würde ebenso wie das schöne Antlitz gemeinsam hat. Aber im allgemeinen schlägt Elisabeth sie auf der ganzen Linie. Die Schönheit der österreichischen Kaiserin ist von einem Liebreiz und Charme umflossen, an den niemand heranreicht, auch ihre Gefährtin auf dem französischen Throne nicht. Nun kann man sehen, daß diese um Kopfeslänge kleiner ist als Elisabeth und daß die Pariser Kleidung Eugenies, deren kokett aufgeschürzter Rock den kleinen Fuß sehen läßt, doch nicht ganz zu dem paßt, was man sich in Österreich unter einer Kaiserin vorstellt. Beide, Franz Joseph und Elisabeth, sind glücklich, als die Reihe von Festen bei vierundzwanzig Grad im Schatten vorüber ist, denn für den Kaiser war es kein Vergnügen, den »Erzschuft von

[1] Elisabeth an Franz Joseph, Ischl, 14. August 1867. E. A. S. W.

Villafranca«, wie er Napoleon nennt, wiederzusehen. Elisabeth verträgt sich nicht schlecht mit Eugenie, aber von irgendeiner Intimität, von der Hofleute und Journalisten in pikanten Geschichtchen wissen wollen, ist keine Rede. Die beiden Frauen stehen sich viel zu fern. Österreichs Kaiserin hat für Eugenie gar nichts übrig, und diese wieder fühlt sich in ihrer Gesellschaft nicht so wohl, weil ihre geringere Herkunft sie bedrückt. Sie zeigt dabei allerdings viel Takt im Verkehr mit Elisabeth und begegnet ihr mit Ehrerbietung, ohne sich dabei selbst in irgend etwas zu vergeben.

Als die Tage der Entrevue endlich vorbei sind, fährt Elisabeth nach Zürich, wo sie mit ihrer Schwester Maria Neapel und dem Ehepaar Trani zusammentrifft. Doch vertreibt die Cholera die Schwestern bald nach Schaffhausen, wo sie den Rheinfall bewundern. Die Kaiserin fühlt sich fortgesetzt nicht wohl, so daß sie nun schon langsam die Überzeugung hat, daß sie Familienzuwachs erwartet. Sie sehnt sich sehr nach ihren lieben, herzigen Kindern, die alle Welt am Hofe gern hat und von denen die Landgräfin Fürstenberg mit ihrem gewohnten Seitenhieb sagt, sie wären so liebe Geschöpfe, so gute, freundliche Kinder, als gehörten sie dem Vater allein an[1]. Die Damen der Erzherzogin Sophie können sich nun einmal nicht von dem anerzogenen Vorurteil lösen.

Elisabeth sehnt sich auch nach ihrem schönen Schäferhund Horseguard. Die Liebe zu den Hunden hat sie von ihrer Mutter geerbt. Auch das hat einmal die Landgräfin Fürstenberg beißend hervorgehoben, wenn sie von der alten Herzogin nach Hause berichtet[2], daß sie nur »ihren Hunden lebt, stets welche auf dem Schoße, neben sich oder unterm Arm hat, selbst bei Tisch, und auf den Eßtellern Flöhe knackt! Die Teller werden aber gleich gewechselt«, fügt sie tröstend hinzu.

Wenn Elisabeth auf der Straße einen schönen Hund sieht, wagt sie es sogar, wildfremde Menschen anzusprechen. In Schaffhausen begegnet sie einem Herrn mit einer großen Dogge, der in ihr sofort die Kaiserin erkennt und ihr zu ihrer größten Überraschung und Begeisterung »Isten áldja meg[3]«, sagt, worauf sie sich gleich mit dem Manne in ein Gespräch einläßt. Elisabeths Freude an Hunden und insbesondere an großen

[1] Landgräfin von Fürstenberg an ihre Schwester Gabi, Ischl, 23. August 1867. Rechberg-Archiv.

[2] Dto., Possenhofen, 2. September 1867. Rechberg-Archiv.

[3] »Gott segne Sie!« Elisabeth an ihre Tochter Gisela, Schaffhausen, 7. September 1867. Archiv des Prinzen Konrad von Bayern, München-Harlaching.

ist nun schon allgemein bekannt und berühmt geworden. Sie ist da nicht eines Sinnes mit ihrem Gemahl, der diese großen Tiere »mehr als fatiguant« findet. Elisabeth aber hat ihnen einen eigenen Hundewärter bestellt, der sich stolz »mit der Pflege der kaiserlichen Hunde betrauter Beamter« nennt, in Wirklichkeit aber als »überzähliger Hofhausknecht« geführt wird, den man im Hofdamenkreis tout court »Hundsbub« nennt. Man bietet Elisabeth von allen Seiten Tiere an, doch meist sind sie ihr zu klein. »Ich fürchte fast«, meint sie einmal[1], »ein so großer Hund, als ich ihn mir wünsche, existiert gar nicht.«

»Wer wird mehr Freude haben, mich wiederzusehen«, schreibt Elisabeth an Ida Ferenczy, »Du oder Horseguard? ... Jetzt Gott mit Dir, küsse Deine mir unbekannte Freundin Monika, da Du schreibst, daß sie so schön ist.«

Elisabeth liebt alle wohlgestalten Menschen und sucht sie, wo immer sie sie finden kann. Auch in Zürich hat sie jemand sehr Schönen gefunden. »Mit einem zwölfjährigen, kranken, sehr hübschen Mädchen«, berichtet sie ihrem kleinen Rudolf[2], »das prachtvolles Haar besitzt, sind wir bekannt geworden. Wir reden mit ihr, öfters sogar küßte ich sie auch!! Du kannst Dir vorstellen, wie schön und lieb sie sein muß.«

Elisabeth ist von Schaffhausen so entzückt, daß sie ihren Gemahl dazu bringt, sie dort abzuholen und über München heimzuführen.

Als das Kaiserpaar dort anlangt, müssen sie die merkwürdigsten Dinge über den König Bayerns, den Bräutigam der Schwester Elisabeths, hören. Der österreichische Geschäftsträger meldet, daß Ludwigs II. Benehmen ein ganz merkwürdiges und sein ungemein erregter Zustand unbestreitbar ein geistig krankhafter sei. Der Monarch sucht die Einsamkeit, verbringt seine meiste Zeit mit unsteten Ritten in den Bergen bei Nacht und Mondschein, und das ewige Aufschieben der Hochzeit ist darauf zurückzuführen, daß der König den Gedanken an sein träumerisches Einzelleben nicht aufgeben kann. Die herzogliche Familie ist schon entrüstet über die Art und Weise des königlichen Bräutigams. Die Braut, der die Verlobung auch nie Herzenssache gewesen, empfindet Angst vor Ludwig und seinem absonderlichen Wesen. Der König kommt sie nur selten besuchen, dann aber meist unangesagt des Nachts. Die Herzoginmutter kann sich nicht anders helfen und

[1] Elisabeth an Ida Ferenczy, Zürich, 28. August 1867. Farkas-Archiv.
[2] Kaiserin Elisabeth an Kronprinz Rudolf, Zürich, 1. September 1867. Wien, Staatsarchiv.

läßt, wenn solch ein nächtlicher Besuch in Aussicht steht, Possenhofen oder Kreuth von oben bis unten beleuchten und die ganze Dienerschaft aufstehen. Dann wartet alles, bis der König um Mitternacht oder gar in den Morgenstunden zu erscheinen geruht[1]. Wenn man aber vom Datum der Hochzeit sprechen will, verstummt der König regelmäßig. In Wirklichkeit scheitert das Bündnis nicht an der liebenswürdigen, damals noch sehr fröhlichen Braut, sondern am Mangel an natürlichen Gefühlen des Bräutigams. Schließlich greift Herzog Max ein und schreibt dem König, die fortgesetzten Verzögerungen und die damit verbundenen Gerüchte vertrügen sich nicht mehr mit der Würde seines Hauses und der Ehre seiner Tochter. Wenn also am 28. November die Hochzeit nicht stattfinde, gebe ihm Sophie sein Wort zurück. Vier Tage darauf erhält die Braut ein Antwortschreiben König Ludwigs. »Liebe Elsa«, lautet wie gewöhnlich die Wagners Oper entnommene Anrede, »Deine Eltern wünschen unser Verlöbnis zu lösen, und ich nehme das Anerbieten an ... Dein Heinrich[2].« In seinem Tagebuch vermerkt Ludwig II. am selben 7. Oktober: »Sophie abgeschrieben. Das düstere Bild verweht. Nach Freiheit dürstet mich, nach Aufleben von qualvollem Alp.« Und an dem Tage, da die Hochzeit hätte stattfinden sollen, fügt er noch hinzu: »Gott sei gedankt, nicht ging das Entsetzliche in Erfüllung.«

Der Eindruck in Bayern, aber auch in der ganzen Welt ist tief. Man hat ja schon einiges über Ludwig II. gehört, aber so etwas doch nicht erwartet. Besonders in Bayern, wo der Hofstaat der künftigen Königin bereits ernannt war und man schon die Verheiratung tausend armer Brautpaare mit Aussteuer für des Königs Hochzeitstag vorbereitet hat. Die Bevölkerung ist enttäuscht und erzählt sich mit Entrüstung, der König habe die lebensgroße Marmorbüste seiner Braut durchs Fenster in den Hof geworfen. Indes ist Ludwig II. jeden Tag in einem anderen Schloß oder auf Gebirgstouren begriffen, auf jeden Fall kann ihn kein Minister und kein Mitglied seiner Familie finden. Als Elisabeth die Nachricht hört, die ihr offenbar doch überraschend gekommen ist, schreibt sie ganz entrüstet ihrer Mutter: »Wie sehr ich über den König empört bin und der Kaiser auch, kannst Du Dir vorstellen. Es gibt keinen Ausdruck für ein solches Benehmen. Ich begreife nur nicht, wie er

[1] Persönliche Mitteilungen der Herzogin Henriette von Vendôme, Prinzessin von Belgien, an den Verfasser.

[2] Nach den Mitteilungen des Grafen Trauttmansdorff an Beust, 10. Oktober 1867. Wien, Staatsarchiv.

sich wieder kann sehen lassen in München, nach allem, was vorgefallen. Ich bin nur froh, daß Sophie es so nimmt, glücklich hätte sie weiß Gott mit so einem Mann nicht werden können; nun wünsche ich ihr aber doppelt endlich einmal einen guten, wer wird das aber sein[1]? . . .«
Elisabeth beantragt gleichzeitig, angesichts der natürlichen Spannung zwischen dem herzoglichen Hause und der königlichen Familie, Sophie für einige Zeit zu ihr nach Wien zu schicken. Sie will aber nicht, und die Herzogin hält es für besser, wenn sie sich eine Zeitlang ganz zurückziehe. Elisabeth und Franz Joseph sind nicht dieser Meinung. »Wir finden«, schreibt die Kaiserin ihrer Mutter[2], »Sophie braucht sich doch gar nicht zurückzuziehen, denn sie hat sich nicht zu schämen, nur der König, und eben, weil es ihm und der Königin wahrscheinlich lieber wäre, sie nicht zu sehen, ginge ich an ihrer Stelle recht viel ins Theater und würde überhaupt geradeso leben wie früher, nur mit dem Unterschiede, daß natürlich niemand von unserer Familie zu Hof ginge . . .«
Nun nimmt sich Elisabeth vor, alles zu tun, um dafür zu sorgen, daß Sophie möglichst bald einen anderen Mann finde, schon um dem König zu zeigen, daß man sich aus ihm und seinem Benehmen nichts mache.
Inzwischen ist neuerlich die Frage der Pariser Reise an das Kaiserpaar herangetreten, denn man muß den Salzburger Besuch erwidern. Da Elisabeth aber auf keinen Fall mitgehen will, entschließt man sich, der Welt mitzuteilen, daß sich die Kaiserin nach ärztlichem Ausspruch im dritten Monat der Schwangerschaft befinde. Damit entschuldigt sich Elisabeth in einem Brief an Eugenie und betont, es tue ihr sehr leid. Gleichzeitig schreibt sie allerdings ihrer Mutter, daß sie gar nicht bedaure, nicht nach dem schönen Paris zu gehen.
Kaiser Franz Joseph fährt allein und genießt den Aufenthalt sehr. Er hat sich viel von Paris und der dortigen Weltausstellung erwartet, aber er ist »paff«, denn »so überwältigend schön dachte er es sich doch nicht[3]«. Franz Joseph weilt gleichzeitig mit Ludwig I. von Bayern in Paris, der sich trotz seiner 81 Jahre nach wie vor für alles in der Welt, insbesondere auch immer noch für schöne Frauen, interessiert. »Die Kaiserin fragt immerfort nach Dir«, berichtet Franz Joseph[2]. »Sie ist jetzt hauptsächlich damit beschäftigt, sich des Königs Ludwig zu er-

[1] Elisabeth an Herzogin Ludovika, Schönbrunn, 19. Oktober 1867. Abschrift E. A. S. W.
[2] Dto., Schönbrunn, 6. Dezember 1867. Abschrift E. A. S. W.
[3] Franz Joseph an Elisabeth, Elysée Napoleon, 24. Oktober 1867. E. A. S. W.
[4] Dto., Elysée Napoleon, 28. Oktober 1867. E. A. S. W.

wehren, der seit drei Tagen hier ist und noch immer sehr zudringlich einen Kuß von ihr begehrt. Er ist übrigens kreuzfidel ...« — »Sie hat mit Ludwig verabredet, heute mit ihm im Luftballon, der täglich vom Ausstellungsgarten aufsteigt, zu fahren. Es ist keine Gefahr dabei, da der Ballon an einem Stricke gehalten wird; allein der Kaiser darf doch nichts davon wissen. So etwas tätest Du nicht hinter meinem Rükken[1] ...« — »Ich unterhalte mich überhaupt sehr gut. Und doch sehne ich mich unendlich nach Hause zu Euch, mein einziges wirkliches Glück. Du wirst gewiß recht gut für mich sein, und ich werde Dich in Deinen Leiden trösten und zu erheitern trachten ... Die Kaiserin ist richtig mit Ludwig im Ballon gefahren und war enchantiert davon. Man kann nur immerfort staunen über alles Großartige, Schöne und Nützliche, was man sieht. Es ist wie ein Traum ...« Tags darauf fügt Franz Joseph noch hinzu: »Der kleine Napoleon ist ein gescheiter, aber sehr kleiner Bub. Er hat sehr viel Sommersprossen und trägt rote Strümpfe wie ein Kardinal. Wir können Besseres aufweisen. Dämchen habe ich recht viele und recht hübsche gesehen. Ich denke aber nur an Dich, mein Engel, Du kannst ruhig sein[2] ...« Elisabeth gönnt ihrem Gemahl die Unterhaltung in Paris, obwohl auch er über Ermüdung klagt. »Ich bin froh, nicht dort zu sein[3]«, meint sie. »Für Herren ist doch alles viel leichter und einfacher.« Franz Joseph aber sehnt sich trotz allem wieder nach Hause: »Das war mein letzter Brief vor dem Wiedersehen, das ich kaum erwarten kann«, schreibt er. »Où est on mieux qu'au sein de sa famille. Ich umarme Dich, mein herrliches, innigst geliebtes Weib, mit den Kindern und bleibe Dein Männeken.«

Von Paris zurückgekehrt, freut sich der Kaiser auf etwas Ruhe. In Wien kann er sie nicht finden, denn da überfällt man ihn gleich mit Regierungssorgen aller Art, mit Audienzen, Festlichkeiten, Ausstellungsbesuchen und dergleichen. Nun beginnt auch Franz Joseph Gödöllö, das Krönungsgeschenk der ungarischen Nation, zu schätzen, über das Elisabeth entzückt und begeistert ist, weil es so ruhig und für die Reitersleut ein Paradies ist. Auch er sieht in Gödöllö »ein Asyl, wohin er sich zurückziehen kann, wenn ihn die Wiener gar zu viel ärgern[4]«. Da trifft er sich ganz mit den Gefühlen seiner Frau, und das neue Schloß wird

[1] Franz Joseph an Elisabeth, Elysée Napoleon, 30. Oktober 1867. E. A. S. W.
[2] Dto., Elysée Napoleon, 31. Oktober 1867. E. A. S. W.
[3] Elisabeth an Herzogin Ludovika, Schönbrunn, 31. Oktober 1867. E. A. S. W.
[4] Franz Joseph an Elisabeth, Ofen, 27. November 1867. E. A. S. W.

zu einem Band, das die beiden Eheleute inniger als je aneinander fesselt. Elisabeth empfindet die Ruhe in Gödöllö gegenüber der steten Hetze in Wien doppelt angenehm, da sich nun ihr Zustand mehr und mehr fühlbar macht. Wenn sie in Wien weilt, muß sie immer damit rechnen, daß man ihr ihre ungarischen Sympathien übelnimmt. Man ärgert sich dort, daß davon die Rede ist, daß das zu erwartende Kind in Ungarn zur Welt kommen soll und nicht in Österreich. Auch ist man in Wien unmutig über die Absicht, dem Kinde, wenn es, wie erhofft, ein Knabe würde, den Namen des ungarischen Schutzpatrons, des heiligen Stephan, zu geben. Andrássy dringt gegenüber dem widerstrebenden Wiener Hof darauf, daß Elisabeths Wunsch, ihr Kind auf ungarischem Boden zur Welt zu bringen, nachgegeben werde. Obwohl man sonst am Hofe zu Wien froh ist, wenn die Kaiserin wegfährt, ärgert man sich nun darüber, als sie am 5. Februar auf angeblich mehrere Monate nach Ungarn abreist. So weit geht die Abneigung gegen die Kaiserin, daß einer Dame der Aristokratie in einem unbedachten Augenblick sogar die Bemerkung entschlüpft, ein Unfall würde der Kaiserin recht geschehen[1]. Als dann am 18. Februar der Hofball in Wien ohne Elisabeth stattfindet, sagt alles, es sei nur der Abwesenheit »dieses hindernden Elementes[2]« zuzuschreiben, daß er überhaupt stattgefunden hat. Die Kinder sind in Wien geblieben, und die Kaiserin, die mit Interesse den Fortschritten ihres Sohnes in wissenschaftlicher und sportlicher Beziehung folgt, freut sich, daß der kleine Rudolf nun schon mutig und mit Lust reitet, und regt sich nicht sonderlich darüber auf, wenn Latour berichtet, daß der junge Herr sich zu leicht über religiöse Dinge hinwegsetze.

Je näher der Zeitpunkt der Entbindung heranrückt, desto unruhiger wird Elisabeth. Sie hat große Sehnsucht nach ihrem Gemahl. »Es geht mir gut, doch brauche ich Deine Gesellschaft zur Erheiterung«, meint sie. Franz Joseph hofft sehr auf einen Sohn, aber die Kaiserin ist überzeugt, daß es ein Mädchen wird, und hat sich schon Namen ausgedacht. Sie will die Kleine Valerie[3] nennen und behält mit ihrer Voraussage recht. Am 22. April kommt wirklich ein Töchterchen zur Welt. Franz Joseph beschreibt es dem sehr neugierigen kleinen Rudolf in

[1] Die darüber ganz entsetzte Landgräfin Fürstenberg an ihre Schwester Gabi, 5. Februar 1868. Rechberg-Archiv.

[2] Landgräfin Fürstenberg an ihre Schwester Gabi, 12. Februar 1868. Rechberg-Archiv.

[3] Elisabeth an Herzogin Ludovika, Ofen, 29. März 1868. Abschrift E. A. S. W.

Wien: »Sie ist recht hübsch, hat große, dunkelblaue Augen, eine noch etwas zu dicke Nase, sehr kleinen Mund, ungeheuer dicke Backen und so dichte dunkle Haare, daß man sie jetzt schon frisieren könnte. Auch am Körper ist sie sehr stark, und sie schlägt sehr frisch mit den Händen und Füßen herum[1].«

Diesmal ist Elisabeth entschlossen, ihr Kind ganz allein für sich zu behalten. Jetzt ist der Einfluß der Erzherzogin Sophie gebrochen. Nun kann diese Frau es sich nicht mehr erlauben, der Kaiserin ihr Kind wegzunehmen. Die junge Mutter läßt es nicht mehr aus den Augen, wahrt eifersüchtig ihre Rechte und läßt ohne ihre persönliche Genehmigung niemand dazu. Bald erhält die Kleine wegen ihrer merklichen Bevorzugung vor den beiden anderen schon so viel älteren Kindern, auf die die Kaiserin ihren vollen Einfluß niemals so recht hat wiedergewinnen können, am Hofe den Spitznamen »Die Einzige«. Kaum drei Wochen ist sie auf der Welt, da bittet schon der israelitische Frauenverein zu Wien, die neugeborene Prinzessin als Ehrenmitglied in diesen Verein aufnehmen zu dürfen[2].

Die Kaiserin erholt sich nur langsam von dieser vierten Niederkunft. Am 9. Juni 1868 begibt sie sich, immer noch recht angegriffen, von Ungarn nach Ischl. Vor allem kränkt es sie, daß sie noch nicht reiten darf, und sie ist »oft furchtbar traurig und möchte den ganzen Tag weinen«. Immer, wenn seine Gemahlin so ist, rät Franz Joseph ihr eine Reise in die Heimat nach Possenhofen an, weil er die Erfahrung gemacht hat, daß Elisabeth im Kreise der Geschwister ihre gute Laune wiedergewinnt. Am 9. August des Jahres 1868 trifft die Kaiserin in Garatshausen am Starnberger See ein. Dort hat man nach der verunglückten Verlobung eine sehr unangenehme Zeit der Spannung mit dem König durchgemacht. Auf die Dauer kann das nicht so weitergehen. Man sucht also die Möglichkeit einer Aussöhnung, die bei der Absonderlichkeit Ludwigs II. schwer genug anzubahnen ist. Wenn jemand dies aber zustande bringen kann, so ist es Elisabeth, die der König nach wie vor sehr verehrt. Dies war ja auch der Hauptgrund für die seinerzeitige Verlobung mit der Schwester Elisabeths, denn, dachte er, wenn ich es überhaupt mit einer Frau aushalten kann, so noch am ehesten mit einer Schwester der herrlichen Kaiserin. Ludwigs II. Absonderlichkeiten nehmen indessen zu. Seine Hauptbeschäftigung bei Tag ist

[1] Franz Joseph an Rudolf, Ofen, 28. April 1868. Wien, Staatsarchiv.
[2] Protokoll des Sekretariats der Kaiserin, 10. Mai 1868.

jetzt das Photographieren, in der Nacht aber das Reiten in der beleuchteten Hofreitbahn. Am meisten unterhält sich Elisabeth über die Erzählungen, wie der König einst nach Innsbruck ritt. Er erschien, mit Karten bewaffnet, in der Reitbahn, bestellte zwei Pferde für sich und einen Reitburschen, und während diese gesattelt wurden, setzte er sich an einen Tisch und berechnete die zurückzulegende Distanz im Verhältnis zum Umfang der Reitbahn. Dann stieg er zu Pferd und ritt los. Immer in der Reitschule rundherum, die ganze Nacht, mit dem unglücklichen Reitknecht hinter sich, von acht Uhr abends bis drei Uhr früh, zu welcher Zeit er ungefähr in Kufstein hätte sein können. Dann stieg er ab, nahm ein frugales Mahl und ritt weiter, solange das Pferd gehen konnte, Tag und Nacht, bis der König nach der Distanzberechnung endlich an seinem Reiseziel anlangte. Daraufhin ging er befriedigt nach Hause[1].

Lange war der König mit der herzoglichen Familie nicht zusammengekommen. Das erstemal geschah es im Mai 1868 ganz unversehens und in komischer Situation. Er hatte einst auf einem Ritte um den Starnberger See einen Reitunfall, stürzte, das Pferd ging davon, der König blieb unverletzt und hätte zu Fuß nach Hause gehen müssen. Er begegnete einem einspännigen Bauernwagen und ließ sich, in etwas beschmutztem Reitanzuge im Stroh sitzend, heimführen. Da wollte es der Zufall, daß er auf der Straße der in zwei schönen Equipagen spazierenfahrenden herzoglichen Familie begegnete. Der Bauer hielt bescheiden am Rande des Weges, und in seiner wenig poetischen Stellung im Leiterwagen erschien der sonst nur in glanzvoller Schimmelkarosse, in märchenhaftem Prunkgeschirr fahrende König vor den Augen seiner einstigen Braut zum erstenmal seit seinem Scheidebriefe.

Noch ist alles in München voll von der am 21. Juni 1868 zum erstenmal gegebenen Oper »Die Meistersinger« von Richard Wagner. Man ist empört, daß der König, der sonst nie nach München zu bringen war, nun im heißen Juni zu jeder Vorstellung der »Meistersinger« herbeieilt, ja sogar Richard Wagner dabei in »ziemlich nachlässigem Anzuge« an seiner Seite in der großen Hofloge sitzen läßt. Die herzogliche Familie, die früher auch in der Angelegenheit Wagner stets auf Ludwigs Seite gestanden war, hat seit der Verlobungsgeschichte ihre Meinung geändert. Schließlich war es für Sophie nicht angenehm gewesen, sich von

[1] Graf Trauttmansdorff an Beust, München, 11. Februar 1868. Wien, Staatsarchiv.

ihrem Bräutigam immerfort sagen zu lassen, daß der Gott seines Lebens[1] Richard Wagner sei, daß also vor allem er komme und dann erst seine künftige Frau. Nun darf man vor der Herzogin Ludovika den Namen Wagner nicht mehr aussprechen. Sie schließt sich jetzt auch jenen an, die die »ganze Wagnerei« für eine gefährliche Marotte des Königs halten. Aber man freut sich doch, als Ludwig II. am 13. August Elisabeth in Garatshausen seinen Besuch macht, wobei er die ganze herzogliche Familie trifft. Es ist die erste wirkliche Begegnung seit dem verflossenen Herbst und der erste Schritt zur Behebung der Spannung.
Der inzwischen auch eingetroffene Kaiser Franz Joseph, der von allen Seiten die absonderlichsten Dinge über Ludwig II. hört, ist absichtlich viel mit dem König beisammen, um sich selber ein Bild über ihn zu machen. Je mehr er aber in die Verhältnisse hineinsieht, desto mehr schüttelt er den Kopf, und er und Elisabeth fragen sich, wo denn das alles einmal hinführen werde.
Für Sophie hat man indessen einen neuen Bewerber gefunden, und zwar den Prinzen Ferdinand von Bourbon-Orléans, Herzog von Alençon, den Enkel König Louis Philippe, eine männlich-schöne Gestalt, die sich auch äußerlich neben dem Vorgänger in der Brautschaft sehen lassen kann. Diesmal beschließt man, nicht lange zu fackeln und schon im September zu heiraten. So findet auch die lebenslustige, heitere Sophie, die die Geschichte der zurückgegangenen Verlobung mit Ludwig II. so rasch überwunden hat, ein eigenes Heim. Aber überrascht ist sie doch, als am Tage vor ihrer Hochzeit, da die Gäste schon zum Polterabend versammelt sind, plötzlich und unangesagt und auf wenige Minuten auch der verflossene Bräutigam Ludwig II. erscheint.
Selbstverständlich hat Elisabeth ihre Tochter Valerie an den Starnberger See mitgenommen. Von allem Anfang an zeigt die Kaiserin ungeheure Angst um das Wohl und Wehe der Kleinen. Es entsteht eine scharfe Auseinandersetzung mit der Amme, weil Elisabeth fürchtet, daß ihre Milch verdorben sei, denn Valerie war zwei Tage mit ihrer Verdauung nicht ganz in Ordnung. »Ich bin entsetzlich erschrocken, ja wahrhaft erschauert«, schreibt die Kaiserin Ida Ferenczy[2]. Sofort telegraphiert sie um eine andere Amme, denn »glaube mir, ich habe keinen ruhigen Moment, da es ein gräßliches Gefühl ist, wenn der Mensch weiß, daß sein teuerster Schatz auf der Erde von unverläßlichen Menschen

[1] Siehe Georg Jakob Wolf, König Ludwig II. und seine Welt, S. 118.
[2] Elisabeth an Ida von Ferenczy, Starnberg, 11. August 1868. Farkas-Archiv.

umgeben ist«. Es gibt noch einen rechten Kampf mit der alten Amme, die sogleich entlassen wird, da mit ihr, Elisabeths Meinung nach, »nicht einmal der Herrgott auskommen kann«. Wenn man die Amme fragt, so meint sie dasselbe von Elisabeth. Sie kann die panikartige Angst, weil die Kleine einen Tag krank war, gar nicht begreifen, denn sie weiß ja nicht, wie Elisabeth um das Kind zittert, das nun ihr gehört und nur ihr allein.

In den Briefen an Ida Ferenczy läßt sich die Kaiserin ganz gehen. Sie weiß, das ist eine treue Seele, der kann sie schreiben, wie und was sie denkt. Daß sie sich zum Beispiel so ärgern muß, mit dem zu Valerie berufenen Mr. Balassa aus Pest nicht unter vier Augen zu Mittag speisen zu können, weil es sich nicht schickt. Daß der Prinz Liechtenstein, den sie nur den Szépherczeg, das heißt den Schönprinzen, nennt, ihrer Schwester Marie Neapel so sehr gefallen hat und wie sie wissen möchte, welchen Eindruck sie auf ihn gemacht hat. Daß sie jede Hoffnung aufgibt, noch einmal von der Obersthofmeisterin Königsegg befreit zu werden, und dergleichen mehr. In keinem Brief vergißt Elisabeth, Ida Ferenczy tausend Küsse für die Pferde aufzutragen, sagt, sie habe vor Schönbrunn einen gelinden Schauer, und bittet ihre Vorleserin, Andrássy, den sie in diesen Briefen immer »unseren Freund« nennt, zu vermögen, in Gödöllö Jagden zu arrangieren[1].

Franz Joseph ist indessen wieder heimgekehrt und neckt sich in seinen Briefen mit Elisabeth. Als er einmal seinen Generaladjutanten Grafen Bellegarde erwähnt, bemerkt er in Klammern: »Werde nur nicht rot!« Bellegarde zeigte nämlich anfangs eine merkliche Schwäche für die wunderschöne Kaiserin, stieß aber auf wenig Gegenliebe. Als er nun einmal, vom Kaiser gesandt, nach Possenhofen kommt, meint Elisabeth zu Franz Joseph: »Bellegarde ist angekommen. Beruhige Dich, ich kokettiere nicht mit ihm, ebensowenig wie mit irgend jemand[2].«

Nach fast sechswöchigem Aufenthalt fährt Elisabeth über Wien wieder nach Ungarn zurück, um bis zum Weihnachtsabend dort zu bleiben. Genau zwei Drittel des Jahres, das dem Ausgleich gefolgt ist, verbringt Elisabeth zum großen Ärger der Wiener in Ungarn, am liebsten in Gödöllö, wo die kaiserliche Familie wirklich ungestört leben kann. Sowie aber Valerie, was ja unvermeidlich ist, ab und zu erkrankt, gerät

[1] Briefe Elisabeths an Ida Ferenczy aus München und Tutzing vom 21., 24. und 28. August 1868. Farkas-Archiv.

[2] Elisabeth an Franz Joseph, Possi, 6. September 1868. E. A. S. W.

Elisabeth jedesmal außer sich. »Wenn ich Dir jetzt erzähle«, schreibt sie am 5. Oktober 1868 bei einer solchen Gelegenheit an ihre Mutter[1], »was ich durch eine Woche gelitten und für Todesängste ausgestanden, wirst Du mich schon von Herzen bedauern. Meine Valerie war krank, und da ich sie ebenso liebhabe wie Du Gackel und mich ebenso für sie agitiere wie Du für ihn, als er klein war, so wirst Du Dir eine Vorstellung machen können von meinem Zustande ... Gott sei gedankt, geht es ihr viel besser ...«

Dabei war das nur eine leichte Unpäßlichkeit, die durch das Erscheinen des ersten Zahnes hervorgerufen war. Das ist Anlaß genug für Elisabeth, um zweihundert Gulden Geschenke an die »kaiserlich-königliche« Kindskammer, wie die Umgebung Valeries heißt, zu spenden.

Die Kaiserin fällt oft von einem Extrem ins andere. Bald ist sie bei geringem Anlaß traurig, melancholisch, ja verzweifelt, dann wieder ausgelassen lustig, schalkhaft und bei den feierlichsten Anlässen von Lachkrampf geplagt. Über Valeries neue Amme, die mit tiefer Männerstimme alle möglichen Csárdás singt, vergnügt sich Elisabeth besonders, weil sie so eine wahnsinnige Angst vor Mäusen hat. Deren gibt es in Gödöllö recht viele. Einmal gerät ein Mäuschen sogar in das Zimmer der Kaiserin.

»Gestern abend war große Jagd bei mir im alten Zimmer. Die Kinder, Frauen, Lakaien und Kammerweib hetzten eine Maus mit Besen, Stökken und Tüchern, es war eine wahre Steeplechase, bei der die Unglückliche auch einmal in Horseguards Schüssel fiel, aber wieder aus dem Wasser sprang; endlich fing sie Wallner (der Lakai), nachdem sie schon unter Ballys Röcke gekrochen war, und drehte ihr den Hals um[2] ...«

Ganz unglücklich ist Elisabeth, als die Idylle und das stille Leben in Gödöllö aufhören und sie zu Beginn des Monats Dezember nach Ofen übersiedeln muß, wo sie anläßlich der nunmehr nach dem Ausgleich zusammengetretenen Delegationen Österreichs und Ungarns zur Beratung der gemeinsamen Angelegenheiten in einem fort Leute sehen muß und vor lauter Diners, Theater, Empfängen und Einladungen gar nicht zu Atem kommt. Ab und zu nur wird sie bei solchen Gelegenheiten dadurch entschädigt, daß sie neben den ihr meist so langweiligen hoffähigen Leuten auch einmal eine interessante Persönlichkeit wie Jókai sprechen kann.

[1] Elisabeth an ihre Mutter, Gödöllö, 5. Oktober 1868. Abschrift E. A. S. W.
[2] Elisabeth an Franz Joseph, Gödöllö, 2. November 1868. E. A. S. W.

»Ich habe schon längst gewünscht, Sie persönlich kennenzulernen«, sagt sie ihm. »Ihre Werke kenne ich schon lange. Für das schönste halte ich ›Kárpáthy Zoltán‹.« Es ist dies jenes Werk Jókais, in dem der Geist des nationalen Idealismus heraufbeschworen wird. Die längere Unterhaltung mit dem Dichter fällt besonders auf, weil er Abgeordneter der regierungsfeindlichen Linken und Redakteur der ebenso eingestellten Zeitung »Hon« ist. Er bittet, der Königin sein nächstes Werk überreichen zu dürfen, die ihm mit Rücksicht auf den glücklich unter Dach und Fach gebrachten Ausgleich sagt[1]: »Jetzt, glaube ich, werden Sie mehr Zeit haben, sich mit Poesie zu beschäftigen, da die politischen Fragen feiern.« — »Ich muß der Poesie auch dankbar sein«, erwidert Jókai, »da ich ihr die hohe Gnade zu verdanken habe, die mir jetzt zuteil wird und deren ich für meine politische Wirksamkeit vielleicht nicht teilhaftig geworden wäre.«

»Ich verstehe nichts von Politik«, erwidert Elisabeth lächelnd, worauf Jókai schlagfertig bemerkt: »Es ist höchste Politik, das Herz eines Landes zu gewinnen, und diese versteht Eure Majestät vollkommen.« Der Dichter ist ganz geblendet von der entzückenden Schönheit seiner Königin. Wenn sie spricht, reden die Züge ihres Gesichtes mit, besonders aber die Augen, deren Blick das Feuer der Diamanten, die sie trägt, verdunkelt. »Wir sehen in ihr nicht die Königin«, erklärt Jókai, »nicht die Frau, sondern den Genius unseres Landes.« Das sagt jeder in Ungarn, das ist die allgemeine Meinung, demnach keine Schmeichelei.

Als Elisabeth später wieder einmal mit dem Dichter zusammentrifft, fragt sie:

»Haben Sie, seit ich Sie zuletzt gesehen, viel gearbeitet? Je mehr Sie schreiben, um so mehr muß ich lesen.«

»Majestät sind auch in der Unterstützung der Literatur die erste Frau unserer Nation.«

»Und Sie arbeiten immer?«

»Für mich bedeutet Arbeit das Leben.«

»Dann sind Sie ein glücklicher Mensch!«

Es ist nicht nur Koketterie, es ist wirklich wahr, Elisabeth liebt und liest die Dichter Ungarns, Petöfi, Eötvös, Arany, Jókai usw., mit tieferem Interesse als Tausende von Damen, zu denen diese Dichter in ihrer Muttersprache reden.

[1] A. Roland, Kaiser Franz Joseph und sein Haus, Wien 1879, S. 48, und Jókai Mór, Emlékeim, 1875.

In dieser Zeit stirbt plötzlich und unerwartet Dr. Balassa, der sie und ihr Töchterchen im abgelaufenen Jahr betreut hat. Elisabeth läßt der Witwe warme Worte sagen und sie bitten, sie möge sie in Ofen besuchen, sowie sie sich stark genug fühle, ihre Trauer auch mit anderen zu teilen. Wer der Kaiserin sympathisch ist, wer ihr mit Aufrichtigkeit und Anhänglichkeit dient, dem bleibt Elisabeth treu. Sowenig sie die kleinste Beleidigung oder Mißachtung vergißt, so sehr merkt sie sich wirkliche Liebe und Zuneigung.

Inzwischen hat die Kaiserin das letzte Überbleibsel aus der früheren Zeit, die letzten der von Erzherzogin Sophie gewählten Damen und Herren ihrer Umgebung, das Ehepaar Königsegg-Bellegarde, entlassen und einen Siebenbürger, den Baron Franz Nopcsa, zum Obersthofmeister ernannt. Er ist auch Ungar, und das erregt natürlich am Wiener Hofe allgemeine Entrüstung. Das Ehepaar Königsegg hat sich dort allgemein beliebt gemacht, und man weiß ganz genau, daß es nicht ganz freiwillig zurücktritt. Dies berührt in Österreich um so schmerzlicher, als man die beiden der Bevorzugung Ungarns geopfert glaubt[1].

Schon klagen[2] die deutschen und slawischen Zeitungen, daß Elisabeths Welt nur noch eine rein ungarische sei, daß sie immer diese Sprache spricht, nur mit Damen aus diesem Lande verkehrt und selbst für die kleine Valerie nur Ammen genommen hat, die dem kleinen »Königsmädchen« ungarische Volkslieder vorzusingen verstehen. So ist der Empfang wieder kein allzu sympathischer, als Elisabeth, nachdem sie in diesem Jahre zweihundertzwanzig Tage in Ungarn verbracht hat, am Weihnachtsabend nach Wien zurückkehrt. Diese Gefühle beruhen allerdings vollkommen auf Gegenseitigkeit. Kaum ist Elisabeth in Wien, klagt sie schon ihrer Mutter[3]: »Ich bin wohl desperat, hier sein zu müssen, und sehne mich fortwährend nach Ofen, wo es in jeder Beziehung so viel schöner und angenehmer ist.« Als sie daher im März, nach einem kurzen Ausflug nach Agram, wieder nach Ungarn zurückkehrt, ist sie glücklich und zufrieden. Aber auch in Ofen kann sich Elisabeth nicht ganz verstecken, wenn der Kaiser gerade nicht da ist. Sie muß doch zuweilen Leute empfangen und ihrer Stellung entsprechende Pflichten erfüllen, obwohl sie nur das Notwendigste tut. »Ich lebe jetzt«, be-

[1] Graf Bray an Ludwig II., Wien, 15. Dezember 1868. Bayrisches Geheimes Staatsarchiv.

[2] Márki, a. a. O. S. 66.

[3] Elisabeth an Herzogin Ludovika, Wien, 15. (?) Jänner 1869. E. A. S. W.

richtet sie über ihr Tun und Treiben[1], »wie die Klosterfrau im Schnekkenhaus, die meint, sie sei verborgen; da kommt der Pater Guardian und wünscht einen guten Morgen.«

Einmal bemüht sich Elisabeth, den sonst unzugänglichen Deák, der niemals eine Einladung anzunehmen pflegt, zu sich zu bitten. Sie schreibt ihm, sie wisse das wohl[2], hoffe aber, daß er bei ihr eine Ausnahme machen werde. Am 16. April erscheint Deák bei der Kaiserin zum Essen, was sie mit den aufrichtig gemeinten Worten quittiert: »Eine große Ehre für mich.« Die Einladung Deáks war auf Gyula Andrássy zurückzuführen, der sich, wenn er der Königin irgend etwas zu sagen wünscht, in steigendem Maße Ida Ferenczys bedient. Die Korrespondenz zwischen den beiden wird von nun an eine regelmäßige und Elisabeth dadurch mehr und mehr in die ungarische Interessensphäre hinübergezogen. Sie stickt das erste Fahnenband für die neuaufgestellte Honvédtruppe revolutionären Ursprungs. Auch Franz Joseph gerät merklich in diesen Ideenkreis hinein.

Der Kaiser kommt, sooft es ihm seine Zeit gestattet, von Wien nach Ofen, um seine Gemahlin zu besuchen, und sie ist immer unglücklich, wenn er sie wieder verlassen muß. »Du gehst mir recht ab, mein lieber Kleiner«, schreibt sie dann, »die letzten Tage hatte ich Dich wieder so nett erzogen. Nun muß ich wieder von vorn anfangen, wenn Du zurückkehrst . . .[3]« – »Du kennst mich ja und meine Gewohnheiten und extinction de roi. Aber bin ich Dir nicht recht, so wie ich bin, so gehe ich halt in Pension[4].«

Es ist schon hohe Zeit, daß Elisabeth bald wieder nach Österreich zurückkehrt, denn sonst vergißt sie ganz, daß sie auch Kaiserin dieses Landes ist. Aber die Anbetung, die ihr das kleine ungarische Fräulein Ida Ferenczy entgegenbringt, das nun immer in ihrer Umgebung weilt und die entzückend schöne Kaiserin »taufrische Blume« nennt, tut ihr sehr wohl, wenn sie auch diesen Ehrentitel immer nur selbstironisch wiederholt. Jeden Abend weilt Ida beim Bette der Kaiserin, und die hat sich schon so daran gewöhnt, daß sie ohne dieses »Einschläfern« kaum mehr ruhen kann.

[1] Elisabeth an Franz Joseph, Briefe aus Ofen vom 22., 24. und 26. März 1869. E. A. S. W.

[2] Die Königin an Deák, Budapest, 14. April 1869. Budapester Parlamentsmuseum.

[3] Elisabeth an Franz Joseph, Ofen, 14. April 1869. E. A. S. W.

[4] Dto., Gödöllö, 30. April 1869. E. A. S. W.

Im Juli dieses Jahres 1869 mietet Elisabeth für sechs Monate das Schloß Garatshausen ihres ältesten Bruders Ludwig.
Die Kaiserin fühlt sich am wohlsten in ihrer Heimat und in ihrer alten Umgebung. Sie ist ein bißchen faul[1], wie sie von sich selbst sagt. »Ganz gedankenlos lebe ich hier, so wie ich es liebe«, schreibt sie[2] an Ida Ferenczy. »... Ich rede jetzt so wenig Ungarisch, daß ich es bedaure. Deine taufrische Blume ist nicht besonders gesprächig und beschränkt sich nur auf das Allernotwendigste.« Ida Ferenczy muß ihrer Herrin stets berichten. Über die Stimmung des Kaisers, über das Befinden der Lieblingspferde usw. Sie wird immer gemahnt, fleißiger zu schreiben, denn es sei eine schlechte Gewohnheit, ja sogar unhöflich, immer nur zu antworten. Im See baden, zu den verschiedenen Geschwistern reiten, lesen und mit der kleinen Valerie spazierenfahren sind Elisabeths Hauptbeschäftigungen. Sie bekommt merklich Geschmack daran, fern zu weilen, und benützt jede Gelegenheit, um Vorwände für Reisen zu finden. Ihre Schwester Marie Neapel in Rom, die sich mit ihrem Gemahl wieder versöhnt hat, ersucht Elisabeth, ihr bei ihrer ersten Niederkunft beizustehen. Die Kaiserin bittet Franz Joseph, ihr die Fahrt dahin zu erlauben. Das ist nun in einer Zeit, da die weltliche Herrschaft des Papstes in Rom nur mühselig durch französische Truppen gegen den Ansturm des Königreiches Italien aufrechterhalten wird, auch politisch besonders heikel. Franz Joseph ist die Absicht seiner Frau unangenehm. Aber abschlagen kann er ihr nichts. Elisabeth fühlt sich in Bayern in ihrem angenehmen Familienkreis sehr wohl, aber sie gesteht doch ein, daß sie manchmal »entsetzliches ungarisches Heimweh« habe[3]. Sie freut sich unendlich, daß »unser Freund«, wie sie im Verein mit Ida Andrássy nennt, sich vom 26. bis 28. Juli in München aufhalten und ihr bei dieser Gelegenheit einen Besuch abstatten wird. Eben aus dem ungarischen Heimweh heraus freut sie sich diesmal mehr als sonst. »Doch beunruhige Dich nicht«, meint sie zur vertrauten Ida, »um den Hals werde ich ihm doch nicht fallen.« Für den 21. Juli ist nun Erzherzogin Sophie bei Herzogin Ludovika angesagt. Die neue englische Erzieherin Valeries, eine Miß Throckmorton, kennt sie noch gar nicht, hat gar keine Ahnung von den Gegensätzen zwischen ihr und Elisabeth, und die Königin Maria übernimmt es, die neue Dame zu orientie-

[1] Elisabeth an Ida von Ferenczy, Garatshausen, 8. Juni 1869. Farkas-Archiv.
[2] Dto., 15. Juli (?) 1869. Farkas-Archiv.
[3] Dto., 19. Juli 1869. Farkas-Archiv.

ren und ihr zu sagen, sie dürfe vor allem der ungarischen Gesinnung der Kaiserin nicht entgegentreten, wenn sie mit ihr auskommen wolle. Nun denkt Elisabeth vornehmlich an ihre Romreise. »Jetzt hängt es nur davon ab, ob es mein Gemahl erlaubt, daß ich mich auf so lange Zeit entferne«, schreibt sie ihrer Ida. »Das größte Opfer wird sein, meine ›Ballerina‹ zurückzulassen. Wie schade, daß ich nicht alle meine Lieblingspferde mitnehmen kann. Küsse sie für mich vom Kopf bis zum Fuß, doch gib acht, daß sie Dich nicht in den Bauch schlägt, da sie hie und da ein falsches Tier ist.«

Einmal kommen auch die eigentlichen Hausherren, Herzog Ludwig und seine morganatische Gemahlin Freiin Henriette von Wallersee, geborene Mendel, ganz intim zum Essen nach Schloß Garatshausen. Die Verwandten, die Herzog Ludwig wegen seiner Heirat immer noch schmollen, und auch die Suiten sind nicht eingeladen. »Ich vermißte gern einmal meine Umgebung«, meint Elisabeth ironisch dazu, »ich stelle mir vor, wie sie fluchten, doch konnte ich so hohe Persönlichkeiten nicht derartig beleidigen, daß ich sie mit meiner Schwägerin zu einem Tisch gesetzt hätte[1]!« Elisabeth ist gerade besonders freundlich mit ihres Bruders neunjährigem Töchterchen Marie, die, lang wie eine Bohnenstange, mit schmutzigen Schuhen und Strümpfen im Garten herumsaust, aber frisch und lustig ist und, was ihr besonders gefällt, schon seit dem fünften Lebensjahr reitet. Sie nimmt sich vor, diese kleine Nichte einmal allen Verwandten zum Trotz an sich zu ziehen und zu betreuen.

Elisabeth ist ein merkwürdiges Gemisch von revolutionärem Geist und von Traurigkeit, die unversehens in Schalkhaftigkeit und Frohsinn umschlägt. Ein bald tiefernstes, kritisches und ironisches, ja manchmal sogar zynisches, dann aber wieder rein kindliches Gemüt. Sie geht in der Liebe zum Töchterchen völlig auf und wird mit ihr wieder zum Kind. Einmal kommt ein wandernder Gaukler und bringt einen zahmen Bären, über den die kleine Valerie, aber noch mehr Elisabeth, ganz glücklich ist. Sie läßt ihn tanzen und wirft ihm einen Apfel in den See, dem der Bär nachspringt, um dann im Wasser glückselig herumzuschlagen und wie ein Mensch umherzuschwimmen. Als ein Dampfschiff kommt, erschrickt das Tier sehr, brummt laut und setzt in gewaltigen Bocksprüngen ans Ufer. Der Bär ist so zahm, daß man ihn streicheln und mit der Hand füttern kann. Am liebsten hätte ihn Elisabeth gleich behalten und nach Österreich mitgenommen. »Er kostet siebenhundert

[1] Elisabeth an Ida von Ferenczy, Garatshausen, 26. Juli 1869. Farkas-Archiv.

Gulden«, meint sie mit leiser Anspielung zu Franz Joseph. Als der Gaukler sieht, welchen Erfolg sein Bär bei Elisabeth erzielt hat, bringt er auch noch einen Affen herbei[1]. Mundharmonikaspieler, Gitarre- und Zitherkünstler werden nach Garatshausen gezogen, und die Herzogin Ludovika meint zu ihrer Tochter: »Meine liebe Sisi, du bist schon ganz wie Papa mit deiner Passion für Bänkelsänger.«

Die Geschäfte erlauben es Franz Joseph nicht, nach Garatshausen zu kommen, und er bittet Elisabeth, bald nach Ischl heimzukehren. Sie stimmt zu, meint aber: »Wie ich Dir willfährig bin und bereit, Opfer zu bringen, so hoffe ich, wirst Du es auch mit mir sein[2].« Franz Joseph fragt, was denn mit Ludwig II. sei. »Vom König von Bayern hört und sieht man gottlob nichts«, antwortet Elisabeth, die froh ist, wenn sie in Ruhe gelassen wird, »er hat überhaupt den Zappel und ist beständig unterwegs[3].« Seufzend entschließt sie sich, nach Österreich und Ischl zurückzukehren. »Außer Dir und meinen Pferden treffe ich dann nur Unangenehmes, wohin ich gehe«, klagt sie ihrer Freundin Ida[4].

Damit spielt Elisabeth darauf an, daß man ihr am Hofe die Liebe zu Ungarn so übelnimmt. Erzherzogin Sophie allerdings hält sich, je älter sie wird und je mehr sie sieht, wie sich Kaiser und Kaiserin gut verstehen, sehr zurück. Sie nimmt jetzt viel Rücksicht auf Elisabeth, und nun beginnt diese, sich ihr gegenüber ins Unrecht zu setzen. Früher hat Sophie des Guten in der Feindschaft gegen Ungarn zuviel getan, jetzt vergißt Elisabeth zu sehr, daß sie ja schließlich auch Kaiserin von Österreich ist.

Nun bildet die bevorstehende Reise des Kaisers zur Eröffnung des Suezkanals das Hauptgespräch bei Hofe. Sie ist für den 16. November 1869 vorgesehen, und auch Kaiserin Eugenie ist in Vertretung ihres Gemahls angesagt. Einen Augenblick steht die Frage offen, ob Elisabeth den Kaiser begleiten solle, aber es graut ihr vor den damit zweifellos verbundenen Feierlichkeiten, und überdies liebt sie Eugenie nicht allzusehr. Da auch Franz Joseph es für besser hält, daß ein Teil bei den Kindern daheim bleibt, wird endgültig beschlossen, daß der Kaiser allein reist. Am 26. Oktober 1869 nimmt er Abschied in Gödöllö. In letzter Stunde tut es Elisabeth doch leid, daß sie ihren Gemahl allein ziehen

[1] Elisabeth an Franz Joseph, Garatshausen, 26. Juli 1869. E. A. S. W.
[2] Dto., Garatshausen, 5. August 1869. E. A. S. W.
[3] Dto., Garatshausen, 10. August 1869. E. A. S. W.
[4] Elisabeth an Ida von Ferenczy, Garatshausen, 31. Juli 1869. Farkas-Archiv.

läßt, sie denkt den ganzen Tag an ihn[1] und an die schöne Reise, die vor ihm liegt. In ihrer Sorge um den Gemahl hat sie Franz Joseph dazu gebracht, auch einen Arzt mitzunehmen.
Aus solchen kleinen Zeichen ersieht Erzherzogin Sophie, daß das Verhältnis der beiden Ehegatten ausgezeichnet ist, und sie hält dies Elisabeth nun zugute: »Gott vergelte es der guten Mama«, bemerkt sie darüber zu Kronprinz Rudolf[2]. Auch Franz Joseph schreibt seiner Frau noch am selben 26. Oktober, an dem er sich »von allem getrennt, was er auf dieser Welt liebt«[3].
Die erste Station seiner Reise ist Konstantinopel, wo er dem Sultan Abdul Asis, »dem charmantesten Hausherrn, den man sich denken kann«, einen Besuch abstattet. Täglich gehen lange Briefe und Berichte an Elisabeth in die Heimat. Sie wird von Neid erfüllt, wenn sie die Beschreibung der Stallungen des Sultans liest. »Du hättest wohl auch damit angefangen«, meint Franz Joseph und schildert dann die prachtvollen arabischen Schimmelhengste, das Lieblingspferd des Sultans, einen dreißigjährigen Schimmel, den er noch immer reitet, die achthundert weiteren Hofpferde usw. Sie lacht über den kleinen Prinzen, den Sohn des Großherrn, der nach Franz Josephs Schilderung allein hundertfünfzig Pferde besitzt, aber dabei so bös und ungezogen ist, daß er »die Adjutanten des Sultans mit der Reitpeitsche wichst«. Wenn Elisabeth diese Schilderungen liest und von dem schönen, milden Wetter im Süden hört, hat sie nun, da der Winter wieder ins Land zieht, »schreckliche Sehnsucht« nach einem milden Klima. Sie schreibt auch fast täglich lange Briefe an Franz Joseph und hofft, daß er daraus ersehen wird, daß sie »genug an ihn denke, wenn sie dies auch nicht amüsant auszudrücken imstande« sei[4]. Auch Andrássy, der den Kaiser begleitet, schreibt fleißig an Ida Ferenczy und dadurch direkt an Elisabeth. Von Konstantinopel geht es nach Jaffa und von da an die heiligen Stätten. Der Großherr hat eine glänzende Eskorte für Franz Joseph bereitgestellt. Der Kaiser und Andrássy bewundern die malerischen Gestalten der Eingeborenen in ihren farbigen Burnussen. Andrássy sieht sich insbesondere die Frauen an. Im Lager der Begleitmannschaft stehen Zelte, mit Gold und Seide gestickt, Hunderte von türkischen Soldaten auf

[1] Elisabeth an Franz Joseph, Gödöllö, 26. Oktober 1869. E. A. S. W.
[2] Erzherzogin Sophie an Kronprinz Rudolf, Ischl, 2. November 1869. Wien, Staatsarchiv.
[3] Franz Joseph an Elisabeth, 26. und 30. Oktober 1869. E. A. S. W.
[4] Elisabeth an Franz Joseph, Ofen, 1. November 1869. E. A. S. W.

Dromedaren, Beduinen auf herrlichen Schimmeln bereit. Die ganze Karawane setzt sich nach Jerusalem in Bewegung. Am Jordan läßt der Kaiser zahlreiche Flaschen mit Wasser füllen, um es nach Hause zu bringen, denn von jeher werden die Mitglieder des Kaiserhauses mit Jordanwasser getauft. Andrássy aber badet darin, weil er gehört hat, daß, wer im heiligen Wasser des Jordan gebadet hat, Wunder tun kann.

»Meine Heimat kann das gut brauchen«, meint er. Abends wird unter den Zelten nächst Jericho genächtigt, doch drückt sich Andrássy aus dem Lager, um in dieser Stadt einen etwas ausgedehnten abendlichen Besuch zu machen, was Franz Joseph zu einer maliziösen Bemerkung veranlaßt. Das bringt Elisabeth dazu, dem Grafen einmal folgendes Gedichtchen »zur Einsicht gegen Rückschluß« zu übersenden[1]:

A propos, ein Wörtlein jetzt über den Grafen Andrássy.
»Ging spazieren in Jericho abends ganz alleine,
Kam des Morgens in das Zelt, nackt die Beine.
Ohne Kalpak und Attila. Sehr laszives Mirakel.
Wurde beim Fensterln erwischt, grandioses Spektakel.«

Andrássy bittet darauf Ida Ferenczy, Ihrer Majestät die »amtliche Widerlegung« vorzulesen:

Falsch — falsch berichtet hat der Floh
Über Andrássy in Jericho!
Fenster sah er keine, nur Jalousie,
Geschaffen, zu erhitzen die Phantasie.
Wie eine Türkin aussieht in nächster Näh',
Davon hat er leider keine Idee.
Doch konnte er sündigen frei
Und wäre gerne gewesen dabei;
Denn er konnte frei schalten und walten,
Hat er doch in Jerusalem für alle Zukunft Absolution erhalten.

Franz Joseph sendet seiner Frau von dieser Reise alle möglichen Erinnerungen an die heilige Stätte. Eine Blechflasche mit Jordanwasser, der Stelle entnommen, wo Christus von Johannes getauft wurde, eine

[1] Elisabeth an Andrássy, ohne Datum. Farkas-Archiv.

Schachtel aus dem Steine, von welchem das Grab Christi gemacht wurde, und dergleichen mehr.
Von Jaffa wird die Reise nach Suez fortgesetzt. Dort angekommen, händigt man Franz Joseph die ersten Briefe seiner Frau aus. Sie schreibt vom neuen Hunde Shadow. »Ich beneide den Sultan um seine wilden Tiere. Aber noch lieber möchte ich einen Mohren. Vielleicht bringst Du mir doch einen als Überraschung mit, wofür ich Dich im voraus schon vielmals küsse ... Nun bist Du wohl glücklich vereinigt mit Deiner geliebten Kaiserin Eugenie. Ich bin auch sehr eifersüchtig bei dem Gedanken, daß Du ihr jetzt eben den Charmanten spielst, während ich allein hier sitze und mich nicht einmal rächen kann ... Ich bin auch fauler denn je, und schon der Gedanke, mich rühren zu müssen, ist mir furchtbar. Aber nach Konstantinopel möchte ich doch ...[1]« Franz Joseph kann seine Frau beruhigen, Eugenie von Frankreich ist lange nicht mehr so schön, er findet sie eher sehr stark geworden. Ein Riesenball im Palaste des Khediven vereinigt alle zur Eröffnung des Kanals herbeigeströmten hohen und minder hohen Gäste. Da einige tausend Menschen geladen sind, so ist die Gesellschaft sehr gemischt. In den Sälen herrscht ein unbeschreibliches Gedränge, so daß es selbst Kaiser Franz Joseph mit der in einem schönen, hellroten Kleid und Diadem erschienenen Kaiserin Eugenie am Arm nur mühsam gelingt, durchzudringen. Das Arrangement ist dem großen Rahmen der Veranstaltung nicht gewachsen. Endlos wartet man auf das Souper. »Uns alle«, klagt Franz Joseph seiner Frau, »erfüllte nur ein Gedanke: ›Außi möcht' ich‹, und die Kaiserin und ich, wir wendeten alle Mittel an, um den Beginn des Soupers zu beschleunigen, das wir absolut noch mitmachen mußten, weil für dasselbe die großartigsten Vorbereitungen getroffen wurden und das Menü über dreißig Speisen enthielt[2].« Da beneidet Elisabeth ihren Gatten nicht. Reisen ja, das möchte sie wohl, aber wenn sie dies mit der Teilnahme an solchen Festen bezahlen müßte, dann lieber nicht. — Indes lassen Nachrichten voraussehen, daß das erwartete frohe Ereignis der Königin Marie von Neapel sich im Laufe des Monats Dezember abspielen werde. Elisabeth teilt die Reise so ein, daß sie in Miramar mit dem aus dem Orient

[1] Elisabeth an Franz Joseph, Gödöllö, 7. und 16. November 1869. E. A. S. W.

[2] Franz Joseph an Elisabeth an Bord des »Greif« an den Lacs amères, 20. November 1869. E. A. S. W.

zurückkehrenden Kaiser zusammentrifft und erst dann nach Rom weiterfährt. Dort ist gerade das ökumenische, also das Konzil der Gesamtkirche, zusammengetreten, zu dem nicht weniger als achthundert kirchliche Würdenträger aus allen Teilen der Welt eingetroffen sind. Elisabeth ist im Palazzo Farnese als Gast des Königs von Neapel abgestiegen, der sich »vor Liebenswürdigkeit zerreißt«, ohne das Schwesternpaar im geringsten zu genieren.

Die Kaiserin wohnt am 8. Dezember 1869 der Eröffnung des Konzils in der den Souveränen vorbehaltenen Loge bei. »Ein Meer von Bischofsmützen[1]«, das ist ihr Eindruck davon. Staunend sieht sie den langen religiösen Zeremonien zu, zum Beispiel jener der Gehorsamsbezeigung, wobei alle anwesenden Geistlichen sich dem Papst zum Handkuß nahen. Das Ganze dauert fast sieben Stunden. Elisabeth bleibt eine und hat schon genug. Tags darauf erscheint die Kaiserin im Vatikan beim Papst. Er spricht viel und sehr freundlich, sie aber versteht wenig, da er sich des Italienischen bedient. Das viele »Auf-den-Knien-Herumrutschen« aber kommt ihr »recht spaßig« vor[2]. Am 12. Dezember erwidert der Papst Pius IX. den Besuch im Palazzo Farnese. »Das war«, berichtet sie Franz Joseph[3], »wieder mit schrecklichen Zeremonien verbunden. Das ganze Haus war versammelt, und wir erwarteten ihn kniend am Fuße der Treppe ... Da die Konversation italienisch war, brauchte ich mich nicht anzustrengen. Beim Weggehen war wieder dasselbe Zeremoniell. Neben der Stiege zog der Papst seine Scharlachmütze über die Ohren und nahm einen Hermelinscharlachmantel um, da erinnerte er mich an die Kaiserin Karoline Augusta ...«

Elisabeth sucht auch allen Empfängen von Fürstlichkeiten, diplomatischen Korps usw. unter Hinweis auf ihr strenges Inkognito tunlichst auszuweichen. Dafür besucht sie, von Baron Visconti geführt, eifrig alle Sehenswürdigkeiten Roms. Am 24. Dezember tritt dann endlich das erwartete Ereignis ein; an ihrem Geburts- und zugleich Weihnachtstag kommt glücklich eine kleine Tochter der Königin Marie zur Welt. Elisabeth ist dabei rührend um ihre Schwester besorgt und Tag und Nacht um sie, so daß sie sich in den großen, kalten Zimmern des Palazzo mit seinen Mosaikböden im leichten Nachtkostüm einen Husten holt, den sie dann mit dem Trinken von Eselmilch zu heilen versucht. Doch nun

[1] Elisabeth an Franz Joseph, Rom, 8. Dezember 1869. E. A. S. W.
[2] Dto., Rom, 11. Dezember 1869. E. A. S. W.
[3] Dto., Rom, 16. Dezember 1869. E. A. S. W.

wird Elisabeth vom römischen Adel zu einer großen Jagd in der Campagna geladen. Da ist die Kaiserin gleich wieder ganz gesund, unterhält sich dabei prächtig, reitet mit den Fürsten Doria, Odescalchi, Piano usw. Alles bewundert die entzückende Reiterin, und Elisabeth ist begeistert, wenn sie auch den Reitboden viel weniger günstig findet als den ungarischen. »Ihr großer Liebling hier« ist der zugeteilte Graf Malatesta. Alle Befürchtungen Franz Josephs sind unbegründet gewesen. Während des Aufenthaltes der Kaiserin gibt es keinen einzigen Zwischenfall. Von Rom fährt Elisabeth direkt nach Ofen, worüber man sich am Wiener Hofe wieder sehr ärgert. Man war schon verstimmt, weil die Kaiserin das Gehalt ihrer ungarischen Vorleserin von achtzehnhundert auf dreitausend Gulden erhöht und ihr auch Equipagengeld zugebilligt hat. Denn in Ida Ferenczy sieht man ja das Werkzeug Andrássys. Valerie wird zu einem kleinen »ungarischen Königsmädchen« erzogen. Elisabeth stellt fest, daß das kleine, herzige zweijährige Ding Ungarisch bisher noch am besten spricht[1] und man schon alles versteht, was es will.

Der Juni sieht die Kaiserin wieder in Ischl. In das stille Landleben, das nur von harmlosen Belustigungen, wie Vorführungen angezogener Hunde, eines gelehrten Pferdes und dergleichen unterbrochen wird, platzt plötzlich die Kunde von äußerst gespannten Beziehungen zwischen Preußen und Frankreich. Franz Joseph kann infolgedessen nicht nach Ischl. »Wenn es nur nicht wieder zu Krieg kommt«, ist Elisabeths erstes Wort, »das wäre zu traurig.« Aber Franz Joseph betont, daß das nicht so ungünstig wäre, wie sie glaubt. Es wäre nur zu gut, wenn das übermütige Preußen durch Napoleon gedemütigt würde. Nun ergebe sich die günstige Gelegenheit dazu. Da ändert auch Elisabeth ihre Ansicht und sie, die sich der seit 1866 herrschenden feindseligen Stimmung des Wiener Hofes gegen Preußen noch nicht ganz entzogen hat, erwartet nun gleich Franz Joseph den französischen Sieg in dem nun ausbrechenden Kriege. Elisabeth wollte nach Bayern zu ihrer Familie, aber das geht nun natürlich nicht. In Ischl bleiben mag sie auf keinen Fall, denn das heißt den ganzen Sommer mit ihrer Schwiegermutter zusammen sein, und das erträgt sie einfach nicht[2]. Dann will sie auch in solchen Zeiten nicht zu weit von der Eisenbahn und allen Nachrichten sein. So wird

[1] Elisabeth an Herzogin Ludovika. Ofen, 2. Februar 1870. Abschrift E. A. S. W.

[2] Elisabeth an Franz Joseph, Ischl, 16. und 20. Juli 1870. E. A. S. W.

der Ort Neuberg an der Schneealpe nördlich Mürzzuschlag gewählt, von wo Elisabeth in fünf Stunden für den Kaiser erreichbar ist. Sie teilt die Angst ihrer Mutter, weil ihre Brüder Ludwig und Karl Theodor mit in den Kampf ziehen, und ist neugierig, ob diese beiden nun auch preußisch gesinnt sind. Die Nachricht von dem Gefecht bei Saarbrücken wird von Franz Joseph als großer Sieg Napoleons sofort an Elisabeth telegraphiert.

»Wenigstens haben die Franzosen jetzt einen guten Anfang gemacht«, meint sie[1]. »Ist dieser Ort von größerer Bedeutung? Ich bin neugierig, wie die Preußen diese Affäre auslegen.« Auch in den nächsten Tagen gibt Franz Joseph noch für die Franzosen günstige Nachrichten und hofft, Frankreich werde den Krieg länger aushalten.

»Wenn das so fortgeht«, meint Elisabeth daraufhin[2], »werden die Preußen ja bald wieder in Berlin sein. Ich freue mich schon, mündlich Deine An- und Aussichten zu hören. Komme daher recht bald.« Doch wendet sich das Blatt in Kürze; Weißenburg, Wörth, Spichern, Mars la Tour, so viele Namen, so viele deutsche Siege. Die Enttäuschung am Wiener Hofe, wo ganz ernstlich mit dem Gedanken geliebäugelt wurde, gegebenenfalls an Napoleons Seite zu treten, ist groß. Nun, wo man Sieg auf Sieg der Preußen hört, fürchtet man, daß diese sich nachher wieder gegen Österreich wenden und es ganz zerschlagen würden. »Wir werden aber vielleicht doch noch ein paar Jahre vegetieren, bis die Reihe an uns kommt, was meinst Du?« fragt Elisabeth ihren Gatten[3]. Am erschüttertsten ist Erzherzogin Sophie, die nun an ihrem Lebensabend eine neuerliche schlagende Bestätigung des Zusammenbruches aller ihrer Hoffnungen feststellen muß, die auf Einigung Deutschlands unter österreichischer Führung hinausliefen. Dazu steht auch die Aufkündigung des Konkordats bevor, das sie einst herbeiführen half. Trübe gestimmt, klagt sie dem kleinen Kronprinzen über das viele Schwere, das man ertragen muß. »Daß die Bayern sich so ausgezeichnet haben, freut mich sehr, als Stammverwandte kann ich aber nur innig bedauern, daß es nicht lieber im Jahre Sechsundsechzig so kam und sie nun als echter deutscher Michel für den gänzlichen Ruin ihrer Unabhängigkeit und selbständigen Existenz fechten und bluten[4].« Aber es kommt noch

[1] Elisabeth an Franz Joseph, Neuberg, 4. August 1870. E. A. S. W.
[2] Dto., Neuberg, 8. August 1870. E. A. S. W.
[3] Dto., Neuberg, 10. August 1870. E. A. S. W.
[4] Erzherzogin Sophie an Kronprinz Rudolf, Ischl, 13. August 1870. Wien, Staatsarchiv.

viel schlimmer. Am 1. September kapituliert Sedan, Napoleon übergibt seinen Säbel dem Preußenkönig, am 4. September wird in Paris die Republik ausgerufen, und Kaiserin Eugenie muß Hals über Kopf in abenteuerlicher Flucht Frankreich verlassen. Franz Joseph findet die Katastrophe einfach fürchterlich und das Glück des Königs von Preußen mit »seinem Hochmut, seiner Eitelkeit und Scheinheiligkeit unverschämt[1]«. – »Die Nachricht von der Republik«, meint Elisabeth zu ihrem Gemahl[2], »hat mich nicht sehr überrascht, ich wundere mich nur, daß sie es nicht längst taten. Bis Du kommst, hoffe ich, erzählst Du mir Details über die Flucht der Kaiserin, das interessiert mich sehr ...«
Der furchtbare Krieg und seine traurigen Folgen gehen der Erzherzogin Sophie sehr zu Herzen, und sie fühlt tiefes Mitleid mit Louis Napoleon und seiner Frau[3]. So nachhaltig wirken die Folgen des Krieges von 1866 in ihr nach, daß sie ganz vergißt, was Napoleon 1859 Österreich und in dem Drama des Kaisers von Mexiko noch im besonderen ihr angetan hat. Aber Königgrätz hat nebst allem anderen ihren Einfluß auf Kaiser Franz Joseph und die Regierung in Österreich und Ungarn ausgelöscht, und das kann die ehrgeizige Frau auch an ihrem Lebensabend nicht verwinden.

Die Ereignisse haben auch noch eine andere, die bayrische Familie tief treffende Folge. Am »venti settembre« dringen die Truppen des vereinigten Königreiches Italien in Rom ein. Damit muß auch das Königspaar von Neapel, das von dort aus Verschwörungen gegen das Königreich zu nähren suchte, die Ewige Stadt fluchtartig verlassen. Von da an beginnt es ein Wanderleben, immer in der vagen Hoffnung, dereinst doch noch einmal auf den Thron Neapels zurückkehren zu können. Nun scheint die Entscheidung gegeben, und Kaiserin Elisabeth glaubt, daß der Friede bald wiederkehren werde. Insgeheim ist sie doch ein wenig stolz auf die Erfolge in Frankreich, um so mehr, als ihr Heimatland dabei so ruhmvoll beteiligt war. Zumindest ist es sicher, daß in dem Deutsch-Französischen Krieg Österreich keine Rolle mehr spielen werde. So glaubt sie jetzt, in Ruhe mit den Kindern nach Meran fahren zu können.

Die Reise über Salzburg, Kufstein und Innsbruck, wo Elisabeth noch

[1] Franz Joseph an Erzherzogin Sophie, 25. August 1870. Schnürer, a. a. O. S. 378.
[2] Elisabeth an Franz Joseph, Neuberg, 6. September 1870. E. A. S. W.
[3] Erzherzogin Sophie an Kronprinz Rudolf, Ischl, 6. September 1870. Wien, Staatsarchiv.

nie gewesen, wird zu einem Triumphzug. Überall brennen am Abend die Bergfeuer auf den Höhen. Mitten während des glänzenden Empfanges am Bahnhof in Innsbruck sieht Elisabeth[1] einen großen Hund. Sofort gilt ihre ganze Aufmerksamkeit dem Mann, der ihn führt. Sie macht ihm ein Zeichen, und am nächsten Tag ist der Hund in ihrem Besitz. In Meran steigt Elisabeth in der Villa Trauttmansdorff ab, wo eine Menge alte Rüstungen aufgestellt sind und an den Wänden uralte Ahnenbilder hängen. Dort ließe es sich gut Gespenster spielen, meint die kleine, nun schon vierzehnjährige Gisela zu ihrem Bruder Rudolf[2].

Der König und die Königin Marie von Neapel finden sich bald, ebenso wie das Ehepaar Alençon, bei Elisabeth in Meran ein. Die Kaiserin ist allen ihren Schwestern sehr zugetan, besonders der Königin von Neapel, die mit ihren mandelförmig geschnittenen Samtaugen, die melancholisch und sanft dreinblicken, gleichfalls wunderschön ist und auch in vieler Beziehung einen bemerkenswerten Einfluß auf Elisabeth ausübt. Nur um den Mund hat sie einen Zug, der nicht ganz zur anmutigen Erscheinung paßt. Sonst erinnert sie sehr an Elisabeth. Überhaupt scheinen die Schwestern der Kaiserin bestrebt, die Ähnlichkeit mit ihr zu pflegen; Gestalt, Schleier, Frisur, Kleidung und Gewohnheiten müssen dazu helfen. Das gilt auch für die Herzogin von Alençon, obwohl sie bedeutend kleiner von Gestalt ist. Ja es geht so weit, daß die Königin von Neapel stets einen Hund von gleicher Rasse und Größe mit einem ganz ähnlichen Halsband hat wie Elisabeth. Lächelnd sieht der König von Neapel all dem zu. Er ist nüchtern und in sein Schicksal ergeben; »für mich ist das Königsein vorbei«, meint er. Da Elisabeth in Meran keine Pferde mit hat, macht sie große und ausgedehnte Promenaden, die sich zum Schrecken ihrer Hofdamen manchmal auf vier bis fünf Stunden raschen Marsches ausdehnen.

Der Ausgang des Feldzuges in Frankreich bringt es indessen mit sich, daß die gesamte österreichische Politik Preußen gegenüber verändert wird. Nun kann man auch im geheimen keine Revanchegelüste gegen Preußen erheben, und das Zeichen, daß sich Franz Joseph und sein Minister des Äußeren mit der neuen Lage abfinden, ist der Besuch des Kaisers Wilhelm am 11. August 1871. Der kleine Kronprinz, der auch

[1] Prinzessin Gisela an Kronprinz Rudolf, Meran, 17. Oktober 1870. Wien, Staatsarchiv.

[2] Dto., Meran, 27. Oktober 1870. Wien, Staatsarchiv.

in Ischl anwesend ist, beginnt nun schon langsam an allem teilzunehmen. Sein größtes Interesse wendet er den Naturwissenschaften zu und kann »solche Kerle« nur bedauern, die daran keine Freude haben. Besonders gern beobachtet er Tiere und ihre Gewohnheiten. Aber während seine Mutter sie unendlich liebt, sich mit ihnen umgibt und ihnen nur Gutes tut, schießt Rudolf schon mit seinen zwölf Jahren auf alles, was da kreucht und fleucht. Seine Erzieher wehren ihm nicht, da sie glauben, bei der Jagdpassion des Kaisers müsse sein Sohn frühzeitig ein guter Jäger werden. Aber das viele Schießen von Tieren in frühester Jugend hat ohne Zweifel eine gewisse Verrohung des Herzens zur Folge. Da gibt es Zeichnungen aus den Jahren 1867 bis 1871, auf denen sich der kleine Kronprinz selbst darstellt, wie er auf einen Vogel am Baum, auf eine Hasenfamilie und auf Rebhühner schießt, und immer bezeichnet ein großer roter Fleck das hervorspritzende Blut. Auch Elisabeth kann alledem nicht steuern, zu sehr hat man den Sohn ihrem Einfluß entzogen. Mitte März kehrt sie von Meran zurück und fährt fünf Tage nach Ofen, wo sie die Erzherzogin Klothilde, Frau des Erzherzogs Josef, begrüßt, die in Begleitung der Gräfin Marie Festetics am Bahnhof erscheint. »Wer ist diese Dame?« fragt die Kaiserin. Die Erzherzogin antwortet, es sei ihre neue Hofdame, die Deák und Andrássy ihr empfohlen hätten. Sie fanden, daß die Gräfin eine außerordentlich kluge, scharfsinnige und warm ungarisch fühlende Frau sei, und wünschten daher, sie zu Hofe zu bringen, um dort eine verläßliche Freundin und Patriotin zu haben.

Bezaubert steht die Gräfin vor der Kaiserin. »Sie ist so schön«, schreibt sie abends in ihr sorgfältig geführtes Tagebuch, »wie ich noch keine sah. Hoheitsvoll und wunderlieblich dabei und eine Stimme, so sanft. Ihre Augen sind zu köstlich[1]!« Die Kaiserin unterhält sich längere Zeit lieb und freundlich mit Marie Festetics, insbesondere von den Freunden der Gräfin, Deák und Andrássy, die auch die ihren sind. Am 19. März ist ein großes Diner bei der Erzherzogin, dem die Kaiserin in einem ausgeschnittenen lila Kleid mit bis unter die Taille herabwallendem Haar, strahlend schön, beiwohnt. Die Gräfin findet, sie habe etwas Lilienhaftes, sähe teils wie ein Mädchen, dann aber doch wieder wie eine Frau aus. Als die Gräfin einen Augenblick mit ihrem Vetter, dem

[1] Tagebucheintragung der Gräfin Marie Festetics vom 16., 17. und 19. März 1871. Archiv des Fürsten Georg Festetics, Schloß Keszthely. (Von nun an gekürzt F. F. A.)

Kronprinz Rudolf und Erzherzogin Gisela im Bauernhäuschen, 1863
Nach einer Photographie

Die Kaiserin
Skizze zu F. X. Winterhalters Gemälde in der Hofburg zu Wien, 1864

Rechte Seite: Elisabeth
Von F. X. Winterhalter, 1865, Hofburg, Leopoldinischer Trakt

Elisabeth und Franz Joseph bei der Krönung in Budapest,
8. Juni 1867
Nach einem Gemälde von Eduard (v.) Engerth
Nationalbibliothek, Wien

Kaiserin Elisabeth im Jahre 1867
Nach einer Photographie von L. Angerer und E. Rabending

Ludwig II. und Sophie in Bayern als Brautleute
Nach einem zeitgenössischen Stich

Kronprinz Rudolf
Nach einer Photographie, Nationalbibliothek, Wien

Erzherzogin Gisela als Braut
Nach einer Photographie von Ellinger, Nationalbibliothek, Wien

Grafen Gustav Bellegarde, Generaladjutanten des Kaisers, spricht, muß sie zu ihrem Erstaunen hören, daß sich dieser, der noch im Sinne der Erzherzogin Sophie denkt, über die Kaiserin wenig freundlich äußert. Als die Gräfin ihn bittet, ihr die Freude nicht zu verderben, lacht er nur. Mit einem bitteren Gefühl über die Hofleute zieht sich die Gräfin, die an Hofluft noch nicht gewöhnt ist, zurück. Sie, die bisher nur auf dem Land erzogene Dame, schaut mit ihren dreiunddreißig Jahren alles, was um sie her vorgeht, mit kritischen Augen an. »Es sind viele geistreiche Leute da«, vermerkt sie in ihrem Tagebuch[1], »darunter Andrássy, Eötvös, vor allem mein alter Deák. Dann gibt es angenehme Leute, dann nur liebenswürdige, dann elegante Leute, auch Parvenüs, Müßiggänger und Tratschen, schöne, aimable Frauen, Freundinnen, Verwandte, Cousins, Cousinen. Das Ganze zusammen mit dummen Leuten und Strebern heißt ›Die große Welt‹.« Die kritische Gräfin hat Elisabeth bei den zwei Zusammenkünften in Budapest sehr gefallen, und sie spricht mit Andrássy über die Dame. Als im Juli Fürstin Helene Taxis heiratet, erbittet nun Elisabeth die Gräfin als Ersatz. Marie Festetics hat Bedenken, da erscheint am 4. Juli 1871 Andrássy bei ihr. »Sie müssen gehen«, redet er auf sie ein, »es gibt da kein Besinnen. Es ist Ihre Pflicht, Ihrem Vaterland dieses Opfer zu bringen. Wenn der liebe Gott jemand mit viel Verstand gesegnet hat, so muß man es ihm auch danken, und die Königin benötigt jemand Treuen.«

»Aber«, wendet die Gräfin ein, »verdient sie es?«

Daraufhin sieht sie Andrássy so erstaunt an, daß sie über und über errötet. »Na also, was ist das für eine Frage?« erwidert er in sehr ernstem Ton. Nun erzählt Marie Festetics zögernd, was sie gehört und was Bellegarde gesagt hat. Darauf Andrássy[2]: »Sie halten mich für Ihren Freund, nicht wahr? Ich würde Ihnen raten, unbedingt anzunehmen. Die Königin ist klug, gut und rein. Sie schimpfen über sie, weil sie unser Vaterland liebt, und das verzeihen sie ihr nie. Deswegen wird man auch Sie verfolgen, aber das macht nichts. Sie können sogar der Königin wie dem Vaterland dienen, und es ist Ihre Pflicht, anzunehmen. Auch Deák schrieb in diesem Sinne. Dazu kommt noch, daß man einen solchen Antrag gar nicht zurückweisen kann. Das geht nicht.«

So kommt Marie Festetics zur Kaiserin.

Nach Meran, wohin Elisabeth im Oktober und November 1871 mit

[1] Tagebucheintragung Festetics, 30. Jänner 1871. F. F. A.

[2] Dto., 4. Juli 1871. F. F. A.

Valerie geht, kann der kleine Rudolf wieder nicht mit. Statt ihrer Hofdame Lilly Hunyady, die auch heiratet, nimmt die Kaiserin die Gräfin Ludwiga Schaffgotsch, die hübsch und sympathisch aussieht, wenn sie auch sehr klein ist. »Das Schönste an ihr«, meint Elisabeth[1], »sind die Augen und ein langer schwarzer Schnurrbart.« Die neue Dame erhält gleich einen Vorgeschmack vom »Spazierengehen« der Kaiserin. Von einer, wie diese sagt, »kleinen Promenade« ist sie halb tot nach Hause gekommen. Sie lächelt auch über die übergroße Angst der Kaiserin um die Gesundheit Valeries. Elisabeth übertreibt da wirklich ganz außergewöhnlich. Jedes geringste Nasenbluten löst die hellste Aufregung aus. Wenn sie nur irgendwo von einer Krankheit hört, Blattern, Scharlach oder dergleichen, zittert sie vor Aufregung, daß Valerie sich auch anstecken könnte. Als Ende November einige Scharlachfälle in Wien vorkommen und der Kaiser nach Meran zu Besuch kommen will, ängstigt sich Elisabeth entsetzlich darüber, denn von seinen Leuten könnte doch der eine oder andere etwas mitbringen. »Wir wohnen hier alle so zusammengedrängt[2]«, meint sie, »denke nur, wenn die Krankheit ins Haus gebracht würde ... Es wird mir schrecklich schwer, Dich zu bitten, nicht herzukommen, aber doch ist es gewiß keine verlorene Vorsicht ...« Der Kaiser bleibt also weg und hat vorher angefragt, was sich die Kaiserin zu ihrem Namenstag wünsche, der immer besonders gefeiert wird, weil das Geburtsfest auf den Weihnachtstag fällt. Darauf erhält Franz Joseph eine erstaunliche Antwort: »Nachdem Du mich fragst, was mich freuen würde, so bitte ich Dich entweder um einen jungen Königstiger (zoologischer Garten in Berlin, drei Junge) oder ein Medaillon. Am allerliebsten wäre mir ein vollständig eingerichtetes Narrenhaus. Nun hast du Auswahl genug ...[3]« Elisabeth macht damit keinen Scherz, sie meint das ganz im Ernst, denn schon lange interessiert sie sich für alles, was die unglücklichen Irren angeht. In Wien liegt die Pflege dieser Kranken sehr im argen, und Elisabeth hat wiederholt versucht, da Abhilfe schaffen zu lassen. All das kostet viel Geld, sie aber läßt nicht locker, und um Kaiser Franz Joseph daran zu erinnern, wählt sie diese Gelegenheit, um es in origineller Weise zu tun.

In Abwesenheit Elisabeths ist inzwischen einer ihrer Herzenswünsche in Erfüllung gegangen. Am 9. November wird Andrássy an Stelle

[1] Elisabeth an Franz Joseph, 20. September 1871. E. A. S. W.
[2] Dto., Meran, 29. November 1871. E. A. S. W.
[3] Dto., Meran, 14. November 1871. E. A. S. W.

Beusts zum Minister des Äußeren ernannt. Das ist eine notwendige Folge des Ausganges des Krieges 1870/71, denn nun heißt es, auf jeden Rachegedanken für Königgrätz verzichten und sich mit dem neuen Deutschland versöhnen, was um so notwendiger ist, als man Rußland gegenüber immer noch auf gespanntem Fuße steht. Elisabeth wird am schnellsten dafür gewonnen. Die in Wien beglaubigten Diplomaten, wie zum Beispiel der Preuße Werther, bezeichnen Andrássy wohl als einen klugen und energischen Charakter, aber als Staatsmann in seinen Auffassungen über die ungarische Grenze hinaus als einen Dilettanten[1]. Mit dieser Ernennung wird natürlich Rußland etwas Unfreundliches getan. Denn dieses Reich muß einem ungarischen Rebellen aus dem Jahre 1848, der des Zarenreiches damaliges Eingreifen verflucht hat, an der Spitze der auswärtigen Geschäfte der Gesamtmonarchie mit Mißtrauen gegenüberstehen. Für Elisabeth aber ist es ein persönlicher Triumph, während man sonst in Wien die Sache mit gemischten Gefühlen aufnimmt. Es scheint ein weiterer Schritt zur »ungarischen Überfremdung« der Monarchie, und man weiß schon, wer dafür verantwortlich zeichnet. Elisabeth natürlich, die sich nicht mehr darauf beschränkt, ihre engste Umgebung immer aus den Reihen ungarischer Adeliger zu entnehmen, sondern nun auch schon die obersten Stellen im Staate durch ihren Gemahl mit Ungarn besetzen läßt und dazu noch mit solchen von der Vergangenheit eines Andrássy. Neben der Gräfin Schaffgotsch ist in der engeren Umgebung der Kaiserin nur noch die neuernannte Obersthofmeisterin, die verwitwete Gräfin Marie von Goëß, geborene Gräfin Welsersheimb, eine liebe, kluge, nicht mehr hervortretende ältere Dame von großem Takt und immer gleichmäßiger Freundlichkeit, Österreicherin. Sie wird von Elisabeth nicht so sehr bemüht wie die Hofdamen. Sonst aber sind alle Ungarn. Neben Nopcsa und Ida Ferenczy tritt nun die geistig bedeutendste Frau aus diesem Kreis, die Gräfin Marie Festetics, am 21. Dezember ihren Dienst bei der Kaiserin an. Elisabeth empfängt sie, in der Mitte des Zimmers stehend, in einem blauen Kleid, eine große Dogge neben sich, mit den Worten: »Na, ich glaube, wir werden uns aneinander gewöhnen.« Dann scherzt sie, spricht von allerlei und meint im Laufe des Gespräches: »Andrássy teilte mir mit, daß Sie aufrichtig und wahrhaft sind, bitte, seien Sie mit mir auch so. Wenn Sie mir etwas sagen wollen, sagen Sie es mir

[1] Freiherr von Werther an Bismarck, Wien, 14. August 1867. Preußisches Geheimes Staatsarchiv, Dahlem.

aufrichtig und offen; wenn Sie etwas wissen wollen, fragen Sie *mich*, nie jemand andern. Wenn sie über mich schimpfen, eine Gewohnheit dieses Hauses, dann glauben Sie es nicht. Befreunden Sie sich einstweilen mit niemandem. Ida können Sie vollkommen vertrauen. Sie ist keine Hofdame, und ich will nicht, daß sie mit diesen intim ist; die wollen ja das nur aus Neugierde. Bei Ihnen ist es anders. Durch Andrássy kenne ich Ihren Charakter. Am 27. Dezember fahren wir weg. Ich nehme Sie mit[1].« Klar und bestimmt spricht die Kaiserin. Bald traurig, bald schalkhaft, bald witzig, bald ernst im Ausdruck. Marie Festetics geht verwirrt aus dem Zimmer. Was wird ihr das Zusammenleben mit dieser berückenden Frau alles bringen, die noch dazu eine Kaiserin ist?

[1] Tagebucheintragung Festetics vom 21. Dezember 1871. F. F. A.

IX

IM ENGSTEN KREISE DER KAISERIN

1872—1875

In der Gräfin Festetics hat Elisabeth nicht nur eine Hofdame, sondern eine unendlich kluge Gefährtin gewonnen, die nun darangeht, in Meran, wo Elisabeth auch 1872 wieder mit Valerie den Winter verbringt, das Wesen ihrer Herrin aus nächster Nähe zu erforschen. Gleich am ersten Tage in der Frühe wird sie gerufen, als die Haarkünstlerin Angerer, nunmehr verehelichte Frau Feifalik, die Kaiserin frisiert. Um sich von ihr nicht trennen zu müssen, hat sie veranlaßt, daß der Gemahl der Friseurin, ein früherer Handelsangestellter, zu ihrem Sekretär vorrückt. Die Angerer ist eine sehr einfache Frau, die Tochter einer Hebamme, hat sich aber als Theaterfriseurin ein solches Geschick erworben, daß die Kaiserin ohne sie nicht mehr auskommen kann. Es ist aber auch keine Kleinigkeit, die unendliche Flut prachtvoller Haare in Ordnung zu bannen. Wenn sie offen sind, liegt ein Schein goldigen Lichtes darüber. Elisabeth ist traurig über jedes ausgegangene Haar, und die Feifalik erfindet ein raffiniertes System, die Haare aus dem Kamm an einem Klebestoff unter ihrer Schürze verschwinden zu lassen, um ihn dann der Kaiserin blank vorweisen zu können. Das Waschen dieser Haarfülle ist eine besondere Prozedur, die jedesmal fast einen ganzen Tag erfordert. Mißtrauisch sieht die Friseurin die neue Hofdame an. Sie ist ihnen allen schon von vornherein wegen des Standesunterschiedes gram. Von ihrer Unentbehrlichkeit überzeugt, ist sie voller Ansprüche, in Wien auch »Faxen« genannt.

Die Gräfin Festetics hat ihrerseits das Gefühl, man betrachte sie als neuen ungarischen Eindringling und »Spion« Andrássys, und das trägt nicht dazu bei, von Haus aus ein gutes Verhältnis zwischen ihr und der übrigen Umgebung der Kaiserin zu schaffen. Natürlich zu Nopcsa und Ferenczy bildet das gemeinsame Ungartum eine Brücke. Immerhin, allzu sympathisch sind sich auch diese drei nicht. Zwischen den beiden Damen, die die Kaiserin in kürzester Zeit liebgewinnen, entspinnt sich doch eine gewisse Eifersucht um deren Zuneigung, die sich allerdings bei der gutmütigen und einfacheren Ferenczy anders äußert als bei der scharfsinnigen, oft beißend ironischen Gräfin Festetics. Dazu bemüht man sich, sie zu entzweien, und schreibt jeder der beiden Damen infame anonyme Briefe. Sie werden wohl in den Papierkorb geworfen, aber ein Stachel bleibt doch immer zurück.

Sowie die Kaiserin wieder nach Wien kommt, lernt Marie Festetics die Verhältnisse innerhalb der Allerhöchsten Familie näher kennen. Jeden Freitag ist großes Diner bei der Erzherzogin Sophie, so auch am 21. Jänner 1872. Die neuen Hofdamen werden vorgestellt. Die enorm noble Erscheinung der Erzherzogin, voller Würde und Liebenswürdigkeit, macht Eindruck. Aber bei Marie Festetics nickt die Erzherzogin kaum, während sie mit der Österreicherin Schaffgotsch lange und freundlich spricht. Erzherzog Ludwig Viktor läßt sich der Ungarin überhaupt nicht vorstellen. Nach dem Diner fragt die Kaiserin: »Haben Sie sich gekränkt?« — »Nein, eher geärgert, Majestät.« Darauf Elisabeth: »Daran muß man sich gewöhnen. Wenn jemand zu mir hält, dann wird er natürlich auch verfolgt, ich wundere mich, daß der Erzherzog nicht sofort begonnen hat, Sie zu erziehen, weil er jeden Menschen erziehen will, nur sich selbst nicht[1].« Ganz anders kommt Erzherzog Wilhelm der Gräfin entgegen. Nett und liebevoll spricht er sie an: »Lassen Sie sich nicht beeinflussen durch alle Trätsche. Halten Sie treu zur Kaiserin, sie ist gut und vornehm[2].«

Der Gegensatz Österreich—Ungarn ist wie einst zu Grünnes Zeiten auch jetzt noch in der Generaladjunktur verankert. Graf Bellegarde, ein schöner, gescheiter Mensch und Grandseigneur, ist gleichfalls ganz ungarnfeindlich eingestellt. In seiner geschickten Art, die Menschen mit einem kleinen Wort lächerlich zu machen, unterhält und beeinflußt er den Kaiser. Sehr häufig wenden sich kleine ironische Bemerkungen gegen Andrássy, die Franz Joseph nicht ablehnt, sondern mit feinem Lächeln quittiert. Natürlich führt diese Einstellung zu scharfem Gegensatz zur Kaiserin.

Die Engländerin Miß Throckmorton hat sich indes ein wenig schwatzhaft gezeigt. Da kommt am 23. Jänner ein Telegramm aus Meran, wo die kleine Valerie zurückgeblieben ist, sie wäre ein wenig unwohl. Die Kaiserin ist gleich furchtbar besorgt; endlich sind die beiden Hofbälle

[1] Festetics-Tagebuch, 21. Jänner 1872. F. F. A.
[2] Dto., 23. Jänner 1872. F. F. A.

vorbei, und sofort fahren Elisabeth und Franz Joseph zu ihrer Tochter. Grund genug, das Ehepaar auszuspionieren und Märchen herumzuerzählen, die Majestäten hätten sich zerzankt, die Kaiserin versperre die Türe vor ihrem Gemahl und dergleichen. Da gibt es einen Sturm, denn die Festetics fährt der Neuigkeitskrämerin über den Mund. Mehr und mehr dringt die Gräfin in das Wesen ihrer Herrin ein. Nach der Abreise des Kaisers stellt sie bei langen Spazierfahrten und -gängen fest, daß Elisabeth sehr entschieden, bedächtig, höchst originell, aber etwas bitter in ihren Auffassungen ist. Sie bemerkt, wie die Kaiserin vor den Menschen, mit denen sie ihre Stellung zusammenbringt, wo immer sie nur kann, zurückweicht und mehr die Einsamkeit oder höchstens das Zusammensein mit einer Vertrauten sucht, die ihr sympathisch ist. »Wundern Sie sich nicht«, fragt sie Elisabeth einmal plötzlich, »daß ich wie ein Einsiedler lebe?«

»Gewiß, Majestät, Sie sind noch zu jung dazu.«

»Na ja, aber es bleibt mir nichts anderes übrig, als dieses Leben zu wählen. In der großen Welt haben sie mich so verfolgt, absprechend beurteilt, verleumdet und so sehr verletzt und verwundet; Gott sieht meine Seele. Schlechtes habe ich niemals getan. So habe ich gedacht, ich werde mir eine Gesellschaft suchen, die mich in Ruhe läßt, mich nicht stört und mir Genuß bietet. Ich habe mich in mich selbst zurückgezogen und mich der Natur zugewendet, der Wald verletzt einen nicht. Freilich war es im Leben sehr schwer, allein zu sein, aber schließlich gewöhnt sich der Mensch an alles, und ich genieße es nun. Die Natur ist viel dankbarer als die Menschen[1].« Einige Zeit später macht die Kaiserin mit der Gräfin einen Ausflug zum sogenannten Eremiten, einer der hübschesten, ja wildromantischesten Promenaden Merans. Da fragt die Kaiserin unvermittelt:

»Möchten Sie ein Eremit sein?«

»O nein.«

»Aber der Friede ist doch so viel wert, und den kann man doch nur fern von der Welt, fern von den Menschen erringen. Freilich führt das zu Grübeln und Sinnen.« Elisabeth erzählt aus der Zeit, da sie eine junge Frau war. Mit Wehmut, aber auch mit Witz, der plötzlich mit einer glitzernd-schalkhaften Bemerkung ganz bezaubernd hervorbricht. Es ist merkwürdig, wie bei Elisabeth alles so anders ist als bei den meisten Menschen. Wenn einer lacht, so tut er es gewöhnlich zuerst mit dem

[1] Festetics-Tagebuch, 23. Februar 1872. F. F. A.

Mund. Bei ihr lachen zuerst die Augen, und dann erst nimmt es der Mund auf. In den Augen aber steht ein Licht, das unmittelbar das Herz dessen trifft, den sie ansieht. Elisabeth ist von Sympathien und Antipathien beherrscht. Sie ist nie banal, und man fühlt ihr betrachtendes Leben aus allem heraus. »Schade«, meint Marie Festetics, »daß sie die ganze Zeit eigentlich mit Grübeleien vertändelt und gar *nichts tun* muß. Sie hat Hang zu geistiger Trägheit und dabei einen Freiheitstrieb, dem jede Beschränkung schrecklich ist. Ist sie bei einem kleinen Diner, dann ist sie reizend, vorausgesetzt, daß kein Element da ist, das ihr unsympathisch ist. Wenn ja, ist es steif um sie[1].«

Nach etwa einwöchigem Aufenthalt reist Elisabeth von Meran nach Ofen. Bei der Ankunft in Pest ist alles, was Hand und Fuß hat, draußen. Ein Jubel umbraust Elisabeth, der vollauf beweist, wer sie in Ungarn ist. In der Burg gibt es eine Überraschung. Erzherzogin Gisela, die noch nicht einmal sechzehn Jahre alt ist, verlobt sich für die Kaiserin unerwartet und »viel zu früh«, wie sie sagt, mit dem Prinzen Leopold von Bayern, dem zweiten Sohn des späteren Prinzregenten Luitpold. Die Verwandtschaft ist eine nahe, auch seine Mutter ist eine österreichische Erzherzogin. Aber es muß ebenbürtig und katholisch geheiratet werden, und da »mußte man trachten«, wie Franz Joseph sagt[2], »da es jetzt so wenig katholische Prinzen gibt, sich des einzigen unter ihnen zu versichern, dem man Gisela mit Beruhigung geben kann«. Elisabeth ist nicht so ergriffen, wie man glauben sollte, denn Gisela, die ihr von Erzherzogin Sophie in der ersten Jugend schon entfremdet worden war, ist ihr nie so nahegestanden wie ihr kleines Töchterchen Valerie. Aber obwohl Gisela für ihr Alter ungewöhnlich groß und entwickelt ist, kann sich Elisabeth doch nicht ganz hineinfinden, daß das Kind von gestern heute schon Braut ist. Zumindest ein Jahr lang müssen die beiden warten, bestimmt sie, während die böse Welt sagt, die Kaiserin verheirate ihr Kind so schnell, weil es ihr nicht paßt, schon eine erwachsene Tochter zeigen zu müssen.

So vergeht der April, und die Kaiserin fährt wieder nach Meran zurück. Da erhält sie die Nachricht, daß Erzherzogin Sophie seit dem 10. Mai an »nervösen Erscheinungen«, Schlafsucht, Zittern der Hände und Füße erkrankt sei. Sie war nach einem Besuch in dem sehr heißen Burg-

[1] Festetics-Tagebuch, Meran, 17. März 1872. F. F. A.

[2] Kaiser Franz Joseph an Erzherzogin Sophie, Ofen, 7. April 1872. Schnürer, a. a. O. S. 384.

theater auf ihrem Balkon an der Bellaria gesessen, dort eingeschlafen und holte sich in der kalten Nachtluft eine starke Verkühlung. Elisabeth wird sofort von Meran nach Wien berufen und trifft dort am 16. Mai ein. Der Erzherzogin Befinden verschlechtert sich, sie bleibt aber geistig völlig klar und nimmt von jedem einzelnen Familienmitglied mit warmen Worten Abschied. Der Todeskampf ist sehr schwer. Rückschläge wechseln mit der Hoffnung auf Aufkommen; so scheint es am 26. abends besser. Elisabeth ist bis halb zwölf Uhr nachts mit den anderen Familienmitgliedern am Krankenbette gewesen und geht dann heim in die Burg, um einen Augenblick zu ruhen. Kaum ist sie vor ihrer Tür angelangt, da stürzt ein Lakai herbei und meldet, Ihre kaiserliche Hoheit liege im Sterben, Seine Majestät bitte, sofort zu kommen. Der Kutscher fährt, so schnell er kann, nach Schönbrunn. Elisabeth ist furchtbar aufgeregt, sie hat eine Todesangst, die Erzherzogin könnte sterben, bevor sie wieder am Krankenbett eingetroffen ist, weil man dann sicher wieder gesagt hätte, das wäre Absicht gewesen. Endlich in Schönbrunn angekommen, fragt die Kaiserin fast atemlos:
»Lebt Ihre kaiserliche Hoheit noch?«
»Ja, Majestät«, hört Elisabeth erleichtert.
Der ganze Hof ist versammelt: die Familie, die Minister des kaiserlichen Hauses, der Hofstaat. Alles bestürzt, traurig, schweigend. Aber der Todeskampf währt lange. Es wird eins, zwei, es wird drei Uhr, und das Warten auf ein Unglück ist in solcher Umgebung noch ärger als unter einfachen Menschen. Ganz richtig sagt Marie Festetics, die, in einem Winkel sitzend, schaut und wartet, das Sterben ist keine Zeremonie, und man sollte auch die Großen mit dem Frieden heiliger Stille hinübergehen lassen wie den Bettler. Die Kaiserin ist der gleichen Meinung, sie findet, daß die hergebrachte Förmlichkeit den Keim allen Gefühls ersticken muß.
Sophie hat die Nacht überstanden, es ist sieben Uhr früh, und sie lebt noch. Weitere Stunden vergehen, die Erzherzoge treten aus dem Krankenzimmer, und irgendeine Stimme sagt ziemlich laut: »Die höchsten Herrschaften begeben sich zum Diner.« Elisabeth aber, die sogenannte »herzlose« Kaiserin, bleibt ruhig sitzen. Sie hat auch zehn Stunden nichts gegessen, aber sie denkt nicht daran und bleibt weiter im Krankenzimmer. Franz Joseph verläßt das Sterbebett nur ganz kurz, Elisabeth bleibt die ganze Zeit, bis um Viertel drei Uhr der Tod die Erzherzogin erlöst. Elisabeth ist lieb und gütig wie immer in entscheidenden Stunden. Alle Feindschaft ist angesichts der Majestät des Todes ver-

gessen und verweht. Sie überdenkt die letzten Jahre, da sich die Erzherzogin ihr gegenüber ganz anders gezeigt und bewiesen hat als früher, und gibt innerlich zu, daß auch sie nicht ganz frei von Schuld an den Mißverständnissen war, die zeitlebens zwischen ihr und der Toten geherrscht haben. In Wien aber sagt man in den Kreisen jener, die das Verständnis für Elisabeth nie haben finden können: »Jetzt haben wir ›unsere Kaiserin‹ verloren und begraben.«

Bald nach der Beisetzung verläßt Elisabeth Schönbrunn, um den Sommerséjour in Ischl anzutreten. Sie trägt Trauer, aber auch das Schwarz ist nicht imstande, ihre herrliche Gestalt, ihr entzückendes Gesicht in den Schatten zu stellen. Marie Festetics gerät jedesmal in förmliche Entzückung, wenn sie mit der Kaiserin spazierengeht[1]: »Neben ihr ist es köstlich und auch hinter ihr. Das Schauen allein genügt. Sie ist die Verkörperung des Begriffes Lieblichkeit. Einmal denke ich, sie sei eine Lilie, dann wieder: ein Schwan, eine Fee oder eine Elfe. Zum Schluß wieder, nein! Eine Königin! Vom Scheitel bis zur Sohle ein königliches Weib! In allem fein und edel. Dann fällt mir wieder all das Getratsch ein, und ich denke, es mag viel Neid dabei sein, denn, kurz gesagt, sie ist bezaubernd schön und anmutig. Aber immer faßt es mich mehr, es fehlt mir an ihr die Lebensfreude. Eine Ruhe liegt über ihr, die bei ihrer Jugend ganz frappant ist! Ihre Stimme klingt meist ruhig und leise. Nur selten erregt. Ab und zu, wenn sie erzählt, wie unbarmherzig man mit ihr umging, zittert etwas darin. Wie kann man nur jemand kränken, der aussieht wie sie?« — »Erzherzog Ludwig hat mir«, vertraut Elisabeth der Gräfin einmal an, »um mich zu ärgern, getreu alles wiedererzählt, was die Leute über mich lügen. Natürlich haßt er mich und will mich damit treffen. Jetzt sehe ich ihn nie mehr allein und empfange ihn nicht. Er hat so viel getratscht und gelogen, daß er mir wirklich mein Leben verdorben hat. — Über jeden schimpft er und auch über mich. Er sagt häßliche Sachen und erzählt dann, ich hätte sie gesagt. Jetzt sehe ich ihn nicht mehr und lebe in Ruhe.«

Solche und ähnliche Gespräche führt die Kaiserin in Stunden des Unmutes und der Trauer, die oft über sie kommen, obwohl sie eigentlich im Grunde ihres Wesens ein heiteres Gemüt hat und manchmal gerade bei ernsten und feierlichen Gelegenheiten Lachkrämpfe einfach nicht niederdrücken kann. Gelegentlich einer Diners zum Beispiel sitzt der Flügeladjutant Prinz Lobkowitz der Kaiserin gegenüber und spielt

[1] Festetics-Tagebuch, Ischl, 29. Juni 1872. F. F. A.

bei der Suppe achtlos mit dem Zahnstocher. Auf einmal will es der Zufall, daß dieser von den Fingern des Offiziers wegschnellt und im Bogen, über den Tisch hinüber, ausgerechnet in den Teller der Kaiserin hineinfällt. Sie will anfangs tun, als wäre nichts geschehen, kann aber schließlich nicht mehr und schüttelt sich derart vor Lachen, daß ihr die Tränen über das Gesicht rollen. Darauf wendet sich der Kaiser ihr zu: »Ja, was ist denn, was hast du denn? Ich möchte auch mitlachen.« Der arme Flügeladjutant sitzt vernichtet da und sieht sie flehend an. Er tut Elisabeth leid, sie wendet sich zum Kaiser und sagt mit schalkhaftem Gesicht: »Weißt du, es ist mir etwas eingefallen.« Es ist ja wahr, es ist Elisabeth etwas eingefallen, aber in den Teller.

Es ist eine Erholung, das liebe Gesicht der Kaiserin einmal so von Herzen lachen zu sehen, wie zuweilen auch, wenn sie mit ihren Kindern Ausflüge in die Umgebung von Ischl macht. Der kleine, nun vierzehnjährige Kronprinz, so nett und sympathisch, mit seinen braunen Rehaugen, lacht und kichert mit der Mutter und freut sich des Lebens, obwohl er für seine vierzehn Jahre ganz unglaublich frühreif und übernervös ist. Elisabeth hat es durchgesetzt, daß Rudolfs Unterricht in der ungarischen Sprache von dem Bischof Hyazinth von Rónay erteilt wird, der die Revolution vom Jahre 1848 auf seiten der Ungarn als Feldgeistlicher mitgemacht hat und gleich Andrássy nach London auswandern mußte. Er staunt über die mehr als freiheitlichen, wohl noch unverdauten Ansichten des vierzehnjährigen Kronprinzen, der zum Beispiel seinem Erzieher auseinandersetzt, der Mensch sei nichts als ein veredeltes Tier, Aristokraten und Geistliche arbeiten von jeher Hand in Hand, um das übrige Volk recht dumm zu erhalten und dann bequem gemeinsam darüber zu herrschen. Die erste Gesellschaft, wie sie sich nenne, sei mit sehr wenigen Ausnahmen bloß eine faule Eiterbeule am Staatskörper[1] usw. Man fragt sich am Hofe, woher der junge Kronprinz solche Ansichten und Meinungen nimmt, und glaubt darin falsch verstandene und übertrieben abgefaßte Äußerungen Elisabeths zu sehen, die von ihrem unreifen Buben aufgeschnappt wurden. Aber der Kronprinz ist so wenig mit seiner Mutter zusammen und so sehr von früh bis abends unter dem Einfluß zahlloser ausgezeichneter Lehrer,

[1] Aufsätze des Kronprinzen Rudolf, seinem Erzieher, Herrn von Latour, im Dezember 1872 zu Weihnachten überreicht. Wien, Staatsarchiv. Siehe auch Oskar Freiherr von Mitis, Das Leben des Kronprinzen Rudolf, Leipzig 1928, S. 23 f.

daß das kaum nur auf die Mutter zurückgeführt werden kann. Er hat seine merkwürdigen Anlagen schon ins Leben mitbekommen, und sie sind vielleicht in seiner Abstammung und der allzu nahen Verwandtschaft des Elternpaares begründet. Dagegen spricht aber, daß Erzherzogin Gisela eine durchaus normale, einfache, ruhige und vernünftige Frau geworden ist. Die kleine Valerie ist ein wenig scheu, ängstlich, ablehnend gegen jedermann, um so lieber hat sie aber die Kaiserin. Sie geht in ihrer Liebe zu weit, jede kleinste Trennung vom Töchterchen ist immer ein Riesenentschluß für Elisabeth. Wenn die Kleine bloß spazierengeführt wird, gibt es schon einen richtigen Abschied[1], und bei der Heimkehr fragt die Kaiserin tausendmal, ob nichts geschehen ist. Sie fürchtet unausgesetzt, es könnte ihrem merkwürdigen Kinde, das einen klugen, scheuen Blick hat und daher von solchen Leuten, die es nicht näher kennen, als unfreundlich bezeichnet wird, irgendein Leid widerfahren. Mitte September fährt Elisabeth wieder nach dem wunderschönen Possenhofen, diesem Paradies von Bäumen und Grün an der tiefblauen Flut des Starnberger Sees, mit dem Blick auf die herrliche Bergkette. Sie ist immer wieder gerührt, wenn sie in ihre Heimat zurückkehrt, wo dereinst der Garten voll Blumen, das alte, von wilder Rebe und Efeu umrankte Haus ihren träumerischen Sinn und ihre Liebe zur Natur entwickelten. Die Schwestern begrüßen sie: Marie Neapel, dann die Fürstin Helene Taxis mit ihren vier Kindern. Sie ist nun sehr stark geworden, vernachlässigt ihre Kleidung und sieht eher wie ein Zerrbild Elisabeths aus. Die Kinder sind entzückend, fürchten sich aber etwas zu sehr vor der Mutter. Mathilde Gräfin Trani, die vierte Schwester, der »Spatz«, hat eine wunderschöne Gestalt, wirkt wohl nicht so lieblich wie Elisabeth, doch wie eine schwächere Kopie von ihr. Unter den Brüdern ist Herzog Karl der bedeutendste, aber nicht schön. Der jüngste, Prinz »Mapperl«, bildschön, aber nicht so klug. Allesamt so scheu wie Elisabeth und ihr kleines Töchterchen Valerie. Das erbt sich eben fort. Untereinander sind alle Geschwister in bestem Einvernehmen. Elisabeths Heimathaus ist einfach, aber gut geführt, sauber und nett, ohne Prunk, gute Küche, wohltuend und etwas altmodisch, aber keine Spur von einer Bettelwirtschaft, wie hämische Leute in Wien herumerzählen.

Das Interessanteste aus der Heimat ist immer, was man vom König hört. Viel Gutes ist es nicht. Des Monarchen jüngerer Bruder Otto zeigt

[1] Festetics-Tagebuch, 19. August 1872. F. F. A.

deutliche Zeichen eines Gehirnleidens, und seit dem Februar befürchtet man täglich, daß er tobsüchtig werden könnte. König Ludwig II. ist bei seinem merkwürdigen Gebaren geblieben und sucht möglichst der Stadt fernzubleiben. Nur wenn Elisabeth da ist, hält ihn nichts, da vergißt er seine absonderlichen Gewohnheiten, verläßt seine prunkvoll eingerichteten Schlupfwinkel und kommt sie besuchen. Er läßt sich am 21. September 1872 in Possenhofen ansagen und gleichzeitig mitteilen, niemand außer Elisabeth dürfe anwesend sein. Die Kaiserin aber befiehlt, daß der Obersthofmeister Nopsca und die Gräfin Festetics ihn erwarten. Pünktlich kommt er allein in einer à la Daumont bespannten Prachtequipage angefahren. Schnell vertauscht er seine Mütze, die schief auf dem schönen welligen Haar sitzt, mit dem steifen österreichischen Tschako. Er trägt das Großkreuz des Stephansordens verkehrt und die Feldbinde, die man in Österreich am Gürtel trägt, quer über die Schulter, obwohl man ihn eines Besseren belehrt hat. Marie Festetics findet ihn einen »schönen Mann mit den Allüren eines Theaterkönigs oder eines Lohengrin vom Hochzeitszug«. Elisabeth begrüßt ihn herzlichst, will dann die Hofdame vorstellen; er sieht sie durchdringend mit seinen wundervollen Augen an, die schnell den Ausdruck wechseln und bald schwärmerisch sanft, bald wie ein Blitz schadenfroh aufleuchten. Da plötzlich wird das glühende, sprühende Auge kalt, und ein förmlich grausamer Blick zuckt darin auf. Mit schwerfälligem Schritt geht der König neben der an seiner Seite mit ihrem elastischen Gang förmlich schwebenden Kaiserin ins Haus[1].

Elisabeth und Ludwig sind beide wunderschöne Menschen, haben denselben Wunsch nach Einsamkeit, zeitweise den gleichen Hang zu Trauer und Schwermut, sind beide von Jugend auf leidenschaftliche Reiter und trotzdem so grundverschieden, daß Elisabeth dem König wenig zu sagen hat. Eine Art Unbehagen befällt sie in seiner Gesellschaft. Sie denkt daran, daß sein Bruder schon wahnsinnig ist, daß der König zumindest starke Ansätze dazu zeigt, und plötzliche Furcht ergreift die Kaiserin, daß am Ende auch sie, die ja gleichfalls der bayrischen Familie angehört, einmal von diesem schrecklichen Unglück ergriffen werden könnte. Wenn sie aber im Gespräch Ludwig ganz normal findet, beruhigt sie sich wieder etwas.

Der September vergeht Elisabeth nur zu schnell in ihrer lieben Heimat, am herrlichen, von köstlichen Tannenwäldern umsäumten See. Dann

[1] Festetics-Tagebuch, 21. September 1872. F. F. A.

geht es zurück nach Ofen. Von da aus werden ausgedehnte Spaziergänge auf alle umgebenden Berge gemacht. Elisabeth liebt den Ausblick vom schönen Blocksberg, der auf schroffen Felsen über der Donau steht, kann sich an der herrlichen Aussicht nicht satt sehen, und wenn sie bewundernd über das Land hinwegsieht, ist sie selbst unendlich schön.
Vereinzelt in Ofen auftretende Cholerafälle vertreiben die Kaiserin Ende Oktober, und sie geht nach ihrem geliebten Gödöllö, wo die Reitjagden bevorstehen. In letzter Zeit hat Elisabeth auch in ihrem Gemahl Freude daran erweckt. Stundenlang reiten die beiden durch die Wälder in der Umgebung des Schlosses. Jagden aber begeistern die Kaiserin. Da ist sie so recht in ihrem Element und triumphiert manchmal, wenn ringsum die Herren stürzen und sie allein die Hindernisse stolz überwindet. Die Jagden sind schwer, man muß da höllisch gut reiten können. Aber je toller, um so besser. Franz Joseph wird immer genau Bericht erstattet[1]: »Die Jagd war am Rennplatz, ich fuhr zu Wagen, also keine Dépensen (zur Allerhöchsten Beruhigung). Es war eine sehr schöne Jagd, der Fuchs lief vor uns, die Hunde nach, Holmes[2], Pista und ich waren immer voraus, brauchten daher nicht so zu jagen und konnten mit Muße die sehr zahlreichen Gräben springen. Hinter uns stürzten: Elemér Batthyány, Pferd am Platz tot, Sárolta Auersperg, die über ihn fiel, geschah beiden nichts, einer unserer Reitknechte mit Klepperschimmel, nichts geschehen. Vor dem Run stürzten Béle Keglevich und Viktor Zichy, letzterer *stehend*. Der alte Béla Wenckheim war entzückt, er sagte, das gehört zu einer schönen Jagd. Aber der Fuchs lief ins Loch, an dem langmächtig herumgegraben wurde, aber endlich ließen sie das arme Tier in Ruh'.« Manchmal ist die Kaiserin von elf Uhr vormittags bis halb sechs Uhr abends im Sattel, und ist einmal keine Jagd, dann reitet sie stundenlang verschiedene Pferde in der kleinen Reitschule von Gödöllö.
Andrássy kommt oft hinaus. Marie Festetics ist seine Vertraute. Sie erzählt ihm über die Zustände im Haus, über das Schimpfen, Nörgeln und Tratschen in der Umgebung Elisabeths und wie sie ihre Herrin

[1] Elisabeth an Franz Joseph, Gödöllö, 22. November 1872. E. A. S. W.
[2] Der damals zweiundzwanzigjährige Leiter des Jagdstalles der Kaiserin Elisabeth, der die Pferde seiner Herrin zuritt und für die Jagden vorbereitete; der Stand des ihm unterstehenden Gödöllöer Reitstalles war damals sechsundzwanzig Pferde, ein Pony, ein Esel. Der »dear« Mister Holmes, wie ihn die Kaiserin nannte, war ein ausgezeichneter Pferdekenner und kühner Reiter.

immer verteidigen muß. Sie komme ihr so vogelfrei vor. Sie ist die Frau des Kaisers, und dennoch darf jeder ungestraft sagen, was er will. »Ja, wissen Sie«, meint Andrássy darauf sehr richtig, »so leicht findet man nicht jeden Tag ein so gutes kleines Thema wie sie.« Neben Andrássy besucht Marie Festetics auch den andern Großen, dem sie ihre schöne Stellung verdankt, den greisen Deák, der allein und einsam in einem Hotelzimmer leidet, bis ihn der Tod von seinen Schmerzen erlösen wird. Sie schwärmt dann immer ihrer Herrin gegenüber von ihm und erzählt ihr seine Aussprüche. Einst zankten sich viele Leute um Deák herum über Religion: »Wenn man den Verstand fragt und herumklügelt«, meinte er, »so heißt es nein. Ich aber frage mein Herz, das sagt ja, und damit gebe ich mich zufrieden.« Alles um ihn herum schwieg. Auch ihm klagt die Festetics oft ihr Leid. Aber Deák sagt: »Man lebt gar verschiedene Lebensphasen durch, mein Kind. Zuerst träumt man nur des Lebens Herrlichkeit, vertraut allen, glaubt alles, meint, es sei alles nur ein Himmel, dann kommt die bittere Zeit der Enttäuschung, des Kampfes, man sieht seine schönsten Träume, seine liebsten Hoffnungen zunichte werden, es tritt die Leere, die Schalheit des Lebens an einen heran, man wird verbittert, man will das Gute nicht einmal mehr sehen, man ist todmüde und wird gleichgültig für alles und abgestumpft, bis man endlich in die dritte Phase übergeht und das Leben nimmt, wie es eben ist. Da will man das Schlechte gar nicht mehr bemerken, man sucht keine Vollkommenheit mehr und ist gerne bereit, das bißchen Gute, das sich findet, recht hervorzuheben an allem. Ist man dann endlich siebzig Jahre alt geworden, beschäftigt man sich mit dem Jenseits.« Bei diesen Worten blickt er aufwärts, fest, klar, eigentümlich und so verklärt, als sähe er den Himmel offen[1]. Elisabeth schickt ihm Bücher und Blumen und läßt anfragen, ob sie ihn besuchen könne.

Das Leiden Deáks wirft einen Schatten auf die sonst so fröhliche Jagdzeit. Es ist ein so hübsches Bild, wenn man in Gödöllö zur Jagd rüstet. Die schönen Pferde und Hunde, der blaue Himmel, die grüne Saat, die farbige Reiterschar in langem Galopp. Alle sind so zufrieden, aber weitaus am schönsten wirkt die herrliche Gestalt der Kaiserin in straffem Reitkleid, schlank, biegsam wie eine Gerte und dabei doch lieblich und anmutig, hoheitsvoll und würdig, mitten unter all den eleganten Rotröcken. Andrássy reitet sehr oft mit. Er ist genauso entzückt von der

[1] Festetics-Tagebuch, 23. November 1872. F. F. A.

Kaiserin wie alle Welt und gibt dem in einem vertrauten Brief an Frau von Ferenczy Ausdruck[1]: »Sie können sich vorstellen, wie begeistert die Jugend ist, wenn sie sie sieht. Sie gibt diesen Gefühlen hie und da durch allzu nahes Begleiten Ausdruck — wie die Delphine am Schiff —, daran kann niemand etwas ändern. Anfangs nahm Adalbert Keglevich die Gewohnheit an, neben ihr zu reiten, und gab den Platz nicht her, jetzt aber scheint er doch bemerkt zu haben, daß man dies dem Master überlassen soll. Gestern war es schon ganz finster, und es regnete, als wir nach Hause kamen, zufällig stand mein Fiaker da, und ich bot ihn den Majestäten an. Seine Majestät nahm an, aber nur für die Königin, und so hatte ich das Glück, sie zur Bahn begleiten zu können. Als wir dort ankamen, war die Bahnstation voll Menschen, die die Majestäten erwarteten. Stellen Sie sich vor, was für komische Gesichter sie machten, als die Königin mit mir aus einem Fiaker ausstieg und ich sie in den Saal begleitete. Sie beruhigten sich erst, als der Kaiser und Erzherzog Wilhelm auch nachkamen. Sehen Sie, was für ein alter Herr Ihr Freund geworden ist, man vertraut ihm sogar schöne Frauen an, um sie durch Nacht und Nebel zu begleiten. Übrigens muß ich gestehen, daß ein langer Weg im Finstern auf einer holprigen Straße eine heikle Szene werden kann, selbst für den vernünftigsten Familienvater; allerdings dauerte dies nur ein paar Minuten, und so schnell konnte selbst weder Adalbert Keglevich noch Ihr Freund Pista vergessen, wen man ihm anvertraut hat.« Nach jeder Jagd ist die Kaiserin immer bester Laune und reizend mit ihrem kaiserlichen Gemahl, der in immerwährender Anbetung aus Wien flieht, sowie er nur kann, und zu seiner Frau nach Gödöllö herauskommt. Kaum aber ist sie wieder daheim, zeigt sich wieder der Kreis der Hofleute, dann ist diese gute Laune im Nu verweht. Wenn Elisabeth im Park spazierengeht, hat sie immer die größte Scheu, ihnen zu begegnen. Es genügt schon, wenn ein Flügeladjutant oder gar ein Generaladjutant in Sicht ist, damit sie alle Waffen spielen läßt. Zu ihnen gehören ein dichter blauer Schleier am Hut, ein großer Sonnenschirm und ein Fächer, der sie stets und überallhin, selbst zu Pferd, begleitet. Der nächste Seitenweg wird eingeschlagen. »Eilen wir nur weg«, sagt sie da oft, »ich höre ordentlich, was sie sprechen. Ja, der Bellegarde, der haßt mich so, daß ich schwitze, wenn er mich bloß ansieht. Ich fühle, wer mich liebt, und wer nicht.« Oft bildet sich die

[1] Graf Andrássy an Ida von Ferenczy, Pest, 5. Dezember 1872. Farkas-Archiv.

Kaiserin das nur ein, hat schon Angst vor Leuten, die sie verehren, ja vergöttern würden, sähen sie nicht das Mißtrauen, das man ihnen entgegenbringt.

Sonst aber ist Elisabeth weltfern wie ein Kind, hat zum Beispiel keine Ahnung von dem Wert des Geldes. Am 15. Dezember 1872 macht sie einen Ausflug nach Pest. Als sie mit Marie Festetics von der Ofener Burg einfach im Sikló[1] hinunterfährt, fragt sie im Kupee: »Haben Sie Geld mit?« — »Jawohl, Majestät.« — »Wieviel?« — »Nicht sehr viel, zwanzig Gulden.« — »Das ist ja viel«, meint Elisabeth. Sie will nämlich zu Kugler (Gerbeaud), dem weltberühmten Zuckerbäcker Pests, gehen und für Valerie Einkäufe machen. Glücklich kommt die Majestät unbemerkt hin. Im Geschäft fallen die Leute vor lauter Überraschung fast um. Sie kauft freudig wie ein Kind ein, und als ein großer Pack beisammen ist, fragt sie: »Ist das nun für zwanzig Gulden?« Es war aber schon für hundertfünfzig!

Obwohl Marie Festetics ganz unter Elisabeths Einfluß steht, sie so sehr unwiderstehlich findet, daß sie ihr mit Leib und Seele verfällt und alles tun möchte, was sie ihr nur an den Augen absieht, ist sie für ihre Fehler doch nicht blind. Vor allem stört sie eine gewisse Bequemlichkeit Elisabeths, die sich immer wieder geltend macht. Aber den Hauptfehler, den man der Kaiserin vorwirft, den Mangel an Bewußtsein ihrer hohen Würde, an Herrscherstolz und -freude, Kaiserin zu sein, begreift sie nicht. Denn der ist in der ganzen Anlage, in der Sinnesart und im Charakter dieser Frau begründet, die auch so starke Eindrücke, wie die des Wiener Hofes, nicht zu ändern imstande waren. Sie ist nun einmal in gar vielem, in körperlicher wie in geistiger Beziehung, ihrem Jahrhundert voraus. Sie sieht auf die schlanke Linie ihres Körpers, sie stählt ihn durch Sport und Gymnastik. Etikette und herkömmliche Formen, Adelsstolz und Exklusivität sind ihr Begriffe, mit denen sie sich nie wird befreunden können, weil sie viel zu frei und ungebunden erzogen ist. Dabei hat sie ein inneres Gefühlsleben, das sie natürlich in der Hofluft, die ein Hort aller Äußerlichkeiten ist, nicht zur Geltung bringen kann. Sie ist in ewigem Aufruhr gegen den Kastengeist ihrer Umgebung und die Parteirücksichten aller Art. Und damit sind ungezählte Konflikte gegeben. Ihre poetische Kindheit am Starnberger See, wo sie wie ein Elf durch Wald und Büsche streifte, uneingeschränkt frei

[1] Die kleine Zahnradbahn, die von Ofen zur Kettenbrücke herunterführt. Festetics-Tagebuch, 15. Dezember 1872. F. F. A.

und nach Elfenart von Sonnenglanz und Mondenschein, von Blumenduft und Waldhauch lebend, hat in ihr einen Freiheitstrieb entwickelt, der durch nichts zu bannen ist. »Ich möchte eine Möwe sein«, sagt sie oft und ist dabei die Gattin eines regierenden, mächtigen Kaisers mit Pflichten für den Thron, für ihre Familie, für die Staatsbürger eines gewaltigen Reiches. Da ist es schwer, das Gleichgewicht zu halten. Dabei möchte sie alle Menschen befriedigt und glücklich sehen, ist eine Schwärmerin und grübelt ununterbrochen. Das ist gefährlich. Sie möchte alles ergründen und sucht zuviel herum. Sie braucht Beschäftigung, und da jene einer Kaiserin ihrer Natur zuwider ist, liegt in ihr alles brach. Wenn sie sich aber auf etwas wirft, dann widmet sie sich dem ganz, denn nie tut sie etwas halb, niemals. Von ihren ersten beiden Kindern hat man sie getrennt, und sie hat sie dann mehr oder weniger aufgegeben, aber Valerie, die hat sie an sich gezogen, die erfüllt ihre Seele völlig, so daß man sich schon lustig macht und die Kleine das »Extramädel« nennt. Jedes zweite Wort heißt »die Valerie«, und schon im Tonfall liegt zitternde Liebe. Und wie voll und ganz hat sie sich für den Ausgleich mit Ungarn eingesetzt und wie sehr weiß sie zu lieben, aber sich auch ängstlich wie eine Schnecke in ihr Haus zurückzuziehen, wenn sie das Gefühl hat, irgendwo nicht geliebt und nicht verstanden zu werden. Elisabeth sucht eine Beschäftigung, weil sie eine tätige Natur ist. Am Hofe dringt sie nicht durch, obwohl sie einen klareren Blick hat als die meisten um sie herum und die jeweilige Lage richtiger erfaßt und vor all den Strebern und Eitlen dies voraushat, daß sie nicht herrschen will. Sie hat keinen Ehrgeiz, will nicht volkstümlich sein, macht keinen Gebrauch von ihrer Macht und ihrer Stellung, möchte aber Schutzengel ihres Mannes sein, wünscht ihm alles Glück und alles Gute. Ist er doch der Vater ihres Sohnes, der einmal das gewaltige Reich, die stolze Stellung erben soll. So ist die feenhaft schöne Kaiserin Elisabeth, über deren kleine Unterlassungssünden und Eigenheiten man ihre unschätzbaren Tugenden und Vorzüge übersieht oder gar manchmal absichtlich übersehen will[1].

Empfindlich allerdings ist Elisabeth sehr. Tratsch, der ihr zu Ohren kommt, erbittert sie. Sie wehrt sich nicht mit den gewöhnlichen Waffen, vergilt nicht Gleiches mit Gleichem. Sie hört, schweigt, tut, was ihrer

[1] Siehe die Tagebucheintragungen und Erwägungen im Festetics-Tagebuch vom 18. Februar 1873, 5. Juni, 14. August, 1. Juli und 15. Dezember 1872. F. F. A.

Natur und Neigung entspricht, und zieht sich in sich selbst, in körperliche und geistige Einsamkeit zurück. Marie Festetics wagt eine Prophezeiung über sie und ihre Zukunft[1]: »Was heute schmerzlich ist, wird in einer Weile bequem sein, und sie wird weniger und weniger tun, die Menschen werden mehr und mehr gegen sie zu Felde ziehen, und sie wird mit allen ihren Reichtümern ärmer und ärmer werden, und niemand wird sich daran erinnern, daß man sie in die Einsamkeit getrieben hat.« Der Kaiser dagegen hat sehr schnelle Auffassung, aber gar keine Phantasie. Überbürdet von Arbeit, der er sich mit fabelhaftem Pflichtgefühl unterzieht, gibt es für ihn nur positive Eindrücke, und er kann es nicht fassen, wie Elisabeth in einer anderen Welt, in einer Welt von Träumen allein leben kann. Daß er sie bei aller Anbetung darin nicht versteht und alles, was bei ihr Enthusiasmus ist, »Wolkenkraxlerei« nennt, verletzt sie und richtet manchmal plötzlich eine Scheidewand zwischen den beiden auf.

Da verliert Elisabeth am 9. Februar 1873 von ihren wenigen Freunden am Hof die Kaiserin Karoline Augusta, die Schwester der Erzherzogin Sophie und vierte Gemahlin des verewigten Kaisers Franz I. Sie hat Elisabeth stets die Stange gehalten, wenn sie auch wenig vermochte, da sie in Salzburg ganz ausgeschaltet war, um Franz Josephs Mutter nicht zu verdunkeln, die den Titel Kaiserin nicht führen konnte. Mit aufrichtiger Trauer folgt Elisabeth ihrem Sarge.

Wenn man der Kaiserin vorwirft, sie kümmere sich zuwenig um ihre Regentenpflicht, so ist das gerade für das Jahr 1873 ungerecht. Man sieht sie überall, im Waisenhaus und in Irrenanstalten ebenso wie bei den großartigen Feierlichkeiten der Karwoche, der Fronleichnamsprozession und der Fußwaschung, bei welchen Gelegenheiten der kaiserliche Hof von jeher den größten Pomp entfaltet. Sie seufzt wohl ein wenig, macht aber alles so vollendet schön, daß es eine Freude ist, zuzusehen. Sie ist die Verkörperung der Anmut, wenn sie sich in langem, schwarzem Kleid niederbeugt zu den Füßen der Greisinnen und sie mit Wasser netzt, wenn sie am Karfreitag am Heiligen Grabe niederkniet, unnachahmlich in feenhafter Lieblichkeit und doch mit Hoheit in jeder Bewegung. Wie eindrucksvoll, wenn sie mit der brennenden Kerze in der Hand im Zuge so königlich einherschreitet und über den offenen Hofplatz geht, während die Glocken mit feierlichem Ton einsetzen, die Trommeln der Wache einschlagen und die ganze Pracht des alt-

[1] Festetics-Tagebuch, Ischl, 15. Oktober 1872. F. F. A.

ehrwürdigen Hauses Habsburg ehrfurchtgebietend entfaltet wird. Was man aber nicht sieht, ist die Selbstüberwindung Elisabeths bei solchen Gelegenheiten, denn ihre Natur sträubt sich gegen all das. Wie furchtbar zuwider ist ihr das Angegafftwerden, und solche Festlichkeiten bedeuten nichts anderes als stundenlanges Spießrutenlaufen unter den Augen der Menge. Erst wenn sie dann im Wagen in den Prater fährt, sich im Reithaus umzieht und dann auf ihrem schönen Pferde im Galopp dahinfliegt, wird sie wieder vergnügt. Aber auch da drängen die Menschen in die Allee, alles will sie sehen, man wird nicht müde, dieses entzückende Bild in sich aufzunehmen, und ihr Anblick ist eine Wonne für jedermann. Beim Konstantinhügel ist immer Versammlung aller Bewunderer. Zuweilen reitet Elisabeth mit diesem oder jenem Kavalier. Häufig auch mit Andrássy; meist verstehen sie sich gut, aber manchmal gibt es auch Sturm zwischen ihnen, denn die Kaiserin hat ihm gegenüber ihren eigenen Kopf.

Kaum ist Ostern vorbei, folgt am 20. April die Hochzeit der Tochter Elisabeths. Es ist kaum zu glauben, daß das älteste Kind dieser jugendschönen Kaiserin schon heiratet. In silbergesticktem Kleid, mit herabwallendem, schimmerndem Haar, über dem ein glitzerndes Diadem leuchtet, wohnt Elisabeth der Feier bei, nicht als Brautmutter, nein, in lieblicher Mädchenhaftigkeit und doch wieder ehrfurchtgebietender Würde. Und erst als das »Ja« durch den Raum klingt, sieht man, wie Elisabeth Tränen in die Augen treten, die sich beim Scheiden nicht mehr zurückhalten lassen. Die »Frau ohne Herz« weint, als das Kind aus dem Hause geht, das sie eigentlich gar nie recht besessen hat. Die Feste nach der Feier sind ihr nur eine furchtbare Pein, Cercle, Konzert, Riesendiners und ein théâtre paré, alles Stationen eines Kalvarienberges. Im Theater gibt man den »Sommernachtstraum«. »Wie kann man nur«, fragt sich Elisabeth, »für einen Brautabend ein Stück wählen, in dem sich eine Prinzessin in einen Esel verliebt?« Scherzend bemerkt Prinz Leopold zu seiner jungen Frau: »Soll das vielleicht eine Anspielung auf mich sein?« Aber nein, man erklärt, der »Sommernachtstraum« sei »Usus« bei allen Hochzeiten. Und so kommen die jungen Eheleute lachend über diesen merkwürdigen »Usus« hinweg. In München dann wird das junge Paar in dem berühmten Prachtwagen des Königs abgeholt, den bisher niemand sehen durfte und der mit seinen reichen Holzschnitzarbeiten und prachtvollen Gemälden am Wagenschlag nicht weniger als fünfzigtausend Gulden gekostet hat. Sechs herrliche Schimmel, ganz weiß, ohne Abzeichen, führen das junge Paar in die Residenz.

Man holt ja die Tochter der schönen Kaiserin ein, die für Ludwig II. ein Idol ist.
Kaum sind die Hochzeitsfeste zu Ende, beginnt eine neue »Hetze«. Seit Monaten schon hat man zu einer glänzenden Weltausstellung in Wien gerüstet. Der Riesenbau der Rotunde ist erstanden, rund um sie herrliche Pavillons mit erlesenen Sehenswürdigkeiten. Die Großen aus aller Welt, darunter das deutsche Kronprinzenpaar und der Prinz von Wales, haben sich zur Eröffnung eingefunden.
Entsprechend der Politik Andrássys, sich Deutschland anzunähern, sollen die deutschen Fürstlichkeiten am meisten gefeiert werden. Sie wohnen in Hetzendorf und sollten in prächtigem Zuge nach den Majestäten im Prater eintreffen. Die engere Suite Franz Josephs ist für elf Uhr in die Salons der Kaiserin bestellt. Alles versammelt sich, Elisabeth fehlt noch, aber es ist auch noch nicht ganz elf. Der Kaiser geht unruhig hin und her. Da wird dem Oberststallmeister Grafen Grünne eine Mitteilung überreicht. Der Zug des Kronprinzen passiert schon die Ringstraße, während hier noch alles den Schlag elf abwartet. Grünne meldet das dem Monarchen. Der Kaiser wird dunkelrot vor Zorn: »Das ist doch unglaublich, daß so etwas geschehen kann! Ich habe befohlen, daß der Kronprinz nach mir eintreffen soll, und nun passiert die Schweinerei, daß er ankommt und ich noch nicht da bin[1]. Wer hat den Wagen gegen meinen Befehl früher abgehen lassen?«
Graf Grünne, bleich bis in die Lippen, sagt ruhig: »Ich, Eure Majestät.« Der Kaiser stürzt erregt auf den General zu: »Ich werde Sie zur Verantwortung ziehen ...« Da steht plötzlich die Kaiserin neben ihm. Sie ist unbemerkt eingetreten, während alle lautlos der peinlichen Szene zusahen. Nun legt sie ihre Hand auf des Kaisers Arm. Als ob sie ihn mit einem Zauberstab berührt hätte, erstarrt das Wort auf seinen Lippen, und sie sieht ihn mit einem so lieblich bittenden Blick an, daß die drohende Falte verschwindet. Elisabeth nimmt ihres Gatten Arm: »Bitte, versäumen wir keine Zeit mehr. Gehen wir.« Sanft und ruhig klingt ihre Stimme. Der Kaiser folgt willig. Marie Festetics hat der Szene zugesehen. »Hat mir die Kaiserin nicht«, erinnert sie sich, »einmal gesagt: ›Der Mensch hat mir so viel angetan, daß ich glaube, selbst in meiner Todesstunde kann ich es ihm nicht verzeihen‹?[2]« Und jetzt, wie schön steht ihr diese liebliche Güte!

[1] Festetics-Tagebuch, 4. Mai 1873. F. F. A.
[2] Dto., 3. November 1872. F. F. A.

Unter der Eisenbahnbrücke im Prater hält die rasch verständigte kronprinzliche Wagenreihe. Mit feinem Takt läßt man den kaiserlichen Zug passieren und tut so, als sähe man ihn nicht. In wenigen Minuten ist alles beim Riesenbau der Rotunde. Dann erst, als das Kaiserpaar Aufstellung genommen hat, fährt der deutsche Kronprinz vor, in seiner weißen Garde-du-corps-Uniform mit dem in der Sonne blitzenden silbernen Adlerhelm wie Lohengrin anzusehen. Nun spricht der Kaiser mit seinem schönen, sonoren Organ. Sowie die Eröffnungsrede beendet ist, schlagen die Musikkapellen ein, das »Gott erhalte« erklingt, die Fahnen senken sich, das große Werk ist gekrönt, die Ausstellung eröffnet. Drei Stunden lang zieht das Kaiserpaar mit seinen Gästen von der Ausstellung eines Landes zur anderen und wird mit einer Begeisterung empfangen, die ihresgleichen sucht. Im ungarischen Pavillon erbraust ein frenetischer Jubelsturm, als Elisabeth die Räume betritt. Über und über errötet die Kaiserin, und alles freut sich, daß die preußischen Gäste sehen, wie sehr man in Wien das Kaiserpaar liebt und feiert. Elisabeth versteht sich sehr gut mit der Kronprinzessin Viktoria. Sie findet sie seelenvoll, anziehend, modern denkend und schenkt ihr daher ein Bild von sich, was nur ganz selten vorkommt. Dazu muß man ihr, auch wenn man von hoher fürstlicher Geburt ist, ja gerade dann, schon sehr sympathisch sein. Augenblicklich verstehen sich die beiden Frauen, und die Freundschaft, die da entsteht, hält fürs Leben an.
Die Anstrengungen, die mit den Feierlichkeiten verbunden sind, ermüden Elisabeth sehr, und sie sucht, wo immer sie kann, Erholung in der freien Natur. Es ist herrlicher Frühling, und die Kaiserin liebt es, früh am Morgen im grünenden, blühenden, duftenden Prater zu spazieren. Wien schläft noch, wenn die Kaiserin um sechs Uhr früh mit Marie Festetics bis zum Lusthaus und zurück geht. Da gibt es noch keine Frontmacher und Neugierigen, die die Aufmerksamkeit der Menschen auf sie lenken. Geht sie später aus, so bildet sich im Nu eine Kette von Leuten, die Elisabeth vor- oder nachlaufen, und das macht sie immer ärgerlich und nervös. Nicht, daß sie an ein Attentat dächte; Elisabeth ist furchtlos, wie kaum je eine Kaiserin gewesen ist, aber das Angestarrtwerden tut ihr körperlich weh. Sie ist scheu und behutsam wie ein Reh und klagt dann stets: »Jeder kann alles genießen, nur mir ist es nicht einmal gestattet, in Ruhe spazierenzugehen.« Ja die Leute sind so unverschämt, sich bei einem Inkognitobesuch Elisabeths in einer Ausstellung, wenn sie vor Gemälden steht, unverfroren zwischen sie und das von ihr betrachtete Bild zu schieben und sie mit der Lorgnette an-

zusehen oder auch aus kurzer Entfernung mit dem Gucker zu betrachten. Wenn so etwas geschieht, wird Elisabeth über und über rot, sagt kein Wort, verläßt den Raum und kommt nicht wieder. Bei den Rennen, die Elisabeth so gerne besucht, weil alles, was mit Pferden zusammenhängt, ihre Begeisterung weckt, kann sie sich auch kaum helfen. Wenn sie in die Freudenau fährt, mit ihrem feinen, schönen, zarten Gesicht und dem schimmernden Haar, auf dem ein Spitzenhäubchen sitzt mit hellila Flieder, da steht eine Mauer von begeisterten Menschen von der Burg bis zum weit entfernten Rennplatz. Mit Jubel wird sie überall, wo sie erscheint, begrüßt, sie dankt, ununterbrochen nickend, nach allen Seiten. Beim Praterstern schon — es stehen noch vier Kilometer Hauptallee bevor — sagt sie zu der neben ihr sitzenden Gräfin Festetics: »Mari, ich kann nicht mehr, ich bin schon ganz seekrank.« Und wirklich, sie ist ganz bleich. Man muß das mit angesehen haben, um so etwas begreifen zu können. Draußen aber beim Rennen erholt sie sich schnell. Das unterhält sie. Man sieht Elisabeth ordentlich an, wie sie selbst gern auf den Vollblütern sitzen möchte, die da über den hellgrünen Rasen dahinflitzen.

Elisabeth tut wacker mit bei all den Festen und Diners. Niemand vom Hofe schont sich in dieser Zeit. Fürsten und Fürstlichkeiten aus allen Ländern der Erde kommen nach Wien. Je kleinere Herren, desto mehr halten sie auf ihren Rang. Aber auch die mächtigsten Monarchen Europas kommen. Selbst Zar Alexander II., der sich allerdings äußerst zurückhaltend zeigt und dessen Gesicht fast niemals ein Funke Freundlichkeit belebt. Nur vor dem Charme der Kaiserin schmilzt selbst der Zar. Auch die russischen Herren sind fasziniert. Selbst der Fürst Gortschakoff, das kleine, lebhafte, Österreich so feindlich gesinnte Männchen, das in Rußland so mächtig ist. Im Gefolge des Zaren ist ein Prinz Dolgoruki, der schon lange für die Gräfin Festetics schwärmt und nun um ihre Hand anhält. Doch Elisabeth sagt ihr: »Unterhalten erlaube ich Ihnen[1], aber verlieben nicht und noch weniger heiraten. Ich will nicht, daß Sie mich eines fremden Menschen wegen verlassen.« Es sieht ja ein wenig egoistisch aus, aber Marie Festetics fühlt sich doch geschmeichelt, und im Kampfe mit sich selbst überwindet sie die aufkeimende Neigung. Die Kaiserin siegt, und der Prinz tritt zurück. Aber die Russen sehen tief. Einmal nähert sich Graf Schuwaloff der Gräfin und sagt ihr: »Sie haben Feinde hier am Hofe, Sie und die Kaiserin,

[1] Festetics-Tagebuch, 5. Juni 1873. F. F. A.

diese anbetungswürdige Frau. Ich glaube, man nimmt es Ihnen übel, daß Sie alle beide die Ungarn gernhaben[1].« Marie Festetics lacht und denkt: »Die haben gute Spitzel.« Dann eilt sie hinunter zum Diner, wo schon alles versammelt ist, auch Kaiser und Kaiserin, aber der Prinz Eduard von Wales und Prinz Arthur, beide sehr charmant und beliebt, sind noch nicht da. Überall, beim Diner, in der Reitschule, im Prater, in der Ausstellung, sind die beiden »always late«.

Das Kaiserpaar kommt nicht zur Ruhe. Es ist eine furchtbare Hetze, sogar Franz Joseph sagt einmal: »Ich bin recht müde und ließe mich gern eine Weile superarbitrieren[2].« Am 24. Juni trifft auch die Kaiserin Augusta von Deutschland zum Zeichen des gewaltigen Umschwunges in den Beziehungen der beiden Länder in den letzten Jahren ein, die ein Schreiben des Kaisers Wilhelm mitbringt. Ihre hohe Gestalt wirkt vornehm, aber sie ist stark gemalt und hergerichtet und tritt etwas pomphaft und theatralisch auf. In hellstem Gegensatz zu Elisabeth spricht sie sehr laut und mit großem Pathos, und nach der ersten Viertelstunde schon heißt sie bei den Hofmenschen das »Nebelhorn«. Um so schöner und lieblicher wirkt Elisabeth an ihrer Seite. Aber das wahre, innerlich vornehme Wesen der Kaiserin Augusta gewinnt ihr trotz allen Eigentümlichkeiten in Kürze die Herzen, und als sie wegfährt, gehen die Suiten sogar so weit, sie mit dem gewohnten Seitenhieb als Muster aller Herrschertugenden und Beispiel für Elisabeth hinzustellen.

In der Ausstellung geschehen oft die heitersten Dinge. Im Kaiserpavillon gibt es einmal ein großes Diner. Zum Schlusse hat Elisabeth eine ausgezeichnete Schokoladecreme in kleinen Töpfchen bestellt. Bei jeder Speise warnt sie ihre Hofdamen, nicht zuviel zu essen, da sonst für die Creme kein Platz mehr bliebe. Endlich kommt der große Augenblick, der Wirt läßt sich die Ehre nicht nehmen, selbst zu bedienen. Da tänzelt das beleibte Männchen mit einer schweren Silbertasse auf dem Arm geschäftig über das blanke Parkett, und im nächsten Augenblick liegt er mit seiner süßen Last — so lang er ist — auf der Erde. Die kleinen Töpfchen mit dem köstlichen Inhalt schleifen auf dem eisglatten Boden in alle Winkel. Der Kaiser gut, wie er immer ist, springt auf, um dem armen Mann zu helfen. Elisabeth sagt aber dabei ganz ruhig: »Geben Sie acht, jetzt wird er das zusammenklauben und uns wieder servieren.«

[1] Festetics-Tagebuch, Schönbrunn, 4. Juni 1873, F. F. A.

[2] Dto., 5. Juni 1873. (Superarbitrieren = militärischer Ausdruck für »krankheitshalber dienstuntauglich erklären«.) F. F. A.

Aber nein, es kommt rasch frisches. »Nun«, meint Elisabeth, »dann wird es eben anderen serviert.« Abends geht die Kaiserin in den Zirkus, wo sie sich immer köstlich unterhält. Dort ebenso wie im Affentheater. Da kann sie lachen, daß ihr die Tränen über das Gesicht laufen. Waren die bisherigen Besuche eher eine Last und eine Mühe, so ist jener des Herrschers von Persien, der am 30. Juli eintrifft, eine Unterhaltung für den ganzen Hof. Der Schah hat von der Schönheit der Kaiserin gehört, und er, der gewohnt ist, stets die reizendsten Frauen eines ganzen Reiches um sich zu haben, ist besonders neugierig auf sie. Als die persische Majestät Elisabeth zum erstenmal sieht, trägt die Kaiserin ein silbergesticktes weißes Schleppkleid mit lila Samtgürtel und im offenen Haar einen Reif von blitzenden Diamanten und Amethysten. Marie Festetics meint, sie hätte sie noch nie so schön gesehen. Der Schah, ein durchaus orientalisch aussehender Mann mit dunklem Haar und Bart, bleibt beim Eintreten zunächst ganz verblüfft vor ihr stehen. Dann nimmt er seine goldenen Augengläser hervor, schaut sie ruhig von der obersten Locke bis zur Fußspitze herab an, kümmert sich kaum um den daneben stehenden, belustigt zusehenden Kaiser, geht schließlich ganz um Elisabeth herum und ruft immer wieder aus: »Mon Dieu, qu'elle est belle!« Der Schah ist so versunken in den Anblick, daß ihn der Kaiser endlich am Ärmel zupft, um ihn zu mahnen, die Kaiserin am Arme zum Diner zu führen. Zuerst versteht er nicht recht, dann aber kommt ihm die Erleuchtung, er nimmt Elisabeth bei der Hand und geht mit ihr armschlenkernd in den Speisesaal. Sie amüsiert sich köstlich, der Kaiser hat jeden Augenblick eine Todesangst, daß sie das Lachen nicht zurückdämmen kann. Bei Tisch wird es noch ärger. Hinter dem Sessel des Schahs steht ein Großwesir, mit dem er fortwährend Persisch spricht. Da kommt ein Fisch und dazu eine grüne Tunke in silberner Sauciere mit Schöpflöffel. Das scheint dem Schah verdächtig, es sieht zu stark nach Grünspan aus. Er nimmt sich mit dem Schöpfer heraus, kostet daran die Mayonnaise und legt ihn mit einer Grimasse seelenruhig wieder in die Sauciere zurück. Elisabeth interessiert sich indessen krampfhaft für ein Bild des Kaisers Franz, das vor ihr an der Wand hängt. Aber sie hat nicht lange Zeit, dort hinzusehen. Der Schah neigt sich zu ihr, zwingt sie, sein Champagnerglas in die Hand zu nehmen, zu trinken und mit ihm anzustoßen. Er hat nicht viel gegessen, das meiste war ihm zu unheimlich. Nun kommt ein Lakai mit einer Silberschale voll duftender Erdbeeren. Ruhig nimmt der Schah dem Manne die ganze Schüssel aus der Hand, stellt sie vor sich hin und ißt alles bis zur letzten Frucht auf. Elisabeth freut sich am meisten über eine Episode mit dem alten Grafen Crenneville, dem einstigen allmächtigen Generaladjutanten des Kaisers, nunmehrigem Oberstkämmerer, der dem Schah zugeteilt ist. Als die persische Majestät einmal in den Prater fährt, läßt sie Crenneville im offenen Wagen nicht neben sich, sondern vorn am sogenannten »Bankerl« sitzen. Dann gibt ihm der Schah, da die Sonne geniert, während der Fahrt freundschaftlich einen weißen Sonnenschirm in die Hand, den er über den Herrscher halten soll. Den Grafen Crenneville muß man gekannt haben, um die ganze Größe dieses Vorganges zu verstehen.

Elisabeth besucht in Laxenburg die drei Leibpferde des Schahs, die rosenrot angehauchte Mähnen und Schweife haben und die der Oberststallmeister Seiner persischen Majestät höchstpersönlich zu hüten hat. Während sich aber die anderen nur lustig machen, findet Elisabeth den Schah originell, und vor allem gefällt ihr, daß er sich nicht geniert und spricht und tut, was er will. Er sagt niemandem ein freundliches Wort, der ihm nicht zu Gesicht steht, und dekoriert oder schenkt keinem etwas, der ihm nicht paßt. Dem Kaiser und dem Grafen Andrássy gibt er sein Bild in Diamanten, dann bedeutet man ihm, daß es Sitte sei, vor allem die anwesenden Brüder des Kaisers auszuzeichnen. Er sagt ruhig: »Nein, ich will nicht, ich gebe mein Porträt nur denen, die mir gefallen[1].« Die Kaiserin aber nennt er eine »Göttin«. »Das ist die schönste Frau, die ich je gesehen habe«, sagt er zu Andrássy. »Diese Würde, dieses Lächeln, diese Güte! Wenn ich jemals wieder kommen kann, so wäre es nur, um *ihr* meinen Respekt zu bezeigen.« Am 12. August ist ein herrliches Fest in Schönbrunn, Feuerwerk auf der Gloriette, wunderbar. Der Schah ist entzückt. Als nachher beim Tee die Gräfin Goëß die alten Damen vorstellt, sagt er auf einmal: »Merci, assez.« Am Morgen seiner Abreise läßt er um vier Uhr früh die Gräfin aufwecken mit dem Auftrage, Ihrer Majestät nochmals Dank zu sagen und ihr mitzuteilen, ihr Bild würde in ihm nie verbleichen. Diese Zeit war ja heiter und bildete auf Monate hinaus Stoff für lustige Gespräche. Aber Elisabeth ist selig, daß sie sich aufs Land zurückziehen und wieder ihren Kindern, vor allem der kleinen Valerie, widmen kann. Sie hat wahrhaft weidlich mitgetan und kann sich nun ein wenig Erholung gönnen.

Auch der Kaiser ist auf kurze Zeit nach Ischl gegangen, fährt aber, als sich die sächsischen Majestäten zum Ausstellungsbesuch ansagen, wieder

[1] Festetics-Tagebuch, Schönbrunn, 9. und 12. August 1873. F. F. A.

nach Wien zurück. Elisabeth ist entrüstet: »War es denn wirklich der Mühe wert«, meint sie, »wegen der Sachsen so schnell zurückzukehren? Du hättest sie so leicht mit dem serbischen und griechischen Besuch vereinigen können. So verwöhnst du alle Leute schon so, daß du nicht einmal mehr Dank für deine übertriebene Höflichkeit bekommst, im Gegenteil. Eigentlich gibst du mir recht, aber eingestehen willst du es nicht. Das ist immer so, wenn man eine Dummheit gemacht hat ...«

Mittlerweile hat ein großer Börsenkrach in Wien die Finanzwelt erschreckt, und auch die Ausstellung, deren Besuch unter der Choleraangst enorm gelitten hat, schließt mit einem riesigen Verlust. Elisabeth versteht den tieferen Zusammenhang nicht, aber ihr Vertrauen in die Staatslenkung und vor allem in die wirtschaftliche Einsicht der Minister wird bedenklich erschüttert. In diesen Tagen ist sie dem Kaiser, den das alles sehr stark hernimmt, wieder eine wahre, tröstende Freundin.

Im September soll im Zuge der neuen Orientierung, die die äußere Politik unter Andrássys Führung genommen hat, durch den Besuch des Königs von Italien ein bezeichnender Schritt geschehen. Elisabeth wird dazu nach Schönbrunn gerufen, kommt an, fühlt sich aber sehr unwohl. Sie hat gastrisches Fieber und ist so elend, daß sie den Monarchen nicht empfangen kann. Der König von Italien ist ganz unglücklich, daß er die Kaiserin nicht sieht, denn auf sie allein war er neugierig. Andrássy ist das auch sehr unangenehm. Es gibt Anlaß zu Mißdeutungen und Redereien aller Art. Man erinnert sich der Einstellung Elisabeths wegen ihrer Schwester, der Königin von Neapel usw. Diesmal aber ist es wirklich keine »Schulkrankheit«, wie sie die lieben Wiener der Kaiserin andichten. Sie hat doch, weiß Gott, während der Ausstellung genug gezeigt, daß sie tut, was ihre Pflicht ist. Auf die Pferdeausstellung hat sie sich ehrlich gefreut und kann sie auch nicht besuchen, weil sie nun schon zehn Tage zu Bette liegt.

Kaum ist Elisabeth soweit, flüchtet sie nach Gödöllö, das nun im Oktober, wo die Blätter welk und gelb niedersinken und der Haraszter Wald in tausend wunderbaren Farben prangt, so wehmütig schön ist. Hier wird sie sich am schnellsten erholen. Ende Oktober darf sie, vorerst nur auf einem Pony, im Schritt durch den Park ausreiten. Um sich ein wenig zu unterhalten, setzt sie ihre Freundinnen Ida Ferenczy und Marie Festetics auf zwei kleine Esel, die ihr der Khedive geschenkt hat, und unterhält sich über die beiden Damen, die noch niemals auf etwas Lebendem gesessen sind. Dann sieht sie dem Kaiser wehmütig zu, wie er an der Spitze der Jagdgesellschaft in rotem Frack mit Prinz Leopold hereingaloppiert, der um zehn Jahre älter aussieht als sein Schwiegervater. Noch ist Elisabeth nicht wiederhergestellt. In der Nacht zum 20. Oktober fragt der Kaiser ganz besorgt den Hofrat Widerhofer: »Ja, um Gottes willen, was ist denn mit der Kaiserin? Sie schaut ja gräßlich aus.« Aber es ist nicht so arg. Elisabeth hat eine kräftige Konstitution, die Ruhe in Gödöllö tut ihr gut, und sie würde sich schneller erholen, müßte sie nicht mit Unbehagen den ewigen Kampf in ihrer unmittelbaren Umgebung mit ansehen. Eigentlich gibt es nun drei Höfe: einen um Franz Joseph, jenen, den die Kaiserin sich nun langsam ganz nach ihren Wünschen zusammengestellt hat, und den um den Kronprinzen, der mit seinen fünfzehn Jahren schon so auftritt, als wäre er ganz erwachsen, und dessen Herren daher auch nicht mehr so von den Eltern abhängen wie früher. Diese drei Höfe bekriegen einander, und fortwährend gibt es Verdruß.

Am 2. Dezember müssen die Majestäten zum fünfundzwanzigsten Regierungsjubiläum des Kaisers nach Wien. Wunderschön und eindrucksvoll ist die Feier, aber gleichzeitig auch eine furchtbare Hetze. Am Abend soll große Beleuchtung sein, vorher aber möchte die Kaiserin ein wenig frische Luft genießen und geht mit Marie Festetics über die Ringstraße, was sie schon so oft unbehelligt getan. Doch heute wird sie erkannt, umringt und umjubelt. Anfangs geht es, lächelnd dankt sie, dann aber strömen von allen Seiten Tausende von Menschen herzu. Bald gibt es kein Vor- und kein Rückwärts. Enger und enger wird es um Elisabeth und ihre Begleiterin, kleiner und kleiner wird der Kreis. Die Gräfin bittet, fleht, Elisabeth und ihr geht der Atem aus, der Angstschweiß steht ihnen auf der Stirn, die Polizei kann nicht dazu. Da fängt die Gräfin plötzlich an zu schreien: »Sie erdrücken ja die Kaiserin! Hilfe! Hilfe! Platz! Platz!« Endlich gelingt es einigen Herren, nach einer Stunde fast, eine schmale Gasse bis zu einem Wagen zu bahnen, schnell ist Elisabeth drinnen, halbtot vor Aufregung und ganz erschöpft. Als sie dann endlich in der Burg anlangt, nachdem sie mühselig im Schritt durch die Menschenmassen gefahren, dankt sie der Gräfin mit einem entzückenden Lächeln: »Sie haben mich wirklich gerettet.« Ein warmes Gefühl durchflutet das Herz der Gräfin: »So schauen wie sie, wenn sie etwas Liebes sagt, kann niemand auf der Welt, und solch ein Blick und solch ein Wort macht immer glücklich[1].«

[1] Festetics-Tagebuch, Wien, 3. Dezember 1873. F. F. A.

Elisabeth kehrt gleich nach den Festlichkeiten, noch am 3. Dezember, wieder nach Gödöllö zurück. Der nur so kurze Aufenthalt in Wien bei solcher Gelegenheit erregt in manchen Kreisen der Residenzstadt Unmut. Allgemein wird darüber gesprochen, daß die Kaiserin überhaupt kaum mehr in Wien weilt und ihre ganze Liebe und Aufmerksamkeit ausschließlich Ungarn zuwendet. In einer Zeitung erschien ein Artikel: »Die Kaiserin, diese merkwürdige Frau«, halte sich überall anders lieber auf als in Wien. Als daraufhin eine Deputation der »Concordia«, des Vereines der Presseschriftsteller, beim Kaiser erscheint, um ihn zu seinem Regierungsjubiläum zu beglückwünschen, spricht Franz Joseph mit deutlicher Anspielung auf diesen Artikel die Hoffnung aus, die Presse werde sich in der Folge nicht mehr in das Familien- und Privatleben der Kaiserin einmengen. Doch war der Zwischenfall dem Kaiser recht unangenehm. Auf der Höhe des Thrones kann man kaum je Privatmann sein, man ist nicht einmal freizügig, sondern gefesselt, gebunden, eingeschnürt in Pflicht und Herkommen. Das aber ist etwas, wogegen sich Elisabeths ganze Natur auflehnt; sie wird sich nie daran gewöhnen, denn sie kann es nicht.

Das Jahr 1874 beginnt mit einer Sensation. Die strahlend schöne, junge Kaiserin, der kein Mensch ihr Alter auch nur im entferntesten ansieht, wird Großmutter. Es ist geradezu lächerlich, wenn man das sagt, aber leichter verständlich, wenn man bedenkt, daß sie und auch ihre Tochter Gisela, die nun am 8. Jänner 1874 ein Mädchen bekommen hat, mit sechzehn Jahren heirateten. Kaiserin Elisabeth fährt augenblicklich nach München, obwohl dort Cholerafälle vorgekommen sind. Aus Angst, ununterbrochen mit König Ludwig II. beisammen sein zu müssen, lehnt Elisabeth die ihr angebotene Wohnung in der Residenz ab. Am Tage nach der Taufe kommt Elisabeth plötzlich zu Marie Festetics ins Zimmer. »Ich besuche heute mit einem Arzt das Choleraspital, Marie, und gehe allein, da ich die Verantwortung nicht auf mich nehmen kann, jemand mitzunehmen[1].« Der Gräfin bleibt der Verstand stehen. Sie sucht die Kaiserin zurückzuhalten, aber vergebens. Vor dem Spital will Elisabeth sie im Wagen zurücklassen. Die Hofdame aber erwidert: »Majestät, setzen Sie mich nicht der Schande aus, daß ich Sie nicht begleiten darf.« Erschütternd ist, was man da an menschlichem Leid sieht. Von Bett zu Bett schreitet die Kaiserin in ihrer berückenden Anmut und Lieblichkeit und hat für jeden der Schwerleidenden, mit

[1] Festetics-Tagebuch, 13. Jänner 1874. F. F. A.

dem Tode Ringenden, die das tolle Fieber noch einmal trügerisch mit dem Schein rosiger Jugend überhaucht, ein liebes Wort. Sonst sehen die Allerhöchsten die Stätten, wo so furchtbar schweres Leid wohnt, wohl selten. Man läßt sie gar nicht so weit kommen. Elisabeth aber zeigt persönlichen Mut wie kaum je ein gekröntes Haupt. Sie verachtet die Gefahr für sich selbst, während sie für den Kaiser und die Kinder zittern und beben kann. Da sie sich in den Spitälern niemals vorher ansagt, sondern überfallsartig und völlig überraschend erscheint, fallen alle die Kranken aufregenden Vorbereitungen weg. Sie kommt und geht lautlos, unendliche Güte in ihren Augen. Da liegt ein junger Mensch in den letzten Zügen: »Nun werde ich bald sterben.« — »O nein«, erwidert die Kaiserin, »der liebe Gott wird helfen.« — »Ach, ich habe schon den Todesschweiß«, sagt der Cholerakranke und streckt ihr seine Hand entgegen. Sie berührt sie und erwidert mit einem unbeschreiblichen Ausdruck von Güte und Milde im Gesicht: »Warum soll das Todesschweiß sein? Die Hand ist warm, es wird rettende, gute Transpiration sein.« Der Sterbende lächelt verklärt und sagt innig: »Ich danke Eurer Majestät tausendmal. Vielleicht schenkt mir der liebe Gott das Leben. Gott segne Eure Majestät.« Der Kranke, Elisabeth, die Gräfin und der Doktor haben Tränen in den Augen. Einige Stunden später aber ist der Unglückliche tot. Nach Hause zurückgekehrt, kleidet sich die Kaiserin rasch von Kopf bis zum Fuß um, wäscht sich und wirft die Handschuhe weg. An diesem Tage geht sie nicht mehr zu Gisela und macht nur noch einen kleinen Spaziergang im Park. Zwei Tage später, beim Aufstehen, fühlt sie sich nicht wohl. Furchtbare Aufregung in der ganzen Umgebung. Aber es ist zum Glück nichts. Ganz München spricht nur von dem mutigen Besuch der Kaiserin.
Sie ist viel in Gesellschaft ihrer Schwester, der Königin von Neapel. Während Elisabeth zweifellos witziger, origineller, bizarrer und der wertvollere Charakter ist, ist die Königin von Neapel sehr gescheit und energisch und gewinnt dadurch großen Einfluß auf die Kaiserin. Sie betont fortwährend, wie schön ihre Stellung als »Königin außer Dienst« ist, die machen könne, was sie wolle, und leben, wo es ihr beliebt, und nährt so in Elisabeth die Abneigung gegen die ihr auferlegten Lasten. In letzter Zeit ist die Königin viel in England gewesen und schwärmt unausgesetzt von diesem Land und seinen so herrlichen Reitjagden. Von denen hat schon der Prinz von Wales im Vorjahre bei der Wiener Weltausstellung erzählt, und so formt sich in der Kaiserin langsam der sehnliche Wunsch, dieses Paradies der Reiterei einmal kennenzulernen.

Am 17. Jänner besucht sie die Mutter Ludwigs II., die in wahrhaft kindlicher Heiterkeit Dinge erzählt, die an und für sich nichtig, aber letzten Endes doch höchst bedenklich sind. Zum Beispiel, wie sie vor einiger Zeit erschrocken wäre, weil es in ihr Arbeitszimmer regnete. Sie konnte es sich gar nicht erklären, wieso es bei klarstem Himmel immer von der Decke ins Zimmer tropfe. Endlich sei man daraufgekommen: Aus dem Teich des Wintergartens des Königs, der dort ist, wo sonst die Menschen gewöhnt sind, ein schützendes Dach über sich zu haben, sickert es durch. Sie erzählt das so, als ob ein blauer See mit Mondschein und Dekorationen am Dach etwas Natürliches wäre. Während sie das munter auseinandersetzt, poltert ein schöner junger Mensch herein mit dunklem Haar und dunklen Augen, Prinz Otto[1], dessen Geisteszustand sich mehr und mehr verschlechtert. Kurz darauf steht die Kaiserin auf, um zu gehen. Der Prinz gibt ihr den Arm und führt sie zum Wagen. Ängstlich sagt die Kaiserin zur Gräfin Festetics: »Bitte geben Sie auf ihn acht, ich habe das Gefühl, er wird mich die Stiege hinunterwerfen.«

König Ludwig läßt es sich indes nicht nehmen, trotz einer dick geschwollenen Backe und der Cholera in München wiederholt von seinen Schlössern am Lande hereinzukommen, um Elisabeth zu besuchen, was ihr just keine Freude macht. Am 17. Jänner ist er wieder gegen Abend erschienen. Elisabeth ist müde und schläfrig und will zu Bett, aber der König bleibt stundenlang und geht nicht fort. Wiederholt ruft die Kaiserin die Gräfin Festetics zu sich herein, aber das macht keinen Eindruck auf ihn. Schließlich geht Elisabeth mit dem König zur Hofdame hinüber, was er herzlich ungern tut, weil er immer mit der Kaiserin allein bleiben will. Aber auch das nützt nichts, und Ludwig II. kehrt mit der schon ganz nervösen Elisabeth in den Salon zurück. Endlich kommt diese allein herausgelaufen: »Erlösen Sie mich, Mari, und ersinnen Sie irgend etwas, um ihn wegzubringen. Ich kann nicht mehr.« Gut also. Nach einer Weile klopft die Hofdame. Ein ungewöhnlich lautes »Herein« ermuntert sie: »Eure Majestät haben mir befohlen, anzuklopfen, wenn es halb elf ist, da Eure Majestät morgen früh aufstehen müssen. Ich wagte nicht, früher zu stören, aber jetzt ist es elf Uhr vorbei, und ich fürchte eine Migräne. Das sei meine Entschuldigung für den Mut, Eure Majestät zu stören.« Dazu macht sie ein zerknirschtes Gesicht. Der König wirft ihr einen sehr bösen Blick zu:

[1] Festetics-Tagebuch, 15. Jänner 1874. F. F. A.

»Hier vergesse ich die Zeit.« Er hat Elisabeth von seiner einstigen mißglückten Verlobung, von seinen jetzigen Gefühlen gesprochen und ihr gesagt, wie er die Einsamkeit liebe und wie man ihn verkennt. Kaum ist er fort, kommt die Kaiserin zu Marie Festetics:

»Gott sei Dank, es ist gelungen, aber es war furchtbar. Der arme König tut mir schrecklich leid. Ich habe ihn ja gern, aber mir ist halt mein Bett doch noch lieber. Eine gewisse Ähnlichkeit, glaube ich, besteht schon zwischen mir und ihm, und dazu gehört auch ein Zug von Schwermut und die Liebe zur Einsamkeit.«

»Gott behüte«, erwidert Marie Festetics, »daß da wirklich eine Ähnlichkeit vorliegt! Eure Majestät wollen das alles bloß damit entschuldigen, daß Sie es als eine Familieneigenschaft darstellen, für die man nicht Rechenschaft zu geben braucht.« Elisabeth sieht etwas erstaunt auf, dann lacht sie: »Es ist unverschämt, mir das zu sagen, wenn auch etwas daran ist. Ich habe aber maßloses Mitleid mit diesem armen König.« — »Ja, arm ist ein König«, denkt Marie Festetics, »der nicht genug verrückt ist, um eingesperrt zu werden, anderseits aber wieder zu abnormal, um in der Welt mit vernünftigen Menschen zu verkehren. Er hätte doch bei seinem Besuch längst erkennen müssen, daß die Kaiserin schon ganz außer sich war und gar nicht mehr wußte, was sie mit ihm anfangen sollte. Ihm genügte es aber, sie bloß anzusehen.«

Es ist bemerkenswert, wie Ludwigs II. Mutter sich darüber unklar ist, was ihren beiden Söhnen bevorsteht. Als Elisabeth zuletzt bei ihr weilte, hatte sie den Wunsch geäußert, wieder in eine Krankenanstalt zu gehen. Nun, am 18. Jänner, schlägt die Königinmutter plötzlich vor, gemeinsam das — Irrenhaus zu besuchen. Dafür hat Elisabeth Interesse. Angesichts der fortwährenden Andeutungen, daß diese Krankheit in ihrer Familie umgeht, will sie sich näher darüber unterrichten und nimmt daher die Anregung neugierig und eifrig auf. Der Besuch wird sehr gründlich durchgeführt. Elisabeth hört die armen Kranken bald gräßlich lachen, wüten, schreien, bald bitterlich weinen oder hell singen[1]. Ein rothaariges Mädchen zeigt ihre Klavierkünste. Sie schlägt einen Ton an, zweimal, dreimal, dann fährt sie plötzlich mit den schönen weißen Händen heftig über die Tasten hinauf und hinab. Unglückliche Liebe hat ihr den Sinn verwirrt. Ein Weib sieht Elisabeth an: »Du bist eine Kaiserin und trägst ein Wollkleid? Das ist eine

[1] Festetics-Tagebuch, 18. Jänner 1874. F. F. A.

Schande.« Ein Maler zeigt seine Zeichnung, einen Hirsch, auf dessen Geweih eine Kirche schwebt, die statt des Kreuzes einen Baum trägt. Er lächelt vergnügt über sein Kunstwerk. So geht das fort, zwei Stunden lang. Furchtbar ist der Eindruck. Elisabeth ist bleich und ernst. Die Gräfin Festetics tief ergriffen, nur die Königin, die doch zwei nahezu verrückte Söhne hat, bleibt kalt. Elisabeth aber sagt im Wagen: »Mari, es hat schrecklich auf mich gewirkt, so traurig hab' ich's mir nicht vorgestellt. Ich bewunderte die Königin. Es hat sie eher unterhalten. Natürlich, die Arme ist schon daran gewöhnt.«

Nun hat der Aufenthalt in München, von dem Elisabeth immer sagt, sie sei »da nicht im Dienst«, ein Ende. Am 22. Jänner trifft die Kaiserin in ihrem geliebten Pest ein und genießt wieder das schöne, leuchtende Bild, das sich ihr von der Ofener Burg aus bietet. Tags darauf kommt auch Kaiser Franz Joseph an, und da gibt es zunächst ein wenig Schelte wegen des Besuches im Choleraspital in München. Dann muß Elisabeth nach Wien, um wieder einen Hofball über sich ergehen zu lassen. Zum erstenmal erscheint sie da als Großmutter, strahlend vor Schönheit und Jugend. Kaiser Franz Joseph fährt am 11. Februar nach Petersburg, um dort einen Gegenbesuch abzustatten. Bis zum 22. Februar wird er abwesend sein. Elisabeth überlegt einen Augenblick, ob sie in Wien bleiben oder nach ihrem geliebten Ungarn zurückkehren soll. Aber dort ist man etwas verschnupft wegen der Kaiserreise nach Rußland, und außerdem weiß ja Elisabeth, daß man ihr in Wien das viele Nach-Ungarn-Fahren übelnimmt. So bleibt sie also in Wien, wenn auch ungern.

Am Faschingdienstag findet der erste Maskenball im großen Musikvereinssaal statt. Diese Redouten vereinen Herren und Damen, ja selbst junge Mädchen aus den allerbesten Kreisen. Die Faschingdienstag-Redoute ist die vornehmste von ihnen. Alle Welt spricht davon, wie herrlich sie dieses Jahr sein wird. Auf einmal erfaßt Elisabeth die Lust, im geheimen diesen Ball zu besuchen. Nur Ida Ferenczy, die unentbehrliche Friseurin Feifalik und die Kammerfrau Schmidl werden ins Geheimnis gezogen. Sie müssen schwören, nichts zu verraten. Alles legt sich am Abend wie gewöhnlich nieder. Sobald das ganze Haus schläft, steht Elisabeth auf, wirft sich in einen unvorsichtigerweise ungewöhnlich schönen, aus schwerstem gelbem Brokat verfertigten Domino mit Schleppe und zieht eine große rotblonde Perücke über ihr herrliches Haar. Dann verhüllt sie sich das Gesicht mit einer Maske, die lange schwarze Spitzen trägt, so daß weder vorne noch hinten auch nur das geringste vom Gesicht oder selbst vom Nacken sichtbar bleibt[1]. Ida Ferenczy in rotem Domino nennt die Kaiserin immer Gabriele, um einen eventuellen Verdacht auf die gleichfalls große und schlanke Kammerfrau Schmidl zu lenken, die so heißt. Die beiden Damen betreten den Ballsaal, nehmen auf der Galerie Platz und blicken hinab in das lustige und lärmende Treiben. Da sie sich sehr still und ruhig verhalten und immer zusammenbleiben, nähert sich ihnen niemand, es ist bereits elf Uhr geworden, und Elisabeth beginnt sich zu langweilen. Leise meint Ida Ferenczy: »Gabriele, bitte, suche irgend jemand im Saale aus, der dir gefällt und der nicht der Hofgesellschaft angehört. Ich werde ihn dann zu dir heraufbringen. Man muß auf einer Redoute die Leute ansprechen und intrigieren.« — »Ja, meinst du?« erwidert der gelbe Domino und blickt suchend hinab in den Saal. Da fällt ihr ein junger, eleganter Mensch auf, der allein unten spazierengeht und dessen Gesicht sie noch nie gesehen hat. Sie zeigt ihn Ida Ferenczy, und im Nu eilt diese hinunter, schiebt plötzlich von rückwärts ihren Arm in den seinen und beginnt ihn lustig auszufragen, wer er sei. Ob der Graf X. da wäre, ob er den Fürsten N. kenne und dergleichen. Es ist unschwer zu erkennen, daß sie wissen will, welcher Gesellschaftsschicht der junge Herr angehört und ob er Beziehungen zur Aristokratie habe. Die Ergebnisse dieser kleinen Prüfung befriedigen, es wird klar, er ist kein Mitglied der Hofgesellschaft. Da auf einmal fragt der Domino ganz unvermittelt: »Willst du mir einen kleinen Gefallen tun?«

»Ja, gerne.«

»Ich habe eine schöne Freundin hier, die ganz einsam oben auf der Galerie sitzt und sich furchtbar langweilt. Möchtest du sie nicht einen Augenblick unterhalten?«

»Aber natürlich«, und schon führt der rote Domino seinen Schützling hinauf zum gelben, der den kleinen Feldzug belustigt mit angesehen hat. Nun stehen die beiden voreinander. Eine rasche Prüfung beiderseits. Im ersten Augenblick erkennt der junge Ministerialbeamte Fritz Pacher

[1] Die Schilderung dieser reizenden Episode beruht auf Aufzeichnungen der Erzherzogin Valerie nach Erzählungen der Kaiserin und Ida von Ferenczys sowie den persönlichen Mitteilungen der dabei beteiligten Hauptperson, des leider am 12. Mai 1934 verstorbenen Herrn Friedrich List Pacher von Theinburg, der die Güte hatte, mir nicht nur die Schilderung der Episode, sondern auch die darauffolgende Korrespondenz zwischen der Kaiserin und ihm sowie einer Hofdame und ihm zur Verfügung zu stellen.

an der schweren Seide des Dominos, an der ganzen Erscheinung, an jedem Wort, daß eine Dame der großen Welt vor ihm steht. Tastend beginnt ein verlegenes Gespräch. Der junge Mann zerbricht sich den Kopf, mit wem er es da zu tun haben könnte. Der gelbe Domino hat sich indessen erhoben, eine hochragend schlanke Gestalt steht an der Brüstung, schaut in das Getriebe hinab und sagt plötzlich ganz unvermittelt: »Weißt du, ich bin hier ganz fremd. Du mußt mich ein wenig orientieren. Fangen wir gleich oben an. Was spricht man so im Volk vom Kaiser? Ist man mit seiner Regierung zufrieden? Sind die Folgen der Kriege schon ganz vernarbt?« Fritz Pacher gibt etwas vorsichtige, aber doch gute Auskunft, wie sie der Stimmung der Bevölkerung entspricht. Da auf einmal hört er die Frage:
»Kennst du auch die Kaiserin? Wie gefällt sie dir, und was spricht man über sie?«
Elisabeth ist überzeugt, daß niemand glauben und annehmen wird, daß sie auf dieser Redoute sei, und deshalb wagt sie diese zumindest unvorsichtige Frage. Einen Augenblick durchfährt den jungen Mann wie ein Blitz der Gedanke: »Du stehst neben der Kaiserin, sie fragt dich nach sich selbst.« Dann aber beschleichen ihn doch Zweifel, er zögert einen Augenblick mit der Antwort und sagt lebhaft: »Die Kaiserin, die kenne ich natürlich nur vom Sehen, wenn sie in den Prater fährt, um dort zu reiten. Ich kann nur sagen, sie ist eine wunderbare, herrlich schöne Frau. In der Öffentlichkeit bemängelt man, daß sie sich so ungern sehen läßt und allzuviel mit ihren Pferden und Hunden beschäftigt. Man tut ihr da ganz gewiß unrecht, aber ich weiß es, die Liebhaberei für Pferde und Hunde liegt in der Familie, und von ihrem Vater, dem Herzog Max, erzählt man, er habe einmal gesagt: ›Wenn wir nit Prinzen wär'n, wär'n mer Kunstreiter wor'n!‹« Diese Kritik unterhält Elisabeth:
»Sag mir, für wie alt hältst du mich eigentlich?«
Da wagt der junge Beamte, genau das Alter der Kaiserin zu nennen.
»Du? Du bist sechsunddreißig Jahre alt.«
Unwillkürlich geht ein Ruck durch die ganze Gestalt Elisabeths. Mit etwas betretener Stimme sagt sie: »Du bist aber nicht sehr höflich«, und verläßt sofort das gefährliche Thema. Die Maske beginnt einsilbig zu werden. Das Gespräch kommt ins Stocken, und auf einmal erhebt sie sich: »So, jetzt kannst du abfahren!« Der junge Mann darauf mit ironischer Miene: »Das ist aber wirklich liebenswürdig, zuerst läßt du mich zu dir heraufkommen, quetschst mich aus und gibst mir dann den Laufpaß. Gut, ich gehe, wenn du genug von mir hast, aber eines

glaube ich doch von dir verlangen zu können: einen Händedruck zum Abschied«, und damit hält Fritz Pacher ihr die Hand entgegen. Elisabeth nimmt sie nicht, sieht ihn nur gleichsam erstaunt an: »Gut, du kannst bleiben, setz dich und dann führe mich hinunter in den Saal.« Von diesem Augenblick an scheinen die unsichtbaren Schranken niedergerissen. Der bisher steife und förmliche gelbe Domino ist wie ausgewechselt. Elisabeth beginnt über Gott und die Welt zu reden, ironisch bespricht sie die politischen und gesellschaftlichen Zustände Österreichs. Sie hängt sich leicht an den Arm ihres Begleiters und wandert, fortwährend plaudernd, gut zwei Stunden lang durch den Saal und seine Nebenräume. Fritz Pacher fühlt sich nicht ganz heimelig, obwohl er stolz sieht, welches Aufsehen die wirklich königliche Erscheinung an seinem Arm macht. Er vermeidet peinlich, ihr in zudringlicher Weise den Hof zu machen, gebraucht kein zweideutiges Wort. Es ist klar, er hat eine große Dame am Arm, es fällt ihm auf, wie ungewohnt es ihr ist, im Gedränge geschoben und gestoßen zu werden. Sie bebt ordentlich am ganzen Körper, wenn man ihr nicht Platz macht. Das ist sie sichtlich nicht gewöhnt. Die jungen Herren der Aristokratie beginnen sich für das Paar zu interessieren, sie sind überzeugt, die Dame ist ein Mitglied ihrer Gesellschaft. Nur einer scheint zu ahnen, wer es ist, der große Sportsmann Graf Nikolaus Esterházy, der Master bei den Gödöllöer Fuchsjagden.

Elisabeth erkundigt sich genau nach Namen und Beruf, nach Herkunft und Lebenslauf ihres Begleiters. Sie unterhält sich über die ganz ungeniert vorgebrachten Kritiken der öffentlichen Zustände, sie findet vielfach verwandte Urteile und Ansichten, die auch sie teilt. Als schließlich das Gespräch auch auf Heine kommt, den Lieblingsdichter Elisabeths, dessen »Buch der Lieder« sie halb auswendig kennt und dessen ironisch-weltschmerzlicher Geist ihrer ganzen Wesensart liegt, da hat der junge Beamte sie ganz gewonnen. Sie sagt ihm einige nette Dinge, wie sympathisch, klug und vernünftig sie ihn findet:

»Sonst sind die Menschen immer nur Schmeichler. Wer sie so kennengelernt hat wie ich, kann sie nur verachten. Du aber scheinst ganz anders zu sein. Jetzt weiß ich, wer *du* bist, aber nun sage mir, für wen hältst du *mich* eigentlich? Wo tust du mich hin?«

»Du bist eine große Dame, mindestens eine Fürstin. Das zeigt dein ganzes Wesen.«

Elisabeth lacht dazu und wird langsam mutiger. Er bittet sie, doch wenigstens ihren Handschuh auszuziehen und ihn ihre Hand, wenn auch

ohne Ringe, sehen zu lassen, da diese ja für den Menschen so charakteristisch ist. Elisabeth aber lehnt ab:
»Du wirst mich schon noch kennenlernen, aber nicht heute; wir sehen uns wieder. Würdest du etwa nach München oder Stuttgart kommen, wenn ich dir dort ein Rendezvous gäbe? Du mußt nämlich wissen, daß ich keine Heimat habe und fortwährend auf der Reise bin.«
»Ich komme natürlich überallhin, wohin du befiehlst!«
Fritz Pacher bestürmen tausend Gefühle und Gedanken. Ist es die Kaiserin, ist sie es nicht? »Jedenfalls«, denkt er, »habe ich hier eine gescheite, gebildete und interessante Frau mit einem originellen Einschlag vor mir. Das ist klar. Alles Gewöhnliche prallt an ihr ab.« So fliegen den beiden die Stunden wie die Minuten dahin. Mitternacht ist längst vorüber, es wird später und später, der rote Domino ist schon wiederholt in der Nähe erschienen, drückt sich immer wieder um die beiden herum, ohne daß der gelbe ihn zu sich heranruft. Endlich muß aber geschieden sein. Elisabeth hat die Adresse, verspricht, bald zu schreiben, und stellt ein Wiedersehen in sichere Aussicht.
»Nur eins, du mußt mir noch ein Versprechen geben. Begleite mich an den Wagen und kehre nicht mehr in den Saal zurück. Hand darauf!«
Der junge Mann tut alles, was die Gestalt in gelber Seide verlangt, und nun geht es mit dem roten Domino zu dritt über die große Stiege des Vorraumes, wo man ein wenig wartet, bis der Fiaker vorgefahren ist. Da überwältigt ihn plötzlich die Neugier. Mit den Worten: »Ich möchte aber doch wissen, wer du bist!« bückt er sich nieder und versucht, die Spitzen der Maske wegzuschieben, um die untere Gesichtshälfte zu sehen. Da stößt der rote Domino in höchster Erregung einen Schrei aus und stürzt sich dazwischen. In diesem Augenblick ist der Wagen vorgefahren. Ein kräftiger Händedruck, im Nu sind die Masken im Wagen, und die Pferde ziehen an. Der ganze Spuk entschwindet in der dunklen Nacht.
Elisabeth sagt bange zu Ida: »Gott, wenn der wüßte, wer ich bin. Wir dürfen aber nicht gleich in die Hofburg. Am Ende fährt er uns nach.« Ida Ferenczy befiehlt dem Fiaker, weit in die Vorstadt hinauszufahren. Irgendwo bei einer Gasse bleibt der Wagen stehen. Ida steigt aus, späht umher, und als sie sieht, daß niemand gefolgt ist, wird schleunigst in die Burg zurückgekehrt. Verwirrt und wie berauscht geht der sechsundzwanzigjährige junge Mann indessen in sein bescheidenes Heim zurück. In den nächsten Tagen kommt er nicht mehr zur Ruhe. Er wandelt ununterbrochen im Prater auf und ab, um der Kaiserin zu

begegnen. Er umkreist die Burg, um ihre Ausfahrt zu erspähen, und einmal gelingt es ihm, die hart an ihm vorbeifahrende Elisabeth zu grüßen. Sie sieht hin, und einen Augenblick malt sich Spannung in ihrem Gesicht. Kaum ist der Wagen vorbei, blickt Elisabeth beim rückwärtigen Guckloch zurück, läßt aber sofort die Klappe wieder fallen.
Eine Woche darauf erhält Fritz Pacher einen Brief aus München. Das Datum rechts oben ist in der Schrift der Kaiserin. Der Rest des Briefes aber sichtlich verstellt[1]: »Lieber Freund! Sie werden erstaunt sein, meine ersten Zeilen aus München zu erhalten. Ich bin seit wenigen Stunden hier auf der Durchreise und benütze die kurzen Augenblicke meines Aufenthaltes, Ihnen das versprochene Lebenszeichen zu geben. Und wie sehnsüchtig haben Sie es erwartet. Leugnen Sie nicht mit Ihrer ehrlichen deutschen Natur. Aber fürchten Sie nicht, ich fordere keine Erklärungen, ich weiß ja so gut wie Sie, was seit jener Nacht in Ihnen vorgeht. Mit tausend Frauen und Mädchen haben Sie schon gesprochen, sich auch zu unterhalten geglaubt, aber Ihr Geist traf nie auf die verwandte Seele. Endlich haben Sie im bunten Traum das gefunden, was Sie jahrelang suchten, um es für ewig vielleicht wieder zu verlieren . . .«
Augenblicklich antwortet Fritz Pacher, fragt Gabriele, ob sie manchmal an ihn denkt, und möchte dann tausend Dinge wissen: Wie, wo, was, wann. Der gelbe Domino soll schreiben, was er den ganzen Tag treibt, mit wem er zusammen ist, ob er eifersüchtig sein soll usw. Der Brief wird auf der Hauptpost abgegeben. Nach zwei Tagen schon fragt er an. Ja, der Brief ist abgeholt worden. Wochenlang nachher noch unterhalten sich Elisabeth und ihre Dame über dieses kleine Abenteuer. Am meisten freut Ida Ferenczy, daß Marie Festetics, die sich ihr gegenüber doch so sehr mit dem Vertrauen der Kaiserin brüstet, keine Ahnung davon hat.
Am 27. Februar kehren Franz Joseph und Andrássy soweit zufrieden aus Petersburg zurück. Der Empfang war sehr glanzvoll, wenngleich sich die wirklichen Gefühle des Zaren und Rußlands für Österreich nicht wesentlich gewandelt haben. Man kann das Vergangene eben nicht vergessen. Mit Bellegarde aber ist irgend etwas vorgefallen. Der Kaiser hat Befehl gegeben, ihm schonend mitzuteilen, daß er seinen Rücktritt erbitten soll. Er glaubt, es sei das Werk der Kaiserin und der Gräfin Festetics, weil er zu ungarnfeindlich gewesen und den Redereien am Hofe über Andrássy aus einer gewissen Eifersucht heraus

[1] Original im Nachlaß des Herrn Fritz Pacher von Theinburg, Wien.

nicht ferngeblieben sei. Aber die beiden haben nichts damit zu tun. Andere Gründe sind im Spiele. Elisabeth empfängt ihn zum Abschied; ihr Bericht darüber an den Kaiser ist sehr kurz: »Heute war Bellegarde bei mir Abschied nehmen und war sehr gerührt. Aber da er nichts fragte, so sagte ich ihm auch nichts, was jedenfalls bequemer war . . .[1]«
Die Kaiserin selbst ist nun sehr zurückhaltend. »Ich bin so vorsichtig in dem, was ich über andere erzähle, weil ich unter dem zuviel gelitten habe, was man über mich sagte. Ich glaube überhaupt nur mehr, was ich selbst höre«, meint sie zur Gräfin Festetics[2]. »Ich möchte niemandem schaden, nur tut es sehr weh, Mari, wenn man niemandem etwas tut, das Stichblatt der Bosheit zu sein, wie ich es immer war. Jetzt ist eine gewisse Gleichgültigkeit über mich gekommen. Ich bin sehr vorsichtig, ich ziehe mich vor den Menschen zurück, ihnen kann es nur angenehm sein, sie haben mich nicht gerne, und mir ist es bequemer.«
»Ich kann nicht leugnen«, erwiderte die Gräfin, »daß nicht alles so ist, wie es sein sollte, aber Eure Majestät wissen gar nicht, wie viele Menschen Eurer Majestät ergeben sind und wie glücklich Leute sind, wenn sie Eure Majestät sehen.«
»O ja, neugierig sind sie. Wie es was zu sehen gibt, laufen alle, des Affen wegen, der auf dem Werkel tanzt, geradeso wie um meinetwillen. So ist die Liebe! Ich glaube nicht so schnell an Treue, ich bin so eitel, mir das alles einzubilden, und es ist gescheiter, etwas zu versäumen, als sich zu täuschen.«
Von all dem Unangenehmen lenkt Elisabeth nur der Gedanke an das kleine, so völlig unschuldige Abenteuer am Maskenball ab. Sie ist entschlossen, das versprochene Rendezvous nicht einzuhalten, plant aber, zu korrespondieren. Dem ersten Brief vom Februar folgt im März ein zweiter[3], der auf den höchste Neugierde verratenden Antwortbrief des Herrn Fritz Pacher eingeht und so tut, als wäre die Schreiberin schon in England, welche Reise Elisabeth erst für den Spätsommer plant.
»Lieber Freund! Wie Du mich dauerst! So lange ohne Nachricht von mir zu sein, wie öde muß Dein Leben gewesen sein, wie endlos Deine Zeit! Aber ich konnte nicht anders. Mein Geist war todmüde, meine Gedanken hatten keinen Schwung. Manchen Tag saß ich stundenlang

[1] Elisabeth an Franz Joseph, 9. März 1874. E. A. S. W.
[2] Festetics-Tagebuch-Eintragung, 25. März 1874. F. F. A.
[3] Original in verstellter Schrift im Nachlaß des Herrn Fritz Pacher von Theinburg.

am Fenster und starrte in den trostlosen Nebel, dann war ich wieder pudelnärrisch und stürzte mich von einer Unterhaltung in die andere. Ob ich dabei Deiner gedachte? Was ich dachte, weiß *ich*, das genügt mir. Deine Neugierde habe ich nicht zu befriedigen, Du eingebildetes Menschenkind, darum sollst Du auch nichts über diesen Punkt erfahren. Man preist London so sehr, ich weiß nur, daß es mir unausstehlich ist. Soll ich Dir Sehenswürdigkeiten beschreiben? Lies Baedeker und Du ersparst mir die Mühe. Du willst von meinem Treiben und Leben wissen. Es ist nicht interessant. Ein paar alte Tanten, ein bissiger Mops, viele Klagen über meine Extravaganz, zur Erholung jeden Nachmittag eine einsame Fahrt im Hydepark, abends eine Gesellschaft nach dem Theater, und Du hast mein Leben mit all seiner Öde und Geistlosigkeit und verzweiflungsvollen Langeweile. Ja, Fritz, *selbst Du* wärest hier eine Zerstreuung! — Was sagst Du dazu? Bist Du weniger eitel, für einen Tag wenigstens? — Denke Dir nur die Schwäche, ich habe Heimweh, Heimweh nach diesem leichtsinnigen, sonnigen Wien, aber auf Katzenart nach dem Ort, nicht nach den Menschen. — Und nun wünsche ich Dir gute Ruhe, die Uhr vor mir zeigt nach Mitternacht. — Träumst Du in diesem Moment von mir oder sendest Du sehnsuchtsvolle Lieder in die stille Nacht hinaus? Im Interesse Deiner Nachbarschaft wünsche ich das erste.
Meine Kusine ist zu ihren Eltern zurück, sende daher Deine Briefe künftig unter dieser Adresse: Mr. Leonard Wieland, General-Postoffice, London.

Mit herzlichen Grüßen
Gabriele«

Elisabeth gibt den Brief ihrer Schwester mit, der Königin von Neapel, die damals gerade nach England fährt, und beauftragt sie, die weiteren Briefe dort zu beheben. So meint sie am besten die Spuren zu verwischen und das Geheimnis der Fortsetzung der Korrespondenz auch vor ihren Hofdamen zu wahren. Denn als sie Ida Ferenczy von ihrem ersten Schreiben an den Herrn Fritz Pacher sprach, hat diese sofort Bedenken geäußert und die Kaiserin gebeten, wegen der Gefahr der Mißdeutung diesen Briefwechsel nicht weiterzuführen. Ihr neuer Brief erregt beim Adressaten einen förmlichen Sturm von Empfindungen. Fritz Pacher sucht in seiner Antwort näher in das Geheimnis einzudringen, tut aber dabei so, als ob es doch eigentlich keines für ihn wäre. Daraufhin folgt nun im April wieder ein vorgeblich in London abgefaßtes Schreiben Elisabeths:

»Lieber Freund! Ich war eine Woche auf dem Lande und fand daher Deinen Brief erst bei meiner Rückkehr. — Er hat mich unterhalten, darum antworte ich Dir so schnell, auch weil ich auf die gewisse närrische Geschichte neugierig bin. Du stellst schrecklich viele Fragen und glaubst dabei doch alles am besten zu wissen. Warum soll ich nicht Gabriele heißen? Hast Du eine Aversion gegen diesen schönen Erzengelnamen? Freilich, Friederike wäre schöner, aber das ist nun einmal nicht zu ändern. Dann scheinst Du Dir in Deinen Kopf gesetzt zu haben, daß ich nicht in London bin. Wäre ich nur wieder in Wien, denn ich versichere Dir, ich habe mich dort viel besser unterhalten. Vielleicht, daß ich für den Monat Mai hinkommen kann, ich glaube aber kaum, fürchte vielmehr, daß ich für den ganzen Sommer und Herbst hier festgehalten sein werde. Du könntest dann England in das Programm Deiner Ferienreise aufnehmen und dem gelben Domino einen Besuch abstatten, wenn wir uns bis dahin nicht schon gegenseitig satt geworden sind. Es wird Dir hier gefallen, es gibt so viel zu sehen, so viel Interessantes, eben in Dein Fach Schlagendes. Und nachdem Du einst Landwirt warst, wie werden Dir diese hübschen Landaufenthalte gefallen. Vom großen Etablissement des reichen Lords angefangen bis zum einfachsten Cottage des Farmers herab ist überall Geschmack, mit dem Praktischen vereint. Ja, das Land ist wunderschön, aber London hasse ich, es macht mich melancholisch, und ich kann den Spleen nicht loswerden. Den alten Tanten habe ich farewell gesagt und bin nun bei meinem Bruder etabliert. Der eigentliche Zweck meines hiesigen Aufenthaltes ist dadurch nicht gestört, und ich bin die langweilige Gesellschaft losgeworden, zu der ich auch den Mops zähle; denn ich muß, selbst auf die Gefahr hin, Dir zu mißfallen, gestehen, daß ich gar kein Herz für Hunde habe. Diesem Umstand mußt Du es daher auch zuschreiben, daß ich keine Ahnung habe, welcher Rasse der Deinige angehört. Um mich darüber aufzuklären, könntest Du mir Deine Photographie mit dem treuen Begleiter schicken. Also Du willst wissen, was ich lese. — Ich lese sehr viel, ganz ohne System, wie ja mein ganzes Leben auch ohne System ist — von heut' auf morgen. Ein Buch, das mir wirklich zusagt, das mir so aus der Seele geschrieben wäre, finde ich äußerst selten, aber neulich kam mir eins unter die Hände, ich dachte noch, ich muß Dir davon schreiben: ›Deutsche Liebe‹ von Müller. Lies es nur und dann sage mir Deine Meinung darüber; mir hat es schrecklich gut gefallen. Weißt Du, daß Du sehr indiskret bist? Nichts weniger verlangst Du als meine Biographie — langweilen würde sie

Dich freilich nicht, aber dazu muß ich Dich erst besser kennen. Nur so viel sage ich Dir heute, daß der nennenswerteste Abschnitt meines Lebens ein Winter war, den ich im Orient verbrachte, und sich meine liebsten Erinnerungen an dieses wundervolle Märchenland knüpfen. Während ich Dir diese Zeilen schreibe, bist Du wohl schon an den in ihrer Art nicht minder schönen Gestaden eines der italienischen Seen. Ich kenne sie auch, aber es fehlte meinem séjour dort jener Hauch des Glücks, der über meinem orientalischen Aufenthalte in so reichem Maße gebreitet war. Daß Du auch dort an mich denken wirst, trotz Mutter und Schwester, weiß ich. Ich habe mich eingeflochten in Dein Leben, unbewußt und ungeflissentlich. Sage mir, willst Du die Bande lösen? Jetzt geht es noch, und später, wer weiß!

Mit herzlichen Grüßen
Gabriele[1]«

Elisabeth versucht, mit den Schilderungen von England und dem Hinweis auf ihre Abneigung gegen Hunde Fritz Pacher auf eine falsche Spur zu lenken. Auch mit dem Hinweis auf den Orient, wo sie bisher nie war, wird das gleiche Ziel verfolgt. Wahrscheinlich meint sie damit den Aufenthalt in Korfu, dessen wundervolle landschaftliche Lage ihr seinerzeit so unendlich gefallen hat. Der junge Mann will aber nicht als der Überlistete erscheinen, will zeigen, daß er alles weiß, und wagt es, in seiner Antwort auf diesen Brief Elisabeths unverhüllt auf die Person der Kaiserin anzuspielen und ihr sogar zu sagen, sie heiße weder Gabriele noch Friederike, wohl aber könne und werde sie Elisabeth heißen! Die Strafe ist der völlige Abbruch der Korrespondenz. An den folgenden Faschingdienstagen findet sich kein gelber Domino mehr ein. Elisabeth sieht Pacher im Prater und bei einer Blumenausstellung in aller Öffentlichkeit, dankt wohl etwas freundlicher für seinen Gruß als für andere, aber spricht niemals mit ihm. Bald drängen die Tagesereignisse diese kleine Episode in den Hintergrund.

Am 29. April heiratet der Bruder der Kaiserin, Herzog Karl Theodor, in zweiter Ehe die liebliche und wunderschöne Prinzessin Marie José, Infantin von Portugal. Elisabeth ist mit dieser Heirat sehr einverstanden. Sie hört von allen Seiten, daß es die beste Wahl ist, die ihr Bruder

[1] Original (London, im April 1874) in verstellter Schrift im Nachlaß des Herrn Fritz Pacher von Theinburg. Am Schluß ein Stück des Briefes ausgeschnitten, dafür aber die letzten vier Worte mit Bleistift und anderer Schrift ergänzt.

hätte treffen können. Elisabeth kann zur Hochzeit nicht abkommen und sendet nur ein herrliches Geschenk. Als sie ihre neue Schwägerin beim nächsten Besuch in Possenhofen kennenlernt, ist sie entzückt. »Marie hat mir ungeheuer gut gefallen. Ich finde sie eine seltene Schönheit, man kann sie nicht genug anschauen«, urteilt sie[1]. Die Kaiserin hat nicht fortkommen können, weil Valerie wieder etwas krank war. Auch gab es in der Kammer der Kleinen einen Sturm. Elisabeth glaubte, Miß Throckmorton entfremde ihr das Kind, das an und für sich schwer zu behandeln ist. Das wird der Kaiserin zuviel. Im Punkte Valerie versteht sie keinen Spaß, und die Engländerin kehrt in ihre Heimat zurück. Ende Juli entschließt sich die Kaiserin auf Zureden ihrer Schwester, mit ihrer Tochter nach der Isle of Wight zu reisen, um dort kräftigende Seebäder zu nehmen. Sie will versuchen, dort möglichst jedem offiziellen Empfang auszuweichen. Es soll ihr Urlaub sein, und den will sie ungestört genießen. Vor allem will sie auch den politischen Intrigen entfliehen, die in Wien in hoher Blüte stehen. Da gibt es eine böhmische Partei, die behauptet, Elisabeth sei schuld, daß der Kaiser sich nicht auch in Prag krönen läßt, weil sie nur die Ungarn liebe und die Böhmen hasse. Dann Leute, die behaupten, sie wäre nicht fromm genug und sei die einzige, die verhindere, daß der Staat wieder der Kirche untergeordnet werde. Dann die Absolutisten und Zentralisten, die wieder zur Politik der Erzherzogin Sophie zurückkehren wollen, die sie, die Kaiserin, allein untergraben habe. Und dabei benützt Elisabeth ihren großen Einfluß auf den Kaiser nun nach dem Ausgleich gar nicht mehr dazu, weitere politische Pläne durchzusetzen. Sie will nur, daß möglichst alles für ihren Mann und für ihre Kinder gut verlaufe, und hilft dem Kaiser, wo sie kann, mit ihrem klugen Kopf und feinen Takt. Er zollt auch ihrem Urteil höchste Anerkennung und liebt es, alles mit ihr zu besprechen.

Am 28. Juli tritt die Kaiserin die Reise über Straßburg und Le Havre nach der Insel an. In Straßburg will sie das Münster besuchen, fürchtet aber, wieder erkannt zu werden, was sie immer so unglücklich macht und sie hindert, die Dinge voll zu genießen. Darum geht sie einige Stunden früher hin, als es im Programm war, und findet bloß ein altes Weiblein vor, das sie zu einem Geistlichen bringt. Der führt die Besucherin im Dom herum und spricht bei den Gräbern der Habsburger

[1] Elisabeth an Prinzessin Gisela, ohne Datum und Jahr. Archiv des Prinzen Konrad von Bayern, Harlaching.

zu Elisabeths Vergnügen über die dicken Lippen, die eine Degenerationserscheinung seien. Aus dem Quartier der Kaiserin tritt indes die Friseurin Frau Feifalik heraus, die ehrfurchtsvoll begrüßt wird und nach rechts und links huldvoll dankt. Die Kaiserin sieht von der Ferne zu und lacht; dann gibt sie der alten Frau ein Goldstück. Die Gute will es gar nicht annehmen, denn nun hat sie erraten, wen sie geführt hat. »Die Ehre und die Freude«, beteuert sie, »sind mir Lohn genug.« — »Sehen Eure Majestät«, sagt Marie Festetics, »es gibt doch gute Menschen auf der Welt.« — »Ja«, klingt es traurig zurück, »hier haßt man mich nicht.«

Auf der Weiterreise wird Paris aus politischen Gründen ohne Aufenthalt passiert, und am 2. August 1874 trifft Elisabeth auf der Isle of Wight ein. Herrliche Vegetation deckt diesen schönen Fleck Erde. Eichen und Lorbeer, Magnolien und Zedern, Blumen über Blumen. Ida Ferenczy und die Gräfin Festetics begleiten die Kaiserin. In einer reizenden Villa wird Aufenthalt genommen. Kaum angekommen, empfängt Elisabeth schon den Besuch der Königin von England, die in Schloß Osborne weilt. Viktoria ist von der Schönheit der Kaiserin ganz geblendet. Sie hat sie bisher noch nie gesehen, kannte nur Photographien und Bilder und findet jetzt, daß keines derselben ihr gerecht werde oder auch nur einen entfernten Begriff von ihrer Schönheit geben kann. Am englischen Hof hat man schon von der Kaiserin gehört, wie menschenscheu und unfreundlich sie sei, und sah daher dem Besuche mit Sorge entgegen. Elisabeth interessiert auch der berühmte John Brown, der der Lieblingsdiener des Prince Consort gewesen und dem die Königin deshalb eine so bevorzugte Stellung einräumte. Die kleine Valerie erschrickt über Viktoria: »Ich habe noch nie eine so starke Frau gesehen«, meint sie.

»Die Königin war sehr freundlich«, berichtet Elisabeth ihrem Gemahl[1], »sagte gar nichts Unangenehmes, ist mir aber unsympathisch. Der Prinz von Wales war freundlich, hübsch und stocktaub, die Kronprinzessin, die anderthalb Stunden von ihrer Mutter ist, war wie immer. Sie sind sehr klein, aber hübsch etabliert und bleiben noch hier. Morgen besucht sie mich. Ich war überhaupt sehr höflich, und alles schien erstaunt darüber. Aber jetzt habe ich auch alles getan. Sie sehen vollkommen ein, daß ich Ruhe haben will, und wollen mich nicht genieren . . .« Einige

[1] Elisabeth an Franz Joseph, Steephill Castle, Ventnor, Isle of Wight, 2. August 1874. E. A. S. W.

Tage nach dem ersten Besuch lädt aber Viktoria Elisabeth zum Essen ein. Die Kaiserin entschuldigt sich mit einem höflichen Brief und denkt sich, auch die britische Königin werde froh sein[1], wenn sie ihr so die Mühe erspare. Doch dem ist nicht so. Viktoria erscheint am 11. August wieder bei Elisabeth und wiederholt ihre Einladung mündlich. Die beiden Fürstinnen sind in ihren äußeren Erscheinungen die schärfsten Gegensätze. Die schlanke, elegante, hohe und anmutige Gestalt der Kaiserin läßt die kleine, dicke und untersetzte Statur der auch im Gesicht nicht allzu schönen Königin etwas zu scharf hervortreten. Elisabeth lehnt die Einladung neuerlich ab. »Ich tat's, weil mich das langweilt[2]«, gesteht sie ihrer Mutter. Eine leichte Verstimmung ist die Folge.

Die Kaiserin unterhält es mehr, unerkannt in London herumzustreifen. In dieser Jahreszeit weilt die Gesellschaft nicht in der Stadt. Elisabeth stellt fest: »Alles is weg, die Straßen, wo die schönsten Häuser stehen, wie ausgestorben.« Aber das ist ihr ganz recht. Sie ist dann wenigstens nicht geniert. Einige Besuche muß sie jedoch machen. Zum Beispiel bei der Herzogin von Edinburgh, der wenig hübschen Tochter des Zaren, dann bei der Herzogin von Teck. Sie ist »kolossal dick«, schreibt Elisabeth dem Kaiser[3]. »Ich habe so etwas noch nie gesehen. Ich dachte mir die ganze Zeit: Wie muß sie im Bett ausschauen?«

Abends reitet die Kaiserin im Hydepark mit dem Botschafter Beust auf dem berühmten Königsschimmel von Budapest, den sie mitgenommen hat. Von allen Seiten trägt man ihr Pferde an. Natürlich nicht billige. »Das, was ich am liebsten haben möchte, kostet fünfundzwanzigtausend Gulden!« deutet sie Franz Joseph an, fügt aber gleich hinzu: »Also natürlich unerreichbar.« Dann besucht Elisabeth das berühmte Wachsfigurenkabinett der Madame Tussaud, in dem sie ihren Gemahl findet. »Ungeheuer amüsant, aber doch teilweise sehr grauslich«, findet sie es, bleibt aber dennoch volle anderthalb Stunden dort und ist kaum wegzubringen. In wahnsinniger Hetze durcheilt die Kaiserin mit Marie Festetics die Riesenstadt. Sie möchte am liebsten alles auf einmal sehen und alles mitmachen. Auch hier in London besucht sie das Irrenhaus Bedlam, die größte Anstalt dieser Art in der Welt. Da verschwindet jene von München dagegen. Zehnmal so groß ist die Anlage. Eine ganze

[1] Elisabeth an Franz Joseph, Ventnor, 10. August 1874. E. A. S. W.
[2] Elisabeth an ihre Mutter, 15. August 1874. E. A. S. W.
[3] Elisabeth an Franz Joseph, London, Claridge Hotel, 22. August 1874. E. A. S. W.

Welt gestörter Geister. In einem schönen schattigen Garten leben da unzählige Unglückliche. Am meisten Eindruck macht ein junges Mädchen auf Elisabeth, das auf dem Rasen unter einem Blütenbaum sitzt, Kränze flicht und diese sich dann mit feierlicher Gebärde, ruhig, gelassen, so voll Wahnsinn, aufs Haupt setzt. Größenwahn ist die vorherrschende Eigenschaft[1]. Ein Narr spricht die Kaiserin an und bittet sie, ihn zu befreien. »Warum sind Sie hier?« fragt sie sanft und freundlich. »Die Jesuiten waren mir böse und behaupteten, um einen Grund zu haben, mich einzusperren, ich hätte dem heiligen Petrus auf der Straße seine Börse gestohlen. Freilich wäre das ein schweres Verbrechen. Es ist aber nicht wahr«, versichert er mit einem schlauen Lächeln im feinen Gesicht, »denn wissen Sie, ich bin ja der heilige Petrus selbst.« Die Kaiserin hört gespannt zu und sagt dann ganz ruhig: »Da werden Sie gewiß bald von hier fortkommen.«

Nach diesem Besuch geht die Hetze weiter. Die Kaiserin macht einen Ausflug nach Melton und nach Belmore Castle. Der Herzog von Rutland hat dort seine Hunde, und Elisabeth reitet hier zum erstenmal auf englischem Boden eine richtige Jagd[2]. Die Kaiserin übernachtet im alten, wunderschönen Schloß von Melton, besieht die Ställe und Pferde und bekommt dabei eine solche Lust, eine ganze Jagdsaison mitzumachen, daß schon ernstlich darüber gesprochen wird. Auf der Jagd reiten Kavaliere aus der Heimat mit, Herr von Tisza, der Graf Tassilo Festetics und zwei Brüder Baltazzi, Söhne jenes levantinischen Bankiers, der sich zum erstenmal damals in Wien bei der Hochzeit der Kaiserin bemerkbar gemacht hat. Mißtrauisch beobachtet die Gräfin Festetics diese beiden Herren, die keiner adeligen Familie Österreich-Ungarns angehören und die sich, wie sie sagt, durch ihre mit einem österreichisch-ungarischen Diplomaten, Baron Vetsera, verheiratete Schwester, die ihren Mann in Konstantinopel bei der Botschaft kennengelernt hat, in die Hofgesellschaft »eingeschmuggelt« haben. »Man muß sehr achtgeben«, meint die Gräfin. »Sie sind gescheite Leute, Brüder einer Baronin Vetsera, die in Wien auftauchte, geistreich, reich, alle dieselben interessanten, schönen Augen; niemand weiß recht, wo die Leute herkommen mit dem vielen Gelde, Streber und mir nicht heimlich. Sie gehen im Sport auf, reiten famos, drängen sich überall hin, sind für uns gefährlich, weil sie ganz englisch sind, und wegen der Pferde!«

[1] Festetics-Tagebuch, 27. August 1874. F. F. A.
[2] Dto., 26. August 1874. F. F. A.

Die zwei Jagdtage sind so ermüdend, daß sogar die Herren alle wie tot sind und sich nur mit Mühe aufrechterhalten. Aber Elisabeth ist in ihrem Element. Das Reiten, die Pferde, alles macht ihr eine solche Freude, daß sie keine Spur von Müdigkeit empfindet, wohl aber herzlich über Tisza lacht, der trotz aller Anstrengung und des enormen Respektes ab und zu in Elisabeths Anwesenheit einnickt. Die hellen Tränen perlen ihr vor Lachen über die rosigen Wangen. Die Kaiserin ist ganz traurig, als es wieder nach der Insel zurückzufahren gilt. Aber die herrliche Seefahrt begeistert sie, obwohl es dabei recht stürmisch zugeht und ihre Begleitung darunter leidet. Elisabeth jedoch ist absolut seefest. Sie bekommt Lust, eine große Meerreise zu machen. Das Reisefieber, das sie vom Vater her im Blute hat, schüttelt sie[1]. »Am liebsten ginge ich ein wenig nach Amerika«, meint sie zu ihrer Mutter. »Die See tentiert mich, sooft ich sie anschaue.«

In Ventnor tritt das Badeleben wieder in seine Rechte. Wenn die Kaiserin ins Wasser geht, stehen meist zahllose Leute auf den umgebenden Höhen, um sie, mit Guckern bewaffnet, zu beobachten. Eine kleine List wird dabei gebraucht. Immer muß Marie Festetics und eine der Kammerfrauen in einem genau gleichen Flanellbadeanzug, wie ihn die Kaiserin trägt, ins Wasser gehen. Elisabeth schreibt ihrem Gemahl: »Zu schade, daß Du nicht kommen kannst. Nach den vielen Manövern könntest Du Dir eigentlich vierzehn Tage London ansehen, einen Rutscher nach Schottland machen, dabei die Königin besuchen und in der Nähe von London ein wenig jagen. Pferde und alles haben wir, also wäre es schade, es nicht zu benützen. Denke einige Tage darüber nach, ehe Du gleich mit gewohnter Stützigkeit *›nein‹* sagst ...[2]« Elisabeth berichtet dem Kaiser auch, sie habe von Lady Dudley ein Jagdpferd zum Geschenk erhalten, obwohl sie sich dagegen gewehrt und ihr gesagt habe, es sei nicht gebräuchlich, daß sie Geschenke annähme. Die Dame aber ließ sich nicht abschrecken und sandte das schöne, aber sehr große Pferd doch. Elisabeth meint dazu, selbst Franz Joseph würde sich darauf »wie das Tüpferl auf dem i ausnehmen[3].« Sie reitet nun oft mit der Tochter des englischen Reitlehrers Allen, der seine Stelle einer Empfehlung der Königin von Neapel verdankt und von dem Elisabeth sagt, er sei »womöglich noch vornehmerer Gentleman«, als es der

[1] Elisabeth an ihre Mutter, Ventnor, 15. August 1874. Abschrift E. A. S. W.
[2] Elisabeth an Franz Joseph, Ventnor, 28. August 1874. E. A. S. W.
[3] Dto., Ventnor, 3. September 1874. E. A. S. W.

alte Holmes war. Im übrigen ist die Kaiserin zufrieden, daß die Königin in Schottland und nicht mehr in Osborne weilt, so daß sie nun vor Besuchen sicher ist. Franz Joseph verfolgt mit Interesse die Berichte Elisabeths über ihren Aufenthalt, aber er kann nicht kommen. Seine Zeit ist für die nächsten Monate Tag für Tag eingeteilt. Elisabeth sieht dies mit Bedauern ein. »Ich bitte Dich, laß Dich in Deinen Plänen ja nicht stören. Die Jagden sind Dir eine so notwendige Erholung, daß ich trostlos wäre, wenn meine Rückkehr Dich nur um eine brächte. Ich weiß, wie Du mich liebhast, auch ohne Demonstrationen, und wir sind deshalb glücklich zusammen, weil wir uns gegenseitig nie genieren . . .[1]«
Nun aber beschließt die Kaiserin heimzukehren, da sie von ihrem Gemahl nicht so lange getrennt bleiben will, vorher aber noch ihr Elternhaus zu besuchen. Dabei hat sie bloß Angst vor Ludwig II. »Wenn mich nur der König in Ruhe läßt«, schreibt sie noch kurz vor der Abreise am 26. September an Franz Joseph.

In Boulogne angekommen, machen die Reisenden einen furchtbaren Sturm mit. Der Wind übertönt mit seinem Getöse das Heulen des Ozeans. Es ist ein fabelhaftes Schauspiel, und Elisabeth und Marie Festetics gehen unvorsichtigerweise an den Strand, um es besser zu genießen. Im Nu sind die Schirme umgedreht, der Sturm legt die beiden Damen einfach auf den Sand. Mühsam erheben sie sich, kommen nicht weiter, schon verlieren sie alle Kräfte, da eilt ein Strandwächter mit wütenden Gebärden herbei. Er hat keine Ahnung, wen er vor sich hat, packt die beiden Frauen einfach zusammen, hängt sich in Elisabeth und ihre Hofdame ein und zerrt sie fort. Erst als er ein Goldstück in Händen hält, wird er liebenswürdiger und erklärt, daß an solchen Tagen der Strand verboten sei und es ihn die Stelle hätte kosten können, wenn die Polizei das gesehen hätte.

Auf der Rückreise wird in Baden-Baden Station gemacht. Dort erwarten die deutschen Majestäten Elisabeth auf dem Bahnhof. Die Großherzogin von Baden, Tochter Kaiser Wilhelms, spricht entzückt über ihre Schönheit. Da reibt sich Kaiser Wilhelm die linke Seite und sagt: »Es ist besser, nicht zuviel hinzusehen. Es wird einem gar zu warm ums Herz.«
Dann geht es weiter nach Possenhofen. Elisabeth entgeht dem König nicht. Er ist eigens nach München gekommen, was nun immer seltener wird. Nicht nur Elisabeth, auch ihren Damen zeigt er diesmal ganz besondere Liebenswürdigkeit. Allerdings nach seiner Art. Zum Beispiel

[1] Elisabeth an Franz Joseph, Ventnor, 13. September 1874. E. A. S. W.

schickt er der Hofdame Festetics um halb zwei Uhr in der Nacht einen Flügeladjutanten mit einem Rosenbukett von hundert herrlichen Rosen, die von dunkelrot langsam zu weiß verlaufen, mit dem strengen Befehl, der Offizier habe es nur persönlich zu übergeben. Die Gräfin wird geweckt und schwitzt Blut über die zweideutige Situation, um so mehr, als das ganze Haus aus Holz ist und die Kaiserin direkt unter ihr wohnt. Am nächsten Tag ist die Abreise. Die arme Gräfin muß den Blumenstrauß, der, groß wie eine kleine Tischplatte, auf der Reise ein wahres Unglück ist, ins Abteil mitnehmen, weil ja Ludwig in München am Bahnhof wartet. Der König, den Elisabeth äußerst dick findet, erzählt von den Separatvorstellungen im Residenztheater, die er vorbereitet. Darunter interessiert die Kaiserin am meisten ein Stück aus der Zeit Ludwigs XIV. mit einer großen Jagdszene, bei der auch unzählige Hunde mittun. Ein Regenguß mit wirklichem Wasser soll dabei eine Sensation sein. Nach kurzem Zusammensein erklärt der König der Kaiserin, er bitte, sie eine Strecke begleiten zu dürfen. Elisabeth ist das unangenehm, denn Ludwig II. geht ihr auf die Nerven und ist ihr um so unheimlicher, als es immer klarer wird, daß sein Bruder Otto dem vollen Irrsinn zutreibt. Marie Festetics muß helfen und dem Monarchen erklären, daß der Kaiserin Dogge Shadow so unangenehm sei, sie dulde niemanden, den sie nicht kenne. Ihre Majestät habe eine solche Todesangst, daß der Hund ihn beißen könnte. Endlich versteht Ludwig II., bleibt zurück und läßt Elisabeth allein ziehen. Noch lange verfolgt die beiden des Königs schöner, aber merkwürdig grausam wirkender Blick. Kaum ist die Kaiserin zurückgekehrt, reitet sie mit ihrem Gemahl in Pardubitz, dann beginnen die Reitjagden in Gödöllö. So vergeht das alte Jahr, und die ersten Tage des neuen bringen mit dem Fasching die von der Kaiserin so sehr verabscheuten Repräsentationspflichten. Eigentlich ist es merkwürdig, daß sie die Hofbälle immer so sehr als Qual empfindet. Es zeigt, daß es mit der ihr angedichteten, so übermäßigen Eitelkeit doch nicht so weit her ist. Ihre Umgebung ist immer außer sich über den ungeheuren Erfolg, den Elisabeth, die ja doch schon siebenunddreißig Jahre alt ist, mit ihrer anmutigen Erscheinung erzielt. »Sie hat etwas vom Schwan«, schildert die vor Begeisterung fassungslose Marie Festetics ihre Kaiserin nach dem Ball, »etwas von der Lilie, etwas von der Gazelle, aber auch von der Melusine. Königin und Fee zugleich, und doch so viel von Weib. Großartig und kindlich, märchenhaft und hoheitsvoll, graziös und würdevoll, so ist sie ohne jede Übertreibung und ganz objektiv. Schade, daß kein Bild es wiedergeben kann und es Menschen gibt, die sie nicht sehen. Ich war stolz, die Kaiserin so bewundert zu sehen! Furchtbar ermüdend ist so ein Ball für sie. Vier Stunden fortzureden bei der Hitze und dem Lärm! Daran aber denkt nie ein Mensch und findet es natürlich, daß sie wie eine Maschine arbeitet[1].« Es kostet Elisabeth große Überwindung. Sie führt geradezu einen Kampf, um ihren dringenden Wunsch nach Abschließung von der Welt durchzusetzen. Der blaue Schleier und der Fächer treten immer mehr in Gebrauch. Wenn Elisabeth in den Wagen steigt, schickt sie jedermann in der Nähe fort. In den Gärten sucht sie am liebsten die Pergolas auf, um nicht gesehen zu werden. Und wenn sie nicht gerade »im Geschirr« ist, wie sie Festkleider nennt, dann versteckt sie sich, wo sie kann. Die Leute deuten das falsch, sie denken nicht an angeborene Scheu und bilden sich ein, Elisabeth tue etwas, was man nicht sehen und wissen soll. Wenn sie sich nicht so mysteriös verhalten würde, wären auch die Menschen nicht so neugierig. Marie Festetics, die ihrer Kaiserin ganz und gar verfallen ist und im treuen Dienst zu ihr aufgeht, gleichwie es Ida Ferenczy nach ihrer Art tut, zerbricht sich den Kopf, wie sie da helfen könnte. Die Gräfin hat schon wiederholt Heiratsanträge gehabt, sie aber jedesmal abgewiesen. Sie denkt oft darüber nach, ob sie auf dem richtigen Wege sei, wenn sie der Kaiserin zuliebe so ganz auf ihr Eigenleben, auf Liebe und Heim verzichtet. Aber dann erinnert sie sich der Worte Elisabeths, sie solle sie nie verlassen, und entschließt sich, die Fahne nicht aus der Hand zu geben, die ihr Deák und Andrássy in die Hand gedrückt haben[2]. Und die Kaiserin braucht wirklich eine Stütze und vertraute, aufrichtige Freundinnen an der Seite. Sie hat einen Kalender, einen einfachen ungarischen Bauernkalender, »István Bácsi Naptára«, in dem sie ab und zu eigenhändig Bemerkungen und kleine Gedichte einträgt, die ihr entweder besonders gefallen oder die sie selbst dichtet. Da findet sich als Ausdruck einer Augenblicksstimmung ein Vierzeiler »Ruhelos«:

Der große Wunsch dem größern weicht,
Nie zieht ins Herz Genügen ein.
Und wenn du je dein Glück erreicht,
So hört es auf, dein Glück zu sein[3].

[1] Festetics-Tagebuch, 10. Jänner 1875. F. F. A.
[2] Dto., vom 28. Dezember 1874. F. F. A.
[3] Eigenhändige Bleistifteintragung Elisabeths im Kalender »István Bácsi Naptára«, März 1875. Farkas-Archiv.

Wenn ihr Marie Festetics dann zuspricht und meint, Elisabeth solle nicht immer nur ihren Wünschen nachgehen, sich im Zaume zu halten und in der Beschränkung Zufriedenheit suchen, dann antwortet die Kaiserin in ihrem Kalender etwa mit dem Gedicht »Selbstbeherrschung«:

Ich sollte mich selbst bezwingen?
Das brächte mir auch Gewinn?
Wer ist denn der Besiegte,
Wenn ich der Sieger bin?
Das ist ein närrischer Räuber,
Der sich zu bereichern glaubt,
Wenn er sich selbst im Walde
Auflauert und beraubt[1].

Dabei ist Elisabeth in Ofen noch am glücklichsten. Sie fürchtet sich immer davor, bald nach Wien zurückkehren zu müssen. »Ich bin eigentlich desperat darüber«, schreibt sie vorher ihrer Mutter[2], »hier lebt man so ruhig ohne Verwandte und Sekkaturen, und dort diese ganze kaiserliche Familie. Auch bin ich hier ganz ungeniert wie am Lande, kann allein gehen, fahren usw.« Franz Joseph aber ist da ausgenommen. Elisabeths Verhältnis zu ihrem Gatten ist im Gegenteil zu dieser Zeit äußerst warm. Als der Kaiser im April 1875 nach Triest und Venedig reist, um den Besuch des Königs von Italien zu erwidern und dann aus militärpolitischen Gründen das als halbwild und revolutionär verschriene Süddalmatien aufzusuchen, ist sie ganz niedergedrückt. Sie weint beim Abschied herzzerbrechend. »Ich ahne«, klagt sie, »daß dir etwas geschehen wird.« Marie Festetics ist am Abend des 2. April 1875 im Theater. Da läßt sie Elisabeth wegholen. Noch in der Nacht muß sie einen Brief an den General von Beck schreiben, der Franz Joseph auf seiner Reise begleitet. Es wird der Gräfin diktiert, die Kaiserin mache den General verantwortlich für des Kaisers Leben und bitte ihn, keinen Augenblick von seiner Seite zu weichen.

Wie immer, wenn Elisabeth besonders nervös und in Angst ist, verdoppelt sie ihre körperlichen Übungen. Sie ist mitten in der Zeit des höchsten Reitfiebers. Das Jagd- und das Schulreiten, das sie systema-

[1] Eigenhändig von der Kaiserin im »István Bácsi Naptára« von 1875 eingetragen.
[2] Elisabeth an ihre Mutter, Ofen, 27. (Jänner 1875). E. A. S. W.

tisch mehrere Stunden im Tage betreibt, genügt ihr nicht mehr. Sie will nun höher hinaus, zu derselben Vollkommenheit gelangen, die sie in den Zirkusvorstellungen gesehen hat. Eben ist Ernst Jakob Renz, der berühmte Begründer des gleichnamigen Weltzirkus, mit seiner Truppe in Wien. Sohn eines Seiltänzers, hat er es in seinem Fach zu wahrem Künstlertum gebracht und seinen Zirkus zu einem Weltunternehmen ausgestaltet, in dem man die herrlichsten Pferde in fabelhafter Dressur bewundern kann. Besonders des Zirkusbesitzers Tochter Elise begeistert die Leute und allen voran die Kaiserin. Einer der Renzschen Bereiter namens Hüttemann tritt in ihre Dienste. An die Hofstallungen wird eine kleine, runde Manege angebaut, und vier richtige Zirkuspferde, die allerlei Kunststücke können, wie der berühmte »Avolo«, der sich mit der Kaiserin im Sattel auf beide Knie niederläßt, werden angeschafft. Elisabeth nimmt nun bei Fräulein Elise Renz Reitstunden. Sie hat nur Angst, daß ihr ferne weilender Gemahl das mit Rücksicht auf die Öffentlichkeit übelnehmen wird, und versichert ihm, Elise sei *sehr anständig*[1]. Sie gebe auch in Berlin, wie der deutsche Botschafter mitteilt, den Damen Unterricht. Wiederholt geht Elisabeth allein und mit Valerie in die Vorstellungen, die dann stets unendlich lang werden, weil Renz ihr zu Ehren alle nur möglichen Nummern einlegt. Die Kaiserin freut sich dabei wie ein Kind. Nicht nur die Pferde erregen ihre helle Begeisterung, auch die wilden Tiere, und sie kann sich daran nicht satt sehen, während Pantomimen und andere Dinge sie langweilen.

Am 15. Mai kommt der Kaiser aus Dalmatien zurück. Elisabeth ist glücklich darüber, denn sie hängt trotz allem, was man ihr nachsagt, sehr an ihrem Gemahl. Aber ihre Art ist nicht die landläufige, und darum hat jeder, der im anderen immer nur das Abbild seiner selbst sehen will, an ihr etwas auszusetzen. Die Menschen glauben im allgemeinen niemals an gute Eigenschaften ihres lieben Nächsten, sind sie aber schlecht, dann halten sie sie für unbedingt wahr. Das kommt ganz besonders bei Elisabeth zum Ausdruck. Man fühlt aber in Wien instinktiv, daß der Hof der Kaiserin irgendwie auf die Nerven geht und daß sie oft das einfach gebieterische Verlangen hat, ihm eine Zeitlang vollkommen zu entfliehen und fern von der kaiserlichen Familie und all ihren zeremoniellen Verpflichtungen eine Zeit ganz sich selbst und ihrer Tochter zu leben. Gisela hat weggeheiratet, Rudolf ist nun

[1] Elisabeth an Franz Joseph. Wien, 23. April 1875. E. A. S. W.

schon siebzehn Jahre alt, ist sehr wenig unter dem Einfluß der Mutter gestanden und wird ihrer Sphäre, je älter er wird, schon durch die Vorbereitungen für seine Zukunftswürde, mehr und mehr entrückt. Der Kaiser ist stets von früh bis abends beschäftigt, kann sich ihr nicht so widmen, wie sie es gerne möchte, und aus allen anderen macht sie sich nichts. Auch merkt sie empfindlich, daß in Wien in aller Stille nach wie vor Groll gegen Ungarn herrscht, was auch Elisabeth rein persönlich nimmt. So fühlt sie sich einsam und unbehaglich, und das nährt ihre angeborene Neigung zu weiten Reisen in die Ferne.

X

ZU PFERD IN DER FREMDE

1875—1882

Im Sommer des Jahres 1875 wird die Kaiserin gebeten zu erforschen, ob die Prinzessin Amalie Koburg Elisabeths jüngsten Bruder heiraten wolle. Marie Festetics wird damit beauftragt, es geht alles glatt, und in kurzer Zeit findet die Verlobung statt.

»Also Mapperl ist Bräutigam«, meint die Kaiserin daraufhin zu ihrer Mutter. »Spaßiger Geschmack, wenn man so jung ist, seine Freiheit aufzugeben, aber das, was man hat, weiß man eben nie zu schätzen, bis man es verloren hat ... Sicherlich gehst Du nicht zur Hochzeit wegen Deinem Kopf, ich auch nicht, da ich zu menschenscheu und faul bin ...[1]«

Nach kurzem Aufenthalt in Garatshausen und in Ischl gibt Elisabeth ihrer Reiselust nach. Valerie ist eine gute Ausrede. Die Erzherzogin muß wieder Meerbäder nehmen, hat Widerhofer erklärt, und diesmal will man zur Abwechslung einmal nach Frankreich in ein möglichst unbekanntes, kleines Seebad in der Normandie gehen. Der Kaiser erhebt zwar Einspruch. Man ist nicht in den besten Beziehungen zu der neu errichteten Republik, die der Linken ihre Entstehung verdankt und allen Anarchisten Zuflucht bietet. »Es wird dir dort etwas geschehen«, meint der Monarch, »und außerdem wird man in Berlin nicht sehr entzückt sein.« Elisabeth aber beharrt auf ihrer Reise; insgeheim gibt ihr die Bemerkung des Kaisers doch zu denken, und sie macht in der Zeit vom 22. Mai bis 8. Juni ihr Testament. Furchtlos und überzeugt, daß man eine Frau wie sie, die nie im Leben jemandem ein Leid angetan, nicht antasten wird, tritt sie die Reise nach Sassetôt les Mauconduits in der Normandie an. Dorthin ist der Hofsekretär und Reisekassenführer Karl Linger vorausgefahren und hat von einem reichen Reeder ein einfach eingerichtetes Schloß gemietet, das in einem schönen

[1] Elisabeth an ihre Mutter, Ischl, 27. Juni 1875. Abschrift E. A. S. W.

Park mit gewaltigen Bäumen und prachtvollen Hortensiengruppen steht. Elisabeth hat ihre Tochter Valerie und auch einige ihrer geliebten Pferde mitgenommen und badet alle Tage frühmorgens im Meer. Dabei geht sie, stets von ihren beiden großen Hunden Mohamed und Shadow begleitet, durch einen langen, bis ans Meer reichenden Gang aus Segeltuch, der gegen Neugierige schützt, von der Badekabine ins Wasser. Nachmittags werden große Ausflüge in Schlösser und Landsitze der Umgebung gemacht, die nun nach der Revolution ebenso wie Sassetôt meist in den Händen von Emporkömmlingen sind, die allmählich die guten, alten Familien verdrängen. »Da treiben jetzt«, urteilt Gräfin Festetics, »die Demokraten, Republikaner und Parvenüs ihr Unwesen. Das ganze Gesindel, das alle Laster des alten Adels hat, aber seine Tugenden nicht[1].« Elisabeth merkt bald, daß sie sich hier nicht ungeniert bewegen kann. »Die Leute sind trotz der Republik zudringlich wie in keinem anderen Lande[2].« Beim Reiten hat die Kaiserin wiederholt Anstände. Sie gibt nicht genug acht und reitet versehentlich über angebaute Felder. Das gibt zu Unstimmigkeiten Anlaß, die in der republikanischen Zeitung »L'Univers« vom 17. August breitgetreten, fast zu einer Staatsaffäre werden. Die Kaiserin und die österreichische Botschaft in Paris lassen alle Gerüchte von einer angeblichen Beschimpfung durch Bauern dementieren, aber es ist doch etwas daran. Elisabeth beklagt sich ihrem Gemahl gegenüber wiederholt. »Die Leute«, schreibt sie, »sind hierzulande so frech und unartig, liefen mir auch gestern so nach, daß ich gleich zu Wagen nach Fécamp fuhr und von dort zu Wasser wieder hieher. Auch beim Reiten hatte ich schon öfters Unannehmlichkeiten, auf den Straßen und in den Dörfern sind Kinder, Kutscher, alle bemüht, die Pferde zu schrecken, reitet man in die Felder, natürlich, wo kein Schaden gemacht werden kann, so sind die Bauern furchtbar grob. Eigentlich habe ich keine große Lust, nach Paris zu gehen, aber Nopcsa fürchtet, das könnte einen schlechten Eindruck machen. Was meinst Du?[3]«

Elisabeth hat sich aus England den vorjährigen Reitlehrer Mr. Allen kommen lassen, gegen den Gräfin Festetics eine merkwürdige, ahnungsvolle Abneigung hat. Es ist bemerkenswert, wie diese Frau stets voraus wittert, welche Persönlichkeiten für ihre Herrin später von unglückli-

[1] Festetics-Tagebuch, Eintragung vom 5. August 1875. F. F. A.
[2] Elisabeth an ihre Mutter, Sassetôt, 27. August 1875. Abschrift E. A. S. W.
[3] Elisabeth an Franz Joseph, Sassetôt, 2. September 1875. E. A. S. W.

chem Einfluß sein werden. Die Gräfin trägt ihre Besorgnis am selben Tage, da die Persönlichkeiten ins Leben der Kaiserin treten, in das Tagebuch ein; es ist also kein nachträgliches Urteil, sondern zeigt, daß diese Frau einen richtigen Instinkt, eine ungeheuer scharfe Beobachtungsgabe und hervorragende Geistesgaben besitzt. Ist Frau von Ferenczy unbegrenzt treu, einfach und ergeben, so ist Gräfin Festetics zweifellos die geistig höchststehende und scharfsinnigste Frau aus dem Kreise, den Elisabeth nach und nach um sich versammelt.
Mr. Allen ist durch und durch nur Reiter, kühn und energisch, was die Gräfin Festetics allerdings roh nennt. Er setzt unbedingt durch, was er von einem Tier haben will. Einmal sucht er der Kaiserin zu zeigen, wie er ein Pferd in die brandenden Wogen reitet. Das aber will nicht in die schäumenden Fluten, und als Allen mit drei Paar Sporen und einem scharfen Peitschenhieb antwortet, steigt das Tier kerzengerade in die Luft, überschlägt sich, und Roß und Reiter verschwinden in den Wellen. Der brave Bademeister zieht Mr. Allen aus dem Wasser, während sich das Pferd von selbst rettet. Zu Tode erschrocken, sprachlos und gespenstisch weiß, hat die Kaiserin zugesehen. Dann beschenkt sie den Reiter fürstlich und sagt beim Nachhausegehen zu Gräfin Festetics: »Seien Sie ruhig, Mari, dieses Kunststückl mache ich nicht nach.« Allen ist ein kühner Reiter, aber nicht der richtige Mann für Elisabeth. In seinem Eifer verlangt er zuviel von ihr. Er läßt in einem Wildpark in der Nähe des Schlosses einen Sprunggarten errichten, den die Kaiserin fleißig benützt, und eines schönen Tages erreicht auch sie das Schicksal eines jeden, der der edlen Reiterei viel huldigt. Ein neues Pferd ist gekommen, und am 11. September 1875 will Elisabeth es versuchen. Allen hat es vorher zuviel abgeritten. Bei einer kleinen, niedrigen Hecke, die die an ganz andere Sprünge gewöhnte Elisabeth für nichts achtet, macht ihr Pferd auf einmal einen übertrieben großen Satz, strauchelt und fällt auf die Knie[1]. Elisabeth wird mit solcher Gewalt heruntergeschleudert, daß die Sattelgabel abbricht. Besinnungslos bleibt sie auf dem Rasen liegen. Der brave heimische Bereiter Bayzand steht am anderen Ende des Sprunggartens und wartet, bis die Kaiserin durchkommt. Auf einmal sieht er das Pferd reiterlos, stürzt hin und findet Elisabeth regungslos am Boden liegen. Alle sind beim Baden, nur Gräfin Festetics nicht. Sie hört

[1] Persönliche Erzählung der Kaiserin Elisabeth, Festetics-Tagebuch, Eintragung vom 29. September 1875. F. F. A.

plötzlich den Ruf: »Madame, schnell einen Arzt, es gibt einen Unfall im Park.« Dr. Widerhofer eilt halbangekleidet herbei. Man hat Elisabeth inzwischen in einen Gartensessel gesetzt. Mit einem großen Fleck auf der Stirn, ganz geistesabwesend, die lieben, schönen Augen glanzlos und stier, sitzt sie da. Widerhofer bemüht sich um sie, man bespritzt sie mit Wasser, man spricht zu ihr. Endlich hebt sie die Augen und scheint die Gräfin zu erkennen. Da kommt es stockend, tonlos, kaum hörbar von ihren Lippen: »Weinen Sie nicht, Mari, bitte nicht, das tut mir weh.« Dann nach einer Pause:

»Was ist denn geschehen?«

»Majestät sind mit dem Pferd gestürzt.«

»Aber ich bin ja gar nicht geritten. Wieviel Uhr ist es?«

»Halb elf, Majestät.«

»Früh? Aber da bin ich doch nie geritten.«

Dann sieht die Kaiserin ihr Reitkleid und wundert sich: »Wo ist das Pferd?« Man bringt es mit ganz aufgeschlagenen, blutigen Knien. »Ja, warum ist es ganz zerschunden?«

»Von dem Sturz, Majestät.«

»Ich kann mich gar nicht erinnern. Haben Sie keine gelben Rüben?«

Sie will sich erheben, um das Pferd zu füttern, kann aber kein Glied rühren, fängt an zu glauben, daß etwas geschehen sei, und fragt: »Wo ist Valerie und der Kaiser und wo sind wir?« — »In der Normandie, Majestät.« — »Ja, was machen wir in Frankreich? Wenn es wahr ist, daß ich gestürzt bin, dann bin ich halt ein ›Trottli‹. Werde ich das jetzt immer bleiben? Bitte, den Kaiser ja nicht erschrecken.«

Bald zeigen sich die Erscheinungen einer kleinen Gehirnerschütterung. Wahnsinnige Kopfschmerzen, Eisumschläge, Übelkeiten und eine schlechte Nacht. Widerhofer kommt und sagt rauh: »Wenn sich der Kopf nicht in vierundzwanzig Stunden bessert, müssen die Haare herunter.« Die Gräfin Festetics, die das hört, erschrickt; für sie ist das, als wollte man diese herrlich schönen, schimmernd-welligen Haare, die gleichsam etwas Lebendes sind, morden. Ida Ferenczy weicht nicht von Elisabeths Lager. Aber Widerhofer verbannt sie aus dem Zimmer. Da setzen sich Marie Festetics und sie auf die Stufen vor Elisabeths Tür und wachen dort.

Franz Joseph hat man telegraphiert. Er erschrickt furchtbar und will durchaus kommen, obwohl er eben vor zwei Tagen auf die Einladung der Kaiserin, sie in Sassetôt zu besuchen, die volle politische Unmöglichkeit dieses Besuches dargelegt hat. Als die Nachrichten wieder besser lauten, bestürmt Andrássy den Kaiser, der vor Aufregung außer sich ist, möglicher Verwicklungen halber nicht abzureisen. So bleibt Franz Joseph und schreibt nur rührende Briefe an seine Gemahlin, deren Befinden sich schnell bessert. »Dem allmächtigen Gott heißen Dank, daß es soweit ist. Ich kann den Gedanken nicht ausdenken, was geschehen hätte können. Was sollte ich auf der Welt ohne Dich, den guten Engel meines Lebens?[1]« Als Elisabeth diesen Brief bekommt, liegt sie bleich im Garten, und Tränen treten ihr in die Augen. Die kleine Gehirnerschütterung wird rasch wieder gut. Nur die Freude an Sassetôt ist ihr vergangen. Sie kann es nicht erwarten, von dort bald wegzukommen[2]. Dem Kaiser antwortet sie: »Es tut mir leid, daß ich Dir diesen Schreck machte, aber auf solche Zufälle sind wir ja doch eigentlich immer gefaßt. Es geht mir schon recht gut. Widerhofer ist furchtbar streng, doch so bald als möglich läßt er mich abreisen[3].« Die Kaiserin denkt schon wieder ans Reiten, trifft Verfügungen für Gödöllö, wo sie alle Jagd- und übrigen Reittiere vorfinden will, und meint weiter: »Ich freue mich schon sehr, wieder mehr Pferde zu haben. Ich hatte hier zuwenig für die Arbeit, und Ermüdung mag viel Schuld an dem Purzelbaum des ›Zuave‹ gewesen sein ...[4]« Elisabeth kündet dem Kaiser an, sie werde baldmöglichst wieder öffentlich reiten, denn sie lege einen Stolz darein, zu zeigen, daß sie »eines solchen Rumplers wegen« nicht das Herz verloren habe. Franz Joseph

[1] Festetics-Tagebuch, Eintragung vom 21. September 1875. F. F. A.

[2] Eine Gräfin Zanardi Landi behauptet in einem von Unrichtigkeiten strotzenden Buche »The secret of an Empress«, London 1914, sie sei die Tochter einer Kaiserin. Sie hat sich den Aufenthalt Elisabeths von Österreich in Sassetôt ausgesucht, um glaubhaft zu machen, diese habe dort ein Kind zur Welt gebracht, was durch einen Reitunfall getarnt werden sollte. Die Autorin dieses dicken Buches von 365 Seiten hat sich nicht einmal die Mühe gegeben, genau nachzusehen, in welchem Jahr die Kaiserin in Sassetôt war, und behauptet, sie wäre dort im Jahre 1882 zur Welt gekommen, während Elisabeth nur 1875 dort weilte. Dieses Buch, das die völlig unhaltbare Behauptung der hohen Geburt der Autorin erweisen soll, erschien allerdings in der ärgsten Zeit der Kriegspsychose vom Jahre 1914. Nichtsdestoweniger muß an dieser Stelle die Behauptung, daß Kaiserin Elisabeth ein »heimliches« Kind gehabt habe, als völlig aus der Luft gegriffen, auf das schärfste zurückgewiesen werden. Für den Reitunfall der Kaiserin hat es unzählige Zeugen gegeben; kein einziger auch nur einigermaßen stichhaltige Beweis für die Behauptung der Autorin ist in dem Buche zu finden.

[3] Elisabeth an Franz Joseph, Sassetôt, 16. September 1875. E. A. S. W.

[4] Dto., 22. September 1875. E. A. S. W.

sendet einen Flügeladjutanten, der sie nicht aus den Augen lassen soll, und bittet, auf der Heimkehr doch Paris zu berühren, denn nun habe sich die ganze Welt mit ihr beschäftigt, und Andrássy finde, daß man den Präsidenten sonst vor den Kopf stoße.

Am 26. September 1875 trifft Elisabeth, wieder vollkommen hergestellt, frisch und guter Dinge in Paris ein. Der Präsident Marschall MacMahon hat versucht, die Kaiserin auf der Durchfahrt durch Vernon zu begrüßen. Da sie aber schläft, zieht er sich wieder zurück, um sie nicht zu stören. Wie immer in einer fremden Stadt, besichtigt Elisabeth von früh bis abends in rasender Hetze alles Sehenswürdige. Ein wenig flüchtig wohl, aber ihr voller Charakter zeigt sich dabei. Sie hat Abscheu gegen alles, was Moder, Staub, physisch Altsein, Dunkelheit bedeutet. Sie liebt Licht, Sonne, Jugend, Schönheit und Kunst sowie Kraft, mit einem Wort alles, was das gerade Gegenteil von alt ist. Daher hat sie auch selbst ein Grauen vor dem Älterwerden und sucht dies wenigstens in der äußeren Erscheinung durch Pflege und sportliches Stählen ihres Körpers hinauszuschieben. In der Kunst bevorzugt sie Statuen, griechische zumal. Begeistert ist sie über das liebliche Antlitz der Venus von Milo und die unwiderstehliche Grazie, die trotz der abgehauenen Arme in ihrer Gestalt liegt. Nur damit kann sie sich nicht befreunden, daß das klassische Schönheitsideal keine engen Hüften, sondern volle Formen hatte. Natürlich besucht Elisabeth auch den Invalidendom. Die Führer machen sie nervös, darum ist sie mit Marie Festetics allein hingegangen, um Napoleon zu huldigen, dessen Genie sie erschauern läßt. Lange stehen die beiden Damen vor dem herrlichen Sarkophag Lucien Bonapartes und bilden sich ein, das wäre jener des Kaisers. Ein Besucher, der ihr Gespräch hört, macht sie auf den Irrtum aufmerksam und führt sie zu Napoleons einfachem Porphyrsarkophag, auf dem ein frischer Blumenstrauß liegt. Elisabeth kniet davor in Ehrfurcht nieder und bemerkt: »Wenn die Menschen etwas recht Beißendes äußern wollen, sagen sie, Napoleon war groß, aber gar so rücksichtslos; ich denke immer dabei, das sind gar viele Menschen, ohne dabei groß zu sein. Zum Beispiel auch ich.« Dann geht es weiter durch Museen und Paläste, Schlösser und Gärten. Am meisten unterhält sich die Kaiserin in einem herrlichen Park, wo man Elefanten, Strauße und Kamele reiten kann. Sie traut sich des Aufsehens wegen nicht, die Tiere selbst zu besteigen, obwohl sie das sehr gewünscht hätte, läßt dies aber wenigstens ihre Damen und Baron Nopcsa tun und freut sich darüber wie ein Kind.

Elisabeth hat schon ganz auf den Unfall vergessen, wäre am liebsten sogar nach der Oper auf den wegen seiner Zweideutigkeit weltberühmten Bal Mabille gegangen, traut sich aber doch nicht und sendet nur Nopcsa und Marie und Ida, die über das dort Gesehene derart entsetzt und empört nach Hause kommen, daß die Kaiserin sich bei ihrem Berichte darüber vor Lachen schüttelt. Anderntags ist sie wieder ganz traurig und ernst und besonders ergriffen, als sie am 29. die Kapelle besucht, die an der Stelle erbaut ist, wo Kronprinz Ferdinand Philippe von Orléans, der Sohn Louis Philippes, bloß zweiunddreißig Jahre alt, bei einer Wagenfahrt tödlich verunglückte. »Da sieht man«, sagt Elisabeth, »daß gerade das geschieht, was einem Gott bestimmt. Er fuhr ruhig spazieren, wer hätte gedacht, daß er die Schwelle seines Hauses lebend nicht mehr überschreiten werde. Ihr wollt, ich solle nicht mehr reiten; ob ich es tue oder nicht, ich werde so sterben, wie es mir bestimmt ist[1].« Am selben Tage noch reitet sie mit ihres Gatten Flügeladjutanten vor aller Welt im Bois de Boulogne. Sie springt sogar Barrieren hin und her. Blaß und etwas müde ist sie nachher, aber wieder heiter gestimmt.

Die Nachricht von dem Unfall hat den König von Bayern tief ergriffen. In seiner überschwenglichen Art schreibt er daraufhin dem Kronprinzen Rudolf[2]: »Du Glücklicher, Beneidenswerter, dem es vergönnt ist, so viel bei der angebeteten Kaiserin weilen zu dürfen, o bitte, lege mich Ihr zu Füßen und flehe Sie in meinem Namen an, gnädig Ihres getreuen, Sie von jeher und für immer verehrenden Sklaven zu gedenken. Sehr hat es mich beruhigt, daß Louis[3] im Oktober von Gödöllö aus mir die Versicherung erteilte, Sie würde dem Ungestüm im Reiten die Zügel anlegen. Nie in meinem Leben würde ich es verschmerzen können, wenn Ihr ein Unglück widerführe. Gott verhüte es! und bewahre Dich und mich davor, so Entsetzliches erleben zu müssen.

Dein Bild will ich mir einrahmen lassen, damit ich es zugleich mit dem der Kaiserin beständig vor Augen habe. Denn niemand auf Erden ist mir so teuer als Du und Sie. Empfiehl mich, bitte, recht vielmals dem Kaiser. Ich verlebe recht angenehme Wintertage in den herrlichen

[1] Festetics-Tagebuch, Eintragung vom 29. September 1875. F. F. A.
[2] König Ludwig II. von Bayern an Kronprinz Rudolf, Hohenschwangau, 28. November 1875. Wien, Staatsarchiv.
[3] Bruder Elisabeths.

Bergen und vertiefe mich in fesselnde Bücher, was mir der liebste Genuß ist ...« Nach Gödöllö zurückgekehrt, spinnt sich Elisabeth mit ihrem Bruder Herzog Ludwig und seiner Tochter wieder in ihr ruhiges, nur durch vieles Reiten unterbrochenes Landleben ein. Franz Joseph ist so glücklich, daß die Kaiserin wieder da und »ganz« ist, daß er sich vor Heiterkeit gar nicht auskennt. Trotzdem mahnt er Elisabeth, vorsichtiger zu sein. Er erkennt ganz klar ihren Fehler, sie kann nicht maßhalten. Daraus entsteht auch das seelische Unbehagen, unter dem sie so oft leidet. Nun ist auch Kronprinz Rudolf bei der Kaiserin, dessen Erzieher voll Lobes über ihn sind, während die übrigen Hofwürdenträger finden, daß er mit seinen »exaltierten« Ansichten die Lehren seiner allzu liberalen Professoren noch nicht verdaut habe. Zum Namenstag Elisabeths am 19. November wird ein kleiner Ball bei Valerie arrangiert und werden Gesellschaftsspiele gespielt, wobei Elisabeth wacker mittut, unbeschreiblich reizend, sorglos und heiter lacht und sich wie ein Kind unterhält. In solchen Augenblicken kann man gar nicht verstehen, wie plötzlich schwere Melancholie dieses Wesen erfassen kann. Es genügt dazu ein Anlaß wie der Tod ihres schönen, treuen Hundes Shadow, um den sie trauert wie um einen guten, alten Freund. Im Garten von Gödöllö wird das Tier begraben und bekommt einen Stein mit seinem Namen und dem Datum des Todes.

Im November 1875 wird Graf Grünne, der einstige mächtige Generaladjutant, auch seiner Stelle als Oberststallmeister enthoben und an seiner Statt der Prinz Emmerich Thurn und Taxis ernannt. Mit Grünne schwindet eine der letzten Säulen aus der Zeit, da sich am Hofe so viele ganz im Ideenkreise der Erzherzogin Sophie aufgehende Persönlichkeiten befanden. Das ist nun endgültig vorbei und begraben. Im Gegenteil, die Kaiserin glaubt nun auch schon die Damen bedenkenlos an sich heranziehen zu können, die einst ganz auf der Seite ihrer Schwiegermutter standen. So zum Beispiel 1876 die Landgräfin Therese von Fürstenberg, die trotz ihrer zunehmenden Schwerhörigkeit nun an Stelle der Hofdame Schaffgotsch tritt. Kaum ist sie einige Monate in Dienst, so muß die Landgräfin schon gestehen, daß man, ob man will oder nicht, in den Bann von Elisabeths außergewöhnlichem Liebreiz gerät, sowie man mit ihr in nähere persönliche Berührung tritt.

Ende Jänner kommt die Nachricht, Ungarns größter Staatsmann Deák liege in den letzten Zügen. Man läßt Elisabeth trotz ihres

Wunsches nicht mehr zu dem Sterbenden, und am 31. Jänner kann sie nur noch von dem Toten Abschied nehmen. Sie erscheint wie der Genius der Trauer. Ergreifend in Lieblichkeit und Anmut. Tränen perlen über die Wangen der Kaiserin, die in ganz Ungarn mit glühender Liebe und Verehrung vergolten werden. Die Trauer des Landes bringt es mit sich, daß der Fasching ruhiger und daher auch weniger ermüdend vorübergeht.

Im März erfaßt die Kaiserin wieder ihr Reisefieber. Sie hat sich so sehr gewünscht, in England Jagden zu reiten. Nun geht das in Erfüllung. In den ersten Märztagen des Jahres 1876 tritt Elisabeth die Reise nach Easton Neston an. Linger hat dort einen wunderschönen alten Herrensitz mit herrlichem Park gemietet, ganz nahe von einem anderen netten »Hunting box«, wo die Königin von Neapel wohnt. Außer dem unmittelbaren Gefolge finden sich noch einige Kavaliere aus der Heimat ein, die von jeher der Kaiserin ergeben waren, wie Fürst Rudolf Liechtenstein, die Grafen Hans und Heinrich Larisch, Ferdinand Kinsky, Tassilo Festetics, Baron Orczy und andere.

In London will Elisabeth der Königin Viktoria ihren Besuch machen. »Die Königin kann Sie nicht empfangen«, heißt es, »sie ist zu sehr beschäftigt.« Viktoria will sich ein wenig rächen für die einstige wiederholte Absage auf ihre Dinereinladung. Elisabeth hat darauf schon längst vergessen. Jetzt ist *sie* empört. »Wenn *ich* so ungezogen wäre!« schreibt sie Franz Joseph[1]. »Es haben sich aber auch alle geschämt, bei denen ich jetzt abends meine Visiten machte, ich war nämlich liebenswürdig, war schon überall.«

So fährt die Kaiserin nach Easton Neston weiter, wo tags darauf gleich die erste Jagd mit den berühmten Meuten Bicester und Duke of Grafton stattfindet. Dann folgt ein Besuch in dem herrlichen Schloß des Lord Spencer, das dessen von Rembrandt, Van Dyk, Gainsborough, Romney u. a. gemalte Ahnenbilder birgt. Aus jeder Ecke grüßen die herrlichsten Kunstwerke. Spencers Gemahlin, die »fairy queen«, die wunderbar in solchen Rahmen paßt, gibt einen Lunch.

Die Kaiserin ist stundenlang im Sattel, ihre Umgebung immer in Todesangst um sie. Elisabeth aber macht kühn und leidenschaftlich gerne mit. Die alte Regel: Was man gut kann, das freut, bewährt sich. Die Engländer sehen dem Jagdreiten der Kaiserin mit einiger Besorgnis entgegen. Um eine Jagd mitzumachen, muß man schon sehr gut

[1] Elisabeth an Franz Joseph, 5. März 1876. E. A. S. W.

galoppieren und springen können, und man hat wenig Vertrauen in die Künste einer schönen Kaiserin. Zwei erlesene Reiter, der Oberst Hunt und der Captain Middleton, ein Freund Lord Spencers, werden beauftragt, stets vor der Kaiserin zu reiten, sie den besten Weg zu führen, mit einem Wort, zu »pilotieren«. Der Captain ist gar nicht glücklich über diesen Auftrag. »Was ist mir eine Kaiserin, wie komme ich dazu, auf sie achtzugeben«, meint er[1]. »Ich werde es ja tun, aber ich würde es vorziehen, meinen eigenen Weg zu reiten.« Er wird seine Meinung bald ändern. Der Captain, einer der besten Reiter Englands, merkt, daß diese Kaiserin schneidig ist und überdies zu Pferd ein unvergleichlich anmutiges Bild bietet.

Am 12. März erwartet Viktoria Elisabeth in Windsor. Nun hat sie ihre Lehre erteilt, nun empfängt sie die Kaiserin. Die Queen fühlt sich Elisabeth gegenüber etwas geniert. Die beiden Damen haben sich nicht viel zu sagen. Der Besuch ist möglichst kurz, und am 13. März schon geht es zur Jagd zu Ferdinand Rothschild nach Leighton Buzzard in Bedfordshire. Dazu hat die Königin von Neapel Elisabeth überredet, die ein Interesse daran hat, den Rothschilds diese Ehre zu vermitteln. Plötzlich eintretendes Schneetreiben verhindert den Ritt. Statt dessen wird das Rothschildsche Vollblutgestüt genau besichtigt. Bei der nächsten Jagd ist Colonel Hunt Führer. Er empfiehlt der Kaiserin einen Goldfuchs, der sich bisher sehr bewährt hat. Aber heute stürzt er mit Elisabeth über den ersten Sprung. Sie will sofort wieder aufsitzen, aber der Colonel widersetzt sich in bestimmtester Weise.

»Nun gut, ich werde heute ein anderes Pferd reiten, den Fuchs aber trotzdem kaufen.« Da erklärt der Oberst:

»O nein, Majestät, für ganz Österreich verkaufe ich dieses Tier nicht.«

Nicht weniger als hundert Reiter nehmen an der Jagd teil. Die Anwesenheit der Kaiserin hat größte Anziehungskraft: nicht nur Teilnehmer, auch Zuschauer strömen in Menge herbei. Elisabeth ist bester Laune und unermüdlich. »Andere Menschen«, meint die Gräfin Festetics, »reiten viermal in der Woche. Wir reiten alle Tage.« Und das ist wahr. »Müde war ich noch nie einen Moment«, berichtet Elisabeth dem Kaiser[2], »Deine Pferde sind alle nichts nutz, langsam und matt, hier braucht man ganz anderes Material. Ich werde beständig gefragt,

[1] Festetics-Tagebuch, 14. März 1876. F. F. A.

[2] Elisabeth an Franz Joseph, Easton Neston Towcester, 26. März 1876. E. A. S. W.

ob Du nicht einmal kommen wirst. Jeder Mensch sei doch berechtigt, einmal einen Feiertag zu haben.« Elisabeth besucht auch alle Steeplechasen, die in der Umgebung geritten werden, und möchte stets selbst mitreiten. Sie spendet einen herrlichen silbernen Pokal, den zu ihrer Freude Captain Middleton gewinnt. Der nun dreißigjährige Offizier hat schon elf Jahre vorher seine erste Steeplechase gewonnen und steht am Beginn einer Reihe von glänzenden Rennsiegen. Er heißt mit Vornamen William George, aber jedermann nennt ihn Bay, man weiß nicht recht, ob wegen seines kastanienbraunen Haares und seiner dunklen Gesichtsfarbe oder aber nach einem berühmten Pferd Bay, das 1836 das Derby gewann. Elisabeth bewundert sein Geschick und beobachtet kritisch, wie ihre Umgebung reitet. »Feurig waren Fritz Metternich und Graf Wolkenstein vorigen Dienstag«[1], berichtet sie Ida Ferenczy, »so daß sie nicht nur alles übersprangen, was sich ihnen in den Weg stellte, sondern auch Hindernisse suchten; der letztere stürzte zweimal hintereinander und kam aus einem sumpfigen Bach derart heraus, daß sein Schimmel einem Rappen und er einem Mohren glich.«

Elisabeth fühlt sich hier besonders wohl. Von der Märzsonne und dem Wind ist sie gebräunt wie ein »wilder Hase«. Ihr Gesicht ist voll Sommersprossen, aber sie fühlt sich frisch und gesund und bewegt sich so gerne unter Leuten ohne all das »Getu«, das sie sonst umgibt und die Menschen überall im langweiligsten Licht erscheinen läßt. Hier zeigen sich alle, auch die Herren aus der Heimat, unabhängig, heiter, interessant. Alles lästige, servile Katzbuckeln ist aus diesem Kreise, den die Kaiserin »ihre Kolonie« nennt, verbannt. Einmal aber muß es ein Ende haben. Man muß zurück. Am 5. April trifft Elisabeth wieder in Wien ein, und Franz Joseph läßt, froh, seine Frau wieder heil daheim zu haben, ohne mit der Wimper zu zucken, die Rechnung von 106.516 Gulden 93 Kreuzern[2] bezahlen, die diese Reise gekostet hat. Man berichtet ihm über die Triumphe Elisabeths, und der Obersthofmeister Baron Nopcsa kann seinem Herrscher nur bestätigen, daß es weder in England noch sonstwo auf der Welt eine Dame und nur wenige Herren gibt, die so reiten können wie Ihre Majestät[3].

[1] Elisabeth an Ida von Ferenczy, Easton Neston Towcester, 20. März 1876. Farkas-Archiv.

[2] Laut dem Rechnungsabschlußdokument des Reisekassiers Karl Linger, im Besitze des Herrn Hofrates Viktor Linger, Wien.

[3] Freiherr von Nopcsa an Frau von Ferenczy, Easton Neston, 23. März 1876. Farkas-Archiv.

In Wien muß Elisabeth wieder »ins Geschirr«. Bälle, Feste, die Fronleichnamsprozession und anderes mehr. Getreulich verzeichnet ihre Hofdame Festetics alles in ihrem Tagebuche und erwähnt dabei, daß am 23. April Andrássy auch die Gräfin Paula Széchényi geladen hat, die eine geborene Klinkosch ist und daher in der Hofgesellschaft nicht als voll genommen wird. »Sie erschien das erstemal«, bemerkt Marie Festetics noch am selben Abend in ihrem Tagebuch, »denn in Wien empfängt man wohl Abenteurer von zweifelhafter Herkunft, wie Madame Vetsera mit ihrer ... Conduite, aber eine Tochter aus so großem, ehrenhaftem Bürgerhause, der kehrt man den Rücken.«

Für Anfang Mai sind die Königin von Belgien und die griechischen Majestäten angesagt. Elisabeth ist das »schrecklich unangenehm«. Sie findet in der schönen Jahreszeit »solche Hofplagen noch unerträglicher«[1]. Als aber die Königin der Hellenen sie bittet, ihr die schönen Pferde zu zeigen, da führt die Kaiserin ihr alle vor. Nun findet sie die Königin sehr sympathisch und nett. Besonders Zirkuspferde vergnügen jetzt Elisabeth sehr. Sie nimmt die Tiere nach Ischl mit, wo sie sie täglich dressiert, und will dort eine kleine Spring- und Dressurschule »ganz hinten im Garten, wo man es nicht sieht«, einrichten.

Inzwischen brach zwischen Serben und Türken Krieg aus, und Andrássy sieht angesichts der vielen Sorgen, die die Würde eines Ministers des Äußeren ihm eingetragen hat, in welchen Hexenkessel ihn Ihre Majestät gelockt hat. Die Politik in der orientalischen Frage führt er leider in russenfeindlichem Sinne, was in der Zukunft verhängnisvoll werden soll. Elisabeth aber nimmt auf den Gang der Dinge absolut keinen Einfluß. Im Gegenteil. Sie markiert offen, daß sie weder mit innerer noch äußerer Politik je mehr etwas zu tun haben will. Damals gerade hat sie bei einer Pferdeangelegenheit, die sie sehr erbost, Gelegenheit, das dem Kaiser zu wiederholen. Fürst Taxis wollte nämlich Privatleuten Hofpferde aus dem Kladruber Gestüt auf einige Zeit zur Rennausnützung überlassen, wogegen die Kaiserin aufs schärfste Stellung nahm. Als er dann nach einiger Zeit meldet, daß dies, um der inländischen Vollblutaufzucht aufzuhelfen, doch geschehen müsse, sagt ihm Elisabeth gleich, der Kaiser würde diese Vorschläge nie genehmigen. Es empört sie, daß man etwas ganz gegen ihren Willen tut. Sofort setzt sie sich hin und schreibt ihrem Gemahl: »Wenn Du ihm in dieser Sache nachgibst, bin ich ernstlich böse auf Dich, denn eine solche

[1] Elisabeth an ihre Mutter, Wien, 30. April 1876. Abschrift E. A. S. W.

Außerachtlassung meiner Person ist mir noch nie vorgekommen ... In Politik mische ich mich nicht mehr, aber in diesen Sachen, wo Dir die Details nie so zu Ohren kommen, will ich doch noch ein Wort mitzusprechen haben[1].«

Franz Joseph erschrickt heftig und gibt in allem nach, um so mehr, als ihm diese Pferdesache bei seinen außenpolitischen Sorgen herzlich gleichgültig ist. Angesichts der Lage im serbisch-türkischen Krieg und dem Aufstand in Bulgarien schickt er sich eben an, mit dem Zaren zu Reichstadt in Böhmen zusammenzukommen und die weitere Politik der zwei Kaiserreiche in der orientalischen Frage festzulegen. »Ob etwas Gescheites von der Reichstädter Reise herauskommen wird?« meint Elisabeth dazu. »Ich fürchte, jetzt geht der große Krach los, den Nené immer prophezeit ... Ich lasse dem Andrássy sagen, er soll Dich persuadieren, nach Feldafing zu kommen. Nachdem Dein hoher Geist im Reich so überspannt wird, mußt Du ihn notwendig durch die Familie in Possi wieder abspannen lassen[2].« Franz Joseph aber kommt nicht los. Seine Frau muß allein in ihre Heimat. Sie reist mit ihrem neuen Liebling, dem schönen Schäferhund Plato, der nun Shadows Platz einnimmt. Ein kurzer Besuch des Königs von Bayern ist schnell überstanden, und nun geht das »Familiengewurstel«, wie Elisabeth ihren häuslichen Kreis nennt[3], los. Alles ist guter Laune, und die Landgräfin Fürstenberg muß nun auch zugeben, daß Elisabeth liebenswürdig ist, »wie sie es nie geahnt hat[4]«.

So vergeht der Sommer in Bayern und in Ischl, und in den ersten Septembertagen beschließt die Kaiserin wieder einmal einen kurzen Besuch auf Korfu, das sie vor vierzehn Jahren so entzückend gefunden hat. Von dort unternimmt sie überdies noch einen Abstecher nach Athen, wo die »Miramar« am 9. September einläuft. Der uralte Konsul Österreich-Ungarns steht am Molo, benimmt sich unendlich ungeschickt, beugt das Knie vor der Landgräfin von Fürstenberg, weil er sie für die Kaiserin hält, und führt sie endlich unter Schwierigkeiten aller Art bis in die Hauptstadt. Die Landgräfin bewundert Elisabeth, die all das Ungeschick wortlos über sich ergehen läßt. Sie meint, sie hätte an der Kaiserin Stelle schon längst die Geduld verloren. End-

[1] Elisabeth an Franz Joseph, Wien, 29. Mai 1876. E. A. S. W.
[2] Dto., Ischl, 5. Juli 1876. E. A. S. W.
[3] Dto., Feldafing, 15. Juli 1876. E. A. S. W.
[4] Therese Fürstenberg an ihre Schwester Gabi, Feldafing, 22. Juli 1876. Rechberg-Archiv.

lich kommt Baron Eisenstein von der Gesandtschaft, und nun wird im Nu alles anders. Im Augenblick ist ein Plan gemacht, und der Diplomat führt, erklärt, arrangiert. Mit höchstem Interesse folgt ihm die Kaiserin. Alles Moderne wirkt armselig und kümmerlich auf sie, alles Antike dagegen, obwohl es in Trümmern liegt, ergreift sie als Zeugnis einer längst vergangenen herrlichen Zeit.
Bei der Rückfahrt von Athen kommt die »Miramar« in schweren Sturm. Alles ist seekrank, nur die Kaiserin nicht, die all die »Meerleichen« rings um sich belächelt. Am 13. ist sie nach kurzem Aufenthalt in Korfu wieder in ihrem Schloß Miramar bei Triest. Von da geht es direkt zu den Reitjagden nach Gödöllö. Elisabeth nimmt von Korfu eine unbändige Sehnsucht nach diesem herrlichen Eiland mit in ihre Heimat.
In Gödöllö ist wieder große Gesellschaft. Auch Herzog Ludwig ist da mit Frau und Tochter. Die Mutter, Baronin Wallersee, die einstige Schauspielerin Mendel, ist gutmütig, bescheiden, taktvoll und ruhig. Jedermann hat sie gern, nur der Herzog, der tausend »Faxen« hat, macht ihr das Leben nicht leicht. Obwohl Elisabeth ihren Bruder liebt, meint sie dazu: »Es ist gut, daß Henriette seine Frau ist, eine andere hätte ihn längst sitzen lassen, und mit ihr ist er glücklich[1].« Elisabeth aber beschäftigt sich am meisten mit der nun schon achtzehnjährigen Tochter Marie, die ob der morganatischen Heirat der Eltern Freiin von Wallersee heißt. Romantisch, wie Elisabeth denkt, will sie zeigen, daß sie, die Kaiserin, über Vorurteile erhaben ist. Sie zieht die kleine »morganatische Nichte« justament an sich heran und wünscht aus dieser Verwandten eine ihr ganz treu ergebene Freundin zu machen. Marie Wallersee lernt nun in Gödöllö die kaiserliche Familie, darunter auch den Kronprinzen, kennen, der mit seinen achtzehn Jahren geistig und körperlich weit über sein Alter hinaus vorausgeschritten ist. Die Gräfin Festetics aber sieht das Mädchen mißtrauisch an. Irgend etwas an ihr — sie kann es nicht recht ausdrücken — ist ihr nicht sympathisch. Wieder zeigt sich ihr Instinkt, der ihr sagt, da wird irgend etwas entstehen, was der Kaiserin nicht zum Heile gereicht. »Ich finde Marie Wallersee hübsch«, schreibt sie am 28. September 1876 in ihr Tagebuch, »ich möchte sie gernhaben, sie gefällt mir manchmal, aber, aber was? Es ist etwas, was mich hält, ich traue mich fast nicht, es zu schreiben, aus Angst, ihr unrecht zu tun. Ich habe das Gefühl, recht

[1] Festetics-Tagebuch, 28. September 1876. F. F. A.

zart will ich's schreiben, als sei sie nicht wahr, nicht aufrichtig, als hätte sie ›schauspielerisches Talent‹.«
Zu den Jagden in Gödöllö ist der Pilot der Kaiserin in England, der Captain Middleton, gekommen. Nun ist auch er von der Kaiserin als Frau und als Reiterin begeistert wie jeder andere. Er ist eher ein häßlicher Mensch, der nur ob seiner eleganten Haltung zu Pferd doch eine gute Figur macht. Ein lieber, sympathischer und natürlicher Offizier, bloß recht taub. Die Kaiserin, die ihn sehr gern hat, meint aber, das mache nichts, sie höre, was er sagt, und brauche selbst keine Konversation zu machen. Auch Franz Joseph findet Middleton sehr sympathisch, und alle Welt lacht über sein schlechtes Deutsch, da er fortwährend die gräßlichsten Verwechslungen macht. Indes wird Tag für Tag gejagt. Dabei spinnen sich natürlich tausend Intrigen. »Jeder will Master sein«, sagt Elisabeth, »wie in einem Ministerium jeder elnök[1]« (Präsident). Die Kaiserin ist fast den ganzen Tag zu Pferde. Die Leidenschaft für diese edlen Tiere ist auf ihrem Höhepunkt. Sie besucht die Gestüte Kisbér und Kladrub. In Gödöllö empfängt Elisabeth förmlich in ihrer Reitschule. Wenn keine Jagden sind, reitet sie dort stundenlang verschiedene Pferde, sieht dem Voltigieren der Herren zu, und Marie Festetics spielt zum Reiten Klavier. Als es im Jänner heißt, man müsse nach Ofen zurückgehen, ist Elisabeth ganz traurig. In Gödöllö ist es so behaglich und still.
»Ja Du«, meint sie zu ihrer Mutter, »Du kannst in München leben, wie Du willst, darum ist die Stadt für Dich nicht so schrecklich wie für mich[2].« In der Beziehung ist Elisabeth ganz wie Ludwig II. von Bayern, der im selben Jahr einmal ihrem Sohne Rudolf schreibt: »Ich sehne mich sehr nach dem Aufenthalte in frischer, gesunder Luft und in schöner Gegend, denn das eingesperrte Stadtleben ist durchaus nicht meine Sache[3].«
Als Elisabeth im Februar 1877 wieder nach Wien muß, »wo sie nur Plagen erwarten[4]«, wie sie sagt, tröstet sie sich damit, daß sie in der weltberühmten und ohnegleichen dastehenden Spanischen Hofreitschule Stunden in der Kunst der »Hohen Schule« nehmen wird. Im

[1] Elisabeth an Franz Joseph, Wien, 16. März 1874. E. A. S. W.
[2] Elisabeth an ihre Mutter, Gödöllö, 30. (Dezember 1876), Abschrift E. A. S. W.
[3] König Ludwig II. an Kronprinz Rudolf, München, 12. April 1877. Wien, Staatsarchiv.
[4] Elisabeth an ihre Mutter, Ofen, 2. Februar 1877. Abschrift E. A. S. W.

März dann folgen noch Hetzjagden im kaiserlichen Revier in Göding. Das viele Jagen und Reiten ist schon ein äußerer Ausdruck der inneren Nervosität, die Elisabeth in den letzten Jahren in zunehmendem Maße verzehrt. Dazu gehört auch die alle Grenzen übersteigende Angst um die Gesundheit der kleinen Valerie. Die Leute in Elisabeths Umgebung finden, daß die Liebe zu diesem Kinde so übertrieben wird, daß sie beängstigend wirkt. Ein kleiner Husten Valeries wirft im Nu alle Pläne über den Haufen. Das Verhältnis zu Franz Joseph ist dabei ein ausgezeichnetes, ja inniges. Der Kaiser ist rührend in seiner Liebe für seine Frau. Immer von neuem wiederholt er: »Du bist der gute Engel meines Lebens.« Elisabeth weiß ihn mit tausenderlei in Atem zu halten. Ihre Eigentümlichkeiten sind dem Kaiser gewiß nicht immer bequem, aber gelangweilt hat sie ihn nie. Sie versteht es, sich ohne Pose begehrenswert zu machen, das liegt in ihrer ganzen Art, und Franz Joseph steht heute noch unter ihrem Charme wie ein junger Liebhaber. Lächelnd läßt er alle Eigenheiten Elisabeths über sich ergehen. Hie und da macht er nicht mit, wenn ihm die Dinge doch etwas zu bunt werden, so zum Beispiel will er die zusammengewachsenen Negermädchen um keinen Preis ansehen, die Elisabeth zu sich bestellt.[1] Auch hat er kein Verständnis für die neueste Freude der Kaiserin, einen kleinen, furchtbar häßlichen Mohren, »Rustimo«, ein Geschenk des Khediven. Auch die kleine Valerie, der er als Gespiele zugeteilt wird, zeigt Angst vor dem »schwarzen Teufel« und gewöhnt sich erst nach und nach an ihn. Der Hofstaat ist entsetzt über ihn. Die Lehrer, Erzieher, Hofdamen etc. wollen nicht mit ihm in einem Wagen fahren und sich nicht mit ihm beschäftigen. Die Gräfin Fürstenberg redet von ihm überhaupt nur als von dem »zähnefletschenden kleinen Ungetüm«, von dem »schwarzen Affen«. Marie Festetics findet dieses kleine Ungeheuer zuviel für ein Tier, zuwenig für einen Menschen.

Elisabeth beschäftigt sich jetzt mit der Zukunft Marie Wallersees. Sie hat ihrem Bruder versprochen, für das Glück des Mädchens zu sorgen, und ein Graf Georg Larisch hat Zuneigung zu Marie Wallersee gefaßt. Marie Festetics soll mit dem Mädchen nach Schloß Solza gehen. Sie weiß, um was es sich handelt, aber die unausgesprochene Mission ist ihr ebenso unsympathisch wie die kleine Wallersee selbst. Wieder drückt sie ihr Mißtrauen im Tagebuch aus: »Es ist etwas an ihr, was

[1] Elisabeth an ihre Mutter, Gödöllö, 20. Jänner 1875. Abschrift E. A. S. W.

mir nicht heimlich ist, obwohl sie sehr hübsch ist. Sie scheint sich für alles zu interessieren, was Kunst ist. Ich bin aber nicht ganz überzeugt, ob nicht das auch Kunst ist[1].« Der nun neunzehnjährige Kronprinz zeigt eine merkwürdige Abneigung gegen das Mädchen. Es dauert nicht lange, da verlobt sich am 8. September Marie Wallersee mit dem Grafen Larisch. Gräfin Festetics hat nicht ganz den Eindruck, daß die Braut viel für ihren Verlobten übrig hat. Die Kaiserin aber meint zu der Heirat, sie sei ihr recht, wenn sie auch den anderen recht sei.

Nach diesem Intermezzo geht das Reit- und Jagdleben in Gödöllö weiter. Auch der Kronprinz ist unermüdlich, jagt zu Pferd und zu Fuß, geht vor Tagesanbruch auf Adler, zieht aber die Schießjagden vor. Elisabeth, die es durch die größte Übung und das ausgezeichnete vielfältige Pferdematerial schon zu wahrer Meisterschaft im Jagdreiten gebracht hat, ist nun so sehr davon erfüllt, daß sie nur davon träumt, wieder eine Jagdsaison in England mitmachen zu können. Die Reise wird für das Jahresende in Aussicht genommen und auch der Kronprinz soll mit der Kaiserin nach England gehen, um dort seinen letzten Schliff zu erhalten. Er ist schon volljährig erklärt, hat seinen Hofstaat bekommen und ist somit aus der engen Obhut all der unzähligen Lehrer entlassen, die mehr in ihn hineingestopft haben, als gut war. Einer seiner Erzieher, Max Freiherr von Walterskirchen, mahnt ihn mit ernsten, wohlgemeinten Worten: »Sie haben eine schöne, freudvolle Jugendzeit hinter sich. Sie haben nicht not, den Becher des Lebens mit Hast — einem lang Dürstenden gleich — hinunterzustürzen. Genießen Sie die Freude des Daseins mit Maß . . .[2]« Aber Rudolf hört nicht mehr auf ihn.

Elisabeth wünscht, daß ihr Sohn die Reitjagden in England nicht mitmache. Sie weiß, was das heißt; er reitet lang nicht so gut wie seine Mutter, und sie fürchtet einen Unfall. Das Versprechen wird erteilt, und so geht es kurz nach Weihnachten über München nach London. Diesmal ist für sechs Wochen ein sehr schönes Jagdhaus in Cottesbrook in Northamptonshire in England, ein dem prächtigen Schlosse des Lord Spencer nahe gelegener Besitz, gemietet. Elisabeth geht in ihrer Leidenschaft für das Reiten völlig auf. Sie jagt Tag für Tag auf Füchse

[1] Festetics-Tagebuch, 30. August 1877. F. F. A.
[2] Brief vom 22. Oktober 1877, abgedruckt bei Oskar Freiherrn von Mitis, Das Leben des Kronprinzen Rudolf, Leipzig 1928, S. 31.

und Hirsche und fühlt sich in ihrer neuen Umgebung besonders wohl. Die Engländer entstammen der vornehmsten Gesellschaft. Ritterlich, gentlemanlike und vollendete Sportsmen von unendlicher Gastfreundschaft, sehen sie in der Kaiserin bloß die schöne, originelle und liebenswürdige Frau, die blendende Reiterin und Sportlady. Aller Tratsch, alle Mißgunst, alle politische Gehässigkeit sind diesem Kreise fern. Von Österreich-Ungarn sind nur Leute da, die Elisabeth persönlich anhänglich sind, vor allem der »széphercze« Rudolf Liechtenstein. Von ihm sagte einmal Kaiserin Elisabeth zu Marie Festetics[1]: »Rudi hat immer sehr treu zu mir gehalten, wie überhaupt die ganze Familie Karl Liechtenstein, die ich alle gern habe und sie mich.« Außer ihm sind die Kinskys, Graf Franz Clam, der alte Graf Larisch und natürlich auch der brave Middleton da, der die Kaiserin wieder führt. In der Halle des Hauses hängt ein herrliches Bild: »Die weiße Lady« von Gainsborough. Es ist in seiner ganzen Erscheinung so wundervoll edel und lieblich, daß man vermeint, Elisabeth zu sehen. Der ganze Kreis ist fröhlich, die Kaiserin sehr vergnügt, alles reitet, jagt und tanzt, und in die zahlreichen benachbarten Herrenhäuser wird man eingeladen. Überall besiegt und bezaubert das hier von jeder Furcht vor der Umgebung freie, liebliche, sonnenwarme und einfache Wesen der Kaiserin. Jedermann sagt: »Every inch of her is an empress.« Um neun Uhr früh ist »meet«, ein reizender Anblick auf den herrlich grünen Wiesen, in den prächtigen Parkanlagen, vor den alten, oft historischen Jagdschlössern. Die Reiter in rotem Rock auf den wunderschönen, glänzend gehaltenen, vor Jagdfieber zitternden Pferden. Die schlanken, eleganten Damen im kleidsamen engen Reitrock, zwischendurch, mühsam vom Huntsman im Zaum gehalten, die vielen bellenden, weiß und braun gefleckten Hunde. Der Master vorne sucht in eisernem Gleichmut alles in Ordnung zu halten.

Bevor es angeht, gibt es ein Frühstück. In der Halle des Hauses sind die Tische mit feinem Linnen, altem Silber, herrlichem Glas und Porzellan gedeckt. Auf blinkenden Silberschüsseln liegen schön und appetitlich Roastbeefs für ein Regiment, Mutton, Indian, Fische, Zunge, Sweets, Jellies, Orangen-Marmelade. Dazwischen der brodelnde Teekessel, ein Schlaraffenland im Blumenschmuck, umgeben von Batterien von Brandy, Sherry und Champagner. Da auf einmal erscheint Elisabeth. Wie mit einem Zauberschlag verstummt alles. Jeder neigt sich

[1] Festetics-Tagebuch, 5. Mai 1873. F. F. A.

vor »fairy queen«. Der Hausherr geleitet sie in das für sie bestimmte Gemach. Dort richtet sie sich das Reitkleid, nimmt schnell einen Imbiß und tritt heraus. Da wartet schon »Bay« auf seinem prachtvollen Steepler »Minotaur«, daneben steht Bereiter Bayzand, dahinter die Herren der »Kolonie«. »Bay« hilft, und mit federndem Schwung sitzt die Kaiserin im Sattel. Nun geht der Master an, die Hunde nebenher, die rotrockigen Huntsmen geleiten sie. Elisabeth und Bay Middleton an der Spitze. Im Schritt geht es davon, und Marie Festetics steht da und blickt den Reitern nach. Gott gebe, daß meine liebe Kaiserin »ganz« wieder zurückkehrt, denkt sie. Und wirklich, das ist keine unberechtigte Sorge. Die Berichte Elisabeths an den Kaiser zeigen es deutlich genug. Gleich bei den ersten Jagden im Jänner stürzen die gewiegtesten Reiter; ein Huntsman liegt im großen Graben, Graf Franz Clam fällt, bricht sich die Kinnlade und reißt sich eine Wunde beim Ohr auf. Oft sind Wassergräben hinter schweren Hecken von gestürzten Damen und Herren »bevölkert«, wie Elisabeth sagt. Aber das macht ihr nichts. Der in Todesangst flüchtende Fuchs gibt vierzig bis fünfzig Minuten dauernde »runs« über die elastischen Wiesen, die sanften Hügel auf und ab über »appetitliche« Hecken ohne Gräben im angenehmen, schnellen Galopp. Elisabeth ist in ihrem Element. »Ich dachte so an Dich«, schreibt sie an Franz Joseph[1], »könnten wir nur teilen, einen Tag Du, den anderen ich. Ich sage immer Lord Spencer, wie Du es genießen würdest. Ich habe ihn sehr gern, er ist so angenehm und natürlich. Ich glaube, wenn er uns einmal besucht, Du wirst ihn auch gern haben.«

Bay Middleton führt klug und vernünftig, er verbietet Elisabeth energisch unmäßige Sprünge. Sie beklagt sich manchmal bei Franz Joseph, wenn der Captain einen »gar so schrecklich vorsichtigen Tag« hat und er zum Beispiel absitzt und sich den Rock zerreißt, um Barrieren in den Hecken, die ihm zu stark erscheinen, mit dem Rücken durchzubrechen. Manchmal aber ist das Pferd der Kaiserin hitziger als seines und geht ihm vor; dabei springt Elisabeth einmal glatt über drei riesige Hecken, während Middleton bei der dritten zu scharf angeht, hineinspringt und stürzt. Im Nu ist er wieder im Sattel, aber die Kaiserin muß doch anhalten; einige Minuten gehen so verloren, und sie will immer ganz vorn, knapp hinter den Hunden sein. Es winkt ja dem ersten Reiter, der da ist, die Fuchsrute beim Halali, und

[1] Elisabeth an Franz Joseph, Cottesbrook, 6. Jänner 1878. E. A. S. W.

die will sie sich ehrlich und nicht durch Protektion verdienen. Zuweilen, wenn die armen, gejagten Füchse von einem Cover in den anderen die abenteuerlichsten Wege durchmessen, wird das Feld förmlich zersprengt. »Kálmán Almássy sah ich im Run gar nicht mehr«, berichtet Elisabeth nach Hause[1], »Heinis (Larisch) Pferd spannte ganz aus, Rudi Liechtensteins Braun refusierte immer, und so kamen sie erst auf der Straße nach, als die Jagd aus war. Der Fuchs, der öfters gesehen wurde, wurde endlich verloren ... Wärst Du nur hier, ich sage es auf jeder Jagd, und wie Du populär wärst dank Deinem Reiten und Deinem Verständnis für die Jagd. Aber gefährlich wäre es, denn Du ließest Dich nicht von Captain Middleton hofmeistern und würdest über alles hinüberspritzen, wo nachgeschaut wird, ob es auch nicht zu tief oder zu breit ist[2].«

In der Jagdzeit kommt auch die Königin von Neapel mit ihrem Gemahl zu Besuch. Man findet sie im englischen Kreise lange nicht so sympathisch wie die Kaiserin. Sie ist wohl auch schön mit ihren mandelförmigen Samtaugen, deren dunkler Augenstern mit den ebenso dunklen Wimpern überraschend wirkt, aber es fehlt ihr die Lieblichkeit und Güte der Kaiserin und ihr herrliches Lächeln. Die spitze Nase und das spitze Kinn geben dem Ausdruck etwas Satyrhaftes. Gräfin Festetics hat nicht viel für sie übrig und bedauert den König, der sich nichts gönnt, nur damit seine Frau alles genießen und das Geld mit vollen Händen ausstreuen kann. »Spitze Nase, spitzes Kinn«, meint sie, »da sitzt der Teufel mittendrin.« Die Königin ist böse auf Middleton, weil dieser ihre Führung auf Jagden abgelehnt hat, hängt ihm, wo sie kann, etwas an und macht sogar zum jungen Kronprinzen, den sie in London getroffen hat, eine Andeutung der altgewohnten Art, als wäre der Engländer allzu verliebt in die Kaiserin. Der Kronprinz, der den Tratsch einen Augenblick glaubt, wird geradezu grob mit dem Captain, bis man ihn eines Besseren belehrt. Die arme Kaiserin kann sein, wo sie will, da sie so schön ist und alle Leute berückt, glaubt man jeden Tratsch nur allzugerne, auch wenn nicht die Spur einer Wahrheit dahintersteckt. Elisabeth ist das schon gewöhnt, dergleichen regt sie nicht mehr so sehr auf, aber in diesem Fall, wo man gar versucht hat, sie bei ihrem Sohn zu verleumden, ist sie empört. Nie aber erfährt sie, wer die eigentliche Ursache war.

[1] Elisabeth an Franz Joseph, Cottesbrook, 25. Jänner 1878. E. A. S. W.

[2] Dto., Cottesbrook, 17. Jänner 1878. E. A. S. W.

Während des Aufenthaltes Elisabeths in Cottesbrook stirbt am 7. Februar 1878 Papst Pius IX. in Rom. Elisabeth ist gerade damals etwas unpäßlich und läßt in den Jagden eine Pause von einer Woche eintreten. »Da ich nun einige Tage nicht jage«, meint sie zu Franz Joseph, »werden die Leute sagen, es sei wegen dem Papst. Das macht sich sehr gut.«
Mitte Februar tritt die Kaiserin die Rückreise aus England an. Die Geschichte mit ihrem Sohn Rudolf hat sie aufgeregt und geärgert und ihr die Freude an England und am Jagen geschwächt. Auch der amerikanische Zahnarzt Burridge, den die Königin ihrer Schwester aufzwang, war in häßlichster Weise an dem Tratsch beteiligt. Irgendeine Bemerkung des Kronprinzen, der seiner Jugend entsprechend mit dem Wort schnell bei der Hand ist, wird aufgebauscht und verdreht, um zwischen Mutter und Sohn Zwietracht zu säen. Das geht Elisabeth furchtbar zu Herzen; mit bitterem Gefühl kehrt sie am 23. Februar heim und wird mit größter Freude vom Kaiser am Bahnhof begrüßt. Bald aber stürzt der Hingang ihres Schwiegervaters, des Erzherzogs Franz Karl, die Familie in Trauer.
Indes ist der Russisch-Türkische Krieg vom Jahre 1878 zu Ende gegangen, und nur mühsam hat man das siegreiche Rußland daran hindern können, Konstantinopel zu besetzen. Ernste Gegensätze bestehen am Wiener Hof. Erzherzog Albrecht, der den gesündesten politischen Sinn zeigt, tritt für den Zaren ein, aber noch setzt sich Andrássy durch, es kommt zum Berliner Kongreß, der Rußland um die Früchte seiner Siege bringt und damit die Feindschaft Österreich-Ungarns zum Zarenreich vertieft. Andrássy verdeckt freilich diesen Fehler vor der Monarchie durch »Mehren des Reiches«. Die zweischneidige Besetzung Bosniens und der Herzegowina geht vor sich. Elisabeth aber hält sich nach wie vor von Politik aufs peinlichste fern. Sie beschränkt sich bloß darauf, Franz Joseph zu warnen, als sie von der Besetzung hört: »Schicke nur nicht zuviel Russenfreunde nach Bosnien, wie Kroaten, Böhmen usw.« Elisabeth hat wenig Vertrauen zu der Zuverlässigkeit der slawischen Völkerschaften in der Monarchie, denen sich ihr Gatte im Gegensatz zu Andrássys Meinung nähert.
Im Sommer weilt die Kaiserin wie gewöhnlich in Ischl, wohin Lord und Lady Spencer eingeladen werden. Marie Festetics hat Urlaub. Überall, wo sie ist, schwärmt sie von ihrer Herrin, und als sie dies einmal dem ungarischen Finanzminister Kerkápoly gegenüber tut, antwortet er: »Ich gebe Ihnen in allem recht, Sie kleine Schwärmerin, nur

in einem nicht. Der Kaiser hat einen besseren Geschmack als sie.« Die Gräfin sieht ihn beleidigt an, er aber antwortet mit einem Gleichmut, der seinesgleichen sucht: »Verzeihen Sie, aber das könnte sein Todfeind nicht leugnen, denn daß Ihre Majestät schöner ist als Seine Majestät, muß jeder zugestehen. Folglich hat der Kaiser einen besseren Geschmack[1].«

Elisabeth fährt indessen nach Tegernsee, wo am 9. September die goldene Hochzeit ihrer Eltern stattfindet. Zu dieser Feier muß der Herzog, wie die Münchner hämisch sagen, wieder einmal zu seiner Frau fahren, die er im letzten Jahrzehnt recht selten gesehen hat. Kinder, Enkel und Urenkel wetteifern in Huldigungen, und alles wäre glücklich, wenn nicht so böse Nachrichten über den Bruder des Königs vorlägen, der nun als gänzlich unheilbar geisteskrank erklärt wird. Und dabei wird auch Ludwig II. immer absonderlicher und tiefsinniger, und in ganz Bayern verbreitet sich die Angst, daß er dem gleichen Schicksal verfallen könnte wie sein Bruder Otto.

Nach Schönbrunn zurückgekehrt, widmet sich Elisabeth dem Besuch der Verwundeten aus dem bosnischen Feldzug. Wie ein Engel des Trostes schreitet sie gerührt von Bett zu Bett, mit einem Ausdruck unendlichen Mitleids in den feuchten Augen. Die Wirkung dieser Lichtgestalt auf die armen Soldaten zu sehen, ist ein bleibender Eindruck. Mit leuchtendem Blick folgen sie ihr, segnen sie, danken ihr, bitten gar nichts, erzählen aber dann ihr ganzes Leben davon, wie sie die Kaiserin gesehen und gesprochen. Mitte September geht Elisabeth wieder nach ihrem geliebten Gödöllö. Dort weilen der Kronprinz, das Ehepaar Spencer, Bay Middleton und Heinrich Larisch und Frau. Sie alle sind zu den Herbstjagden eingetroffen. Nur Franz Joseph kann sich so selten frei machen, obwohl ihn Elisabeth fortwährend mahnt, doch endlich zu kommen. »Alles schickst Du auf Urlaub, nur an Dich selbst denkst Du nicht. Und das ist nicht vernünftig[2].«

Wenn Elisabeth nicht in Budapest weilt, um auch dort die Verwundeten zu besuchen, lebt sie unter ihren geliebten Pferden in Gödöllö. Hier hat sie herrliche Schimmel, »Flick« und »Flock« heißen zwei, die sie dressiert. Sie steht in der Mitte der kleinen Reitschule mit Zucker und Brot, da werden die Pferde plötzlich von verschiedenen Seiten ledig hereingelassen und rasen auf ihre Herrin zu, von der sie immer

[1] Festetics-Tagebuch, Eintragung vom 31. August 1878. F. F. A.
[2] Elisabeth an Franz Joseph, Gödöllö, 8. Oktober 1878. E. A. S. W.

etwas Gutes bekommen. Sie parieren stets knapp vor Elisabeth, und es macht ihr Spaß, Fremde in die Reitschule mitzunehmen und sie ein wenig zusammenschrecken zu sehen, wenn die Pferde so plötzlich hereinstürmen. Ein Flügeladjutant des Kaisers, Freiherr von Gemmingen, ein ausgezeichneter Reiter, ist viel um die Kaiserin. Auch er war, als er zu Hof kam, entsetzt über den ewigen Tratsch in der Umgebung des Kaiserpaares. Aber er muß sich daran gewöhnen, das scheint nun einmal von einem Hofe und überhaupt aus dem Leben nicht gebannt werden zu können.

Zuweilen läßt sich Elisabeth von ihrem Sekretär aus der riesigen Post, meist Bettelbriefe, einzelne hervorstechende Dinge vorlesen. Da gibt es einen Herrn Ferdinand Aufrichtig, der die Kaiserin bittet, sie möge falschen Schmuck tragen, damit dies gesellschaftlich möglich werde und gleichzeitig einer Industrie und den Taschen der Ehegatten aufgeholfen werden könne. Der Mann hat so unrecht nicht. Skeptischer muß man schon sein, wenn ein Herr de Mullot de Villenant in Frankreich behauptet, ein Mittel gegen Krebs gefunden zu haben, und es der Kaiserin gegen *Voreinsendung* von fünfhunderttausend Franken mitzuteilen verspricht. Lächeln aber muß die Kaiserin über die testamentarische Verfügung eines eben verstorbenen Grafen Manna, es sei ihr alljährlich bis an ihr Lebensende der berühmte Mailänder Panettone zu senden, ein Kuchen, der dem Gugelhupf ähnlich, nur viel größer und trockener ist[1].

Am 11. Dezember erschrickt die Kaiserin furchtbar. Kronprinz Rudolf hat sich mit einem Zimmergewehr in die linke Hand geschossen. »Weil sie ihn eben kein anderes Vergnügen lehrten«, meint Marie Festetics entrüstet dazu[2], »als die dumme Schießerei. Alles, was da kreucht und fleucht, ist des Todes. Es kommt so eine Art Mordwut über solche Menschen, und das finde ich so unnötig. Als Kind schon — und wie reizend war er — schoß er die Gimpel aus seinem Fenster, und die Erzherzogin Valerie, die ein gutes kleines Herz hat, weinte heiße Tränen.« Doch der Unfall ist ohne Bedeutung, die Wunde heilt schnell. Elisabeth aber hat keinen Einfluß mehr auf ihren Sohn. Immer mehr zeigt sich sein Charakter, seine Leidenschaft und sein unbändiges Wesen, das vor nichts, aber auch vor gar nichts Achtung hat.

[1] Siehe Sekretariat der Kaiserin, am 14. April und 24. Dezember 1878. Wien, Staatsarchiv.

[2] Festetics-Tagebuch, Eintragung vom 11. Dezember 1878. F. F. A.

Im Jänner 1879 muß die Kaiserin in Wien sein, um Bälle und »alles andere, was man hier an Plagen durchzumachen hat«, hinter sich zu bringen[1]. Sie sehnt sich schon wieder nach den Reitjagden jenseits des Kanals, die ihr in den letzten Jahren so viel Freude gemacht haben. England genügt ihr nicht mehr. Elisabeth hat gehört, daß die Jagden hier nur ein blasses Abbild jener in Irland sind. Nur dort sei das Eden des Jagdsports, nur wenn man dort den Fuchs und den Hirsch gejagt, wisse man, was das heißt, hinter Hunden zu galoppieren und zu springen. In Lord Langfords herrlichem Schloß Meath wird das Hauptquartier der Kaiserin aufgeschlagen. Wieder sind die alten Getreuen von den vorangegangenen Jahren um sie. Die Gegend ist reizend, weite hellgrüne Grasflächen, das Land aber meist noch unbebaut. Gerade das Gegenteil von England. Die Bevölkerung lebt von Viehzucht, und daher sind die Weiden ringsum von Hecken eingefaßt, über die man so herrlich springen kann. Die Jagden sind hier viel gefährlicher als in England. Marie Festetics zittert mehr als je um ihre Herrin[2]. »Es sind so hohe Drops, so tiefe Gräben, Doubles auch, und die Irish banks und Mauern und Gott weiß was alles zum Hand- und Fuß- und Halsbrechen. Ich höre nie so viel von gebrochenen Gliedern wie hier, und alle Tage sehe ich jemanden ›tragen‹. Bayzand ist recht böse gestürzt, Middleton hat sich überschlagen und auch Lord Langford, so geht das fort. Die Kaiserin hat herrliche Pferde, Domino ist das großartigste, ein prächtiger Rappe, der zu Lord Spencers Schrecken am ersten Tag mit der Herrin vom Fleck weg durchging. Das Feld war von scheußlichen Hindernissen begrenzt, allen standen die Haare zu Berge. Was würde sie wohl tun? Sie hatte die Geistesgegenwart, das Pferd laufen zu lassen, glücklich ging es über einige Gräben und dann hatte sie es wieder und galoppierte ruhig zurück. Es ist nur *ein* Urteil über sie, aber wirklich, mir stehen oft die Haare zu Berge.«

An den Jagden nehmen oft mehr als hundert Reiter teil, aber nicht in rotem Frack wie in England, das ist hier nicht Sitte. Die vielen Stürze sind darauf zurückzuführen, daß die Leute auf zuwenig geschulten Pferden mitreiten. Die Kaiserin aber hat besonders gute, ausgesuchte Tiere. Die Pferde sind wie Katzen, man muß sie nur machen lassen, wie sie wollen. Elisabeth ist eine so fabelhafte Reiterin, daß

[1] Elisabeth an ihre Mutter, Wien, 15. Jänner 1879. Abschrift E. A. S. W.

[2] Festetics-Tagebuch, 27. Februar 1879. F. F. A.

sie das gleich erkennt. Breite, offene Wassergräben sind ihr das, was einem anderen ein delikater Bissen, bei schweren Banks und Hochhindernissen wirft sie dem Pferd die Zügel hin und läßt es springen, wie es will, weil sie den von den Händen völlig unabhängigen, weichen und geschmeidigen Sitz hat. Einmal muß sie mit einer herrlichen Schimmelstute, die prachtvoll geht, über einen Schranken springen, der im Wasser unten in einem Graben steht. Dann wieder gibt es eine besonders scharfe Jagd hinter einem äußerst flüchtigen Fuchs. Die besten Reiter Irlands haben Mühe mitzukommen. Am Schluß kennt sich Middleton gar nicht aus vor Stolz, denn nicht mehr als vier bis fünf Reiter außer der Kaiserin und ihm haben den ganzen Run mitgemacht.

Einmal war Halali unmittelbar nach einer großen Mauer. Hinter dem Master und der Kaiserin setzt das Feld darüber, und auf einmal sehen sie sich zahllosen geistlichen Herren gegenüber. Man war mitten in den Klostergarten des Priesterseminars von Maynooth hineingesprungen. Die Geistlichen geben Elisabeth, die völlig durchnäßt ist, den Mantel eines Paters um die schönen Schultern, nötigen sie ins Refektorium; herrlicher Wein und ein prachtvoller Imbiß wird serviert. Alles ist begeistert über die unerwartete Abwechslung. Kurz darauf sendet Elisabeth dem Priesterseminar als Dank eine wundervolle St.-Georg-Statue. Sie fühlt sich hier in Irland noch viel wohler als in England. Da die Königin von Neapel nicht da ist, gibt es auch keine Unannehmlichkeiten wie im Vorjahr. Zudem begrüßt man die Kaiserin hier nicht nur als Reiterin, sondern auch als Erste Frau eines großen katholischen Reiches, denn hier ist ja alles katholisch. Wo Elisabeth hinkommt, legt das elendste Dorf Feierkleider an, und Triumphbogen schießen aus dem Boden. Man treibt schon einen solchen Kult mit der Kaiserin, daß sie vorsichtig werden muß. Bei dem Gegensatz zwischen Iren und Engländern, Anglikanern und Katholiken kann die Eifersucht der Königin Viktoria und ihres Hofes geweckt werden. Selbst Engländer warnen Elisabeth.

Sie aber geht ganz im Reiten auf. Auch die gewiegtesten Master, denen Schmeichelei ganz fernliegt, sagen[1], die Kaiserin sei ein Wunder, sie hätten noch nie so reiten gesehen. Einmal nach einer Jagd kommt Elisabeth mit Rudolf Liechtenstein an der Rennbahn vorüber, auf der

[1] Bericht des Fürsten Rudolf Liechtenstein an Kaiser Franz Joseph, Summerhill, 3. März 1879. E. A. S. W.

im Frühjahr eine der bedeutendsten Steeplechasen geritten wird. Sie prüfen die Hindernisse, und noch ehe der Prinz ihr wehren kann, geht Elisabeth darüber und freut sich, dieselben Sprünge gemacht zu haben, die diese schweren Rennen fordern.

Spielend überwindet sie die »klobigsten« Hindernisse. Wiederholt stürzt selbst ihr Pilot Middleton. Einmal wird in einem Park ein Fuchs aufgestöbert. »Ich ritt Easton«, berichtet Elisabeth an Franz Joseph, »Captain Middleton ein sehr ungeschicktes Tier und nicht in Kondition. Die Pace war sehr scharf, die Hindernisse groß, so war er auch bald am Boden. Bei einer sehr großen, schnellen Bank stürzte er zum zweitenmal, hinauf sprang das Pferd noch, war aber so ausgepumpt, daß es hinab am Kopf zu stehen kam, ich mußte Easton einen Moment oben balancieren, um nicht darauf zu springen, und er machte dieses Geißbockkunststück sehr vernünftig. Über diese selbe Bank stürzte auch Rudi Liechtenstein ...[1]«

Am nächsten Tag gibt es wieder einen Unfall. »Bei einem Bankgraben«, schildert ihm Elisabeth[2], »stürzt Captain Middleton hinein. Noch auf dem Kopf stehend, rief er mir ganz vergnügt zu ›allright‹, und ich kam bequem hinüber.« Alle gehen zu Boden, einer nach dem anderen. Einmal auch Elisabeth. Es ist schon spät im März, eine der letzten Jagden. Ihre brave Schimmelstute kommt an einem verwachsenen Graben zu Fall. Blitzschnell springt Elisabeth herab, die Stute gelangt schnell auf die Füße, niemand hilft der Kaiserin. Im Nu ist sie wieder auf dem Pferd, saust dem Feld nach. Das hat gerade einen Check, alles ist im Schritt, da bekommt plötzlich einer der mitreitenden Herren vor lauter Anstrengung einen epileptischen Anfall. Traurig anzusehen, unter all den jugendlichen, frischen Sportgestalten zu Pferd[3]!

Da, mitten in die Reit- und Jagdfreuden hinein, kommt eine Hiobsbotschaft aus der Heimat. Die Stadt Szegedin ist infolge einer Überschwemmungskatastrophe überflutet und halb vernichtet. Elisabeth ist tief erschüttert. Sofort will sie heim. »Infolge der traurigen Nachrichten aus Szegedin«, schreibt sie augenblicklich an Franz Joseph[4], »habe ich mich entschlossen, wegzugehen ... Erst durch die letzten

[1] Elisabeth an Franz Joseph, Summerhill, 6. März 1879. E. A. S. W.
[2] Dto., Summerhill, 8. März 1879. E. A. S. W.
[3] Fürst Rudolf Liechtenstein an Franz Joseph, Summerhill, 19. März 1879. E. A. S. W.
[4] Elisabeth an Franz Joseph, Summerhill, 16. März 1879. E. A. S. W.

Depeschen und Details in den Zeitungen erfuhren wir die eigentlichen Dimensionen des Unglücks. Darum finde ich es besser, wenn ich jetzt gehe, es wird Dir auch lieber sein. Es ist das größte Opfer, das ich bringen kann, aber in so einem Falle ist es notwendig . . .« Elisabeth fühlt genau, daß es jetzt nicht am Platze sei, der Unterhaltung zu leben, insbesondere wenn noch dazu ihr geliebtes Ungarn von einer so schweren Katastrophe betroffen ist. Sie rüstet zur Abreise, fürchtet aber, daß Franz Joseph noch irgendwelche Besuche in London verlangt, die ihr immer so lästig sind. Sie, die sonst etwas zuwenig an die Kosten ihrer Lebenshaltung denkt — der Aufenthalt in Irland zum Beispiel hat nicht weniger als 158.337 Gulden 48 Kreuzer verschlungen[1] —, wird plötzlich sparsam. »Die Königin wird auf meiner Rückreise noch nicht von Italien zurück sein. Der Prinz von Wales hat mir antragen lassen, mich unterwegs irgendwo zu sehen. Willst Du dann auch, daß ich mich in London aufhalte? Ich hätte es gerne vermieden, um die Hotelrechnung zu ersparen. So hätte ich die ganze Reise hin und zurück gemacht, ohne ein Hotel zu haben.«

Franz Joseph verlangt keine Besuche mehr. Er ist glücklich und zufrieden, daß die Kaiserin es erfaßt hat, daß sie zurück muß, ohne daß er auch nur eine Andeutung nötig gehabt hätte. Glücklich begrüßen sich die beiden Gatten an der Bahn, und dann kommt das selige Wiedersehen mit der kleinen Valerie. Es ist kaum zu glauben, daß Kaiser und Kaiserin nun bereits fünfundzwanzig Jahre verheiratet sind, so jung, gesund und frisch sehen beide aus. Nun rüstet Wien, um das silberne Hochzeitsfest des Kaiserpaares zum Ausdruck begeisterter Liebe zu gestalten. Elisabeth ist zu sehr in die Zwangsjacke des Hofstaates und der hoffähigen Gesellschaft eingeengt, darum hält sie sich für unbeliebt und erkennt nicht, daß es außerhalb dieses engen Kreises Millionen und aber Millionen hochgebildete und kluge, einfache und arbeitsame, ehrliche und zumindest menschlich gleichwertige Wesen im Staate gibt, die oft mehr Loyalität und Liebe für das Kaiserpaar haben als viele solche, die dessen Gnade und Huld täglich unmittelbar genießen können. An Festtagen, die Elisabeth ob der damit verbundenen Zeremonien und Anstrengung verabscheut, bietet sich aber Gelegenheit, die Gefühle auch der anderen Kreise des Volkes kennenzulernen. Franz Joseph führt seine reizende, in Grau gekleidete Frau, die trotz ihrer

[1] Reiserechnung des Hofkontrollamtsadjunkten Karl Linger, Entlastung des Obersthofmeisteramtes vom 13. April 1880. Linger-Archiv.

zweiundvierzig Jahre wie eine junge Braut aussieht, in die Votivkirche. Tief ergriffen steht das Kaiserpaar vor dem Altar und denkt zurück an die vergangenen Jahre voll Liebe und Leid, voll Angst und Sorge, in denen aber doch die glücklichen Tage die traurigen weit überwogen.

Es regnet leider am Hochzeitstage, und der Festzug muß verschoben werden, aber das tut der Begeisterung all der Hunderttausende, die Wien von allen Ecken und Enden des Reiches aufgesucht haben, keinen Eintrag. Makart führt bloß seine glänzenden Bilder etwas später vor. Die einzigschöne Huldigung der Residenz wird zu einem überwältigenden Ausdruck der wahren Gefühle der Bevölkerung des Reiches für ihr Kaiserpaar. Daneben verschwinden die paar Nörgler, die auch heute der Kaiserin etwas anhängen wollen, und wenn es auch nur ein Witz ist. Anderswo, sagen sie, feiere man silberne Hochzeit »après vingt-cinq ans de ménage, cette fois après vingt-cinq ans de manège«. Man erzählt den Scherz Elisabeth, sie aber lacht nur über dieses Wortspiel.

Nach den Wiener Festen geht das Kaiserpaar nach Ungarn und wird dort mit so tosendem Beifall empfangen, daß die skeptische Landgräfin Fürstenberg von dieser stürmischen, »fast wilden« Begeisterung der Ungarn ganz betroffen ist. Nach den Festlichkeiten nimmt das Leben des Kaiserpaares wieder sein gewohntes Bild an. Die Kaiserin reitet von früh bis spät, und wenn sie nicht zu Pferd ist, grübelt sie über die Menschen ringsum. Mit Sorge betrachtet Marie Festetics, die eine in ihrer Menschenkenntnis geradezu genial zu nennende Frau ist, daß Elisabeth nicht nur in Dingen, auf die sie sich gerade mit Eifer wirft, kein Maß kennt, sondern auch in Antipathie und Sympathie, in Glauben und Vertrauen, in Mißtrauen und Scheu vor den Leuten ihrer Umwelt. Die Gräfin wird nicht müde, sich in ihre Herrin hineinzudenken. »Die Kaiserin ist für mich«, sagt sie, »wie ein Buch, das man nie ausliest, und je mehr man sich darin vertieft, desto anziehender ist es.« Bei aller Bewunderung, Liebe und Begeisterung für die Schönheit Elisabeths wirken Marie Festetics' Weltklugheit und durchdringender Geist geradezu prophetisch. Man kann die Kaiserin nicht schärfer charakterisieren, als es die Gräfin am 14. September 1879 in einem Augenblick in ihrem Tagebuch tut, da ihr die Zukunft natürlich noch völlig unbekannt ist:

»Die Kaiserin ist lieb und gut, aber sie macht sich alles zur Qual, und was für andere eine Quelle reiner Freude ist, wird bei ihr zum Quell des Unbehagens. Sie kommt mir vor wie ein Kind aus der Feenwelt. Da kamen viele gute Feen und legten ihr eine schöne Gabe in die Wiege, Schönheit, Lieblichkeit, Anmut, Vornehmheit, Einfachheit, Güte, Edelmut, Geist, Witz, Schalkhaftigkeit, Scharfsinn und Klugheit. Da aber kam die böse Fee und sagte: ›Alles hat man Dir gegeben, wie ich sehe, alles. Ich aber will diese Eigenschaften gegen Dich selbst kehren und keine Freude soll Dir daraus erblühen. Ich gebe Dir nichts. Ich nehme Dir aber ein hohes Gut, das wenig beachtet ist, aber ach, so nötig, um das Gleichgewicht der Seele zu erhalten, um in Harmonie des Herzens glücklich zu sein und dem Gemüte Frieden zu geben. Ich nehme Dir, was der Mensch unbewußt in sich trägt, das Maßhalten in Deinem Tun, Treiben, Denken und Empfinden. Nichts soll Dir zur Freude werden, alles sich gegen Dich kehren, selbst Deine Schönheit Dir nur Leid schaffen. Dein hoher Geist soll so tief in die Dinge eindringen, bis er Dich auf Irrwege bringt und Du die Menschheit verachtest, so wirst Du den Glauben an Güte und Liebe und das Vertrauen in die Besten verlieren und gerade dort geben, wo es dann wieder mißbraucht wird. So wirst Du Deine Seele mit Widerwillen und Bitterkeit erfüllen, bis Du Deinen Frieden nicht mehr finden kannst.‹ Manchmal höre ich Worte und sehe, daß sie leidet, ich fürchte, ich bleibe im Rechte und gäbe doch mein Leben für ihr Glück.«

Im August weilt Elisabeth wieder wie gewöhnlich in ihrer Heimat. Im Herbst darauf erfolgt der Rücktritt des Grafen Andrássy von seinem Posten als Minister des Äußern. Trotz allem, was darüber geschrieben worden ist, ist der eigentliche Grund für seinen Rücktritt im Dunkel geblieben und bis heute noch nicht aufgeklärt. Er selbst sagt von sich, er wolle nicht zu jenen Ministern gehören, die an ihrem Posten kleben, noch zu jenen, die man fortjagt, wenn man ihrer überdrüssig ist, sondern zu denen, die freiwillig abtreten, wenn ihre Ziele erreicht sind. Er ist scheinbar wohl Mehrer des Reiches gewesen, hat aber auch die unglückliche Zwietracht mit Rußland vertieft, an der schließlich alle drei großen Kaiserreiche des Festlandes mit ihren Dynastien zugrunde gegangen sind. So weit sieht man aber jetzt noch nicht. Es war anzunehmen, daß Elisabeth über den Sturz des Ministers, dessen Ernennung sie seinerzeit so leidenschaftlich betrieben, schwer betroffen sein würde. Aber nein, sie hat sich schon so weit von allen Gedanken an Politik entfernt, daß sie sich mit seinem Scheiden von diesem Posten abfindet. »Deshalb bleibt er ja doch mit uns«, meint sie, und trennt die sympathische Persönlichkeit Andrássys von aller Politik. Der Kronprinz sieht dieses Verhalten seiner Mutter nicht gerne; ihm ist der Vater zu konservativ. »Es hat eine Zeit gegeben«, meint er später[1], »wo die Kaiserin oft, ob mit Glück, das will ich dahingestellt sein lassen, sich um die Politik gekümmert hat und mit dem Kaiser über ernste Dinge, geleitet von Ansichten, die den seinen diametral entgegengesetzt waren, gesprochen hat. Diese Zeiten sind vorüber. Die hohe Frau kümmert sich nur mehr um den Sport: So ist jetzt auch dieser Einfluß fremder und im großen ganzen eher liberal angehauchter Meinungen verschlossen ...«

Der Herbstaufenthalt in Gödöllö steht wieder ganz im Zeichen der Reiterei. Elisabeth hat sich dieser Kunst mit Leib und Seele verschrieben. Vormittag ist Jagd und nachmittags geht sie in ihre kleine Reitschule nächst dem Schlosse, reitet Schulpferd auf Schulpferd und studiert ihre Fehler, um sich in der Reitkunst immer noch mehr zu vervollkommnen. Sie hat da ein kleines rotes Notizbuch, in dem sie täglich ihre Eintragungen macht: Beim Anreiten mitgehen, steter Sitz, stete Hand, Fußspitzen zum Pferd! Da steht, was zu tun ist bei der Pirouette, bei der Volte, daß das »Galoppchangement um die Sesseln herum« nicht gelungen ist usw. Auf dem herrlichen Lipizzaner »Maestoso« macht die Kaiserin »Lancaden« und »Ruaden«, es ist die Hohe Schule der Reiterei. Nicht nur praktisch, auch theoretisch bildet sich die Kaiserin in der Reiterei fort. Ihre Bibliothek wird in dieser Zeit um zahllose Bücher über Pferde und Reiten, um Rennkalender und dergleichen ständig vermehrt. Dazu hochmodern anmutende Schriften über Gymnastik und die Lehre, wie man seinen Körper am besten sportlich und gesundheitlich stählt. Auch der Kaiser ist bei den Reitjagden mit Eifer dabei, etwas weniger der Kronprinz. Der kennt sich überhaupt nicht aus vor lauter Lebenslust. »Könnte ich doch einmal hundert Jahre alt werden«, sagt er seiner Schwester Valerie. »Es ist schrecklich genug, zu denken, daß man schließlich doch einmal sterben muß.« Aber diese Gedanken vertreibt er sich schnell durch rasches, freudiges Genießen. Jeder Mensch hat ihn gern. Er ist, wie Marie Festetics sagt, »zu nett«, kennt aber auch kein Maß. Manchmal macht er der Gräfin kleine »Confidencen«, und da kommt manches heraus, wobei ihr bange wird. Vor allem belagert die alte Baronin Vetsera den jungen Mann. »Wie Versuchung an so einen jungen Men-

[1] Mitis, a. a. O. S. 263. Kronprinz Rudolf an Latour, Prag, 2. Dezember 1881.

schen herantritt!« meint Marie Festetics[1]. »Unter anderen finde ich da die Madame Vetsera ..., was zwar nicht gerade gefährlich scheint, denn sie ist weiß Gott nicht reizend, aber sie ist so pfiffig und benützt gerne alle Leute, sie will zu Hof gehen, sich und ihre Familie zur Geltung bringen. Ihre Töchter wachsen heran, freilich noch sehr langsam, aber man baut von Grund auf!« Die Baronin Vetsera macht sich auch an die Damen der Kaiserin heran, an die viel vertrauensvollere Ida Ferenczy und an die höchst skeptische Gräfin Festetics. Aber die meidet sie, und das soll der Kronprinz bekämpfen. Einmal sagt Rudolf plötzlich zu Gräfin Festetics: »Die Baronin Vetsera wird morgen abend mit Ihrer Erlaubnis zu Ihnen heraufkommen.« Lachend antwortet die Gräfin: »O nein, kaiserliche Hoheit, ich erlaube das nicht. Sie soll kaiserlicher Hoheit woanders Rendezvous geben als in meinem Salon, ich verlange mir ihre Gesellschaft nicht. Ich habe sie mir bis jetzt vom Leibe gehalten und bleibe dabei.« Er lachte und beschied sich. Die Baronin aber gibt nicht nach[2]. Die Kaiserin sieht die ganze Geschichte höchst ungern. Und auch der Kaiser sagt am 3. Dezember 1879 bei Tisch: »Was die Frau mit Rudolf treibt, ist unglaublich. Reitet ihm auf Schritt und Tritt nach. Heute hat sie ihm sogar etwas geschenkt.« Dann wendet er sich zur Gräfin Festetics: »Mir scheint, Sie haben eine Art Abscheu vor ihr, nicht wahr, Gräfin?« — »Ja, Euer Majestät«, erwidert Marie Festetics[3].

Wenn Elisabeth aber von Gödöllö oder Budapest wieder nach Wien soll, dann überkommt sie die Sehnsucht nach dem Inselreich und den schönen Jagden, die ihr in den vergangenen Jahren so viel Freude gemacht haben. Im Februar des Jahres 1880 geht es über Bayern, wo noch strengster Winter herrscht, wieder nach Irland, nach Summerhill, wo bei der Ankunft ein warmer Frühlingstag Elisabeth entzückt. Schon tags darauf gibt es eine namenlos schwere Hirschjagd. »Der Run ging ...«, berichtet Elisabeth[4], »in sehr scharfer Pace, über zahllose Hindernisse aller Art; eine Stunde zwanzig Minuten blieben Middleton und ich dabei ... Bayzand, der zwar ein gutes Pferd ritt, das er ungeheuer lobt, fiel über eine Bank in die Wiese hinein und tat sich weh am Fuß ... Er liegt im Bett mit einem Eisbeutel am Knö-

[1] Festetics-Tagebuch, Gödöllö, 5. Novmeber 1879. F. F. A.
[2] Dto., Gödöllö, 26. November 1879. F. F. A.
[3] Dto., Gödöllö, 3. Dezember 1879. F. F. A.
[4] Elisabeth an Franz Joseph, Summerhill, 5. Februar 1880. E. A. S. W.

chel ... Rudi Liechtenstein ist auch gefallen, ohne sich etwas zu tun, und Lord Langford, unser Hausherr, der aufs Gesicht fiel, konnte jetzt nicht gut schlucken ...« Der Lord ist zuerst in einen Wassergraben gefallen und dann bei einem unbedeutenden Graben gestürzt, wobei sich sein Pferd das Kreuz brach. Kaiser Franz Joseph hat allen Grund, um die Kaiserin besorgt zu sein. »Am siebenten wieder Hirschjagd, ziemlich weit von hier und nahe von Dublin, also eine ungeheure Menge von Reitern ... Durch einige große Sprünge gleich im ersten Beginn waren wir augenblicklich aus dem Gedränge ... da kam ein Graben, Middletons Pferd sprang zu früh ab und fiel hinein, er selbst war bald heraus, aber doch etwas außer Atem, wie man hier sagt, der Schnaufer war ihm herausgeschlagen, und bis sein Pferd herausgezogen wurde, waren die Hunde natürlich schon längst in aller Weite[1].« Am zehnten ist's nicht anders. »Die Pace war gleich sehr scharf, die Sprünge viel und groß, aber nicht verwachsen, nur ein Double kam, eine Bank mit Graben davor zum Hinaufspringen und drüben ein Sumpfgraben, aber ganz grün. Über den fiel Middleton und ich auch, aber in guter Distanz und über den Sumpf, wir wurden also nicht naß und es war sehr weich. Es sollen noch viele hineingefallen sein, wie mir später Tom sagte, aber da ich natürlich augenblicklich weiterritt, so sah ich es nicht. Lord Langford sah ich an einem anderen Graben stehen und nach seinem Pferd fischen.«

Middletons Braun, der in Irland noch nicht gejagt hat, refüsiert so, daß er zeitweise ganz abbleibt, und die Kaiserin muß sich von ihrem Bereiter Tom Healy führen lassen. Elisabeths Pferd geht ausgezeichnet und macht keinen Fehler, während selbst Healy nur schwer mitkommt. Als auch er das zweitemal stürzt, gibt die Kaiserin für diesen Tag die weitere Jagd auf. Man fürchtet allgemein für sie. Trotzdem sie die besten Pferde hat und die, zu denen sie kein Vertrauen hat, nicht reitet, ist sie doch zu tollkühn. Liechtenstein sieht sie einen Graben nehmen, den er für den bedeutendsten Sprung hält, den er je in Irland gesehen hat. Die Pferde gehen so in die Hand, daß Elisabeth ohne Handschuhe reitet und die Zügel ihre Hände wundreiben. Rings um sie geschehen auf den Jagden fortwährend kleine Unfälle. »Während ein paar Minuten«, berichtet Elisabeth am 19. Februar dem Kaiser[2], »kamen wir über ein Wasser und dann später eine Bank,

[1] Elisabeth an Franz Joseph, 7. Februar 1880. E. A. S. W.

[2] Dto., Summerhill, 19. Februar 1880. E. A. S. W.

dahinter ein Wassergraben, da es kein sehr schöner Sprung war, wartete ich ab, wie Middleton hinüberkommt. Seine Stute, statt gerade zu springen, ging ganz links, kopfüber ins Wasser ... Da für mich die Passage frei war, kam ich glücklich hinüber, ebenso Tom, der auch im selben Moment absprang und Middleton zu Hilfe eilte, welcher mit dem Fuß so fest im Steigbügel hing, Kopf zu unterst, daß er allein nicht heraufgekommen wäre ...« Zwei Tage später hat der Pilot Elisabeths wieder Pech: »Obwohl wir heute eigentlich zur Fuchsjagd mit den Kildares angesagt waren, bestimmten die Herren gestern abend, wir sollten zur Hirschjagd gehen, schon um die vielen Neugierigen anzuführen, die scharenweise per Extrazug kommen, wenn sie mich bei irgendeinem Meet erwarten. Middleton und Langford freuten sich schon den ganzen Abend und heute früh auf den Aufsitzer ... Middleton fiel wieder ... er blieb im Bügel hängen, fast noch unheimlicher wie neulich, da das Pferd fort wollte, aber mein Tom rettete ihn wieder.« Als der Captain an diesem Tage abends zum Souper in Summerhill erscheint, gibt es ein großes Hallo und ein Schnelldichter verfaßt ein Poem auf Elisabeth[1]:

The Queen of the Chase.
The Queen! Yes, the Empress!
Look, look, how she flies,
With a hand, that never fails,
And a pluck, that never dies.
The best man in England can't lead her — he's down!
»Bay« Middleton's back is done beautifully brown.
Hark horn and hark halloa!
Come on for a place!
He must ride, who would follow
The Queen of the Chase.

Die Königin der Jagd,
Die Königin! Ja, das ist die Kaiserin!
Schau, schau, wie sie fliegt,
Mit nie fehlender Hand,

[1] Charles Adolph Voigt, Famous Gentlemen riders, London, without year, S. 50.

Mit nie ersterbendem Mut.
Und Englands bester Reiter kann nunmehr sie nicht mehr führen.

Am Boden liegt er, und schön braun ist sein Rücken.
Hört ihr das Jagdhorn, hört ihr auch das laute Hallo?
Drängt vor um einen Platz!
Denn reiten muß, wer folgen will
Der Königin der Jagd.

Middleton kann sich diesen Spott gefallen lassen, denn er hat in unzähligen Steeplechasen, die er gewonnen hat, seine Kunst unter Beweis gestellt und tut es auch weiter. Mit seiner Stute Lady of the Harem gewinnt er nicht weniger als neunundzwanzig Rennen, darunter elfmal hintereinander[1]. Wenn ein solcher Mann auf den Jagden so oft stürzt, kann man sich vorstellen, wie sie sind. Aber je toller es zugeht, um so mehr freut es Elisabeth. Das ist ihr Urlaub, da fühlt sie sich in voller Freiheit, Ruhe und Unabhängigkeit, irdisch losgelöst von aller Sorge und Verantwortung, entbunden der Pflichten, die ihrer Natur so zuwider sind, deren Unterlassung ihr wieder Skrupel bereitet. Aber auch da fehlt das Maß. Elisabeth ist etwas undiszipliniert, und das zeigt sich überall. Augenblicklich steht die Jagdpassion im Vordergrund, aber das kann plötzlich umschlagen, und es kommt etwas anderes, was sie dann ebenso gut, aber auch ebenso maßlos betreiben wird ...

»Irlands größter Vorteil liegt darin«, urteilt Elisabeth, »daß es keine fürstlichen Herrschaften besitzt.« Es »langweilt sie schrecklich[2]«, daß sie auf der Rückreise die Königin wieder in Windsor begrüßen muß, aber das ist diesmal besonders geboten, da man es in England

[1] B. Middleton fand am 9. April 1892 bei einem Rennen den echten Reitertod. Sein Pferd rumpelte nach einer Hürde, stürzte aber nicht, sondern raffte sich im letzten Augenblick zusammen. Dabei schlug es dem nach vorn gefallenen Reiter den Kopf mit derartiger Gewalt gegen das Kinn, daß Middleton das Genick brach. Das war das ritterliche Ende dieses Reitersmannes ohne Furcht und Tadel. Seine Tochter Mrs. Violet Borwick und seine Enkelin halten in ihrem herrlichen Jagdheim in Hazelbeck Hill, Northampton, heute noch die Tradition Bays hoch.

[2] Elisabeth an ihre Mutter, Summerhill, 29. Februar 1880. Abschrift E. A. S. W.

nicht gerne sah, daß die Kaiserin wieder nach Irland ging. In großen Teilen der Insel herrscht ja Unzufriedenheit mit Englands Herrschaft und Elend wegen schlechter Ernte. Die Pächter zahlen ihren Brotherren nichts, und Homerule ist die Parole. Wenn man auch in der Gegend von Summerhill nichts merkt, im westlichen Teil der Insel ist alles in Aufruhr. In einer solchen Zeit paßt die Vergnügungsreise der Kaiserin nicht zu der allgemeinen Lage. So wird früher als sonst die Heimreise angetreten. Am 7. März wird das gastliche Haus Langfords bei herrlichem Wetter verlassen.

Am 10. März erhält Elisabeth in London frühmorgens ein Telegramm. Sie öffnet es und wird ganz blaß. Zitternd fragt Gräfin Festetics nach dem Inhalt: »Der Kronprinz hat sich mit Prinzessin Stephanie von Belgien verlobt.« — »Gott sei Dank«, meint die Hofdame, »daß es kein Unglück ist.« Aufgeregt sagt die Kaiserin nur: »Wolle Gott, daß es keines sei.« Sie hat den Eindruck, das Ganze sei überstürzt, der Kronprinz mit seinen zweiundzwanzig Jahren sei zu jung, und erst die Braut mit ihren fünfzehn!

Elisabeth fährt zum Lunch nach Windsor. Wunderbar die ganze Aufmachung, aber die kleine und dicke Königin steht wieder sehr verlegen neben der großen und schlanken Kaiserin. Dann empfängt Elisabeth auch Lord Beaconsfield. Sie findet ihn furchtbar häßlich. Er verleugnet seine Rasse nicht, ist aber sehr unterhaltend und interessant.

Nun muß die Kaiserin auf der Heimkehr Brüssel besuchen, um die Braut ihres Sohnes kennenzulernen. Elisabeth hat sich vorher jeden feierlichen Empfang verbeten, wie sie es zu tun gewohnt ist. Man fährt des Nachts, um Punkt acht Uhr früh in Brüssel einzutreffen. Alles schläft im Zuge, da auf einmal in voller Dunkelheit Kanonendonner, Böllerschüsse, Volkshymne, Jubelgeschrei. Alles stürzt aus den Betten. Kein Diener, keine Kleider, kein Licht, jeder glaubt, man sei schon in Brüssel.

»Was ist denn los? Ihre Majestät ist ja noch im Bett.« Jeder trachtet in irgendein Kleidungsstück zu schlüpfen. Nopcsa stürzt in Frack und Zylinder heraus, Kammerjungfern eilen in notdürftiger Kleidung herbei. Endlich klärt sich die Lage, der Zug ist in Tournai an der Grenze Belgiens angelangt, es ist vier Uhr früh, und der sinnige Empfang ist für die Mutter des Bräutigams bestimmt. Alles legt sich wieder nieder. Um acht Uhr derselbe Lärm, diesmal ist es wirklich Brüssel. Der Kronprinz steht mit seiner Braut und der ganzen könig-

lichen Familie am Bahnsteig. Elisabeth erscheint in dunkelblauem, mit Zobel verbrämtem Kleid, köstlich schön. Tief ergriffen aber sind nur zwei. Die Kaiserin und der Kronprinz, der seiner Mutter buchstäblich um den Hals fällt. Dann kommt die Braut, jung, frisch, unentwickelt, wenig gut angezogen, ein Kind noch, mit schönem Teint. Alles bewundert die Kaiserin, ihre herrliche Gestalt, ihre Grazie, ihre Haare. Kronprinz Rudolf blickt stolz zu seiner Mutter hinüber, dann zur Braut. Alles andere geht programmgemäß vor sich. Aber warm wird Elisabeth nicht. Ernst gestimmt, tritt sie die Heimreise an. Gerührt empfängt Franz Joseph seine Gemahlin. »Wenn es nur gut ausgeht«, meint sie. Aber Franz Joseph beschwichtigt ihre Bedenken. »Du machst dir immer viel zuviel Skrupel.«
In Wien beginnen wieder die wohlgemeinten, aber vom Kaiserpaar als Arbeit empfundenen Festlichkeiten. Am meisten Freude macht Elisabeth noch ein Karussell des Adels aus der Zeit Kaiser Maximilians. Bald darauf eine Huldigung von 2800 Sängern. Aber wenn sich auch innerhalb der Aristokratie einige wirkliche Freunde Elisabeths gefunden haben, warm wird sie in Wien doch nicht. Ganz anders in Ofen. Im Mai zeigt sich wieder, wie unbeschreiblich volkstümlich Elisabeth in der ungarischen Hauptstadt ist. Es fällt ihr schwer, aber sie führt zum erstenmal in ihrem Leben in einer Sitzung als oberste Schutzfrau der Gesellschaft des Roten Kreuzes den Vorsitz. Sie muß bei solchen Gelegenheiten immer erst den Grundton ihrer Natur, die verlegene Scheu, besonders niederkämpfen, was niemand würdigt, weil niemand sie genau kennt. Das bedeutet bei ihr viel mehr als bei jedem anderen. Alles Zurschautragen ist ihr peinlich und ganz besonders dann, wenn sie überdies noch das Gefühl hat, daß ihr Auftreten einen Druck auf die Opferwilligkeit der Menschen bedeutet. Sie ist eitel wie jedermann, aber nach ihrer ganz besonderen Art. Obwohl sie gerne schön ist und alles tut, um ihren Körper ebenmäßig, schlank und gesund zu erhalten, empfindet sie nach wie vor Angaffen wie physischen Schmerz. Sie findet es ganz natürlich, daß sie schön ist, doch scheint es ihr ganz überflüssig, daß man davon so viel Aufhebens macht. Elisabeth will auch dieses göttliche Geschenk des Himmels genießen, ohne den damit verbundenen Tribut zu zahlen. In der Sitzung begeistert sie alle. Gerade ihre Befangenheit ist reizend, und ihr Appell an die Frauen Ungarns geht in nicht endenwollendem Jubel unter. Elisabeth aber empfindet bei allen solchen Gelegenheiten steigende Ungeduld. Auch verläßt sie die Sorge um

den Kronprinzen nicht. Wie wird diese Ehe ausgehen? Die Stimmung der Kaiserin fällt auch auf Rudolf. Er findet seine Mutter weniger freundlich als sonst[1].

Der Sommer sieht Elisabeth wieder in Ischl und im heimatlichen Bayern. Einmal macht sie einen Fehlbesuch bei Ludwig II. in Schloß Berg am Starnbergersee und hinterläßt dort ein blühendes Jasminzweiglein als Visitenkarte. König Ludwig ist entzückt über diese Aufmerksamkeit und schreibt einen so warmen Brief an Elisabeth, daß diese ihm wieder einen Kranz aus den gleichen Blüten schickt und eine Photographie der kleinen Valerie dazu, um sie ihm, vorläufig wenigstens im Bilde, vorzustellen. Die Kleine ist nun ein nicht allzu hübsches, aber ihrem Wesen und ihrer Anlage nach außerordentlich liebes, herziges und tiefinnerliches Kind geworden. Sie leidet nur auch, und zwar sehr stark, an der Familienkrankheit, der schüchternen Verlegenheit. »Genation« nennt sie das in ihrem schon im Jahre 1877, also in ihrem neunten Lebensjahr, begonnenen Tagebuch.

Über die Verlobung ihres Bruders kann sie sich gar nicht beruhigen. Sie hat ihm den Spitznamen »Nazi« gegeben[2]. »Nazi, der Bub«, schreibt sie diesmal mit roter Tinte in ihr Tagebuch, »der Nazi, der vor wenigen Jahren selbstgeschossene Gimpel zum Gabelfrühstück aß, der Nazi, der mich so oft sekkierte ... verlobt!« Mit ihrer Umgebung kann Valerie nicht recht warm werden, weil ihre Verlegenheit sie daran hindert. Das ist der Grund für die falsche Beurteilung, die die »Einzige« vielfach in ihren ersten Jugendjahren findet. Nur mit der Kaiserin ist sie lieb und reizend. Nur Elisabeth kennt ihre Tochter, wie sie wirklich ist, nur an Valeriens Seite und zu Pferd ist die Kaiserin jetzt glücklich, sonst hat sie eine merkwürdige Unruhe in sich und ist oft plötzlich niedergeschlagen. Am Allerseelentage meint sie zu Marie Festetics: »Es ist so traurig auf der Welt, und ich bin überzeugt, wie schwer auch immer das Hinübergehen ist, zurückkommen möchte doch keiner, wenn er auch könnte.« Solche Stimmungen sind mit dem äußeren Leben, das Elisabeth führt, gar nicht recht in Einklang zu bringen. Die beiden Damen ihrer engsten Umgebung, die Gräfin Festetics und Ida Ferenczy, sind wahrlich ein

[1] Kronprinz Rudolf an Feldmarschalleutnant von Latour, Laeken, 19. Mai 1880. Wien, Staatsarchiv.

[2] Tagebuch der Erzherzogin Valerie, Schloß Syrgenstein (von nun an nur bezeichnet mit T. E. V. S.), Eintragung 3. April 1880.

Glück für sie. In der letzten Zeit macht die Kaiserin neben dem Reiten oft Landpartien zu Fuß, und Gräfin Marie ist ihre ständige Begleiterin. Ida Ferenczy, die nicht so gut gehen kann, weiß für das leibliche Wohl der Kaiserin in rührender Treue und wahrer Hingebung vorzüglich zu sorgen.

Die Entwicklung ihres Sohnes, auf die sie ja nie viel Einfluß hat nehmen können, macht ihr immerfort Kummer. Jetzt, wo er erwachsen ist, entgleitet er ihr schon gar. Auch er hat die Maßlosigkeit seiner Mutter in vielen Dingen geerbt und betreibt seine Passionen mit demselben Feuer wie sie. Bei ihm steht die Jagd mit dem Gewehr im Vordergrund. Er redet von nichts anderem mehr, und Gräfin Festetics hat recht, wenn sie sagt, daß diese Leidenschaft keine Grenzen mehr hat. Aber alles sieht ruhig zu, und niemand sagt ein Wort. Der Kronprinz ist ja jetzt erwachsen, er muß wissen, was er tut. Er kritisiert auch seine Eltern scharf. Von seiner Mutter meint er: »Sie ist eine untätige, aber durch und durch gescheite Frau[1].«

Das Elternpaar ist lieber mit Valerie beisammen. Bei kleinen Festen wird Blindekuh, Plumpsack, Fangen mit auf den Rücken gebundenen Händen gespielt. Der Kaiser und die Kaiserin tun mit, als ob sie selbst wieder Kinder wären. An solchen Tagen herrscht nur ein reizendes, gemütliches Familienleben im kaiserlichen Kreise. Wie Elisabeth aber da heraustritt, kehrt das Mißtrauen wieder. Sie macht sich nie lustig über jemanden, erzählt nie etwas Böses nach, aber ist zu schnell bereit, einen Menschen, den sie für nicht wohlgesinnt hält, mit eisiger Kühle, ja Verachtung zu behandeln, obwohl es oft nur ein Mißverständnis ist. Ein wenig Verfolgungswahn, den so viele Menschen haben, macht sich auch bei ihr geltend. Mit leidenschaftlicher Liebe sucht sie dann immer wieder bei ihrer Valerie Zuflucht. Die Neigung für diese Kleine lockt ihr innerstes Wesen heraus, aber auch in der Liebe herrscht Übermaß, und es fehlt die Harmonie. Dabei umgibt Elisabeths Schönheit und Lieblichkeit sie immer wieder wie ein Heiligenschein. Ob sie mit dem Kaiser auf dem Thron prangt, ob sie vor dem Allerheiligsten das Knie beugt, ob ihr der Page die Schleppe trägt oder sie kurz geschürzt im Garten wandelt, ob sie reitet, ihre Milch trinkt oder scherzt, immer ist sie die Kaiserin. Nicht

[1] Kronprinz Rudolf an Herrn von Latour, Prag, 2. Dezember 1881. Mitis, a. a. O. S. 265.

in angelernter Förmlichkeit und Haltung, nein, von Gottes Gnaden in unendlicher Anmut[1].

Am Hof wird nun viel von der bevorstehenden Hochzeit des Kronprinzen gesprochen. Aber die Braut ist noch nicht formiert, man hat die Heirat in Belgien allzusehr übereilen wollen, und so muß die schon festgesetzte Hochzeit verschoben werden.

Lord Langford, der im Herbst als Gast des Kaiserpaares in Gödöllö geweilt hat, redet Elisabeth zu, nur ja im nächsten Jahre wieder über den Kanal zu kommen, und Elisabeth möchte am liebsten nach Irland. Aber nun stellt man ihr vor, daß dies aus politischen Gründen nicht geht. Man könnte in dem neuerlichen Besuch der katholischen Herrscherin gleichsam eine Ermunterung der Homerule-Bewegung des katholischen Irland und eine Demonstration gegen die britische Regierung erblicken. So entschließt sich Elisabeth, diesmal wieder nach England in das Haus des Lord Combermere in Cheshire zu gehen. Tiefer Nebel liegt über dem Lande, als Elisabeth am 15. Februar 1881 ankommt. Sofort geht sie in den Stall, um ihre Pferde zu besuchen, die sie über Winter drüben gelassen hat. Sie hat rechtes Heimweh nach Irland, von hier aber, wo das Jagdterrain nicht so schwierig ist, wird sie eher heil nach Hause kommen. Middleton, der im Winter sehr krank war, ist wieder gesundet und findet sich sogleich im Schlosse, einer im Jahre 1132 erbauten, ehemaligen alten Abtei, ein, die man für Wilhelm von Oranien 1692 umgebaut hatte. Ihm zu Ehren wurde damals das Zimmer, in dem er übernachtete, ganz orangegelb gehalten. Nun wird es Marie Festetics zugewiesen. Selbst die Möbel sind orangegelb und das Bett, in dem der Oranier schlief, mit ebensolchen Vorhängen umhüllt. Das Lager ist so hoch, daß die Gräfin zur größten Unterhaltung Elisabeths erst auf einen Sessel steigen muß, um sich dann mit Todesverachtung hinaufzuschwingen. Sie vermeint in einer umgestülpten Orangenschale zu leben. Das Schloß liegt in einem herrlichen Wald von Eichen und Linden. Der Master ist Lord Strafford, die Jagdgesellschaft zahlreicher als in Irland. Bis zu hundertfünfzig Reiter im Felde. Elisabeth findet aber die Hindernisse zu unbedeutend, obwohl Rudolf Liechtenstein und Middleton sie als gar nicht so harmlos beurteilen und von dem großen Feld am Schluß meist kaum zwanzig Reiter zur Stelle sind.

Manchmal galoppiert und springt die Kaiserin drei Pferde und kommt

[1] Festetics-Tagebuch, 2. Jänner 1881. E. A. S. W.

erst um halb sechs Uhr abends nach Hause. Dabei vergißt sie morgens und abends ihre gewohnte Gymnastik nicht. Sie ist überschlank, ißt zuwenig, und so wirkt das Ganze ungünstig auf ihre Nerven. Trotz oder gerade wegen der großen Ermüdung findet sie jetzt immer öfter keinen wohltuenden Schlaf. Sonst aber entzückt sie die Natur. Herrlich ist die Landschaft; ein schöner, tiefer, klarer See auf köstlicher Samtwiese, Zedern und Zypressen, Korkeichen und Nadelhölzer. England wetteifert in Gastfreundschaft. Aber die Freude am Reiten ist nicht mehr so groß wie in früheren Jahren. Elisabeth wird immer heikler mit den Pferden. In weiten Kreisen mißgönnt man der Kaiserin das Jagdvergnügen. Ein Herr Friedrich aus Rotterdam zum Beispiel bittet sie in einem Briefe ironisch, sie möge ihm die Kosten eines einzigen Jagdtages in England als rückzahlbares Darlehen zur Fortführung seines Geschäftes vorstrecken[1]. Ein gehässiger Artikel in einer sozialistischen Zeitung kränkt den Obersthofmeister der Kaiserin sehr. Elisabeth aber ist das schon gewohnt. »Mich überrascht nur mehr«, meint sie[2], »wenn jemand über mich schön schreibt oder redet.«
Da kommt die Nachricht von der grausamen Ermordung des Zaren Alexanders II. in Petersburg. Elisabeth ist furchtbar ergriffen. »Ist es nicht besser, mit mir in Combermere zu sein«, sagt sie zu Marie Festetics mit Rücksicht auf den seinerzeitigen Heiratsantrag des Fürsten Dolgoruki, »als in diesem entsetzlichen Lande?!«
Für den 28. März ist die Abreise angesetzt. Im letzten Moment wird noch alles mögliche besucht. Die Liverpooler Steeplechase, der Herzog von Westminster, die Königin in Windsor. Alles in größter Hetze und Eile. Dann geht Elisabeth nach Paris, wo ihre Schwestern Neapel, Trani und Alençon weilen. Der Präsident von Frankreich Jules Grévy besucht die Kaiserin im Hotel. Er macht einen mehr als gewöhnlichen Eindruck und benimmt sich auch höchst befangen. Unter anderem beglückwünscht er Elisabeth zur bevorstehenden Heirat ihres Sohnes und macht dabei das plumpe Kompliment: »Wenn man Sie sieht, Madame, könnte man glauben, daß Sie« — das Wort »Majestät« bleibt ihm in der Kehle stecken — »die Braut sind.« Die Umgebung hat alle Mühe, nicht zu lächeln. Elisabeth aber errötet bis unter die Haare und sieht ihn so erstaunt an, daß er ganz verlegen wird. Aus Angst, daß

[1] 3. Februar 1881. Privatsekretariat der Kaiserin. Wien, Staatsarchiv.
[2] Elisabeth an Ida von Ferenczy, Combermere Abbey, ohne Datum, Farkas-Archiv.

ihn die Kaiserin entlassen könnte, steht er schleunigst auf und entfernt sich.

Noch in Paris erhält die Kaiserin ein Telegramm, die Hochzeit Rudolfs sei für den 10. Mai angesetzt. Am Wiener Hof herrscht allgemeine Nervosität. Das Warten und Verschieben war so peinlich, aber Elisabeth hat sich ernst verbeten, daß die Heirat noch vor der Formierung der Braut vollzogen wird. Nun aber findet die Trauung in altgewohnter Pracht statt. Es ist in gewissem Sinne für die Kaiserin eine Art Abschied von ihrem Sohne, denn nun, da er eine Frau hat, wird er noch weniger in ihrer Nähe weilen und um sie sein, als es bisher der Fall gewesen. Es ist nur zu hoffen, daß der Kronprinz etwas seßhafter und ruhiger wird. »Er ist gescheit«, meint Marie Festetics am 9. Juni 1881 in ihrem Tagebuch, »aber halt eben jung und angeleitet war er nicht. Und jetzt? Mir bangt ein bißchen.«

Kronprinz Rudolf ist noch ganz unausgeglichen, alles gärt in ihm. Er ist geneigt, die liberalen Anschauungen stark zu übertreiben. Auch eine gewisse Menschenverachtung zeigt sich. Er sieht, wie alles vor ihm am Boden liegt, ihm alle Frauen vom Stubenmädchen bis zur Prinzessin entgegenkommen, verliert dadurch die Achtung vor aller Welt, und wenn er einmal einsam beim Schreibtisch liest und studiert, dann wundert er sich[1] noch mehr über die Dummheit der Menschen als draußen im Getriebe des Lebens. Die Anlagen des Kronprinzen sind ausgezeichnet, sein Verstand hervorragend. Aber er kennt keine Grenzen. Elisabeth wird sich dessen nicht bewußt, denn wie sich Kronprinz Rudolf vor anderen gibt, sieht sie nicht. Überhaupt weiß das Kaiserpaar wenig von seinem eigentlichen Leben. Sich anzuvertrauen ist niemals seine Art gewesen.

Ahnungslos setzt die Kaiserin ihr gewohntes Leben fort. Der Juli findet sie wieder in ihrer Heimat in Garatshausen. Bayerns König sendet am 18. Juli einen prachtvollen, riesigen Blumenstrauß und läßt fragen, wann er sie besuchen könne. Doch müsse es abends sein, und niemand sonst dürfe ihn sehen. König Ludwig wird immer merkwürdiger. Er zieht sich gänzlich in seine Bergschlösser zurück, er flieht seine Minister, und sie tun infolgedessen so ziemlich, was sie wollen. Als die kleine Valerie hört, daß er nicht gesehen werden will, nimmt sie sich vor, ihn justament zu mustern. Sie versteckt sich, sieht gerade, wie er ankommt, und ist ganz entsetzt, weil er so dick ist und gar so viel Wesens macht.

[1] Kronprinz Rudolf an Latour, 16. Jänner 1881. Wien, Staatsarchiv.

Elisabeth will aber, daß der König Valerie kennenlernt, und sendet sie schnell um Jasmin, weil dieser ihre wie Ludwigs II. Lieblingsblume ist. Valerie überreicht die Blüten, und der König muß sie wohl oder übel entgegennehmen; schnell und undeutlich dankt er. Man weiß nicht, wer dabei scheuer und genierter ist, Ludwig oder Valerie[1]. Sicher ist nur eines, alles ist froh, als der König wieder fort ist.

Der Rest des Sommers wird mit dem alten Leben, Reiten und Landpartien, verbracht. Oft finden diese auch bei strömendem Landregen statt, ohne daß dies Elisabeth geniert. Im September erfreut Franz Joseph die Kaiserin mit der Nachricht, daß er im Lainzer Tiergarten für ihre und seine »alten Tage« ein Haus errichten will. Mitte September geht der Hof zum Herbstjagdaufenthalt nach Gödöllö. Der Bruder der Kaiserin, Herzog Ludwig, ist wieder da mit der Baronin Wallersee. Elisabeth denkt[2]: »Ich kann nicht genug Egards für sie haben, ich muß ihr dankbar sein, ich habe meinen eigentümlichen Bruder gerne und halte es doch keinen Tag mit ihm aus, und wer seinesgleichen täte es? Niemand! Und sie macht ihn glücklich. Mir ist einerlei, wer sie ist, sie ist ihm recht und so geniert mich das ›Bürgermädchen von Augsburg‹ gar nicht, ich schätze sie um ihrer Güte willen.«

Die Kaiserin hat auch Marie Larisch, die Tochter ihres Bruders, ganz gern. Aber der Gräfin Festetics liegt diese nach wie vor »im Magen«. Zuweilen geraten Outsider in den Kreis der Kaiserin. So empfahlen einmal Kavaliere einen englischen Fabrikanten, der eine Erfindung vortragen möchte. Er kommt gerade, als Elisabeth ausreiten will.

»Können Sie reiten?« fragt sie ihn.

»Ja«, sagt etwas zaghaft der Fabrikant. Schnell muß er sich einen Anzug ausborgen und die Kaiserin begleiten. Während des Rittes soll er seine Sache vortragen. In sausendem Galopp rast Elisabeth mit ihm vierzig Minuten lang durch den Haraszter Wald. Ob die Kaiserin sehr viel von der Erfindung begriffen hat, ist zu bezweifeln. Schweißgebadet steigt der Engländer vom Pferd und sagt: »Das sind die schnellsten vierzig Minuten, die ich je mitgemacht habe.« Triumphierend berichtet das Elisabeth dem Kaiser[3].

Der Aufenthalt in Ungarn muß vorzeitig abgebrochen werden. Am 11. Oktober ist plötzlich Andrássys Nachfolger Baron Haymerle

[1] Tagebucheintragung vom 18. Juni 1881. T. E. V. S.
[2] Festetics-Tagebuch, Eintragung vom 4. Oktober 1881. F. F. A.
[3] Elisabeth an Franz Joseph, Gödöllö, 2. Oktober 1881. E. A. S. W.

einem Herzschlag erlegen, und überdies sind für Ende des gleichen Monats die italienischen Majestäten angesagt. Am 27. Oktober besucht Elisabeth die verzweifelte Witwe des Ministers. Ein Bild des Jammers, wankt die arme Baronin der Kaiserin entgegen, und als ihr Elisabeth die Hand reichen will, sinkt die Unglückliche beim Versuch, diese gütige, milde Hand zu küssen, wie leblos zu Füßen der Kaiserin nieder. Elisabeth hebt sie auf und trägt sie fast die Stiege hinauf in ihre Wohnung. Tränen rollen über ihre Wangen, und der Ausdruck von Mitleid und Rührung in ihren lieblichen Zügen ist für jedermann, der ihn gesehen, unvergeßlich. Erregt und erschüttert verläßt sie die Witwe. »Es ist gräßlich, zu denken, daß die arme Frau, die ihren Mann anbetet, ihm flüchtig und ahnungslos adieu sagt, eine Stunde darauf heimkehrt und ihn tot findet. Der flüchtige Abschied war für ewig.«

Wer die Kaiserin einmal so gesehen, wird weniger strenge mit ihren Eigenschaften sein, über die man im ganzen Reiche zu sprechen beginnt. Elisabeth verbirgt sich zuviel hinter ihrem Fächer, wenn sie sich in der Öffentlichkeit zeigt, man nimmt ihr das übel, und flugs schreibt man einen Artikel über »die seltsame Frau«. Aber es steht nichts davon, daß die Kaiserin in Choleraspitäler geht, auch ist es bezeichnend, daß sich nur ein Witzblatt, der »Kikeriki«, findet, der diesen Leuten eine Abfuhr erteilt:

Die seltsame Frau
Wahrlich, die Frau ist sonderbar,
Die ohne Scheu vor der Gefahr,
Von Menschenliebe nur bewegt,
Trost in das Haus des Unglücks trägt.
Die, heiklich auf die Schönheit nicht,
Auch mit den Blatternkranken spricht,
Tränenden Blick's an Sterb'bett eilt,
Dort bei Verlassenen verweilt.

Ihr Patronessen, seht euch an,
Wie still man auch human sein kann,
Nicht bloß bei der Musik von Strauß —
Auch einsam in dem Krankenhaus.
Dort Tränen trocknen, wo der Tod
In allerlei Gestalten droht:
So edlen und humanen Sinn,
Lernt ihn von unsrer Kaiserin!

Reitjagd in Gödöllö, 1878
Nach einem Gemälde von Julius von Blaas

Elisabeth als Parforce-Reiterin
Stich von Th. L. Atkinson nach einem Gemälde von John C. Charleton, Nationalbibliothek, Wien

Die Kaiserin verbirgt sich vor dem Photographen
Photographie von Baader, 1887

Korfu, Achilleion

Gesamtansicht mit dem Eingangstor

Ausblick vom Achilleion

Kaiserin Elisabeth mit ihrem Lieblingsbernhardiner
Gemälde von Wilhelm Richter, 1878

Die Kaiserin um 1896
Nach einem Gemälde von Leopold Horowitz
Nationalbibliothek, Wien

Déjeuner de
Sa Majesté l'Impératrice

Petites timbales à l'Impériale.
Truite du lac du Bourget
Filet de boeuf jardinière.
Mousse de volaille Périgueux.
Chaud froid de perdreaux en Bellevue
Crème glacée à la bourgeoise
Spongeade au citron
Marquises au chocolat

Menükarte der Kaiserin Elisabeth beim Dejeuner
bei Baronin Rothschild

Ende Oktober treffen König Humbert und seine Gemahlin Margherita ein. Elisabeth findet die Königin angenehm und sympathisch, und sie gefällt ihr, obwohl sie nicht gerade hübsch ist. Die Italiener wieder sind entzückt von der Schönheit der Kaiserin. Diese Sympathie erleichtert die Mühen der anstrengenden Tage, in denen Fest auf Fest, Tees, Hofkonzerte, Theater und fünfmal im Tag Toilettenwechsel Elisabeth ganz nervös machen. Sie ist glücklich, als sie wieder in ihr schönes, ruhiges Gödöllö zurück kann, das auch Franz Joseph immer mehr liebgewinnt.

Am 8. Dezember abends, der Kaiser sitzt gerade beim Souper, wird Franz Joseph ein dringendes Telegramm überreicht. Er überfliegt es, und es sinkt ihm buchstäblich aus der Hand. »Das Ringtheater steht in Flammen«, sagt er tonlos. »Taaffe telegraphiert, daß die Menschen gerettet sind, aber wer weiß, ob es auch so ist.« Sofort erhebt sich der Kaiser und stürzt zu Elisabeth, die es sich in letzter Zeit angewöhnt hat, häufig nicht mitzuspeisen, weil sie nur ein Glas Milch am Abend nimmt.

Bald genug stellt sich jedoch heraus, daß Taaffes voreiliges Telegramm nicht wahr ist, daß sich im Gegenteil eine entsetzliche Katastrophe ereignet hat. Hunderte von Leuten stürmten im brennenden Theater gegen die nur nach innen aufgehenden Türen, verschlossen sie so hermetisch und gingen, zerquetscht und verbrannt, zugrunde. Das Theater war wie ein Hochofen, und das unglückliche Publikum, das sich auf die reizenden Melodien von »Hoffmanns Erzählungen« freute, fand zum Großteil einen entsetzlichen Tod.

Franz Joseph und Elisabeth sind ganz niedergeschmettert, alle Jagden werden abgesagt und alles getan, um das Schicksal der Hinterbliebenen zu mildern. Unter den Verbrannten befand sich auch ein Sohn der Baronin Vetsera.

Elisabeth verdoppelt in letzter Zeit die körperliche Bewegung. Ihr ist das Reiten nicht mehr so angenehm, sie macht nun auch täglich stundenlange Spaziergänge.

Am wohlsten fühlt sich Elisabeth nur im allerengsten Kreise. Der Ball bei Hof ist ihr eine Qual, aber der reizende Adoleszentenball bei ihrer Valerie ein Vergnügen. Siebzehn kleine Mädchen und Backfische, lauter kleine Kinskys, Auerspergs, Mensdorffs, Trauttmansdorffs, Schwarzenbergs usw., sind eingeladen. Der Kaiser tanzt mit ihnen lustig und heiter, ganz vergnügter Hausherr. Elisabeth reizend anmutig als Hausmutter so vieler Kleinen. Sie unterhält sich famos, besonders über die köstlich naive Do Hohenlohe[1], die Allerjüngste aus dem Kreise. Um vier Uhr hat das Fest angefangen, um neun Uhr sitzt sie schläfrig und müde auf einem Sessel und sieht verzweifelt in die Luft. Elisabeth tritt zu ihr und fragt sanft: »Do, willst du etwas essen?« Die Kleine, der man daheim eingeschärft hat, sie solle sehr artig sein, schaut zur Kaiserin auf und sagt, allen Regeln der Etikette entsprechend: »Ich danke Euer Majestät tausendmal, nein.« Die Kaiserin aber fragt wieder: »Willst du kein Gefrorenes, Kompotte, Tee, Limonade, Backwerk?« Die Kleine dankt fortwährend mit der größten Höflichkeit. Als die Kaiserin mit Freundlichkeit in sie dringt: »Sage, Do, was willst du *denn?«* fährt die Kleine endlich ungeduldig in die Höhe und sagt ärgerlich: »Ruhe möchte ich haben und schlafen möchte ich gehen.« Lachend sagt die Kaiserin dem kleinen Schelm: »Du bist eine gescheite kleine Person, das möchte ich auch oft[2].« Dann darf Do Hohenlohe nach Hause gehen.

Noch ist der Fasching nicht vorbei, als die Kaiserin ihren nun schon gewohnten alljährlichen Reitjagdbesuch nach England antritt. Aus denselben Gründen wie im Vorjahr wird Irland gemieden und wieder bei Lord Combermere in der Abbey abgestiegen. Bay Middleton pilotiert die Kaiserin diesmal nicht, er ist verlobt, steht unmittelbar vor seiner Hochzeit und kommt die Kaiserin nur mit Lord Langford besuchen. Sein Erbe als Pilot und Herr des Stalles übernimmt Captain Bulkeley. Auch Rudolf Liechtenstein ist wieder da. Jagden und Wetter sind ausgezeichnet, doch Elisabeth ist nach den ersten Ritten sehr müde. Die einstige Freudigkeit fehlt ihr. Man sieht an der Stimmung und an tausend Kleinigkeiten, daß das Jagdvergnügen die Kaiserin heuer merklich anstrengt und ihr viel weniger Freude macht als früher. Es dauert auch kaum einen Monat und schon am 6. März wird wieder abgereist. Noch einmal wird bei der Königin in Windsor geluncht und zum Besuche der drei Schwestern nach Paris gefahren. Bestrebt, möglichst viel zu genießen, wandert Elisabeth von früh bis abends zu Fuß in der Stadt herum, bis ihre Damen gar nicht mehr können. In Wien erzählt man sich entsetzt, die Kaiserin sei auf einem Omnibus gefahren. »Wenn sie das nur täte«, meint Gräfin Festetics, »wir gehen aber immerfort zu Fuß!« Während des kurzen Aufenthaltes der Kai-

[1] Prinzessin Dorothea Hohenlohe-Schillingsfürst, geboren 1872, vermählt mit Grafen Vollrath von Lamberg.

[2] Festetics-Tagebuch-Eintragung, Wien, 27. Jänner 1882. F. F. A.

serin veranstaltet der Herzog von Aumale in seinem herrlichen Condé-Schlosse Chantilly eine prächtige Hirschjagd im Kostüm der alten Zeit. Als Master of the hounds tritt der Herzog an der Spitze der Jagdgesellschaft Elisabeth an dem Schloßtor entgegen. Alle königlichen Prinzen sind da. Die alten Jagdfanfaren von einst ertönen. Dann ein langer Galopp, und feierlich wird Elisabeth eine Trophäe überreicht. Doch all das wirkt auf Elisabeth nur wie eine Theateraufführung. Ein Abbild von etwas Vergangenem. Es ist wie eine Anspielung. Auch der Kaiserin Jagdfieber ist abgekühlt, verrauscht die Freude am tollen Dahinfliegen, es war einmal und wird nicht wieder so sein, Elisabeth wird in England nicht mehr reiten.

XI

SPAZIERMÄRSCHE UND GEFAHREN

1882—1886

In Wien empfängt der Kaiser Elisabeth auf der Bahn. Stets leuchten seine Augen dabei, und seine Freude ist tief und echt. Gleich aber stört wieder ein fürstlicher Besuch. Die russische Großfürstin Wladimir ist lungenkrank und auf der Reise nach Italien begriffen. Sie erzählt Furchtbares von Petersburg, wo die Anarchisten auch noch nach dem Zarenmord alle Welt terrorisieren und niemand von der kaiserlichen Familie und den höchsten Beamten des Reiches seines Lebens mehr sicher ist. Sooft die Großfürstin von Petersburg spricht, hat sie Tränen in den Augen. »Dort kann ich nicht gesund werden. Die Angst um die Meinen tötet mich. Wenn mein Mann zur Tür hinausgeht, muß ich mich immer fragen, ob er mir lebend wiederkommt.«

Zur Zeit der Wacheablösung in der Burg ist Elisabeth gerade bei der Großfürstin. Die Russin sieht auf einmal den Burgplatz mit Menschen dicht gefüllt. Zu Tode erschrocken fragt sie: »Was wollen denn diese Leute?«

»Sie erwarten nur die Burgmusik und die Ablösung der Wache.«

Als der Kaiser dann allein mit seinem Adjutanten in der Equipage nach Schönbrunn fährt, wundert sich die Großfürstin maßlos, daß niemand mitreitet.

»Wie, keine Garde?«

»Aber nein, die Leute freuen sich, den Kaiser zu sehen.«

»Glückliches, beneidenswertes Land!« Die Großfürstin kann sich vor Staunen gar nicht fassen.

Elisabeth hat seit England den Reitsport nun auch in der Heimat schwächer betrieben. Dagegen beginnt die Kaiserin jetzt sehr viel spazierenzugehen, man muß schon sagen, schnell zu marschieren. Die einzige von den Damen, die dabei mithält, ist die Gräfin Festetics und zuweilen auch die Landgräfin Fürstenberg. Von Neuwaldegg auf die Sophienalpe, von da nach Hainbach, Weidlingau und Gablitz, vier

Stunden im Renntempo. Oder vom Lainzer Tor zum Jauner über Weidlingau und den Schafberg nach Neuwaldegg, Dornbach, Hameau, Weidling am Bach, Sievering. »Ich bin totgegangen«, meint Marie Festetics nach einem solchen Marsch in ihrem Tagebuch[1]. Aber nach außen will sie's nicht merken lassen. Es wird eigentlich nicht gegangen, sondern ununterbrochen gelaufen, und das macht es der Begleitung so schwer.

Im April wird wieder in Göding gejagt, dann wohnt die Kaiserin am 19. April zu Pferd der Frühjahrsparade auf der Schmelz bei. Sie sieht wunderbar aus, reitet »Nihilist«, das schönste Pferd ihres Stalles. Der selten genossene, wundervolle Anblick der anmutigen Kaiserin zu Pferd begeistert Offizier und Mann. Auf der Heimfahrt aber muß Gräfin Marie Festetics Elisabeth die traurige Nachricht melden, daß die berühmte Kunstreiterin Emilie Loisset im Zirkus mit dem Pferde tödlich gestürzt ist. Elisabeth hat für diese elegante und hochachtbare, außerordentlich geschickte Reiterin viel übrig gehabt. Marie Festetics erzählt den Todessturz absichtlich genau, denn sie will damit erreichen, daß auch die Kaiserin vorsichtiger wird. Aber die Mahnung ist nicht mehr nötig, Elisabeth reitet nun nicht nur weniger, sondern viel vorsichtiger. Sie hat, sie weiß selbst nicht, warum, ein wenig das Herz verloren. Aber bewegungshungrig ist sie nach wie vor, nur daß sich dies nun anders äußert.

Am 23. April gibt es wieder einen Riesenspaziergang. Der Flügeladjutant Freiherr von Gemmingen, ein Professor, und Gräfin Festetics sind in ihrer Begleitung. Die Kaiserin marschiert nach Preßbaum, auf den Pfalzberg bis nach Hochstraß, dann bei der hinteren Pfalzau über den Sattelberg zurück nach Preßbaum, fünfdreiviertel Stunden. Elisabeth läuft wie noch nie. Sie hat die feste Absicht, den Freiherrn von Gemmingen niederzugehen. Bei der Heimkehr sagt der Flügeladjutant: »Alle Achtung, Majestät, das war ein Spaziergang, das ist eine Leistung, und ich bin doch als Jäger das Gehen gewöhnt.« In der Burg erwartet der Kaiser schon besorgt die Ausflügler. Er freut sich, als Elisabeth endlich wieder zurück ist. »Leben Sie denn noch?« fragt er Marie Festetics. »Das hat ja schon keinen Namen.« — »Wir befinden uns ganz wohl, Majestät, nur hungrig sind wir, wir haben gar nichts gegessen.« Darauf Franz Joseph herzlich lachend: »Das auch noch dazu, das ist unerhört. Und dieses sogenannte Vergnügen hat auch

[1] Festetics-Tagebuch, 1. April 1882. F. F. A.

der arme Gemmingen aushalten müssen. Aber jetzt gehen Sie schnell essen.«

Kurz darauf wird nach Ofen übersiedelt. Auch hier setzt Elisabeth die Riesenpromenaden fort. Am 1. Mai geht es zur »Schönen Schäferin«, dann auf den Jánoshegy, den Hárshegy, Auge Gottes, Saukopf, Fasendel zum »Hirschen« herab, vier Stunden im Laufschritt. Wenn man dann abends noch auf ein Hoffest geht, was die Kaiserin sehr oft muß, aber nie will, ist das anstrengend genug. Oft werden die Promenaden bis zu sechs Stunden ausgedehnt, und kopfschüttelnd läßt sich der Kaiser berichten, daß es für die Polizei nicht leicht ist, für die Sicherheit der Majestät einzustehen, da kein Mensch voraus weiß, wo diese Spaziergänge hinführen, weil Elisabeth meist ohne jeden Plan drauflosmarschiert.

Im Juni, bei ihrem alljährlichen Besuch in der Heimat, versucht die Kaiserin, von Feldafing nach München zu gehen. Viereinhalb Stunden marschiert die Kaiserin, das Gefolge hat das »Folgen« bereits aufgegeben[1], ganz bis hin kommt aber auch die Kaiserin allein diesmal noch nicht. In Ischl desgleichen, dort werden es natürlich Bergpartien; man muß schon sehr gut zu Fuß sein, um mitzukommen. Der deutsche Kaiser macht mit seinen achtzig Jahren am 9. August einen Besuch in Ischl und meint: »Leider kann ich Eure Majestät wegen zu vorgeschrittener Jugend auf solchen Touren nicht mehr begleiten.«

Man ist sehr liebenswürdig mit ihm, nur führt man ihn am Abend ins Theater, ins »Versprechen hinterm Herd«, ganz ohne zu bedenken, daß ja in diesem Stück ein Preuße lächerlich gemacht wird.

Für den September ist eine Reise des Kaisers nach Triest und Dalmatien vorgesehen. Der Ministerpräsident Graf Taaffe wünscht sie dringend, um den Eindruck des in diesem Jahre niedergeworfenen Aufstandes in der Krivošije, dem südlichsten Dalmatien, zu zerstreuen und der in Triest Boden gewinnenden reichsitalienischen Irredenta einen Widerpart zu bieten. Allgemein findet man diese Reise bei Hof sehr gefährlich. Da oder dort, dessen ist man sicher, wird man ein Attentat auf den Kaiser versuchen. Franz Joseph will allein reisen. Elisabeth ist aber, wie immer in entscheidenden Stunden, auf ihrem Platz. Sie besteht darauf, ihren Gemahl zu begleiten, wenn er Gefahren ausgesetzt ist, und will auch diesmal nicht fehlen. Sie ist besorgt

[1] Landgräfin von Fürstenberg an ihre Schwester Gabi, Feldafing, 19. Juni 1882. Rechberg-Archiv.

um das Schicksal ihres Gatten und empört darüber, daß Taaffe und der Statthalter von Triest den Kaiser in dieses Abenteuer hineinhetzen. Ihr Gefühl läßt sie die Wahrheit ahnen.

Am 14. September sind zwei Verschworene, darunter Guglielmo Oberdan, aus Rom abgereist, um irgendwie eine Gelegenheit zu finden, den vermeintlichen Tyrannen ihrer Vaterstadt Triest nach ihrer Art zur Rechenschaft zu ziehen. Am 16. September gelangt das Kaiserpaar in strömendem Regen nach dem melancholischen Miramar. Die Verschwörer sind indes von der aufmerksamen Botschaft in Rom signalisiert worden, und kaum haben sie die Grenze überschritten, wird der gefährlichere von ihnen verhaftet. In Miramar geht indes Elisabeth mit Marie Festetics trotz strömendem Regen in Schlamm und Kot auf der Hauptstraße bis nach Triest und zurück. Sie kommen naß »wie die Badeschwämme« heim. Am 17. September wird das Kaiserpaar bei annehmbarem Wetter in Triest empfangen. Jedermann hat von Anschlägen gesprochen, das Gefolge sieht spähend umher, alles ist höchst aufgeregt. Die Eröffnung der Ausstellung geht aber zum Glück ohne Zwischenfall vorbei. Jeder ist froh, als man abends wieder glücklich zu Hause ist. Am nächsten Tag ist Elisabeth eine der ersten auf. Sie geht aus dem Haus und liest auf dem Sockel einer Figur mit schwarzer Ölfarbe: »Pereat Francesco Giuseppe«, »Evviva Oberdan«. Franz Joseph will allein in eine Kaserne und in ein Spital gehen, Elisabeth aber erklärt sehr energisch, sie gehe mit. Als der Wagen vorfährt, wartet sie schon mit ihrem Hund Plato. Dem Kaiser erklärt sie, sie müsse auf der Landseite, also links von ihm, sitzen, sonst sei ihr die Sonne zu unangenehm. In Wirklichkeit aber tut sie das, um den Kaiser besser schützen zu können. Franz Joseph ordnet ein möglichst geringes Gefolge an. »Man kann niemandem außer den Allernötigsten zumuten, da mitzufahren«, meint er, »man ist hier wirklich überall in Gefahr[1].« Am Abend soll ein Ball auf einem Lloyddampfer stattfinden. Es stürmt und regnet furchtbar. Das Kaiserpaar steigt mit Gefolge die nasse Marmortreppe von Miramar hinab, wie einst Maximilian und Charlotte, als sie ins Ungewisse fuhren. Das Ganze sieht wie ein Maskenzug aus. Alle in Regenmänteln mit hinaufgestülpter Kapuze, auch der Kaiser. Lakaien leuchten mit Fackeln. So steigt man in die Barke, die zu Füßen

[1] Die Darstellung stützt sich auf das Festetics-Tagebuch, 18. und 19. September 1882, F. F. A., und jenes der Erzherzogin Valerie, 20. September 1882, T. E. V. S.

der Treppe schaukelt und sogleich, gegen die Wellen ankämpfend, aus dem schützenden Hafen fährt. Die Kaiserin sitzt still wie ein Marmorbild, von einer Bootslampe hell beleuchtet, mit ruhigem, sinnendem Antlitz, wie immer, wenn sie Sorge hegt. Franz Joseph plaudert heiter, um über den Ernst der Stunde hinwegzuhelfen. Marie Festetics denkt an den Ministerpräsidenten Taaffe, der dieses ganze Wagnis verantworten soll und wohl sicher irgendwo warm und bequem mit einer Zigarre im Fauteuil sitzt, während man die Kaiserfamilie in wilder Nacht und Sturm auf einer Nußschale im Meere herumfährt. Im Hintergrunde hebt sich Miramar, magisch wie ein Feenschloß beleuchtet, vom Dunkel ab. Das Kanonenboot »Luzifer«, das zum Lloyddampfer hinüber soll, ist strahlend illuminiert, beflaggt und geschmückt. Aber als die Barke an der Landungstreppe anlegt, tanzt das Boot so sehr, daß Kaiser und Kaiserin und das Gefolge nur mit riesigen Sprüngen und Gefahr an Bord kommen. Das Kaiserlied ertönt, ein Hurra durchbraust die Nacht, aber alles zittert vor Kälte und Aufregung. Sofort wendet das Schiff dem malerischen, mit seinen tausend Lichtern amphitheatralisch aufsteigenden Triest zu. Elisabeth bewundert dies Bild und sagt lächelnd:

»Das erinnert mich an Valerie, wie sie ganz klein war; auch sie, wie alle anderen Kinder, hatte Gefallen an all dem, was gefährlich war, und ich pflegte ihr immer zu sagen: ›Anschauen ist erlaubt, aber Anrühren verboten.‹«

Ein Blitz und furchtbares Donnerrollen läßt das Lächeln auf ihrem Antlitz ersterben, und der Ernst kehrt wieder. Als der »Luzifer« beim Lloyddampfer »Berenice«, auf dem der Ball stattfinden soll, anlangt, erreicht das Unwetter seinen Höhepunkt. Diesmal ist es ganz unmöglich, von einem Schiff auf das andere zu gelangen. Man wartet geduldig stundenlang, während trotz des Unwetters das Feuerwerk abgebrannt wird. Hunderte von Raketen gehen nicht los, andere hundert aber steigen doch zum Himmel und mischen ihre leuchtenden Stern- und Sonnenkugeln mit dem Lichte der grellen Blitze. Endlich kommt irgendwie der Statthalter auf den »Luzifer« herübergeturnt und bittet die Majestäten, sich nicht weiter den Gefahren des Unwetters auszusetzen. Nicht das allein ist der Grund; auf der »Berenice« hat man plötzlich ein Leck entdeckt, und alle Mann sind an den Pumpen. Das meldet man dem Kaiser freilich nicht.

Langsam wendet der »Luzifer« wieder dem strahlenden Leuchtturm von Miramar zu. Das Wetter hat sich ein wenig beruhigt, und alles hat einen Anflug wildromantischen Zaubers. Franz Joseph aber, dessen poetische Ader recht wenig entwickelt ist, meint bloß trocken mitten in diese Stimmung hinein: »Die Gräfin Festetics wird gleich speien, sie sieht so bläßlich aus.«

Am nächsten Tag Sonne, tiefblaues, stilles Meer, Blumenpracht im Garten! Ein Unterschied, gar nicht auszudenken! Auf spiegelglatter See wird zum Fürsten Taxis nach Duino gefahren. Dort großes Diner mit »Notabilitäten« aus Triest. Einer der Herren trinkt die Mundschale aus, wonach er plötzlich bedenklich still wird. Elisabeth sieht es und kämpft mit Tränen in den Augen gegen das Lachen. Bald scheint alles wieder vergessen. Aber als die Majestäten wieder nach Gödöllö zurückgekehrt sind und Elisabeth Valerie ihre Erlebnisse erzählt, da bricht ihr ganzer Unmut noch einmal hervor. Ihre Tochter hat sie noch nie so zornig gesehen. Tränen der Empörung über den Empfang, aber auch über den unvorsichtigen Taaffe stehen ihr in den Augen. Als der Ministerpräsident vor den Majestäten erscheint und, weil alles gut abgelaufen ist, mit einer Art Siegermiene von den so gut getroffenen Schutzmaßnahmen spricht, gerät Elisabeth in Harnisch, unterbricht ihn und sagt eisig[1]:

»Nur dem lieben Gott hat man es zu danken, daß alles gut abgelaufen ist.« Dann neigt sie leicht das Haupt und läßt ihn stehen.

Kaum in der Heimat, nimmt die Kaiserin ihre Gewohnheiten wieder auf. Außer dem Reiten wird nun auch täglich fleißig gefochten, und Elisabeth macht, wo es nur immer angeht, ihre großen Spaziergänge. In Wien dann führen die Promenaden wieder tief in den Wienerwald hinein. Nach wie vor in schnellstem Tempo. Einmal glaubt ein Polizeimann, der die Kaiserin und die Gräfin Festetics rennen sieht, ohne sie zu erkennen, die beiden vornehmen Damen würden von irgend jemandem verfolgt. Er will sie schon ausfragen, da erkennt er plötzlich die Kaiserin, verstummt, folgt aber den Damen nun erst recht keuchend bis ins Schloß.

Dr. Widerhofer erklärt, die Landgräfin Fürstenberg könne ohne ernste Gefahr für ihre Gesundheit die Touren nicht mehr mitmachen, auch der Gräfin Festetics wird es schon zuviel; so sucht man als »Promeneuse« für die Kaiserin nach einer jungen, kräftigen, leistungsfähigen Hofdame, weil, wie die eigene Tochter schon sagt[2], »bald niemand

[1] Festetics-Tagebuch-Eintragung, Gödöllö, 20. September 1882. F. F. A.

[2] Tagebucheintragung, 8. Dezember 1882, T. E. V. S.

mehr mit ihr wird gehen können«. Nach Elisabeths Wunsch soll es wieder eine Ungarin sein. So kommt Sárolta von Majláth in ihren Dienst. Der Fechtsport macht der Kaiserin nun täglich mehr Freude. Ein eigener Fechtlehrer mit laufendem Gehalt wird angestellt, und Elisabeth macht in kürzester Zeit die größten Fortschritte in dieser Kunst, die sie, wie alles, was sie beginnt, mit Eifer betreibt und ernst nimmt. Der kleine Panzer, die Fechthandschuhe und der kurze graue, ganz moderne Rock, den sie dazu trägt, stehen ihr ausgezeichnet, und in Kürze müssen die Lehrer ihre ganze Kunst zusammennehmen, wollen sie die kleinen Gefechte siegreich bestehen.

Diesmal will die Kaiserin ihren »Urlaub« in Baden-Baden verleben. Sie nimmt Pferde dahin mit, und ihr Leben dort ist eine einzige Orgie der Bewegung. In der Frühe Gymnastik, dann Fechten, dann sechs Stunden Lauf zu Fuß durch die Gegend oder weite Ritte in den Bergen und in der Ebene. Nun ist auch Valerie mit ihren fünfzehn Jahren schon soweit, die Kaiserin manchmal begleiten zu können. Elisabeth beschäftigt sich sehr eifrig mit der geistigen Entwicklung ihres Töchterchens. Sie verfolgt mit Interesse dessen herzig-naives Tagebuch und unterhält sich königlich über die Bemerkung der Kleinen nach einer Geschichtsstunde über Napoleons Zug nach Rußland: »Die Russen waren pfiffig, mir wäre das sicher nicht eingefallen, Moskau so zu verbrennen[1].« Auch macht die jugendliche Erzherzogin nette kleine Gedichte, die Elisabeth besonders freuen.

Sonst sucht sich die Kaiserin vor allem Fürstlichkeiten vom Leibe zu halten. Prinz Alexander von Hessen, dessen Sohn in Bulgarien als Fürst mit den größten Schwierigkeiten kämpft, will Gelegenheit suchen, ein gutes Wort für ihn einzulegen. Er meldet sich zur Audienz, aber Tage und Wochen vergehen, und er erhält keine Einladung. Auf seine Mahnung gesteht endlich Baron Nopsca dem Prinzen auf gut Wienerisch ein, daß er in den größten »Schwulitäten« sei. Er sehe Ihre Majestät selbst fast gar nicht, weil sie von fruh bis acht Uhr abends reite oder zu Fuß im Gebirge herumlaufe. Sie nehme kein Diner, lade daher Gäste schon gar nicht ein. Prinz Alexander gibt nicht nach, wird endlich empfangen und findet die Kaiserin ob ihrer »Schönheitsdiät« und »übermäßigem körperlichem Training« über alle Möglichkeiten schlank. Sie antwortet auf seine Fragen zerstreut mit Ja und Nein, und kaum macht der Besuch eine Bewegung gegen die Tür hin, so ver-

[1] 12. Februar 1880. T. E. V. S.

abschiedet sie ihn kurz und eilt von dannen. Sechseinhalbstündige Eilmärsche in der Umgebung und Ausflüge nach Heidelberg füllen die Zeit aus. Die Stimmung Elisabeths ist augenblicklich eine günstige. Es unterhält sie, ihre körperliche Leistungsfähigkeit mit der ihrer Umgebung zu vergleichen. Der Frühsommer sieht sie wieder in ihrer Heimat[1].

Diesmal bringt sie es am 8. Juni zustande, auf fast schattenloser Heerstraße von München zu Fuß nach Hause nach Feldafing zu gehen. In sieben Stunden ist der Weg bewältigt. Die Leistungen werden aber noch gesteigert. Alles geschieht im geheimen, und nie weiß jemand, wann Elisabeth wegfährt und was geplant ist. Sie handelt immer nach augenblicklicher Eingebung. Mit Sorge hört sie von der jährlich zunehmenden Eigentümlichkeit des Königs Ludwig. Seit dem plötzlichen Tod Wagners in Venedig am 13. Februar 1883 hat sich die Sucht des Königs, sich von der Mitwelt abzuschließen, nur noch vermehrt, und seine Lebensweise löst die ernstesten Befürchtungen für die Zukunft aus. Elisabeth sucht den König zu verteidigen. Es ist ihr ihrer Verwandtschaft wegen unangenehm, daß man nun nach der Abschließung des Prinzen Otto auch den König schon da und dort ganz offen als geisteskrank bezeichnet.

Im Juli geht Elisabeth wieder nach Ischl zurück. Dort werden die Spaziergänge schon zu wahren Gewaltmärschen. Die Kaiserin sieht ein, daß sie von ihren Hofdamen nicht mehr verlangen kann, daß sie siebendreiviertel Stunden gehen, wie es nun schon etwas Alltägliches wird. Darum nimmt sie Leute mit Tragsesseln mit, nicht für sich, sondern für ihre Hofdamen. Der Gipfelpunkt wird bei einem Ausflug zu den Langbathseen und zum Ammersee erreicht. Dabei geht die Kaiserin achtdreiviertel Stunden[2]. Man hat schon allgemein Angst um die Gesundheit Elisabeths, die immer magerer und blasser wird. Es ist kein Wunder, ihre Füße beginnen ihr weh zu tun, und Ende Juli müssen die Märsche notgedrungen etwas eingeschränkt werden. Dafür reitet die Kaiserin wieder mehr. In Ischls Umgebung ist gerade kein Reitterrain, und auch in Mürzsteg nicht, in dessen Jagdhaus sie Ende August einige Zeit verbringt. Einmal reitet sie hier gegen das »Tote Weib«, einen herrlichen, aber steilen Weg. Da tritt das Pony der

[1] Charlotte von Majláth an Ida von Ferenczy, Feldafing, 9. Juni 1883. Farkas-Archiv.

[2] Dto., Ischl, 2. Juli 1883. Farkas-Archiv.

Kaiserin in ein Loch auf der Brücke über einen tief eingeschnittenen Wildbach. Schon fühlt sie sich sinken, und das Pferd neigt sich gegen den Abgrund, als ein zufällig dort weilender Arbeiter herbeistürzt, Pferd und Reiterin zurückreißt und sie glücklich hinüberbringt. Zu Tode erschrocken hört die kleine Valerie von der Gefahr, in der ihre Mutter geschwebt hat, und verfaßt das nette kleine Gedicht, das heute noch auf dem Gedenkstein jener Brücke zu lesen ist:

Heiliger Georg, Reitersmann,
Der vor Gefahr uns schützen kann,
Der meine Mutter oft beschützt!
Ich bitte dich mit Zuversicht,
Verweig're mir die Bitte nicht:
Beschütze stets das teure Leben,
Das mir das Licht der Welt gegeben!

Valerie liebt ihre Mutter sehr, nur ihre ungarischen Neigungen teilt sie nicht. Im Gegenteil, sie empfindet es schmerzlich, daß sie mit Elisabeth, ja sogar über deren Geheiß auch mit ihrem Vater fortwährend ungarisch sprechen muß. Als am 2. September 1883 die Kronprinzessin Stephanie eine Tochter bekommt, fährt Valerie mit Elisabeth nach Laxenburg, wo das hübsche blonde Kind wie ein kleiner Engel in der Wiege liegt. Als die Erzherzogin weint, weil es eine Tochter ist, meint Rudolf: »Das macht gar nichts, eine Tochter ist ja viel herziger!« — »Sogar Mama fand es nicht grauslich«, vermerkt Valerie in ihrem Tagebuch[1].

Sie versteht sich mehr mit ihrem Vater. Wenn der Kaiser kommt, hat sie das Gefühl: Jemand ist wieder da, der fühlt und denkt wie ich. Und nimmt sich immer vor, ihn zu bitten, mit ihm deutsch reden zu dürfen. Aber Skrupel, die sie sich stets und über alles macht, halten sie davor zurück, weil sie ihrer Mutter gegenüber etwas Unrechtes zu tun fürchtet.

Der Winter vergeht ohne große Ereignisse. Der April findet Elisabeth wieder auf ihrer Urlaubsreise, die diesmal der Wiederherstellung ihrer Gesundheit gilt. Sie hat sich durch die übertriebenen Märsche Ischiasschmerzen in den Füßen zugezogen, die sie aber doch nicht hindern, ihre ausgedehnten Spaziergänge und Ritte fortzusetzen. Auch in Wies-

[1] Eintragung 2. September 1883. T. E. V. S.

baden, wo sie in den ersten Tagen des April 1884 weilt, macht sie siebenstündige Fußmärsche und reitet einmal nach Frankfurt und zurück, was den ganzen Tag erfordert. Wieder besucht sie mit Valerie das herrliche Heidelberg. Als aber durch die ewige Unruhe die Ischias immer schlechter wird, erfaßt Elisabeth plötzlich große Sorge, und sie entschließt sich Anfang Mai, Hals über Kopf nach Amsterdam zu fahren.

Dort praktiziert ein sehr berühmter Doktor namens Metzger, der Weltruf genießt. Der Arzt sieht in der Kaiserin eine höchst erwünschte Patientin und erschreckt sie mit nichts weniger als der Bemerkung, daß sie ein Krüppel bleiben würde, wenn sie nicht sofort hier eine Kur begänne. Aber selbst da könne er die Gewähr nicht übernehmen, ob er sie werde ausheilen können. Ein Konsilium wird berufen, ein Heidelberger Muskelarzt beteuert, daß die Diagnose Metzgers falsch sei. Aber trotzdem wird eine sechswöchige Kur beschlossen, nachdem Metzger Elisabeth das Gehen, Reiten und Fechten erlaubt hat.

Der Obersthofmeister Baron Nopcsa schaut dem allem etwas mißtrauisch zu. Er meint, die Kur sei von der Kaiserin nur deswegen zugestanden worden, weil der Arzt diese Erlaubnis gegeben habe. »Ich fürchte nur«, meint er[1], »daß Metzger keine Ahnung hat, wie das Spazierengehen, Reiten und Fechten bei Ihrer Majestät aussieht.« Nur schwer entschließt sich Elisabeth dazu. Trotzdem geht sie aber auch bei Sturm und Regen am Meeresufer spazieren, und wenn ihre Damen ausspannen, so nimmt sie den Reisemarschall Linger mit, der ihr mit seiner einfachen Art sehr sympathisch ist. Da Elisabeth aber so lange Zeit noch die Massagekur in Amsterdam mitmachen muß, so ist sie gezwungen, ihre Tochter mit der Landgräfin Fürstenberg nach Hause zu senden.

Über die Trennung ist sie ganz unglücklich, die Kur ist unangenehm, Besserung kann nicht eintreten, da die Kaiserin weiter unmäßig reitet, geht und ficht. Dabei wird einmal der Rekord eines zehnstündigen Spazierganges erreicht[2]. Metzger hat ein recht rauhes Benehmen und ist sehr kurz angebunden, was Elisabeth nicht gewöhnt ist, ihr aber gerade deshalb Eindruck macht. Sie wird schließlich so nervös, daß der Arzt sie früher entläßt und sich geradezu freut, daß die Majestät

[1] Freiherr von Nopcsa an Ida von Ferenczy, Amsterdam, 4. Mai 1884. Farkas-Archiv.
[2] Dto., Amsterdam, 6. Juni 1884. Farkas-Archiv.

wegfährt. Elisabeth hat in der letzten Zeit die Gewohnheit angenommen, nicht zu essen, sondern nur sehr viel Milch zu trinken, was schließlich auch dem Magen nicht gut tut. Valerie schreibt die Mutter täglich, sie solle ihr nur telegraphieren, wenn sie kommen soll, sie ließe dann sofort die Kur stehen. »Tausendmal will ich lieber meine Ischias behalten, bevor Du irgend etwas leiden sollst.« Getreulich meldet Elisabeth dem Töchterchen: »Nach Marsch Knie geschwollen, vier Pferde geritten, davon nur eines gut, Achilles heult über den Wogen, jetzt gehe ich fechten. Es ist eine einfältige Übung mit dem kleinen Leutnant ... Ich liebe das Meer, der letzte Blick vor dem Zubettgehen gilt ihm ... Wenn ich am Ufer gehe, möchte ich am liebsten laut aufschreien, so schön war es noch nie. Doch freue ich mich auf Heidelberg, da es ein Wiedersehen bedeutet, und ich habe nirgends Ruhe ohne meine Valerie. Jetzt muß ich wieder zu Metzger gehen, der gefunden hat, daß ich gealtert und runzelig geworden bin[1]«.
Valerie hat in Abwesenheit ihrer Mutter endlich doch den Mut gefaßt, dem Kaiser die Bitte vorzutragen, deutsch sprechen zu dürfen. Sie hat sie noch ungarisch hervorgebracht, worauf der Kaiser vergnügt antwortet: »Aber ja, natürlich, sprich nur deutsch.«
Elisabeth ist indessen Mitte Juli in Feldafing eingetroffen. Sie ist abgebrannt, sieht sehr gut aus, ist aber noch sehr nervös, »zappelig«, wie Valerie sagt, und schwärmt für Metzger und seine rohe Art. Er hat wenigstens erreicht, daß die Kaiserin jetzt wieder regelmäßig und ehrlich ißt und nicht mehr hungert, wie sie sich dies zur Erhaltung ihrer schlanken Gestalt in den letzten Jahren angewöhnt hat. Die treuesten und anhänglichsten Verehrer konnten ihr das bisher nicht ausreden. Als Metzger ihr aber vorstellt, sie werde, wenn sie so weiterlebe, in zwei Jahren eine alte Frau sein, beginnt sie wieder zu essen. Gesundheit kann aber nicht lange währen, wenn die Kaiserin auch in strömendem Regen stundenlang reitet oder spazierengeht. Die kleine Valerie hat dabei oft Schuhe wie die Kähne, und häufig reitet die Kaiserin bei strömendem Regen nach München hinein und wieder zurück. Sie will dort ihre Freundin Irene Paumgartten besuchen, die nun eine kränkliche, halbverrückte, aber ungemein lebhafte alte Jungfer ist, die sich ganz dem Spiritismus ergeben hat und aufgeregt von ihrem Verkehr mit den Geistern erzählt.

[1] Verschiedene undatierte Briefe Elisabeths an Erzherzogin Valerie aus Amsterdam vom Jahre 1884. E. A. S. W.

Elisabeth kehrt nach Ischl zurück, da sagt sich einmal die Kronprinzessin Stephanie an. Anstatt sich, wie die Kaiserin sich ausdrückt, mit ihr »anzuhocken«, beschließt sie, eine Partie auf die Hütteneckalm zu machen. Den Salzberg hinauf geht die hohe Frau, wie Franz Joseph immer sagt, in so »sinnlosem Tempo«, daß alle zurückbleiben müssen, weil sie nicht mehr »schnaufen« können. Bald hat Elisabeth alle aus den Augen verloren, und nun erst taut die Kronprinzessin auf, die in der Kaiserin Nähe immer ganz gedrückt ist.

Als einmal Valerie am 17. Juli ohne Elisabeth einen Ausflug auf die Zwieselalm macht, schreibt sie ins Fremdenbuch:

Wir rannten wie die Wiesel
hinauf bis auf die Zwiesel,
doch keins von uns hieß Liesel.

Die Intimität zwischen Elisabeth und ihrer Tochter wächst, je älter Valerie wird. Sie sieht selbst ein, daß sie ihrer Mutter doch sehr ähnlich ist und sich mit ihr sehr gut versteht. »Aber«, meint sie, »es sind doch so viele unüberschreitbare Schranken zwischen uns, die nicht wären, hätten wir nicht denselben harten, ›fahrigen‹ Charakter, dasselbe leidenschaftlich schroffe, unduldsame Urteil, dieselbe schwärmerische Begeisterungsfähigkeit, die so entgegengesetzte Beweggründe hat.«

»Mama sprach mir von der Poesie ihres Gedankenlebens, die niemand versteht[1]«, schreibt Valerie in ihr Tagebuch, und beschwört die Mutter, dem in Gedichten Luft zu machen. Elisabeth leuchtet dieser Vorschlag ein. Sie steht nun im siebenundvierzigsten Lebensjahr, hat aber seit dreißig Jahren nahezu kein Gedicht mehr gemacht. Sie scheint auf Valeries Vorschlag einzugehen, freut sich, daß ihre Tochter sie so gut versteht, beklagt sich aber gleichzeitig über die Leute im allgemeinen. »O diese Menschenscheu!« meint Valerie. »Wie könnte Mama angebetet sein, wenn sie wollte!« Über jede einzelne Person ihrer Umgebung spricht die Kaiserin mit ihrer Tochter. Die Landgräfin Therese, die einst, als sie noch bei Erzherzogin Sophie war, Elisabeth so kritisch gegenüberstand, hat sie nun so ins Herz geschlossen, daß sie sie als einzige unter den Österreicherinnen gelten läßt. Sie findet sie eine viel größere »Ressource« als Sárolta Majláth oder Aglaja Auersperg.

[1] Tagebucheintragung, 3. August 1884. T. E. V. S.

Sie anerkennt, daß die Landgräfin nicht tratscht, über andere nichts Böses sagt, immer heiter und dankbar ist. Als am 6. August der für seine siebenundachtzig Jahre unglaublich rüstige Wilhelm I. auf der Durchreise das Kaiserpaar in Ischl besucht, fragt er Valerie, als er einen Augenblick mit ihr allein ist, ob sie ihre Frau Mama auf ihren »Jewalttouren« begleite.

Kurz nachher kommen Gisela und Leopold auf Besuch, und es macht Franz Joseph immer ungeduldig, wenn er sieht, daß Elisabeth Valerie bei jeder Gelegenheit ihrer älteren Tochter vorzieht.

Am 11. September unternimmt die Kaiserin einen Ausflug nach Mariazell. Sie hat das Gelübde getan, sie werde der Kirche, wenn ihre Ischias ausheile, wertvolle Gegenstände spenden. Nun ist das Leiden zwar noch nicht viel besser, doch schenkt Elisabeth ein Medaillon in Diamanten, Smaragden und Rubinen und einen Christuskopf aus Mosaik.

Einmal geht die Kaiserin mit Valerie außerhalb des Ortes spazieren. Da begegnen sie einem Invaliden mit nur einem Arm, in zerfetztem Kleid, mit kleinem umgehängtem Sack. Ohne stehenzubleiben, deutet er zum Himmel: »Sehen S' die Maria dort oben mit dem Kind?« Das macht Eindruck auf die Kaiserin. Sie eilt ihm nach, fängt mit ihm zu sprechen an. Wirr schwätzt der Alte von Radetzky, von Kaiser und Vaterland, dabei mahnt er immer, recht viel zu beten. Fortwährend zeigt er zum Himmel. Plötzlich erkennt er die Kaiserin, stürzt weinend vor ihr auf die Knie, dann hält er sie für die Mutter Gottes selber und spricht so unzusammenhängend, daß Elisabeth nicht mehr weiß, ob sie lachen oder weinen soll. Sie beschenkt ihn reichlich, und er sucht, sie segnend, das Weite. Einige Tage später geht eine Schimmelequipage, deren Pferde durch langes Stehen unruhig geworden waren, mit der Kaiserin und Valerie durch. Zum Glück können sich alle retten. Weil aber Valerie im Wagen war, kann sich Elisabeth tagelang nicht beruhigen, immer wieder führt sie den guten Ausgang auf den Segen des Invaliden zurück. Sie bleibt stets in bebender Angst um das Wohl ihrer Tochter. »Je weniger mir fehlt«, schreibt Valerie oft in ihr Tagebuch, »desto ängstlicher ist Mama oft, was zum Auswachsen ist.«

Der Herbst sieht Elisabeth wieder in Gödöllö und Ofen. Sie empfängt dort am 11. November den Besuch der Königin Carmen Sylva, mit ihrer kleinen, trotz ihrer vierzig Jahre jugendlich beweglichen Gestalt, mit ihrem freundlichen, frischen und stark geröteten Gesicht. Sie versteht sich mit Elisabeth sehr gut, und auch sie redet der Kaiserin zu, sie solle dichten, denn es sei dies für so vieles im Leben ein ausgezeichneter Blitzableiter. Valerie beobachtet Carmen Sylva mit Interesse, ärgert sich nur, daß Andrássy die Königin führt und bei Tisch neben ihr sitzt. Die Kaiserstochter haßt den Mann und glaubt, daß er sie zumindest ebenso hasse.

Nach dem Besuch wird wieder nach Wien zurückgekehrt, wo die kaiserliche Familie in letzter Zeit öfters im Burgtheater zu sehen ist. Elisabeth allerdings weniger, nur wenn Lewinsky spielt, den sie zeitweise auch zu Vorlesungen ins Schloß bescheidet. Franz Joseph dagegen geht häufig. Seit dem November 1883 ist am Burgtheater eine neue Schauspielerin namens Katharina Schratt, die das Lorle in »Dorf und Stadt« gibt. Dem Kaiser gefällt sie sehr, besonders auch in der Rolle der Helene im Lustspiel »Die Feenhände«. Er sieht in ihr ein echtes Wiener Kind. Einfach, schlicht und natürlich, himmelweit entfernt von all dem langweiligen Zeremoniell, das ihn immer umgibt. Der Kaiser findet sie in gewisser Beziehung verwandt mit dem Wesen seiner Frau, aber nicht so kompliziert und so ungewöhnlich wie Elisabeth und vor allem niemals unglücklich oder weltschmerzlich. Er kennt sie noch nicht persönlich, aber wenigstens auf der Bühne zeigt sie sich so. Dem Kronprinzen gefällt sie weniger. Er hat einen ganz anderen Geschmack. Nun steht er in der Periode freiheitlichen, himmelstürmenden Denkens, die seinerzeit auch Elisabeth durchgemacht. Jetzt ist sie ihm darin viel zu lau. Die Kaiserin entfernt sich auch deshalb von dem Sohne immer mehr, weil sie mit Kronprinzessin Stephanie keine rechte Fühlung hat. Und wie es zu gehen pflegt, wenn zwei Menschen nicht zueinander passen, meiden sie sich, um keine Gelegenheit für Zusammenstöße heraufzubeschwören. Das bedingt selteneren Verkehr Elisabeths mit ihrem Sohne, der, obwohl er es mit der Treue gewiß nicht genau nimmt, ja im Gegenteil in dieser Beziehung ein hemmungsloses, allerdings vor seinen Eltern und seiner Umgebung sorgfältig verborgenes Leben führt, doch zu seiner Frau hält, ihr die zärtlichsten Briefe schreibt und immer wieder gerne in sein Heim zu Frau und Kind zurückkehrt.

Im Jänner des Jahres 1885 macht Elisabeth die gewohnten Hof- und öffentlichen Bälle zuerst in Budapest tapfer mit, bekommt aber nachher solches »Hofballkopfweh«, wie es Valerie nennt, daß sie am 19. Jänner auf einige Tage nach Miramar ans Meer fährt, um sich dort zu erholen. Sie nimmt die Werke Heinrich Heines dahin mit, in die sie sich in letzter Zeit immer eifriger vertieft und die sowohl ihrer satirisch-kritischen Anlage als auch ihrem Sinn für Lyrik sehr entgegenkommen. Auch Homers Ilias ist eine unzertrennliche Begleiterin Elisabeths geworden, und sie hat sich schon im abgelaufenen Jahr für Achilleus, den schönsten, schnellsten und tapfersten unter den griechischen Helden vor Troja so begeistert, daß sie sich einen Abklatsch von Herterichs Statue des sterbenden Achilles machen und vorerst im Garten von Miramar am Ufer des Meeres aufstellen ließ. Nach kurzem Aufenthalt kehrt sie nach Wien zurück, um sich weiter ihren Pflichten, Besuch des Industrieballs usw., zu widmen. Im März ist sie gezwungen, die Kur Dr. Metzgers vom Vorjahre gegen die durch übermäßiges Reiten und Gehen entstandene Ischias neu aufzunehmen. Diesmal geht Valerie nicht mit. Elisabeth fährt allein mit nur einer Hofdame nach Holland. In Erinnerung an ihr Gespräch mit der kleinen Valerie, unter dem Einfluß Heines und der Poesie des Meeres beginnt sich die Kaiserin nun nach einunddreißig Jahren wieder mit Dichten zu beschäftigen. Das Meer und die Heldengestalt des Achilleus sind die hauptsächlichsten Themen. Und in Gedanken an die Statue dort im Garten von Miramar entsteht das erste Gedicht[1]:

Die Fischer gehn am Strand herum
Im feschen Sonntagsschmuck . . .
Und kosen Liebchen, fest am Arm,
Mit Blick und Händedruck . . .
Heissa! Ich brauch' keinen Fischersmann!
Mein Liebster liegt am Meer . . .
Der Göttliche, der Herrliche,
Mit seinem Schild und Speer.

Elisabeth ist entzückt von dem schäumenden Meere, wenn es in turmhohen Wellen einherbraust, aber auch wenn es still und friedlich wie ein Spiegel in der Sonne daliegt. Sie schwärmt und begeistert sich so an dem schönen, täglich wechselnden Ausblick von ihrer Villa in Zandvoort, daß ihr ein Baumeister, der davon gehört hat, nahelegen läßt, sich dort, wo sie jetzt zur Miete wohnt, einen schönen Herrensitz bauen zu lassen.

[1] Notizbüchlein der Kaiserin Elisabeth, eigenhändige Niederschrift der Gedichte, Zandvoort, Sonntag, 8. März 1885, A. S.

Hinaus, hinaus aufs weite Meer
Treibt mich ein mächtig Sehnen,

dichtet die Kaiserin, aber der Gedanke, ein Schloß zu bauen, beschäftigt sie doch. Bald aber wird sie sich darüber klar, daß ein Erdenfleck sie nicht lange fesseln könnte. Darum schreibt sie die »Antwort an den Baumeister« in Versen[1]:

Ein Schloß soll ich mir bauen ...
Hier an der Nordsee Strand ...
Mit hohen, güld'nen Kuppeln
Und manchem Flittertand.
Wohl lieb' ich dich, du großes,
Du rauhes, barsches Meer
Mit deinen wilden Wogen,
Mit deinen Stürmen schwer —
Doch Liebe, die muß frei sein ...
Darf kommen und darf gehn.
Ein Schloß wär' wie ein Eh'ring,
Die Lieb' hätt' kein Bestehn ...
Frei will ich dich umkreisen
Wie deine Möwen hier,
Ein bleibend Nest zu bauen,
Für mich gibt's kein Revier.

Wenn Elisabeth von ihren Fahrten nach Amsterdam zur Behandlung bei Metzger zurückkehrt, so unternimmt sie oft kleinere Ausflüge zur See, meist, um die Sonne auf- oder untergehen zu sehen. Täglich begeistert sie sich an des Meeres Schönheit und seinem ewig wechselnden Bild. Zahllose Gedichte entstehen, in denen die Wellen der See das Leitmotiv sind.

Oh, hätt' ich so viel Lieder
Als Wellen du, mein Meer,
Ich schriebe sie dir nieder
Und brächte sie dir her.

[1] Notizbüchlein der Kaiserin Elisabeth, eigenhändige Niederschrift der Gedichte. Zandvoort, 11. März 1885. A. S.

Mein ganzes Fühlen, Denken,
Ja all mein irres Sein,
Ich wollt's in dich versenken ...
Du mein kristall'ner Schrein,
Du meiner Augen Weide,
Du meines Hierseins Glück,
Früh meine erste Freude
Und nachts mein letzter Blick.

Stundenlang kann Elisabeth dem Spiel der anmutigen und schlanken Möwen zusehen und denkt sich in die Vorstellung hinein, daß sie selbst eigentlich durch ihr ganzes Wesen und ihre Sinnesart eine nach Freiheit auf weitem Meere dürstende Möwe sei. Sie erinnert sich dabei an Ludwig II. von Bayern, der sich wieder mit einem Adler vergleicht, der am liebsten einsam und mächtig hoch auf steilem Grat horstet und der König der Berge ist, wie sie als Möwe die Königin der See. In Erinnerung an ihren Vetter macht sie in Zandvoort ein kleines Gedicht.

Du Adler dort hoch auf den Bergen,
Dir schickt die Möwe der See
Einen Gruß von schäumenden Wogen
Hinauf zum ewigen Schnee.

Elisabeth überdenkt ihr ganzes bisheriges Leben und läßt all die heiteren und traurigen Bilder daraus an sich vorüberziehen. So entsteht eine Art selbstbiographisches Gedichtchen »Der Schmetterling«, der Elisabeths Leben von ihrer ersten Jugend bis zur Flucht nach Madeira schildert, aber dann abbricht. Sie vergleicht sich mit dem Schmetterling, der die duftigen Schwingen ausbreitet, das schöne Dasein genießt und die Erde für ein Paradies halt.
Die Kaiserin überläßt sich vollkommen ihrem Sinnen und Träumen. Sie hat wiederholt in Zandvoort einen Unbekannten gesehen, dessen ebenmäßige Gestalt und wundervoller, charakteristischer Kopf sie fesselt, wie alles, was hübsch ist. Schöne Menschen, ob Frau oder Mann, können sie in wahres Entzücken versetzen, und dieser Fremde, mit dem sie noch nie gesprochen und den sie überhaupt nicht kennenlernt, übt einen so magischen Zauber auf sie aus, daß sie, heimgekommen, ihrem Herzen in einem Gedicht Luft macht.

Nur fort, nur fort von dir —
Ich kann's nicht mehr ertragen,
Das tolle Herz will schier
Den kranken Kopf erschlagen.
Die Augen drück' ich zu,
Ich will dich nicht mehr sehen,
Um jeden Preis nur Ruh',
Eh alle Sinne gehen.
Denn heut, als ich dich sah —
Mußt ich schon an mich halten,
Um nicht, als wär' Gott nah,
Die Hände hoch zu falten.
Um nicht laut aufzuschrei'n,
Mich auf die Knie zu werfen.
Und, oh, dabei die Pein,
Das Toben aller Nerven.
Ist dies wohl Nemesis,
Weil stets für irdisch' Lieben
Mein Herz so ungewiß
und ungetreu geblieben[1]?

So träumt und dichtet die Kaiserin. Jäh aber wird sie in die Wirklichkeit zurückgerufen, als am selben Tage noch, da dieses Gedicht entstand, ein anständig gekleideter Herr, der Holländer Leon Bindshuyden, Elisabeth in den Straßen der Stadt den Fächer mit dem Regenschirm zur Seite schlägt. Sofort wird er von einem begleitenden Detektiv ergriffen. Es ist weiter nichts geschehen. Der Mann erklärt, die Kaiserin nicht gekannt zu haben, nur neugierig gewesen zu sein, der stets hinter einem Fächer versteckten Dame ins Antlitz zu sehen. Die niederländische Regierung spricht ihr Bedauern aus, es ist aber doch eine kleine Warnung für Elisabeth, die sich auf Reisen vollkommen unbekümmert, meist ohne jede männliche Begleitung, bewegt.
Die Kur nähert sich ihrem Ende, die Massagen Metzgers haben um so mehr Erfolg gehabt, als die Kaiserin diesmal weder so große Gewalttouren gemacht noch so viel geritten ist wie im Vorjahre. Nun beschließt sie, über Heidelberg und Feldafing heimzukehren.

[1] Bracks Doelen Hotel, Amsterdam, 23. März 1885. E. A. S. W.

Noch einen letzten langen Blick
Auf dich, geliebtes Meer,
Dann »Lebe wohl!«, so schwer's auch fällt,
Gott geb', auf Wiederkehr.
Zum Abschiedsgruße wählte ich
Die stille Mondennacht. —
Du liegst vor mir, ein schimmernd Bild,
In deiner Silberpracht.
Wenn morgen überm Dünenland
Der Sonne Strahl dich streift,
Bin ich mit raschem Flügelschlag
Schon weit von hier geschweift.
Umkreisen wird dich wie zuvor
Der Möwen weiße Schar,
Daß unter ihnen eine fehlt,
Wirst du es wohl gewahr?

Selbstkritisch prüft Elisabeth die Gedichte, die sie im letzten Monat »verbrochen« hat. Sie nimmt sich vor, das Dichten wieder bleiben zu lassen und nun, da es die Besserung ihrer Fußschmerzen gestattet, mehr zu fechten, zu reiten und zu gehen. Sie weiß sehr gut, daß ihre Dichtungen nicht Meisterwerke sind, versenkt die Mehrzahl bei einer Bootsfahrt ins Meer und schenkt sie in einem selbstironischen Gedichtchen »den Kabeljaun und Solen«.
In Heidelberg warten schon Valerie, ein Fechtlehrer und eine Anzahl Pferde. Es ist eine herrliche Zeit, die Neckarstadt prangt im ersten Frühlingsschmucke, und Mutter und Tochter sind über das Wiedersehen glücklich. Valerie ist ganz stolz über die Gedichte Elisabeths, weil sie sie angeregt und so ein Ventil für mancherlei Stimmungen geöffnet hat. Von Heidelberg will die Erzherzogin mit ihrer Mutter in die Schweiz, um die Ruine Habsburg zu sehen. Aber eine diplomatische Anfrage in Bern ergibt, daß die Schweizer Regierung es nicht gerne sieht, wenn die Kaiserin von Österreich diesen einstigen Besitz des habsburgischen Hauses besucht. Man spricht damals zuviel davon, daß Franz Joseph sie käuflich erwerben will, und das wünscht der Bundesrat nicht. Das Ende des Monats Mai sieht Elisabeth in Feldafing, wo sie Muße zum Lesen hat. Die Ilias kann sie fast schon auswendig. Nachrichten von den phantastischen Funden und Ausgrabungen Schliemanns in Tiryns halten die Welt in Atem, und die Kaiserin

packt unendliche Sehnsucht, den Schauplatz jenes Gedichtes mit eigenen Augen zu sehen. Sie versenkt sich ganz in die Homerische Ideenwelt. »Mein Körper ist noch hier«, schreibt sie am 10. Juni 1885, »doch flog meine Seele schon im voraus nach Troja; wenn ich nur dorthin gehen könnte.«
Mit ihren beiden Töchtern Gisela und Valerie besucht Elisabeth am 20. Juni das königliche Schloß auf der Roseninsel. Ludwig II., der sich immer mehr abschließt und unter Verschwendung ungeheurer Summen, die er gar nicht besitzt, Prachtbauten aufführt, ist abwesend. Elisabeth hat jenes Gedicht an Ludwig II. mitgenommen, das sie in Zandvoort gemacht hat, schreibt es ab, versiegelt es, adressiert es an den König und läßt es in einem der Zimmer des Schlosses liegen. Sie ist in weicher Stimmung, nimmt gleichsam Abschied von der Jugend, wird fast sentimental. Sie erinnert sich dabei auch jenes Redoutenabenteuers im Jahre 1874 und fragt sich, was dieser junge Mensch, mit dem es sich damals so gut gesprochen, nur beginnen mag. Sie hat ihn nie mehr gesehen, nur ab und zu in den Zeitungen seinen Namen gelesen und ihn, seitdem 1876 ihre Hofdamen vergebens versucht haben, die Briefe der Kaiserin an Fritz Pacher zurückzubekommen, weder gesehen noch auch ihm geschrieben. Nun verfaßt Elisabeth ein Gedicht, »Long, long ago«, das sie das Lied des gelben Dominos nennt und das sie ihm gerne zukommen lassen möchte. Um es aber nach so langer Zeit an eine sichere Anschrift gelangen zu lassen, schreibt Elisabeth wie einst als Gabriele an Fritz Pacher mit der Bitte, ihr seine richtige Adresse und auch seine Photographie zu senden. Der Brief geht ab und erregt ungeheures Erstaunen und Aufregung bei dem Adressaten. Es scheint ihm zwar, daß er wieder direkt vom echten gelben Domino kommt, aber er fürchtet, am Ende doch das Opfer eines Scherzes zu sein, will vorsichtig bleiben, sendet das Bild nicht, gibt aber seine Adresse an und antwortet nur:

»Wien, 9. Juni 1885.

Lieber gelber Domino!
Ich wüßte nicht, was mich hätte mehr überraschen können als dieses Lebenszeichen von Dir.
›Aus den Wolken bin ich gefallen‹, wäre zu wenig gesagt, *viel* zu wenig. Was ist seit diesen elf Jahren alles geschehen?! Du prangst wohl noch in alter, stolzer Schönheit — ich bin ein kahlköpfiger, ehrsamer, aber *glücklicher* Ehemann geworden, habe eine Frau, die Dir an Größe und Gestalt ähnelt, und ein herziges kleines Mäderl.

Du kannst, wenn Du es für passend findest, ohne Scheu nach diesen langen elf Jahren Deinen Domino ablegen und Klarheit in das rätselhafte Abenteuer bringen, das mich von allen jenen, die ich erlebt, am meisten interessiert hat ...
Du siehst, ich bin noch immer das alte ›deutsche‹, aufrichtige Gemüt mit all den Fehlern von damals. Was mir von Dir kommt, kann nur Gutes sein, also sende immerhin, was Du zu senden hast. Was es auch sei, es wird mich, wie jede Nachricht von Dir, herzlich freuen ...«
Daraufhin erhält Pacher am 14. Oktober eine Anfrage des roten Dominos, ob er sich vielleicht seitdem entschlossen habe, seinen »väterlichen Kahlkopf« photographieren zu lassen, man würde ihn gar zu gerne als Ehemann sehen[1]. Der Brief ist harmlos und läßt absolut nicht darauf schließen, daß die Schreiberin gegen Fritz Pacher Mißtrauen hegt. Trotzdem faßt ihn dieser falsch auf. Nun glaubt er wirklich, zum besten gehalten zu werden, ist ärgerlich, und in dieser Stimmung, in der man nie einen Brief schreiben soll, verfaßt er die Antwort:

»Wien, 22. Oktober 1885.
Verehrter rötlichgelber Domino! ... Recht leid tut's mir, daß Du nach elf Jahren noch immer nötig findest, mit mir Verstecken zu spielen. Eine Demaskierung nach so langer Zeit wäre ein hübscher Spaß und ein gutes Ende zu dem Faschingdienstag 1874 gewesen, eine anonyme Korrespondenz entbehrt nach so langer Zeit des Reizes.
Dein erster Faschingsbrief hat mich gefreut, der letzte hat mich geärgert. Mißtrauen sieht der nicht gern, der weiß, daß er es nicht verdient. Leb wohl und nichts für ungut! ...«

Als Elisabeth durch Frau von Ferenczy diesen Brief erhält, legt sie ihn unmutig zur Seite. So einen Ton ist sie nicht gewöhnt. Sie vergißt ganz, daß es ja nicht die Kaiserin ist, der man da schreibt, sondern eine unbekannte Maske. In der ersten Aufwallung will sie sogar bittere Worte gebrauchen, dann aber lacht sie über das ganze Gesicht und sagt nur: »Da wird er das eben nicht bekommen, was ich ihm zugedacht.« Das Gedicht wird zunächst nicht abgesendet und bleibt liegen. Der Kavalier jenes Maskenabends erhält keine Antwort.
Kaiserin Elisabeth empfindet es besonders schmerzlich, daß sie nicht mehr so hemmungslos auf ihre Gesundheit sündigen kann, wie sie es in früheren Jahren getan. Nicht nur Fußschmerzen quälen sie, sondern

[1] Originalbriefe aus dem Nachlasse des Herrn Fritz Pacher von Theinburg.

auch häufiges Kopfweh, so daß sie die Erschütterung des Reitens nicht verträgt und daher nur noch selten zu Pferde steigt. Die ewigen Kopfschmerzen drücken so sehr auf das Gemüt der Kaiserin, deren siebenundvierzig Jahre sonst äußerlich ganz spurlos an ihr vorübergegangen sind, daß sie ihren traurigen Stimmungen zu sehr nachgibt.

Indessen haben sich die politischen Verhältnisse am Balkan kritisch gestaltet. Die durch den Berliner Kongreß geschaffenen Zustände sind unhaltbar und drängen nach einer Änderung. Graf Kálnoky ist bestrebt, die immer noch gespannten Beziehungen zu Rußland möglichst im Gleichgewicht zu erhalten und nicht, wie Andrássy es noch immer vertritt, wenn er auch nicht mehr maßgebend ist, durch aktives Auftreten am Balkan noch weiter zu verschärfen. Dazu soll eine Monarchenzusammenkunft mit dem Zaren in Kremsier am 25. und 26. August beitragen, zu der auch Elisabeth Franz Joseph begleitet. Die Ischler Theatergruppe, die durch Mitglieder des Burgtheaters verstärkt ist und eben im »Verschwender« mit der Schratt als »Rosl« und Girardi als »Valentin« alle Welt begeistert, wird nach Kremsier mitgenommen und gibt eine Festvorstellung. Nachher werden die vornehmsten Künstler, darunter auch Katharina Schratt, dem Kaiserpaar vorgestellt. Dieses zollt der Schauspielerin dabei warme Worte des Lobes.

Von Kremsier kehrt Elisabeth nach Ischl zurück, wo sie ihre langen Spaziergänge mit Valerie wieder aufnimmt. An Tagen, wo man keine großen Ausflüge machen kann, geht sie, auch wenn es in Strömen regnet, auf den nahegelegenen Jainzen, »Mamas Zauberberg«, wie ihn Valerie nennt. Dort weilt Elisabeth am liebsten, dichtet, träumt und schüttet ihrer Tochter, die nun ihre beste und intimste Freundin ist, ihr Herz aus. Deren Tagebuch wird in der Folge ein getreuer Spiegel der innersten Seele und geheimsten Gefühle der Kaiserin, weil Valerie mit unerhörter Genauigkeit und beispielgebendem Fleiß tagtäglich fast jedes von ihrer Mutter gesprochene Wort aufzeichnet.

Einmal, am 6. September, führt Elisabeth ihre Tochter auf eine bisher auffallend gemiedene Stelle des Berges. Sie hat dort als Überraschung für ihre liebe Valerie eine kleine Kapelle errichten lassen. Unter einem wunderschönen Marienbild stehen die ersten Zeilen eines Gedichtes Elisabeths:

O breite deine Arme aus,
Maria, die wir grüßen!
Leg schützend sie auf dieses Haus
Im Tal zu deinen Füßen!

O segne diesen kleinen Ort,
Mag rings der Sturm auch wüten,
In deinem Schutze steht er fest,
Voll Gnaden wirst ihn hüten.

Gleichzeitig übergibt Elisabeth ihrer nun schon siebzehnjährigen Tochter die Fortsetzung dieses Gedichtes, die nicht auf dem Steine steht und sich auf ihre Zukunft bezieht:

Und laß dereinst im Lauf der Zeit
Die Kinder daraus sprießen . . .
Die Mädlein, rein wie Dachsteinschnee,
Stark wie sein Fels die Knaben,
Dann wahrlich sind's aus lichter Höh',
Maria, deine Gaben!

Tränen treten Elisabeth bei dem bloßen Gedanken in die Augen, daß Valerie einmal heiraten und sie verlassen werde. »Ich habe so eine Ahnung«, sagt Elisabeth, »dein ältester Sohn wird Kardinal, dein zweiter ein Dichter werden.« Elisabeth reimt wieder sehr viel, obwohl sie sich oft selbst auslacht. Sie will nur um Gottes willen nicht, daß sich die Welt auch über sie lustig macht wie über Königin Carmen Sylva von Rumänien, die eben Valerie ein Bild von sich geschickt hat, das denkbar lächerlich wirkt. Da sieht man sie mit »blaustrümpfig zerzaustem Haare«, in rumänischer Volkstracht, im Walde dichtend. »Ganz wie eine Schauspielerin«, sagt Elisabeth.
Am 9. September fährt die Kaiserin mit Valerie und auch ihrer älteren Tochter, die zu Besuch gekommen ist, in das Jagdgebiet von Eisenerz, in eine Hütte bei Radmer. Gisela ist in allem und jedem, in Geschmack, Anschauung und Empfindungen, sehr verschieden von Valerie, doch vertragen sich die beiden Schwestern sehr gut, und die jüngere bewundert an Gisela, daß sie das Ideal einer Frau und Mutter ist. Aber Elisabeth versteht sich doch viel, viel besser mit Valerie.
Gesundheitlich geht es Elisabeth nicht sehr gut. Da die Füße ihr den allerdings sehr anstrengenden Dienst, den sie von ihnen fordert, versagen, denkt sie daran, im September eine größere Seereise zu machen. Die Neugier, Schliemanns Funde zu sehen, ist immer noch lebendig. Die Welt ist nach wie vor davon erfüllt. Obwohl ihm die zünftige Wissenschaft nur Hindernisse in den Weg legt, ja ihn belächelt und

kritisiert, ist es ihm gelungen, außer dem alten Troja auch die Akropolis von Mykenä, endlich den prachtvollen Palast des Königs von Tiryns ans Licht zu bringen. Bei den hellenischen Sympathien ihrer Familie, bei ihrer Begeisterung für die Antike will Elisabeth für ihr Leben gern diese Ausgrabungen in Augenschein nehmen und dabei Konstantinopel und Suez sehen. So wird für den 5. Oktober eine vierwöchige Seereise auf der Jacht »Miramar« durch das östliche Mittel- und das Ägäische Meer beschlossen. Über Lacroma führt der Weg an Lissa vorbei nach Korfu, dessen Zauber Elisabeth wieder völlig gefangennimmt. Der österreichische Konsul dort, Alexander Freiherr von Warsberg, ist ein besonderer Kenner der griechischen Antike, der unter dem Titel »Odysseische Landschaften« die Beschreibung und Geschichte Korfus sowie des »Reiches des Odysseus« überhaupt herausgegeben hat. Er empfängt und führt die Kaiserin. Sie kennt seine Bücher noch nicht, und er verspricht, sie ihr sofort zugehen zu lassen. Ein Ausflug zu jenem Inselchen, von dem die Dichtung sagt, es sei ein Schiff gewesen, das Neptun in seinem Zorn hart vor dem Hafen zu Stein werden ließ, begeistert Elisabeth besonders. Zypressenumgeben, steht ein griechisches Kirchlein darauf. Ein trauriger, schweigsamer Mönch empfängt die Kaiserin und führt sie zu einem Grab, in das er bloß zwölf Tage vorher seinen einzigen, siebenundneunzigjährigen Gefährten legte[1]. Dann geht es vorbei an Santa Maura, jener Insel, der Sapphos Tod die poetische Weihe gab, und um Griechenland herum durch die Inselwelt des Ägäischen Meeres bis an den Eingang der Dardanellen, wo die »Miramar« am 21. Oktober eintrifft.

Mittlerweile haben sich die orientalischen Verwicklungen verschärft. Der russisch-österreichische Gegensatz spricht sich in der bulgarischen Politik aus. In Österreich gibt es zwei Parteien, die eine, zu der der Kronprinz und Andrássy neigen, will energisch auftreten, die andere, vom Minister des Äußern Kálnoky geführt, jede ernste kriegerische Entwicklung vermeiden. »Meiner Ansicht nach«, läßt sich der Kronprinz damals vernehmen[2], »ließe sich jetzt viel machen. Doch hier fehlt jeder Entschluß; man ist schwankender als je zuvor ... Die Kaiserin macht eine Seereise im Orient; der Moment ist ein sehr unglücklich gewählter.«

[1] Reisetagebuch der Landgräfin von Fürstenberg, 7. Oktober 1885. Rechberg-Archiv.

[2] Kronprinz Rudolf an Graf Latour, Wien, 24. September 1885. Staatsarchiv.

Elisabeth will Konstantinopel besuchen, aber mit Rücksicht auf die gespannte Lage muß Franz Joseph telegraphieren, daß er leider weder die Fahrt durch die Dardanellen noch die Landung in Smyrna zugeben kann. So werden also nur Troja und seine Ruinenstätte besucht. In Rührung steht Elisabeth vor dem Tumulus, den die Sage als das Grab des in den letzten Jahren von ihr in so vielen Gedichten besungenen Achilleus bezeichnet. Er ist allmählich zu einem männlichen Idealbild für sie geworden, das stets vor ihrem inneren Auge steht. Die Landgräfin findet zwar respektlos, daß dieses sogenannte Grab bloß ein Schotterhaufen mit einem tiefen Loch darin ist. Aber Elisabeth besingt es in einem Gedicht:

Es steht ein einsamer Hügel
Nicht weit vom großen Meer,
Die Luft weht trauernd darüber
Aus Trojas Mauern her.

Die Sonne, eh sie versinket,
Hält ein in ihrem Lauf,
Und legt aus glühenden Strahlen
Den gold'nen Kranz darauf.

Die Sterne lösen die Sonne
Im ernsten Dienste ab
Und halten treulich Wache
An dem geliebten Grab.

Der Mond, voll Sehnsucht und Liebe,
Deckt es mit Silberpracht
Und harrt, ob der große Tote
Da unten nicht erwacht.

So ziehn sie viel tausend Jahre
Einförmig ihre Bahn,
Doch bei dem Hügel am Meere,
Da halten sie immer an.

Bei allem Interesse für die Ruinen und Überbleibsel einer großen historischen Zeit zieht ein prächtiger Mädchenkopf[1] von edelster Form und Gesichtsbildung die lebhafteste Aufmerksamkeit Elisabeths auf sich. Da steht die antike Anmut, die die größten Künstler der Vorzeit in Stein verewigt haben, in Fleisch und Blut vor ihr.
Trotz dem Verbot des Kaisers wird Smyrna angelaufen, weil man Kohlen nehmen muß. Wie ein Lauffeuer verbreitet sich in der Stadt die Nachricht von der Ankunft der Kaiserin. Der österreichische Konsul eilt in Gala herbei. Militär und Musiken rücken aus. Die Honoratioren werfen sich in ihren schönsten Staat, die ganze Stadt läuft zusammen.
Da befiehlt Elisabeth das große Galaboot der Jacht, die Friseurin Feifalik wird hineingesetzt, und das Boot fährt nun im Hafen hin und her, wo es dem Lande nahe kommt, bejubelt und begrüßt. Indessen landet abseits eine kleine Barke. Elisabeth und der Kapitän der »Miramar« in Zivil entsteigen ihr unbemerkt und unerkannt. Sie durchstreifen ungestört die ganze Stadt und den Bazar, trinken Kaffee in einer Gaststätte und kehren vergnügt und wohlbehalten an Bord zurück. So ist der Wunsch des Kaisers und der Kaiserin gleicherweise erfüllt[2].
Dann führt der Weg weiter über Rhodos, Zypern bis nach Port Said. Überall werden die Konsuln zu ihrer Enttäuschung mit den Hofdamen vorausgeschickt, die Kaiserin durchstreift die Städte wie in Smyrna. Begegnen sich nun die beiden Parteien, wie in der Straße der Ordensritter auf Rhodos, dann muß die Kaiserin ignoriert werden. So wünscht sie es. In Port Said hat Elisabeth aber von der Reise schon genug. In einem ironischen Gedicht à la Wilhelm Busch beschreibt sie, wie die Nordseemöwe, die nun im heißen Port Said zu ihren Schwestern im Süden zu Besuch kommt, diese Stadt nicht allzu schön findet. Der Sand ist dort wie da, nur gibt es hier auch vierbeinige Kamele, die Leute sind dunkel und nicht so gemütlich und herzlich wie in Zandvoort, aber höchst praktisch, sogar ohne Hemd bekleidet, das scheint ein wenig fremd. Dann schließt das Gedicht[3]:

[1] August von Almstein, Ein flüchtiger Zug nach dem Orient, Wien 1887, S. 84.
[2] Tagebucheintragung der Landgräfin Fürstenberg, 16. Oktober 1885. Rechberg-Archiv.
[3] Port Said, 23. Oktober 1885. E. A. S. W.

Und nun, da ich euch gesehen,
Ihr Schwestern all, bonjour,
Denn offen muß ich's gestehen,
Ich sehne mich retour.

Am 1. November läuft die »Miramar« wieder in den Hafen des gleichnamigen Schlosses ein. Der ganze Stab des Schiffes wird zum Diner geladen und herzlich bedankt. Am Nachmittag macht Elisabeth bei strömendem Regen einen Spaziergang mit dem Regenschirm in der Hand. Da sieht sie ein kleines, nur ganz dünn angezogenes Mädchen dahergehen, das vor Kälte fröstelt. Sie legt ihr ein Tuch um die Schultern, gibt ihr ihren Schirm, sagt: »So, den schenk' ich dir«, und geht dann im Guß nach Hause.

Elisabeth hofft, daß die Seereise und der Aufenthalt im Süden ihren Füßen wohlgetan haben, und zunächst melden sich die Schmerzen in Wien nicht wieder. Die Kaiserin hat Franz Joseph in Sorge und Aufregung wegen der serbisch-bulgarischen Krise gefunden, die im November zum Kriege zwischen den beiden Staaten führt. Da Rußland und Österreich-Ungarn an ihnen so sehr interessiert sind, lauert hinter jeder derartigen Verwicklung immer die Angst vor einem Zusammenstoß zwischen den beiden großen Kaiserreichen. Und das ist es, was Franz Joseph ganz im Sinne jener prophetischen Vorhersage des russischen Botschafters aus dem Jahre 1854 nicht zur Ruhe kommen läßt. Elisabeth, die mit zunehmendem Alter alles düsterer sieht, fürchtet in dieser Zeit wieder sehr einen allgemeinen großen Krieg. In Gödöllö, wo sie den Dezember verbringt, treten zu diesen Sorgen neuerdings starke Ischiasschmerzen in den Füßen auf, die sie ganz melancholisch machen. Zuweilen kann sie gar nicht in den Garten hinab. Verzweifelt erklärt sie am 26. Dezember 1885, sie werde augenblicklich zu Doktor Metzger nach Amsterdam reisen. Valerie bemüht sich, sie zu beruhigen, und verweist darauf, daß es auch in Wien einen berühmten Ischiasarzt gäbe. Sie bedauert ihre Mutter sehr, aber sie findet doch, daß die dabei gezeigte unbeschreibliche Verzweiflung und Hoffnungslosigkeit nicht im Verhältnis zu dem Grad der Erkrankung stehe. Zuweilen geht die Kaiserin so weit, zu sagen, es sei eine Qual, zu leben, und deutete an, sie werde sich umbringen. Franz Joseph nimmt das nicht ernst.

»Da kommst du in die Hölle«, meint er. Elisabeth aber antwortet: »Die Hölle hat man ja schon auf Erden.« Forschend sieht Franz

Joseph seiner Frau ins Gesicht. Sollte das am Ende wirklich so gemeint sein?
Und er muß erkennen, daß Elisabeth bedenklich oft wiederholt, daß ihr das Leben eine Last ist, und das macht Franz Joseph, der doch zeitlebens alles getan hat, was er seiner Frau nur an den Augen ablesen konnte, manchmal höchst unglücklich. Er, der von politischen Sorgen gequält ist und, wenn er heimkehrt, Aufheiterung sucht, empfindet es besonders schmerzlich, wenn er statt dessen in letzter Zeit immer nur Klage und Trauer findet. Mit Sorge bespricht Franz Joseph mit dem Arzt Dr. Widerhofer, was zu tun sei. Seufzend fügt er sich darein, daß eben immer wieder Kuren nötig werden, die die häufige Abwesenheit der Kaiserin bedingen.
Trotz ihrem ungünstigen Gesundheitszustand erfüllt Elisabeth ihre Repräsentationspflichten und wohnt auch dem Hofball vom 28. Jänner 1886 bei. Sie hat jetzt mehr Interesse an diesem Fest, weil Valerie erwachsen ist und sich schon Bewerber um die Hand der achtzehnjährigen Prinzessin melden. Damals tanzte Erzherzog Franz Salvator aus der toskanischen Linie des Erzhauses, Sohn Karl Salvators und seiner Gemahlin Maria Immakulata, Prinzessin von Bourbon und Sizilien, die zweite Quadrille mit der Tochter des Kaiserpaares. Das wiederholt sich kurz darauf beim Ball bei Hof, und Elisabeth sieht, wie der junge Erzherzog sich um Valerie bemüht. Die Kaiserin, die nun zu ihrer Tochter etwa so steht wie die ältere Schwester zur jüngeren, spricht daraufhin zum erstenmal über die Zukunft. Vor allem erklärt Elisabeth Valerie, daß sie nie gezwungen werden würde, den wichtigsten Schritt des Lebens gegen ihren Willen zu tun. Derb sagt sie: »Und wenn du dich darauf versteifst, einen Rauchfangkehrer zu heiraten, ich lege dir kein Hindernis in den Weg. Aber ich hab' so einen ›Spurius‹, daß Franz Salvator einst dein Mann sein wird.« Dem Kaiser paßt das vorerst nicht ganz in seine Pläne. Er denkt daran, daß der Neffe seines innigen Freundes Albert, der Kronprinz von Sachsen, der richtige Gemahl für seine Tochter wäre. Man hört schon, daß er demnächst nach Wien kommt.
Diese Nachricht macht Elisabeth ganz unglücklich und tiefsinnig. Bisher hat sie nur mit dem Gedanken gespielt, ihre Tochter einmal verlieren zu müssen. Es fiele ihr nicht so schwer, wenn sie im Lande verbliebe. Nun aber, wo die Möglichkeit besteht, daß sie ins Ausland geht, ist sie so verzweifelt, daß Valerie von neuem mit Schrecken erkennt, wie sehr sie eigentlich das einzige Band ist, das Elisabeth noch an

das Leben fesselt. Denn Franz Joseph ist durch seine Arbeit, die ihn von früh bis abends beschäftigt hält, die unzähligen Pflichten, die auf ihn einstürmen, nicht in der Lage, sich ausschließlich seiner Frau zu widmen. Je älter das Kaiserpaar wird, desto mehr treten die ganz verschiedenen Charakteranlagen der beiden hervor: die Nüchternheit, der Pflichteifer, die Arbeitsamkeit auf der einen, die leidenschaftliche Hingabe an eine augenblicklich beherrschende Idee, das innere Erleben, der ewige Kampf zwischen Phantasie und Wirklichkeit der eigentlich unbeschäftigten, sich aber doch krankhaft nach Beschäftigung sehnenden Frau auf der anderen Seite. Dem Kaiser ist sein Herrscheramt gleichsam angeboren. Elisabeth aber ist so gar nicht für die Stellung geschaffen, die sie im Leben einnimmt. Die beiden ersten Kinder haben infolge der Verhältnisse ihr Leben auch nicht so ausfüllen können.
Der Kronprinz wird immer unabhängiger und selbständiger, er steht mitten in der politischen Sturm- und Drangzeit, die Elisabeth schon überwunden hat. Es ist merkwürdig: Wenn Rudolf zum Essen angesagt ist, zieht sich Elisabeth schöner an, als wenn ein Fremder käme. Prinzessin Gisela lächelt darüber,. daß Rudolf von der ganzen Familie förmlich als eine Respektsperson betrachtet wird. Der Kronprinz hat nicht viel für die bayrischen Verwandten übrig und hält sich für besser und vornehmer als sie, was Elisabeth ärgern muß. So ist auch ein »Sich-effacieren« der Kaiserin die bedenkliche Folge. Kopf- und Fußschmerzen bringen sie immer wieder dazu, den Hof zu Wien, den sie von jeher nicht liebte, sooft wie nur möglich zu fliehen. Eben ist sie am 6. Februar 1886 nach Miramar abgereist, um eine kleine Seereise zu unternehmen. Da erkrankt am 11. Februar der Kronprinz nicht unbedenklich. Man sagt, an einer schweren Bauchfell- und Blasenentzündung. Elisabeth traut sich daher nicht von Miramar weg, kehrt wieder heim, besucht ihren Sohn, der dann nach Lacroma geschickt wird, und tritt erst am 2. März mit Valerie ihre gewohnte Frühjahrskurreise nach Baden-Baden an. Dort werden der Kaiserin die Tage lang. Sie kann nicht reiten, nicht so viel gehen, darum setzt sie sich irgendwo in den Wald und liest, vor allem Heinrich Heines novellistische Reiseschilderungen mit ihrer respektlosen Ironie und doch echt poetischen Stimmung, mit ihren eingestreuten, oft zersetzend beißenden Bemerkungen. Alles das in dem funkelnden Stil, in jener meisterhaft leichten Manier, die so gefährlich ist. Sie findet so viel Wesensverwandtes in diesen Schriften oder zumindest glaubt sie es zu finden. Sie sucht mit Eifer weltschmerzliche Stellen auf und wendet

sie auf sich selber an, spielt zuweilen sogar mit dem Gedanken des spöttelnden Atheismus, der sich ab und zu in den Schriften des Dichters findet.

Mit Prinzessin Gisela, die zum Besuche hier weilt und lange nicht so von Heine besessen ist, ja ihn vielfach ablehnt, hält sie lange Wechselreden über den Dichter, die in der Klage gipfeln, warum die Menschen denn eigentlich wegen der einen Sünde Evas so viel leiden, ja nur zum Leiden geboren werden müssen. Das Gift, das Heines Lieder nach seinem eigenen Eingeständnis enthalten, beginnt zu wirken und den trotz allen Zweifeln und allem liberalen, gegen starren Klerikalismus gerichteten Sinn der Kaiserin aufrechten Gottesglauben anzutasten[1].

Anfang Juni kehrt Elisabeth über München, Feldafing in die Heimat zurück. Dort hört und sieht man nichts von König Ludwig. Er weilt einsam auf seinen Bergschlössern, und selbst die Minister können nicht zu ihm gelangen. Dafür hört man mehr und mehr von den Verlegenheiten der Kabinettskasse wegen der nie endenwollenden Aufwendungen für Prachtbauten und von der zunehmend unnatürlichen Lebensweise des Königs.

Die Nachrichten vom Zustande Rudolfs lauten besser. Der Aufenthalt in Lacroma scheint ihm gutgetan zu haben, obwohl es heißt, daß er nicht ganz auskuriert ist. Äußerlich scheint es doch der Fall zu sein, denn der Kronprinz kehrt nach Wien zurück und beginnt sein altes Leben wiederaufzunehmen. Deswegen nimmt Elisabeth die Sache nicht so ernst, wie sie wirklich ist.

Zu gleicher Zeit kommt auch die Nachricht, daß Andrássy an einem schweren Leiden erkrankt ist, und die Kaiserin beauftragt Baron Nopcsa, dem Grafen zu schreiben, er solle sich schonen und nach Karlsbad gehen. Nopcsa benützt die Gelegenheit, um dem Minister auch ein wenig über den Gemütszustand seiner Herrin zu berichten »Ihre Majestät erwartet, daß Du, wenn schon nicht für Dich, so wenigstens für sie alles tust, was die Ärzte Dir anempfehlen. Lebe vorsichtig! ... Ihrer Majestät geht es Gott sei Dank gut, aber leider ist ihr Gemütszustand nicht so, wie ich es gerne sehen würde. Grund dazu ist zwar keiner, aber trotzdem ist sie gemütskrank. Da sie so mutterseelenallein lebt, so redet sie sich immer mehr hinein[2].«

[1] Tagebuch, Eintragung vom 6. Mai 1886. T. E. V. S.
[2] Freiherr von Nopcsa an Graf Andrássy, Feldafing, 10. Juni 1886. Andrássy-Archiv.

Der nüchterne, ruhig denkende Nopcsa, der wirklich nur der Diener seiner Herrin ist und ihr Bestes will, dabei aber für ihre Schwächen keineswegs blind ist, sieht mit Ernst in die Zukunft. Eigentlich geht ja alles gut. Ein wirklich schweres Unglück hat die Kaiserin noch nicht betroffen, obwohl sich so manches vorbereitet. Aber davon weiß sie wenig oder nichts. Die Erkrankung des Kronprinzen wird in ihrer Bedeutung auch vor ihr vertuscht. Und obwohl sie mit Sorge die geistige Entwicklung Rudolfs betrachtet, kann sie, die ja selbst mit dem Freiheitsdrang und den kosmopolitischen Gedanken jener Literaten und Journalisten gespielt hat, die den Kronprinzen beeinflussen, die Folgen nicht ermessen, die solche Ideen bei einem einst zum Herrschen Berufenen haben könnten.

Elisabeth zieht sich mehr und mehr in sich selbst zurück, ja sie wird, wie sie eingesteht, sogar »redefaul«. Das geht so weit, daß sie, selbst wenn der Kaiser sie nicht verstanden hat, das Gesagte nicht wiederholt. In solchem Fall springt meist Valerie ein. Lachend bemerkt einmal Franz Joseph zu Elisabeth: »Ein wahres Glück, daß wir dieses Sprachrohr haben.« Dann sieht er eine Weile vergnügt lächelnd vor sich hin und fügt halb traurig hinzu:

»Was wird aber einmal sein, wenn wir unser Sprachrohr nicht mehr haben werden?«

Trotz der veränderten Gemütsstimmung seiner Frau bleibt Franz Joseph ihr nach wie vor in Liebe und Treue ergeben. Er ist es, der ihr die Villa im Tiergarten hat bauen lassen, die man immer dem Luxusbedürfnis der Kaiserin, die doch Schlösser und Unterkünfte genug besaß, zugeschrieben hat. Diese Villa dient gleichsam den besonderen Schwächen des Herrscherpaares. Der Kaiser ist ein begeisterter Jäger, und der Lainzer Tiergarten ist schon seit dem elften Jahrhundert wegen seines herrlichen Wildstandes berühmt[1]. Die Kaiserin wieder liebt die stille Einsamkeit und die Natur und haßt deswegen die Burg inmitten der Stadt, aber auch das prunkvolle »Lustschloß« Schönbrunn, wo sie immer nur sehr »unlustig« Aufenthalt genommen hat. Lainz entsteht in einem gemischt französisch-italienischen Renaissancestil im Geschmack der Zeit, der allerdings kein allzu guter ist. In der Inneneinrichtung und Ausschmückung wird insbesondere im Schlafzimmer der Kaiserin eine Pracht und ein übertriebener, überladener Prunk entwickelt, der heute ganz unbegreiflich wirkt. Makart ist schon tot,

[1] Dr. Wilhelm Beetz, Die Hermesvilla in Lainz. Wien 1929.

aber er hatte noch die Skizzen für das Schlafzimmer Elisabeths in seiner farbenfreudigen Prunkmanier entworfen. Das Schönste in der Villa ist das Turnzimmer der Kaiserin in pompejanischem Stil mit allen möglichen Geräten. Eine genaue Dezimalwaage, die Elisabeth täglich befragt, fehlt nicht. Selbstverständlich gibt es da herrliche Stallungen und eine gedeckte und eine offene Reitschule, denn man wußte bei Baubeginn noch nicht, daß Elisabeth das Reiten fast ganz aufgeben wird. Nun wird schon die Auflösung der Marställe der Kaiserin in Wien, Ischl und Gödöllö befohlen; nur wenige Lieblingspferde behält sie zurück.

Als Elisabeth aus ihrer Heimat im Mai nach Wien zurückkehrt, fährt sie am 24. mit Franz Joseph hinaus in die Hermesvilla, um alles zu besichtigen. Die Kaiserin schüttelt über ihr Schlafzimmer den Kopf. Valerie meint, es sei wohl schön und modern, aber ungemütlich. Kaiser Franz Joseph bemerkt: »Ich werde mich immer fürchten, alles zu verderben.« Dann aber sieht er beim Fenster hinaus, wo auf der Wiese am Walde ein ganzes Rudel Wild sichtbar ist, und das gefällt ihm ebenso wie der Kaiserin, die nur ein paar Schritte aus der Villa machen muß, um mitten im Wald zu sein. Daß sie ungesehen auf einer nur für sie allein bestimmten kleinen Wendeltreppe in ihre Gemächer gelangen kann, freut sie besonders. Lainz jedoch ist nicht das geworden, was sich das Kaiserpaar ursprünglich vorgestellt hat: ein kleines, bescheidenes, aber bequemes Buen Retiro für das Alter. Es ist doch eher ein Schloß, das auch wieder großen Aufwand und viel Dienerschaft erfordert.

Im Juni 1886 reist Elisabeth wieder auf längere Zeit in ihre Heimat nach Feldafing. Am 8. ist ihr Schwager Graf Trani in Paris gestorben, und sie nimmt sich seiner Frau und ihres kleinen Töchterchens in der wärmsten Weise an. Von nun ab zahlt die Kaiserin ihrer verwitweten Schwester jährlich 40.000 Mark, wovon sie die Hälfte selbst gibt, während die andere Kaiser Franz Joseph übernimmt. So bleibt sie ihrer Familie und ihren Lieben stets getreu.

XII

DER TOD LUDWIGS II., HEINE UND DIE HOMERISCHE WELT

1886—1887

In Bayern hat man indessen erkannt, daß es mit dem König so einfach nicht mehr weitergeht. Schon werden von allen Seiten die nächsten Agnaten des Herrscherhauses darauf aufmerksam gemacht, daß dessen Ansehen in Gefahr ist, wenn nicht bald ein Wandel eintritt. Schon 1871 hat ein Münchner Arzt Irrsinn prophezeit, und die letzten Jahre scheinen seine Voraussage zu bestätigen. Die Reden des Königs sind oft unzusammenhängend, er führt lange Gespräche mit unsichtbaren Tafelgästen, prügelt zuweilen seine Dienstleute und seine Beamten. Seine allerdings auf künstlerischen Sinn zurückführende Verschwendungssucht hat zu einer Schuld von zehn Millionen Mark geführt, trotzdem will er weitere zehn für Prachtbauten und Theater haben. Schon drohen Gerichtsverfahren. Der König verlangt von den Ministern unter Wutausbrüchen Geld, und wenn diese es nicht bringen können, betraut er Kammerdiener und Lakaien mit der Aufgabe, solches aufzutreiben. Chevauxlegers werden an den Hof befohlen und ganz merkwürdig verwendet, mit einem Wort, es geht nicht mehr, und das Ministerium beschließt am 8. Mai 1886 den König zur Abdankung zu zwingen. Das geschieht freilich höchst ungeschickt, plump und rücksichtslos. Am 10. Mai erscheint vollkommen überraschend für jedermann eine Kundmachung über Übernahme der Regentschaft durch den nächsten Agnaten Prinzen Luitpold und ein Armeebefehl mit dem Hinweis auf die Regierungsunfähigkeit des Königs infolge geistiger Erkrankung.

Dann begibt sich die berüchtigte Abordnung nach Neuschwanstein zum König, die ihm das Verfügte mitteilen soll, ihn aber sofort als einen völlig Irrsinnigen behandelt. Die erste Aktion mißlingt, denn alle Hofleute, Lakaien und Bauern, Arbeiter und treuen Offiziere, wie Graf Dürckheim, stehen zum König.

So kehrt die Abordnung am 10. Juni fluchtartig zurück. Erst am 11. Juni gelingt einer neuen Kommission die Gefangennahme. Diesmal sind zwei Ärzte, Wärterpersonal und verläßliche Polizisten und Soldaten mitgekommen und führen den König nach Schloß Berg am Starnberger See, das man mit trostlosen Einrichtungen zu einem förmlichen Narrengefängnis umgestaltet hat, wo der König unter Aufsicht des Irrenarztes Dr. Gudden bleiben soll.

Die Art und Weise des Vorgehens ist unverantwortlich unklug. Zwei Tage vorher hat man den König noch völlig als Herrscher behandelt und Unterschriften eingefordert und erhalten, und nun wird ihm plötzlich eröffnet, daß Stricke und Zwangsjacken auf Befehl Dr. Guddens in Bereitschaft gehalten werden müssen. Wiederholt sagt der König zu Graf Dürckheim: »Ich fürchte, die Leute werden mich heute nacht wieder überfallen wollen: Ich bin aber doch kein Narr, also warum das Binden?« In vierundzwanzig Stunden von einem regierenden Herrscher, noch dazu im Sinne König Ludwigs, zu einem Patienten Dr. Guddens herabzusinken, ist ein zu schroffer Gegensatz, geeignet, die furchtbarste Reaktion förmlich herauszufordern.

Elisabeth weilt gerade bei ihrer Mutter in Garatshausen, als die Nachricht von alledem eintrifft. Herzogin Ludovika ist sehr aufgeregt. Sie hat dem König allerdings niemals die verfehlte Verlobungsgeschichte verziehen, bedauert aber doch die arme Königin von Bayern sehr, deren zweiter Sohn nun auch irrsinnig erklärt wird. Auf die seitens Elisabeth geäußerten Zweifel, daß Ludwig II. wirklich ganz wahnsinnig sei, meint sie aber, man müsse dies aus ganzer Seele wünschen und sich darüber freuen, um ihn nicht der so entsetzlichen Verantwortungslosigkeit anklagen zu müssen, sein blühendes Land und fast unglaublich treues Volk so vernachlässigt und so sehr heruntergebracht zu haben. Traurig kehrt Elisabeth nach Feldafing zurück, wo sie die Nachricht von dem Verbringen Ludwigs II. nach Berg und seiner Bewachung durch Irrenärzte erhält.

Indes erfüllt sich am Pfingstsonntag, dem 13. Juni, abends nach dem Diner, das Schicksal des Königs. Niemand wird je ergründen, was sich in diesen letzten Augenblicken abgespielt hat. Die beiden einzigen Zeugen, der König und Dr. Gudden, sind tot. Man findet sie um halb elf Uhr abends ertrunken im See. Die nähere Untersuchung deutet auf einen vorangegangenen Kampf. Ob Selbstmord oder Fluchtversuch, den der Arzt zu hindern suchte, wird ein ewiges Rätsel bleiben. Sicher aber ist, daß Elisabeth drüben in Feldafing völlig ahnungslos ist und

daher auch in keiner Weise einem etwaigen Fluchtversuch durch Beistellen eines Wagens oder dergleichen Vorschub geleistet hat.
Am Pfingstmontag, dem 14., wollen Kaiserin Elisabeth und Valerie in Feldafing eben zum Frühstück gehen, als Prinzessin Gisela plötzlich ganz verstört ins Zimmer kommt und ihre Mutter beiseite zieht: »Ich muß dir etwas ganz allein sagen.«
Elisabeth geht in den Nebenraum, man hört eine erregte Wechselrede. Dann tritt sie heraus, leichenblaß:
»Denk dir, der König hat sich in den See gestürzt!«
Die Kaiserin ist furchtbar erschüttert, Tränen des Mitleids treten ihr in die Augen. Ganz verstört vor Kummer bespricht sie das gräßliche Ereignis, das traurige Ende eines trotz allem doch auch genial geistreichen Königs, ihres Jugendfreundes, an den so viele und helle Stunden erinnern. »Der König war kein Narr«, sagt Elisabeth, »nur ein in Ideenwelten lebender Sonderling. Man hätte ihn mit mehr Schonung behandeln können und dadurch vielleicht ein so gräßliches Ende verhütet.« Mit leidenschaftlicher Seele vertritt sie diese Ansicht auch drüben bei ihrer Mutter. Herzogin Ludovika aber widerspricht gereizt, und Mutter und Tochter scheiden ganz verstimmt. Als am selben Tage Valerie vor dem Schlafengehen zum Beten bei Elisabeth weilt, wirft sich die Kaiserin plötzlich der Länge nach auf den Boden. Valerie erschrickt, schreit laut auf, denn sie denkt, ihre Mutter hätte etwas Entsetzliches gesehen, und hängt sich in solcher Angst an sie, daß sie beide schließlich fast lachen müssen. Da sagt Elisabeth: »Ich wollte nur in Reue und Demut Gott für meine rebellischen Gedanken um Verzeihung bitten. Ich habe mir meinen Verstand wund gedacht über die unergründlichen Ratschlüsse Gottes, über Zeit, Ewigkeit und Vergeltung im Jenseits, und müde vom fruchtlosen, sündigen Grübeln, will ich nun, sooft mir Zweifel kommen, in Demut sagen: ›Jehova, du bist groß! Du bist der Gott der Rache, du bist der Gott der Gnade, du bist der Gott der Weisheit!‹«
Regen verschleiert die Landschaft, als weinte der Himmel um den König der Seen und Berge, die, in grauen Nebel gehüllt, in fahlem Licht verschwommen erscheinen. Nur Schloß Berg, das die irdische Hülle des genialen, unschuldig unglücklichen Königs birgt, hebt sich vom dunklen Tannenwald am Ufer des fast ganz schwarzen, vom Winde gepeitschten und bis zum Grunde aufgewühlten Sees hell und gespenstig ab. Dumpf lastet der Druck einer uralten Mönchsprophezeiung auf Elisabeth, das Jahr 1886 werde, weil Ostern so spät fiele, ein furcht-

bares Unglücksjahr sein. Elisabeth kann sich von dem schrecklichen Schlag nicht erholen. Sie ist in einem Zustand fortgesetzter Aufregung und verurteilt nach wie vor in den allerschärfsten Ausdrücken, wie übrigens ganz Bayern, das letzte Vorgehen des Ministeriums. Sie sendet einen Kranz und einen Blumenstrauß, aber die Leiche Ludwigs besucht sie nicht, gibt nur den Auftrag, daß ihr Jasminzweig auf seine Brust gelegt und er damit begraben werde.

Die Königinmutter will gleich Elisabeth weder an völligen Irrsinn noch an den Selbstmord ihres Sohnes glauben, sondern meint nur, er wollte sich schwimmend retten und sei dabei ertrunken. Herzog Karl Theodor, der von dem traurigen Seelenzustand Elisabeths erfährt, kommt nach Feldafing und versichert, es könne keinen Zweifel über den vollständigen Irrsinn des Königs geben. Er müht sich, seine Schwester, die Kaiserin zu beruhigen.

Kronprinz Rudolf wird zur Leichenfeier nach München entsendet. Vorher macht er noch einen kurzen Besuch in Feldafing, wo ihn Elisabeth und Valerie auf der Bahn erwarten. Er erzählt, in Wien behaupte man, Gudden habe auf Andeutungen, die man ihm gemacht habe, den unbequem gewordenen König ins Wasser geworfen. Für diese Deutung gibt es natürlich keinerlei wie immer geartete Beweise.

Kronprinz Rudolf ist entsetzt über die Stimmung seiner Mutter und findet sie noch über Erwarten aufgeregt. Einen Augenblick durchfährt ihn der Gedanke, daß vielleicht auch einmal ihr ein ähnliches Schicksal beschieden sein könnte, und er fragt Valerie sehr genau über Elisabeth aus. Diesmal ist er sehr liebenswürdig und nett mit Mutter und Schwester. Nachmittag aber in Possenhofen bei der alten Herzogin findet Valerie, daß er sich wieder allzusehr auf den Sockel unnahbarer Hoheit setzt und daß er nicht gelernt hat, wie Franz Joseph immer zuerst Mensch und dann aus Pflicht Fürst zu sein.

Am 21. Juni vormittags läßt Elisabeth in der Dorfkirche von Feldafing zum Gedenken an den König ein feierliches Requiem lesen und fährt nach München, um in der Gruft der Wittelsbacher einen Kranz auf das Grab des Königs zu legen. Der Besuch tut ihr gut. Sie kehrt ruhiger zurück und meint, Ludwig II. werde besser in der Gruft als unter dem neuen Regiment fortleben.

Alltag und Familienbesuche treten wieder in ihre Rechte, aber die nervöse Erregtheit Elisabeths, die ja schon vor dem Unglück bestand, ist nicht zu bannen. Mit scharfem Urteile über die maßgebenden Persönlichkeiten und ihr Verhalten gelegentlich der Entmündigung des

Königs hält die Kaiserin niemandem gegenüber zurück. Sie ist ganz einer Meinung mit ihrer Hofdame Gräfin Festetics[1], wenn diese sagt, das Wasser des Meeres würde nicht genügen, den Schandfleck dieses rohen Vorgehens gegen den König hinwegzuwaschen. Überhaupt regt Elisabeth nun alles unverhältnismäßig auf. Sie hat sich wegen Ludwig II. schon fast mit ihrer Mutter entzweit, aber ein anderer Vorfall droht einen vollen Bruch mit der Familie herbeizuführen. Die Schwester der Kaiserin, Sophie Alençon, die mit ihrer Tochter Luise in Possenhofen weilt, erkrankt an Scharlach, und man vergißt, in Feldafing sofort zu warnen. So kommt Valerie ahnungslos nach Possenhofen, um ihre Cousine zu einem Spaziergang abzuholen. Erst im Schloß sagt ihr Luise: »Ja, um Gottes willen, geh doch hinaus, Valerie. Du darfst nicht herein, Mama hat Scharlach.« Als die Erzherzogin nun erschreckt nach Hause flieht, begegnet sie ihrer Mutter, die ihr verstört, blaß und atemlos entgegengelaufen ist und sie fragt: »Warst du etwa bei Tante Sophie? Das ist ja unerhört! Eine schändliche Gewissenlosigkeit des Doktors und aller anderen, die schon gestern abend vom Scharlach wußten und nicht warnten.«
Obwohl der kaiserliche Leibarzt Dr. Kerzl meint, daß eine Ansteckung bei so kurzem Besuch ohne jedes Zusammentreffen mit der Kranken ganz ausgeschlossen sei, muß die arme Valerie ununterbrochen mit Karbol gurgeln. Unverweilt wird die Abreise beschlossen, in Possenhofen natürlich nicht mehr Abschied genommen. Elisabeth kann sich gar nicht beruhigen. Ihre erschütterten Nerven nehmen alles viel tragischer, als es der Mühe wert ist. Mit den bittersten Empfindungen verläßt sie die Heimat, nicht ohne, wie sie es seinerzeit als Mädchen bei jedem Ortswechsel getan, ein Abschiedsgedicht zu machen. Das zeigt am besten ihre Empfindungen, denn es schließt:

Leb wohl, mein See!
In deinen Schoß
Werf' ich die Heimat heute
Und ziehe rast- und heimatlos
Aufs neue in die Weite.

Trotz allen Versicherungen des Arztes fürchtet Elisabeth immer noch, daß Valerie Scharlach bekommen könnte, und gelobt in ihrem Schreck

[1] Gräfin Marie Festetics an Ida Ferenczy, Söjtör, 21. Juni 1886. Farkas-Archiv.

der Mutter Gottes, sie werde, wenn sie gesund bleibe, aus Dankbarkeit nach Mariazell gehen und dort wieder ein Opfer bringen.

Die Kaiserin ist von Feldafing direkt nach Gastein gefahren, weil sie dort Bäder für ihren Fuß nehmen will. Sie hat mit ihrer Scharlachangst Valerie so angesteckt, daß diese fortwährend vermeint, Halsweh zu haben. »Ich sah mich schon sterben«, schreibt sie in ihr Tagebuch und fügt in Klammern hinzu: »was mir kolossal unangenehm wäre.«

Der kaiserliche Leibarzt Dr. Widerhofer sieht den Nervenzustand der Kaiserin, erklärt es unter solchen Verhältnissen für direkt gefährlich, Bäder zu gebrauchen, und meint in seiner einfachen, groben Art: »So gehn S' halt nach Ischl, Majestät, oder kommen S' im August oder wann S' wollen, nur g'wiß noch im Sommer wieder.« So wird im vierspännigen Wagen nach Ischl gefahren, Elisabeth geht nebenher, Valerie fährt zumeist mit dem ehemaligen Erzieher des Kronprinzen, dem Herrn von Latour, der ununterbrochen schwätzt. Es ist nicht allzu klug, was er spricht, und Valerie meint in ihrem Tagebuch[1]: »Seine Dummheit ist mir ein Trost, denn ich glaube, sie allein ist schuld daran, daß Rudolf so ist, wie er ist, und nicht so, wie er sein könnte.«

Alle ärgert auch, daß der Kronprinz Ischl, das doch all die Seinen so lieben, ein »schreckliches Nest« nennt. Elisabeth wird es im Gegenteil schon zu sehr Weltbad.

Sie dichtet nun fortwährend, und Valerie ist die einzige, die davon erfährt und der sie etwas vorliest. Der Tenor aller dieser Gedichte ist ein trauriger. Eines, das Valerie wunderschön findet, rührt sie ganz besonders. Es beginnt: »Ich bin schon längst gestorben« und schildert, wie Elisabeth einst ihrem Grabe entsteigen will, um auch als Geist noch den Jainzen, ihren lieben Zauberberg in Ischl, zu besuchen und ihre Lieben in der Villa im Tal zu segnen. Valerie sieht mit Schrecken aus diesen Gedichten, wie sehr Traurigkeit und Lebensüberdruß die Herrschaft über ihre Mutter gewinnen, und wenn sie darüber nachdenkt, muß sie sich sagen, eigentlich ohne Grund. Sie spinnt den Gedanken aus, was geschehen wäre, wenn sie wirklich an Scharlach erkrankt und gestorben wäre. »Schrecklich«, meint sie, »daß ich das einzige Band bin, das meine Mutter noch an diese Erde knüpft.«

Valerie ist gesund geblieben, und so muß Elisabeth ihr Gelübde einlösen. Sie fährt am 21. Juli nach Mariazell, wo sie am Gnadenaltar eine Messe für den verstorbenen König Ludwig lesen läßt. Sie beichtet

[1] Tagebuch vom 11. Juli 1886. T. E. V. S.

und kommuniziert, schüttet dem Priester ihr Herz aus und schildert ihm, wie furchtbar der Tod des Königs auf sie gewirkt habe. Am 12. August übersiedelt Elisabeth nach Gastein in die Villa Meran. Dort weilt der greise deutsche Kaiser, den sie unangesagt und überraschend besucht. Elisabeth und Valerie suchen auch das Ehepaar Bismarck auf. »Nun stehst du vor dem gescheitesten Manne deiner Zeit«, denkt Valerie. Die Kaiserin, die den Reichskanzler früher gekannt und sich an eine gewisse Härte in seinem Gesicht erinnert, erblickt nun einen rüstigen Greis mit einem Zuge milden Wohlwollens in seinen blaßblauen Augen. Valerie findet Bismarck »leider«, wie sie sagt, »eigentlich sympathisch«. Einmal kommt die alte Großherzogin von Weimar Elisabeth besuchen, die gleichfalls die Gasteiner Kur gebraucht. Sie ist wenig schön, kolossal wie ein indischer Götze, und sieht eher lächerlich aus. Alles sitzt feierlich da. Elisabeth, der der Besuch höchst unwillkommen ist, hat die Großherzogin der Uhr gegenübergesetzt, damit sie bald weggeht. Die Unterhaltung ist schwierig, weil der Gast sehr schwerhörig ist. Nach einigem Schweigen sagt Elisabeth: »Ich fürchte, die Beleuchtung heute abend wird verregnet.« Da nickt die Großherzogin langsam und feierlich und erwidert: »Ich hoffe.«
Mühsam können Mutter und Tochter das Lachen verhalten. Kaiser Franz Joseph, der auch zu Besuch gekommen ist, sitzt wie auf Nadeln. Schwer schleppt sich das Gespräch fort. Endlich sagt Kaiserin Elisabeth: »Meine Valerie hat einen sehr starken Schnupfen. Ob der wohl ansteckend ist?« Worauf die Großherzogin fluchtartig die Villa verläßt.
Ende August wird wieder nach Ischl gefahren, dort lädt Elisabeth wiederholt die Familie Toskana und Franz Salvator zu sich. Sie hat große Sympathie für den jungen Erzherzog, aber Franz Joseph denkt immer noch an den sächsischen Kronprinzen. »Valerie wird doch nicht wieder in die Familie heiraten. Wo kommen wir denn endlich hin?« meint er. »Im Winter wird der Sachse nach Wien kommen, das wäre halt gut und zweckmäßig in jeder Beziehung[1].«
Von Ischl geht es nach Gödöllö. Hier führt die Kaiserin jetzt, wo sie nicht mehr reitet, ein ganz verändertes Leben. Sie steht schon um halb sechs Uhr in der Früh auf, und nach dem Frühstück turnt sie sehr lange und ausgiebig. Dann kommt der Kaiser zu ihr, und sie besprechen auf und ab gehend die Ereignisse des Tages. Es ist des Monarchen liebste Stunde.

[1] Tagebuch vom 4. Oktober 1886. T. E. V. S.

In der Muße von Gödöllö denkt Elisabeth über alle vergangenen Episoden ihres Lebens nach, und da kommt ihr plötzlich wieder die einstige Maskenballbegegnung in den Sinn. Sie hat immer noch das Gedicht in der Lade, das sie jenem Herrn vor zwei Jahren schicken wollte. Sie findet es gut und möchte es ihm doch zukommen lassen. Da macht einer ihrer Verwandten eine große Reise nach Südamerika. Dem gibt sie den Brief mit dem Gedicht mit.

Im übrigen liest Elisabeth nun viel Heine und Schriften über den Dichter. So wie sie alles mit Leidenschaft und ganz tut, was sie einmal interessiert, so ist es auch mit der Beschäftigung mit diesem Dichter. Das eben erschienene Buch Robert Proelsz' fesselt sie. »Heine ist immer und überall mit mir«, schreibt sie ihrer Tochter[1], »jedes Wort, jeder Buchstabe, was nur in ›Heine‹ vorkommt, ist ein Juwel.« Aber am liebsten sind ihr doch seine Gedichte. Eine Taschenausgabe davon, in dunkelgrüne Leinwand gebunden, verläßt sie nie. Elisabeth findet, daß Heine von seinem Vaterland mißverstanden und ungerecht beurteilt worden sei, weil man einen Dichter nicht mit demselben Maßstab messen dürfe wie einen gewöhnlichen Menschen. Überall, in Lainz wie in Gödöllö, in der Burg wie in Schönbrunn und auch in Ischl, läßt Elisabeth Gemälde oder Büsten Heines aufstellen. Sie erfährt, daß in Wien ein Neffe des Dichters, der Baron Heine-Geldern, wohnt, und läßt ihn zu sich bescheiden, weil sie gehört hat, daß er einige Dinge und Bilder aus dessen Nachlasse besitzt, die man sonst nicht kennt. Sie spricht mit ihm über die noch lebenden sonstigen Verwandten des Dichters, insbesondere seine Schwester, die greise Frau Emden in Hamburg, und beschließt, dieser Dame einmal gelegentlich ihrer Reisen einen Besuch abzustatten.

Durch die Lektüre von Heines »Romancero« und seine glühende Begeisterung für den hebräischen Dichter des Mittelalters Juda Ha Levi, der in seinen Liedern den Gefühlen und Hoffnungen des Judentums Ausdruck gibt und dessen Vorzüge gegen Christentum und Islam auseinanderzusetzen versucht, ist sie auch auf diesen Dichter aufmerksam geworden[2] und bemüht sich, dessen Werk kennenzulernen.

Seit dem Tode des Königs Ludwig II. kommt Elisabeth nicht zur Ruhe. Man hat ihr so lange erklärt, daß der König wirklich wahnsinnig war,

[1] Elisabeth an Erzherzogin Valerie, Gödöllö, 11. September 1886. E. A. S. W.

[2] Friedrich Eckstein, Ahasverus und die Kaiserin, Feuilleton im »Neuen Wiener Tagblatt«, 13. April 1933.

daß sie mit Rücksicht auf die übrigen Fälle im Hause Wittelsbach nun wieder zu fürchten beginnt, auch sie könnte bei der Ähnlichkeit mancher ihrer Neigungen mit jenen Ludwigs II. einstmals dem gleichen Schicksale verfallen. Nun beginnt sich Elisabeth wieder besonders mit den Einrichtungen zur Pflege der Irren zu befassen, die höchst unzulänglich sind. Am 11. Dezember 1886 besucht sie, nach Wien zurückgekehrt, die Landesirrenanstalt am Bründlfeld. Völlig unangesagt erscheint sie mit ihrer Schwägerin, der Frau des Herzogs Karl Theodor. Der Direktor wird alarmiert, erscheint, wie er ist, im weißen Kittel, und schon wird der Rundgang angetreten. Lange steht Elisabeth vor dem phantastischen Ölgemälde des geisteskranken Malers Kratky, der in wohl krauser, aber dabei nicht ganz unwahrer Form nach Art der beiden Pieter Brueghel den Kernpunkt der Natur darstellte, nämlich, daß ein Wesen nur vom Tode eines anderen leben kann.

Man will Elisabeth anfangs nur die ruhigen Abteilungen zeigen, aber sie besteht darauf, auch zu den ganz schwerkranken und gefährlichen Irren geführt zu werden. Ohne Scheu spricht sie da und dort mit einem Kranken. Da gelangt sie auch in die sogenannte »ruhige« Frauenabteilung. Mit Windeseile hat sich die Nachricht von der Anwesenheit der Kaiserin in der ganzen Anstalt verbreitet. Da sitzen in einem großen Saale die Patientinnen plaudernd und stickend, mit Handarbeiten aller Art beisammen. Als Elisabeth in den Saal tritt, erheben sich die Kranken und verneigen sich. Unter ihnen ein Fräulein Windisch, eine sehr nette Person von achtundzwanzig Jahren, die nach einem Liebeskummer zeitweilig Anfälle von Geistesgestörtheit gezeigt hat. Im Augenblick, als Elisabeth eintritt, stößt das sonst so ruhige Mädchen plötzlich einen gellenden Schrei aus, stürzt, ihre Gefährtinnen rechts und links zur Seite stoßend, auf die Kaiserin zu und reißt ihr, bevor noch irgend jemand dazwischentreten kann, den kleinen schwarzen Strohhut vom Kopf. Elisabeth erblaßt, tritt erschrocken zurück, doch der Arzt hat sich schon auf die Patientin gestürzt und ihre Hand mit eisernem Griff umklammert: »Aber Fräulein Windisch, um Gottes willen, Sie sind doch sonst so brav.«

»Was«, schreit die Kranke, »die da will die Kaiserin von Österreich sein? Das ist doch eine unerhörte Frechheit. *Ich* bin doch die Kaiserin.« Elisabeth verläßt das Zimmer, und ihre Schwägerin setzt ihr draußen den Hut wieder auf. Die Kranke aber tobt weiter: »Wie kann sie sich unterstehen, sich für mich auszugeben.« Darauf der Arzt: »Meine Liebe, natürlich sind Sie die Kaiserin, aber Sie wissen doch, daß Sie als solche immer das Hausrecht hochhalten und Gäste gut behandeln.« — »Ja, freilich«, antwortet die Windisch zögernd, »Sie haben recht«, und beruhigt sich allmählich. Elisabeth aber hat trotz dem ausgestandenen Schrecken noch nicht genug. Obwohl man sie absolut davon abbringen will, beharrt sie darauf, auch die Abteilung der tobenden Kranken zu besuchen. Sie will sich überzeugen, ob man diese nicht etwa unmenschlich behandelt. Als die Kaiserin schon in den Wagen einsteigen will, um wegzufahren, kehrt sie plötzlich um und sagt[1]: »Bitte, ich möchte noch einmal auf die Abteilung gehen, wo mir das geschehen ist.«

»Majestät, ich muß die Verantwortung ablehnen, ich rate dringend ab.«

»Nein, nein, bitte, bitte, ich muß hinauf.« Und sie steigt schon die Stufen wieder hinan. Wohl oder übel muß der Direktor folgen. Die Windisch sitzt wieder im Saal. Als die Kaiserin eintritt, springt sie auf und stürzt neuerdings auf Elisabeth zu, so daß man schon das Schlimmste befürchtet. Aber diesmal wirft sie sich auf die Knie, bittet mit aufgehobenen Händen um Verzeihung und fragt, ob sie die Tat von früher anders als durch den Tod sühnen könnte. Elisabeth laufen die Tränen nur so über die Wangen, sie wehrt den Ärzten und Wärtern, die einen schützenden Ring zwischen der Kranken und ihr bilden, hebt das Mädchen auf, gibt ihr die Hand und tröstet sie in unbeschreiblichem Liebreiz.

Der Direktor der Anstalt und Dr. Weiß haben die Kaiserin bei ihrer unerwarteten Ankunft im Ärztekittel empfangen und so durch die ganze Anstalt geleitet. Der Primararzt war dagegen in seine Wohnung gestürzt und hatte sich in Frack und Claque geworfen. Das dauert eine Zeit und nun kommt er gerade dazu, wie Elisabeth wieder in den Wagen steigt. Niemand kann das Lachen unterdrücken, als er am hellichten Tag im Frack mit tiefenttäuschtem Gesichte wieder seiner Wohnung zustrebt.

Die Herzogin Karl Theodor hat indes versucht, zwischen Elisabeth, ihrer Mutter und Sophie Alençon wieder Frieden herzustellen. Aber die Kaiserin kann die Scharlachgeschichte nicht vergessen. »Es gibt keine Entschuldigung für solche Dummheit und Gleichgültigkeit«, meint sie. Der Kronprinz findet wie Valerie, daß sie darin viel zu weit

[1] Persönliche Mitteilungen des Herrn Regierungsrates Dr. Weiß, der damals einer der leitenden Ärzte der Landesirrenanstalt war.

geht. Aber sonst steht er jetzt zu seiner Schwester im Gegensatz. Sie findet ihn am Weihnachtsabend ganz verändert, kalt und höhnisch[1]. Das ist allerdings auch darauf zurückzuführen, daß Rudolf seine Mutter befragt hat, ob das Gerede von der Verlobung Valeriens richtig sei, denn auch er ist dagegen und gibt dem in seiner absprechenden Art Ausdruck. Rudolf entfernt sich immer mehr von den Seinen. Politisch ist er ganz anderer Meinung als sein Vater und in Weltanschauung und Wesen völlig im Gegensatz zu seiner ganzen Familie. Nur mit Erzherzog Johann Salvator, der auch eine negative, kritische und beißend satirische Lebensauffassung hat, versteht er sich besser.
Es macht Elisabeth Sorge, wie es gehen würde, wenn einmal Kronprinz Rudolf Kaiser und Erzherzog Franz Salvator ihr Schwiegersohn wird. Das kann peinlich werden. Schon denkt Elisabeth daran, der Erzherzog solle sich im Falle, daß ein Krieg zwischen Frankreich und Deutschland früher ausbräche als ein solcher Österreichs mit Rußland, freiwillig in die deutsche Armee melden und so jedermann, der gegen ihn sei, beschämen. Während Elisabeth mit ihrer Tochter Valerie, im Schönbrunner Park auf und ab gehend, über die Zukunft spricht, begegnen sie Frau Schratt, die seit Ischl und Kremsier öfters mit dem Kaiserpaar gesprochen hat und die damals ganz Wien als »Coeur Dame« bewunderte. Es ist gerade der 1. März, und die Schauspielerin überreicht Elisabeth einen Strauß Veilchen, weil es, wie sie sagt, Glück bringt, an diesem Tage solche zu bekommen. Um ihre Dankbarkeit zu beweisen, gehen Elisabeth und Valerie am Abend in den ersten Akt von Ohnets »Hüttenbesitzer« und zwinkern von der Loge aus der schönen Claire zu. Im allgemeinen aber meidet Elisabeth moderne und heitere Stücke, wie den »Veilchenfresser«, in dem Frau Schratt dem Kaiser besonders gefällt. Sie zieht den Besuch von Sophokles' »Ödipus in Kolonos« vor.
Im Frühling wählt Elisabeth diesmal als Reiseziel Herkulesbad in Südungarn, das man ihr als herrlich schön geschildert hat. Die Kaiserin macht dort mit Sárolta Majláth wieder stundenlange Märsche quer durch die malerische Gegend. Bis an die rumänische Grenze wandern die beiden Damen, nehmen ihr Mahl mitten im Wald ein und trinken dazu Schafmilch, die ein bildschöner rumänischer Junge der Kaiserin bringt. Elisabeth träumt und dichtet bei Mondenschein bis spät in die Nacht hinein, und dann besteht sie darauf, wie immer, auch hier bei

[1] Eintragung vom 24. Dezember 1886. T. E. V. S.

offenem Fenster zu schlafen, wie sie es gewöhnt ist, obwohl sie ebenerdig wohnt[1].
Die Bevölkerung hat sich eine stolze, unnahbare Herrscherin erwartet und findet eine unendlich einfache, jedem Prunk abholde, mit jedermann auf gleich und gleich verkehrende Frau, die die Natur nicht nur liebt, sondern sie auch wie selten jemand zu *genießen* versteht. Elisabeth selbst drückt dies in einem dort in Herkulesbad verfaßten ungarischen Gedicht aus[2]:

Alles ist wandelbar in dieser Welt,
Und ein leerer Schall nur ist die Treue.
Ewig treu, herrlich erhaben
Bist nur du allein, gewaltige Natur!
Glücklich, wer zu dir hält und vor dir sich beugt,
Ihm wird der Schmerz der Enttäuschung nicht zuteil.
Für deine Treue und deinen Balsam
Geb' ich im Tausche gern alles dahin.

Auch in Herkulesbad verlassen Elisabeth die Werke Heines nicht, und sie versenkt sich so darin, daß sie förmlich mit dem toten Dichter seelisch in Verbindung tritt. Am 28. April erscheint die rumänische Königin Carmen Sylva in Herkulesbad[3], um Elisabeth zu besuchen. Dabei kommt auch die Sprache auf Heine. »Ich bin etwas abgekommen von meiner Bewunderung für ihn«, sagt die Königin, »weil manches in seinen Dichtungen mich unsympathisch berührt.« Aber sie begreift sehr gut, daß Elisabeth so viel für ihn übrig hat, weil sie in ihm den Dichter sieht, der gleich ihr »die Verachtung aller Äußerlichkeiten, die Bitterkeit, aber zugleich den Schalk besitzt, der auch Elisabeth im Nacken sitzt und ihr so oft originelle und überraschende Äußerungen entlockt.« Dann aber auch, weil er ebenso verzweifelt ist über alle Unwahrheit der Welt wie sie und gar nicht genug Worte findet, um das Hohle darin zu geißeln. Am Abend dieses Tages denkt Elisabeth über ihre Gespräche mit Carmen Sylva nach, als sie plötzlich im Bette deutlich und

[1] Elisabeth an ihre Mutter, Mehadia (Herkulesbad), 7. April 1887. Abschrift E. A. S. W.
[2] Siehe L. K. Nolston, a. a. O. 61—66. Nach dem Berichte von Josefine von Széchy-Lorenz im »Pester Lloyd«.
[3] Carmen Sylva, Die Kaiserin Elisabeth in Sinaia. Feuilleton in der »Neuen Freien Presse« vom 25. Dezember 1906.

scharf gezeichnet das Profil des Dichters vor sich sieht, wie es ihr aus den Bildern bekannt ist. Dabei hat sie eine merkwürdige, angenehme Empfindung, als wollte diese Seele die ihrige aus dem Körper losringen. »Der Kampf dauerte einige Sekunden«, schildert Elisabeth dies ihrer Tochter, »aber Jehova gestattete der Seele nicht, den Körper zu verlassen. Die Erscheinung verschwand und ließ mir trotz der Enttäuschung des Weiterlebens eine beglückende Befestigung im zuweilen schwankenden Glauben, eine größere Liebe zu Jehova und die Überzeugung zurück, daß der Umgang von Heines Seele und der meinen von ihm gestattet sei.« Auf eine ungläubige Bemerkung Valeriens versichert Elisabeth, sie könne jeden Schwur leisten, daß all dies wahr sei und daß sie die Erscheinung vollkommen wachend und mit ihren eigenen Augen vor sich gesehen[1]. Tags darauf ergeht sich die Kaiserin mit Carmen Sylva in den Wäldern der Umgebung, und Elisabeth bespricht mit ihr den Gedanken, in dieser herrlichen Gegend ein Schloß zu errichten. Beide Frauen interessieren sich füreinander und haben sichtlich das Bestreben, sich gegenseitig zu studieren. Dabei zeigen sich auch Gegensätze.

»Carmen Sylva«, lautet Elisabeths Urteil, »ist sehr lieb, unterhaltend, interessant, aber sie steht mit den Füßen auf der Erde; sie könnte mich nie verstehen, ich aber sie ja, ich liebe sie. Sie erzählt und fabelt so gern, ihr ist es ein Genuß, und der König ist derart prosaisch, daß geistig ein Abgrund zwischen ihnen liegt. Natürlich sagt sie dies nicht so rundweg, doch zog ich ihr das aus ihren Nasenlöchern[2].«

Die Kaiserin hat nicht ganz recht. Carmen Sylva hat ein sehr gutes Urteil über sie. Sie erkennt, daß Elisabeth vollkommen wahr und natürlich ist und kein Hauch von Mache auch nur in einer Regung ihrer Seele vorhanden ist. Deswegen kann sie Zeremonien und das Formenwesen des Hofes nun einmal nicht vertragen. »Da wollten die Menschen«, urteilt Carmen Sylva, »ein Feenkind einspannen in die Qual der Etikette und der steifen, toten Formen, aber Feenkind laßt sich nicht einsperren, bändigen und knechten. Feenkind hat heimliche Flügel, die es immer ausbreitet, und fliegt davon, wenn es die Welt unerträglich findet.«

Sie erkennt, daß Elisabeth in nichts, gar nichts nach der »Anerkennung

[1] Tagebuch, 26. August 1889. T. E. V. S.

[2] Kaiserin Elisabeth an Erzherzogin Valerie. Mehadia, 2. Mai 1887. E. A. S. W.

der Welt« verlangt, »die sie ganz und gar verachtet, daß aber dennoch in der Kaiserin eine ungeheure Kraft lebt, die sich gleichsam austoben muß. Was zuviel da ist, muß sich in Reiten und Gehen, Reisen und Schreiben Luft machen. Alles soviel als irgend möglich, nur um dem Druck der Verhältnisse zu entrinnen.«

Nachdem Carmen Sylva Herkulesbad verlassen hat, lebt Elisabeth ihr sorgloses Badeleben weiter, der Ort gefällt ihr täglich besser. Nur die Schlangen sind Elisabeth unheimlich. Man begegnet ihnen überall, giftigen und nicht giftigen. Sie hat einmal von ihrer Tochter Valerie Blumen und einen lebenden Salamander gesandt bekommen. Nun will sie das vergelten und ihr eine von den großen, aber ungiftigen Schlangen schicken, dann vergeht ihr jedoch der Mut dazu, weil eine einmal nach ihr schnappt. So sendet sie ein Exemplar der Menagerie in Schönbrunn, aber auch eines ihrer armen Freundin Ida Ferenczy, die vollkommen ahnungslos das merkwürdige Käfigkistchen aufmacht und vor Entsetzen zurückprallt, als sie darin eine große Schlange erblickt.

Bei dem Aufenthalt in Herkulesbad hat sich die Kaiserin literarisch stark betätigt, unendlich viele Gedichte gemacht, wozu die Anregung der rumänischen Königin nicht wenig beitrug. Elisabeth staunt selbst, wieviel da zusammengekommen ist. Am 13. Mai fährt sie nach Sinaia, um den Besuch Carmen Sylvas zu erwidern. Die Königin weiß schon, was Elisabeth will, und hält Feiern, Feste und Empfänge fern. Sie steht ganz unter dem Eindrucke der Persönlichkeit der Kaiserin und findet Gefallen an dieser Frau, die einem so gerade in die Augen sieht und nie imstande gewesen wäre, »der Wahrheit selbst auch nur das leiseste Mäntelchen der Konvention umzuhängen«. Elisabeth klagt beim ersten Diner in Sinaia über die Etikette und die Zeremonien, die nun einmal mit ihrer Stellung als Kaiserin untrennbar verbunden sind.

»Ja, hilft dir denn deine Schönheit nicht? Und nimmt sie dir nicht deine Schüchternheit?«

»Ich bin nicht mehr schüchtern, es langweilt mich nur! Da hängt man mir schöne Kleider um und vielen Schmuck, und dann trete ich hinaus und sage den Leuten ein paar Worte. Stundenlang, bis ich kaum mehr kann. Endlich aber eile ich in meine Zimmer, reiße das alles herab und schreibe und Heine diktiert mir.«

Die Königin findet, daß Elisabeth niemals eine Plattheit sagt, sondern meist das, was man gerade nicht erwartet. Die Kaiserin vertraut Carmen Sylva so manches an, was sie sonst nur ihrer Tochter sagt. Besonders ihre Betrachtungen über das Wesen der Natur. Jenes Bild des wahnsinnigen Malers hat Eindruck auf sie gemacht. Es ist wirklich wahr, findet sie, alles Lebende ist grausam. Der Stärkere frißt den Schwächeren, der Klügere schlägt den Dümmeren ohne Mitleid, ohne Recht und Gesetz, bloß weil er der Mächtigere ist. Das ist bittere Wahrheit.

»Willst du deine Gedichte und Schriften nicht veröffentlichen?« fragt Carmen Sylva. »Ich schreibe und dichte«, antwortet die Kaiserin, »aber ich will nicht, daß jetzt irgend jemand sieht, was das ist. Nach langen Jahren, später, wenn wir schon längst gestorben sind, soll alles veröffentlicht werden.«

Geraume Zeit, nachdem Elisabeth Sinaia verlassen hat, geht Carmen Sylva das Sinnen über das Wesen ihrer Namensschwester auf dem Throne nicht aus dem Kopf. »Man ist geneigt«, meint sie[1], »einen Menschen der Pflichtvergessenheit anzuklagen, sobald er nicht im Rade, in der Tretmühle, in der alten Wasserpumpe laufen will, welche die Sitte für diese Kaste oder für jene Kategorie von Menschen erdacht. Nun hat einer einmal den Mut, anders zu sein, zu denken und zu handeln, da wird er beinahe gesteinigt von denen, die anders nicht gehen können als in der Tretmühle. Ich sage immer: Die Mode ist für Frauen, die keinen Geschmack haben, die Etikette für Menschen, denen es an Erziehung fehlt, die Kirche für Leute, denen es an Religion gebricht, die Tretmühle für diejenigen, die keine Phantasie oder Spannkraft haben.«

Elisabeth ist indes direkt nach Wien zurückgekehrt und begrüßt nach so langer Trennung mit größter Freude ihre geliebte Valerie, die über die Wandlung im Gemüte ihrer Mutter erstaunt ist. Sie findet, daß sie seit König Ludwigs Tod besonders fromm geworden sei, so sehr, wie sie sie noch nie gekannt. Elisabeth führt nun alles auf des großen Jehova Fügung und Leitung zurück, alles stellt sie ihm anheim. »Aber«, meint Valerie, »Mamas Frömmigkeit ist eigen. Anders als die der anderen Menschen, weniger mitteilsam als schwärmerisch, innerlich und abstrakt wie der Totenkultus, den sie in letzter Zeit besonders mit Heine und Ludwig II. treibt.«

Valerie ist noch in Zweifel, ob sie Erzherzog Franz Salvator wahrhaft liebt oder nicht. In unerhörter Selbstprüfung beobachtet sie sich, ob wirklich der zündende Funke da ist, ob sie wirklich die Liebe fühlt, die in ihrem Idealismus allein die richtige Grundlage für eine Ehe

[1] Carmen Sylva, Die Kaiserin Elisabeth in Sinaia, a. a. O.

abgibt. Elisabeth begünstigt die aufkeimende Schwärmerei der beiden jungen Leute. Nur die Sorge wegen der Haltung des Kronprinzen Rudolf bleibt aufrecht. Einmal, am 22. Mai, bei einem Ausflug nach Attersee, fragt die Kaiserin den jungen Erzherzog, ob er sich freuen würde, in einen Krieg zu ziehen, und gegen wen er lieber ginge, gegen Deutschland, Rußland oder Italien. Franz Salvator antwortet: »Das ist mir einerlei.« Da erwidert Elisabeth: »Wenn's gegen die Deutschen geht, ist es immer traurig, es ist doch, wie wenn man gegen Brüder zöge.« — »Aber auf ihre Freundschaft kann man sich nicht verlassen«, meint Franz Salvator. »Man denke an die Preußen.«
Darauf Elisabeth: »Daß sie den Vorteil ihres Landes suchen und den Verstand und die Tüchtigkeit dazu haben, kann man ihnen eigentlich nicht vorwerfen. Und dann sind nicht alle Deutschen Preußen, wenn auch die Preußen Deutsche sind. Wie fromm und tüchtig sind doch die Westfalen, wie frisch, froh und gebildet die Rheinländer, Badener und Württemberger! Welch eiserne Disziplin, welch eifriges Lernen, welche Straffheit gegenüber unseren Verhältnissen, wo es ohne solche feste Ordnung schlapper zugeht und vor allem natürlich die erwünschte Einheit und Geschlossenheit fehlt!«
Ende Mai nimmt die kaiserliche Familie wieder Aufenthalt in der neuen Villa »Hermes«. Weder Elisabeth noch Valerie fühlen sich in diesem von außen einfacher aussehenden, innen aber überladenen und ungemütlich prächtig ausgestatteten Heim wohl.
»Diese Marmorreliefs, diese üppigen Teppiche, Kamine in getriebener Bronze, diese zahllosen Engel und Amoretten, das Schnitzwerk an allen Ecken und Enden, dieser manierierte Rokokostil! Ich wollte, wir wären wieder daheim«, meint Valerie.
Der Kronprinz kommt. Äußerlich verrät nichts von seiner Krankheit, aber gewisse Verstimmungen mit seiner Frau herrschen vor, und es ist wie früher, man geht aneinander vorbei und versteht sich nicht. Auch er beschäftigt sich natürlich unausgesetzt mit der Frage, ob Krieg oder Friede. »Im Kriege könnte man doch von sich reden machen«, meint Rudolf, und als Valerie einwendet: »Ja, aber das kostet Menschenleben, und du setzt dein eigenes aufs Spiel«, macht er eine wegwerfende Bewegung und meint wie von ungefähr: »Wenn man einmal alles genossen hat, so hat's ja doch kein Interesse mehr[1].« Das klingt nun schon ganz anders als damals, als er hundert Jahre alt werden wollte.

[1] Tagebuch vom 31. Jänner 1890. T. E. V. S.

Elisabeth macht sich in dieser Zeit Sorgen wegen ihrer Schwester Alençon, die eine gewisse Schwäche für einen bürgerlichen Arzt erfaßt hat und einen Augenblick sogar daran denkt, sich scheiden zu lassen und ihn zu heiraten. Die Kaiserin fürchtet sogar, man werde sie für unzurechnungsfähig erklären lassen, weil man sie nach Graz zum Nervenarzt Krafft-Ebing brachte, der eine Kur für notwendig erklärt hat. Aber die Aufregung und die Nevenzustände sind mehr eine Folge des Scharlachs gewesen, in der Ruhe des Sanatoriums schwinden sie wieder, und Elisabeth braucht nicht mehr zu zittern, daß sich ihre Schwester umbringen werde oder man sie zwingen müsse, in einer Nervenheilanstalt zu bleiben. Aber das alles hat die Kaiserin doch sehr hergenommen, sie kommt aus fortwährenden Angstzuständen nicht heraus. Valerie macht es schon ganz nervös, wie übertrieben ihre Mutter immer um sie besorgt ist. Als sie ihr das einmal andeutungsweise schreibt, antwortet Elisabeth beleidigt längere Zeit nicht, um dann endlich zu sagen: »Jedes Leben ist Philosophie, doch kann der Mensch sein Herz nicht erschlagen. Das ist ein großer Fehler[1].« Sie zittert nach wie vor bei jeder Blume, die Valerie pflückt, aus Angst, daß sie abstürzt, sich etwas tut usw. Das macht die Tochter manchmal innerlich ganz ungeduldig. Dann gibt es auch einen politischen Gegensatz. Valerie sieht optimistischer in die Zukunft Österreich-Ungarns. Elisabeth aber sagt: »Der alte, morsche Stamm krankt.« Sie sieht den Zerfall des gemischtsprachigen Reiches voraus und legt diesen Gedanken in Poesie wie in Prosa nieder. Manchmal meint sie, Franz Joseph sei der vorletzte Kaiser aus dem Hause Habsburg und wiederholt die uralte Vorhersage, daß die stolze Reihe mit einem Rudolf begann und mit einem Rudolf schließen wird. Natürlich gerät sie bei ihren düsteren Vorhersagungen über die Zukunft des Reiches zu Franz Joseph in Gegensatz. In solchen Augenblicken, wenn sie mit ihrem Gedankengang bei ihrem Gemahl auf gar kein Verständnis stößt, meint sie sogar, es sei schwer mit ihm auszukommen. »Ich finde es«, meint Valerie dazu, »Gott verzeih' mir's, viel leichter als mit ihr.«

Bei aller Liebe zu Valerie aber hemmt das Mädchen, obwohl es Elisabeth nie eingestehen würde, in gewissem Sinne ihren Freiheitsdrang. Wie schon Carmen Sylva sagte, möchte die Kaiserin immer reisen, reisen, reisen, und die Welt ist fast zu eng und zu klein, um diesen Wunsch so zu erfüllen, wie Elisabeth es ersehnt. Jetzt ist sie kaum erst von

[1] Elisabeth an Valerie, Ofen, 4. März 1887. E. A. S. W.

Herkulesbad zurückgekommen, wo sie sich so wohl gefühlt hat, und nun reist sie schon wieder im Juli über Hamburg nach England. In dieser Zeit[1] erhält plötzlich Herr Fritz Pacher einen Brief mit fremdartigen brasilianischen Marken. Befremdet öffnet er ihn, ein gedrucktes Blatt fällt heraus, und nun liest er zu seinem größten Erstaunen:

Das Lied des gelben Domino.

»Long, long ago.«

Denkst du der Nacht noch im leuchtenden Saal?
Lang, lang ist's her, lang ist's her,
Wo sich zwei Seelen getroffen einmal,
Lang, lang ist's her, lang ist's her,
Wo unsre seltsame Freundschaft begann.
Denkst du, mein Freund, wohl noch manchmal daran?

Denkst du der Worte, so innig vertraut,
Die wir getauscht bei der Tanzweisen Laut?
Ach! Nur zu schnell schwand die Zeit uns dahin!
Ein Druck der Hand noch, und ich mußte fliehn,
Mein Antlitz enthüllen durft' ich dir nicht,
Doch dafür gab ich der Seele Licht.
Freund, das war mehr, das war mehr!
Jahre vergingen und zogen vorbei,
Doch sie vereinten nie wieder uns zwei.
Forschend bei Nacht fragt die Sterne mein Blick,
Auskunft noch Antwort gibt keiner zurück.
Bald wähnt' ich nahe dich, bald wieder fern.
Weilst du vielleicht schon auf anderem Stern?
Lebst du, so gib mir ein Zeichen bei Tag,
Das ich kaum hoffen, erwarten vermag.
So lang ist's her, so lang ist's her!
Laß mich warten nicht mehr,
Warten nicht mehr!

[1] Brief angekommen 3. Juni 1887. Im Nachlasse des Herrn Fritz Pacher von Theinburg.

Adresse ist keine angegeben. Kein handschriftliches Wort dabei. Und nun beschließt Fritz Pacher, die Maske zu entlarven und ihr zu sagen, er wisse genau, wer sie ist. Er, der sonst Pegasus nie bestiegen, entschließt sich, in Versen zu antworten:

An die Unbekannte.

Wien, 8. Juni 1887

Ja, »lang ist's her«, ich denke dein,
Und wärst du noch so weit;
Du weckst in mir Erinnerung
Der Jugend Rosenzeit . . .

Weißt du, wie schroff du anfangs mir
Den Händedruck gewehrt
Und wie der abgefahr'ne Mann
Dich schließlich doch bekehrt?

Wie wir den Abend Arm in Arm
Geplauscht, gescherzt, gelacht?
Und wie du, fast entdeckt von mir,
Dich aus dem Staub gemacht?

Heut sag' ich dir's, denn »lang ist's her«:
Du warst nicht schlau genug,
Gestalt und Gang und Wort und Sinn
Der Hoheit Stempel trug.

Die Großen dieser Erde sind
Nicht ganz von Launen frei,
So wandelt' dich die Laune an,
Zu wissen, wie ich sei.

Nicht etwa, weil ich dir gefiel
— Ich bin kein dummer Geck —,
Dich lüstete nach einem Wort
Frisch von der Leber weg.

Dich ekelte die Gattung Mensch,
Die dir zu Füßen liegt,
Die du verachtest und die dich
Umschmeichelt und belügt . . .

Sein Lebtag denkt mit Freuden er
An diesen Faschingsscherz,
Er weiß: Du hast — nicht jeder glaubt's —
Verstand, Gemüt und Herz ...

»Wie!« rufst du, innerlich empört,
»Du Knirps, du kecker Wicht.
Du kennst mich und du fürchtest dich
Vor meiner Hoheit nicht?!«

Bei aller schuld'gen Ehrfurcht — nein.
Ich denk' mir eben so:
Du hast Humor und bleibst für mich
Doch nur der Domino ...

Ich weiß zu gut: Wenn nicht die Welt
Sich ganz und gar verkehrt,
Bleibt mir das Wort von Mund zu Mund
Für immerdar verwehrt.

Jedoch ein Gruß — das ist mein Recht;
Die andern nennen's Pflicht.
Das eine bitt' ich: Zeig mir stets
Ein freundliches Gesicht;

Ein Lächeln gleite drüber hin
— Die Hoheit sei verbannt —,
Dein stummer Dank, er sage mir:
»Ich bin's, ich bin erkannt!«

Der Brief wird an die gewohnte frühere Anschrift postlagernd abgegeben, aber liegt Monate und wird nicht behoben. Nach einiger Zeit geht Pacher selbst zum Schalter, fragt nach der Chiffre und erhält seinen Brief unversehrt zurück. Niemand hat danach gefragt. Das Abenteuer, das keines war, ist zu Ende.

Elisabeth aber ist währenddessen auf Heines Spuren in Hamburg eingetroffen. Sie muß des Dichters greise Schwester, Frau Charlotte Emden, kennenlernen. Man empfängt die Kaiserin natürlich mit Begeisterung und erzählt ihr viel über des Dichters Leben. Briefe und Manuskripte werden gezeigt, doch schenkt man zur großen Enttäuschung der Kaiserin kein Schriftstück Heines, sondern nur ein kleines

Petschaft, das er angeblich immer verwendete. »Hoffentlich ist das wenigstens echt«, meint Elisabeth und verspricht der greisen Schwester des Dichters, sie werde durch das erste Mitglied des Kaiserhauses, das nach Paris komme, Blumen auf sein Grab legen lassen. Diese Mission fällt nach einiger Zeit der Kronprinzessin Stephanie zu, die einen Kranz dort niederlegen läßt, auf dessen Bändern die Worte stehen: »Kaiserin Elisabeth ihrem Lieblingspoeten.«

Von Hamburg fährt Elisabeth weiter nach England in das Seebad Cromer in Norfolk, wo sie Bäder nimmt.

Ende Juli schreibt sie an ihren Gemahl, sie werde noch die Königin in Osborne auf der Insel Wight besuchen und dann bald heimkehren. Kaiser Franz Joseph, der die immer häufigere Abwesenheit seiner Gemahlin mit einiger Sorge mit ansieht und fürchtet, daß sie der Familie wie dem Lande allmählich ganz entfremdet werde, antwortet in seiner herzlichen Art:

»Edes szerettet lelkem (Teure, geliebte Seele), mein unendlich geliebter Engel! Dein lieber Brief macht mich sehr glücklich, denn er war mir wieder einmal ein Beweis, daß Du mich liebhast und daß Du gerne zu uns zurückkommst ...«

Elisabeth hat sich diesmal mit ihrem Gemahl und mit ihrer Tochter im Schlosse Kreuth bei Tegernsee ein Stelldichein gegeben. Dort in der Kirche sind vor beinahe sechzig Jahren ihre Eltern, deren Ehe trotz des reichen Kindersegens keine harmonische gewesen, getraut worden. Elisabeth macht in der Messe ihre Tochter darauf aufmerksam, daß vor dem Hauptaltare, dort wo ihre Eltern einst standen, ober dem Altarbild in großen Buchstaben geschrieben steht: »Vater, verzeih ihnen, denn sie wissen nicht, was sie tun.«

Wahrlich ein trübes Omen bei einer Trauung! Und wirklich leben heute die beiden Gatten mehr oder weniger getrennt, und man kann sich nicht wundern, wenn Elisabeths Mutter, die überdies mit einem Augenleiden sehr zu kämpfen hat, bitter und verstimmt ist. Von Kreuth wird ein Ausflug über die herrliche Achenseestraße und den Achenpaß unternommen. Die Kaiserin schwelgt in den wunderbaren Naturszenerien, die sich darbieten. »Jede schöne Gegend«, sagt sie, »ist ein Poem Jehovas, und seine Gedichte sind unerschöpflich an Schönheit, Mannigfaltigkeit und Zahl.«

Elisabeths Neigung für den Dichter Heine ist in Verfolg ihrer Reise nach Hamburg nun allgemein bekannt geworden, und wer der Kaiserin eine Aufmerksamkeit erweisen will, sucht dies irgendwie mit Bezug auf

Heine zu tun. Sie liest Valerie in Kreuth Gedichte vor, die sie in Cromer gemacht hat. Die Tochter kann nicht genug über die Menge und Leichtigkeit staunen, mit der ihre Mutter dichtet. Jetzt vergeht kein Tag, ohne daß sie Neues schafft, und Valerie findet, daß vieles ja schön und eigentümlich, manchmal vielleicht zu eigentümlich ist, um wahrhaft schön zu sein[1]. Auch ihr Bruder Herzog Karl Theodor, den Elisabeth besonders liebt, findet die Gedichte gut, warnt sie aber davor, sich allzu tief in die überspannten Ideen einzubohren, in denen sie lebt. Besorgt äußert er zu Valerie, sie werde durch diesen eingebildeten Seelenverkehr mit Heine ihre Nerven so überreizen, daß sie am Ende noch »umschnappen« könnte. Valerie aber ist anderer Meinung. Angesichts der erschreckend aufregenden Ideen, die ihre Mutter manchmal hat, glaubt sie, daß das Schaffen ein Glück für diese Frau ist, die so viele Jahre hindurch ohne ernste Beschäftigung gelebt hat. »Es ist ein eigentümliches Leben, das meiner Mutter«, schreibt Valerie, »ihre Gedanken beschäftigen die Vergangenheit, ihr Streben die ferne Zukunft. Die Gegenwart ist ihr ein wesenloses Schattenbild, ihr größter Stolz, daß niemand ahnt, daß sie eine Dichterin ist . . .«

Als großes Geheimnis vertraut Elisabeth ihrer Tochter an, daß ihr Ziel dahin gehe, lange nach ihrem Tode diese Gedichte zugunsten jener Unglücklichen zu veröffentlichen, die ob ihrer politischen Bestrebungen und freiheitlichen Neigungen zu Verbrechern gestempelt werden. Die Gedichte verraten stark den Einfluß Heines, der in dieser Zeit von dem Geiste der Kaiserin völlig Besitz ergriffen hat. Sie empfindet es höchst schmerzlich und ungerecht, daß man diesem Manne noch kein Denkmal gesetzt hat, und will da selbst in die Schranken treten, nur weiß sie nicht recht, wie sie das machen soll. Sie erwägt den Plan, einen Aufruf an das deutsche Volk ergehen zu lassen, mit der Bitte, zu einem Monument beizusteuern, das sie in Düsseldorf, Heines Geburtsstadt, errichten lassen will. Da sie aber keine Ahnung hat, wie man so etwas ins Leben ruft, befragt sie den Schauspieler Lewinsky, den sie öfters zu Vorlesungen bei sich sieht.

Am Geburtstag des Kaisers findet in Ischl ein großes Familiendiner statt, an dem fünfundzwanzig Mitglieder des Erzhauses teilnehmen. Unter ihnen auch der Onkel Franz Salvators, Ludwig Salvator, der Sonderling unter den Erzherzogen, der auf den Balearischen Inseln haust. Er schreibt gelehrte und anmutige Werke über seine Wahlheimat

[1] Tagebuch, 23. August 1887. T. E. V. S.

und übersendet sie stets Elisabeth, die er sehr verehrt. Der Erzherzog und die Kaiserin sind ungewöhnliche Menschen, und darum finden sie sich. Über Ludwig Salvator aber lächelt sonst die ganze Familie. Er heiratet nicht und führt ein freies Leben. Für Äußerlichkeiten hat er gar nichts übrig. Seine Uniform ist ein Sack. Er besitzt nur einen einzigen Waffenrock. Man geniert sich förmlich, wenn er zu Hofe kommt. Auf seiner Jacht hat er einen kommunistischen Staat im kleinen gegründet, in dem völlige Gleichheit herrscht. Er teilt alles, Quartier und Essen, mit der Mannschaft, er verrichtet gleich ihnen die niedrigsten Dienste an Bord und kleidet sich nicht anders als sie. Aber sonst ist er ein hochgebildeter Mensch, der wissenschaftliche Interessen hat, in deren Dienst er seinen Besitz und seine Stellung stellt.

Bei jenem Diner sitzt Franz Salvator neben Erzherzogin Valerie. Langsam läßt sich der Kaiser überreden. Gutmütig polternd sieht er den beiden jungen Leuten zu. Als am 21. August Rudolfs neunundzwanzigster Geburtstag gefeiert wird und Franz Joseph das Champagnerglas zu kurzem Toast auf das Wohl seines Sohnes erhebt, da flüstert ihm Elisabeth zu, daß gleichzeitig auch Franz Salvators einundzwanzigster Geburtstag sei. Nach kurzem Zögern setzt der Kaiser, das Glas neuerdings erhebend, mit freundlich-gutmütigem Blick hinzu: »Na also, auch auf die Gesundheit des anderen!«

Elisabeth spricht nun schon ganz offen mit Franz Salvator. Sie sagt ihm frank und frei: »Weißt du, Valerie ist so entsetzlich skrupelvoll. Ich glaube eigentlich schon, daß sie dich wirklich gern hat, aber ihr seid noch beide völlig frei und so jung. Ihr müßt noch viel und oft zusammenkommen. Denn nie kann man sich genug kennenlernen. Du mußt nicht, wie so viele Menschen, glauben, ich möchte die Valerie an dich verheiraten, damit sie in meiner Nähe bleibt. Wenn sie einmal heiratet, bleibt sich's für mich gleich, ob sie nach China geht oder in Österreich bleibt. Für mich ist sie ja dann doch verloren, aber ich habe zu dir und deiner Liebe und deinem Charakter Vertrauen, und wenn ich heute sterbe, so könnte ich nur beruhigt sein, wenn ich die Valerie dir überlasse.«

»Wenn der falsch ist, so glaub' ich keinem Menschen mehr«, sagt nachher Elisabeth zu ihrer Tochter. Sie nimmt sich aber jetzt schon vor, nicht eine Schwiegermutter zu werden, wie es die meisten sind. Aus eigener Erfahrung weiß sie, wie so etwas schmeckt, und als ihr damals ein gerade jungvermählter Herr vorgestellt wird, fragt sie ihn zu seiner Verblüffung: »Ist Ihre Schwiegermutter recht zuwider?« — »O nein,

ganz und gar nicht.« Da sagt Elisabeth ruhig: »Warten Sie nur, anfangs sind die Schwiegermütter immer ganz charmant, aber dann!«
Obwohl die zu erwartende Verlobung ihrer Tochter Elisabeths Gedanken völlig ausfüllt, kann sie ihre Wanderlust, die sie stets mit unerhörter Macht ergreift, auch jetzt nicht steuern. Sie hat gar keine Ruhe, obwohl sie doch heuer schon in Herkulesbad, in Hamburg, in England und in Bayern gewesen ist. Franz Joseph ist viel allein, er empfindet schmerzlich, daß seine Gemahlin kaum mehr etwas für seine politischen Sorgen, fast gar nichts mehr für ihre repräsentativen Pflichten als Kaiserin übrig hat und jetzt, kaum zurückgekehrt, schon wieder die Sehnsucht äußert, nach dem Süden, nach Korfu, in ihre homerische Traumwelt zu reisen. Ihr, der nicht Seßhaften, hat nur *ein* Fleck Erde so gut gefallen, daß sie daran denkt, sich dort eine Villa zu bauen, und das ist Korfu. Schon im Winter hat Obersthofmeister Baron Nopcsa dem großen Kenner Alt- und Neugriechenlands, dem Freiherrn Alexander von Warsberg, geschrieben, er solle sich einmal umsehen, ob dort nichts zum Verkauf stünde. Inzwischen hat Elisabeth Warsbergs »Odysseeische Landschaften« gelesen. Der Verfasser wird eingeladen, auf der Jacht »Greif« mit der Kaiserin nach Korfu zu fahren. Er ist nicht allzu entzückt darüber, denn seine Gesundheit — er leidet an einer Brustkrankheit — ist nicht die beste, und im Gefolge der Kaiserin kann man sich, wie er weiß, nicht schonen. Dabei ahnt er aber noch gar nicht, wie anstrengend eine Reise im Gefolge einer Frau wie Elisabeth ist. Sie ist voll Wissensdurst und vertieft sich, wie in alles, was sie tut, auch da leidenschaftlich in die Welt Homers. Der Konsul zeigt ihr die Insel, wie sie sie noch nie gesehen hat, förmlich durch die Augen jenes Dichters. »Korfu«, erklärt Elisabeth, »ist ein idealer Aufenthalt, Klima, Spaziergänge im endlosen Olivenschatten, gute Fahrwege und die herrliche Meeresluft, dazu der prachtvolle Mondenschein.« Nach einem kurzen Ausflug nach Albanien geht es an Leukadien und dem Kap der Sappho vorbei nach Ithaka, der Insel des Odysseus. Warsberg führt Elisabeth auf den Spuren der Odyssee. Sie hat auf dem Schiffe vorher aus des Konsuls Schriften die so vielfach mit Zitaten daraus gewürzte Idylle aus Ithaka gelesen. Nun geht sie am 30. Oktober dort ans Ufer, wo es nach Homer auch Odysseus tat, und pflückt an dieser Stelle einen ganzen Korb voll Blumen, den sie ihren Lieben in die Heimat sendet. Der Begleiter gibt sich alle Mühe, und die Kaiserin findet ihren Ausflug in die klassischen Länder genußreich und lohnend, dank Warsberg eine »richtige Bildungsreise«. Sie schwärmt von dem Konsul,

der aber kommt nur noch schwer mit. »Die Ermüdung übertrifft alles, was ich je auf meinen gewiß nicht mühelosen Orientreisen erfahren«, schreibt er in sein Tagebuch[1].

Die Offiziere des »Greif« sehen diesem ihnen merkwürdig erscheinenden Gelehrten ironisch zu, dessen Odysseus-Besessenheit das ganze Schiff mitmachen muß, weil es die Kaiserin so will. Der Dienst ist nicht leicht, und die Kreuzfahrten hin und her, um Ithaka herum, bei schlechtestem Wetter, mit einem ziemlich alten Kasten wie dem »Greif«, sind gerade kein verantwortungsloses Vergnügen. Elisabeth aber denkt nicht daran, sie geht ganz in der homerischen Ideenwelt auf, folgt jedem Wort Warsbergs mit höchstem Interesse, und wenn er irgendeinen Punkt als interessant bezeichnet, dort muß der »Greif« hin. Ursprünglich ist Elisabeth nur für vierzehn Tage weggefahren, aber nun hat sie sich schon so ins griechische Traumland eingesponnen, daß sie erst zu ihrem Namenstag, dem 19. November, nach Hause zurückkehren will, was sie von Ithaka aus ihrem Gemahl schreibt. Franz Joseph ist recht unangenehm berührt, weil er auf diese Weise weitere drei Wochen von seiner Frau getrennt bleiben muß.

»Doch wenn Du glaubst«, schreibt er ihr[2], »daß es für Deine Gesundheit notwendig ist, will ich schweigen, obwohl wir heuer seit Frühjahr nicht länger als einige Tage beisammen waren.«

Franz Joseph hat gar kein Verständnis für die Sympathien seiner Gemahlin für die griechische Antike. »Ich kann mir nicht vorstellen«, meint er[3], »was Du durch so viele Tage in Ithaka machst. Doch die Hauptsache ist, daß Du wohl und zufrieden seiest, und das scheint der Fall zu sein.«

Elisabeth folgt Warsberg zu dem Dorfe Staoros, das man als die Stätte der antiken odysseeischen Stadt ansieht. Dort ungefähr, wo nach Homer der Palast des Königs Odysseus gestanden haben mag, wird in einem Bürgerhause ein Gabelfrühstück eingenommen. Die Insel gefällt Elisabeth über alle Maßen. »Ich möchte gern einmal hier begraben sein«, meint sie zur Landgräfin Fürstenberg und zeigt dabei ein Gedicht, das ihr dieser Gedanke eingab. »Machen Sie auch eins, Gräfin«, sagt Elisabeth, »unter der Annahme, daß Ihr Grab hier stehen soll.« Gehor-

[1] Tagebuch des Freiherrn Alexander von Warsberg. Aus dem Besitze seines Großneffen Alexander Freiherrn von Warsberg.
[2] Franz Joseph an Elisabeth, Wien, 29. Oktober 1887. E. A. S. W.
[3] Dto., Gödöllö, 1. November 1887. E. A. S. W.

sam fügt sich die Landgräfin, die sonst zeit ihres Lebens keine Gedichte verbrochen hat. Es fällt auch danach aus:

Es steht ein Kirchlein auf Ithakas Höhen,
Vergessen kann's nimmer, wer einst es gesehen.
Es stehet dort oben, gebadet in Licht,
Der Lärm der Menge erreicht es nicht.

Franz Joseph ist schon recht ungeduldig, daß Elisabeth so lange ausbleibt. »Meine Gedanken sind immer mit Sehnsucht bei Dir, und ich berechne mit Wehmut die leider noch lange Zeit, die uns vom Wiedersehen trennt ... Du fehlst überhaupt in allem und jedem und vor allem natürlich mir.« Nun erhält der Kaiser den ausführlichen Brief Elisabeths, dem jene zwei Poeme beigelegt sind. Franz Joseph hat für dergleichen wenig übrig, aber er bleibt auch da galant gegenüber seiner Frau[1]:
»Dein Gedicht finde ich genial und urwüchsig ... Das der Landgräfin sehr schwach. So charmant und fesselnd sie Prosa schreibt, das Dichten sollte sie aufgeben.«
Elisabeth hat auf Ithaka schlechtes Wetter, es regnet und stürmt immerzu, und man kann gar keine Ausflüge machen. So wird am 4. November nach Korfu zurückgekehrt. Das ganze Schiff ist froh, daß dieser Aufenthalt ein Ende hat, vor allem Warsberg, dessen Gesundheit ernstlich gelitten hat, dann auch die Gräfin Fürstenberg, die den »Greif«, der im schlechten Hafen von Vathy hin und her schlingert, gründlich satt hat. In einem ironischen Gedicht, das sie einem der Offiziere sendet, besingt sie dieses wenig gastliche Schiff, das nie zur Ruhe kommt:

Drum kann er gestohlen mir werden,
Der Vogel mit Krallen und Schweif!
Weiß bessere Wohnstätt' auf Erden
Als dich, du schneeweißer »Greif«.

Die Offiziere wieder machen Verse, die alles dem gelehrten Mann in die Schuhe schieben, der in seiner »klassischen Ekstase« den Reiseplan ersann und die Irrfahrt zu dem Eiland anregte, »wo des Odysseus

[1] Franz Joseph an Elisabeth, Gödöllö, 1., 3. und 9. November 1887. E. A. S. W.

Knochen ruhen«. Vor der Kaiserin aber darf man darüber nicht spötteln. Sie nimmt alles ernst, und Warsbergs Worte sind ihr ein wahres Evangelium.

Elisabeth macht auf Korfu wiederholt allein ganztägige Ausflüge im Segelkutter. Während Franz Joseph die Tage zählt, bis sie wieder zurückkommt, bedauert sie, daß der Aufenthalt nun schon bald zu Ende geht. Skeptisch verfolgt der Kaiser von der Ferne das Tun und Treiben seiner Gemahlin. Als sie endlich schreibt, sie rüste zur Heimfahrt, antwortet er[1]: »Wie glücklich bin ich, daß morgen endlich die Fahrten mit dem Kutter und die Promenaden im unsicheren Albanien zu Ende sind, aber ganz froh werde ich erst sein, wenn Du nach glücklich überstandener Seereise wieder bei uns sein wirst.«

Pünktlich zu ihrem Namenstag kehrt Elisabeth in die Heimat zurück. Nun rechnet sie schon fest mit der Verlobung Franz Salvators mit ihrer Tochter, mit der auch Franz Joseph sich allmählich befreundet. Nur Rudolfs Haltung fürchtet Elisabeth noch und meint, für einen in Österreich zurückgesetzten und verfolgten Offizier gäbe es noch immer die große, ruhmvolle deutsche (nicht preußische) Armee. »Na, schöne Sachen sagst du da!« ruft Franz Joseph aus. Kurz darauf nimmt Elisabeth dieses Thema auch Franz Salvator gegenüber wieder auf. »Aber wenn ich in die deutsche Armee trete, könnte es mir geschehen, gegen meine eigene Heimat ziehen zu müssen«, meint der junge Erzherzog.

»O nein, das ist ausgeschlossen«, erwidert Elisabeth, »niemals mehr wird man Deutsche dazu bringen, gegen Deutsche das Schwert zu ziehen.«

Die Kaiserin macht ihrer Tochter förmlich Liebeserklärungen, sie sagt ihr klar und deutlich: »Ich liebe doch eigentlich nur Dich, wenn Du mich verläßt, so ist mein Leben aus. Aber so liebt man nur einmal im Leben. Da denkt man nur an das geliebte Wesen, da ist alles auf der einen Seite — von der anderen verlangt man und erwartet man nichts. Aber drum kann ich auch nicht begreifen, wie man viele Menschen lieben kann. Bei meinen anderen Kindern hat Sophie Mutterstelle vertreten, bei Dir, habe ich mir vom ersten Augenblick an gesagt, muß es anders werden. Du mußtest mein eigenes, eigenstes Kind bleiben, mein Kleinod, auf das niemand ein Recht haben darf als ich allein, und

[1] Franz Joseph an Elisabeth, Gödöllö, 14. November 1887, vier Uhr früh. E. A. S. W.

alle Liebesfähigkeit meines bis dahin verschlossenen Herzens habe ich dann auf dich ausgeströmt[1].«

Nach diesem Geständnis ist Valerie wieder einmal erschüttert über die »ungeheure, ja niederschmetternde Liebe« ihrer Mutter zu ihr, die sie ohne jedes Verdienst von ihrer Seite genießt. Maßlos ist, maßlos liebt, maßlos dichtet jetzt auch Elisabeth. Das füllt nun all ihr Denken aus, und in Erinnerung an den jüngsten Hamburger Besuch sendet sie dem Gemahl der Schwester Heines, Ludwig von Emden, wunderschöne Geschenke. Dieser erwidert mit einem Bild Heines und Manuskripten des Dichters, die Elisabeth ganz besonders freuen. Man hat ihm offenbar die Enttäuschung der Kaiserin damals bei ihrem Besuch verraten.

Die Gedichte Elisabeths sind nun Legion. Eine Nichte der Freiin von Wallersee wird nach Gödöllö gerufen und ihr im strengsten Geheimnis aufgetragen, alle sauber abzuschreiben. Am Abend liest die Dame der Kaiserin die Gedichte vor, es wird verbessert und manches geändert, und dann wandern sie in die Staatsdruckerei, wo eigens dazu vereidigte Beamte und Setzer mit dem Druck beauftragt werden. Elisabeth versperrt die Blätter sodann in eine eiserne Kassette, die mit einer die spätere Veröffentlichung betreffenden Aufschrift versehen wird. Täglich abends liest Valerie ihrer Mutter die Odyssee vor. In die Idylle des Eigenlebens der Kaiserin dringen nur wie von ferne die Sorgen des Kaisers in der inneren und äußeren Politik.

Im engsten Kreise der Familie — auch der Bruder Elisabeths, der Augenarzt Herzog Karl Theodor, ist in Gödöllö — wird über die Kriegsaussichten bei der zunehmenden Spannung zu Rußland gesprochen[2]. Und man erwägt, wie ein allgemeiner europäischer Krieg sich abspielen würde. »Bei der jetzigen Wehrpflicht und Bewaffnung kann sich doch eigentlich niemand den Krieg wirklich wünschen«, sagt Franz Joseph. »Wenn es aber doch dazu käme, so wäre Österreich-Ungarn voraussichtlich mit Deutschland, Italien und vielleicht auch England, Rußland dagegen mit Frankreich verbündet, aber selbst ohne dieses wäre die Übermacht auf russischer Seite.« — »Um was handelt es sich eigentlich im Grunde genommen?« fragt Erzherzogin Valerie. »Ja, das weiß kein Mensch«, erwidert Franz Joseph, »denn Grund gibt es eigentlich keinen.« Am 20. Dezember 1887 erscheint Baron Warsberg bei

[1] Tagebuch, 9. Dezember 1887. T. E. V. S.
[2] Tagebuch, 19. Dezember 1887. T. E. V. S.

der Kaiserin in Gödöllö. Groß, hager, mit etwas scharfen Zügen, rötlich-blondem Schnurrbart und ergrauten Haaren, hat er einen sehr gescheiten, durchdringenden Blick. Die Kaiserin achtet in ihm einen »überlegenen Geist« und überschüttet ihn, wie Warsberg selbst sagt[1], mit Gnaden. Ja, sie ist »mehr als gnädig, geradezu familiär«. »Vielleicht ist nie jemand ihr so nahegestanden, als sie mich zu sich bestellt hat«, meint Warsberg sogar. Aber damit teilt er nur die Überschätzung der Lage mit so vielen anderen, die der Kaiserin nahekamen.

Am 24. Dezember ist Elisabeths fünfzigstes Geburtsfest. Es ist kein glücklicher Tag. Der Gedanke lastet auf der Kaiserin, daß nun schon ein halbes Jahrhundert seit ihrer Geburt vergangen ist. Nicht weil das Alter ihrer Schönheit schadet, wie jene behaupten, die sie nicht näher kannten, sondern weil sie diesen Lebensabschnitt innerlich unbefriedigt, nervös und unlustig erlebt. Sie hat sich mit der Zeit mehr oder weniger ganz vom Hofe zurückgezogen und fühlt sich nur unter fremden Verhältnissen in der Ferne wohl. Elisabeth kehrt eigentlich nur noch nach Hause zurück, um ihre Tochter Valerie zu sehen. Ihrem Gemahl ist sie zwar nicht entfremdet, aber die Lebensziele und Interessen gehen immer weiter auseinander. Franz Josephs nüchterner Art liegen die neuesten Schwärmereien der Kaiserin, Heine und das Dichten, gar nicht. Er fühlt sich einsam, wenn Elisabeth ferne weilt. Es kränkt ihn, daß seine Frau an dem Schicksal des Reiches so wenig Anteil nimmt, sich um den Hof kaum mehr kümmert, immer seltener repräsentiert und so traurig ist. Da ist es nur zu begreiflich, daß eine einfache, kluge, normaldenkende Frau wie Katharina Schratt, die, lebenslustig und mit trockenem Humor bedacht, unegoistisch und uninteressiert, mit dem Kaiser so redet, wie ihr der Schnabel gewachsen ist, ihn mehr und mehr fesselt und unterhält.

Die Kaiserin, die ein schlechtes Gewissen hat, daß sie ihren Gemahl so oft, wie zum Beispiel 1887 fast das ganze Jahr, allein läßt, unterstützt diese Bekanntschaft, weil sie nichts weiter dahinter sieht als eine kameradschaftliche Freundschaft, die dem Kaiser die Sorgen des Regierens erleichtern hilft, wenn sie, Elisabeth, abwesend ist. Sie beauftragt Angeli, das Porträt der Schauspielerin zu malen, und sie besucht im Jahre 1886 Frau Schratt am Wolfgangsee, als sich der Tratsch dieser kaiserlichen Schwärmerei zu bemächtigen beginnt.

[1] Alexander Freiherr von Warsberg im Tagebuch und an Gräfin ..., Wien, am 20. und 29. Dezember 1887. Warsberg-Archiv.

Herzogin Sophie von Alençon
Nach einer Photographie von Angerer

Katharina Schratt in »Versprechen hinterm Herd«
Nach einer Photographie, Nationalbibliothek, Wien

Der Salonwagen der Kaiserin
Im Technischen Museum zu Wien

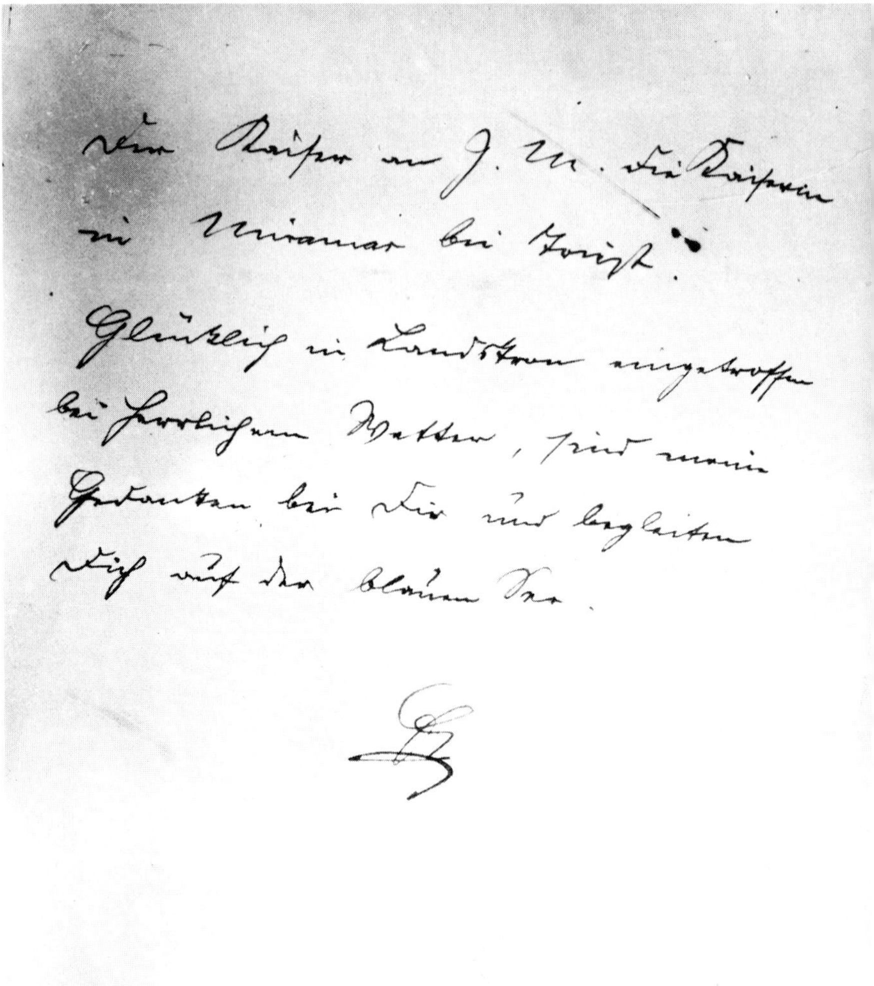

Der Kaiser an J. M. die Kaiserin in Miramar bei Triest.

Glücklich in Landskron eingetroffen bei herrlichem Wetter, sind meine Gedanken bei Dir und begleiten Dich auf der blauen See.

exp. 2. Sept. 894
früh

Depesche Kaiser Franz Josephs an Kaiserin Elisabeth
Von Landskron nach Miramare, 2. IX. 1894
Nationalbibliothek, Wien

Wien XIII, Hermesvilla, Schlafzimmer mit Prunkbett
der Kaiserin Elisabeth
Nationalbibliothek, Wien

Das Königspaar bei der Millenniumsfeier am 8. Juni 1896
Ausschnitt aus dem Gemälde von Benczúr

Rechte Seite: Elisabeth als Mater dolorosa
Gemälde von Hausleitner

Das Kaiserpaar in Kissingen, 1898
Photographie von Kolb

Kronprinz Rudolf und seine Gemahlin sind auch zum fünfzigsten Geburtstag der Kaiserin in Gödöllö eingetroffen. Die allgemeine Stimmung ist aber eine sehr ungemütliche. Herzog Karl Theodor beobachtet den Kronprinzen: »Er ist wohl ohne Zweifel sehr bedeutend«, meint er, »doch nicht so sehr, wie er selbst glaubt. Er hat etwas zuwenig Herz. Die Umgebung Rudolfs hat seine Anlagen erstickt und ihn zu einem manchmal geradezu unsympathischen, ja unheimlichen Menschen gemacht.«
Die Kaiserin hat gerade an diesem Weihnachtsabend starke Fußschmerzen und sehnt sich, wie immer, wenn der Winter kommt, nach dem Süden. Valerie sieht die Stimmung ihrer Mutter mit Sorge. Sie flüchtet zu einer verschwiegenen Vertrauten, der Oberin des Sacré-Coeur in Wien, Mère Mayer, die auch um ihr Geheimnis mit Franz Salvator weiß. Sie schüttet ihr Herz aus, klagt über den Seelenzustand ihrer Mutter, wie schwer die Verhältnisse von früher nachwirken und der Schatten der Erzherzogin Sophie immer noch das Verständnis zwischen Kaiser und Kaiserin störe.
»Ach«, meint Mère Mayer, »wenn die Kaiserin nur wüßte, wie man sie liebt, wie man sie anbetet. Wenn sie nur wollte, wenn sie sich nur ein wenig mehr zeigte, sie hätte alle Herzen zu ihren Füßen. Unter günstigeren Verhältnissen hätte Ihre Majestät eine Maria Theresia werden können, sie hat alle Eigenschaften dazu. Und nun eine Frage: Ist die Kaiserin fromm?« — »Ja, fromm schon, aber auf ihre Art, nicht kirchlich.«
»Beeinflussen Sie Ihre Mutter, kaiserliche Hoheit, daß sie auch kirchlich fromm werde und sich mit ihren Verwandten zu Hause, mit denen sie seit den unglücklichen Ereignissen vom Jahre 1866 vielfach auf gespanntem Fuß steht, wieder versöhne.«
»Das ist schwer, ehrwürdige Mutter. Nichts ist hoffnungsloser, als Mama von einer einmal gefaßten und auf vermeintlich untrüglichen Gründen beruhenden Meinung abzubringen.«
Elisabeth, die ihres Gemahls leichte Verstimmung wegen ihres so langen Fernbleibens im Jahre 1887 gemerkt hat, beschließt infolgedessen, trotz ihrer Sehnsucht nach dem Süden, bis zur gewohnten Reisezeit im März in der Heimat zu verbleiben und ihrem Manne zuliebe, obwohl Ischiasschmerzen sie quälen, die Feste des Faschings sowohl in Wien wie in Budapest mitzumachen. Am 18. Jänner hält sie einen vier Stunden langen Cercle beim Wiener Hofball und wohnt auch trotz vielen innerpolitischen Mißverständnissen zwischen Österreich und

Ungarn dem gleichen Feste in Budapest bei. Wenige Tage darauf, am 23. Februar, kommt die Nachricht, daß der jugendfrische, begabte und lebensfrohe Prinz Ludwig von Baden plötzlich einer Lungenentzündung erlegen ist. Die Kaiserin hat ihn von Kissingen her gut gekannt. »Es scheint sich der Fluch zu erfüllen«, sagt sie, »daß das badische Haus aussterben werde, weil es durch das Verbrechen an Kaspar Hauser zur Regierung gekommen ist. Wir sind ein Nichts in Gottes Hand! Jehova ist der größte Philosoph, wir können seine Ratschlüsse nicht verstehen, aber wir müssen uns vor ihm beugen.«

Im März tritt die Kaiserin ihre gewohnte Frühjahrsreise an. Es geht wieder nach England, obwohl Elisabeth an Jagdreiten nicht mehr denkt. Diesmal soll es eine Bildungsreise für Erzherzogin Valerie sein. Sárolta Majláth begleitet die Kaiserin, denn die Landgräfin Therese Fürstenberg, die ihr sehr angenehm und sympathisch war und die sich von einer Anhängerin der Erzherzogin Sophie völlig zu Elisabeth bekehrt hat, muß wegen zunehmender Taubheit um ihre Entlassung einkommen.

Elisabeth steigt in London im Claridge Hotel ab, und vom ersten Tag an beginnt sie mit ihrer Tochter in allen Museen der Stadt im vollsten Sinne des Wortes »herumzulaufen« und die Sehenswürdigkeiten zu besichtigen. Dabei wird auch diesmal Madame Tussauds berühmtes Wachsfigurenkabinett nicht vergessen, und entsetzt stehen die beiden vor den schauderhaften Wachsbildern Franz Josephs und Elisabeths, und es zuckt ihnen in den Fingern, diese empörenden Zerrbilder zu zerstören. Am 20. besucht Captain Middleton mit seiner jungen Frau die Kaiserin. Sehr oft gehen Elisabeth und Valerie in den Straßen der Riesenstadt »shopping«, was sie besonders unterhält, weil sie niemand erkennt. Dabei mustert sie einmal in einem Geschäft ein junges Ehepaar, und die Frau sagt zu ihrem Gemahl: »Most extraordinary people those!« Dann geht es nach Bournemouth am Meere, wo man schon im April Seebäder nehmen kann.

Während ihres Aufenthaltes in England erhält die Kaiserin die Nachricht, daß Graf Andrássy wieder erkrankt ist. Man sagt ihr sogar, daß es gefährlich, ja unheilbar wäre. Sie sieht in ihm, nach wie vor, ihren und ihres Hauses besten Freund. Mit warmen Wünschen für seine Besserung sendet sie ihm eine Uhr, die gar nicht kostbar ist, sondern einfach ein Zeichen lieber Erinnerung sein soll. Andrássy ist darüber tief gerührt. »Sie werden es verstehen«, schreibt er Ida Ferenczy, »Sie, die Ihre Majestät noch besser kennen als ich und genau wissen, daß sie nie etwas zum Scheine oder aus Laune macht, sondern alles wahr ist, was sie tut oder sagt, wie glücklich und stolz mich Geschenk und Brief Ihrer Majestät machen ... Diese Uhr ist nur noch wertvoller, weil ich beim Blick darauf fühle, daß dies keine höfische Gnade, keine verliehene Auszeichnung, sondern ein liebes Andenken ist, das mir eine Persönlichkeit sandte, die, wenn sie auch nicht unsere geliebte Königin wäre, durch Geist, Äußeres und Charakter das interessanteste Wesen ist, das ich jemals sah. Ich möchte nur sehnlichst wünschen, daß jeder sie so kennen und lieben möge wie wir[1].«

Ida Ferenczy beeilt sich, der Kaiserin von diesem Brief Mitteilung zu machen. Diese ist indessen von England nach München zurückgekehrt. Dort besucht sie die Gräfin Irene Paumgartten mit ihren spiritistischen Neigungen. Die Kunde davon dringt bis in die Kreise der Diplomatie. Der Münchener Gesandte meldet darüber an Bismarck, weil er der Ansicht ist, daß der Glaube Elisabeths an Mitteilungen aus dem Geisterreich, die ihr die Gräfin als sogenanntes »Schreibmedium« vermittelt, unter gewissen Umständen große Bedeutung haben könnte[2]. Der Diplomat überschätzt diese Vorgänge. Elisabeth besucht zwar häufig ihre alte Jugendfreundin, aber sie unterhält sich darüber, daß diese behauptet, sie habe die Fähigkeit, mit von Geistern geführter Hand in traumartigem Zustand »automatisch« zu schreiben. Elisabeth ist sich allerdings nicht ganz klar, ob das alles nur Humbug ist oder ob nicht doch etwas dahintersteckt. Aber zumindest sieht sie, daß die Gräfin bona fide handelt und die Sache niemals zu persönlichen Zwekken mißbraucht. Sie zweifelt oft, dann glaubt sie daran, um das Ganze gleich wieder ins Lächerliche zu ziehen.

Von München kehrt Elisabeth nach Lainz in die Villa »Hermes« zurück, wo Franz Joseph sie freudig und innig, Kronprinz Rudolf kühl und zurückhaltend begrüßt. Elisabeth ist ganz traurig. »Das nennt man nach Hause kommen«, meint sie bitter. »Zu Hause ist man doch nur dort, wo die Natur schön und die Menschen lustig sind.« Aber Rudolf ist der Kaiserin unheimlich, und sie fürchtet sich, besonders für ihre Tochter, vor der Zukunft, die er verkörpert.

Am 13. Mai findet unter Entwicklung großen Pompes die Enthüllung des Maria-Theresien-Denkmales statt. Während der langen Feierlich-

[1] Graf Gyula Andrássy an Ida von Ferenczy, 19. Mai 1888. Farkas-Archiv.

[2] Graf zu Eulenburg an Fürst Bismarck, München, 2. Mai 1888. Archiv des Auswärtigen Amtes, Berlin.

keiten denkt Elisabeth über ihren Sohn Rudolf und dessen Haltung gegenüber der bevorstehenden Verlobung Valeriens nach. Sie beschließt, mit ihm darüber zu sprechen. »Sei nie schlecht gegen Valerie«, sagt sie ihm, »es würde dies dir selbst Unglück bringen.« Elisabeth weiß, wie sehr alles Mystische, Unheimliche auf die weiche, abergläubische Seele Rudolfs wirkt, und beschließt, ihn an dieser schwachen Seite zu fassen. »Ich bin ein Sonntagskind, stehe in Verbindung mit der anderen Welt und kann Glück und Unglück bringen«, sagt sie ihm. »Darum erinnere dich an den 13. Mai.«

»Ich werde Valerie nie etwas Böses tun, Mama.« Elisabeth sieht tief in die Augen ihres Sohnes, und dabei fallen ihr der flackernde, unruhige Blick, die schwarzen Schatten unter den Augen und die blasse Gesichtsfarbe Rudolfs auf.

»Bist du krank?«

»Nein, nur müde und nervös.«

Das Zwiegespräch findet an der Hoftafel statt, während die übrigen Gäste die Unruhen erörtern, die sich tags vorher vor dem noch verhüllten Maria-Theresien-Denkmal abgespielt haben. Ein Zug von »Deutschtümlern«, wie man am Hofe sagte, war vor das Denkmal gezogen, hatte dort die »Wacht am Rhein« gesungen und wurde erst von der Polizei zerstreut.

Der Juni bringt engstes Zusammenleben Elisabeths mit ihrer Tochter. Auf den Landpartien philosophieren sie. Elisabeth glaubt mehr an den Gott der Rache und Valerie mehr an den der Liebe. Die Kaiserin hat eine so schlechte Meinung von den Menschen, daß ihre Tochter manchmal schwer bedrückt ist. »Ich möchte mich am liebsten ganz nach Korfu zurückziehen«, sagt sie, »da ich dich ja doch hergeben muß. Zeitgerecht muß ich mich an diese bittere Arznei gewöhnen.«

Nach einem mehrwöchigen Aufenthalt in Gastein wird Ende Juli nach Ischl übergesiedelt, wohin auch Franz Joseph kommt. Die Schauspielerin Schratt verbringt den Sommer gleichfalls dort, besucht nun schon häufig die Kaiservilla und geht mit dem Herrscherpaar spazieren. Auch Valerie ist einmal, am 4. August, dabei und findet die Dame einfach und sympathisch. Aber sie hat doch ein unangenehmes Gefühl, weil die Menschen davon reden und nicht glauben können, wie der Kaiser die Sache auffaßt. Es tut Valerie deshalb leid, daß Elisabeth diese Bekanntschaft so sehr unterstützt hat. Die Kaiserin hat von jeher in Schauspielerkreisen gerne verkehrt; jetzt läßt sie, die mehr als je liest, sich von Schauspielern und Vortragsmeistern wie Emmerich Robert und Alexander Strakosch Vorlesungen halten, wobei die Lieblingsstücke und -gedichte Elisabeths zum Vortrag gelangen. Von Heine, dessen »Belsazar« und »Wallfahrt nach Kevelaer« sie immer wieder zu Tränen rühren, ist Elisabeth zu Byron und Shakespeare gelangt, liest, übersetzt und deklamiert unaufhörlich.

Am 15. August treffen der König von Portugal und der Kronprinz in Ischl ein. Anscheinend zur Brautschau. Sie wissen wohl nicht, wie weit Valerie schon gebunden ist, und belustigt hört Elisabeth zu, wie der portugiesische Kronprinz Valerie nach ihren Gedichten fragt und erzählt, daß er mit seinem Vater zusammen Shakespeare übersetze.

Nach der Abreise der fremden Gäste erklärt Elisabeth plötzlich: »Ich fahre ganz allein nach den Langbathseen, ziehe mich auf ein paar Tage zurück und nehme niemanden mit, weil ich nicht sprechen will.« Die Hofdame Charlotte Majláth ist schon ganz beängstigt. »Wenn sie nur wenigstens«, meint sie[1], »zufrieden und beruhigt zurückkehren würde; doch je mehr sie nachgrübelt, um so unglücklicher fühlt sie sich; der Herrgott möge es geben, daß sie in irgend etwas ihre Seelenruhe finden könnte, doch glaube ich, daß weder Heine noch Byron imstande sind, ihr diese zu verschaffen; wirklich traurig.«

Nach ihrer Rückkehr fährt Elisabeth mit Valerie zu den Wagner-Festspielen nach Bayreuth. Die sonst eigentlich gar nicht musikalische Kaiserin ist von »Parsifal« so sehr ergriffen, daß sie wünscht, es möge überhaupt nicht mehr aufhören. Im Zwischenakt läßt sie Frau Cosima Wagner zu sich in die Loge bescheiden. Groß und vornehm, ungemein anziehend, mit deutlichen Spuren einstiger Schönheit und eindrucksvoller Ruhe in ihrem Wesen, tritt die Dame in die Loge der Kaiserin. Sie versichert, ohne Ludwig II. wären alle diese Töne, die ihr wenigstens hienieden als die Erfüllung alles Wünschenswerten erscheinen, nie geschaffen worden. Mit Tränen in den Augen spricht sie von ihrem Mann und von ihrem Vater Liszt.

»Ich lebe nun einsam und zurückgezogen mit meinen Kindern der Vergangenheit. Musik ist mein einziges Glück.«

»Sie haben ganz recht«, antwortet Elisabeth, »ich gehe auch nie in ein Theater, wo man mich anstarrt, und mag überhaupt nicht unter Menschen sein.«

»Ich verstehe das so gut«, erwidert Frau Cosima, »und habe auch den

[1] Charlotte von Majláth an Ida von Ferenczy, Ischl, 18. August 1888. Farkas-Archiv.

König Ludwig stets begriffen, denn in unserer Zeit ist etwas so Merkwürdiges, undefinierbar Rohes über die Menschen gekommen, daß fast keiner, der feinfühlend ist und Höheres anstrebt, unter ihnen leben kann.« Elisabeth ist so entzückt, daß sie den Kapellmeister Mottl und die Hauptdarsteller des Parsifal und Amfortas, Van Dyck und Reichmann, zu sehen wünscht. Ihre unpoetischen Erscheinungen nehmen ihr etwas die Illusion. »Ich möchte das Ganze gleich wieder hören«, meint Elisabeth, und Reichmann sagt darauf: »Ich wäre gleich dabei.«

Von Bayreuth geht es nach Kreuth, um am 29. August den achtzigsten Geburtstag der Mutter der Kaiserin zu feiern. Dann nach Ischl, wo am 10. September der Herzog von Oldenburg mit seiner Frau erscheint, einer nicht ebenbürtig geborenen Baronin, die in Fürstenkreisen geschnitten wird. Solche Dinge erwecken immer Elisabeths Widerspruchsgeist, und sie empfängt ihn und seine Frau mit Absicht besonders herzlich und freundschaftlich.

Sie aber denkt schon wieder an die Ferne. Warsberg hat in Gasturi auf Korfu die Villa »Braila« für die Kaiserin gemietet, und sie freut sich auf ihr geliebtes, herrliches Eiland. Anfang Oktober teilt sie dem Kaiser ihre Absicht mit, hinunterzufahren. »Édes szeretett lelkem«, antwortet er traurig, »ich bin wegen Deiner Abreise nach dem so fernen Süden und der langen Abwesenheit recht trübe gestimmt, besonders nach unserem letzten, leider so kurzen und etwas gehetzen, aber doch recht gemütlichen und freundlichen Zusammensein. Du warst auch besonders gnädig, charmant und lieb, wofür ich nochmals schönstens danke ... Denke manchmal an Deinen Dich unendlich liebenden, traurigen und einsamen Kleinen.«

Auch die »große Welt« fängt schon an, über die Reisemanie der Kaiserin zu lästern. Die Zeitungen bemächtigen sich dieses Themas, und schon berichten englische Blätter, Elisabeth denke an eine Reise nach Amerika und Westindien, ja an eine solche um die Welt. In Wirklichkeit geht es aber vorläufig erst über Miramar nach Missolunghi, wo der für die hellenische Freiheit begeisterte Byron focht und fiel. Furchtbarer Sturm und Regen stören die Fahrt. Trotzdem wird vor der Insel Santa Maura geankert und der Sapphosprung benannte Felsen bei Regen bestiegen.

Während der ganzen Zeit liest Elisabeth Byron. Nach Korfu zurückgekehrt, begeistert sie sich wieder an ihrer schönen Insel, macht Ausflüge zur See auf dem Kutter »Lizzy« und beginnt, sich bei einem von Warsberg empfohlenen Professor Romanos aus Korfu die alt- und

neugriechische Sprache anzueignen. Sie lernt zuerst allein, im Garten auf und ab gehend, oder schreibt ihre Aufgaben auf der prachtvollen Terrasse, zu der das Meer und die albanischen Berge herübergrüßen.
Die Lebensweise und die ganze Sinnesart der Kaiserin flößen der ihr wirklich treu ergebenen und so klugen Gräfin Festetics ernste Sorge ein. Die andere treue Freundin Elisabeths, Ida Ferenczy, ist zu Hause geblieben, und ihr schüttet Marie Festetics ihr Herz aus. »Es drückt mich, liebe Ida, was ich hier sehe und höre. Ihre Majestät ist zwar immer lieb, wenn wir beisammen sind, und redet wie einst. Sie ist aber nicht mehr die alte — ein Schatten liegt über ihrer Seele. Nur diesen Ausdruck kann ich gebrauchen, da man bei einem Menschen, der aus Bequemlichkeit oder Unterhaltung alles schöne und edle Gefühl unterdrückt und verneint, nur sagen kann, es sei Bitterkeit oder Zynismus! Glaube mir, blutige Tränen weint mein Herz. Dabei macht sie Dinge, daß dem Menschen nicht nur das Herz, sondern auch der Verstand stehenbleibt. Gestern früh war schon schlechtes Wetter, trotzdem fuhr sie mit dem Segler hinaus. Um neun Uhr begann es schon zu gießen, und bis drei Uhr nachmittags dauerte der furchtbare, von Donner begleitete Guß. Während der ganzen Zeit segelte sie um uns herum, saß an Deck — hielt den Regenschirm über sich und war ganz naß. Dann stieg sie irgendwo aus, bestellte ihren Wagen und wollte in einer fremden Villa übernachten. Du kannst Dir jetzt vorstellen, wie weit wir sind — gottlob, der Arzt begleitet sie überallhin . . .«
Wo immer Elisabeth hinkommt, fällt sie wegen ihres eigentümlichen, federnd schwebenden Ganges besonders auf. Poetische Leute, die ihr huldigen wollen, vergleichen sie mit einer »dahinwandelnden Siegesgöttin«. Andere aber geben ihr wegen ihrer raschen Gangart den Titel »Eisenbahn«, was nicht sarkastisch gemeint ist, denn für Griechenlands Landbevölkerung ist eine Eisenbahn der Inbegriff alles Großartigen[1].
Man hat alle Rücksichten für Elisabeth, ja für einzelne ihrer Ausflüge auf den Inseln werden zuweilen eigens Wege hergerichtet und ganz neu gebaut. Sie ist dafür sehr dankbar. Aber Besuche will sie sich auf Korfu nicht einführen. Sie ist ja eben deswegen hiehergekommen, um volle Ruhe zu haben. Als König Georg von Griechenland sich ansagt, läßt sie ihm bloß antworten, daß sie in den nächsten Tagen von Korfu

[1] Graf Khevenhüller an Graf Kálnoky, Korfu, 19. Oktober 1888. Wien, Staatsarchiv.

abwesend sein werde. Kurz darauf verlautet, der Monarch beabsichtige, in der *nächsten* Woche nach Korfu zu fahren. Doch die Kaiserin läßt wieder sagen, auch da werde sie einige Tage Korfu ferne weilen. Auf das hin hört man nichts mehr von einem königlichen Besuch[1].

Mittlerweile läuft aus München eine traurige Botschaft ein. Der Vater der Kaiserin, den schon im Sommer ein leichter Schlaganfall getroffen, hat am 10. November einen neuen, viel stärkeren erlitten. Als zwei Tage später die Nachricht die Kaiserin erreicht, will sie sofort in die Heimat zurück, telegraphiert aber vorher Franz Joseph, der ihr abrät zu fahren, weil er die Wirkungen eines so traurigen Ereignisses auf das so schon sehr hergenommene Gemüt seiner Gemahlin vermeiden will. Elisabeth wäre gar nicht mehr zurechtgekommen, denn am 15. November, früh halb vier Uhr, wird der so originelle Mann, der sein Leben stets *neben* und nicht *mit* seiner Familie verbracht hat, abberufen. In den letzten Lebensjahren war es um ihn immer einsamer geworden, weil auch sein Freundeskreis zusammenschmolz. In heiterem Verzichte hat er seine letzte Zeit verbracht.

Am Nachmittag des 15. November hält Elisabeth Franz Josephs Telegramm in Händen: »Bei Papas Tod fühle ich in inniger Liebe mit Dir.« Die Kaiserin ist tief ergriffen und macht sich Vorwürfe darüber, daß sie sich im Leben zuwenig um ihren Vater gekümmert habe, der allerdings bei ihren Aufenthalten in der Heimat so selten zu sehen gewesen war.

Konsul Warsberg versucht, die Kaiserin mit Besprechungen über den geplanten Bau auf Korfu von ihrem Schmerz abzulenken. Elisabeth ist von der Insel mehr als je entzückt. Die Wärme des Südens tut ihren Füßen, die sich immer wieder melden, gut. »Meinen Namenstag«, schreibt sie am 16. November ihrer Tochter, »will ich am Meer verbringen ... Am 1. will ich in Miramar sein, um Póka[2] dort zu treffen, worauf ich mich sehr freue. Nur soll es wärmer werden. Es kommt mir vor, als täte mir die Kälte immer mehr weh ... Vorgestern ging ich zu Fuß in einem fort durch Ölwälder und am Meeresufer bis zur Villa

[1] Brief des Freiherrn von Kosjek an Graf Kálnoky, Athen, 14. November 1888. Wien, Staatsarchiv.

[2] Franz Joseph hat einmal in einer heiteren Stunde mit seiner Frau und Tochter sich und seine Stellung im Reiche mit der eines Truthahnes (ungarisch póka) in einem Hühnerhof verglichen. Das gefiel Elisabeth so sehr, daß Franz Joseph der Name verblieb und Elisabeth ihn fortan in ihren vertrauten Briefen an die Tochter als Deckname für den Kaiser benützt.

›Capodistria‹, zwei Stunden weit. Sie liegt in der größten Wildnis, wie ein verzaubertes Feenschloß, aber ganz baufällig, mitten unter großen Orangen-, Mandarinen- und Zitronenbäumen, die im verwahrlosten Garten wirr durcheinandergewachsen sind. Am schönsten waren die Kamelienbäume. Kaum kann man in Madeira so herrliche finden[1] ... Ich habe schon viel Schönes gesehen, doch gibt's nichts Schöneres auf der Welt als dieses Scheria (der Homerische Name für Korfu). Beim Sternenhimmel ist es noch schöner. Gestern abend schimmerte diese Wunderwelt vor mir auf, und mein Herz kann sich gar nicht fassen vor so viel ewiger Herrlichkeit[2].«

Schweren Herzens reißt sich Elisabeth endlich von ihrer geliebten Insel los und freut sich nur auf das Wiedersehen mit ihrem Gemahl, der ihr nach Miramar entgegenkommt. Elisabeth spricht ihm dort von ihrer Absicht, sich in Korfu eine Villa zu bauen, und Franz Joseph, der seiner Frau noch nie einen Wunsch versagt hat, beugt sich ihrem Willen. Aber nicht ganz gerne, denn ein Haus in fremdem Land, so ferne von der Heimat errichten, heißt fern von ihm und von der Heimat leben wollen, und das kann den Kaiser nicht freuen.

Nun beruft Elisabeth Warsberg zu sich und gibt ihm den formellen Auftrag, für sie in Korfu zu bauen, Architekt, Gärtner, alles in einer Person zu sein. Der sonst so skeptische Konsul freut sich darüber. »Die Kaiserin ist bezaubernd liebenswürdig«, vermerkt er in seinem Tagebuch[3]. »Ich kann der Frau nicht widerstehen. Eigentlich ist mir diese Aufgabe angenehm, weil sie eine künstlerische ist.« Aber Warsberg merkt die Zurückhaltung Franz Josephs. Er spürt, daß da etwas nicht in Ordnung ist. »Diese Gunst der Kaiserin«, meint er einmal, »schadet mir geradezu in Wien.« Und wirklich, man findet dort, er sei es, der Elisabeth in die »griechische Manie« hineinhetzt und dazu beiträgt, daß sie so sehr auf ihre Familie, auf ihren Gemahl, auf ihre Stellung als Kaiserin, ja selbst auf ihre eigentliche Heimat vergißt. Warsberg aber weiß nicht, wie er dazukommt. Seine Gesundheit ist nicht die beste, er ist schwerkrank und hat all diese Pflichten nicht gesucht. Wie hätte er sich ihnen auch entziehen können! Es bleibt dabei: Er muß den Bau besorgen.

[1] Elisabeth an Valerie, Villa »Braila« auf Korfu, am 16. November 1888. E. A. S. W.

[2] Dto., Villa »Braila« auf Korfu, am 27. November 1888. E. A. S. W.

[3] Tagebuch vom 1. und 2. Dezember 1888. Warsberg-Archiv.

Am 2. Dezember sind es vierzig Jahre, seit Franz Joseph den Kaiserthron bestiegen. Er ist nach Miramar gefahren, nicht nur, um seine Frau zu sehen, sondern sich auch den Huldigungen an diesem Tage zu entziehen. In langem, vertrautem Gespräche schütten sich Kaiser und Kaiserin ihr Herz aus. Valerie ist auch mitgekommen, und ihr künftiges Schicksal bewegt Elisabeth besonders. »Ich rate dir, Valerie«, sagt sie eines Tages, »dich Papa nun einmal endgültig anzuvertrauen. Ich meinerseits gebe natürlich meine Zustimmung zu deiner Verlobung, obwohl ich dann ganz allein bleibe und alles anders werden wird. Der Weihnachtsabend wäre dafür der richtigste Augenblick.« Da tritt Franz Joseph ins Zimmer.

»Hast du schon«, fragt er seine Tochter halb belustigt, halb befremdet, »über die furchtbare Überraschung geweint, daß sich Mama einen blauen Anker auf die Schulter einbrennen ließ?«

»Ach nein«, sagt Elisabeth, »eher habe *ich* geweint über eine andere Überraschung.«

»Ja, was denn?«

»Sie will dem Franz sagen, daß er ihr Auserwählter ist.«

»Was heißt das?« fragt Franz Joseph in seiner kurzen Art.

Da sagt Valerie zögernd: »Ich möcht' mich halt verloben.«

Elisabeth lacht, der Kaiser aber nickt nur mit dem Kopfe, als betrachte er das als eine längst abgemachte Sache, und sagt dann trocken: »Jetzt muß man die Hochzeit bestimmen.« Elisabeth will entrüstet tun, daß ihr Gemahl das rein geschäftlich nimmt, doch hat er nur so getan. Nun geht er zum Fenster und sieht hinaus, um seine Rührung zu verbergen. Kurz darauf reist das Kaiserpaar nach Schönbrunn zurück. Elisabeth ist noch ganz erfüllt von der Schönheit ihres geliebten, herrlichen Griechenland und sagt ihrer Tochter wiederholt, sie betrachte es als ihre Zukunftsheimat. Sie hat sich aus Korfu einen Griechen, den Advokaten Dr. Thermojannis, mitgebracht, mit dem sie nun tagtäglich im Schönbrunner Garten spazierengeht und eifrig Griechisch lernt, worüber sich Franz Joseph und auch die seit der Einwilligung zur Verlobung ganz glückliche Valerie höchlichst belustigen, besonders weil der Grieche komisch aussieht und so gar nicht zu den Hofleuten paßt. Valerie fürchtet sich nur, Rudolf ihr Geheimnis zu sagen. Der Kronprinz ist so merkwürdig verändert, still, schweigsam und scheu, daß zum Beispiel die Landgräfin Fürstenberg, die ihn längere Zeit nicht gesehen hat, ihn kaum wiedererkennt. Elisabeth lädt ihn und seine Frau für den 16. zu Tisch, »um ihm ein Geheimnis zu sagen«. Er scheint zuerst aufgeregt und erschreckt, doch nicht unfreundlich, und so wagt es Valerie, »zum erstenmal in ihrem Leben«, wie gesagt, die Arme um seinen Hals zu werfen und ihm alles zu sagen. Diese vor Angst und Scheu so lange unterdrückte Liebesäußerung rührt Rudolf, und er umschlingt und küßt seine Schwester mit der ganzen Innigkeit wahrer Bruderliebe.

»Bitte«, sagt Elisabeth, »sei gut zu Valerie und ihrem Mann, wenn sie einmal von dir abhängig sind.«

»Ich schwöre und beteuere es«, sagt Rudolf einfach und warm. Da eilt Elisabeth auf ihn zu, macht ihrem Sohn das Kreuz auf die Stirn: »Der liebe Gott wird dich dafür segnen und es wird dir Glück bringen. Du bist ja doch mein Sohn, und ich liebe dich so.«

Rudolf küßt ihr heftig und tief ergriffen die Hand. Daraufhin stürzt sich Valerie auf Mutter und Bruder, umschließt sie beide in einer Umarmung und sagt fast unbewußt:

»So sollten wir immer sein.«

Elisabeth ist glücklich über diesen schönen Abend und fühlt sich nun ganz beruhigt.

»Ja«, sagt sie schließlich zu ihrer Tochter, »ich will dich wohl Franzens Liebe anvertrauen; aber er ist halt doch ein Räuber und nimmt mir in dir die einzige wahre Freude meines ganzen ehelichen Lebens[1].«

So kommt der Weihnachtsabend 1888 und zugleich der Geburtstag Elisabeths heran. Auch Rudolf und seine Frau sind anwesend, und der Kronprinz überreicht seiner Mutter ein Bändchen Heine-Briefe[2] als Überraschung, welches Geschenk Franz Joseph mit ironischem Blick begleitet, aber wortlos bleibt. Nachdem das Kronprinzenpaar zu seinem eigenen Christbaum gegangen ist, ruft Franz Joseph den Erzherzog Franz Salvator, und es kommt zur formellen Verlobung. Mit schwesterlicher Zärtlichkeit umarmt Elisabeth den jungen Bräutigam: »Ich habe dich so lieb. Ich gebe dir mein Alles. Mache meine Valerie glücklich!« Die junge Braut fällt ihrer Mutter um den Hals: »Ich bitte dich um Verzeihung für alles, was ich etwa gefehlt.«

»Ach, ich wollte, es wäre mehr zu verzeihen. Da fiele es mir nicht so schwer, dich herzugeben.«

Elisabeth hat für diesen Abend die Trauer nach ihrem Vater abgelegt

[1] Tagebucheintragung, 16. Dezember 1888. T. E. V. S.

[2] Diese Briefe Heines veröffentlichte Hugo Wittmann: Ein Geschenk des Kronprinzen an seine Mutter. »Neue Freie Presse« vom 25. Dezember 1908.

und sieht blendend schön und jugendlich aus in ihrem hellen Kleid. Auch Franz Joseph sagt seinem künftigen Schwiegersohn liebe Worte, sieht die beiden vergnügt an und meint schließlich, die Tränen verbergend: »Valerie schaut kreuzfidel aus.« Da kommt die langjährige Erzieherin Gräfin Kornis zur Tür herein, um Glück zu wünschen. Schalkhaft traurig begrüßt Elisabeth sie: »Wir zwei sind jetzt abgetakelt.«

Inniger und herzlicher hätte der Tag nicht vergehen können. Auch Franz Joseph ist glücklich darüber. Elisabeth reist mit dem Brautpaar am 26. Dezember nach München, um es ihrer Mutter, die sie seit dem Tode ihres Vaters nicht gesehen, vorzustellen. Da erhält sie zum Neujahrstag ein warmes, herzliches Schreiben ihres Gemahls. »Glückwünsche an alle, vor allem aber Dir, mein geliebter Engel. Ich wünsche Dir auch, daß alle Deine Wünsche, die praktisch erfüllbar sind und mich nicht zu sehr genieren, in Erfüllung gehen, und bitte Dich, mir Deine Liebe, Nachsicht und Güte zu erhalten. Ich habe mit heißestem Dank das beseligende Gefühl, daß Deine Liebe mit den zunehmenden Jahren auch zunimmt, statt zu erkalten, und das macht mich unendlich glücklich. Von der Freundin bekam ich gestern beiliegendes Telegramm.«

Franz Joseph hat die letzten Worte angefügt, weil er vor seiner Frau nichts geheim haben will. Sie soll alles wissen und kann es auch. Alles scheint in bestem Geleise. Vielleicht, so hofft Kaiser Franz Joseph, wird die griechische Begeisterung und das viele Reisen auch vorübergehen, wie so manche Leidenschaft der Kaiserin vorher. Dann würde Elisabeth ganz für die Heimat, die Familie und das Reich wiedergewonnen werden können.

XIII

DER TOD DES KRONPRINZEN

1888—1890

Elisabeth verlebt den Neujahrstag in der Heimat bei ihrer Mutter. Dann fährt sie nach Hause zurück und schreibt ihr noch von München: »So reisen wir denn, vor allem ich, denn Valerie ist verliebt, folglich dumm, mit schwerem Herzen von hier ab. Ich habe diese schöne, ruhige Zeit mit Dir so genossen, liebe Mimi, war so glücklich, so viel mit Dir sein zu dürfen, daß ich heute einen wahren Katzenjammer habe.« In Wien muß die Kaiserin noch nachträglich Neujahrsglückwünsche entgegennehmen. Auch die Mutter Franz Salvators findet sich ein. Elisabeth ist sehr liebenswürdig, trägt ihr das Du an, meint aber am Schluß: »Ich will Dir nur sagen, daß es für Schwiegermütter immer das beste ist, sich nicht in eine junge Ehe zu mischen. Ich will daher womöglich niemals zum jungen Paar kommen.« In Erinnerung an ihre eigene Jugend legt dies Elisabeth der Mutter ihres künftigen Schwiegersohnes nahe, die darauf in lieber Weise antwortet: »O ja, man muß Mama sein und nicht Schwiegermutter.« So wäre nun alles in Ordnung. Das Einvernehmen in der kaiserlichen Familie ist das beste, und die Zukunft scheint in rosigen Farben vor ihr zu liegen. Doch in Wirklichkeit bereitet sich ein furchtbarer Schlag für das ahnungslose Kaiserpaar vor.

Der Kronprinz ist nicht so, wie er sich in letzter Zeit seinen Eltern gezeigt hat. Die Kaiserin hat ihn nicht genügend beobachten können. Sie ist, besonders in den abgelaufenen zwei Jahren, allzuviel von Wien abwesend gewesen und ist, selbst wenn sie in ihrer Heimat weilte, zu sehr in ihrer Tochter Valerie aufgegangen. Der Kaiser wieder hat, mit Regierungssorgen überhäuft, viel zuwenig wahre vertraute Freunde am Hofe, vielleicht auch, weil er keine Vertraulichkeit aufkommen läßt. Zu alledem aber weiß der Kronprinz sein Privatleben auf das sorgfältigste, auch vor seiner allernächsten Umgebung, ja gerade vor dieser, zu verbergen und zu verheimlichen, und die wenigen, die davon Kenntnis haben, wollen sich's entweder mit dem künftigen Kaiser nicht verderben, oder sie haben persönlich so große Vorteile davon, daß sich kein Warner findet, der Franz Joseph rechtzeitig auf die furchtbar drohende Gefahr aufmerksam machte. Von Kronprinz Rudolfs verborgensten Geheimnissen wissen eigentlich nur Personen, die in dienendem Verhältnis zu ihm stehen, wie sein Leibfiaker Bratfisch und sein Kammerdiener Loschek, jedoch nicht sein Adjutant, sein Kammervorsteher oder andere Leute aus dem Hofstaat[1].

Der begabte, kluge, elegante, geistreiche und so vortrefflich gesinnte Kronprinz von einst ist in Wirklichkeit innerlich seit den letzten zwei Jahren ein Schatten seiner selbst. Die Krankheit vom Jahre 1886 ist nie ganz gut geworden, sie frißt weiter an ihm, wenn es auch äußerlich nicht leicht zu merken ist. Sie jagt ihm Angstzustände ein, sie bringt ihn dazu, zu nervenaufpeitschenden Mitteln zu greifen, um die aufkeimende Angst vor der Zukunft zu ersticken. Er trinkt über Gebühr, und als müßte er die Jahre, die ihm noch beschieden sind, möglichst schnell und ausgiebig nützen, schlürft er gierig und maßlos an allen Quellen des Lebens. Er läßt sich mit Frauen ein, die weit unter ihm stehen, aber auch mit solchen aus der Gesellschaft, wobei er sich dann in seinem Ehrgefühl doch jedesmal die bittersten Selbstvorwürfe macht und sich fragt, ob alles, was er da aus einem inneren, unbewußt unbändigen Drange heraus tut, auch mit seiner Ehre als Kaisersohn und Offizier vereinbar ist. Im Grunde ist er ein nobler, edler und ritterlich denkender Charakter. Die Hemmungslosigkeit der letzten zwei Jahre entspringt geistig und körperlich kranken Nerven und ist daher als eine Krankheit und als nichts sonst zu werten. Zuweilen erfaßt ihn Ekel über sein eigenes Leben, und er sagt sich, er könne das nur noch durch den Tod sühnen. In der Sorge, dies vor seinen gütigen, tadellosen, so hochstehenden Eltern zu verbergen, muß er natürlich auch vermeiden, große Geldausgaben zuzugestehen, und findet einen gefälligen Bankier, der ihm im geheimen große Geldsummen leiht. Es wird sich schon lohnen, bei Konzessionen für Bahnbauten im Orient zum Beispiel, um die sich der Mann bewirbt, oder sonstwie[2]. Auch diese Fessel lastet auf Rudolf, wie so vieles andere.

[1] Wer sich über die letzte Lebenszeit des Kronprinzen näher unterrichten will, lese das ernste Buch Oskar Freiherrn von Mitis': Das Leben des Kronprinzen Rudolf, und vor allem die darin abgedruckte Denkschrift des Grafen Josef Hoyos, S. 385 f.

[2] Siehe Mitis, a. a. O. S. 396 und 429.

Aber wenn er mit dem Gedanken des Todes spielt, da steht grausig die unbeantwortete Frage vor ihm: »Was geschieht dann?« Was liegt jenseits der Grenze, die das Leben vom Tode scheidet? Und es erfaßt ihn Grauen und das Gefühl, diesen Schritt nicht allein wagen zu können, jemand zu brauchen, der ihm hinüberhilft ins Jenseits, der ihn ermuntert, wenn er im letzten Augenblick in Todesangst erlahmen sollte. Und er wendet sich an eine Frau, die sonst seiner nicht wert ist, und macht ihr den Antrag, mit ihm hinzugehen zum Husarentempel bei Mödling und gemeinsam mit ihm zu sterben. Sie aber denkt nicht daran und eilt zum Polizeipräsidenten, um ihm alles zu gestehen und seine Unterstützung in so furchtbarer Lage zu erbitten. So kommt es nicht dazu. Aber man scheint es vermieden zu haben, Franz Joseph davon Mitteilung zu machen, obwohl die Beweise in Gestalt eines klaren Briefes vorliegen.

Und Rudolf sieht sich nach einer anderen Gefährtin im Tode um. Da tritt die Tochter jener Baronin Vetsera in sein Leben, die vor Jahr und Tag einmal selbst versucht hat, Kronprinz Rudolf zu bestricken. Sie ist zu einem anmutig-schönen, romantisch veranlagten siebzehnjährigen Mädchen erblüht und hat zu Hause immerfort, noch lange bevor sie ihn gekannt, vom Kronprinzen schwärmen gehört. Ist es da ein Wunder, daß sich in einem solchen Jungmädchenkopf der Kronprinz des Reiches als eine Idealgestalt malt, die in ihrem Herzen Flammen entzündet, als sie ihm das erstemal die Hand reicht und seine Bekanntschaft macht? Und Rudolf kann sich in seinem Seelenzustand dem Zauber jungfräulicher Anmut, den Augen, in denen Liebe für ihn glüht, nicht entziehen. Es kommt zum Liebesverhältnis zwischen den beiden jungen Leuten, und Rudolf, bemüht, auch dies, wie alles andere, zu verbergen, bedient sich jener Gräfin Larisch-Wallersee, der Nichte der Kaiserin, um die Ausgänge und Besuche des jungen Mädchens zu maskieren. Auch die Gräfin hätte eine Warnerin sein und alles Gute vergelten können, das ihr die Kaiserin bisher getan. Aber davon keine Spur. Im Gegenteil — ihre Rolle in dieser Zeit ist mehr als zweideutig[1].

[1] Diese Frau hat im Mai 1913, nachdem sich ihr Sohn George Larisch nach der Lektüre eines Buches über die Rolle seiner Mutter im Todesdrama Rudolfs erschossen hatte, ein Buch veröffentlicht, das zuerst englisch unter dem Titel »Countess Marie Larisch, née Baronesse Marie von Wallersee, My Past, London 1913«, erschien. Es ist eine romanhaft ausgeschmückte, flüssig verfaßte Schrift, in der Wahrheit und Dichtung mit gehässigen Andeutungen so sehr

Das junge, verliebte Mädchen ist aber etwas ganz anderes als jene erste Frau, der der Kronprinz den Vorschlag gemacht hat, mit ihm zu sterben. Sie hat sich ihm gegeben und erst dann von allen Seiten Furchtbares gehört. In der Exaltiertheit ihrer Liebe, im Bewußtsein, ein Verhältnis mit dem verheirateten Kronprinzen des Reiches zu haben, in der Angst über die Folgen, die sich daran knüpfen könnten, gerät auch sie in einen übererregten Seelenzustand, dem ihr Jungmädchengeist nicht gewachsen ist. In diesem Augenblick ist Rudolf wahrscheinlich an sie mit dem gleichen Ansinnen herangetreten wie an jene andere Frau, und sie entzieht sich diesem schauerlichen Antrag nicht. Sie liebt wirklich und ist entschlossen, dafür zu zahlen, wenn auch mit dem Leben. So kommt, was kommen muß.

Am 29. Jänner des Jahres 1889 findet ein Familiendiner bei Franz Joseph und Elisabeth statt. Rudolf hat sich entschuldigen lassen, er könne wegen Unwohlseins nicht kommen. Im Hause ist alles gepackt. Elisabeth beabsichtigt, mit dem Kaiser am 31. nach Ofen zu fahren.

Am 30. früh soll man in Mayerling zur Jagd aufbrechen. Da erscheint der Kammerdiener des Kronprinzen namens Loschek und meldet, er rufe und klopfe vergebens an dessen Tür, erhalte aber keine Antwort. Graf Hoyos geht mit dem Diener hin, auch er klopft und poltert. Nichts rührt sich. Er und der Kammerdiener stemmen sich gegen die Tür, sie geht nicht auf. Endlich schlägt Loschek mit einem Beil die Türfüllung heraus, und nun bietet sich im Halbdunkel — die Fensterläden sind herabgelassen — ein furchtbares Schauspiel. Der Kronprinz sitzt vornübergebeugt am Bettrand, blutet aus dem Munde und rührt sich nicht. Vor ihm ein Glas und ein Spiegel am Nachttisch. Ohne sich näher zu überzeugen, schließt der Kammerdiener, der Kronprinz habe aus dem Glase Gift genommen: Strychnin erzeugt ja Blutungen. Auf dem Bette daneben liegt die Leiche eines jungen Mädchens. Es ist die Baronin Mary Vetsera. Totenblaß, eiskalt, schon völlig erstarrt.

Der zu Tode erschrockene Hoyos überzeugt sich nicht näher, stürzt in fliegender Eile auf den Bahnhof, läßt den Schnellzug eigens anhalten

vermischt sind, daß es, obwohl die Verfasserin die Nichte der Kaiserin ist und eine Zeit in ihrer Intimität verlebt hat, doch nicht als Quelle gelten kann. Als Verteidigungsschrift geplant, erzielte das Buch gerade die gegenteilige Wirkung. Die Autorin wurde 1896 von dem Grafen Larisch gerichtlich geschieden, vermählte sich 1897 mit dem bayrischen Kammersänger Otto Brucks und später noch einmal mit einem amerikanischen Farmer, von dem sie gleichfalls geschieden ist.

und fährt nach Wien. Dort angelangt, eilt er zum Generaladjutanten Grafen Paar und bittet ihn, Franz Joseph schonend auf die Schreckensnachricht vorzubereiten. »Das kann ich unmöglich, so etwas kann nur Ihre Majestät sagen«, erklärt der Generaladjutant und läßt schleunigst den Obersthofmeister der Kaiserin, Baron Nopcsa, holen. Der eilt herbei. Aufs äußerste bestürzt, läuft er zu Ida Ferenczy: »Wie soll man das nur Ihrer Majestät mitteilen?«

Elisabeth hat gerade Griechischstunde. Der Lehrer trägt ihr Teile aus Homer vor. Da erscheint Ida Ferenczy[1], blaß bis in die Lippen, in der Tür und erstattet die Meldung, daß der Obersthofmeister Ihre Majestät dringend zu sprechen wünsche. Elisabeth wird ungeduldig über die Störung: »Er soll doch warten und später wiederkommen.« Die Hofdame aber besteht ganz ungewohnt erregt darauf, daß Nopcsa sofort empfangen werde, und sieht sich endlich gezwungen, der Kaiserin leise zu sagen:

»Er bringt schlechte, wichtige Nachricht von Seiner kaiserlichen Hoheit dem Kronprinzen.«

Mit einem Wink wird der Grieche entlassen, und schon schiebt Ida Ferenczy den Freiherrn von Nopcsa herein. Möglichst schonend tut er seine bittere Pflicht. Als nach wenigen Augenblicken Ida wieder in das Zimmer tritt, findet sie Elisabeth in Tränen aufgelöst, schluchzend. In diesem furchtbaren Augenblick hört man draußen einen schnellen, elastischen Schritt. Es ist Franz Joseph. »Noch nicht! Nicht herein!« ruft Elisabeth. Ida Ferenczy stürzt zur Tür: »Ich bitte Eure Majestät inständigst, noch einen Augenblick zu warten.«

Der Kaiser steht draußen mit Nopcsa, der sich mühsam beherrscht. Elisabeth trocknet indessen ihre Tränen.

»Sieht man mir's an?« fragt sie. »Nun, so sei es denn, Gott helfe mir, laßt ihn herein.«

Federnden Schrittes tritt Franz Joseph ein. Gott weiß, wie die Kaiserin ihrem Gemahl das Schwere mitgeteilt hat. Gebrochen, gesenkten Hauptes verläßt der unglückliche Vater das Gemach.

»Kommen Sie mit mir, Baron Nopcsa.«

[1] Diese Schilderungen sind ausschließlich auf Grund der Mitteilungen von zwei Augen- und Ohrenzeugen, der Erzherzogin Marie Valerie und der Frau Ida von Ferenczy, verfaßt. Frau von Ferenczy hat diese Erinnerungen der Erzherzogin selbst diktiert. E. A. S. W. Überdies hat die Erzherzogin die furchtbaren Tage am 7. Februar 1889 und die folgende Zeit in ihrem Tagebuch genau festgelegt. T. E. V. S.

Elisabeth geht indessen in die Zimmer Ida Ferenczys hinunter. Es ist eben die Stunde des Besuches der Frau Katharina Schratt, die in letzter Zeit öfters zu den Majestäten kommt und sich immer gerade zu Ida, als der vertrautesten Vertrauten der Kaiserin, begibt, wie um zu dokumentieren, daß da nichts Heimliches und Zweideutiges geschehe. Diesmal ist die junge Schauspielerin mit ihrem ruhigen und so treuherzigen Gemüt Elisabeth besonders willkommen. Sie findet, daß der Kaiser in einem solchen Augenblick mehr als je das Bedürfnis nach einem unbefangenen Trost haben wird, den sie, die so schwer betroffene Mutter, kaum geben kann. Die Kaiserin führt Frau Schratt selbst zu ihrem Gemahl. Dann ist ihr erster Gedanke ihre Tochter Valerie. Jetzt mit ihr zu sprechen, wenn sie auch noch nichts weiß, ist das einzige, was Elisabeths Verzweiflung vielleicht noch ein wenig mildern kann. Valerie ist nicht in ihrer Wohnung. Elisabeth läßt sie rufen, ahnungslos, lustig kommt sie hereingestürmt und findet die Mutter in ihrem Schlafzimmer weinend.

»Rudolf ist sehr, sehr krank«, sagt Elisabeth schluchzend, »keine Hoffnung mehr!« Valerie umarmt sie und setzt sich auf ihren Schoß.

»Du wirst blaß werden, es ist das Allerschlimmste . . .«

»Hat er sich umgebracht?«

Elisabeth schrickt zusammen. »Warum glaubst du das? Nein, nein, es scheint so wahrscheinlich, so sicher, daß ihm das Mädchen Gift gegeben hat.«

Da hört man draußen Schritte. »Das ist Papa«, sagt Elisabeth, »ich bitte dich, sei ruhig wie ich.«

In diesem Augenblick tritt Franz Joseph in das Zimmer. Beide Frauen fallen ihm um den Hals, und die drei halten sich fest umschlossen. Die beiden Damen wollten ruhig sein, um ihn aufrechtzuerhalten. Nun sehen sie, daß sein heldenhaftes Beispiel im tiefsten Unglück *sie* stützt.

»Hole Stephanie«, sagt der Kaiser.

Die Kronprinzessin kommt schluchzend herauf. Elisabeth tritt ihr gütig entgegen, mit Liebe, fast mütterlich, ohne jede Bitterkeit. Dann eilt auch Valeries Bräutigam herbei. »Man muß sich in solchen Augenblicken Gott ganz hingeben«, sagt er.

Aber Elisabeth erwidert: »Der große Jehova ist furchtbar, wenn er vernichtend einhergeht, wie der Sturm.« Dieselben Worte wie damals, als Ludwig II. von Bayern seinen Tod fand.

Inzwischen ist Ida Ferenczy zu ihrer Wohnung zurückgekehrt. Sie öffnet die Tür ihres Vorzimmers, und da wartet, in einem Korbstuhle

sitzend, die alte Baronin Vetsera. Ida Ferenczy fährt sie unwirsch an: »Was wünschen Sie da, Baronin? Ich kann Sie jetzt nicht sehen. Bitte entfernen Sie sich.«
Aber die Dame wiederholt immer nur beharrlich: »Ich muß Ihre Majestät die Kaiserin sprechen.«
»Aber Baronin, das ist unmöglich.«
»Ich muß, ich muß, ich habe mein Kind verloren, nur sie kann es mir wiedergeben.« Die Baronin weiß noch nicht, um was es sich handelt. Sie war noch vor der Katastrophe auf der Suche nach ihrer Tochter beim Polizeipräsidenten und beim Ministerpräsidenten Grafen Taaffe gewesen und die hatten ihr, da der Kronprinz im Spiele war, geraten: »Gehen Sie zu Ihrer Majestät, sie allein kann da etwas tun.« Ida Ferenczy kehrt wieder zu Elisabeth zurück.
»Weiß sie schon alles?« fragt die Kaiserin.
»Nein!«
»Arme Frau! Gut, da gehe ich zu ihr.« Ida aber antwortet ängstlich: »Warten Eure Majestät noch einen Augenblick, ich lasse Nopcsa erst mit ihr reden.« Der Obersthofmeister unterzieht sich auch dieser Aufgabe, ohne alles zu sagen. Die Baronin bleibt bei ihrer Bitte.
»Also gut, holen Sie Ihre Majestät«, entscheidet Nopcsa. Elisabeth tritt ein, der Obersthofmeister entfernt sich. Ida Ferenczy bleibt bei offener Tür im Nebenzimmer, wo sie alles sieht, einiges hört, aber jedenfalls gleich zur Stelle sein kann, wenn Ihre Majestät jemandes bedarf.
Die Kaiserin steht voll Hoheit vor der erregten Frau, die ihr Kind fordert, das der Kronprinz mit sich genommen haben muß. Mit sanfter Stimme sagt Elisabeth:
»Baronin, nehmen Sie allen Ihren Mut zusammen, Ihre Tochter ist tot!« Da bricht die Dame in lauten Jammer aus:
»Mein Kind, mein schönes, liebes Kind!«
»Aber wissen Sie«, fährt Elisabeth mit lauter Stimme fort, »daß auch mein Rudolf tot ist?«
Die Baronin taumelt, fällt vor der Kaiserin nieder und umfängt ihre Knie.
»Mein unglückliches Kind, was hat sie getan? *Das* hat sie getan?!«
Also auch die Mutter faßt es so auf und glaubt, wie bislang die Majestäten, ihre Tochter habe den Kronprinzen und dann sich selbst vergiftet. Nach einer stummen Pause verläßt Elisabeth die Baronin mit den Worten:

»Und jetzt merken Sie sich, daß Rudolf an Herzschlag gestorben ist!«
Inzwischen ist eine Kommission nach Mayerling gekommen, an ihrer Spitze der Leibarzt Hofrat von Widerhofer. Er ist der erste, der nach Hoyos und dem Kammerdiener Loschek mit diesen beiden ins Zimmer tritt und vor allem die geschlossenen Läden öffnen läßt. Da sieht er, auf dem Bette ausgestreckt, die offenen Haare über den Schultern, das junge Mädchen in seiner ganzen lieblichen Schönheit, aber mit der Blässe des Todes, eine Rose in ihren gefalteten Händen. Der Kronprinz immer noch in der halb sitzenden Stellung. Am Boden aber liegt ein Revolver, der seiner erstarrten Hand entfallen war. Jetzt erst, wo es hell ist, erblickt man ihn. Im Glase auf dem Nachttisch ist kein Gift, nur Kognak. Der Arzt legt die längst erkaltete Leiche zurück, der Schädel ist durchbohrt, die Kugel ist bei der einen Schläfe hinein, bei der anderen heraus, genau die gleiche Wunde hat das Mädchen. Beide Kugeln finden sich im Zimmer vor.
Franz Joseph hat in banger Erregung die Nacht zum Donnerstag verbracht und das Ergebnis der Arbeit der Kommission erwartet. Er wie Elisabeth sind noch immer nicht sicher, wie man den Kronprinzen umgebracht hat. Den Leuten sagt man Herzschlag. Zu Tausenden stehen die Wiener in warmer Teilnahme am Burgplatz. Ruhig, gottergeben und heldenhaft wartet Franz Joseph auf nähere Nachrichten. Elisabeth hat ihm versprechen müssen, daß sie die Leiche Rudolfs, die nachts nach der Hofburg gebracht wird, nicht empfangen werde. Elisabeth und Valerie liegen wach und hören den dumpfen Trommelwirbel der unters Gewehr tretenden Wache, als der traurige Zug um zwei Uhr früh im Burghof eintrifft. Zeitig am folgenden Tage läßt der Kaiser Widerhofer rufen. Er ist noch der vollen Überzeugung, jenes Mädchen habe seinen Sohn vergiftet. Nun erwartet er von dem Arzt bloß die Bestätigung und die genauen Einzelheiten.
»Sagen Sie mir nur alles aufrichtig. Ich will alles genau wissen.«
Widerhofer, der den Irrtum des Kaisers nicht ahnt, beginnt seinen furchtbaren Bericht mit den Trostworten des Arztes:
»Ich kann Euer Majestät diese eine Versicherung geben, daß Seine kaiserliche Hoheit der Kronprinz nicht einen Augenblick gelitten hat. Die Kugel ist direkt in die Schläfe eingedrungen und hat den Tod augenblicklich herbeigeführt.«
Da fährt ihn Franz Joseph an: »Was reden Sie von einer Kugel?«
»Ja, Majestät, die Kugel, wir haben sie ja gefunden. Die Kugel, mit der er sich erschossen hat.«

»Er? Er hat sich erschossen? Das ist ja nicht wahr. Sie hat ihn doch vergiftet. Der Rudolf hat sich nicht erschossen. Wenn Sie das sagen, müssen Sie es auch beweisen können.«
Erschüttert muß nun Widerhofer genau berichten, wie die sorgsame Aufbahrung des Mädchens, dann die Art des Schusses Rudolfs, der zur größeren Sicherheit vor einem am Nachtkästchen aufgestellten Spiegel abgegeben worden ist, jeden Zweifel daran ausschließen, daß er selbst die Hand gegen sich erhoben hat.
Da bricht Kaiser Franz Joseph für einen Augenblick in wahnsinnigem Schmerz fast völlig zusammen und weint und schluchzt herzzerbrechend. Dann fragt er:
»Hat Rudolf irgendeinen Abschiedsbrief hinterlassen?«
»Mehrere Briefe. Keinen aber für Eure Majestät.«
Im Zimmer in Mayerling liegt auf dem Tische ein Telegramm Rudolfs an den Prior der Zisterzienser in Heiligenkreuz, worin er ihn bittet, sogleich nach Mayerling zu kommen, um mit den Mönchen an seiner Leiche zu beten. Außerdem mehrere Briefe, darunter je einer an seine Gemahlin Stephanie und seine Schwester, die anscheinend alle, bestimmt aber jener an Erzherzogin Valerie, schon vorher in Wien verfaßt worden sind. Nur der an Elisabeth dürfte in Mayerling geschrieben worden sein, wo Rudolf noch in seinen letzten Stunden die Sehnsucht ergriff, sich an das Mutterherz zu wenden. Alle Briefe sind nach Kaiser Franz Josephs Zeugnis mehr oder weniger Variationen desselben Themas, daß Rudolf sterben mußte, weil es ihm seine Ehre gebot. Sie sind alle sehr kurz und knapp, nur in den Schreiben an Valerie und Elisabeth finden sich wichtigere Bemerkungen.
Seiner Schwester gesteht Rudolf klipp und klar: »Ich sterbe nicht gerne«, und rät ihr, mit ihrem Bräutigam nach dem Tode des Kaisers auszuwandern, da es unabsehbar sei, was dann in Österreich-Ungarn geschehen werde.
In dem Briefe an Elisabeth stehen Worte voll Liebe und Dankbarkeit gegen sie und den Kaiser, dem er nicht zu schreiben wagte. »Ich weiß sehr gut«, heißt es darin, »daß ich nicht würdig war, sein Sohn zu sein.« Dann spricht Rudolf vom Weiterleben seiner Seele und betrachtet jene, die seinen Tod geteilt, als einen reinen, sühnenden Engel. Er bittet die Kaiserin, an der Seite des Mädchens in Heiligenkreuz begraben zu werden. Es ist klar, ohne sie hätte er es vielleicht nicht gewagt, in den Tod zu gehen, aber nicht um ihretwillen hat er es getan. Doch einen klaren Grund hat der Kronprinz in keinem Briefe ausgesprochen. Der

liegt in seiner ganzen körperlichen und geistigen Verfassung, wie sie sich in den letzten zwei Jahren herausgebildet hat.
Der Kronprinz wird in seinem Privatschlafzimmer in der Burg im Bette aufgebahrt. Unmittelbar nach der Unterredung mit Widerhofer kommt der Kaiser in das Zimmer des Toten, wo nur der Adjutant des Kronprinzen, Artur Freiherr von Giesl, und ein Geistlicher anwesend sind.
»Wo liegt der Kronprinz?« fragt Franz Joseph.
»Wo er als Junggeselle gewohnt hat, Eure Majestät.«
»Ist er sehr entstellt?«
»Nein, Majestät.«
»Bitte, decken Sie ihn gut zu. Die Kaiserin will ihn sehen.« Darauf entfernt sich Franz Joseph wieder. Giesl legt die weiße Flanelldecke über die gekreuzten Hände des Kronprinzen bis hoch zum Halse hinauf. Das gibt später Anlaß zu den dummen Gerüchten, Rudolf habe zerschnittene Hände gehabt. Sie sind im Gegenteil ganz heil. Giesl selbst hat dem Kronprinzen die weißen Handschuhe darübergezogen. Gegen sieben Uhr früh kommt der Kaiser in Handschuhen und Säbel und tritt in das Totengemach seines Sohnes. Nervös streicht er sich den Schnurrbart, als er in das Zimmer tritt, und bleibt eine Viertelstunde schweigend vor der Leiche stehen. Zu Mittag kommen Kaiserin Elisabeth, Valerie und Erzherzog Franz Salvator. Im Sterbezimmer betet ein Priester. Die Fenster sind verhängt, und zu Füßen des Bettes brennen rechts und links von einem Kruzifix Kerzen. Da liegt nun Elisabeths einziger Sohn, mit dem weißen Laken bis zur Brust zugedeckt und rings von Blumen umgeben. Der leichte Verband am Kopfe entstellt ihn nicht, noch sind seine Wangen und sein Ohr rosig von der gesunden Farbe der Jugend, und der unstete, oft bittere Ausdruck, der ihm im Leben so eigen war, ist einem Lächeln gewichen. Er scheint zu schlafen und glücklich zu sein. Aufschluchzend sinkt Elisabeth zu Füßen des Bettes nieder. Franz Joseph ist ja nicht da, und sie kann sich einen Augenblick gehen lassen, sie, die in den abgelaufenen furchtbaren vierundzwanzig Stunden Übermenschliches geleistet hat, um sich um ihres Gatten willen zu beherrschen, und ihren eigenen furchtbaren Schmerz deshalb niederkämpfte und schweigen hieß. Wie immer in großer, wichtiger oder schwerer Stunde ist Elisabeth an ihrem Platze. Alle Spielereien und Phantastereien fallen von ihr ab. Im Moment, wo es nottut, tritt das Große, Edle und Gute in ihrer Natur hervor, und sie ist zu jedem Opfer bereit. Sie nimmt sich zusammen, um dann beim

traurigen Speisen mit ihrem Gemahl nicht zu zeigen, wie schrecklich das alles auf sie wirkt. Zum Essen kommt auch Stephanie mit ihrem Kind, der kleinen Erzsi, bei deren Anblick der Kaiser in Tränen ausbricht. Zum erstenmal verliert die Kaiserin in ihres Gatten Gegenwart für einen Augenblick die Fassung und beginnt bitterlich zu weinen.

Dem Kaiser fällt es furchtbar schwer, vor der Öffentlichkeit den Selbstmord Rudolfs zugeben zu müssen; aber die Minister dringen in ihn, die Wahrheit zu veröffentlichen, weil doch niemand mehr an einen natürlichen Tod glaubt. So wird in der »Wiener Zeitung« vom 2. Februar 1889 das ärztliche Gutachten veröffentlicht, das unter anderem über das Gehirn des Kronprinzen ausführt, es hätten sich bei der Untersuchung »pathologische Befunde ergeben, welche erfahrungsgemäß mit abnormen Geisteszuständen einherzugehen pflegen und daher zur Annahme berechtigen, daß die Tat in einem Zustand von Geistesverwirrung geschehen ist«.

Während diese Erklärung für Kaiser Franz Joseph einen Trost bedeutet, wirkt sie bei Elisabeth gerade entgegengesetzt. In ihrem Glauben an Vorausbestimmung, in ihrem starren Schmerz beginnt sie sich zu sagen, es sei ihr bayrisch-pfälzisches Blut, das im Kopfe Rudolfs so furchtbare Wirkungen hervorgerufen habe. Verzweifelt ruft sie aus: »Warum hat Franz Joseph jemals meines Vaters Haus betreten, warum habe ich ihn sehen und er mich kennenlernen müssen?«

Frau Schratt hat nach dem kurzen Zusammensein mit dem Kaiserpaar unmittelbar nach Eintreffen der Nachricht kaum zur Ruhe kommen können. Ihr Beruf läßt sie auch in diesen furchtbaren Tagen nicht müßig bleiben. Proben halten sie fest. Sie kann sich noch immer nicht fassen und bittet am Abend des 31. Jänner Ida Ferenczy inständig um Nachricht über das Befinden der Majestäten. Tags darauf erscheint die Schauspielerin vor dem Kaiserpaar und bemüht sich, so gut es überhaupt möglich ist, Trostworte zu sagen:

»Eure Majestät haben drei Engel um sich, die Kaiserin, die Hoheit Valerie und Gisela, die über Sie wachen, Sie lieben und trösten werden.«

»Ja, Sie haben recht«, erwidert Franz Joseph, indem er Elisabeths Hand in die seine nimmt. Die Kaiserin sieht ihn lange und traurig an. »Wenn ich Rudolf zurückhaben könnte, so würde ich ihn auch nur als Tochter wünschen und nicht mehr als Kronprinzen. Ja, man hat ihn von Kindheit an viel zu sehr von uns entfernt gehalten und so ganz anders erzogen, als es bei einem gewöhnlichen Menschenkind zu geschehen pflegt.«

Graf Andrássy ist auf die Schreckensnachricht hin sofort von seinem Gute nach Wien abgereist. Da er sich so sehr in Gegensatz zur derzeitigen Politik des Kaisers gestellt hat, ist er von diesem nicht mehr so gern gesehen wie früher; aber für die Kaiserin ist es ein Trost, mit einem so bewährten Freunde zu sprechen. Um Franz Joseph nicht zu verstimmen, trifft Elisabeth den Grafen bei Ida Ferenczy, ohne daß es ihr Gemahl weiß, und bespricht mit ihm die Folgen des furchtbaren Ereignisses für Ungarn.

Auch das belgische Königspaar ist indes aus Brüssel eingetroffen. Es ist nur eine furchtbare Last, ganz besonders für Elisabeth, die sich nie sehr gut mit ihm verstanden hat. Sie will lieber allein sein mit ihrer engsten Familie, auch mit der von München herbeigeeilten Prinzessin Gisela, die sie ans Bett des Kronprinzen führt. Dabei küßt Elisabeth ein letztesmal den erstarrten Mund ihres Sohnes. Da, am 3. Februar abends, kommt Elisabeth plötzlich zu Valerie.

»Es ist nicht wahr, es ist unmöglich, daß Rudolf dort oben tot liegt. Ich will hinaufschauen, ob es wahr ist.«

Mit Mühe nur hält Valerie sie zurück. Elisabeths Selbstbeherrschung in der ersten Zeit wandelt sich bald in wilden Schmerz. Kaiser Franz Joseph hat doch die stärkeren Nerven. Die Arbeit hilft ihm über das Schwerste hinweg. »Der Kaiser«, meldet der preußische Militärattaché in Wien, »hat all die schweren Tage hindurch keinen der militärischen Vorträge und Rapporte, keine Unterschrift auch nur einen Tag später erledigt wie sonst und selbst am 30. Jänner und nachher genauso gearbeitet wie früher. Solch starken Geist haben selbst hier nur verhältnismäßig wenige in ihrem Monarchen vermutet. Nie, auch jetzt nicht, hat Seine Majestät den festen Glauben an die Zukunft Österreichs verloren, an seine hohe Mission und an die Liebe seiner Armee und seines Volkes[1].«

Es ist nach der Haltung Elisabeths unmittelbar nach der Katastrophe keine leere Phrase, wenn der Kaiser in seiner Ansprache an die Trauerdeputation des österreichischen Reichsrates sagt: »Wieviel ich in diesen schweren Tagen meiner innigstgeliebten Frau, der *Kaiserin,* zu danken habe, welch große Stütze sie mir gewesen, kann ich nicht beschreiben, nicht warm genug aussprechen. Ich kann dem Himmel nicht genug danken, daß er mir eine solche Lebensgefährtin gegeben hat. Sagen

[1] Von Deines an Kaiser Wilhelm, Wien, 7. Februar 1889. Archiv des Auswärtigen Amtes, Berlin, Militärbericht Nr. 11.

Sie dies nur weiter; je mehr Sie es verbreiten, um so mehr werde ich Ihnen danken.«

Wenn aber Franz Joseph seine Frau jetzt ansieht, so muß er für sie fürchten, und deshalb bittet und bestürmt er sie, dem Leichenbegängnis nicht beizuwohnen, da er wohl weiß, wie quälend Elisabeth das Erscheinen in der Öffentlichkeit überhaupt und gar bei einem solchen Anlasse ist. So gehen am 5. Februar vor vier Uhr Elisabeth und Valerie in die Josefikapelle, um den Trauerzug nicht über den Hof ziehen zu sehen, und beten dort während der ganzen Dauer der düsteren Feier. Erst nach halb fünf Uhr abends kommen Franz Joseph und Gisela zurück.

»Ich habe mich gut gehalten. Nur in der Gruft, da ging's nicht mehr. Aber so wie heute ist es noch bei keinem Begräbnis zugegangen«, sagt der Kaiser mit zitternder Stimme.

Am nächsten Tag, abends fünf Uhr, werden die Vigilien für den Kronprinzen gelesen. Die Burgkapelle ist unheimlich schwarz ausgeschlagen. Überall sind Kreuze mit dem Namen Rudolf über dem Wappen. In der Mitte der große Katafalk mit Ordenstafel und Handschuhen. Dazu feierliche Musik. Ein furchtbarer und unheimlicher Eindruck. Unter dem tiefschwarzen Schleier wohnt Elisabeth leichenblaß der Zermonie bei. Sie zerquält sich das Hirn, wie und warum das alles geschehen sei. Weder der Kaiser noch sie wissen eigentlich den Grund, warum Rudolf Hand an sich gelegt hat. Klar ausgesprochen hat er ihn ja nie, und die Bitterkeit früherer Stunden wird durch die Trauer des Augenblickes in der Seele Elisabeths wieder heraufbeschworen. Als sie von der Zeremonie zurückkehrt und in ihr Toilettezimmer tritt, sagt sie zu Valerie: »Jetzt haben doch alle diese Menschen, die von der ersten Stunde meines Herkommens so viel Böses über mich gesagt, die Beruhigung, daß ich vorübergehen werde, ohne eine Spur in Österreich zu hinterlassen.«

Mit Sorge betrachtet Valerie solche Gedanken ihrer Mutter. Als Franz Joseph einmal bemerkt: »Man wird fromm unter der Last des Unglücks«, meint Elisabeth zu Valerie: »Ich weiß nicht, ich fühle mich nur verhärtet und kann kaum beten.« Dann aber wieder, tags darauf nach dem Requiem in der Burgkapelle, als das gewaltig ergreifende Libera gesungen wird, bricht Elisabeth in Tränen aus und sagt in ungarischer Sprache: »Ach, wie sehr liebe ich und bete ich den großen, großen Jehova an, ich kann nicht sagen, wie sehr.«

Valerie dankt dem lieben Gott, als sie diesen Ausspruch hört, daß

ihre Befürchtungen, Elisabeth werde nun ihren Glauben ganz verlieren, doch nicht eingetroffen sind. Die Kaiserin aber denkt immer daran, wie sie mit ihrem toten Sohne irgendwie in Verbindung treten könnte. Nur in der Geisterwelt wäre dies möglich, wenn es eine solche gäbe.
Am 9. Februar abends zieht sich die Kaiserin wie gewöhnlich zum Schlafengehen aus, wäscht sich und sendet Valerie, Ida Ferenczy und die Dienerschaft fort, weil sie sagt, sie wolle zu Bett gehen. Gegen neun Uhr erhebt sie sich heimlich wieder, kleidet sich vollkommen an, verläßt die Burg durch eine Seitentür und nimmt, unkenntlich verschleiert, den ersten besten Fiaker auf, der des Weges kommt. Dann läßt sie sich schleunigst zum Kapuzinerkloster auf dem Neuen Markt führen, wo Rudolf nun begraben liegt. Die kalte Gruft, in der die Särge der Habsburger reihenweise liegen wie in einem Magazin aufgestapelte Ware, ist Elisabeth unsympathisch, und sie hat nie eine Lust gehabt, da hinabzugehen. Aber diesmal ist ihr, als riefe sie eine innere Stimme, und sie hofft, Rudolf könnte ihr erscheinen, ihr sagen, warum er sich vom Leben zum Tode gebracht habe, und ob er etwa dort nicht begraben sein wolle, wo er liegt. Die in tiefe Trauer gekleidete Dame läutet am Tor des Klostergebäudes. Als ihr geöffnet wird, bittet sie, zum Pater Guardian geführt zu werden. Dort lüftet sie den Schleier, grüßt und sagt einfach: »Ich bin die Kaiserin, bitte führen Sie mich hinunter zu meinem Sohn.« Sofort wird die Gruft durch einige Fackeln bei Rudolfs Sarg erhellt, dann will der Pater Elisabeth hinabführen. Bis zur eisernen Tür wehrt sie ihm nicht, aber dann dankt sie für weitere Begleitung. Als der Pater einen ehrerbietigen Einwand erheben will, schneidet ihm Elisabeth das Wort kurz ab: »Ich wünsche bei meinem Sohne allein zu sein«, und schreitet ruhig die Treppe hinab in die düsteren, vom fahlen Fackelschein gespenstisch erleuchteten Hallen. Sie geht direkt auf Rudolfs Sarg los. Der Luftzug bewegt die Blätter der welken Kränze. Herabfallende Blumen knistern da und dort wie leise Schritte, so daß sich Elisabeth öfters umsieht, aber es ist nichts. Da ruft sie laut, einmal, zweimal: »Rudolf!« Gespenstisch hallt ihre Stimme durch den Raum, aber niemand erscheint, niemand antwortet. Und doch wäre Elisabeth so überglücklich gewesen, wenn sie eine Antwort aus dem Jenseits erhalten hätte, wenn sie dem geliebten Wesen über das Grab hinaus hätte helfen können, wenn es erschienen wäre und ihr gesagt hätte, was es wünscht und will.
Enttäuscht kehrt sie in die Burg zurück, aber der Besuch ist ihr Trost und Beruhigung. Die Geister dürfen ja nur kommen, wenn der große

Jehova sie läßt, meint sie anderntags zu ihren Töchtern, als sie ihnen das Ganze gesteht. Gisela und Valerie aber sagen sich, sie wären, wenn Rudolf wirklich erschienen wäre, vor Schreck eher todkrank geworden, als daß sie antworten oder gar hätten helfen können. Als Franz Joseph von diesem Besuch in der Kapuzinergruft hört, entschließt er sich augenblicklich, die Kaiserin aus der traurigen Umgebung in Wien herauszureißen, die ununterbrochen an das furchtbare Unglück erinnert. Noch am 10. wird die Abreise des Kaiserpaares nach Ungarn beschlossen. Am 11. Februar mittags braust der Hofseparatzug in die Bahnhofshalle von Budapest. Alle Anwesenden entblößen ihre Häupter, ohne jedoch, wie üblich, in Eljenrufe auszubrechen. Eine ungeheure Menschenmenge umsäumt den Weg zur Königsburg. Auch sie begrüßt das Kaiserpaar lautlos durch bloßes Abnehmen der Kopfbedeckung. Rührender hätte man das tiefste Beileid nicht ausdrücken können.

Kaiser Franz Joseph wird durch die Regierungsgeschäfte abgelenkt. Aber auf Elisabeth, die nun ihr allzu gleichförmig stilles Leben wieder aufnimmt, beginnt die Trauer und Verzweiflung die Oberhand zu gewinnen. Obwohl sie sich jetzt wieder den ganzen Tag mit dem Griechischen beschäftigt und eifriger als je diese Sprache erlernt, lastet das drückende Leid täglich mehr auf ihr. Etwa vierzehn Tage nach dem Unglück äußert sie, sie fühle sich, als hätte sie einen Schlag auf den Kopf bekommen, und sei noch immer wie betäubt. Manchmal flüchtet sie zu Valerie: »Ach, ich kann Papa nicht immer zerstreuende Dinge erzählen mit dieser Last am Herzen. Ich habe von Jugend auf immer das Gefühl gehabt, und jetzt ist es meine Überzeugung geworden, daß der große Jehova mich in die Wildnis führen will, wo ich meine alten Tage als Einsiedlerin, ganz ihm geweiht, in Betrachtung und Anbetung seiner göttlichen Herrlichkeit zubringen soll. Das ist mir bestimmt, und Gott führt mich dahin, ob ich will oder nicht.«

Die Worte Rudolfs in seinem letzten Brief an Valerie machen besonderen Eindruck auf Elisabeth. Sie ist nun der gleichen Meinung, Österreich-Ungarn wird sich nicht mehr halten. Es wird auseinanderfallen, sagt sie, wenn der Kaiser, der durch die Macht seines makellosen Charakters und seiner aufopfernd selbstvergessenen Pflichterfüllung alles zusammenhält, den morschen Staat nicht mehr wird stützen können. »Größere Gegensätze als Mama und Papa«, sagt Valerie in ihrem Tagebuch, »lassen sich schwer denken. Und doch frage ich mich manchmal, wer von ihnen erhabener ist in diesem Leid. Meine Mutter macht mir jetzt oft so sehr Sorge. Sie ist zu allem Großen fähig und unfähig fürs Kleine. Nun, wo die Aufregungen dem Einerlei des täglichen Lebens weichen und Papa wenigstens äußerlich so wird und so arbeitet wie immer, scheint ihr das Leben drückend und trostlos. Sie fürchtet sich, daß ihr stets zunehmender Schmerz Papa zur Last falle und Mißverständnis zwischen ihnen beiden heraufbeschwöre.« Mit Schrecken sieht Valerie, daß dieser Gedanke bei Elisabeth zu einer fixen Idee wird, von der sie nicht mehr abzubringen ist, und muß hören, wie ihr die Mutter sagt: »Wenn nur Jehova mich zu sich nähme, daß Papa frei wäre und du in deinem künftigen Eheglück nicht durch den Gedanken an das trostlose Leben gestört wirst, das ich ohne dich werde führen müssen.«

Manchmal beginnt Elisabeth mitten im Klagen vor lauter Aufregung laut zu lachen, spricht vom Irrenhaus, in das sie wohl auch einmal kommen werde, und dergleichen. Valerie beschwört sie, doch einmal etwas für ihre Gesundheit zu tun. Elisabeth aber antwortet nur: »Wozu?« Nach solchen Ausbrüchen tiefen Schmerzes hat sie Äußerungen vollkommener Apathie. Dann versinken auch ihre Lieblingsbeschäftigungen Heine, Griechenland und alles vollkommen. Das Komitee zur Errichtung eines Heine-Denkmals in des Dichters Geburtsort Düsseldorf, das ja ihrer Anregung zugeschrieben werden muß, erhält über seine Anfrage die Verständigung, daß Ihre Majestät aufgegeben habe, es zu fördern. Schon hat sie für Vorarbeiten für das projektierte Heine-Denkmal 12.950 Mark bezahlt. Das Modell wird ihr überlassen. Viel später erst und rein für ihre eigene Person wird sie dann den ihr lieben Denkmalsgedanken wiederaufnehmen.

Nun beschäftigt sich die Kaiserin mehr als je mit der Ergründung der Ursache der Katastrophe. Die Briefe Rudolfs, auch der an die Kaiserin, sind nur in allgemeinen Ausdrücken abgefaßt und bieten weitesten Spielraum für Vermutungen aller Art. Die Majestäten sind sich gar nicht klar. Franz Joseph neigt zuerst der Ansicht zu, das Ganze sei die Liebestragödie mit der Baronin Vetsera allein. Nun schließt er sich Widerhofers Meinung an, der Kronprinz sei an geistiger Zerrüttung gestorben wie an einer anderen Krankheit. Dieser Gedanke hält ihn aufrecht, aber vor Elisabeth darf man ihn nicht zuviel erwähnen. Valerie wieder meint, daß die Liebesgeschichte weit davon entfernt ist, der einzige Grund zu sein. Elisabeth schwankt zwischen der Ansicht des Kaisers und der ihrer Tochter. Auf jeden Fall bleibt in dieser Frage ein Gefühl unklaren Grauens in der gesamten Familie, ja überhaupt in der Welt zurück.

Franz Joseph sieht die fortschreitende trübe Stimmung seiner Frau. Er geht zu Valerie: »Biete alles auf, daß Mama, deren Fußschmerzen ja auch wieder ärger geworden sind, wie alljährlich im März ihre Badereise unternimmt.« Valerie tut, wie ihr geheißen. Aber Elisabeth erwidert: »Nein, ich will und kann davon nichts hören. Ich kann im jetzigen Augenblick Papa schon vor der Welt nicht allein lassen. Es ist auch Frau Schratt nicht da, um ihn zu zerstreuen, denn sie ist auf Urlaub. Ich möchte ja fahren, werde es aber nicht tun, auch wenn ich durchs Bleiben verrückt werde.«

Mittlerweile ist der Frühling ins Land gekommen, die Obstbäume schmücken sich mit ihrem Blütenkleid, herrliche Tage zaubern eine wunderbare Stimmung über das so schön und malerisch hingelagerte Königsschloß in Ofen, und Elisabeth kann sich darüber nicht fassen, daß die Natur in allem Glanz und aller Pracht wieder aufersteht, als ob nichts geschehen wäre, ahnungslos, unbekümmert, ewig gleich. Und wie sie eines Abends durch die Zauberpracht des Blütengartens der Burg heimgeht, sagt sie zu Valerie: »Wie hat sich Rudolf nur vom Frühling trennen können?!«

Die tiefe Trauer des Hofes fördert die von jeher bestandene Neigung der Kaiserin, sich von allem abzuschließen. Sie will durchaus nicht zugeben, daß irgendwelche äußere Eindrücke zerstreuend auf sie einwirken. Endlich aber bringt man es doch dahin, daß Elisabeth die Ostern mit dem Kaiser in Ischl zubringt und sich dann Ende April nach Wiesbaden begibt. Schon bemächtigen sich die Zeitungen in aller Welt der wilden Gerüchte, daß die Kaiserin vom Wahnsinn erfaßt ist. Auch das »Berliner Tageblatt« vom 21. April 1889 bringt einen langen Artikel. Der »Matin« vom 12. April, dann der »Gaulois« vom Tage darauf und der »Matin« vom 17. stellen den physischen und psychischen Zustand der Kaiserin als höchst beunruhigend dar. Da steht zu lesen, sie sei von einer sogenannten »folie raisonnante« erfaßt, wiege einen Polster in den Armen und frage ihre Umgebung, ob der neue Kronprinz schön sei. Man erfindet wüste Geschichten, in denen der König von Bayern eine Rolle spielt, und dergleichen mehr. Andere Zeitungen nehmen diese Phantasien auf, und im Nu ist die Weltpresse damit überschwemmt.

Es wird dementiert und darauf hingewiesen, daß man doch die Kaiserin täglich in Wiesbaden mit ihrer Tochter und anderen Persönlichkeiten in der Stadt und in der Umgebung spazieren sehen könne. Aber es nützt nichts, die Welt glaubt, was man ihr beim Frühstück zu lesen vorsetzt, und für sie ist die Kaiserin von nun ab wahnsinnig, wenn sie auch nur anders ist als die übrige Menschheit und sie für den Augenblick bitterster Schmerz überwältigt. Ida Ferenczy fühlt sich in dieser Zeit verpflichtet, die Kaiserin darauf aufmerksam zu machen, welche Gerüchte man über sie ausstreue. Daraufhin zeigt sich Elisabeth in Wiesbaden und dann später in Wien mehrfach öffentlich bei Gelegenheiten, wo sie sonst nicht erschienen wäre, um den Gerüchtemachern das Geschäft etwas zu erschweren. Der Aufenthalt in Wiesbaden ist von beruhigender Wirkung auf Elisabeth. Charlotte Majláth, die sie dort auf Spaziergängen oft und oft begleitet, findet, daß das gute, liebe Gesicht ihrer Kaiserin allmählich wiederkehre, daß sie ziemlich ruhig sei, daß nur in ihrem Ausdruck etwas ist, das traurig stimmt. Dazu trägt freilich der große Kreppschleier bei, den die Kaiserin auch in Wiesbaden nicht ablegt.

Mit höchstem Eifer beschäftigt sich Elisabeth weiter mit dem Griechischlernen und läßt sich von Metzger ihre noch immer schmerzenden Füße massieren. Sie können nicht viel besser werden, weil Elisabeth wieder beginnt, während der Kur übertrieben viel Bewegung zu machen. Mit dem immer ruhigen und trockenen Obersthofmeister Baron Nopcsa bespricht Elisabeth ihre Zukunftspläne, die deutlich die große innere Unruhe zeigen, die in ihr herrscht. Durch das Unglück, das sie betroffen, ist ihre unstete Wanderlust nur noch mehr gefördert worden.

»Der Lainzer Aufenthalt«, berichtet Nopcsa an Ida Ferenczy, »wird bis mindestens Mitte Juni dauern, sodann Ischl ... Über die Pläne berichte ich Ihnen vertraulich. Anfang September wollen wir in ein Seebad nach Holland gehen, wo Ihre Majestät von Metzger vierzehn Tage behandelt wird ... Vom 15. September bis Ende Oktober geht es nach Meran. Die Erzherzogin mit dem Bräutigam wird auch dorthin kommen. Nach Meran käme noch Korfu in Betracht. Wie Sie sehen, entwickelt sich unser Wanderleben. Weiß Gott, wohin wir noch kommen. Ihre Majestät ist gottlob gesund, auch viel ruhiger, und redet schon fließend griechisch. Mir scheint, dies nimmt ihr ganzes Denken in Anspruch, und dies ist ein günstiges Zeichen. Warsberg ist sehr krank. Ihre Majestät und ich sind sehr besorgt wegen des Baues von Korfu, da wir nicht wissen, was Warsberg schon dafür bestellte und wo er es tat[1].«

[1] Freiherr von Nopcsa an Ida Ferenczy, Wiesbaden, 11. Mai 1889. Farkas-Archiv.

Für den 22. Mai ist die Heimreise der Kaiserin von Wiesbaden nach Lainz angesetzt. Ein Hofseparatzug, der aus österreichischen und bayrischen Wagen zusammengestellt wird, steht bereit. Der Zug hat neun Waggons, der vierte ist der Salonwagen der Kaiserin, dann folgen zwei Personenwagen mit der Dienerschaft. In den letzten drei ist das Gepäck. Bei einer Kurve der Verbindungsbahn nächst Frankfurt, die der Lokomotivführer zu schnell überfährt, entgleist der letzte Gepäckwagen. Der Zug beginnt heftig zu schleudern, und Elisabeth meint: »Das ist ja ganz unheimlich.« Plötzlich erfolgen solche Stöße und die Waggons fliegen so hin und her, daß die Kaiserin ernstlich erschreckt ausruft: »Der Zugführer muß ja betrunken sein!« Der hat die Entgleisung nicht gleich bemerkt, schleppt den von Schwelle zu Schwelle springenden letzten Wagen noch etwa vierhundert Meter weit mit, bis endlich die Kupplung reißt. Zugleich aber werden die drei vorderen aus den Schienen gehoben und der Zug bleibt mit einem scharfen Ruck stehen. Furchtbare Aufregung. Die Kaiserin, die beim Fenster hinaussehen wollte, was denn los sei, wird durch den plötzlichen Schock fast zu Boden geworfen und kann sich gerade noch am Sitz festhalten. Aus dem umgeworfenen Personenwagen der Dienerschaft hört man Rufe und Schreie. Elisabeth und Valerie stürzen aus dem Wagen. »Ist jemand verletzt?« ruft die Kaiserin in höchster Aufregung. »Wo ist Franz?« schreit Valerie wie wahnsinnig. Es herrscht ein unglaubliches Durcheinander und höchste Verwirrung. Fragen, Schreien, Hinundherrennen. Männer zittern, Frauen weinen, die Friseurin der Kaiserin wird hysterisch und beginnt vor allem herbeigeeilten Volk in den überschwenglichsten Worten zu predigen. Bald aber zeigt sich, daß nicht allzuviel geschehen ist. In den vorderen stehengebliebenen fünf Waggons ist überhaupt alles heil, und aus dem umgestürzten Dienerschaftswagen klettern eben der Hofzuckerbäcker und ein Lakai, nur ganz leicht verletzt, aus einem Fenster heraus. Die übrigen Insassen folgen unverletzt, blaß vor Schreck und Aufregung. In kürzester Zeit wird alles wieder in Ordnung gebracht. Nur die umgestürzten Waggons bezeichnen die Unglücksstelle. Elisabeth ist inzwischen nervös am Bahnsteig auf und ab gegangen. Nach zwei Stunden wird die Fahrt fortgesetzt. Aber der Vorfall hat das so schwer bedrückte Gemüt der Kaiserin noch mehr herabgestimmt. »Das Leben«, sagt sie ihrer Tochter, »ist schauerlich mit seinen Gefahren. Die Menschen sind nur zum Unglück geboren. Nie mehr werde ich eine ruhige Stunde haben, wenn ich dich auf der Bahn weiß.«

Am Bahnhof in Oberhetzendorf steht schon Kaiser Franz Joseph und wartet auf seine Gattin und Tochter. Als sie von dem Unfall berichten, sagt er erschreckt: »Das hätte bös ausfallen können«, und beide Hände zusammenschlagend, fügt er hinzu: »Das war ein Glück.«
In Lainz gibt es zuwenig Ablenkung für die Kaiserin. Sie versenkt sich wieder ganz in ihre Grübeleien. Das Reiten hat sie nun völlig aufgegeben, und sonst bietet Lainz außer Jagd, die sie nie betrieben hat, keine Zerstreuung. Nun vertieft sie sich in ihre Ideen über Gott und die Welt. Manchmal will sie ihren Glauben ganz über Bord werfen, dann aber wieder, und das ist der vorherrschende Gedanke, betet sie den gewaltigen Jehova an in seiner vernichtenden Kraft und Größe. Aber sie bezweifelt, daß er die Bitten seiner Geschöpfe erhört. »Denn«, sagt sie, »vom Anfang aller Zeit her ist alles vorausbestimmt, der Mensch ist machtlos gegen diese Prädestination von Ewigkeit her, deren Grund eben nur Jehovas unerforschlicher Wille ist. Vor ihm gleicht ja alles, und natürlich auch ich, bloß der kleinsten Mücke. Und wie könnte ihm etwas an mir liegen?«
Die wachsende Apathie der Kaiserin untergräbt allmählich jede Möglichkeit, Glück und inneren Frieden wiederzufinden. »Ich bin zu alt und zu müde, um zu kämpfen«, sagte die doch erst zweiundfünfzigjährige Elisabeth. »Meine Flügel sind verbrannt, und ich begehre nur mehr Ruhe.«
Da trifft am 28. Mai die Nachricht ein, daß der Generalkonsul Freiherr von Warsberg, »der letzte Grieche«, wie man ihn in etwas überschwenglicher Weise in Wien genannt hat, in Venedig im dreiundfünfzigsten Lebensjahre gestorben ist. Das macht auf Elisabeth tiefen Eindruck, denn sie hat diesen besten Kenner Griechenlands außerordentlich geschätzt und hochgehalten, wie schon ihr Auftrag an ihn beweist, in Korfu ein Schloß zu erbauen, das den Namen ihres Lieblingshelden Achilles führen soll. Nun muß das alles in andere Hände gelegt werden, und zu Warsbergs Nachfolger wird ein Marineoffizier, von Bukovich, ernannt. Wenn man in ihm auch einen geschickten Bauleiter und Intendanten gewinnt, ein so ausgezeichneter und hochgebildeter Führer durch die altgriechische Ideenwelt, der die Begeisterung der Kaiserin dafür so teilt wie Warsberg, läßt sich nicht ersetzen.
In dieser Zeit speist Frau Schratt wiederholt in Lainz mit dem Kaiser und dem Brautpaar. Sie ist für Franz Joseph mit ihrer heiteren, urgemütlichen und frischen Art ein wahres Labsal in dieser schweren Zeit, und auch Elisabeth hat sie wirklich gern und freut sich, daß ihr Gemahl

an ihr eine Zerstreuung hat. Nur Valerie findet nach wie vor, ihre Mutter hätte die Sache nicht so weit gehen lassen sollen.

Nach der Übersiedlung nach Ischl übernimmt die Kaiserin wieder sehr große Ausflüge zu den altgewohnten schönen Plätzen, nach Hallstatt, in die Gosaumühle usw. Und oft betet Elisabeth am Jainzen vor dem Muttergottesbild, das sie für Valerie errichtet hat. Dann im Juli geht es nach Feldafing in die Heimat. Jetzt im Unglück zieht es sie wieder zu ihren Verwandten, zu denen sie vor drei Jahren nie mehr zurückkehren wollte.

Aus der Heimat geht Elisabeth nach Gastein, um dort bis zum halben August zu bleiben. Ihre Mutter hatte während des ganzen Aufenthaltes vermieden, über Rudolf zu sprechen. Aber auf alle Mitglieder der bayrischen Familie hat Elisabeths Traurigkeit und Gemütszustand tiefen Eindruck gemacht, so daß Gisela beim Abschied ihrer Schwester ins Ohr flüstert: »Gib um Gottes willen beim Wasserfall in Gastein acht auf Mama!«

Und wirklich, so unbegründet ist das nicht. Elisabeth spielt mit dem Gedanken an den Tod. »Wie beneide ich Rudolf«, sagt sie oft, »aber man weiß halt nicht, was nachkommt. Wüßte man es, dann wäre es freilich leicht.«

Durch Nopcsa erhält sie die Nachricht, daß Graf Andrássys Gesundheit sich in der letzten Zeit merklich verschlechtert habe. Er leidet an Blasenkrebs, der bis zuletzt nicht richtig erkannt und trotz Zuziehung der berühmtesten Ärzte schlecht behandelt wird. Er hat sich von der Politik ganz zurückgezogen, schon deswegen, weil er in voller Opposition zur lauen Führung der auswärtigen Geschäfte durch den Grafen Kálnoky steht. Elisabeth läßt Andrássy durch Nopcsa wieder sagen, er solle sich doch schonen und an seine Gesundheit denken, und der Obersthofmeister fügt, wohl nicht ganz ohne die Meinung seiner Herrin wiederzugeben[1], hinzu, Andrássy sei es schon darum allen schuldig, weil er die letzte Hoffnung Österreich-Ungarns sei. Darauf antwortet der Graf aus Siebenbürgen am 6. August in einem Briefe, der in eine förmliche Apologie seiner Königin ausklingt[2]:

»Ich weiß nicht«, heißt es da, »was ich von der Gnade Ihrer Majestät sagen soll, daß sie auch aus so weiter Ferne an mich denkt. Das ist

[1] Nopcsa an Andrássy, Gastein, 24. Juli 1889. Andrássy-Archiv.

[2] Andrássy an Nopcsa, Hezsdád, 6. August 1889, teilweise abgedruckt bei Wertheimer, Andrássy, a. a. O. S. 338.

mehr als schön von ihr. Du weißt, was für einen hohen Begriff ich stets von ihrem Geist und ihrem Herzen gehabt habe, aber seitdem ich einige ihrer Gedichte gelesen, ist meine Meinung von ihr zu höchster Bewunderung gestiegen. Wenn ich bedenke, daß neben so viel Geist, der auch einem größten Manne zur Ehre gereichen würde, auch so viel Herz Platz hat, kann ich nur kurz sagen, daß es auf *der Welt keine zweite solche Frau gibt.* Nur das kränkt mich, daß so wenige Menschen wissen, wer sie ist. Ich möchte, daß die ganze Welt es wisse und sie bewundere, wie eine so seltene Individualität es verdient. Sie hat vielleicht recht, daß sie sich nicht mit Politik beschäftigen will. Das ist nicht immer eine dankbare Aufgabe, aber bei ihrem großen Verstand wäre es der Fall. Daß sie aber ihren überlegenen Geist und ihr großes Herz, in Vergleich zu denen jene der berühmten Maria Theresia nur die einer guten Hausfrau waren, so versteckt, als ob es sich nicht schicken würde, solche Talente zu zeigen, das kann ich nur bedauern. Ich tröste mich nur mit dem einen, daß ich einer der wenigen glücklichen Menschen bin, die Gelegenheit gehabt haben, eine Frau kennen und bewundern zu lernen, von der so viele Millionen ihrer Untertanen keinen rechten Begriff haben, wer sie ist.«

Nopcsa zeigt den Brief der Kaiserin, die ihn mit den Worten quittiert: »Ja, das ist einer der wenigen wahren Freunde auf dieser Welt.«

Von Gastein kehrt die Kaiserin nach Ischl zurück, wo Franz Joseph sie zeitweise besucht. Bei aller Liebe und Achtung, bei aller Teilnahme macht ihn, auf dem doch so viele Sorgen lasten, die fürchterliche Trostlosigkeit seiner Gemahlin ab und zu nervös. Und wenn er dann einmal etwas kurz angebundene Antwort erteilt, eine ungeduldige Bewegung macht, berührt dies sofort die Empfindlichkeit der Kaiserin. Dann vergleicht sie dies manchmal mit dem Benehmen des Kaisers Frau Schratt gegenüber. Ist sie allein mit Valerie, was ihr das liebste ist, dann weint sie bitterlich: »Warum bin ich geboren? Mein Leben ist unnütz und ich stehe nur zwischen dem Kaiser und Frau Schratt. Ich spiele doch da eine fast lächerliche Rolle.« — »Die Ehe ist eine widersinnige Einrichtung«, sagt sie einmal unmutig. »Als fünfzehnjähriges Kind wird man verkauft und tut einen Schwur, den man nicht versteht und nie mehr lösen kann.« Zuweilen hat Elisabeth wirklich beängstigende Augenblicke.

Einmal, am 26. August, als sie wieder mit Valerie spazierengeht, sagt sie plötzlich:

»Ich liebe den großen Jehova und bete ihn im Staube an, ohne auf

Lohn zu hoffen.« Und im selben Augenblick wirft sie sich im Garten der Länge nach zu Boden.

»Nur so kann man zum großen Jehova beten und man kann ihn nur anbeten; denn was nützen Bitten, da ja doch alles vorausbestimmt ist.« Dann aber, am nächsten Tag, fleht Elisabeth doch wieder zu Jehova und tut Gelübde, nach Mariazell zu gehen, wenn ihre Wünsche erfüllt werden. Nur die wunderbare Natur der Alpenwelt hat einen beruhigenden Einfluß auf die Kaiserin. Immer nennt Elisabeth schöne Aussichten herrliche Gedichte Jehovas.

Da Franz Joseph sieht, wie es um seine Frau steht, unterstützt er diesmal ihre Reisegedanken, weil er hofft, daß Madonna di Campiglio und Hochgebirgspartien sowie Aufenthalt auf der Mendel und in Meran seiner Frau guttun werden. Die Eisenbahn wird kaum berührt. Es wird geritten und gegangen. Der Leibarzt Widerhofer ist zur Beruhigung des Kaisers mit von der Partie. Er aber kann nicht so marschieren wie Elisabeth und reitet auf einem Maultier auf einem schmalen Fußweg hinter der Kaiserin. Elisabeth, die bei großen Märschen ihren Rock bis zum Knie aufschürzt und oft mitten am Wege hinter ein Gebüsch tritt und den Unterrock auszieht, sieht ihn nicht, glaubt dies ungestört tun zu können und bleibt dazu stehen. Widerhofer erkennt die Situation und will auf dem schmalen Wege umkehren. Das Maultier rutscht, hält sich aber im letzten Moment mit großer Geschicklichkeit. Der Arzt jedoch ist kein großer Reitersmann, stürzt wie ein Sack herab, bricht sich das Schlüsselbein und zieht sich eine böse Rippenverletzung zu. Grund genug, daß Elisabeth wieder sagt: »Es liegt ein Unstern über allem, was ich tue, und wer nur immer um mich ist, der muß auch darunter leiden.«

Dann geht es über die Mendel nach Meran ins Schloß Trautmansdorff. Die Füße der Kaiserin sind jetzt so gut, daß sie wieder, zumeist mit einem ganz ausgezeichneten Bergführer namens Buchensteiner, riesige Märsche auf die herrlichen Berge der Umgebung unternimmt. Sie ist unermüdlich, schöne Ausblicke aufzusuchen. Buchensteiner findet, es sei ein unglaublicher Unterschied, wie sie und andere Leute schöne Punkte betrachten. Sie ist immer traurig und gedrückt. Aber wenn sie so an einem herrlichen Morgen auf einem hohen Berge über das weite Land, Fluß und Tal, Fels und Gestein hinwegsieht, da leuchten ihre Augen beim Anblick von Gottes wundervollen Bergen. Oft sieht man Elisabeth auf ihren Wanderungen lange vor den Marterln mit ihren ungelenken bildlichen Darstellungen stehen.

Eines Tages kommt sie nach St. Katharina in der Scharte, einem kleinen Orte mit lieblichem Kirchlein, 1245 Meter über dem Meere. Unerkannt gelangt Elisabeth mit Buchensteiner zum Bauernhof Sulfner, zunächst diesem Kirchlein.

»Grüß Gott«, sagt Elisabeth. »Könnte ich eine Milch bekommen?«

»Ja freilich«, erwidert ein stämmiges Dirndel.

»Aber ganz frisch muß sie sein.«

Da geht das Mädchen lachend in den Stall und melkt vor den Augen der Kaiserin. Dann gibt sie die Schale voll schäumender Milch Elisabeth, die ihr zum Dank einen Gulden in die Hand drückt.

»Wer ist denn nacha dös?« fragt das Mädel den etwas zurückgebliebenen Buchensteiner. »Dö muaß ja grad gnua Geld ham! Für a Maulvoll Milch so a Geld!«

»Dös ist die Kaiserin«, flüstert ihr der Führer zu.

»Jessas Maria, und i hab' 's Geld gnumma!«

Inzwischen war Valeries Vertraute Mère Mayer vom Wiener Sacré-Coeur gestorben und in einem diesem Institut gehörenden Besitz mit Klostergarten und Friedhof in Meran beigesetzt worden. Elisabeth geht mit ihrer Tochter zu diesem Grab und legt Blumen an das weiße Marmorkreuz. Valerie benützt die Gelegenheit, um ihr von dieser edlen Frau zu sprechen, und gesteht, daß sie oft mit ihr auch über sie vertraulich geredet habe.

Von Franz Joseph erhält Elisabeth indes fortwährend liebevolle Briefe, die sie über jedes kleinste Detail seines Lebens, insbesondere aber auch über alles, was Frau Schratt betrifft, unterrichten. »So trüb meine Stimmung am Morgen des 4. Oktober (Namenstag Franz Josephs) war, so erhellte sie sich doch etwas, als Eure Briefe und einer der Freundin nebst einem Topfe mit vierblättrigem Glücksklee kamen und als ein selten herrlicher, sonniger Tag die Wälder und die schneebedeckten Berge in den prachtvollsten und verschiedenartigsten Farben erglänzen ließ. Du hast recht, die Natur ist doch der beste Trost.«

Gegen Ende Oktober kommt Franz Joseph Elisabeth in Meran besuchen. Er findet die Stimmung seiner Frau noch nicht gebessert. Sie zieht sich nach wie vor von allen Menschen zurück. Bei den Mahlzeiten zu erscheinen, hat sie sich fast gänzlich abgewöhnt. Auch Franz Joseph ist gedrückt. Nicht nur wegen des furchtbaren Ereignisses mit Rudolf, sondern auch wegen der innerpolitischen Lage, die besonders in Ungarn, wo sich zuweilen Demonstrationen für den immer noch verbannten Kossuth ereignen, wieder dornenvoll ist. Es zeigt sich nun, daß Kaiser und Kaiserin im Augenblick nur noch der gemeinsame Schmerz verbindet, und die Erkenntnis dessen macht sie noch trosloser.

»Ich könnte verrückt werden«, sagt Elisabeth, »wenn ich vorausdenke und noch jahrelang das Leben vor mir sehe[1]!«

In solcher Stimmung nimmt die Kaiserin Abschied von den Ihren und fährt nach Miramar. Dort wartet unter Kommando des Grafen Cassini die Jacht »Miramar«, um die Majestät nach Korfu zu bringen, wo sie wegen des geplanten Baues nach dem Rechten sehen will. Vielleicht daß die Schönheit dort unten die völlige Freud- und Trostlosigkeit, die sich immer lastender auf ihre Seele legt, abschwächen kann. Sie will aber nicht nur in Korfu bleiben, weil auch sie erkennt, daß das lange Verweilen an einem Orte ihren Grübeleien und Gedanken zu stark Vorschub leistet.

Der kleine Grieche Thermojannis verläßt nun Elisabeth und weint beim Abschied wie ein Kind. Die Kaiserin verträgt ihn aber nicht mehr. Nun meldet sich in Korfu ein neuer Lehrer der griechischen Sprache, Rhousso Rhoussopoulos[2], ein eher etwas fahl und struppig aussehender Mann. Elisabeth kann nun schon Griechisch sprechen und verstehen, will aber auch die Sprache der Literatur vollkommen erlernen. »Glauben Sie nicht«, sagt sie dem neuen Manne, »daß ich scherze. Ich wünsche ernstlich, daß Sie mit mir streng sind und mich auf jeden Fehler aufmerksam machen, denn entweder soll man etwas gründlich erlernen oder es gar nicht erst beginnen.«

In Korfu will Kaiser Wilhelm II. die Kaiserin besuchen, der eben mit seiner »Hohenzollern« in Begleitung eines Schlachtgeschwaders auf der Reise zur Vermählung seiner Schwester mit dem Kronprinzen von Griechenland begriffen ist. Elisabeth aber läßt sich entschuldigen, sie sei noch nicht imstande, Besuche zu empfangen. Sie flüchtet von der Villa in eine andere, nahe gelegene Ortschaft und bleibt den ganzen Tag über dort verborgen. Kaiser Wilhelm aber, der sie in Gasturi vermutet, dampft indessen mit seinem Geschwader von neun Riesenschiffen in Kiellinie knapp an der Höhe, auf der die Villa der Kaiserin liegt, vorbei und jedes Schiff grüßt mit einundzwanzig dröhnenden Salutschüssen. Beschämt sieht das Gefolge mit der Gräfin Festetics und Baron

[1] Tagebucheintragung vom 25. Oktober 1889. T. E. V. S.

[2] Gedenkblätter von Professor Rhousso Rhoussopoulos, in »Franz Joseph I. und seine Zeit«, herausgegeben von J. Schnitzer, Wien und München 1898, S. 59 f., und L. K. Nolston. Ein Andenken an weiland Kaiserin und Königin Elisabeth, Budapest 1899, S. 77.

Nopcsa dieser Ehrung zu, die nicht ihnen gilt, sondern der Herrin, der man nichts Unangenehmeres antun könnte als solche demonstrative Begrüßungszeremonien. Als das Geschwader in den Hafen einläuft, geht der Obersthofmeister Baron Nopcsa an Bord, um dem Kaiserpaar nochmals mündlich Entschuldigungen zu sagen. Wilhelm II. und seine Gemahlin begreifen alles, sind lieb und gnädig, aber in ihrem Innern doch bedenklich gestimmt und etwas enttäuscht, denn sie hätten sich gerne persönlich überzeugt, wie es um Elisabeth steht, und finden in ihrem Verhalten eine gewisse Bestätigung dessen, was die Welt über sie verbreitet. In Wahrheit aber wirken der blaue Himmel, das ewige Meer, der schöne Mond- und Sonnenschein, die herrliche, duftende Vegetation Korfus sehr gut auf Elisabeths Gemüt ein. Ihre Augen bekommen einen ruhigeren Ausdruck, und mit Interesse, ja mit Eifer hilft sie den Plan für die Winterreise entwerfen.

Von Korfu führt diese nach Sizilien, durch die Straße von Messina nach Palermo, dann mit Berührung Maltas nach Tunis, von wo aus Elisabeth auch die Ruinen von Karthago besucht. Ihren Namenstag feiert sie diesmal natürlich nicht, nimmt auch keinen Glückwunsch entgegen. Ja, die Kaiserin hat ganz im Gegenteil durch das Ministerium des Äußeren in Wien allen Höfen bekanntgeben lassen, daß sie nicht nur für die nächste Zukunft, sondern für alle Zeit keine Glückwünsche mehr entgegennehmen wolle, da das Wort »Glück« für sie keinen Sinn mehr habe[1].

Am 4. Dezember kehrt die Kaiserin nach Wien zurück. Valerie empfängt sie am Bahnhof. Beim Aussteigen bricht Elisabeth bei dem Gedanken, daß sonst immer Rudolf dagestanden war, um sie zu empfangen, in Tränen aus.

»Weißt du, mein Kind«, sagt sie zu Valerie[2], »wäre es nicht, um dich wiederzusehen, ich hätte kaum die Kraft gehabt, zurückzukehren. Die Wiener Hofburg lastet fürchterlich auf mir. Hier fühlt man nicht nur, hier wird man täglich erinnert, sieht förmlich immer wieder, was geschehen ist, und die Last ist nicht abzuschütteln. Weißt du, es ist mir manchmal, als hätte Rudolf meinen Glauben totgeschossen. Ich bete den großen Jehova an, aber sonst ...«

Elisabeth mustert ihre Garderobe. Sie will nie mehr in ihrem Leben

[1] Streng vertrauliches Zirkular an Österreich-Ungarns Botschafter und Gesandte vom 1. und 9. Oktober 1889. Wien, Staatsarchiv.

[2] Tagebucheintragungen vom 4., 5. und 8. Dezember 1889. T. E. V. S.

farbige Sachen tragen, scheidet alles aus, was hell ist, verschenkt Kleider und Schirme, Hüte, Tücher und Handschuhe.
Valerie bittet ihren Vater, den Weihnachtsabend nicht in der Burg zu verbringen, weil sie die Rückwirkung auf ihre Mutter fürchtet. So fahren Franz Joseph und Elisabeth mit dem Brautpaar für diesen Tag nach Miramar. Der Christabend bleibt zum erstenmal ohne Weihnachtsbaum und ohne Bescherung. Nur zur Stunde, da im Vorjahre an gleicher Stätte die Verlobung stattgefunden hat, zieht Elisabeth für einige Minuten ein lichteres graues Kleid an und wünscht dem Brautpaar weinend und unter innigen Umarmungen Glück.
Am Neujahrstag werden alle sonst üblichen Empfänge abgesagt. Nur das Brautpaar darf zu Elisabeth, die Valerie eine Brosche mit zwei verschlungenen Herzen schenkt. Ihre Stimmung bleibt immer gleich traurig und bedrückt. Und so erfaßt selbst Valerie, angesichts des Weltschmerzes und des trostlosen Vorausbestimmungsglaubens ihrer Mutter, die Sehnsucht, herauszukommen, in eine gesündere Atmosphäre, in einen eigenen Wirkungskreis, den sie sich von ihrer Ehe erhofft. Sie denkt viel nach über ihre Mutter und muß sich doch auch manchmal sagen, daß vieles, was geschehen ist, nicht so schwer hätte genommen werden sollen. Zu oft hat die Kaiserin sich in mißverstandenem Stolze gekränkt in sich selbst zurückgezogen, anstatt sich auszusprechen. Das ist ihr ganzes Leben immer wieder der Fall gewesen, und so ist diese edle, große Frau mit dem hellen Geist und warmen, liebenden Herzen schließlich fast allen entfremdet worden.
Am 30. Jänner jährt sich zum erstenmal der Tag von Rudolfs Tod. Elisabeth hat nicht geschlafen, hat starkes Kopfweh, aber sie hat mit dem Kaiser besprochen, nach Mayerling zu fahren, das sie noch gar nicht kennt. Indessen ist aus dem Jagdschlößchen ein Karmeliterkloster geworden und das Sterbezimmer in eine Kirche verwandelt. Das Kaiserpaar und Valerie fahren auf wunderschönem Waldweg in zwei Wagen hinaus. Auf der ganzen Fahrt spricht niemand ein Wort. In Mayerling liest der Burgpfarrer die Messe auf dem Altar, der genau dort erbaut ist, wo einst Kronprinz Rudolfs Bett stand. Dabei hat der Geistliche das Schreckensbild jenes Totenbettes vor sich, das auch er gesehen, weil er der Kommission angehörte.
Wie in einem schweren Traum wohnt Elisabeth tränenlos der Messe bei. Ruhig, in christlicher Ergebung, neben ihr der Kaiser. Mit Bitterkeit gedenkt die Kaiserin aller jener, die in den letzten Lebensmonaten Rudolfs eine dunkle Rolle gespielt haben. Nach solchen Erfahrungen,

sinnt Elisabeth, muß man doch allen Glauben an Leben, Liebe und Freundschaft verlieren.

Da erfährt sie zu ihrem Schrecken, daß der schon seit langem an schmerzhaftem Blasenkrebs erkrankte Graf Gyula Andrássy, einer der wenigen, die sie nie enttäuscht haben, am 18. Februar in Volosca gestorben ist. Es ist, als ob Elisabeth nicht zur Ruhe kommen soll. Der neue Todesfall ist, wenn auch kein unerwarteter, so doch wieder ein bitterer Schlag für die Kaiserin, die nach Erzherzogin Valeries eigenem Zeugnis[1] mit wahrer, unerschütterlicher Freundschaft an ihm hing, wie vielleicht an keinem anderen Menschen.

»Mein letzter und einziger Freund ist gestorben«, klagt Elisabeth. Am 21. Februar wird Andrássy in Budapest begraben. Die Kaiserin fährt zu seiner Witwe, der Gräfin Katinka, die sie in warmen Worten ihrer Treue, Ergebenheit und Liebe versichert und ihre Königin bittet, in jeder Lage auf sie und ihre Söhne zu bauen.

Zurückgekehrt, sagt Elisabeth zu Valerie: »Jetzt erst weiß ich, was ich an Andrássy gehabt habe. Zum ersten Male fühle ich mich ganz verlassen, ohne jeden Ratgeber und Freund. Andrássys Geist wird weder in seinen Söhnen noch in einem anderen Menschen wohnen.« Dann fährt Elisabeth in die Akademie und legt auf den Sarg des großen Mannes einen Maiglöckchenkranz nieder. Wieder sieht Ungarn seine Königin an der Bahre eines seiner Patrioten knien und beten.

Mitte März unternimmt Elisabeth mit ihrer Tochter ihre gewohnte Frühjahrsreise, diesmal nach Wiesbaden und Heidelberg, das »in des Lebens schimmerndem Brautgewand« prangt. Die Kaiserin macht große Spaziergänge mit ihrer Tochter. »Nur durch dich«, sagt sie ihr immer wieder, »kann manchmal noch ein Schein von Heiterkeit über mich kommen. Wie mein Leben nach der Trennung durch deine Heirat sein wird, kann ich mir kaum denken. Die letzte Zeit bis zu deiner Hochzeit ist wie eine Galgenfrist für mich.«

Indes tritt Elisabeth doch langsam aus ihrer seit dem Tode ihres Sohnes aufrechterhaltenen völligen Abgeschlossenheit heraus, empfängt unter anderem am 11. April 1890 den Besuch des Kaisers Wilhelm und wenig später den der Kaiserin Friedrich, die Elisabeth liebt und nicht nur als einfach und sympathisch bezeichnet, sondern auch für sehr gescheit hält. Auch diese Frau ist durch den Tod ihres Mannes gebrochen und aufs äußerste gegen die Welt, nicht aber gegen Gott erbittert.

[1] Tagebucheintragung vom 18. Februar 1890. T. E. V. S.

»Mein Los ist nicht weniger hart als das deine«, sagt sie zu Elisabeth, »der Undank der Menschen gegen mich ist mehr, als man ertragen kann.«
Trübe erwidert Kaiserin Elisabeth: »Alles, was geschieht, ist vorausbestimmt.«
»Ach nein, ich glaube doch, daß der Herrgott im Himmel schließlich alles zu unserem Wohl lenkt; im übrigen warte ich, denn was nach dem Tode kommt, kann ja doch kein Mensch wissen[1].«
Bald nach diesem Besuch kehrt Elisabeth nach Wien zurück, wo das gewohnte Leben wieder in seine Rechte tritt, nur daß jetzt noch eine neue Persönlichkeit die Intimität des Kaiserpaares teilt. Frau Schratt speist öfters, so auch am 7. Mai 1890, mit dem Kaiserpaar und Valerie, die das als eher peinlich empfindet und nicht begreift, daß Elisabeth es als so gemütlich bezeichnet.
Da kommt aus Regensburg eine neue traurige Nachricht. Die Schwester der Kaiserin, Nené Taxis, die einst Franz Josephs Frau zu werden bestimmt war, ist schwer erkrankt. Es ist, als hätte sich in diesem Jahre alles verschworen, um zu verhindern, daß sich Elisabeth von dem schweren Unglück mit dem Kronprinzen endlich etwas erhole. Die Kaiserin tritt ans Bett einer Sterbenden, die bis zum letzten Augenblick nicht daran glaubt, daß es so ernst um sie steht. Nun freut sich Nené Taxis, ihre »old Sisi« wiederzusehen.
»Wir haben in unserem Leben beide harte Püffe auszuhalten gehabt«, sagt Elisabeth.
»Ja, weil wir ein Herz besitzen«, antwortet Nené Taxis.
Wenige Tage darauf gibt sie unter furchtbaren Schmerzen ihren Geist auf. Erschüttert und neuerlich mit Gott und der Welt hadernd, kehrt Elisabeth heim.
»Ich begreife nun«, sagt sie, »daß man aus bloßer Angst vor solch einem siechen Ende Selbstmord begehen kann.«
Kaiser Franz Joseph hat gehofft, daß er die Kaiserin langsam wieder daran gewöhnen wird, in der Öffentlichkeit zu erscheinen. Aber die neue Trauer wirft Elisabeth wieder stark zurück. »Der Kaiser«, beurteilt der deutsche Botschafter Prinz Reuß die Lage[2], »leidet am meisten unter dieser Isolierung seiner Gemahlin und ihm allein fällt die ganze

[1] Tagebucheintragung vom 22. April 1890. T. E. V. S.
[2] Prinz Heinrich VII. Reuß an Kaiser Wilhelm, 12. Mai 1890. Archiv des Auswärtigen Amtes Berlin.

Last der Repräsentation zu. Der Begriff eines kaiserlichen Hofes verschwindet und die Beziehungen zwischen ihm und der Hofgesellschaft werden immer lockerer.«

Man versucht alles, um Kaiserin Elisabeth nun, da schon anderthalb Jahre seit dem Unglück vergangen sind, etwas aus ihrer Absonderung hervorzulocken. Aber es gelingt nicht. Selbst in Ischl ist eine förmliche Sperrzone um sie gebreitet, sogar die kaiserlichen Adjutanten dürfen sich in der unmittelbaren Umgebung der Kaiservilla nur in ganz abgemessenen Räumen bewegen, um der Majestät nicht zu begegnen[1]. Nur einmal, als der junge, erst vierzehnjährige König Alexander von Serbien in Ischl eintrifft, läßt sich die Kaiserin bewegen, beim gemeinsamen Diner anwesend zu sein, an dem sie sonst nicht teilnimmt. Sie kommt einige Augenblicke verspätet und tritt durch eine von einem Vorhang verdeckte Tür im selben Augenblick herein, da ein Lakai hinausgehen wollte. Es kommt zu einem rüden Zusammenstoß. »Wie ungeschickt«, sagt die Kaiserin nur. Nun ist Elisabeths ganzes Denken ausschließlich von der bevorstehenden Hochzeit Valeries ausgefüllt. Oft sagt sie ihr:

»Ich kann nicht begreifen, wie man sich die Ehe so sehr wünschen und sich soviel Gutes davon erwarten kann. Wenn du aber glücklich wirst, opfere ich gern alles.«

In diesem Monate versucht Elisabeth, ihrem Töchterchen die letzte Zeit im Vaterhause möglichst schön zu gestalten. Sie kümmert sich persönlich um jedes Stück des Trousseaus und bereitet ihr häufig kleine Überraschungen. So hat die Kaiserin eines ihrer Gedichte, das Valerie am meisten liebt, das sogenannte »Loserlied«, das diesen schönen Berg besingt und mit den Worten beginnt:

O fraget nicht nach morgen,
Das Heut ist ja so schön!
Verstreut ins Tal die Sorgen,
Laßt sie vom Wind verwehn!

in Musik setzen lassen. Plötzlich erklingt dieses Lied eines Abends in Ischl vom Männergesangverein im Chor gesungen, vor den Fenstern Valeries. Elisabeth kommt zu ihrer Tochter, beide hören ergriffen dem

[1] Persönliche Mitteilungen des ehemaligen Adjutanten des Kronprinzen, des Generals der Kavallerie Artur Freiherrn von Giesl.

Gesange zu, dann umarmt die Kaiserin ihr Kind mit Tränen in den Augen und sagt:
»Ich danke dir, daß du mir immer ein so gutes Kind gewesen.« Es ist einer der schönsten Augenblicke im Leben Valeries.
So kommt der Morgen des 31. Juli 1890, der Hochzeitstag, heran. Leichenblaß ist Elisabeth, als sie im letzten Wagen des Brautzuges mit Valerie allein durch die Reihen »Hoch!« rufender Menschen in die Kirche fährt. Würdig verläuft die kirchliche Zeremonie. Beim Umziehen nach der Hochzeit hilft die in Tränen aufgelöste Kaiserin ihrer Tochter. Valerie ist dadurch so bedrückt, daß sie ihrem Onkel Karl Theodor die Hand nimmt und ihm tiefernst sagt: »Ich bitte dich, versprich mir, daß du Mama immer und in jeder Lage des Lebens ein treuer Freund sein wirst. Sie wird es in Zukunft sicher brauchen.« Mit warmem Händedruck gelobt es der Herzog fest und innig. Es ist eine lange Trennung Valeries von ihrer Mutter, denn Elisabeth hat erklärt, sie wolle nachher eine weite Seereise um ganz Europa antreten.
Nun kommt der Augenblick des Scheidens. Der Wagen ist vorgefahren, das junge Paar steigt ein, und die mit Alpenrosen und Vergißmeinnicht bekränzten Pferde ziehen an. Fort geht es von Mutter und Elternhaus. Es ist der Kaiserin, als hätte man ihr das Herz aus dem Leibe gerissen.

XIV

DIE ODYSSEE DER KAISERIN

1890—1897

Nun ist Elisabeth mit ihrer inneren Unruhe allein. Kaum einen Tag noch hält sie es zu Hause aus. Zunächst geht es in die bayrische Heimat. Doch auch dort bleibt sie nicht lange, nur fort, fort, hinaus aufs Meer. Ein Segelkutter namens »Chazalie«[1], der in Dover wartet, nimmt sie auf. Gleich beim ersten Ausflug kommt das Schiff in einen Sturm, wie ihn die Matrosen noch nie erlebt haben. Elisabeth läßt sich an einen Mast binden und sieht auf Deck, von den überschäumenden Wellen völlig durchnäßt, begeistert dem entfesselten Elemente zu, ohne an Gefahr zu denken. Dabei kämpft sich der Kutter nur mühsam wieder in den Hafen.

Die Begleitung der Kaiserin ist außer sich, ihre Briefe in die Heimat bekunden es. »Über die Fahrt kann ich nur sagen, es war entsetzlich«, läßt sich die mit den Jahren immer kritischer werdende Gräfin Festetics vernehmen[2], »ein Wunder, daß wir das Ufer erreichten. Niemand kann sich vorstellen, wie es war ... Was ich in den ersten achtzehn Stunden gelitten habe, ist unbeschreiblich ... Der Gedanke, wieder auf das Schiff zurückzukehren, ist entsetzlich. Ich bete, daß ich die Kraft nicht verliere; ... das alles ist auch mir zuviel.«

Die »Chazalie« hat bei der stürmischen Fahrt Havarien erlitten und wird ausgebessert, dann erst wird die eigentliche Reise angetreten. Diesmal fährt Elisabeth der englischen Jacht wegen nicht als Gräfin von Hohenembs, sondern als Mrs. Nicolson. Wegen der Cholera darf man die spanischen Häfen nicht berühren, und die Kaiserin freut sich, mit dieser guten Ausrede einem sonst unvermeidlichen Besuch bei der in San Sebastian weilenden Königin Spaniens ausweichen zu können.

[1] »Stern des Meeres.«

[2] Marie Festetics an Ida Ferenczy, Paris, 27. August 1890 (Poststempel). Farkas-Archiv.

Es wird also direkt nach Portugal gefahren. Der Ozean ist stark bewegt, alle Damen sind krank und können Elisabeth nicht zur Verfügung stehen. Um so mehr muß der Grieche herhalten. Oft ist auch er derartig hergenommen, daß er seinen Dienst nicht machen kann, und die Kaiserin, die die Widerstandsfähigste bleibt, klagt, daß sie so viel Zeit zum Griechischlernen verliere. Aber die riesigen Wellen rings um das Schiff sind unerbittlich und zwingen auch einer Kaiserin ihren Willen auf. Kaum läuft die Jacht mit »halbkrepierten Passagieren«, wie Gräfin Festetics sagt[1], in den Hafen von Oporto ein, so geht Elisabeth sofort an Land und läuft zwei volle Tage in größter Hitze von früh bis abends in der Stadt und in ihrer schönen Umgebung umher. Nur so fühlt sie sich ganz in ihrem Element. »Ihre Majestät«, schreibt Marie Festetics, »ist dann derart zufrieden, daß man auch die Strapazen mit Freude erträgt.« In Lissabon durchwandert die Kaiserin fast ununterbrochen von ein Uhr mittags bis acht Uhr abends die portugiesische Hauptstadt und macht zahlreiche Einkäufe. Von der königlichen Familie zu Tisch geladen, läßt Elisabeth sagen, sie bedaure, auf ein Zusammentreffen verzichten zu müssen. Während die regierende Königin, deren Gemahl nicht in Lissabon weilt, sich mit dem erhaltenen Bescheide zufriedengibt, antwortet die Königinwitwe Maria Pia, eine stolze savoyische Prinzessin, die die Einladung an Elisabeth gezeichnet hat, sehr kurz und mit Hoheit[2]:

»Sagen Sie Ihrer Majestät, daß ich darauf halte, sie zu sehen, und daß, wenn sie nicht zu uns nach Cintra kommt, ich sie auf ihrem Schiffe werde aufsuchen müssen.«

Darauf bleibt der Kaiserin nichts anderes übrig, sie muß den Königinnen einen kurzen Besuch machen. Sofort danach nimmt sie wieder ihre Schnellpromenaden auf, und alles mögliche wird besichtigt. »Ihr Zweck ist aber nur, fortzugehen«, meint die Gräfin Festetics dazu; »als wir nach Hause kamen, brach ich vor Müdigkeit auf meinem Bett zusammen[3].«

Elisabeth beabsichtigt, noch einen Ausflug nach Alhandra an der Einmündung des Tejo zu machen, doch wird sie dringend gebeten, davon

[1] Marie Festetics an Ida Ferenczy. Arcachon. 1. September 1890. Farkas-Archiv.

[2] Meldung des deutschen Gesandten in Lissabon an den Reichskanzler Caprivi, Cintra, 18. September 1890. Archiv des Auswärtigen Amtes, Berlin.

[3] Gräfin Festetics an Ida Ferenczy, Gibraltar, 16. September 1890. Farkas-Archiv.

abzustehen, weil auch dort Cholera wütet. So muß sie darauf verzichten. »Ich fürchte mich nicht vor dem Tod«, sagt sie dabei zu dem Griechen Rhoussopoulos. »Ich bin bereit zu sterben; ich wünsche nur, nicht lange schmerzhaft leiden zu müssen. Aber für das Leben meines Gefolges bin ich verantwortlich, und deshalb muß die Fahrt unterbleiben.«

Von Lissabon geht es am 15. September 1890 nach Gibraltar, das Elisabeth mit der Gräfin Festetics am ersten Tag acht und am zweiten zehn Stunden lang durchwandert. Dann setzt die Kaiserin bei unruhiger See nach Tanger in Afrika über. Nach siebenstündigem Spaziergang in der Stadt fragt sie die Gräfin Festetics: »Können Sie noch gehen, Marie?« Auf das zögernde »Ja« setzt Elisabeth noch eine weitere Stunde zu.

Die Fahrt geht dann weiter der Nordküste Afrikas entlang. In Oran wiederholt sich das alte Spiel. Noch hält es die Gräfin Festetics mühsam aus, aber nicht mehr lange. Der Obersthofmeister schüttelt den Kopf. »Diese Bewegungsmanie Ihrer Majestät steigert sich fort«, schreibt er nach Hause, »Gott weiß, wohin das noch führen wird[1].«

Am 25. September muß das Schiff in Tenéz vor schwerer See Schutz suchen. »Der Sturm trieb uns in diesen kleinen Hafen herein«, berichtet Marie Festetics ihrer Freundin Ida Ferenczy, »und hier setze ich unsere Leidensgeschichte fort... Auch am Schiff wird es von Tag zu Tag unerträglicher, die Friseurin wird täglich unverschämter und spielt sich auf die große Dame aus. Da das Schiff klein ist — kann man ihr nicht ausweichen... Ihre Majestät erzählt die vertraulichsten Sachen, sie ist sehr lieb und gut, doch oft erschauere ich über die schöne Seele, die in Egoismus und Paradoxen untergeht[2].« Trotzdem hat Marie Festetics den Eindruck, daß Elisabeths Gemüt im allgemeinen besser ist. Die Stunden, in denen sie sich in exzentrischen Auffassungen und in hartem Urteil ergeht, werden seltener, und sie kümmert sich auch wieder um andere Menschen. Aber ihr Aufenthalt muß unbedingt fortwährend wechseln. Kaum ist sie in Algier, eilt sie schon weiter nach Ajaccio auf Korsika, um das Geburtshaus Napoleons zu sehen. »Was das doch für ein großer Mann war!« meint die Kaiserin dort. »Schade nur, daß er eine Kaiserkrone angestrebt hat.« Weiter, immer weiter geht es nach

[1] Freiherr von Nopcsa an Ida Ferenczy, Oran, 23. September 1890. Farkas-Archiv.

[2] Marie Festetics an Ida Ferenczy, Tenéz, Afrika, 25. September 1890. Farkas-Archiv.

Marseille, zu den Hyéresinseln mit ihren herrlichen Pinienwäldern, endlich nach Italien, nach Florenz.
Der italienische Ministerpräsident Crispi, der sich mit Papst Leo XIII. immer noch nicht geeinigt hat, fürchtet auf diese Nachricht, die Kaiserin könnte nach Rom kommen und den Papst demonstrativ besuchen. So wenig kennt der Mann Elisabeth. Kaiser Franz Joseph kommt seiner Gemahlin wegen aus Angst und Unruhe nicht heraus, auch ihm ist es politisch unangenehm, daß sie in Italien weilt. Aber seine Frau ist in letzter Zeit ohne jeden festen Plan so viel kreuz und quer herumgereist und dies mit einem Schiff, von dem man nie weiß, ob und wann es ankommt, daß die briefliche Verständigung zwischen dem Kaiserpaar stark gelitten hat.
Elisabeth aber ist indes, ohne Rom zu berühren, nach Pompeji und Capri gefahren, schreibt einen höflichen Brief an das italienische Königspaar, und so läuft alles glatt ab.
Am 25. November trifft sie mit der »Miramar«, die ihr nach Neapel entgegengekommen ist, in Korfu ein, wo sie die Fortschritte des Baues der Villa in Gasturi besichtigt. Sie hat aus Italien mehrere Marmorstatuen, »Peri«, die gütige Lichtfee aus Miltons »Verlorenem Paradies«, eine Sappho, dann Büsten Homers und griechischer Denker nach Korfu mitgebracht, um sie in ihrer Villa aufzustellen. Die Stimmung ist besser, nur scheut Elisabeth die Rückkehr, weil sie fürchtet, daß der Kaiser ihr schon ganz entfremdet ist und sie auch ihrem jungen Paar nicht zur Last fallen will.
Am 1. Dezember trifft Elisabeth im Schloß Miramar wieder mit Franz Joseph zusammen. Es ist schon hohe Zeit, daß sie heimkehrt. Selbst in Ungarn, wo man sie doch so vergöttert, spricht man schon öffentlich im Abgeordnetenhause davon, daß sich das Königspaar immer weniger im Lande zeige. 1890 war Elisabeth nur einen einzigen Monat in Ungarn. Nun aber muß man schon froh sein, wenn die Kaiserin überhaupt im Bereich der Monarchie weilt.
Obwohl Elisabeth ihrer zur Begrüßung nach Wien geeilten Tochter erneut versichert, daß damals beim Abschied in Ischl ihr Herz gestorben sei und sie eine andere geworden wäre, findet Valerie ihre Mutter doch viel weniger bitter und hofft, sie werde sich mit der Zeit in alles finden. Auch am Hofe erwartet man dies. Schon wird halbamtlich verbreitet, die Kaiserin werde dem diplomatischen Korps größere Diners geben und einzelnen Soireen beiwohnen. »Das wird einen günstigen Eindruck machen«, meldet der deutsche Botschafter Prinz Reuß, »denn das Rai-

sonnieren über die schwergeprüfte hohe Frau hatte bereits einen hohen Grad erreicht[1].«

Elisabeth nimmt sich zusammen, sie will dem Kaiser ihren wahren Gemütszustand nicht allzusehr zeigen, denn sie weiß, was das für einen Eindruck auf ihn macht. »Ich bin wie ein Klotz und fatalistischer als einst«, sagt sie von sich selbst[2]. Aber mit Franz Joseph gibt sie sich nach einem ganz »bestimmten Programm«, das sie sich in stillen Stunden auf der »Chazalie« während der Stürme ausgedacht hat. Sie redet meist nur über die Freundin oder das Theater und tut sonst nur das, was sie unbedingt tun *muß*.

Die Einladung, Weihnachten bei ihrem jungen Paar im Schloß Lichtenegg bei Wels zu verbringen, wo Erzherzog Franz Salvator beim schönen fünfzehnten Dragonerregiment in Garnison liegt, nimmt Elisabeth nicht an. Sie will ja nie mehr einen Christbaum sehen. Als daraufhin Valerie zum Weihnachtsabend in die Burg kommen will, lehnt die Kaiserin auch dies ab: »Den 24. Dezember muß man zu Hause im Nest mit Baum und allem feiern, wie schön und gemütlich man es nur kann. Meine Freude wird es sein, an diesem Abend aus der Ferne an Euch zu denken. Glück lebt ja nur in der Phantasie[3].« Im neuen Jahre überwindet sich Elisabeth und erscheint am 17. Jänner das erstemal wieder bei einem großen Rout unter Menschen. Sie zeigt sich nur in tiefster Crêpetrauer, viele Damen schluchzen, und das Ganze gleicht trotz den hellen Kleidern der Geladenen, den Diamanten und dem Schmuck mehr einem Begräbnis als einem Faschingsfest. Acht Tage darauf stattet Elisabeth mit der Gräfin Festetics ihren ersten Besuch in Schloß Lichtenegg ab. Wider all ihr Erwarten fühlt sie sich urgemütlich bei ihrem jungen Paar. »Bitte, Mama«, bettelt Valerie, »bleibe noch länger bei uns.«

»Gerade weil es mir hier gut gefällt«, erwidert Elisabeth, »darf ich es nicht, denn die Seemöwe paßt nicht in ein Schwalbennest. Ich nehme die Photographie eures Heimes von Lichtenegg mit mir, damit bin ich glücklich, und empfehle das Schwalbenpaar mit seinem Nest in den Schutz des großen Jehova.«

Valerie hat Elisabeth sogar dazu gebracht, normal, ja recht reichlich bei

[1] Prinz Heinrich VII. Reuß nach Berlin. Wien, 12. Dezember 1890. Archiv des Auswärtigen Amtes, Berlin.

[2] Aus zwei Briefen Elisabeths an Valerie, der eine undatiert, der andere vom 17. Dezember 1890. E. A. S. W.

[3] Elisabeth an Erzherzogin Valerie, Wien, 9. Dezember 1890. E. A. S. W.

Tisch zu essen. Es war schwer genug, da die Kaiserin bei jedem Bissen fürchtete, sie werde dick »wie ein Faß«. Dabei ist davon keine Rede. Sie ist mager und überschlank, aber die Angst vor dem Dickwerden ist eine fixe Idee, die sie nun einmal erfaßt hat, und dagegen ist, wie Valerie sagt, gar nicht anzukämpfen.

Elisabeth lädt Mitte März ihr junges Paar ein, mit ihr auf der »Miramar« nach Korfu zu fahren. Dort will sie ihm die nun schon sehr im Bau fortgeschrittene Villa zeigen, die, nach den Ideen des dahingegangenen Warsberg, ein Königsschloß aus der glücklichen Phäakenzeit wiedererstehen lassen soll. Da die letzte Reise die Gräfin Festetics zu sehr hergenommen hat, geht diesmal eine neuernannte, fünfundzwanzigjährige Hofdame, die Gräfin Janka Mikes, mit, die vorher vom Leibarzt Widerhofer auf ihre Marschfähigkeit ärztlich untersucht wurde.

Am 18. März kommt die »Miramar« vor Korfu an und ankert unmittelbar vor dem Höhenrücken, auf dem, weithin sichtbar, unweit der Ortschaft Gasturi, das im Bau befindliche Schloß steht. Elisabeth zeigt ihrer Tochter von der schon fertigen Schloßterrasse aus den Durchblick durch zwei hohe Zypressen aufs freie Meer. »Ich möchte gerne an dieser Stelle begraben sein«, sagt sie dabei. Dann führt sie ihr junges Paar auch nach Korinth und Athen. In der griechischen Hauptstadt kommen die Reisenden unangesagt an. Im königlichen Schlosse finden sie nur die Kronprinzessin Sophie zu Hause, die nette und einfache Tochter Kaiser Friedrichs. Elisabeth versucht, mit ihr griechisch zu sprechen; verlegen schweigt die Kronprinzessin. Sie versteht noch kein Wort von der Sprache ihres Landes. Das unterhält die Kaiserin ebenso, wie wenn sie mit Rhoussopoulos griechisch über die anwesende Gräfin Mikes und dann mit dieser ungarisch über den Griechen spricht. Abends bei herrlichem Mondschein wird die Akropolis bestiegen, dann fährt das junge Ehepaar heim, Elisabeth nach Sizilien, dessen landschaftliche Schönheit sie begeistert. »Mit Korfu aber läßt es sich doch nicht vergleichen. Obwohl ich so viele schöne Orte gesehen habe«, schreibt Elisabeth an Valerie, »gefällt es mir hier doch besser. Von wo immer ich zurückkomme, schließlich sage ich[1]: ›Hier ist der schönste Punkt der Welt.‹ Die Engländer behaupten, daß Tasmania auch so schön ist. Das wäre ein etwas großer Ausflug ... Ich bete für Dich zum großen Jehova. Nehme der Allmächtige mein kleines Täubchen und den, den es

[1] Elisabeth an Valerie, Gasturi auf Korfu, am 22. April 1891. E. A. S. W.

liebt, in seinen Schutz und gebe ihnen auch zur rechten Zeit kleine Täubchen. Jetzt werde ich in der Messe noch eigens darum beten. Heute scheint die Sonne, das Meer ist blau, und die Insel prangt grün wie ein Smaragd nach dem vielen warmen Regen in Frühlingsfrische. Wenn Póka und Du nur hier wäret!«

Valerie zeigt jeden solchen Brief Elisabeths, der ein wenig gute Nachricht bringt, dem Kaiser, der seiner Frau stets fleißig schreibt und dabei nie verfehlt, ihr genau mitzuteilen, wann und wo er Frau Schratt, die Freundin, gesehen. Er hat sich allmählich angewöhnt, mit ihr zu seiner Zerstreuung täglich, meist mittags, im Schönbrunner Park spazierenzugehen oder sie bei Frau von Ferenczy zu treffen. Diese bittet er in solchem Falle stets vorher eigenhändig schriftlich, »vielleicht so gnädig zu sein, zu erlauben, daß die Freundin um ein Uhr kommen kann.«

Für Ende April rüstet Elisabeth zur Heimkehr in die Villa »Hermes« nach Lainz. Sie hat indes nicht nur Alt-, sondern auch Neugriechisch erlernt und übersetzt fast ganz ohne Hilfe »Hamlet«, »König Lear« und den »Sturm« ins Neugriechische. Von der »Ilias« ist die Kaiserin indessen abgekommen, das Waffengetöse darin stößt sie ab, und nun ist die »Odyssee« ihre Lieblingsdichtung. Nur des Rhoussopoulos ist die Kaiserin überdrüssig geworden, auch der kleine Korfiot Janko Kephalas genügt geistig nicht und klappt überdies nach jedem längeren Spaziergang gleich zusammen. Man sucht daher unter den an der Wiener Universität studierenden jungen Leuten griechischer Nationalität und kommt da auf zwei Brüder namens Christomanos, die auch deutsch sprechen. Sie stammen wie die Sina, Dumba und andere griechische Kaufmannsfamilien aus Mazedonien. So kommt der eine von ihnen, Konstantin Christomanos, ein kleiner, buckliger, etwas poetisch veranlagter, sehr sensitiv und überschwenglich fühlender junger Mann, vorerst aushilfsweise zur Kaiserin. Sie lädt ihn zuweilen nach Lainz und macht mit ihm auch bei strömendem Regen ihre nun schon berühmten Spaziergänge. Das wird für den jungen Menschen, der sonst nur immer unter seiner Mißgestalt zu leiden gehabt hat, zu einem Erlebnis, das ihn völlig überwältigt. Elisabeth ist nicht mehr so schön, die Jahre sind auch an ihr nicht spurlos vorübergegangen, die von Wind und Wetter gebräunte Haut ist etwas faltig, hie und da zeigt sich düstere Kälte in ihrem Antlitz, die auf innerliche Verhärtung deutet. Aber dennoch sind die unbeschreibliche Hoheit ihrer Erscheinung, ihre Schlankheit, der schwebende Gang, die leise singende Stimme geblieben, und aus ihren Augen bricht zuweilen die Sonne ihrer einstigen wundervollen

Schönheit durch. Dazu kommt noch ihr so gar nicht gewöhnliches Gespräch, das bald von skeptischer Trauer, bald von ironischem Zynismus, dann wieder von Poesie und Sehnsucht nach allem Edlen und Schönen getragen ist. Etwas spöttisch sieht die Kaiserin des jungen Griechen Begeisterung mit an, er aber merkt das gar nicht. Alles in allem unterhält er Elisabeth. Er ist nicht gewöhnlich, und sie denkt daran, ihn einmal auf eine größere Reise mitzunehmen[1].

Im Juli verbringt Elisabeth einige Zeit mit Kaiser Franz Joseph in Gastein, bemüht sich, ihre traurige Stimmung vor ihm zu verbergen, und ist ihm eine freundliche und liebe Gefährtin. Nebenher macht sie mit Janka Mikes große Bergpartien, übernachtet auf Heu in Almhütten, nimmt aber Rücksicht auf die Hofdame. Denn Elisabeth hat schon gehört, daß man erzählt, sie habe Marie Festetics halb totgegangen. So findet die Gräfin, daß die Kaiserin ruhig und vernünftig geht und daß das Rennen wohl eine Lüge sein muß, deren man so zahlreiche über sie aufbringt[2].

Die Kaiserin wohnt in Gastein in der Helenenburg. Franz Joseph hat die Liebenswürdigkeit seiner Frau wohlgetan. Auch ist er ihr unendlich dankbar, daß sie seine Schwäche für Frau Schratt so verständnisvoll auffaßt. »Mein unaussprechlich geliebter Engel«, schreibt er kurz nach

[1] Konstantin Maria Christomanos hat in einem Buche, »Tagebuchblätter«, erste Folge, Wien, 1899, aus der in den Jahren 1891 und 1892 bei der Kaiserin verbrachten Zeit berichtet. Die zweite Folge, die gleichfalls die in der Nähe der Kaiserin verbrachten vier Monate in den Jahren 1893 und 1894 umfassen sollte, ist nie erschienen und soll dem Verfasser vom Hofe abgekauft worden sein. Die Tagebuchblätter zeugen von der aufrichtigen Begeisterung, die Elisabeth dem jungen Griechen eingeflößt hat, die Daten sind aber in so viel Schwulst eingebettet und von so viel sentimentalem Wortschwall überströmt, daß es schwer ist, das Echte und was die Kaiserin wirklich gesagt und getan, aus dem Wortgeklingel herauszuschälen. Ida Ferenczy nennt Christomanos (siehe den Artikel des Hofrates Julian Weiß, Die Freundin einer Kaiserin, »Neue Freie Presse“ vom 5. Juli 1928) einen phantastischen Schwätzer. Das trifft teilweise zu, aber man darf seine Begeisterungsfähigkeit und den tiefen Eindruck nicht unterschätzen, den dieses für einen so einfachen, jungen, durch die Natur stiefmütterlich behandelten Menschen ungeheure Ereignis, von der Kaiserin ihrer vertrauten Gesellschaft gewürdigt zu werden, notwendig machen mußte. Dieses Erlebnis hat dem jungen Griechen schließlich jeden Maßstab für die Wertung seiner eigenen Persönlichkeit geraubt.

[2] Tagebuch der Gräfin Janka Mikes-Szécsen. Gyöngyösszentkereszt, Eintragung vom 16. Juli 1891.

der Abreise[1], »meine Stimmung ist melancholisch, mit wehem Herzen und Heimweh nach Gastein. Als ich gestern den Berg unter der Johannespromenade hinunterfuhr und mich traurig und sehnsüchtig nach der Helenenburg umsah, glaubte ich, Deinen weißen Sonnenschirm auf dem Balkon zu erkennen, und die Tränen traten mir in die Augen. Nochmals meinen heißen Dank für Deine Liebe und Güte während meines Gasteiner Aufenthaltes. So gute Tage habe ich jetzt selten.« Als Elisabeth antwortet, er habe recht gesehen, erwidert Franz Joseph: »Die Gewißheit, daß Du mir wirklich nach unserem Gasteiner Abschied mit dem weißen Schirm gewunken hast, macht mich sehr glücklich, und ich bin tief gerührt und dankbar[2].«

Allein geblieben, versenkt sich Elisabeth wieder in ihre traurigen Stimmungen. Da erhält sie die Nachricht, daß ihre Tochter in der Hoffnung sei. Valerie schreibt in überströmender Freude über ihr künftiges Mutterglück, erhält aber immer nur Antworten voll trostloser Melancholie: »Mir scheint die Geburt eines neuen Menschen ein Unglück, es lastet solch ein Druck auf mir, daß ich es oft wie einen physischen Schmerz empfinde und am liebsten tot sein möchte.« Valerie ist unglücklich, daß ihre Mutter an Gottes Barmherzigkeit zweifelt, und denkt einen Augenblick daran, ihm ihr Kind aufzuopfern, damit diese hoch und reich begabte Seele des Herrn nicht verlorengehe. »Möge er es nehmen«, denkt sie, »und um diesen Preis meiner Mutter Seele retten.« Dann aber empfindet sie wieder Reue, weil sie fühlt, daß dieses Opfer im innersten Herzensgrund nicht aufrichtig gewesen wäre, und fleht zu Gott: »Laß mir das Kind.«

Elisabeth ist indes von Unruhe geschüttelt, sie muß wieder fort, reisen, fahren, laufen, jeden Tag an einem andern Ort sein, von Gastein nach Feldafing, von dort nach Miramar und Korfu. Am liebsten noch viel, viel weiter. Sie befragt den weitgereisten Erzherzog Ludwig Salvator, den Sonderling, nach dem ihr von den Engländern so hoch gerühmten Eiland Tasmanien, und auch er beschreibt es in so glühenden Farben, daß sie immer mehr Lust bekommt, diese Insel zu sehen. Aber die Idee einer Weltreise, ja selbst nur einer Fahrt nach Amerika, derentwegen Elisabeth wiederholt bei ihrem Gemahl leise Andeutungen gemacht hat, ist bisher trotz allem Entgegenkommen des Kaisers für sonst je-

[1] Franz Joseph an Elisabeth, Ischl, 14. Juli 1891, halb vier Uhr nachmittags. E. A. S. W.

[2] Dto., Ischl, 19. Juli 1891. E. A. S. W.

den Wunsch tauben Ohren begegnet. In Korfu ist Elisabeths erster Weg zu ihrem Palast in Homers »weitumschauender Gegend«. Die Lage ist das Schönste an ihrem neuen Heim, das in nicht ganz glücklicher Weise pompejanischen und klassischen Stil mit moderner Bequemlichkeit und dem nicht gerade guten Zeitgeschmack zu vereinigen sucht. Vieles darin, so die Möbel nach altrömischem Modell, mitten unter Amoretten in Stuckrelief und Glasfrüchten, die in farbigem elektrischem Licht erstrahlen, wirkt kitschig. Die Kosten waren dabei sehr hoch. Franz Joseph hat in seiner ritterlichen Freigebigkeit angeordnet[1], daß die Auslagen für den Bau, insofern sie nicht durch die laufenden Einkünfte der Kaiserin gedeckt werden können, von seiner Privatkasse zu übernehmen seien. Nun werden hier Statuen aufgestellt, die die von Elisabeth angebetete menschliche Schönheit verkörpern sollen, so vor allem der sterbende, an der Ferse verwundete Recke von Troja, im Stiegenhaus auch Professor von Matschs wirkungsvolles Riesengemälde »Der triumphierende Achilles«. Als weibliches Gegenstück findet eine Kopie der sogenannten dritten Tänzerin Canovas ihren Platz, ein Bildwerk, das angeblich die Fürstin Pauline Borghese, die wunderschön gewachsene Lieblingsschwester Napoleons, darstellt. Dazu will Elisabeth in dem »Achilleion« ihrem Sohne und dem Dichter Heine, den zwei Polen ihres Lebens, unvergängliche Denksteine setzen.

Nopcsa findet das ganze »Feenhaus« wunderschön, in seiner Art ein »Unikum[2]«. Auch Elisabeth gefällt ihr neues Heim, das in der kleinsten Einzelheit originell ist. Alles in der Villa »Achilleion« soll im Zeichen des heiligen Tieres, des Delphins, stehen, unter dessen Gestalt sich der Gott des Meeres, Neptun, verbarg. Auf Porzellan und Glas, auf Wäsche und Briefpapier, die in der Villa verwendet werden, prangt überall der mit der österreichischen Kaiserkrone überhöhte Delphin. Der Leiter des Baues, Linienschiffsleutnant von Bukovich, hat ganz Unglaubliches geleistet. Er hat sich förmlich krank gearbeitet. Elisabeth bedankt sich bei ihm für seine Aufopferung so herzlich, daß der ausgezeichnete Offizier vor Glück weint. Aber sie fühlt sich doch nicht wohl und zufrieden. Fußschmerzen quälen sie, und innere Unruhe gewinnt wieder die Oberhand. Wenn sich die Kaiserin so wenig bewegt

[1] Anordnung Franz Josephs an die Generaldirektion der Allerhöchsten Fonds, 24. Februar 1890. Wien, Staatsarchiv.

[2] Freiherr von Nopcsa an Ida Ferenczy, Korfu, 26. November 1891. Farkas-Archiv.

wie jetzt, dann badet sie vor- und nachmittags im Meere, nimmt abends noch Einpackungen mit Meerwasser, aus Angst, daß sie zu stark wird. Diese Lebensweise zehrt an ihren Nerven und damit an ihrer Stimmung[1].

Mittlerweile hat Bukovich die in Rom beim Bildhauer Hasselries bestellte lebensgroße Statue Heines nach Korfu gebracht. Feierlich wird sie in einem kleinen, offenen Tempel aufgestellt. Müde lehnt Heine in einem Stuhl und hält in der herabhängenden Hand ein Blatt, auf das er gleichsam eben die Zeilen niedergeschrieben hat:

Was will die einsame Träne?
Sie trübt mir ja den Blick —
Sie blieb aus alten Zeiten
In meinem Auge zurück.
Du alte, einsame Träne,
Zerfließe jetzunder auch ...

Die Aufstellung dieses Denkmales im »Achilleion« bedeutet eine verächtliche Geste gegenüber der Welt, die einem Dichter aus politischen Gründen solche Ehre verweigert. Aber Korfu mag noch so schön sein, das »Achilleion« noch so sehr ihrem Geschmack und ihrer Ideenwelt entsprechen, Elisabeth ist zu zerfahren, um längere Zeit irgendwo seßhaft zu bleiben, selbst auf einem paradiesischen Fleck Erde nicht.

So wird das Schloß Korfu im November verlassen, und die Jacht »Miramar« nimmt Kurs auf Ägypten. Fast drei Wochen verbringt die Kaiserin im Hotel »Shepherd« in Kairo und macht, da sich ihre Füße im heißen Klima rasch bessern, wieder ihre endlosen Spaziergänge. Der österreichische Vertreter in Kairo ist darüber auf höchste erstaunt. »Die pedestrische Leistungsfähigkeit Ihrer Majestät«, meldet er an Graf Kálnoky[2], »ist eine so bewunderungswürdige, daß die Geheimpolizei es für unerträglich erklärte, der allerhöchsten Frau anders als zu Wagen zu folgen.«

Von Ägypten kehrt die Kaiserin über Korfu nach Wien zurück. Sie findet in der Heimat sehr verworrene politische Verhältnisse vor. Der

[1] Gräfin Marie Festetics an Ida Ferenczy, Villa »Achilleion«, 23. Oktober 1891. Farkas-Archiv.

[2] Herr von Heidler an Graf Kálnoky, Kairo, 23. November 1891. Wien, Staatsarchiv.

Ministerpräsident Graf Taaffe, für den sie nie sehr eingenommen war, hat Slawen und Deutsche im Reiche gegeneinander ausgespielt und ist nun auf dem besten Wege, sich's mit allen zu verderben. Aber auch in Ungarn sind die Verhältnisse nicht besser geworden, besonders die sogenannte Unabhängigkeitspartei, die Kossuthianer, rührt sich.

Franz Joseph freut sich, mit seiner Gemahlin wieder einmal von seinen Regierungssorgen sprechen zu können. Er weiß, daß sie allem fernsteht und gerade darum oft ein ruhiges, unbeeinflußtes Urteil hat. Einmal kommt er, als die Kaiserin eben frisiert wird und dabei mit ihrem Griechen lernt. Seit dem Dezember 1891 ist dies wieder Christomanos. Der Kaiser spricht ungarisch, damit der Mann ihn nicht verstehe. Als er das Zimmer wieder verlassen hat, meint Elisabeth[1]: »Ich habe jetzt mit dem Kaiser Politik besprochen. Ich möchte, ich könnte helfen ... Ich habe aber zuwenig Respekt davor. Politiker glauben, die Ereignisse zu führen, und werden doch immer davon überrascht.«

Der kleine, verwachsene griechische Student mit dem fast unheimlich gescheiten Gesicht, aus dem große Augen hervorglühen[2], unterhält die Kaiserin. Sie liebt es, seine Verblüffung zu beobachten, wenn sie selbstironische Bemerkungen macht, ihn zum Beispiel fragt, ob er glaube, daß ihr sehr kaiserlich zumute sei, wenn ihre Masseurin sie knete. Elisabeth lächelt wohl über sich selbst, aber auch in feiner Weise über den in ihrer Anwesenheit wie verzauberten kleinen griechischen Studenten, seine Parfüms und auffallend elegante Kleidung, mit der er, so gut es geht, die Mängel seiner Erscheinung verhüllen will. Alles an ihm wirkt gesucht, aber er hat viel gelesen, ist anregend infolge seiner allgemeinen Bildung, versteht sich frauenhaft auf Stoffe, Farben und Blumen. Eine Zeitlang kann er fesseln und unterhalten, auf die Dauer muß er ermüden. Für den Augenblick aber nährt er die griechisch-romantischen Neigungen Elisabeths.

Im Jänner 1892 muß die Kaiserin, die sich am liebsten ganz abgesperrt hätte, einige Repräsentationspflichten auf sich nehmen. Da erfährt sie, daß ihre Mutter daheim an Fieber erkrankt ist. Gleichzeitig erwartet Elisabeth jeden Augenblick die Nachricht von der Entbindung ihrer Tochter. Die Kaiserin schwankt, wohin sie zuerst gehen soll. Da kommt am 26. die traurige Kunde, daß die Herzogin Ludovika im vierundachtzigsten Lebensjahr unerwartet schnell an Lungenentzündung ge-

[1] Christomanos, Tagebuchblätter, a. a. O. S. 71 und 72.

[2] Persönliche Mitteilungen des Fräulein Marie von Glaser an den Verfasser.

storben ist. Tags darauf, am 27., wird Valerie glücklich von einer Tochter entbunden, die natürlich den Namen Elisabeth erhält und Ella genannt wird.

Alle diese Ereignisse zehren stark an den Nerven der Kaiserin. Wieder enteilt sie nach Korfu. Dort geht sie viel mit Christomanos spazieren, und der Verwachsene muß sich sehr zusammennehmen, um es physisch leisten zu können. Staunend sieht er dabei tiefer in der Kaiserin innerstes Wesen hinein. »Man muß sich«, sagt sie ihm einmal, »um mit dem Leben auszukommen, schließlich zu einer Insel machen[1]. Denn die Menschen tun den Dingen immer Unbill an, nur wo die Dinge allein sind, behalten sie ihre ewige Schönheit. Man denke nur, daß nach hundert Jahren kein Mensch mehr aus unserer Zeit da sein wird, kein einziger, und wahrscheinlich auch kein Königsthron mehr. Immer wieder neue Menschen, neue Mohnblumen, neue Wellen. Die sind wie wir, wir sind auch nicht mehr. Als ich das erstemal in Korfu war, habe ich die Villa ›Braila‹ oft besucht; sie war herrlich, weil sie inmitten ihrer großen Bäume ganz verlassen war. Das hat mich so zu ihr hingezogen, daß ich aus ihr das ›Achilleion‹ gemacht habe ... Eigentlich bereue ich es jetzt. Unsere Träume sind immer schöner, wenn wir sie nicht verwirklichen[2].« Aber wie die Dinge, so ermüden auch die Menschen den keinen Augenblick ruhenden Geist der Kaiserin rasch. Mit der Zeit empfindet sie des Christomanos etwas süßliche, allzu träumerisch-weltfremde Art drückend, »wie einen Föhn«[3]. Nun kommt Ende April 1892 ein neuer Mann aus Alexandrien, Mr. Frederic Barker, der halb Engländer und halb Hellene ist. Griechisch ist jetzt Trumpf, das Sprachstudium interessiert die Kaiserin. Nur selten wird nun die Hofdame Gräfin Mikes bemüht. Plötzlich aber fühlt die Kaiserin das Bedürfnis, sich mit einer ihrer Damen auszusprechen, und da ist es fast unglaublich, wie sie in solchen Momenten mitteilsam ist.

»Arme Frau«, meint die Gräfin, »ich glaube, es ist niemand auf der Welt, der sich so unglücklich und unverstanden fühlt, und da wird niemand mehr helfen[4].«

Nach einem kurzen neuerlichen Ausflug nach Athen kehrt die Kaiserin Anfang Mai in die Heimat zurück. Sie besucht in Lichtenegg ihre

[1] Christomanos, Tagebuchblätter, S. 228, 253 und 254.

[2] Dto., S. 267.

[3] Urteil des Fräuleins Marie von Glaser, die Christomanos persönlich kannte.

[4] Tagebuch der Gräfin Mikes, Eintragung vom 14. April 1892. Szécsen-Archiv.

Tochter, freut sich über deren glückliches Familienleben, gesteht ihr aber dabei, dieser Winter, der mit dem Tod ihrer Mutter das letzte Band zerriß, das sie mit ihrer Heimat und Jugend verknüpfte, habe sie so hergenommen, daß ihr selbst die Freude weh tue.

Im Juni fährt die Kaiserin nach Karlsbad, um dort die Kur zu gebrauchen. Auch hier kann man sie stundenlang mit dem weißen Sonnenschirm und dem Fächer durch den Wald gehen sehen. Elisabeth marschiert so viel, daß Christomanos sich kaum noch schleppen kann. Da die Kaiserin dabei gar nichts ißt, hat auch sie einmal einen Schwindelanfall. Wenige Tage später fällt sie während des Frisierens in Ohnmacht. Daraufhin sagt ihr die Gräfin Festetics einmal klar und deutlich, daß ihre Lebensweise noch zu einem Gehirnschlag führen werde. Das macht Eindruck auf Elisabeth, aber nur für kurze Zeit, dann nimmt sie ihr altes Leben wieder auf. Es ist natürlich, daß dies nur die ungünstigsten Folgen haben kann. »Ihre Majestät sieht derart schlecht aus«, berichtet die Gräfin Festetics, »daß einem das Herz weh tut ... Sie hat die fixe Idee, daß sie zunimmt. Wenn ich sie nicht so viel bitten würde, glaube ich, wäre sie längst Hungers gestorben. Dabei ist sie unglaublich sanft und gut.« Unter solchen Verhältnissen kann man nicht daran denken, daß Elisabeth, wie es die ungarische Nation so sehr gewünscht hätte, zur Feier des fünfundzwanzigsten Jahrestages der Krönung nach Budapest komme. Trotzdem wird eine Huldigungsadresse im ungarischen Parlament beschlossen, an der sich auch Mitglieder der Opposition beteiligen. Von Karlsbad geht Elisabeth in ihre bayrische Heimat, dann in die Schweiz, auf den Rigi, nach Zürich, nach Kaltbad-Rigi und nach Luzern. Überall ist sie den ganzen Tag auf den Beinen. Entweder durchstreift sie die Umgebung oder, wie zum Beispiel am 6. September in Luzern, während nicht weniger als neuneinhalb Stunden die Straßen der Stadt. »Ihre Majestät ist sehr gut gelaunt und rennt um so mehr«, meint Baron Nopcsa[1]. Christomanos wird von Barker abgelöst, der jünger und leistungsfähiger ist.

Franz Joseph schreibt nun fast jeden zweiten Tag an seine Frau. Es ist rührend, zu sehen, wie genau er ihr alles Wichtige berichtet, obwohl sich Elisabeth nach wie vor um Politik überhaupt nicht bekümmert. Da bringt auf einmal die »Indépendance Belge« die Nachricht, die Kaiserin habe anläßlich des am 16. September gefeierten neunzigsten Geburtstages Kossuths eine Messe lesen und ihm einen Gruß über-

[1] Nopcsa an Ida Ferenczy, Kaltbad-Rigi, 1. September 1892. Farkas-Archiv.

mitteln lassen. Das wird zwar sofort dementiert, viele Leute in Ungarn aber glauben dennoch daran.

Ende September direkt aus der Schweiz nach Gödöllö zurückgekehrt, verlebt die Kaiserin dort ruhig die schönen Herbsttage und sieht mit Trauer, wie die letzten Reste des Jagdpferdestalles in Gödöllö aufgelöst werden. Als in Budapest wegen der Bekränzung des Denkmals Hentzis, des österreichischen Verteidigers von Ofen im Jahre 1848, Unruhen entstehen, verläßt der Hof demonstrativ Gödöllö und kehrt nach Wien zurück. Trotzdem ist man in Ungarn überzeugt, daß Elisabeth an diesem Entschluß keinen Anteil hat.

Im November 1892 trifft der Großfürst-Thronfolger von Rußland in Wien ein. Um den Gast mit besonderer Aufmerksamkeit zu behandeln, bringt man auch die Kaiserin dazu, bei Tisch zu erscheinen. Der Großfürst findet dies nur natürlich und muß erst darauf aufmerksam gemacht werden, wie hoch in diesem Falle die sonst selbstverständliche Anwesenheit der Kaiserin eingeschätzt werden muß[1].

Das Verhältnis Elisabeths zu Kaiser Franz Joseph ist nun wieder ein sehr warmes. Und trotzdem, sie kann nicht anders, sie muß wieder auf Reisen gehen, obwohl ihr der Abschied vom Kaiser schwerfällt, so schwer wie fast noch nie[2]. Diesmal will die Kaiserin über Sizilien und die Balearen nach Spanien gehen, um der Kälte zu entrinnen. »Ich verstehe«, meint Marie Festetics dazu, »daß man die Wärme sucht, aber es gehört ein besonderer Geschmack dazu, im Winter drei Monate am Schiff zu verbringen. Wohin wir fahren, weiß eigentlich nicht einmal Ihre Majestät[3].« Auch Franz Joseph erwartet immer nur voller Unruhe ein Telegramm, daß die Kaiserin »irgendwo« glücklich angekommen ist.

Wieder verlebt Elisabeth ihr Geburtsfest und den Weihnachtsabend nicht in der Heimat. »Heute will ich«, schreibt Franz Joseph, »meine innigsten Glückwünsche mit der schönen Bitte darbringen, daß Du auch in der vielleicht kurzen Zukunft, die uns noch bemessen ist, ebenso gut und lieb für mich seist, wie Du es in immer zunehmendem Maße für mich warst. Aussprechen möchte ich es doch auch, da ich es nicht genug

[1] Prinz Heinrich VII. Reuß an Caprivi. 15. November 1892. Siehe Große Politik der europäischen Kabinette. Bd. VII, S. 410 f.

[2] Nopcsa an Ida Ferenczy, an Bord der »Miramar«, 3. Dezember 1892. Farkas-Archiv.

[3] Marie Festetics an Ida Ferenczy, Messina, 4. Dezember 1892. Farkas-Archiv.

zu zeigen weiß, es Dich auch langweilen würde, wenn ich es immer zeigen würde, wie unbändig lieb ich Dich habe. Gott segne, beschütze Dich und gebe uns ein gemütliches Wiedersehen, mehr haben wir nicht zu wünschen und zu hoffen . . .[1]« Der Brief ist wieder mit »Dein Kleiner« gezeichnet, was in den letzten Jahren seltener vorgekommen ist.
Ist also das Einvernehmen zwischen dem Kaiserpaar ein denkbar gutes, so vermerkt man dagegen in der Monarchie mit steigender Unzufriedenheit, daß sich Elisabeth nicht nur völlig von ihren Pflichten als Kaiserin und auch von Hof und Gesellschaft zurückgezogen hat, sondern nun fast das ganze Jahr der Heimat fernbleibt. Die Diplomaten in Wien melden diese Stimmung in ihren Berichten. Elisabeth aber hat sich schon lange über das hinweggesetzt, was die Leute reden. Den Weihnachtsabend hat sie damit verbracht, Valencia kreuz und quer zu durchstreifen, fuhr dann nach Malaga und Granada, um die Alhambra zu bewundern, und bekommt dort die Einladung der Königinregentin von Spanien nach Aranjuez. Elisabeth aber schützt Ischias vor. In Madrid ist man über die Absage verstimmt. Man findet, daß die Ausrede mit der Gesundheit nach allem, was man von der Kaiserin Reisen und Märschen hört, nicht stichhältig sein kann. Aber was will man tun, man muß sich mit den Nachrichten über das seltsame Treiben Elisabeths begnügen.
Die Stimmung der Kaiserin ist wechselnd. Bald freut sie sich über die schönen Städte, die sie besucht, bald gibt sie sich lebensüberdrüssig und müde. »Bis jetzt wußte ich nicht«, seufzt die Gräfin Festetics[2], »wie schwer es ist, seine Pflicht zu erfüllen.« Die Kilometeranzahl, die die Kaiserin überall, wo sie hinkommt, zu Fuß zurücklegt, ist eine staunenswerte. Immer schwieriger wird es unter solchen Verhältnissen, auf diesen Nomadenzügen in der Umgebung der Kaiserin Ruhe und Frieden zu erhalten.
Von Cadix kehrt sie nach Gibraltar zurück. »So ein lieber, sympathischer Ort[3]«, urteilt Elisabeth. »In ganz Spanien liebe ich es am meisten, hauptsächlich weil es englisch und alles in der Stadt so rein ist . . . Sehr lustige Negergeschäfte gibt es hier. Jeden Tag gehe ich in eines, und so ist es nur das Verdienst der Marie Festetics, daß ich noch nicht im Schuldturm sitze. Doch kann sie derart gut handeln, daß wir fabel-

[1] Franz Joseph an Elisabeth, Dezember 1892. E. A. S. W.
[2] Marie Festetics an Ida Ferenczy, Sevilla, 18. Jänner 1893. Farkas-Archiv.
[3] Elisabeth an Valerie, Gibraltar, 23. Jänner 1893. E. A. S. W.

haft billig einkaufen.« Das ist die neueste Freude der Kaiserin. »Ihre Majestät kauft derart viel Verschiedenes ein«, klagt Nopcsa[1], »daß das Schiff schon voll ist, da die nach Korfu bestimmten Gegenstände auch noch am Schiff sind.«

Weiter geht der Irrweg über Mallorca nach Barcelona, dann an die Riviera und von dort nach Turin. Kein Mensch weiß, wohin er dann führen wird. Da kommt die Nachricht, daß Erzherzogin Valerie einen Buben bekommen hat. Elisabeth freut sich wie Franz Joseph. »Ich weiß nicht, warum«, schreibt der Kaiser[2], »aber ich muß immer an Rudolf denken. Es ist zwar ein schwacher, aber doch eine Art Ersatz.«

Von Italien aus entschließt sich die Kaiserin, einen Ausflug nach Genf und dann nach Territet zu machen. Genf gefällt ihr besonders. Elisabeth bittet ihren Gemahl, doch einmal auszuspannen und sie in der schönen Schweiz zu besuchen. Sie hat ein schlechtes Gewissen, daß sie den Kaiser so lange allein gelassen, und bittet immer Ida Ferenczy, sich ihres Gemahls und seiner kleinen Liebhabereien anzunehmen. Oft arrangiert diese kleine Frühstücke mit ausgezeichneten Würsten und Schweinsbraten sowie köstlichem Landbrot aus der heimischen Pußta, die dem Kaiser vorzüglich schmecken. Nach wie vor ist für den auf der Höhe des Thrones Vereinsamten Frau Schratt die einzige Aufheiterung. Wenn die Kaiserin und sie einmal gleichzeitig abwesend sind, wird Franz Joseph ganz melancholisch und traurig, was sich in jedem seiner Briefe ausdrückt.

Elisabeth setzt indes in Territet ihre Riesenspaziergänge fort. Der Obersthofmeister mit seinen achtundsiebzig Jahren erträgt das ununterbrochene Reisen und Umherziehen nur noch schwer, und Marie Festetics ist an einem tüchtigen Katarrh ernstlich erkrankt und spannt aus. Es ist gut, daß gerade jetzt Franz Joseph zu Besuch in Territet eintrifft. Die ganze Welt wundert sich, daß der Kaiser in die zur Zeit als Aufenthalt von Nihilisten und Sozialisten bekannte Schweiz reist[3]. Findige Zeitungsleute wollen das damit erklären, die Kaiserin sei wahnsinnig geworden, glaube, daß sich auch Franz Joseph erschossen habe, und wolle sich von einem Felsen in die Tiefe stürzen. Daraufhin habe der Grieche Barker, der in Wirklichkeit nichts anderes sei als ein geschickter Athener Arzt für Nervenkrankheiten, erklärt, es sei not-

[1] Nopcsa an Ida Ferenczy, Gibraltar, 21. Jänner 1893. Farkas-Archiv.
[2] Franz Joseph an Elisabeth, 18. Februar 1893. E. A. S. W.
[3] Tagebuch, 27. März 1893. T. E. V. S.

wendig, der Kaiserin zu beweisen, daß ihr Gemahl noch lebe. Der Mailänder »Secolo« vom 16. März 1893 verbreitet all diese Dichtungen und fügt noch hinzu, die Kaiserin möge das »Achilleion« nicht mehr und fürchte sich, dahin zurückzukehren, weil der berühmte mazedonische Brigant Athanasio die Absicht gehabt habe, mit seiner Bande dort einzubrechen, sie zu rauben und ein enormes Lösegeld zu verlangen. Die Tatarennachrichten in der italienischen Presse erregen Besorgnis in der Heimat. Im »Magyar Hirlap« wird Klage darüber geführt, daß man in Ungarn von der gekrönten Königin nie ein Wort hört[1]. In Wirklichkeit ist im Gegenteil Elisabeths Stimmung gerade jetzt etwas besser. Nur die »Bewegungsmanie« ist unverändert. Ob Regen, ob Sturm, ihre Unruhe treibt sie hinaus, und oft kommt es vor, daß ihr der Schirm umgedreht, der Hut vom Kopfe gerissen wird und sie total durchnäßt heimkehrt. Bei Franz Josephs Anwesenheit hält sich die Kaiserin etwas zurück, aber er muß zu ihrem aufrichtigen Bedauern bald wieder abreisen. Marie Festetics schwärmt vom Kaiser, der so gnädig und rührend gut war. Wieder hat sie Gelegenheit gehabt, zu sehen, daß Elisabeth Franz Joseph mit ihrem Charme »ganz in die Tasche steckt[2]«. Kaum ist der Kaiser abgereist, hält es auch sie nicht mehr, und sie setzt ihre Odyssee über den Comosee, Mailand, Genua und Neapel fort. Dort entschließt sie sich, Franz Joseph brieflich etwas zu gestehen, wozu sie mündlich nicht recht die Kraft gefunden hat, obwohl es die Zeitungen schon vorweggenommen haben: Das »Achilleion«, das doch kaum erst fertiggestellt ist, freut sie nicht mehr. Es ist wahr, was sie einmal gesagt hat: »Wo immer ich wäre, wenn man mir sagen würde, ich müsse immer dort bleiben, dann würde auch das Paradies für mich zur Hölle werden.« Das »Achilleion« ist nun zu solch einer Kette geworden, die sich der unruhige Geist selbst angelegt hat. Dies ist Elisabeth unerträglich, und so schreibt sie dem Kaiser, sie wolle die Villa verkaufen, das Geld dafür würde Valerie bei ihrer rasch wachsenden Familie einmal besser brauchen können. Es schwebt ihr ein phantastisch reicher Amerikaner vor, der für ihr Feenschloß eine fabelhafte Summe bezahlen würde. Franz Joseph hat schon seit einiger Zeit bemerkt, daß das »Achilleion« die Kaiserin nicht mehr freut, aber daß sie es, kaum fertiggestellt, schon wieder verkaufen will, hat er nicht erwartet und legt ihr nahe, sich die Sache doch noch zu über-

[1] »Magyar Hirlap« vom 11. März 1893.

[2] Marie Festetics an Ida Ferenczy, 14. März 1893. Farkas-Archiv.

legen. »Valerie und ihre wahrscheinlich zahlreichen Kinder«, schreibt Franz Joseph seiner Gemahlin, »werden auch ohne Erlös für Dein Haus nicht verhungern ... Die Angelegenheit müßte jedenfalls mit großer Vorsicht und viel Takt eingeleitet werden, um sie halbwegs anständig erscheinen zu machen, und doch wird sie viel Staub aufwirbeln ... Für mich hat Deine Absicht auch eine traurige Seite. Ich hatte die stille Hoffnung, daß Du, nachdem Du Gasturi mit so viel Freude, mit so viel Eifer gebaut hast, wenigstens den größeren Teil der Zeit, welche Du leider im Süden verbringst, ruhig in Deiner neuen Schöpfung bleiben würdest. Nun soll auch das wegfallen, und Du wirst nur mehr reisen und in der Welt herumirren[1].« Die Kaiserin stellt daraufhin ihren Plan vorerst zurück, aber der Gedanke, sich von etwas, was eine Fessel werden könnte, loszulösen, bleibt aufrecht.

Im Mai kehrt Elisabeth nach Lainz zurück, wo die Verlobung ihrer Enkelin Augusta, der Tochter Erzherzogin Giselas, mit Erzherzog Joseph August gefeiert wird. Am Ende des Monats erscheint die Kaiserin nach langer Zeit wieder bei einem Empfang der Hofgesellschaft. Botschafter Prinz Reuß findet die Herrscherin nicht gut aussehend und sehr gealtert, aber freut sich über ihr Erscheinen in der Öffentlichkeit, weil auf diese Weise die nie mehr verstummenden Gerüchte von geistiger Erkrankung widerlegt werden. Im Juli geht Elisabeth mit Janka Mikes, die den schweren Begleitdienst von Marie Festetics übernimmt, nach Bad Gastein. Ihre Stimmung ist wechselnd, manchmal ist sie lieb und natürlich, ja fast heiter, ein andermal wieder traurig und verschlossen, ernst und melancholisch. »Man muß sie eben mit einem ganz anderen Maßstab messen als andere Menschen«, meint die Gräfin[2], und die Erzherzogin Valerie, die ihre Mutter in Gastein besucht, vermerkt in ihrem Tagebuch[3]: »Es sind in Mama vielleicht die größten Widersprüche, die nur überhaupt in einem Charakter vereint sein können.« Nach einem Ausflug nach Venedig übersiedelt die Kaiserin in die Ofener Burg. Es soll der wachsenden Verstimmung begegnet werden, die sich in Verfolg der Kossuth-Begeisterung und der politischen Ereignisse in letzter Zeit wieder zwischen der Dynastie und dem ungarischen Volk gezeigt hat.

Elisabeth ist auch bestrebt, den umlaufenden Gerüchten über ihren

[1] Franz Joseph an Elisabeth, Wien, 6. April 1893. E. A. S. W.
[2] Tagebuch Gräfin Mikes-Szécsen, Gyöngyösszentkereszt, 14. Juli 1893.
[3] Tagebuch, 22. Juli 1893. T. E. V. S.

Geisteszustand entgegenzutreten, die sie von ihrer guten Freundin Ida Ferenczy erfährt. Es ist ja kein Wunder, daß man dergleichen immer wieder spricht, denn alles, was Elisabeth tut, ist ungewöhnlich, und ihre bayrische Abstammung, über deren nähere Umstände die Leute nicht genügend genau unterrichtet sind, verleitet zu weitgehenden Schlüssen. Noch hat man sich über König Ludwig II. nicht beruhigt, und die Nachrichten, die zeitweilig von dem Leben des nunmehr völlig irren Königs Otto von Bayern durchsickern, sind furchtbar. Er lebt wirklich nur noch wie ein Tier, spricht fortwährend zu nicht vorhandenen Personen oder steht in einer Art Erstarrung stundenlang unbeweglich mit vorgebeugtem Oberkörper, halbgeschlossenen Augen und vorgestreckter Hand in einer Zimmerecke, ohne von seiner Umgebung überhaupt Notiz zu nehmen. Mit einem solchen Kranken in einem Atem genannt zu werden, ist Elisabeth natürlich furchtbar, und ihr einziger Gedanke ist: Fort, fort in die Fremde, wo sie von dergleichen nichts hört.

Am 11. November besuchen die beiden Majestäten die Großherzogin von Sachsen auf der Wiener Deutschen Botschaft. Elisabeth ist schon wieder wie auf glühenden Kohlen. Sie muß und wird in Kürze reisen. »Ich bereite mich jetzt darauf vor, Urgroßmutter zu werden«, sagt sie mit Bezug auf die Heirat ihrer Enkelin Augusta zum Prinzen Reuß[1], »und da wird man mir doch wohl erlauben, mich immer mehr von der Welt zurückzuziehen.« Auf die Reise will Elisabeth diesmal wieder Christomanos mitnehmen. Nopcsas Stelle vertritt Generalmajor Adam von Berzeviczy, der in der Armee als Reiter den größten Ruf genießt. Er wettete im Jahre 1863, den ganzen Springgarten des Reitlehrinstituts mit acht Hindernissen auf seinem halbgerittenen Chargenpferd, mit dem Rücken gegen den Pferdekopf, zu durchreiten. Einmal fallen war erlaubt, aber auch diese Erleichterung war nicht notwendig, der schneidige Husarenoffizier gewann die Wette ohne Sturz. Diese Geschichte erregte damals Elisabeths höchste Bewunderung. Energisch und militärisch kurz angebunden, besitzt Berzeviczy einen trockenen und gesunden Humor und nimmt sich auch der Majestät gegenüber kein Blatt vor den Mund, was Elisabeth besonders zu schätzen weiß. Sie lacht wieder einmal herzlich, als ihr Berzeviczy bei der Mitteilung, daß er sie auf einer Seereise auf dem berüchtigten

[1] Prinz Heinrich VII. Reuß an Caprivi, 12. November 1893. Archiv des Auswärtigen Amtes, Berlin.

»Greif« begleiten solle, ganz langsam und mit großer Ruhe sagt: »Auf dieser Hutschen werd' ich immer krank[1].«
Elisabeth nimmt schweren Abschied vom Kaiser, der Erzherzogin Valerie und der Schratt, den, wie sie sagt, »drei einzigen Wurzeln, die sie an diese Erde ketten[2]«.
Dann wird am 1. Dezember nach Miramar abgereist und von dort sogleich die Weiterfahrt nach Algier angetreten. Auch Franz Joseph hat sich sehr schwer von seiner Gemahlin getrennt. »Ich gewöhne mich nur langsam an die Einsamkeit«, schreibt er[3]. »Die Augenblicke bei Deinem Frühstück und die gemeinsamen Abende gehen mir sehr ab, und schon zweimal war ich auf meinem Wege zur Bellaria in Deinen Zimmern, wo zwar alle Möbel verhängt sind, wo mich aber alles so wehmütig an Dich erinnert.«
Elisabeth ist indessen in Algier angekommen. »Jetzt herrscht bei uns militärische Ordnung«, berichtet sie, »denn Berzeviczy ist sehr intelligent und nützlich[4].« Dann geht es weiter nach Madeira, wohin Elisabeth nun nach dreiunddreißig Jahren wiederkehrt und mit Wehmut jener schweren Zeit gedenkt, da sie als junge und schöne Frau mit manchen Sorgen und Enttäuschungen ihre erste Reise in die weite Welt machte. Zu Weihnachten 1893 und Neujahr erhält Elisabeth warme Briefe des Kaisers: »Ich wünsche Dir in treuer Liebe Glück und des Himmels Segen und bitte um Deine fernere Güte und Nachsicht. Glück ist bei uns eigentlich ein unrichtiger Ausdruck, und es genügt etwas Ruhe, gutes Einverständnis und weniger Unglück als bisher. Habe auch im kommenden Jahr Nachsicht mit meinem Alter und mit meiner zunehmenden Vertrottelung. Deine Güte und Fürsorge und die Freundschaft der Freundin sind die einzigen Lichtpunkte in meinem Leben. An Dich denke ich beständig mit unendlicher Sehnsucht, und ich freue mich schon jetzt auf das leider noch so ferne Wiedersehen[5].«
Elisabeth macht inzwischen abwechselnd mit dem Griechen und Gräfin Janka Mikes große Spaziergänge und Ausflüge auf der herrlichen Insel. Christomanos wird schon zu selbstbewußt und eingebildet. Er

[1] Elisabeth an Valerie, Wien, 29. November 1893. E. A. S. W. — Hutschen ist ein wienerischer Ausdruck für Schaukel.
[2] Tagebucheintragung der Gräfin Mikes vom 11. Dezember 1893. Szécsen-Archiv.
[3] Franz Joseph an Elisabeth, Wien, 5. Dezember 1893. E. A. S. W.
[4] Elisabeth an Valerie, Algier, 13. Dezember 1893. E. A. S. W.
[5] Franz Joseph an Elisabeth, 20., 23. und 29. Dezember 1893. E. A. S. W.

Der Schauplatz des Attentates in Genf

Der lächelnde Lucheni wird abgeführt
Nach einer Photographie

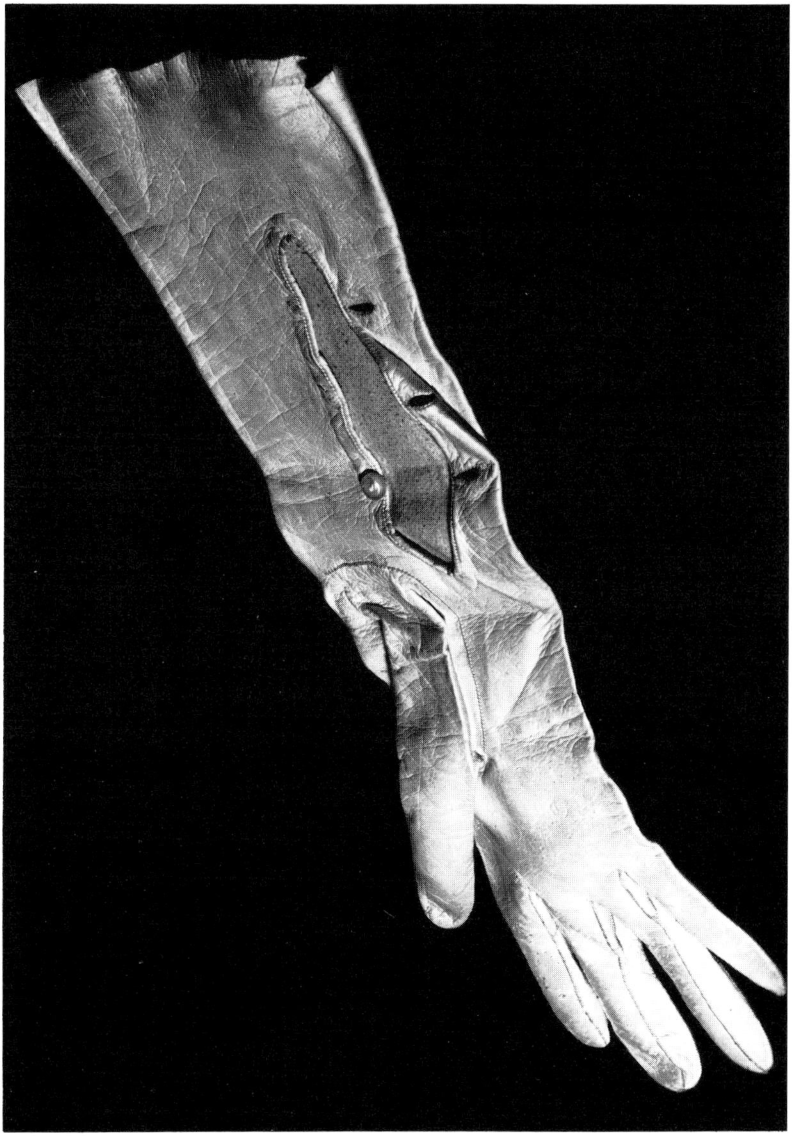

Handschuh der Kaiserin Elisabeth

Die Mordfeile
Nach dem Original in der Generalprokuratur Genf

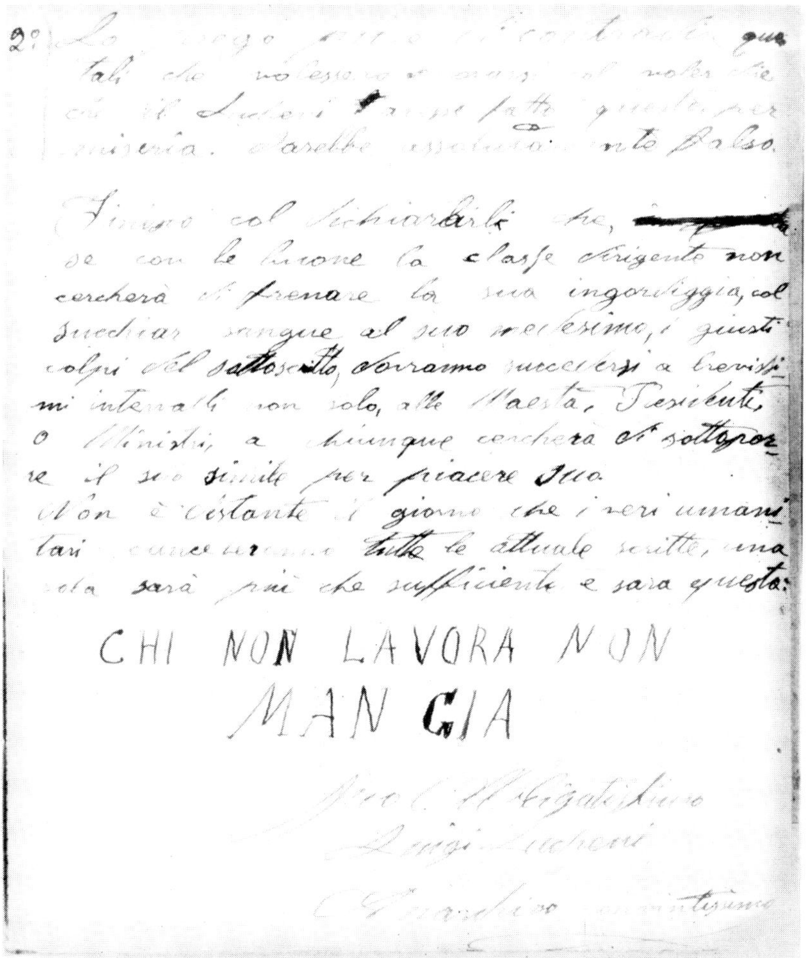
2° Lo nego pure il contrario que-
tali che volessero mai il voler che
ciò il Lucheni avesse fatto questo per
miseria. Sarebbe assolutamente falso.

Finisco col dichiararli che,
se con le buone la classe dirigente non
cercherà di frenare la sua ingordiggia, col
succhiar sangue al suo medesimo, i giusti
colpi del sottoscritto, dovranno succedersi a brevissi-
mi intervalli non solo, alle Maestà, Presidenti,
o Ministri, a chiunque cercherà di sottopor-
re il suo simile per piacere suo.
Non è distante il giorno che i veri umani-
tari cancelleranno tutte le attuale scritte, una
sola sarà più che sufficiente e sarà questa:

CHI NON LAVORA NON
MANGIA

Suo Obbligatissimo
Luigi Lucheni
Anarchico convintissimo

Originalbrief Luchenis an eine Zeitung am Tage nach dem Mord
Archiv Cour de justice, Genf

Totenmaske der Kaiserin Elisabeth, 1898

Kaiserin Elisabeth
Nach einer Zeichnung von Koller
Elisabeth-Museum, Budapest, Hofburg

Franz Josephs Gruft. Wien, Kapuzinerkirche

verträgt sich mit niemandem von der Umgebung. Es kommt zu einem Streit mit den Offizieren des »Greif«, und alles ist froh, daß ihn die Kaiserin nur noch bis zum März behält. Sie aber arbeitet fleißig mit ihm und hält ihm die Stange, wenngleich sie manchmal von der »Seelenverehrung«, die der junge Grieche ihr widmet, etwas ermüdet ist[1].

Elisabeth will bis zu den Azoren fahren, gibt aber den Plan auf, der »Greif« ist ein zu schlechtes Schiff. Es ist schwer, auf ihm zu navigieren. Einmal fährt er auf eine flache, sandige Küste auf, erst die Flut macht ihn wieder flott, und man kann Alicante erreichen, wo Erzherzog Ludwig Salvator wartet. Wie immer, kommt er verwahrlost an Bord, in einem Gewande, das er seit Jahrzehnten trägt, mit struppigem Haar, aber er ist ein interessanter Mensch, der in seinem Leben viel gesehen, gelernt und gelesen hat und ganz aus der sonstigen Prinzenschablone herausfällt. Das gefällt der Kaiserin, und darum hat sie ihn gern.

Dann geht die Reise weiter. Zuerst wollte man nach Marseille, aber im Golf von Lyon zieht ein Sturm herauf, wie er schon seit Jahren nicht mehr erlebt wurde. Von der ganzen spanischen Küste werden Schiffbrüche gemeldet. Der wenig seetüchtige »Greif« kämpft sechsunddreißig Stunden vergeblich gegen die Elemente und muß schließlich nach Alicante zurück.

[1] Christomanos wird Ende März 1894 seines Dienstes bei der Kaiserin enthoben und zum Lektor für griechische Sprache an der Wiener Universität ernannt. Er hat sich später mehrfach schriftstellerisch betätigt, gab 1898 »Orphische Lieder« heraus und ließ 1899 nach der Kaiserin Tod die »Tagebuchblätter, erster Teil«, erscheinen. Der Erfolg dieses Buches, der mehr der Neugierde des Publikums zuzuschreiben ist, raubte ihm jeden Maßstab für sich selbst. Als eine junge, schöne Dame, Fräulein Marie von Glaser, die Christomanos verehrte, ebenso wie viele andere Leute Bedenken über das Buch äußerte, meinte er: »Es gibt viele Menschen, sehr viele Menschen, hochverehrtes Fräulein, welche der Meinung sind, daß ich das größte Buch des Jahrhunderts nicht erst zu schreiben hätte. Das will aber gewiß nicht heißen, daß diese Auffassung die richtige und daß sie von Ihnen geteilt werden soll.« (Dr. Konstantin Christomanos an Fräulein Marie von Glaser, Paris, 5. Februar 1899. Besitz des Fräuleins von Glaser.) Christomanos sagt selbst, die Kaiserin sei vielleicht gar nicht so gewesen, wie er sie beschrieb, aber er habe sie so empfunden. (Brief an Fräulein von Glaser, 18. Mai 1896.) Darin hat er gewiß recht. Trotz alledem hat Christomanos die Kaiserin nach seiner Art verehrt und nach ihrem Tode ehrliche Tränen geweint, wenn er diese auch mit grauen Perlen verglich, die er mit Veilchen hätte trocknen mögen. Nach der Heimat zurückgekehrt, versuchte er sich noch in mehreren romantisch-lyrisch überspannten Theaterstücken und starb im Jahre 1911.

Endlich kehrt das gute Wetter wieder, und Elisabeth trifft mit ihrem Gemahl in Cap Martin zusammen. Sie ist verhältnismäßig guter Laune, geht viel mit Franz Joseph spazieren, nur die Mahlzeiten teilt sie nicht mit ihm, weil sie sehr unregelmäßig speist und ganz merkwürdige Sachen zu sich nimmt. Der Kaiser schlägt die Hände über dem Kopf zusammen, wenn er hört, daß Elisabeth manchmal statt der Mahlzeit bloß ein Veilchengefrorenes mit Orangen ißt. Am 15. März muß Franz Joseph wieder ins »Geschirr«, wie er sagt. Die Kaiserin bleibt zurück und muß notgedrungen mit der auch auf Cap Martin weilenden Witwe Napoleons III. verkehren. Eugenie ist kein guter Umgang für Elisabeth, denn auch sie ist eine unglückliche Frau, die dem Gemahl, dem vor dem Feind gefallenen Sohn und überhaupt ihrer Stellung und ihrem ganzen Lebensinhalt nachweint. Aber sie ist ausgeglichener als Elisabeth, hat für niemanden und für nichts mehr zu leben und doch eine Art Ruhe gefunden.

Elisabeth liebt es, gelegentlich uneingeladen Privatgärten zu besuchen, die ihr besonders gefallen. Das hat sich in Nizza und Umgebung schnell herumgesprochen, hie und da wird sie aber doch nicht erkannt, und einmal kommt es zu einem rüden Zusammenstoß mit einer empörten Villenbesitzerin. Kaiser Franz Joseph meint daraufhin, er freue sich nur, daß Elisabeth von »der alten Hexe nicht auch noch Prügel bekommen hat[1]«. Aber es werde noch einmal dazu kommen, denn man dringe den Leuten nicht so uneingeladen in die Häuser.

Da meldet ein Telegramm am 30. April, Valerie habe einen zweiten Sohn bekommen, der den Namen Hubert Salvator erhält. Elisabeth eilt nach Hause, um das jüngste Enkelchen zu sehen. So findet der Monat Mai sie wieder in der Heimat, in der Villa »Hermes«, wo sie mit einem neuen Griechen, namens Alexis Pali, ihre großen Spaziergänge wiederaufnimmt. Ein kurzer Ausflug nach Bayern, und dann geht es Ende Juni wieder auf eine Reise nach Südtirol, nach Madonna di Campiglio. Dort erhält Elisabeth die Nachricht von der Ermordung des französischen Präsidenten Carnot, und Franz Joseph bittet sie, dies zur Lehre zu nehmen, daß man sich doch nicht so ganz ungeniert und sicher in der Welt bewegen kann, wie es Elisabeth immer glaube. Aber sie fürchtet nur für den Kaiser, nicht für sich, und setzt ihre großen Touren unbekümmert fort.

Der September 1894 sieht Elisabeth wieder in Korfu, der Oktober in

[1] Franz Joseph an Elisabeth, 12. April 1894. E. A. S. W.

Gödöllö. Aber sie fühlt sich auch dort nicht mehr wohl, die steigende Entfremdung Hof, Gesellschaft und Volk gegenüber macht ihr den Aufenthalt selbst in Ungarn immer unerquicklicher. Mit Überwindung nur wohnt sie den größten Empfängen bei und schiebt sie immer solange als möglich hinaus. Elisabeth ist glücklich, als sie am 2. Dezember mit der »Miramar« über Triest nach Algier entfliehen kann. Diesmal begleitet die Gräfin Irma Sztáray die Kaiserin vorläufig als provisorische Hofdame. Sie kommt mit hoher Begeisterung für ihre Herrin und Königin zu Elisabeth und mit dem festen Entschluß, sich, soweit es irgend möglich ist, der Lebensweise der Kaiserin anzupassen, von der sie manches Widersprechende gehört hat. Vor allem wundert sich die Gräfin[1] über die launenhafte Ernährung. Immer um ihr Gewicht besorgt, das zwischen sechsundvierzig und fünfzig Kilogramm schwankt, schaltet Elisabeth in moderner Weise Milch- oder Orangentage ein, das heißt, sie nimmt ausschließlich nur diese Nahrungsmittel zu sich. Ab und zu, wenn es ihr paßt, verspeist sie aber auch ganz normal ein gutes Diner. Täglich wird nach dem Frühturnen die Waage befragt und das Essen danach eingeteilt.

Die Kaiserin steht nun im 57. Lebensjahr, aber das Turnen und das Training haben sie unerhört gelenkig erhalten. Um dies der Gräfin Sztáray zu beweisen, macht sie ihr einmal auf einem Ausflug, als keine Seele sonst in der Nähe ist, plötzlich mit großer Grazie ein Turnerstückchen vor, das einem jeden Turnlehrer zur Ehre gereicht hätte[2]. Und dabei ist sie eben, am 4. Jänner 1895, Urgroßmutter geworden[3]. Elisabeth setzt in Algier ihre Spaziergänge bald mit der Gräfin Sztáray, bald mit dem Griechen fort. Aber der ist den Strapazen nicht gewachsen, weder den Märschen zu Land noch den Fahrten zur See. Elisabeth verachtet das. »Gestern war ich wieder mit Pali spazieren«, schreibt sie am Tage ihrer Abreise aus Algier nach Cap Martin[4], »ging

[1] Siehe Gräfin Irma Sztáray, Aus den letzten Jahren der Kaiserin Elisabeth, Wien 1909. Wer sich ausführlich über einzelne Zeitspannen in den Jahren 1894 bis 1898 unterrichten will, nehme dieses Buch zur Hand.

[2] Gräfin Irma Sztáray, a. a. O. S. 25.

[3] Die älteste Tochter Elisabeth der Erzherzogin Gisela, Prinzessin Leopold von Bayern, heiratete am 2. Dezember 1893 kurz nach der Hochzeit ihrer Schwester Auguste mit dem Erzherzog Joseph von Österreich den Otto Freiherrn, jetzt Grafen von Seefried auf Buttenheim und erhielt am 4. Jänner 1895 eine Tochter.

[4] Elisabeth an Valerie, Algier, Hotel »Splendide«, am 10. Jänner 1895. E. A. S. W.

aber früher nach Hause, weil er noch so schwach ist, diese Griechen sind so verweichlicht. Jetzt zittert er wegen der Reise und sagt, es wäre besser, hier abzuwarten, bis sich der Wind legt.«

Zu Weihnachten hat Elisabeth, um Franz Joseph eine Freude zu machen, den Maler Franz von Matsch beauftragt, ein Miniaturporträt in Öl und ein lebensgroßes Kniestückporträt Katharina Schratts in der Titelrolle des harmlosen Hans-Sachs-Lustspieles »Frau Wahrheit will niemand beherbergen« zu malen[1]. Franz Joseph ist gerührt über diese Aufmerksamkeit, aber was er sonst über die Lebensweise seiner Frau hört, bedrückt ihn sehr. Er freut sich, daß Elisabeths Laune anscheinend eine bessere ist. »Nur der aufreibende Hunger«, meint er[2], »den Du mit Fasten bestrafst, statt ihn wie andere vernünftige Menschen zu stillen, stimmt mich traurig, doch da ist Hopfen und Malz verloren, und so wollen wir über dieses Kapitel schweigen.«

In Cap Martin führt die Kaiserin ihre eigentümliche Lebensweise fort. Da sie sich so ausschließlich von Milch nährt, muß sie tadellos sein. So werden eigens Kühe gekauft, die dann in die Heimat gesandt werden, wo Elisabeth Ida Ferenczy beauftragt, eine Mustermeierei einzurichten. Ihre merkwürdige Lebensweise hat natürlich Einfluß auf ihr Gesamtbefinden. Hat sie sich früher durch das übertriebene Marschieren bei Wind und Wetter Ischias geholt, so gibt es nun wegen der ungeregelten Ernährung Verdauungs- und Magenbeschwerden. Das bringt Elisabeth gleich auch in ihrer Stimmung herunter und führt zu dem Verlangen, stest neue Kuren zu machen, die sie dann meist so übertreibt, daß diese ihrem Organismus mehr schaden als nützen. Auch Franz Joseph findet das. »Dieses beständige Kurieren ist wirklich schrecklich«, meint er zu Valerie.

Damals wird auch die Queen Viktoria in Cap Martin erwartet. »Man sagt«, bemerkt Elisabeth dazu, »daß die englische Königin das ganze Hotel ... und darüber hinaus noch zwei Villen gemietet hat, da sie mit siebzig Leuten kommt, unter denen sich auch viele Inder befinden ... Das muß ein großes Vergnügen sein, wie ein Zirkus zu reisen[3].«

Im Februar besucht Franz Joseph seine Gemahlin neuerdings in Cap

[1] Der Maler erhielt für den »Triumphierenden Achilles« 15.000 Gulden, für die Bilder der Frau Schratt und die Rahmen 4502 Gulden.

[2] Franz Joseph an Elisabeth, Ofen, 12. Jänner 1895.

[3] Elisabeth an Valerie, 3. Februar 1895. E. A. S. W.

Martin und bemüht sich, freilich vergebens, sie zu einer normaleren Lebensweise zu bewegen. Wegen des Todes des Feldmarschalls Erzherzog Albrecht muß der Monarch vorzeitig abreisen, und sofort verläßt auch Elisabeth die sonnige Riviera, um nach Korsika zu fahren, wo furchtbare Schneestürme herrschen. Franz Joseph wird nie verstehen, warum die Kaiserin nicht ruhig an der Riviera bleibt, statt bei schlechtem Wetter, Kälte und Sturm in der Welt umherzuirren. Aber da ist nichts zu machen. Elisabeth fuhr indes weiter nach Korfu. Die herrliche Lage des Eilandes macht ihr doch stets von neuem Freude. »Jetzt haben wir zwei fabelhaft schöne Tage gehabt«, schwärmt sie[1], »so schön war alles, daß es schon unnatürlich war, abends dufteten die Ölbäume so stark, und die untergehende Sonne verlieh ihnen einen Heiligenschein wie goldenen Rosen. Das Meer glich einem großen Stück lichtblauen Glases, und darauf ruhten wie unbeweglich die kleinen Schiffchen mit den weißen und roten Segeln. Die Hänge sind mit goldenen Blumen überzogen und gegenüber die noch mit Schnee bedeckten albanischen Berge, die, zuerst rosafarben, langsam in Rubinfeuer aufflammen, über alledem ein betäubender Duft; unzählige Schwalben schwirren wie trunken hin und wider, und über all der Pracht schwimmt am dunkelblauen Himmel der silberne, fast volle Mond. Des Achilles todbleiches Gesicht sieht zu ihm auf und senkt vor der Pracht die Augen. Es war zu schön, so daß ich ganz nervös war und danach nicht schlafen konnte; fortwährend sah ich vom Bette aus in das mondbeleuchtete Zimmer und hörte auf die klagende Stimme der Eulen.«
Mitten in dieser Pracht läßt Elisabeth am 22. April 1895 die von dem italienischen Bildhauer Chiattone gemeißelte Bildsäule ihres Sohnes aufstellen. Als die Hüllen niedergleiten, bleibt sie in den Anblick der Züge ihres verewigten Sohnes versunken stehen. Kein Wort kommt über ihre Lippen, langsam füllen sich ihre Augen mit Tränen. Das Ganze ergreift die Kaiserin so, daß sie schon am nächsten Tag förmlich fluchtartig Korfu verläßt und nach Venedig fährt. Sie hat keine Ahnung, daß die italienischen Majestäten dort sind, sonst wäre sie nie gekommen. So aber muß sie ihnen einen Besuch in denselben Zimmern abstatten, die sie einst bewohnt hatte, als Venedig noch österreichisch war. Dann geht es auf vier Wochen heim nach Lainz und von dort nach dem Karpatenbad Bártfa mit seinen herrlichen Wäldern. Unaufhörlich streift sie darin umher, Meer und Wald sind ihr nun das

[1] Elisabeth an Valerie, Achilleion, 8. April 1895. E. A. S. W.

Liebste auf Erden, da kann man so einsam bleiben. Menschen werden Elisabeth immer unleidlicher, noch mehr als früher schützt sie sich mit dem unvermeidlichen Sonnenschirm und Fächer gegen Neugierige. Wem es aber doch gelingt, ihr ins Gesicht zu sehen, dem zieht sich das Herz zusammen. Tiefe Furchen haben sich schon darin eingegraben, Sonne, Wind und Regen ihre Spuren darauf zurückgelassen. Nur die Augen glänzen im ursprünglichen Feuer, und die hohe, schlanke, stolze Gestalt sowie der unvergleichliche Gang sind sich gleichgeblieben. Der Gräfin Mikes tut die Kaiserin furchtbar leid. Sie täte so gerne alles, um sie glücklich zu sehen, erkennt aber, daß da nichts zu machen ist.

Valerie hat viel mehr Einblick in das Leben ihrer Mutter als alle Hofdamen, auch die vertrautesten, denn ihr gegenüber nimmt sich Elisabeth kein Blatt vor den Mund. Aber nun ist fast immer alles, was sie sagt, nur traurig und trüb.

Auf diesen Ton ist auch das Gespräch mit Carmen Sylva abgestimmt, die mit ihrem Gemahl am 6. August in Ischl einen Besuch abstattet. Auf die vorsichtige Frage, ob sie sich noch manchmal wider das Schicksal auflehne, antwortet die Kaiserin: »Nein, ich bin von Stein.«

Sowie Elisabeth nur kann, entflieht sie wieder aus der Heimat. Der September des Jahres 1895 sieht sie zur Kur in Aix-les-Bains, in Genf und Territet, der Oktober in Gödöllö und Wien. Ende November geht es wieder an die Riviera. Auch diesmal begleitet sie die Gräfin Sztáray, weil die junge Gräfin Mikes demnächst heiratet. Die Kaiserin macht eine Karlsbader Wasserkur, weil sie findet, daß ihr Gewicht von fünfzig Kilogramm sechsunddreißig Dekagramm viel zu hoch ist. Bei ihrer Lebensweise ist es ein wahres Wunder, daß sie sich überhaupt noch so gut hält, und Franz Joseph hat ganz recht, wenn er ihr schreibt: »Ich bin glücklich, daß Deine unberufen so ausgezeichnete Natur noch immer allen Abmagerungsmitteln und den übertriebenen Rennpartien so gut widersteht[1].«

In den ersten Märztagen fühlt sich Elisabeth besonders unpäßlich. Sofort schreibt sie das wieder dem Gewicht zu: »Wenn ich mich nicht wohl fühle, habe ich Gewichtszunahmen, und das ist von allen Übeln jenes, das mich am meisten kränkt[2].« Es ist gefährlich, der Kaiserin von irgendeiner neuen Kur zu sprechen. Sofort will sie sie machen. Das Buch eines Arztes Dr. Kuhne ist damals in jedermanns Hand, in

[1] Franz Joseph an Elisabeth, 14. Dezember 1895. E. A. S. W.
[2] Elisabeth an Valerie, Cap Martin, 9. März 1896. E. A. S. W.

dem er eine Sandkur empfiehlt, die gegen das Starkwerden helfen soll. Augenblicklich will sie das versuchen. Auch Frau Schratt, auf die die steten Kuren der Kaiserin Eindruck machen, will dasselbe tun.
»Es ist merkwürdig«, meint Franz Joseph dazu[1], »wie Ihr beide immer dieselben medizinischen Experimente unternehmt, gottlob ohne dabei besonderen Schaden genommen zu haben.«
Das Frühjahr verbringt Elisabeth in Korfu vornehmlich mit der Übersetzung Shakespearescher Dramen ins Griechische, wobei ein neuer Grieche hilft, ein junger Stutzer, der der Kaiserin wegen seines Parfüms auf die Nerven geht. Elisabeth hat das zeit ihres Lebens auch bei Damen gehaßt, bei Männern kann sie es natürlich schon gar nicht leiden.
Der Aufenthalt in Korfu wird Ende April abgebrochen. Noch einmal will sich die Kaiserin in ihrem geliebten Ungarn öffentlich zeigen, obwohl es ihr ein schweres Opfer ist. Aber die Feierlichkeiten anläßlich des tausendjährigen Bestandes des ungarischen Staates stehen bevor. Dabei will Elisabeth nicht fehlen.
Am 30. April trifft sie in Budapest ein und eröffnet am 2. Mai an der Seite des Kaisers, stürmisch begrüßt, die Millenniumsausstellung. In schöner, aber ganz schwarzer Seidentoilette mit modischen Puffärmeln erscheint sie. Jedermann sucht die Königin zu sehen, von der man in letzter Zeit nur Widersprechendes gehört hat, aber Elisabeth verdeckt während der Fahrt zur Ausstellung und auch während des feierlichen Aktes der Eröffnung ihr Gesicht mit dem Fächer.
Dreimal im ganzen erscheint die Kaiserin öffentlich. Bei den Galavorstellungen, den Bällen und der Festbeleuchtung fehlt sie, und Franz Joseph erscheint allein. Gerührt hört sie beim Tedeum in der Krönungskirche die Worte des Kardinalfürstprimas, der ihr vom Altare aus die unendliche Liebe und den Dank der Nation dafür ausspricht, »daß ihre mütterlich zarte Hand dereinst das goldene Band webte, mit dem nun die Nation und ihr heißgeliebter König unzertrennlich verbunden sind«. Es ist Tagesgespräch in der ungarischen Hauptstadt, wie erschütternd traurig die schwarzgekleidete Gestalt der Königin in diesen Maifesttagen gewirkt hat. Nur einmal hat sie einen freudigen Augenblick, als sie zum Ehepaar Erzherzog Joseph fährt, um ihren ersten männlichen Urenkel, den am 28. März des Vorjahres geborenen Erzherzog Joseph Franz, ans Herz zu drücken.
Elisabeth ist das Gefühl furchtbar, wieder Feste mitmachen zu müssen,

[1] Franz Joseph an Elisabeth, Wien, 27. März 1896. E. A. S. W.

als sei ihr Sohn noch am Leben und gar nichts so Grausiges geschehen. »Die gestrige Eröffnungsfeier«, schreibt sie über den Besuch der Ausstellung ihrer Tochter[1], »war sehr traurig. Wieder so prachtvoll und feierlich aufzutreten! Die letzte ähnliche Feier war mit Nazi (intimer Spitzname Kronprinz Rudolfs) beim Maria-Theresia-Monument. Alles erinnert mich an diesen Tag, Gesang, Hymne, genauso war es.«

Nach der Rückkehr nach Schönbrunn macht Elisabeth oft Ausflüge und Spaziergänge in Gesellschaft der Frau Schratt. Die Kaiserin findet sie nach wie vor gemütlich, liebenswürdig und nett, obwohl sie sich früher einmal ihretwegen beengt und geniert gefühlt hat. Jetzt ist dieses Gefühl verschwunden und ein einfacher und natürlicher Verkehr zwischen der Kaiserin und der Schauspielerin an der Tagesordnung. Dann ruft die Pflicht wieder nach Budapest zurück, wo am 6. Juni der neue Flügel der Burg eröffnet wird, für deren Erbauung sich Elisabeth so sehr eingesetzt hat. Am 8. Juni findet nach Überführung der Kroninsignien von der Krönungskirche nach dem Parlament und der Burg der feierliche Millenniumsempfang des ungarischen Reichstages statt, den Kálmán Mikszáth so unübertrefflich schildert[2]:

»Dort sitzt sie im Thronsaal der königlichen Burg in ihrem schwarzen, mit Spitzen durchwirkten ungarischen Gewand. Alles, alles an ihr ist düster. Von dem dunklen Haar wallt ein schwarzer Schleier herab. Haarnadeln schwarz, Perlen schwarz, alles schwarz, nur für das Antlitz marmorweiß und unsagbar traurig ... Eine Mater dolorosa. Es ist noch dasselbe Antlitz von einst, das man von den bezaubernden Bildern her kennt: die freien, edlen Züge mit dem vorne kurzgeschnittenen Haar, das seidenen Fransen gleich ihre Stirn umweht, und darüber das üppige Haargeflecht, die schönste aller Kronen. Sie ist es noch, doch der Kummer hat seine Spuren in dieses Antlitz eingegraben. Es ist noch dasselbe Bild, aber wie in einen Nebel gehüllt. Die Wimpern verdecken ihre lebhaften, lieben Augen. Still und unempfindlich sitzt sie da, als sähe und höre sie nichts. Nur die Seele scheint weit in die Ferne zu schweifen. Keine einzige Bewegung, kein einziger Blick verrät Interesse. Einer marmorblassen Statue gleicht sie. Da beginnt der Präsident des Reichstages, Desider Szilágyi, zu sprechen. Langsam, bedächtig, voll Ehrfurcht angesichts des Thrones. Der König horcht auf. Ein

[1] Elisabeth an Valerie, Ofen, 3. April 1896. E. A. S. W.
[2] Nach dem im »Pesti Hirlap« am 10. Juni 1896 erschienenen unsignierten Artikel.

Wort, ein Gedanke fesselt ihn, und seine Blicke heften sich an die Lippen des großen Redners der ungarischen Nation. Im Antlitz Elisabeths aber ist immer noch nichts zu lesen. Es bleibt blaß und unbeweglich. Da nennt der Redner auch den Namen der Königin. Sie zuckt mit keiner Wimper, doch mit einem Male braust ein Eljen auf, wie es die Ofener Königsburg noch nie gehört. Als bräche ein Gefühlssturm aus aller Herzen hervor. Ein wunderbar hehrer Klang liegt darinnen, den man weder beschreiben noch erklären kann. In diesem Eljen liegen Gebet, Glockengeläute, Meeresrauschen, Zärtlichkeit, Gefühl, vielleicht auch Blumenduft. Und da bewegt sich das bisher unempfindliche majestätische Haupt. Leise, kaum sichtbar, nickt es Dank. Eine wunderbare Anmut liegt darin. Noch stärker erdröhnt das Eljen und hört minutenlang nicht auf und tost immer wieder empor, daß die Gewölbe erzittern. Die Großen des Reiches schwingen den Kalpak. Das Eljen will nicht verstummen, der Redner muß innehalten, die Königin beugt das Haupt. Das schneeweiße Antlitz beginnt sich zu färben. Leicht rosa wird das Weiß, von der Farbe der frischen Milch mit rosigem Schimmer darüber, dann wird es rot, über und über rot, rot wie das Leben. Wie zauberhaft! An der Seite des Königs sitzt nun eine Königin in der Farbe des Lebens. Ihre Augen öffnen sich weit, der alte Glanz schimmert hervor. Sie, die einst so berückend zu lächeln wußten, daß sie ein trauriges Land trösteten, füllen sich mit Tränen. Die Fühlung ist hergestellt. Ein glückliches Land hat die Königin zu trösten verstanden, aber es dauert bloß einen Augenblick. Die hohe Frau führt das Spitzentuch an die Augen, trocknet die Tränen, und der Redner spricht weiter. Aus dem Antlitz der Königin weicht langsam die Röte des Lebens, und bald sitzt an der Seite des Königs wieder die in Trauer gehüllte Frau, die Mater dolorosa.«

Die Weihe der Stunde hat auch Elisabeth überwältigt. Sie hat genau herausgefühlt, daß das keine gewöhnliche Huldigung war wie tausend andere auch, sondern daß da das Herz, der Pulsschlag einer Nation mitklang, und das Gefühl, daß jeder Ungar von ihrer besonderen Sympathie und Neigung für die ungarische Nation weiß, durchbricht für einen Augenblick die düstere Mauer, die sie zwischen sich und der übrigen Welt, Ungarn nicht ausgenommen, aufgerichtet hat. Obwohl sie gerührt und erfreut darüber ist, vertragen ihre Nerven Feierlichkeiten nicht mehr, und unmittelbar danach zieht sich die Kaiserin in die Abgeschlossenheit der Lainzer Villa zurück. Durch Wochen hört man in der Öffentlichkeit nichts von ihr.

Elisabeth beschäftigt sich mit der Neufassung ihres Testamentes. In ihren letztwilligen Verfügungen vor dem Tode des Kronprinzen hatte sie ursprünglich Valerie ihr ganzes Vermögen hinterlassen wollen[1]. Nun teilt die Kaiserin ihren Nachlaß in fünf Teile, gibt je zwei Fünftel ihren beiden Töchtern Gisela und Valerie und eines ihrer Enkelin Elisabeth, der Tochter des Kronprinzen. In dem Testament ist aller Getreuen mit Pensionen und Schmuckstücken gedacht. Es zeigt sich, daß Elisabeth von allen Damen ihrer Umgebung Ida Ferenczy am höchsten stellt. Sie erhält eine Pension von viertausend Gulden und als deutlich sprechendes Vermächtnis ein Goldherz mit Edelsteinen in den ungarischen Farben, während Marie Festetics eine Pension von dreitausend Gulden und ein Bracelet erhält. Auch Katharina Schratt wird nicht vergessen, die einen großen Georgstaler in Gold als Brosche bekommt, während von auswärtigen Fürstlichkeiten nur die Kaiserin Friedrich mit einem Hufeisen von Silber mit goldenem Sankt Georg bedacht ist. Dann verfügt Elisabeth über ihr großes Geheimnis, ihre Schriften. In einer Kassette sind die Gedichte verwahrt, die Elisabeth einmal veröffentlicht wünscht. Ida Ferenczy wird beauftragt, sie Herzog Karl Theodor zukommen zu lassen. Auch soll sie eine schwarze Tasche mit Schriften und Weisungen sofort nach dem Tode der Kaiserin öffnen. Alles wird, wie Elisabeth ausdrücklich anordnet, mit dem Petschaft mit eingravierter Seemöwe versiegelt. Nachdem diese Verfügungen getroffen sind, macht Elisabeth noch widerstrebend den Empfang des jungen Zarenpaares mit. Kurz darauf geht sie nach Ischl, wo sie sich wieder ganz abschließt und mit ihrer sonderbaren Ernährung fortfährt, die jetzt nur aus Milch und Eiern besteht. Das Gewicht der Kaiserin beträgt nun 46 Kilogramm, für eine 172 Zentimeter große Frau wenig genug. Trotzdem nimmt Elisabeth, aus lauter Angst, stärker zu werden, öfters Dampfbäder und unmittelbar darauf ein nur siebengrädiges kaltes Vollbad[2]. Das steigert natürlich bloß die Nervosität Elisabeths und macht sie blutarm. Dagegen sollen dann wieder alle möglichen Kuren helfen. So geht der Kreislauf weiter.

Am 24. September erscheint in Ischl eine neue kleine Enkelin, die »prachtvolle, großäugige kleine Hedwig«. Die Familie Valeries wird

[1] Nachtrag zum Testament Ihrer Majestät, Wien, 18. Februar 1897. Staatsarchiv.

[2] Kammerdienerin von Henike, an Ida Ferenczy, Biarritz, 22. Dezember 1896. Farkas-Archiv.

immer größer, und Elisabeth denkt daran, ihre Zukunft sicherzustellen. Schon seit jeher hat ihre getreue Sachwalterin Ida Ferenczy Elisabeth zugeredet, sie solle sich ein eigenes Privatvermögen schaffen, das sie unabhängig mache. Elisabeth ist ihrem Rat gefolgt und hat mit der Zeit ein Barvermögen angesammelt, das im Oktober des Jahres 1896[1] einen Nominalwert von 3,873.519 und Kurswert von 4,483.991 Gulden hat.

Sowie die ersten Zeichen der kalten Jahreszeit sich einstellen, wird Elisabeth unruhig und kann den Tag nicht erwarten, an dem die gewohnte alljährliche Winterreise angetreten wird. Diesmal geht es in den ersten Tagen im Dezember nach Biarritz. Die Lebensweise der Kaiserin ist dort wenig vernünftig. Fleisch will sie nicht essen und läßt sich daher als Ersatz den blutigen Saft aus halbrohen Beefsteaks zu einer Suppe auspressen. Sie liest jetzt wenig; nur Berta von Suttners »Waffen nieder«, das die Autorin ihr übersandt hat, fesselt sie, denn sie ist mit der darin entwickelten Tendenz eines Sinnes. Von früh bis abends weilt sie am Strand. Es herrscht meist schlechtes Wetter. »Wie großartig das hiesige Meer ist«, schreibt die Kaiserin, »davon hat kein Mensch einen Begriff, doch kann man bei diesem Sturmwind kaum vorwärtskommen ... Tag und Nacht brüllen Wind und Meer derartig, daß man im Kopf davon ganz wirr wird.«

Franz Joseph, der von allen Seiten die schlechtesten Nachrichten über seine Gemahlin hört, sendet endlich seinen Leibarzt Dr. Kerzl nach Biarritz, um einmal nach dem Rechten zu sehen. Er kommt an, läßt sich über die Lebensweise der Kaiserin, die Karlsbader Kur, die ihr niemand verordnet hat, die merkwürdige Ernährung, das fortwährende Wägen berichten und ist ganz entsetzt. Sofort stellt er das Karlsbader Wasser ab, weil er überhaupt nicht weiß, wozu die Kaiserin solches trinkt, und bittet dringend, sie möge mehr essen und etwas Wein zu sich nehmen. Auf seinen Bericht und sein Ersuchen, der Monarch möge auf Elisabeth einwirken, damit sie auf ärztliche Ratschläge höre, schreibt[2] Franz Joseph seiner Gemahlin mahnend: »Ich hoffte, daß das schlechte, stürmische Wetter Dir den Biarritzer Aufenthalt verleiden und Dich bald nach Cap Martin bringen wird, und nun bist Du in eine so weltschmerzliche Stimmung geraten, in die Du Dich beim Tosen des Meeres und beim Heulen des Sturmes immer mehr hineinarbei-

[1] Nopcsa an Ida Ferenczy, ohne Datum. Offenbar aus dem Jahre 1896.
[2] Franz Joseph an Elisabeth, Wien, 15. und 17. Dezember 1896. E. A. S. W.

test ... Ich fürchte, daß Du die Ratschläge Kerzls nicht befolgen und fortgesetzt an der Untergrabung Deiner Gesundheit fortarbeiten wirst, bis es zu spät und keine Hilfe mehr möglich sein wird. Ich kann leider nichts tun als Dich bitten, aus Erbarmen mit mir und Valerie Dich gründlich zu schonen, nach den Vorschriften Kerzls zu leben und vor allem zu essen ...«

Der Leibarzt hat der Kaiserin doch einige Angst eingejagt. Sie befolgt eine Zeitlang des Doktors Ratschläge und überanstrengt sich bei den Spaziergängen nicht mehr so sehr. Sofort stellt sich eine bessere Stimmung ein, wie die begleitende Hofdame Baronin Marie Sennyey feststellt. Nur die fixe Idee des zu großen Gewichtes besteht weiter. Täglich dreimal wägt sich Elisabeth. Dr. Kerzl ärgert das: »Wenn nur diese verdammte Waage nicht wäre! Der Teufel soll den holen, der Ihrer Majestät das ewige Wägen angeraten hat!« Die gute Stimmung war jedoch nur vorübergehend. Die Melancholie kehrt bald wieder, und die Briefe Elisabeths an den Kaiser zeugen davon. »Du solltest Dich nicht gar so in Deine traurige Stimmung vertiefen«, meint Franz Joseph[1], »und Dich nicht so sehr von den anderen Menschen abschließen, denn es wird dir dann immer schwerer werden, Dich aus der Einsamkeit loszureißen. Der Grieche und Baronin Sennyey wären doch gewiß eine angenehme und erheiternde Gesellschaft.«

Nach Biarritz mit seinen Stürmen freut sich Elisabeth auf die Riviera, wo sie am 19. Jänner 1897 ankommt und so gerne wieder mit dem Kaiser zusammentreffen möchte. »Könntest Du nicht heuer auf vier Wochen hieherkommen«, schreibt sie ihm, »da es für meine Gesundheit und Gemütsstimmung so gut wäre? Wie lange bleiben andere Potentaten aus ... Hoffentlich erhielt die Freundin mein Neujahrstelegramm ohne Hausnummer? Bitte, schicke mir die der Nibelungengasse, Gloriettegasse und der (Villa) ›Felizitas‹. Ich werde sie im Kasino setzen[2].«

Auch der Aufenthalt in Cap Martin steht im Zeichen wechselnder Stimmungen, die vom körperlichen Wohlbefinden abhängen. Elisabeth macht schon wieder Kuren, nimmt Schwefel- und Eisenpillen, ist schlecht gelaunt und entläßt den neuen Griechen, der immerfort in Monte Carlo Geld verspielt. Barker kann aber noch nicht gleich kommen. So ver-

[1] Franz Joseph an Elisabeth, 11. Jänner 1897. E. A. S. W.

[2] Elisabeth an Franz Joseph, Brief, begonnen 17. Jänner 1897 in Biarritz, beendet in Cap Martin am 19. E. A. S. W. Die gefragten Hausnummern sind jene der Wohnungen der Frau Schratt.

geht eine Zeit ohne Griechen, und Elisabeth gewöhnt sich daran, überhaupt ganz allein zu sein. Besorgt sendet der Kaiser außer seinem Leibarzt auch das Ehepaar Erzherzog Franz Salvator nach Cap Martin. Valerie findet ihre Mutter sehr blaß und mager, schwach und müde. Elisabeth bittet ihre Tochter, dem Kaiser zu schreiben, daß sie heuer unmöglich repräsentative Pflichten auf sich nehmen könne. Endlich kommt auch Franz Joseph und ist bestürzt darüber, wie furchtbar niedergeschlagen er seine Gemahlin findet. Sie verweigert jede normale Ernährung. Wenn man der Kaiserin Essenszwang auferlegt, ist es ihr unerträglich und steigert nur ihre Nervosität. Valerie findet ihre Mutter trostloser als in den schlechtesten Zeiten. Ihre Lebensweise ist nichts anderes als der äußere Ausdruck der nervösen Erregbarkeit. Wenig gehen, viel essen, viel schlafen soll Elisabeth, und sie tut gerade das Gegenteil. Wenn sich das nicht bald ändert, kann das sehr ernst, ja gefährlich werden.

Valerie ist manchmal tief betroffen über die wirklich erschreckenden Dinge, die ihre Mutter in bitteren Stunden über Leben und Sterben, Gott und Schicksal sagt. Früher hatte sie gewünscht, daß ihre Leiche ins Meer versenkt werde. Später sagte Elisabeth: »Wenn ich einmal sterben muß, so legt mich an das Meer.« Jetzt aber sieht sie immer den Platz neben ihrem Sohne vor sich: »Ich sehne mich so sehr, dort zu liegen in einem guten, großen Sarg, und nur Ruhe zu finden, nur Ruhe. Mehr erwarte und wünsche ich nicht. Weißt du, Valerie, dort, wo gerade oberhalb das Fenster liegt, doch ein wenig Licht und Grün in die Gruft hereinblickt und man die Spatzen zwitschern hört.«

Nach seiner Rückkehr nach Wien gesteht der Kaiser dem Botschafter Fürsten Eulenburg: »Mir ist durch die Sorge um die Gesundheit der Kaiserin der ganze Aufenthalt in Cap Martin verdorben worden. Meine Frau war so nervös, daß unser Zusammensein ernstlich gestört war[1].« Elisabeth hat sich indessen gegen alle Welt ziemlich abgeschlossen, selbst mit der so sympathischen Hofdame Baronin Sennyey will sie nicht zusammen sein. Um den Schaulustigen zu entgehen[2], schlüpft sie oft durch die unterirdischen Arbeitsräume des Hotels und entkommt so unbemerkt in den Waldpark. Bald aber hält es Elisabeth auch in Cap Martin nicht mehr aus, und sie sucht wieder Territet am Genfer See

[1] Fürst Eulenburg an den Reichskanzler Fürsten Hohenlohe, 26. März 1897. Archiv des Auswärtigen Amtes, Berlin.
[2] Anna Claud-Saar, Kaiserin Elisabeth auf Cap Martin, Zürich 1902.

auf, den sie so liebt. Dort trifft zufällig auch Erzherzog Franz Ferdinand mit seinem Leibarzt Viktor Eisenmenger ein. Auf Wunsch des Kaisers soll der Arzt die Kaiserin untersuchen. Sie jedoch, die trotz ihren fortwährenden Kuren eine Abneigung gegen Ärzte hat und ihnen nichts glaubt, wehrt sich dagegen, läßt es aber schließlich doch geschehen. Eisenmenger findet an der sonst gesunden Frau[1] ziemlich starke Hautanschwellungen, besonders an den Knöcheln. Es ist kein Zweifel, es sind die typischen Zeichen von Hungerödem. Jetzt erfährt der Arzt, daß sie manchmal im ganzen Tag nur sechs Orangen gegessen hat.
»Aber ich nehme doch an Gewicht zu«, wendet Elisabeth ein.
»Natürlich, Majestät, weil sich in den Geweben infolge Unterernährung Wasser ansammelt.« Elisabeth schüttelt ungläubig den Kopf und verspricht nun, im Tage ein paar Gläser Schafmilch trinken zu wollen.
Der Aufenthalt in Territet tut Elisabeth gut, so daß sie im Mai wieder auf einige Zeit nach Lainz heimkehren kann. Kaum ist sie dort, so wirft ein Unglück wieder die ganze mühsam erreichte Besserung mit einem Schlag über den Haufen.
Am 5. Mai findet in Paris ein von den Damen der Aristokratie veranstalteter Wohltätigkeitsbasar statt, an dem auch die Schwester der Kaiserin, die Herzogin von Alençon, mittätig beteiligt ist. Man hat in einem riesigen, neunzig Meter langen Saale leichte Holz- und Leinwandbuden errichtet und über das Ganze ein großes, gemaltes Segel gespannt. In einer Bude wird eine Art Kinematograph, eine bessere Laterna magica, aufgestellt und mit einem Gasapparat bedient. Es ist halb fünf Uhr nachmittags. Ungefähr eintausendfünfhundert Personen, meist Frauen, sind im Saal anwesend und eifrig wird zugunsten der Armen verkauft. Die Herzogin Sophie Alençon, Elisabeths Schwester, hat eben ein vergoldetes Tintenzeug für einen Abgeordneten eingepackt. Auf einmal sieht man einen Blitz wie ein langes Feuerband vom Kinematographen her bis hinauf zum großen Vorhang an der Decke aufzischen. Im Nu brennen Vorhang und Verkaufsstände, überall züngeln die Flammen empor, der Vorhang fällt zu Boden, eine gräßliche Panik folgt. »Feuer! Feuer« schreit man von allen Seiten. Alles stürzt zu den Ausgängen, aber die Tore sind geschlossen, das Feuer bricht sich rasend schnell Bahn, verkohlte Leichen türmen sich vor den Ausgängen. Die Herzogin von Alençon hat vergebens versucht, einen Ausweg zu finden, auch läßt sie anderen den Vortritt, betet, will retten, helfen,

[1] Viktor Eisenmenger, Erzherzog Franz Ferdinand, Wien, S. 77.

wo jeder kaum sich selbst retten kann. Phantastischer Leichtsinn hat das Unglück herbeigeführt. Als das Feuer gelöscht ist, steht man vor einer mit verkohlten Leichen bedeckten Trümmerstätte. Es ist nicht mehr möglich, die Opfer zu erkennen. Man muß an unverbrennbaren Dingen festzustellen versuchen, um wen es sich handelt. Entsetzt und erschüttert ist der Herzog von Alençon herbeigeeilt, umsonst irrt er an den im benachbarten Palais der Industrie nebeneinandergelegten Toten vorbei. Er kann seine Frau nicht finden, nicht erkennen. Die ganze Nacht wird in den Trümmern gesucht. Endlich gelingt es dem herbeigerufenen langjährigen Zahnarzt der Herzogin, der, mit ihrer Mundkarte versehen, mitsuchen hilft, nachdem man die Zähne von fünfzig Opfern vergeblich untersucht hatte, einen völlig unkenntlichen, verkohlten Leichnam, dem die rechte Hand und das linke Bein fehlten, mit Bestimmtheit als jenen der Herzogin zu agnoszieren. In ihrem Testament hat sie einmal verfügt, man solle ihr bei ihrem Tode ja kein Haar abschneiden, es in seiner Gänze verbrennen, und sie dann im Ordenskleide der Dominikaner, deren auswärtiges Mitglied sie war, ins Grabe legen. Der erste Wunsch ist erfüllt. Anders freilich, gründlich anders, als es sich die Herzogin bei der Abfassung ihres Testamentes vorgestellt hat. Am Abend des 5. Mai gelangt die Schreckensnachricht von dem Brandunglück nach Lainz. Furchtbar ist der Eindruck auf Elisabeth. Sie schließt sich gegen jedermann ab. Auch der Bruder des Kaisers wird nicht vorgelassen, nur Franz Joseph, der herbeigeeilt ist, um seiner Frau beizustehen. So ist nun auch die jüngste Schwester der Kaiserin gestorben, über deren letzte Lebensjahre wohl auch Melancholie einen Trauerschleier breitete, die aber in der Religion besonderen Trost fand. Wieder erwacht in Elisabeth alle Bitterkeit über Leben und Schicksal. Franz Joseph dringt auf Abreise der Kaiserin. Er hofft, daß Kissingen von wohltuender Wirkung sein wird. Und das bestätigt sich auch. Im Juni wird nach Lainz und dann in der Mitte des Monats nach Ischl übergesiedelt. Dort verschlechtert sich Elisabeths Stimmung wieder.

Der Kaiser klagt dem deutschen Botschafter, daß seine Gemahlin mit ihm so viel vom Tode spreche, daß er schon ganz niedergedrückt sei[1]. Sie hält es auch in Ischl nicht mehr aus. Schon am 29. August tritt sie wieder die Fahrt nach dem Süden an. Diesmal nach dem herrlichen Ka-

[1] Fürst Eulenburg an Fürst Hohenlohe, Wien, 17. August 1897. Archiv des Auswärtigen Amtes, Berlin.

rersee und Meran, wo Elisabeth die Traubenkur gebraucht. Ihre Unruhe treibt sie nach wie vor von Ort zu Ort. Alles andere versinkt. Politik ist für die Kaiserin nun schon längst ein Wort ohne Sinn. Nur wenn irgend etwas die ungarische Nation berührt, die ihr im Milleniumsjahr wieder so gehuldigt hat, dann zittert ihr Herz immer mit. Am 21. September besucht Kaiser Wilhelm Franz Joseph in der Hauptstadt Ungarns. Mit seiner wunderbaren Rednergabe hält er dort einen zündenden Trinkspruch auf das ritterliche Ungarvolk, den die Gräfin Sztáray Elisabeth vorliest. Er begeistert sie so, daß die Kaiserin augenblicklich dem Kaiser Wilhelm telegraphisch für seinen »hinreißend schönen Toast« dankt, der »einem ungarisch fühlenden Herzen so wohltut«.

Ende September verläßt Elisabeth Meran und besucht Valerie in ihrem neuen Heim in Schloß Wallsee. Wie immer, ist sie dort verhältnismäßig guter Laune, ja zuweilen sogar heiter. Aber zu einem längeren Verweilen ist sie wieder nicht zu überreden. Die Vorstellung, daß sie eine Schwiegermutter ist, verläßt sie niemals.

Franz Joseph hat in innerer und äußerer Politik große Sorgen. Auch er ist älter und nervöser geworden, jedes Unwohlsein der Kaiserin regt ihn auf, und obwohl sich die beiden Eheleute gut vertragen, steigern sie sich doch gegenseitig in Sorge und Angst hinein. Dabei klammert sich der Monarch immer mehr an die Freundschaft mit Frau Schratt, die so ausschließlich wird, daß sie manchmal der Schauspielerin schon beschwerlich fällt und sie bedrückt. Die böse Welt redet ja so viel darüber. Das kommt ihr zu Ohren, ärgert und empört sie, da sie sich nichts vorzuwerfen hat. Aber alles geht, und niemand wagt, mehr zu tun als höchstens zu tratschen, solange die schützende Hand der Kaiserin über ihr waltet; denn wer wäre berufen, etwas über sie zu sagen, wenn des Kaisers Gemahlin selbst sie hochachtet und auszeichnet? So liegen die Dinge, als Elisabeth Ende November 1897 die Heimat wieder verläßt.

XV

ELISABETH UND LUCHENI

1898

Wie im Vorjahre, führt der Weg der Kaiserin über Paris nach Biarritz. Sie kann die Sehnsucht nach der wilden Schönheit des Meeres, die sich dort besonders zeigt, nicht bannen, obwohl ihr dieser Ort nicht gutgetan hat. Nun geht sie wieder stundenlang an der See entlang, betrachtet die an das Ufer heranbrausenden Wellen, oft völlig von Sturm und Regen, Wind und Wellen durchnäßt. Die Folge ist, daß ihre Nerven leiden und die neuralgischen Schmerzen zunehmen. Sie kann nicht nach Lourdes, wie sie gern wollte, spricht nur vom Sterben und davon, daß sie den Kaiser nicht überleben will, daß aber er und ihre Kinder auch nicht bei ihrem Tode anwesend sein sollen, um nicht darunter zu leiden.

»Ich will allein sterben«, sagt sie der Gräfin Sztáray[1]. Auch der geplante Ausflug nach den Kanarischen Inseln wird aufgegeben. In ihrer Verzweiflung denkt Elisabeth sogar daran, reuig wieder zu dem schon von ihr als Scharlatan erklärten Dr. Metzger, der nun in Paris ist, zurückzukehren.

Die schlechten Nachrichten über das Befinden seiner Gemahlin treffen Franz Joseph in schweren innerpolitischen Sorgen. Der Ministerpräsident, der polnische Graf Badeni, hat damals durch seine Sprachenverordnung, die die deutsche Sprache in Böhmen der tschechischen gleichstellt, die Empörung aller Deutschfühlenden geweckt. Es kommt zu Straßendemonstrationen in Wien, die erst durch Polizei und Militär niedergeschlagen werden müssen. Kaiser Franz Joseph ist in der gedrücktesten Stimmung. »Wenn Dich nur nicht Metzger zu sehr malträtiert«, schreibt er Elisabeth, »Dich ganz wieder in seine undelikate und gewinnsüchtige Gewalt bekommt und mit Dir Reklame macht. Ein einziger Lichtstrahl fand sich in Deinem Briefe, nämlich die Aussicht,

[1] Irma Gräfin Sztáray, a. a. O. S. 179.

daß Du die Fahrt auf dem Ozean vielleicht aufgeben willst. Ich wäre Dir ganz unendlich dankbar, wenn dieser noch zweifelhafte Entschluß zur Gewißheit würde. Denn nebst allen meinen Sorgen, meinem Kummer, auch noch die Angst um Dich aushalten zu müssen, wenn ich Dich auf dem Ozean wüßte, von allen Nachrichten abgeschnitten, wäre mehr, als meine Nerven aushalten könnten. Auch schiene es mir doch riskiert, wenn Du in den jetzigen Zeiten und bei den Ereignissen, denen wir hoffentlich zwar nicht, aber möglicherweise doch entgegengehen, so weit und unerreichbar entfernt wärst[1].«

Diese Worte des Kaisers machen Eindruck. Elisabeth fühlt sich in Paris von Metzgers Auftreten abgestoßen, der nicht weniger von ihr verlangt, als daß sie sich durch ein halbes Jahr völlig seiner Behandlung anvertraue. Da andere Ärzte das gerade Gegenteil sagen wie er und bloß ein wärmeres Klima anraten, wird von der Massagekur abgesehen, und Elisabeth fährt nach der Bekränzung der Gräber ihrer Schwester Alençon und Heines über Marseille nach San Remo. Von Schmerzen und Schwäche überwältigt, ist sie nun, wie Gräfin Sztáray sagt[2], »so gefügig wie ein liebes krankes Kind, gehorcht den wohlgemeinten Ratschlägen und erholt sich zusehends«. Sowie sie aber ihre Kräfte auch nur ein wenig wiederkehren fühlt, will sie gleich wieder ihre großen Spaziergänge aufnehmen. Elisabeth denkt sogar daran, in San Remo eine Villa zu kaufen. Gräfin Sztáray redet ihr die Idee wieder aus. Es ist klar, der Wandervogel würde ihrer ebenso schnell überdrüssig werden wie des Achilleions, über das Verkaufsverhandlungen geführt werden. Die Londoner Byron Society plant den Ankauf, aber der verlangte Preis von zwei Millionen Gulden erscheint zu hoch.

Nun naht das Jahr 1898 heran. »Was wird auf diesen leeren Blättern stehen?« schreibt Valerie in den neuen Band ihres Tagebuches. Der Jänner vergeht bei wechselndem Befinden der Kaiserin. Eine Nervenentzündung in Schulter und Arm macht die gewohnte Gymnastik unmöglich und läßt Elisabeth des Nachts nicht schlafen.

»Auch das wird einmal ein Ende nehmen«, meint sie zu Valerie[3], »um so besser wird die ewige Ruhe.«

Die Kaiserin sehnt sich nach ihrem Gemahl und bittet ihn dringend, sie einmal zu besuchen. »Ich fühle mich wie achtzig Jahre«, meint sie

[1] Franz Joseph an Elisabeth, Wien, 17. Dezember 1897. E. A. S. W.
[2] Sztáray, a. a. O. S. 182.
[3] Elisabeth an Valerie, San Remo, 17. Jänner 1898. E. A. S. W.

einmal, unglücklich darüber, daß sie nun ihre körperliche Leistungsfähigkeit eingebüßt hat, auf die sie zeitlebens so stolz war. Aber Franz Joseph traut sich bei der so unsicheren Lage in der Monarchie nicht, sich so weit zu entfernen. Er stellt das Elisabeth vor Augen und meint dazu: »Daß Du Dich wie achtzigjährig fühlst, ist übertrieben, aber alt, immer schwächer und blöder wird man allerdings, und die Nerven lassen immer mehr nach. Das alles fühle ich auch, und die Fortschritte in meinem Verfalle sind in diesem Jahr besonders groß ... Es ist betrübend, zu denken, wie unendlich lang wir getrennt sein werden. Wann und wo werden wir uns wiedersehen[1]?«

Von San Remo reist Elisabeth am 1. März nach Territet. Sie hat sich nicht sehr gut erholt, ist immer schwach, versucht aber doch wieder größere Bergpartien, die sie sehr ermüden und Franz Joseph veranlassen, auf die Meldung des Griechen Barker darüber, die Kaiserin innig zu bitten, das beständige Beanspruchen des geschwächten Körpers aufzugeben und sich nicht systematisch zugrunde zu richten.

Territet ist jetzt noch zu anstrengend für sie. Kissingen und seine Bäder sollen Elisabeth vorerst ihre Kraft wiedergeben. Sie liebt diesen Ort sehr. »Er ist nicht großartig schön«, sagt sie, »aber so liebenswürdig, so gut und ruhig. Ganz wie am Land, und die Luft ist wie Balsam[2].« Von Kissingen aus beglückwünscht die Kaiserin ihre Tochter Gisela zu ihrer silbernen Hochzeit und fügt hinzu: »Schmerzlich werdet Ihr an diesem Tage unseren unvergeßlichen Rudolf vermissen, der vor fünfundzwanzig Jahren noch so lebensfroh Eure Hochzeit mitmachte und Dich dann so schweren Herzens scheiden sah. Uns geht er ab, ihn beneide ich um seine Ruhe[3].«

Am 25. April besucht der Kaiser seine Gemahlin in Kissingen. Um ihr Freude zu machen, berichtet er ihr, daß er von einem englischen Lord im Tausche gegen zwei Lipizzaner herrliche Kühe für ihre Meierei erworben habe. Man mußte ihn darauf vorbereiten, daß Elisabeth unleugbar schlecht und ermüdet aussieht. Am meisten Eindruck macht es auf Franz Joseph, daß seine Frau, die rasche, unermüdliche Läuferin von einst, nun einen sehr langsamen und müden Gang hat. Elisabeth nimmt sich ihm gegenüber zusammen und verbirgt, so gut es geht, ihre

[1] Franz Joseph an Elisabeth, Ofen, 25. Februar 1898. E. A. S. W.
[2] Elisabeth an Valerie, Kissingen, 20. April 1898. E. A. S. W.
[3] Elisabeth an Prinzessin Gisela, Kissingen, 18. April 1898. Archiv des Prinzen Konrad von Bayern.

traurige Stimmung. So vergehen diese acht Tage in voller Harmonie. Aber Franz Joseph sieht, daß es um die Gesundheit der Kaiserin wirklich schlecht steht. Nun beauftragt er Valerie, zu ihrer Mutter nach Kissingen zu fahren, um sie ein wenig zu beaufsichtigen und im Sinne einer vernünftigen Lebensweise zu beeinflussen. Das geschieht; Elisabeth und ihre Tochter sind wieder vereint, wie in den schönen Tagen der Mädchenzeit Valeries. Damals erfaßte Traurigkeit die Kaiserin nur zeitweise, nun aber verläßt sie sie gar nicht mehr.

Ihrer Tochter gegenüber spricht sich Elisabeth rückhaltlos aus: »Weißt du, die beiden Worte ›hoffen‹ und ›sich freuen‹ habe ich für immer aus meinem Leben gestrichen.«

Wenn auch matt und müde, will Elisabeth von der Gewohnheit des Gehens nicht lassen. Aber die Ausflüge nach Klaushof und anderwärts werden nur in langsamem Tempo unternommen. Ab und zu durchbricht für Augenblicke eine heitere Stimmung, die an schöne Zeiten erinnert, das Gewölk, aber sofort folgt darauf tiefe Melancholie, physische Abgeschlagenheit und seelische Trostlosigkeit.

»Ich ersehne den Tod«, sagt Elisabeth einmal zu Valerie[1]. »Ich fürchte ihn nicht, denn das will ich nicht glauben, daß es eine Macht gibt, die so grausam wäre, nie genug zu haben mit dem Leiden des Lebens, sondern auch noch die Seele herausreißen würde aus dem Körper, um sie weiter zu foltern.«

Elisabeth sinnt mit ihrer Tochter hin und her über Unglück und Tod, Leben und Gottesidee: »Überhaupt ist der Mensch viel zu klein und elend, um über das Wesen Gottes nachzugrübeln. Darauf habe ich längst verzichtet.« Nur über eines ist sich Elisabeth klar: Gott hat recht und ist stark. Der Mächtige hat immer recht.

Bald muß Valerie wieder zu ihrer Familie zurück, was Elisabeth sehr schmerzlich empfindet:

»Wir haben übertrieben gute Tage zusammen verlebt«, meint sie, »wie in der alten, schönen Zeit. Es tut nicht gut, sich für so kurze Zeit wieder daran zu gewöhnen[2].«

Elisabeth geht zur Nachkur nach Bad Brückenau und trifft sodann in Ischl wieder mit ihrem Gemahl zusammen. Widerhofer soll jetzt das weitere Programm bestimmen. Franz Joseph und er kommen überein, der Öffentlichkeit, die immer nur hört, daß die Kaiserin abwesend

[1] Tagebucheintragung, 17. Juni 1898. T. E. V. S.
[2] Elisabeth an Valerie, Bad Brückenau, 23. März 1898. E. A. S. W.

ist und Kuren gebraucht, einmal etwas Offizielles über den Gesundheitszustand Elisabeths zu sagen, schon um darauf vorzubereiten, daß die Kaiserin den Feierlichkeiten anläßlich des fünfzigjährigen Regierungsjubiläums Franz Josephs fernbleiben wird. Man hofft auch, Elisabeth so indirekt dahin zu beeinflussen, sich den Anordnungen der Ärzte willfähriger zu zeigen. Daher kommt es zur amtlichen Mitteilung vom 3. Juli 1898, die von bei der Kaiserin aufgetretener Anämie, Nervenentzündung, Schlaflosigkeit und einem mäßigen Grad von Herzerweiterung spricht, die zwar zu ernsten Besorgnissen keinen Anlaß geben, aber eine methodische Behandlung in Bad Nauheim erfordern. Am 16. Juli fährt die Kaiserin von Bad Ischl ab. Ihr Gemahl sollte sie nie mehr lebend wiedersehen.

Franz Joseph ist ahnungslos, der Abschied ist ihm aber doch diesmal besonders schwergefallen, gleich am nächsten Tag sitzt er am Schreibtisch und gibt seiner Trauer über die Trennung brieflich Ausdruck. »Du gehst mir hier unendlich ab, meine Gedanken sind bei Dir, und mit Schmerz denke ich an die so unendlich lange Zeit der Trennung; besonders wehmütig stimmen mich Deine ausgeräumten, leeren Zimmer[1].« Eine unendlich lange Zeit, sagt der Kaiser? Ja, wirklich.

Elisabeth ist indessen über München, wo sie noch einmal die Stätten ihrer Kindheit und Jugend besucht hat, in Nauheim angekommen. Der Ort gefällt ihr nicht. Sie findet die Luft nicht gut, wenig Spaziergänge, viel häßliche Berliner Juden, vor denen man nicht flüchten kann, und dazu schmerzt die Trennung von daheim und von allen ihren Lieben. Franz Joseph freut es, daß Elisabeth sofort seiner gedacht hat und daß Liebe aus ihren Briefen spricht. Sie werde sich schon an Nauheim gewöhnen, meint er, nur jetzt ernstlich zusehen, daß sie die Gesundheit wiederfinde. Er hat nun zwei Patienten, denn auch die Freundin ist häufig krank. Widerhofer behandelt sie, findet sie ebensowenig folgsam wie Elisabeth, meldet das dem Kaiser und meint, sie sei darin »eine Kaiserin Nummer zwei«[2].

In Nauheim geht Elisabeth zu Professor Schott und läßt sich von ihm untersuchen. Das erste, was der Mann tun will, ist eine Röntgenaufnahme ihres Herzens machen.

»Nein, mein lieber Professor, daraus wird nichts.«

»Aber Majestät, das ist doch sehr wichtig.«

[1] Franz Joseph an Elisabeth, Ischl, 17. Juli 1898. E. A. S. W.

[2] Dto., Ischl, 21. Juli 1898. E. A. S. W.

»Vielleicht für Sie oder meinen Bruder Karl Theodor, aber für mich nicht. Ich lasse mich nicht bei lebendigem Leibe sezieren.« Und beim Fortgehen sagt sie der Assistentin des Professors:
»Wissen Sie, Fräulein, ich lasse mich überhaupt nur sehr ungern photographieren, denn jedesmal, wenn ich ein Photo habe machen lassen, hatte ich Unglück.«
Die Stimmung läßt wieder viel zu wünschen übrig. »Schlecht gelaunt und traurig bin ich«, sagt Elisabeth, »und die Familie kann froh sein, daß ich mich nicht mehr zusammenklauben werde[1].« Die Kaiserin hält das allerstrengste Inkognito und empfängt absolut niemanden. »Sag dem Widerhofer«, schreibt sie ihrer Tochter bei großer Hitze, »ich hätte nie gedacht, daß es hier so entsetzlich ist. Ganz gemütskrank bin ich. Selbst Barker findet, daß kein großer Unterschied ist mit dem Sommer in Alexandria. Von einem Tag zum andern vegetiere ich, schleppe mich zu den seltenen schattigen Plätzen hin, selten Wagenfahrt mit Irma, doch quälen mich der Staub und die Fliegen[2].«
Elisabeth kann den Tag gar nicht mehr erwarten, wo sie wieder in die frischere, freiere Gebirgsluft der Schweiz zurück kann. Sie will nach Caux abreisen und bittet den Kaiser, sie dort ja gewiß zu besuchen. Franz Joseph aber kann bei den schwierigen Verhältnissen, die momentan im Kaiserreich herrschen, nicht daran denken, jetzt die Monarchie zu verlassen.
Indes flüchtet Elisabeth aus Nauheim mit einer kleinen List, um dem Abschied mit seinen lästigen Zeremonien zu entgehen. Sie sagt, sie mache einen Ausflug über Mannheim nach Homburg, kommt aber dann in Wirklichkeit nicht mehr zurück. Gefolge und Gepäck werden nachgezogen.
In Homburg fährt sie mit einer einfachen Droschke in den Schloßhof ein. Die Wache springt heraus und hält den Wagen an: »Hier ist der Eintritt nicht gestattet.«
»Ich bin die Kaiserin von Österreich.«
Man glaubt es nicht, lacht und führt die Dame auf die Wache. Ein Unteroffizier schickt eine Ordonnanz ins Schloß:
»Eine Frau ist in der Wachstube und behauptet, sie wäre die Kaiserin von Österreich.« Der Kammerherr stürzt hinunter und wirklich — er erkennt Elisabeth. Unter tausend Entschuldigungen wird die hohe

[1] Elisabeth an Valerie, Nauheim, 25. Juli 1898. E. A. S. W.
[2] Dto., Nauheim, 8. August 1898. E. A. S. W.

Frau aus ihrer Haft befreit[1]. Ein leuchtendes Lächeln zieht über ihre Züge, das sie in den letzten Jahren fast ganz verlernt hat.
Kaiserin Friedrich eilt ihr entgegen. Obwohl Elisabeth sie liebt, nimmt sie der Besuch der auch so hart mitgenommenen Frau sehr her. Überhaupt fällt es Elisabeth schon schwer, mit jemandem zu sprechen, der nicht zu ihrer allerengsten Umgebung gehört.
Dann geht es zurück nach Frankfurt, wo man die Kaiserin schon erwartet. Elisabeth hat die Wagenfahrt vorgezogen, unerkannt mischt sie sich am Bahnhof unter die erwartungsvolle Menge und hört und belächelt die Bemerkungen und Gespräche der Leute. Dann fährt die Kaiserin weiter in die Schweiz, ihrem Schicksal entgegen.

Elisabeth reist ahnungslos und unbeirrt von Ort zu Ort, ohne sich im geringsten um die politischen und sozialen Strömungen in den Ländern, die sie besucht, zu kümmern.
Nun ist die Schweiz als eine Republik inmitten so vieler Monarchien der Zufluchtsort vieler Verschwörer aller Nationen, Anarchisten und Propagandisten der Tat, die irgendwie nach einem schemenhaften neuen Herrscherideal und einem Umsturz der geltenden Gesellschaftsordnung streben. Auf dem Boden der freien Schweiz sind sie verhältnismäßig ungestörter und sicherer und können ihre Ziele leichter verfolgen. Besonders die fremde Arbeiterschaft, die in der Schweiz lebt, ist von anarchistischem Geist durchtränkt.
Wer zufällig in diesen Kreis tritt, ist nur zu leicht geblendet von glänzenden und schillernden Aussichten, die diese Weltbeglücker und Umstürzler, von der Polizei mehr oder weniger ungestört, in beredten Worten vorgaukeln.
In Lausanne wird zur Zeit ein neues Postgebäude erbaut. Für diesen Zweck hatte man verschiedene geschickte Arbeiter aufgenommen, und zwar besonders viele Italiener, die in aller Welt als Bauarbeiter den besten Ruf genießen. Eines Tages verletzt sich ein solcher leicht am Fuße. Er wird in das Spital von Lausanne gebracht, wo ein Beamter der Krankenanstalt den Patienten nach Herkunft und Namen fragt. Da steht ein Mann mittlerer Größe, aber kräftigen Körperbaues, sonst kerngesund, mit dunklem, krausem Haar, blondem, borstigem Schnurr-

[1] Eugen Wolbe, Kaiserin Elisabeth in der Wachstube des Homburger Schlosses, »Taunusbote« vom 23. Dezember 1933.

bart und glänzenden, graugrünen, tiefliegenden Katzenaugen. Sein Name ist Luigi Lucheni. Er ist sechsundzwanzig Jahre alt, legt im Spital seine Sachen ab, und da findet man bei ihm ein Notizbuch mit Liedern anarchistischen Inhalts. Auf einem der Blätter die Zeichnung eines amerikanischen Totschlägers mit der Inschrift: »Anarchia«, darunter steht »per Umberto I.«. Der Name des Mannes wird der Polizei als verdächtig bekanntgegeben, man findet jedoch keinen Anlaß, ihn deswegen besonders streng zu bewachen, geschweige denn zu verhaften. Die Wunde heilt langsam, und in den Stunden, die Lucheni im Spital zubringt, erzählt er dem Krankenwärter aus seinem Leben. Der hat eben einen Brief von seiner Mutter bekommen.

»Ich habe die meine nie gekannt«, meint Lucheni. Sie war eine Taglöhnerin aus Albareto im Ligurischen Apennin, die mit achtzehn Jahren ihren kleinen Heimatort verließ, als sie eines Tages merkte, daß sie ein Kind unter dem Herzen trage. Sie wanderte westwärts bis nach Paris, um dort in der Millionenstadt das Kind ohne Aufsehen zur Welt zu bringen, genas in einem Spital eines Knaben, blieb noch einige Tage dort und verschwand dann unter Zurücklassung des Säuglings auf Nimmerwiedersehen. Man suchte sie eine Zeitlang, aber dann verloren sich die Spuren in Amerika, wohin die junge Mutter geflohen war, die sich nie mehr wieder um ihren Sohn kümmerte.

Das Kind wurde zuerst in der Findelanstalt Saint-Antoine in Paris, dann in Parma untergebracht und ein Jahr später Pflegeeltern anvertraut. Schon mit neun Jahren arbeitete der als sehr intelligent und fleißig geschilderte Knabe an der Eisenbahn Parma—Spezia, wurde überall gerne gesehen, hatte nicht den geringsten Anstand und erhielt sich selbst. In den Jahren 1891 und 1892 erfaßt ihn der Wandertrieb. Der junge Mensch, der niemanden auf Erden hat, irrt von einem Land zum anderen, arbeitet im Kanton Tessin und in Genf, wendet sich dann nach Österreich und kommt schließlich von Fiume ohne einen Heller Geld zu Fuß nach Triest, wo die Polizei die Arbeiter irredentistischer Umtriebe wegen besonders genau beaufsichtigt. Sie schiebt in Kürze den arbeits- und völlig mittellosen Mann über die Grenze nach Reichsitalien ab, wo Lucheni schon ein Jahr vorher stellungspflichtig gewesen und nun als gewöhnlicher Soldat im Regimente Cavalleggieri Monferrato Nummer dreizehn eingeteilt wird. Er macht mit seiner Eskadron 1896 den Feldzug in Abessinien mit, wobei er sich gut benimmt. Ja, sein Schwadronskommandant, der Prinz Ramiero de Vera d'Aragona, bezeichnet ihn nach seinem und dem Urteil der Offiziere als einen der besten Soldaten der Eskadron[1]. Er wird zum Gefreiten ernannt, verliert aber die Charge wieder knapp nachher, weil er einem zu Kasernenarrest verurteilten Wachtmeister Zivilkleider verschafft hatte. Jedermann aber wertet dies als einen Kameradschaftsdienst, wenn er auch gegen die Disziplin verstößt.

Lucheni reitet ausgezeichnet und voltigiert besonders gut. Heiteren Charakters, ist er von seinen Kameraden gerne gesehen. Allerdings ist er blutarm, er lebt ausschließlich von seiner Löhnung als Soldat. Sein Rittmeister hat niemals über ihn zu klagen, obwohl er sehr wohl erkennt, daß Lucheni ein ehrgeiziger und nicht leicht zu beugender Charakter ist. Als er am 15. Dezember 1897 seine Dienstzeit vollendet, erhält er auf dem sogenannten Abschiedsblatt die schriftliche Bestätigung, daß er sich während seiner Dienstzeit gut geführt und mit Treue und in Ehren gedient habe. Da Lucheni bei seiner völligen Mittellosigkeit vor der Frage steht, was nun aus ihm werden soll, bittet er seinen Rittmeister, ihm zu helfen. Anfangs hat man die Absicht, ihn in das Korps der Gefangenenaufseher in den staatlichen Gefängnissen aufzunehmen. Als aber daraus nichts wird, macht ihm Rittmeister Prinz d'Aragona den Vorschlag, als Diener bei ihm einzutreten. Dreieinhalb Monate dient nun Lucheni im Hause des Rittmeisters. Hie und da gibt es Meinungsverschiedenheiten, aber im allgemeinen ist er auch da ein braver und ehrlicher Arbeiter. Eines Tages aber erscheint er beim Rittmeister und erbittet Erhöhung des Gehaltes. Der Offizier findet, daß das doch etwas zu rasch sei, versagt die Bitte, worauf Lucheni erklärt: »Dann will ich nicht bleiben.«

Wenige Tage darauf reut es ihn, er erwartet den Prinzen am Tor seines Hauses und bittet, ihn wieder in Dienst zu nehmen. Der aber meint, er sei doch nicht zum Diener geeignet, weil er zuwenig fügsam wäre. So muß denn Lucheni, nur mit sehr wenig Geld im Sack, von neuem in die weite Welt, um Arbeit zu suchen. Er bleibt aber immer in Korrespondenz mit dem Hause d'Aragona, insbesondere mit der Prinzessin, der er leid tut und von der er hofft, daß sie ihren Gemahl dazu bringen wird, ihn wieder aufzunehmen.

Am 31. März tritt er endgültig aus dem Dienst und wandert nun über den Großen St. Bernhard in die Schweiz. Er denkt daran, in die Frem-

[1] Schriftliche Zeugenschaft des Prinzen Ramiero de Vera d'Aragona, Blatt 25, Archiv der Generalprokuratur Genf (von nun an gekürzt: A. G. G.), und vom 16. und 29. September 1898.

denlegion einzutreten; daraus wird aber nichts, und er zieht weiter nach Lausanne, wo er im Mai eintrifft. Auf der Reise schon ist er mit vielen verdächtigen Elementen zusammengekommen. Ärgerlich und beleidigt, daß der Prinz ihn so leichten Herzens ziehen läßt, unter dem Druck der Armut, der auf ihm lastet, ist er der günstigste Nährboden für all die gefährlichen Lehren, die diese Leute verbreiten. Mit Gier liest Lucheni die revolutionären Zeitungen, die mit Empörung auf den Dreyfusprozeß hinweisen, der darlege, wie die bürgerliche Welt morsch und zerfressen sei. Es bedarf nur eines Anstoßes, meinen sie, um dieses Kartenhaus zusammenstürzen zu lassen und in der Welt einen neuen, sozial gerechten Idealstaat aufzurichten, in dem es allen gleich ginge und es keine Fürsten und keine armen, verstoßenen Parias der Gesellschaft gebe. Nur fehlt es an einem großen Mann, einem Welterneuerer, wie es Christus einst gewesen, der den Mut hätte, eine Tat zu begehen, die all das ins Rollen brächte, die aber auch seinen Namen zu den Sternen tragen würde. In des kleinen Arbeiters Seele lebt der Traum, sich durch etwas ganz Großes über die Masse hervorzuheben und zu zeigen, was er, Lucheni, eigentlich wert sei und wie Großes in ihm schlummere. Wenn man zum Beispiel Andrée finden könnte, der im Vorjahre im Luftballon von Spitzbergen aufstieg, um den Nordpol zu erreichen, und seither verschollen ist. Mit einem Schlag wäre man weltberühmt. Oder aber sonst irgendwie, nur die Zeitungen sollen von ihm reden und sein Name in aller Munde sein.

Interessiert betrachten die Anarchisten, mit denen Lucheni zusammenkommt, diesen neuen Mann. Er gehört nicht zu ihnen, er ist in keine Gesellschaft eingeschrieben, aber er ist sehr eitel und vielleicht dazu zu brauchen, ihn vorzuschieben in die so gefährliche Propaganda der Tat, die wohl notwendig ist, vor der aber der einzelne wegen der persönlichen Folgen zurückschreckt. Der aber scheint etwas tun zu wollen. Sie reden ihm ein, ein Prinz, ein Fürst, ein Kaiser muß sterben, gleichgültig welcher. Damit die Welt nur sehe, daß diese Nichtstuer, die nur die anderen bedrücken, sich über das Volk hinwegheben, in Luxuszügen reisen und in Prachthotels und Palästen wohnen, nichts sind vor dem Willen des Volkes, vor dem Stahl in der Hand eines kühnen Mannes. Lucheni steigen die Dinge zu Kopf. Wie, wenn man den König von Italien vom Leben zum Tode befördern könnte, oder aber einen anderen? Und er sendet Briefe und Zeitungen anarchistischen Inhalts hinunter nach Neapel an einen Soldaten seiner Schwadron. »Die anarchistische Idee«, steht da zu lesen, »macht hier Riesenschritte. Ich bitte Dich, tue auch Deine Pflicht gegenüber den Kameraden, die noch nichts davon ahnen[1].«

Nichtsdestoweniger aber bittet er gleichzeitig fortwährend den Prinzen d'Aragona und seine Frau, ihn wieder aufzunehmen. Der Rittmeister hat jedoch von den Sendungen der Zeitungen subversiven Inhalts erfahren und schlägt seiner Frau die Bitte ab, Lucheni wieder zurückzunehmen. Dessen Erbitterung steigt daher. Wenn er jemanden vom Leben zum Tode befördern soll, so muß er eine Waffe haben. Da hat er einmal ein schönes Stilett gesehen, aber dafür verlangte man im Geschäft zwölfeinhalb Franken, und die hatte er nicht. Dann will er sich einen Revolver ausleihen, das gelingt nicht. Täglich liest er die in Neuchâtel erscheinende italienische Zeitung »Il socialista« und den Mailänder »Avanti«. Eines Tages hört er, daß die Arbeiter von Delmarco untereinander gerauft hätten und einer dabei fast tot am Platz geblieben wäre. Da sagt Lucheni zu einem Bekannten[2]: »Ach, ich möchte auch gerne jemanden töten, aber es müßte eine Persönlichkeit von großem Ansehen sein, damit man davon in den Zeitungen spräche.«

Ja, aber die Waffe, die fehlt noch. Nun, die muß man sich eben selbst machen. Zufällig sieht Lucheni auf offenem Markt eine rostige, spitze Eisenfeile, die nur wenige Sous kostet. Man kann sie wohl nicht als Dolch gebrauchen, weil sie keinen Handgriff hat, aber das macht nichts. Ein wenig rohes Brennholz, ein Taschenmesser und ein Bohrer und man macht sich so was selbst. Dann hat man die Waffe und braucht nur noch das Opfer, das wird sich schon finden. Zum Beispiel der Prinz Heinrich von Orléans, der so häufig in Genf und Umgebung weilt, oder irgendein anderer Fürst, vielleicht könnte man auch nach Paris, dort in den Dreyfusprozeß eingreifen, von dem alle Welt spricht. Wenn nur die Reise nicht wäre und das Geld, das das alles kostet.

Da, in der Woche vom 22. zum 28. August, beginnen die Zeitungen von der bevorstehenden Ankunft Elisabeths in Caux zu sprechen. Eine Kaiserin, noch dazu eines so mächtigen Reiches, das wäre etwas. Damit würde man die herrschende Klasse treffen und seinen Namen über die ganze Welt gehen sehen. Der Zauber dieses Gedankens läßt den Mann völlig die Niedertracht vergessen, die darin liegt, eine wehrlose, unschuldige Frau, die nie jemandem etwas zuleide getan, als Mittel zu solchem Zweck zu benützen. Aber bequemer wäre es schon als nach

[1] Siehe Stück 77 der Zeugenaussagen. A. G. G.

[2] Zeugenaussage Jacques Sartoris in Lausanne. A. G. G.

Paris fahren, einfacher. Und es ist ja auch unklar, was man dort will. Indessen halten die Anarchisten Ende August in verschiedenen Städten geheime Sitzungen ab. Zuerst in Lausanne bei einem Genossen[1], dann in Neuchâtel, wo bekannte italienische Anarchisten, darunter der Redakteur des »Agitatore«, sich einfinden. Ein Coup ist geplant, irgendwo in der Schweiz oder in Italien, gegen König Humbert etwa[2]. Lucheni aber ist niemals bei diesen Versammlungen in der Partei eingeschriebener Genossen anwesend. Man nennt dabei nur seinen Namen, will ihn als Handlanger gebrauchen und seine Eitelkeit nützen.

Am 30. August ist Elisabeth von Österreich bei herrlichem Wetter in dem »beau pays enchanteur de la Suisse« eingetroffen, wie der griechische Vorleser Barker der Erzherzogin Valerie meldet. Die schöne Umgebung regt sie sofort wieder zu Ausflügen und Partien an[3]. Am 2. September geht es zuerst nach Bex. Elisabeth kann den über dreitausend Meter hohen Dent-du-Midi, der mit scharfem Grat gegen den Himmel ragt, nicht genug bewundern. Alles erinnert so sehr an die Gegend des Dachsteins in der Heimat. Am Abend, als sie nach Caux zurückkehrt, genießt die Kaiserin einen herrlichen Sonnenuntergang mit großartigem Farben- und Lichteffekt. Der ganze Tag war so schön, daß Elisabeth ungewöhnlich heiter und frisch ist. Aber ganz gut steht

[1] Nach einem polizeilichen Aktenstück »Renseignements reçus«, 23. September 1898. A. G. G.

[2] Man hat nie genau festgestellt, ob es sich tatsächlich um ein Komplott gehandelt hat, wie auch der Generalprokurator G. Navazza in seiner Anklagerede detailliert ausführt. Er sagt darin (Procès Lucheni, Réquisitoire de M. le Procureur général G. Navazza à l'Audience de la Cour d'assises de Genève du 10 novembre 1898), es seien nicht genügend Beweise vorhanden, um jemand wegen Mitschuld an der Seite Luchenis auf die Anklagebank zu setzen. Doch ist nie genau und sicher aufgeklärt worden, ob und von wem Lucheni einen Auftrag erhielt und wo er sich zwischen dem 5. und 8. September 1898 befand. Seine eigenen Angaben darüber waren teilweise lügenhaft und wurden vielfach widerlegt.

[3] Für die letzten Tage und Stunden der Kaiserin sind die Hauptquellen: das Buch der Gräfin Sztáray, S. 215 ff., ein Bericht dieser Dame an die Erzherzogin Valerie, die in Genf erliegende Zeugenaussage der Gräfin Sztáray, die Aussagen Luchenis und mehrerer Zeugen vor Gericht und die Gerichtsverhandlungen im Prozeß sowie einzelne vor der Tat an Kaiser Franz Joseph gerichtete Berichte über die letzten Ausflüge Elisabeths. E. A. S. W. und A. G. G. Dann die Meldung des Grafen Montgelas an den König von Bayern, Genf, 12. September 1898. Bayrisches Geheimes Staatsarchiv.

es nicht mit ihr. Als sie in Caux die Bahnhofstiege etwas rascher hinaufgeht, weil so viele Neugierige ihr folgen, stellt sich sofort Herzklopfen ein. Am 3. September fährt Elisabeth bei herrlichem Wetter mit der Zahnradbahn auf den zweitausend Meter hohen Rocher-de-Naye mit seinem reizenden Ausblick über den ganzen Genfersee. Sie hat prachtvolle große Pfirsiche und wunderbare Trauben mit auf die Reise genommen, die ihr die Baronin Rothschild aus ihrer Villa in Pregny am Genfersee sandte, wobei sie sie dringend und wiederholt einlud, sie zu besuchen. Mehrfach schon hat ihr die Baronin durch die Schwestern Elisabeths diesen Besuch nahelegen lassen. Nun kann die Kaiserin nicht wieder absagen. Sie denkt daran, die Einladung anzunehmen, und dies um so mehr, als sie von verschiedenen Seiten hört, wie prachtvoll Rothschildscher Reichtum diesen Besitz ausgestaltet hat. Am 5. September folgt eine Dampferfahrt nach Evian, die Elisabeth etwas enttäuscht, nur die Heimfahrt nach Territet ist schön. Das Schiff führt eine Kapelle mit sich, die traurige italienische Volkslieder vorträgt. Dabei bespricht Elisabeth mit der Gräfin Sztáray einen Ausflug nach Genf, den sie ohne Herrenbegleitung, nur mit der Gräfin und der nötigen Dienerschaft unternehmen will. General von Berzeviczy warnt und läßt die Kaiserin bitten, doch einen Herrn mitzunehmen, wenigstens den Hofsekretär Dr. Kromar. Lange Zeit will Elisabeth davon nichts wissen, schließlich meint sie: »Sagen Sie Berzeviczy, daß ich ihm zuliebe den Doktor mitnehme, weil ich weiß, daß er Wien gegenüber gewisse Verantwortung trägt, obwohl es mir riesig unangenehm ist.« Dann wird beschlossen, der Einladung der Baronin Rothschild zu folgen. Heimgekehrt, erhält Elisabeth ein Schreiben Franz Josephs, das sich mit dem ihren gekreuzt hat[1]: »Ich bin in die Villa ›Hermes‹ gefahren, um etwas Luft zu schöpfen ... Vor dem Tore des Tiergartens war eine große Menge Schwalben versammelt, die sich offenbar schon zur Reise rüsten ... Viel und mit recht wehmütigem Gefühle habe ich zu Deinem Fenster hinaufgeblickt und mich dabei in Gedanken in die Tage zurückversetzt, welche wir zusammen in der lieben Villa zubrachten. Abends nahm ich saure und süße Milch aus Deiner Meierei ... Dein Kl(einer).«

Elisabeth liest den Brief, der ihr Heimweh erregt, und schreibt dann zum letztenmal in lieben Worten ihrer Tochter Valerie, berichtet über die Ausflüge und flicht auch die Bemerkung ein, ihr Gewicht wäre

[1] Franz Joseph an Elisabeth, Schönbrunn, 1. September 1898. E. A. S. W.

etwas größer geworden, und sie fürchtete, so stark zu werden wie ihre Schwester, die Königin von Neapel. Dann erscheint General von Berzeviczy und überbringt ein Schreiben des Generaladjutanten Grafen Paar, dem er den Wunsch Elisabeths nach einem Besuch Franz Josephs auseinandergesetzt hat.

»Nach den Manövern nach Caux kommen«, steht in diesem Briefe[1], »wäre freilich für Seine Majestät unendlich wohltätig, aber das liegt außerhalb dem Bereiche aller Möglichkeiten.« Paar zählt das ganze Riesenprogramm des Kaisers für die nächste Zeit genau auf. »Wohltätig wäre freilich«, fährt er dann fort, »wo es gut und schön ist und Friede herrscht, aufatmen zu können, doch die Rücksichten für sich stellen Seine Majestät allen anderen nach und werden wohl gewiß nicht den Ausflug sich gönnen.«

So muß die Hoffnung aufgegeben werden, den Kaiser in der Schweiz zu sehen. Er selber bedauert das am meisten. »Wie glücklich wäre ich«, schreibt er noch am 9. September[2], »wenn ich, Deinem Wunsche gemäß, einige Zeit mit Dir in Ruhe alles das genießen und Dich nach so langer Trennung wiedersehen könnte; allein daran kann ich jetzt leider nicht denken, denn außer der so schwierigen inneren politischen Lage ist bereits die ganze zweite Hälfte September für Jubiläumsfeste, Kircheneinweihungen und Besichtigungen der Ausstellung in Anspruch genommen ...«

Der Grieche Barker ist Elisabeth sehr sympathisch, und sie debattiert auf den Spaziergängen oft auch über ernste Probleme mit ihm. Einmal hat sie ihm ihren Besuch in der Kapuzinerkirche nach Rudolfs Tod erzählt und daran die Bemerkung angeschlossen, daß sie daraus erkannte, daß es kein Leben nach dem Tode gebe. Dann wieder zweifelt die Kaiserin daran und schlägt dem Griechen die gegenseitige Verpflichtung vor, wer von ihnen früher stürbe, sollte dem anderen ein Zeichen aus der Ewigkeit geben. Am 7. September läßt die Kaiserin sich die Haare waschen; daher wird an diesem Tage kein Ausflug unternommen, dagegen das Programm für die nächste Zeit festgesetzt. Die Baronin Rothschild bietet der Kaiserin ihre Jacht zur Fahrt nach Pregny an. Elisabeth glaubt, eine solche Liebenswürdigkeit von niemand anderem

[1] General der Kavallerie Graf Eduard Paar an Feldmarschalleutnant von Berzeviczy, 4. September 1898. Im Besitz des Oberstleutnants Andor von Berzeviczy, Hamborek.

[2] Franz Joseph an Elisabeth, Schönbrunn, 9. September 1898. E. A. S. W.

als von einem Herrscher annehmen zu dürfen, und schon gar nicht von der Familie Rothschild, deren Dienerschaft man kein Trinkgeld geben darf. So wird dieses Anerbieten abgelehnt. Der 8. September vergeht mit kleinen Spaziergängen in der Umgebung. Elisabeth telegraphiert ihrer Tochter Valerie einen Glückwunsch zum Namenstag, fühlt sich wohl wie selten vorher, freut sich auf den Ausflug nach Pregny und verwirft die Bitten des Generals Berzeviczy und der Gräfin Sztáray, nicht nach Genf zu gehen. Sie hat das Zugeständnis gemacht, einen Herrn mitzunehmen, und damit genug.

So kommt der 9. September heran. Ein strahlender, wunderschöner Herbstmorgen. Elisabeth hat nicht gut geschlafen, ist beunruhigt, weil sie auf ihr Namenstagtelegramm an Valerie noch keine Antwort bekommen hat. Aber die herrliche Natur beruhigt sie wieder, und bewundernd blickt sie über den See, der so schön blau ist wie das Meer und sie so sehr daran erinnert. Elisabeth spricht von ihren zukünftigen Reiseplänen, von Korfu und dem Achilleion, das jetzt halb leer steht und das sie erst wieder besuchen will, wenn man daraus ein gutes Hotel gemacht hat. Eine große Winterreise wie bisher gestattet ihr Gesundheitszustand noch nicht. So meint Elisabeth, nach Nizza oder Kairo zu gehen und dort zu bleiben. Sie ist heute weich gestimmt. Für jeden, der ihr nahesteht, hat sie ein liebes Wort. Die Überfahrt von Territet nach Genf dauert vier Stunden, die Kaiserin wandert auf Deck auf und ab, unterhält sich über einen kleinen wilden Jungen von drei Jahren, der voller Unfug ist und den seine Eltern kaum bändigen können. Als ihm Elisabeth Obst und Bäckereien bringen läßt, da kommt er ganz verschämt tolpatschig daher, sich zu bedanken. »Wie hätte das Valerie gefreut«, meint Elisabeth, »wenn sie das hätte sehen können.« Um ein Uhr mittags kommt das Schiff in Genf an. Dort steht schon Dr. Kromar und übergibt das Danktelegramm Valeries. Nun ist Elisabeth beruhigt, und sofort wird die Weiterfahrt zur Baronin Rothschild angetreten. Die Hausfrau, eine achtundfünfzigjährige Dame, hat ihre Villa für diesen Besuch würdig vorbereitet. Im Speisesaal steht eine prachtvoll gedeckte Tafel, kostbares Altwiener Porzellan, herrliche Orchideen. Eine Schale voll köstlichen Obstes aus einer ganz anderen Jahreszeit. Eine unabsehbare Schar von Lakaien in goldstrotzenden Livreen besorgt den Tisch. Elisabeth findet alles schön, nur die Dienerschaft geniert sie, man kann ja kein Wort reden. All diese Leuten hängen einem förmlich an den Lippen, aber was will man tun. Man ist eingeladen und muß sich der Sitte des Hauses fügen. Eine

erlesene Speise folgt der anderen, dazu köstlich gekühlter Champagner. Das déjeuner à trois verläuft in angenehmster Weise. Herrliche, leise abgestimmte Tafelmusik, die die Unterhaltung nicht stört, begleitet es. Am Schluß trinkt Elisabeth der Hausfrau zu und gibt der Gräfin Sztáray das Menu[1], damit sie es dem Bericht an den Kaiser beifüge, und erteilt den Auftrag, die »petites timbales«, die »mousse de volaille« und die »crême glacé à la hongroise«, letztere sogar zweimal zu unterstreichen, weil sie ihr am besten geschmeckt haben.
Nach dem Frühstück macht man einen Rundgang durch die Villa. Ein wahres kleines Museum von Kostbarkeiten und Kunstschätzen aller Art, alles mit Geschmack und nicht protzig aufgestellt. Aber dann kommt das Schönste. Volièren, angefüllt mit fremdartigen Vögeln aus aller Welt, Aquarien mit den absonderlichsten Fischarten, zwei herzige zahme kleine Stachelschweinchen aus Java erregen Elisabeths Entzücken. Am Schluß die Hauptsache, die feenhaften Glashäuser mit einer Blumenpracht, die ihresgleichen sucht. Am längsten bleibt Elisabeth fast sprachlos vor Bewunderung in einem Orchideenhause, dessen Blüten in tausendfältiger Pracht, mit Farnkräutern und Immergrün vermengt, wie ein riesiger Blumenstrauß aussehen. Lange kann sie sich von diesem Anblick nicht trennen. Dann geht es durch den Park mit seinen gewaltigen Libanonzedern und den künstlich angelegten kleinen Felspartien mit Krummholz und Alpenblüten. Drei besondere Blumenarten muß Gräfin Sztáray notieren. Elisabeth will sie in Lainz setzen lassen. Baronin Rothschild meint, die Kaiserin sei müde.
»O nein, wir müssen doch noch in das Schweizerhäuschen, das ich da sehe, und zum Hafen der Villa, wo die Segel- und die Dampfjacht liegen.« Dann geleitet die Hausfrau Elisabeth zum Fremdenbuch, und sie trägt ihren Namen ein. Zum Glück blättert sie nicht zurück, denn da steht auf einer eigenen Seite auch der Name ihres verewigten Sohnes Rudolf. Baronin Rothschild äußert ihren Wunsch, die Kaiserin in Caux zu besuchen, so eindringlich, daß Elisabeth nicht anders kann und sie dahin einlädt. Drei Stunden hat der Aufenthalt gedauert, dann geht es wieder zurück nach dem Hotel »Beau Rivage« in Genf. Auf der Fahrt spricht sie zuerst heiter und aufgeräumt mit der Gräfin Sztáray[2]. Dann aber geht das Gespräch auf ein anderes Gebiet über, wie so oft auf Glauben und Tod. Die Hofdame ist tief religiös. »Ich bin gläubig«,

[1] Menukarte von Pregny, 9. September 1898. E. A. S. W.
[2] Gräfin Sztáray, a. a. O. S. 231 und 232.

sagt Elisabeth ihr, »wenn auch vielleicht nicht so gläubig wie Sie, doch ich kenne meine Natur, es ist gar nicht ausgeschlossen, daß Sie mich noch extrem religiös sehen werden. Den Tod, der Sie nicht schreckt, fürchte ich nun doch, obwohl ich ihn oft ersehne; der Übergang, die Ungewißheit lassen mich erzittern.« — »Jenseits aber ist Friede und Seligkeit«, sagt die Gräfin Sztáray. — »Woher wissen Sie das? Von dort ist ja noch kein Wanderer zurückgekehrt.«

Nach der Ankunft zieht sich Elisabeth in ihre Gemächer zurück. Nach einer Stunde erscheint sie wieder, um mit der Gräfin noch ein wenig in der Stadt umherzugehen. Es ist halb sieben Uhr, ein herrlicher Abend. Auf dem Wege wird in einigen Konditoreien eingekehrt. Um viertel zehn Uhr abends ist Elisabeth in dem Hotel zurück. Sie wohnt dort im zweiten Stock in einem großen Ecksalon mit zwei kleinen Zimmern und dem Ausblick nach dem See. Es ist eine herrliche Mondnacht. Die Kaiserin kann nicht schlafen. Zuerst muß sie einem italienischen Sänger zuhören, der seine Lieder in die Nacht hinausschmettert. Die Gasse ist sehr lärmend und dann das Zimmer vom Mondlicht sowohl wie vom Leuchtturm, der immerfort in wechselnder Farbe aufstrahlt, hell erleuchtet. Elisabeth will aber das Fenster offenhalten und keinen Vorhang herablassen. So schläft sie erst gegen zwei Uhr früh ein, doch der Mond strahlt ihr derart ins Gesicht, daß sie nicht lange danach plötzlich erschreckt aus dem Schlafe auffährt. An anderen Tagen ist sie um sieben Uhr früh längst auf und meist schon auf einem Spaziergang begriffen, heute aber, am 10. September, bleibt sie ob der durchwachten Nacht etwas länger liegen. Um neun Uhr läßt sich die Gräfin Sztáray bei der Kaiserin melden und fragt nach ihrem Befehl. »Ich will mir in der Stadt um elf Uhr ein Orchestrion, eine neuartige Musikmaschine, anhören, dann fahren wir, wie vorausbestimmt, um ein Uhr vierzig mit dem Schiff nach Caux zurück, vorher benötige ich nichts.«

Punkt elf Uhr ist die Kaiserin trotz der schlecht verbrachten Nacht frisch und munter zum Spaziergang gerüstet. Es geht zum Musikaliengeschäft Bäcker in der Rue Bonnivard. Das Orchestrion wird aufgezogen und spielt aus »Carmen«, »Tannhäuser«, »Rigoletto« und »Lohengrin« Elisabeths Lieblingsweisen. Der »Tannhäuser« entzückt sie besonders. Sie hat diese mystisch-phantastische Oper am liebsten, weil sie ihrer Natur am besten zusagt. Dann sucht Elisabeth ein großes Musikwerk, ein sogenanntes Ariston, für Wallsee aus. Sie hofft, daß es nicht nur Valerie und die Kinder, sondern auch den Kaiser und

Franz Salvator erfreuen werde. Sie wählt vierundzwanzig Musikstücke dazu. Indes kommt eine Dame herein, fixiert die Kaiserin auffallend und spricht dann die Gräfin Sztáray an mit der Bitte, sie vorzustellen, sie wäre eine mit den Schwestern Ihrer Majestät gut bekannte belgische Gräfin. Aber die Hofdame, die ihre Herrin kennt, lehnt ab. Eiligst wird nun alles erledigt und das Geschäft verlassen, um der Belästigung durch die Dame zu entgehen. Es ist schon sehr spät geworden. Kaum zwanzig Minuten vor der Abfahrt des Schiffes kommt Elisabeth im Hotel an, wo sie schnell noch ein Glas Milch trinken will. — — — Indes hat am 6. September in Thonon-les-Bains eine neuerliche Versammlung von Anarchisten stattgefunden, in der angeblich der Tod der Kaiserin beschlossen und Lucheni, der sich immer rühmte, ein Mann der Tat zu sein, berufen worden sein soll. Niemand aber kann nachweisen, ob dies wahr ist und wo sich Lucheni in dieser Zeit aufgehalten hat. Er hat offenbar von dem Ausfluge der Kaiserin vom 5. nach Evian etwas gehört. Jedenfalls hat er eine offizielle Fremdenliste dieses Ortes vom 3. bis 5. September in der Tasche. Der Herzog von Orléans und der Herzog von Chartres sind nicht dort gewesen, überhaupt nicht in der Schweiz. Das alles ist Phantasie, aber von der Kaiserin Elisabeth spricht der ganze Genfersee, und sicher weiß Lucheni, daß sie dieses Bad besucht hat. Am 8. September ist er schon in Genf, er plant etwas. Denn er schreibt am selben Abend eine Ansichtskarte an die Prinzessin de Vera d'Aragona, seine frühere Herrin[1]: »Frau Prinzessin, ich kann Ihnen den Grund nicht auseinandersetzen, weswegen ich nicht nach Paris gegangen bin ... Im ersten Brief, den ich sende, werde ich sagen, warum. Ich fühle mich in jeder Beziehung wohl ... Ich erwarte keine Antwort und teile Ihnen auch mit, daß ich Samstag Genf verlassen werde.« Luigi Lucheni weiß offenbar, daß die Kaiserin am 9. September in Genf ankommt. Er lungert in der Umgebung des Hotels »Beau Rivage« und der Anlegestelle der Dampfer herum. Er ist über ihr Kommen nicht aus den Zeitungen, sondern von woanders her orientiert. Denn diese Blätter bringen die Nachricht, daß Elisabeth im Hotel »Beau Rivage« unter dem Inkognito einer Gräfin von Hohenembs abgestiegen ist, erst am 10. früh. Arg genug auch das, denn man hat im Hotel dringendst gebeten, das Inkognito zu achten, und

[1] Lucheni an Dolores de Vera Principessa d'Aragona. Meldung der königlich italienischen Gesandtschaft in der Schweiz, Bern, 29. September 1898. A. G. G.

doch hat die Hoteldirektion[1] noch am Tag der Ankunft der Kaiserin aus Reklamegründen drei Zeitungen in Genf, dem »Journal de Genève«, dem »Genevois« und der »Tribune«, ihr Eintreffen mitgeteilt. Wenn also Lucheni, der am 9. abends, als die Kaiserin ankam, zufällig nicht mehr am Platze war, noch unsicher ist, ob sie überhaupt eingetroffen ist, jetzt, am 10. September, weiß er es sicher aus den Morgenblättern. Um neun Uhr früh schon bezieht er seinen Beobachtungsposten, um zehn Uhr zehn spricht er auf einer Bank vor dem Hotel mit einem gut angezogenen Mann mit weißem Bart, der wie ein behäbiger Rentner aussieht. Als Elisabeth um elf Uhr ausgeht, ist Lucheni gerade weggegangen, um eine Kleinigkeit zu essen. So ist der Spaziergang ungestört verlaufen. Aber dann kehrt Lucheni zurück.

Nun ist es Zeit zur Abfahrt. Es ist schon sehr spät. Die Dienerschaft und Dr. Kromar sind bereits vorausgegangen. Gräfin Sztáray drängt zum Aufbruch, sie hat Angst, daß Ihre Majestät zu spät komme. Elisabeth gibt ihr noch von ihrer Milch zu kosten, dann endlich verlassen die beiden Damen fünf Minuten vor der Abfahrtszeit das Hotel. Auf dem Wege bemerkt Gräfin Sztáray zwei blühende Kastanienbäume. »Ja«, meint Elisabeth auf ungarisch, »auch der König schreibt, daß jetzt im Herbst in Schönbrunn und im Prater einzelne Kastanienbäume blühen.« Da tönt die Schiffsglocke, die beiden Damen beschleunigen den Schritt, aber die Kaiserin bemerkt: »Wir kommen noch rechtzeitig hin. Sehen Sie doch, wie die Leute langsam und bequem einsteigen.«

Lucheni hat genau beobachtet, wie der Lakai der Kaiserin das Gepäck auf das Schiff brachte, und ist überzeugt, daß die Majestät den Dampfer von ein Uhr vierzig benützen werde. Er fühlt mit der rechten Hand das Stilett in der Tasche. Da sieht er auf einmal Elisabeth und die Gräfin Sztáray aus dem Hotel treten und über den Kai Mont-Blanc gegen den Dampfer zu gehen. Er retiriert ein wenig, noch sind zuviel Leute um die beiden Damen. Der Hotelbesitzer und der Portier verabschieden sich mit tiefer Verneigung, endlich bleiben sie zurück. Die beiden Damen gehen allein auf dem um die Mittagszeit fast menschenleeren Kai.

Nun ist der Augenblick gekommen. Mit einem Sprung übersetzt Lucheni die Fahrstraße, läuft eilig schräg über das Trottoir, auf dem

[1] Zuschrift der Hoteldirektion »Beau Rivage« an den Untersuchungsrichter vom 5. Oktober 1898, Stück Nr. 112, A. G. G.

Elisabeth geht, bis zum Geländer gegen den See, kehrt dann im spitzen Winkel um und läuft blitzschnell auf die beiden Damen zu. Sie bleiben stehen, um Platz zu machen und einen Zusammenstoß zu vermeiden. Da verhält Lucheni knapp vor der Gräfin Sztáray, als ob er stolpern würde, und stürzt dann mit hocherhobener Rechten wie eine Katze auf Elisabeth zu, bückt sich, als wollte er ihr unter den Sonnenschirm sehen, und stößt ihr mit ungeheurer Kraft den Dreikant in die Brust. Elisabeth stürzt lautlos ohne Klage unter der Wucht des Schlages wie ein gefällter Baum rücklings zu Boden, berührt ihn mit dem Hinterkopf, und nur die reiche Fülle ihres Haares mildert den Sturz. Gräfin Sztáray, die kaum zum Bewußtsein dessen gekommen ist, was da geschehen ist — so schnell ist alles vor sich gegangen —, stößt einen Schrei aus und müht sich mit einem herbeigeeilten Kutscher, der Kaiserin aufstehen zu helfen, während der Attentäter schnellen Laufes entflieht. Nun steht Elisabeth wieder aufrecht, ganz rot vor Aufregung, und will sich die in Unordnung geratenen Haare richten. Die Gräfin Sztáray, die nur einen Faustschlag gesehen, fragt: »Ist Eurer Majestät etwas geschehen? Haben Eure Majestät irgendwo Schmerzen?« Auch ein Engländer stellt die gleiche Frage.

»Nein, nein, ich danke, es ist nichts.« Der Portier des Hotels ist herbeigeeilt, bittet die Kaiserin, dahin zurückzukehren.

»Aber nein, es ist mir ja nichts geschehen.«

»Sind Eure Majestät nicht erschrocken?«

»Ja, erschrocken schon.«

Elisabeth setzt sich den Hut zurecht, das Kleid wird abgestaubt, da fragt sie die Gräfin ungarisch: »Was wollte dieser Mann denn eigentlich?«

»Der Portier?«

»Nein, dieser andere, dieser schreckliche Mensch.«

»Ich weiß nicht, Majestät, aber das weiß ich, daß es ein schändlicher Mensch sein muß, der so etwas tun konnte. Ist Eurer Majestät wirklich nichts geschehen?«

»Nein, nein.«

Dann gehen die beiden Damen schnell von dem Schauplatz des Attentates auf den Dampfer zu. Nun ist plötzlich die Röte aus dem Antlitz der Kaiserin gewichen und hat einer tödlichen Blässe Platz gemacht. Die Kaiserin muß das fühlen, denn auf einmal fragt sie die Gräfin, die aus Angst, ihrer Herrin könnte doch vor Schreck unwohl werden, den Arm um sie geschlungen hat:

»Bin ich jetzt nicht sehr blaß?«
»Ja, Majestät, sehr. Tut Eurer Majestät nichts weh?«
»Ich glaube, die Brust schmerzt mich etwas.«
In diesem Augenblick kommt der Portier nochmals gelaufen: »Der Missetäter ist verhaftet«, ruft er schon von weitem.
Elisabeth ist elastischen Schrittes bis zur schmalen Landungsbrücke gelangt. Nun muß die Gräfin Sztáray einen Augenblick die Hand von der Taille der Kaiserin lösen. Elisabeth schreitet hinüber. Kaum hat sie aber das Deck betreten, wendet sie sich plötzlich zur Begleiterin um: »Jetzt geben Sie mir Ihren Arm, aber schnell!«
Die Gräfin umfaßt sie. Ein Lakai eilt herbei, aber die beiden können die Kaiserin nicht mehr aufrecht halten. Elisabeth gleitet langsam zu Boden, die Sinne schwinden ihr, und der Kopf neigt sich zu der Brust der niederknienden Hofdame. »Wasser, Wasser!« ruft diese, »und einen Arzt!« Die Gräfin spritzt Elisabeth ins Gesicht. Sie öffnet die Lider. Aber man sieht in die Augen einer Sterbenden. Arzt ist keiner da, nur eine Dame, Frau Dardalle, die Pflegerin gewesen und sich nun um die Kranke bemüht. Der Kapitän Roux tritt hinzu. Das Schiff ist noch nicht abgefahren. Er hat gehört, daß eine Dame in Ohnmacht gefallen ist, und gibt, ahnungslos, wen er vor sich hat[1], der Gräfin Sztáray den Rat, sie sofort auszuschiffen und ins Hotel zurückzubringen. Aber man antwortet ihm, es handle sich nur um eine Ohnmacht ob des ausgestandenen Schreckens. Das Ganze geht knapp neben dem Maschinenraum vor sich. Es ist dort sehr heiß. Der Kapitän bietet eine reservierte Kabine an, aber man zieht frische Luft vor. Drei Herren tragen die Kaiserin hinauf auf das Oberdeck und legen sie auf eine Bank nieder. Madame Dardalle stellt Wiederbelebungsversuche an. Die Gräfin Sztáray öffnet das Kleid, schneidet das Mieder auf und schiebt der Kaiserin ein Stück in Alkohol getauchten Zuckers in den Mund, das diese hörbar zerbeißt. Da öffnet Elisabeth die Augen und will sich aufrichten.
»Geht es besser, Majestät?«
»Ja, danke.«
Die Kaiserin setzt sich ganz auf, sieht wie aus tiefem Schlafe erwachend um sich und fragt mit unendlich rührendem Ausdruck in ihrem edlen Gesicht: »Ja, was ist denn eigentlich geschehen?«

[1] Information Gebel, Inspecteur de la compagnie de navigation. Pièce 82. A. G. G.

»Majestät waren etwas unwohl, doch jetzt ist es schon besser, nicht wahr?«
Keine Antwort. Elisabeth sinkt zurück und erwacht nicht mehr. Nun heißt es rasch:
»Reiben Sie ihr die Brust!« Die Bänder des Jäckchens werden aufgerissen. Da sieht die Gräfin Sztáray plötzlich zu ihrem tödlichen Schrecken auf dem veilchenfarbenen Batisthemd einen bräunlichen Fleck in der Größe eines Silberguldens und in der Mitte davon ein kleines Loch, dann eine winzige Wunde ober der linken Brust mit etwas gestocktem Blut. »Um Gottes willen, Madame«, sagt die Gräfin, »schauen Sie, man hat sie ermordet!« Das Schiff ist indessen abgefahren und hat seinen Kurs nach Ost genommen. Da läßt die Gräfin den Kapitän rufen. »Ich bitte um Gottes willen, landen Sie schnell! Die Dame, die Sie da sehen, ist die Kaiserin von Österreich. Sie hat eine Wunde in der Brust, ich kann sie nicht ohne Arzt und ohne Priester sterben lassen. Bitte, landen Sie in Bellevue, ich werde die Kaiserin nach Pregny zur Baronin Rothschild bringen.«
Der Kapitän antwortet: »Dort wird man keinen Doktor und schwer einen Wagen finden.« Man entschließt sich, sofort nach Genf zurückzukehren. Indessen wird aus zwei Rudern und großen Strecksesseln eine Tragbahre improvisiert. Es war gar keine richtige am Schiffe. Die Gräfin Sztáray kniet verzweifelt neben ihrer Herrin, trocknet ihr das marmorblasse Gesicht, von dem Schweißperlen niederrinnen, und hört auf den Atem, der nur noch röchelnd geht. Elisabeth wird auf die Tragbahre gelegt, mit dem von ihr nach ihrer Schwester Trani benannten Mantel zugedeckt, sechs Personen tragen die Bahre, ein Herr hält den Schirm über den Kopf. Mit Qual im Herzen geht die Gräfin Sztáray nebenher und sieht mit schrecklicher Angst, wie die Kaiserin mit geschlossenen Augen ruhelos den Kopf von der einen auf die andere Seite wendet. Noch lebt sie, noch ist also Hoffnung.
Elisabeth wird in das Hotel zurückgetragen, in dem sie die Nacht zuvor zugebracht hat. Man legt sie auf das Bett, noch ein Röcheln ist vernehmbar, dann nichts mehr. Tiefe Stille. Ein Arzt ist zur Stelle. Dr. Golay und ein anderer Herr namens Teisset. Der Doktor hat die Sonde in der Hand, versucht, in die Wunde einzudringen. Angstvoll fragt die Gräfin Sztáray: »Ist noch Hoffnung?«
»Nein, Madame, keine«, tönt es trostlos zurück.
»Ach, vielleicht doch. Versuchen Sie alles, versuchen Sie, sie zum Leben zurückzurufen!«

Kleider und Schuhe werden entfernt. Die Hotelbesitzerin Madame Mayer und eine englische Nurse helfen dabei, aber es ist alles vergebens. Indes ist ein Geistlicher erschienen und erteilt die Absolution. Alles kniet nieder und betet. Ein neu eingetroffener Arzt kann nur noch den Hingang Elisabeths feststellen. Ein kleiner Einschnitt in die Schlagader des rechten Armes. Kein Tropfen Blut tritt zutage. Es ist alles zu Ende. Friedlich und glücklich liegt die Kaiserin da, leichte Röte überzieht die Wangen, ein leises Lächeln umspielt die Lippen, so fein und anmutig, wie es im Leben so Unzählige berückt hat.

Kaiser Franz Joseph ist am selben Tage in Schönbrunn geblieben, hat daher etwas mehr freie Zeit als gewöhnlich und benützt sie dazu, um der Kaiserin zu schreiben. Er erhält stets auch die Briefe seiner Frau an Valerie, damit er mehr Nachrichten hat, und freut sich, daß in dem Namenstagsgratulationsbrief Elisabeths an Valerie Günstiges über ihr Befinden steht. »Sehr erfreut hat mich die bessere Stimmung«, schreibt er seiner fernen Gemahlin[1], »die Deinen Brief durchweht, und Deine Zufriedenheit mit dem Wetter, der Luft und Deiner Wohnung samt Terrasse, welche einen wunderbaren Ausblick auf Berge und See gewähren muß. Daß Du dennoch eine Art Heimweh nach unserer lieben Villa ›Hermes‹ gefühlt hast, hat mich gerührt.« Franz Joseph berichtet, daß er am Tage vorher wieder dort gewesen und viel an sie gedacht hat. Vom Wetter spricht er und von den Hirschen, die melden. Dann berichtet er ausführlich von der gleichfalls fern weilenden Freundin, die eine gehetzte Gebirgstour macht und über deren starke Tagesleistungen er sich wundert. »Heute bleibe ich hier«, schließt der Brief, »und um halb neun Uhr reise ich vom Staatsbahnhof ab. Isten veled szeretett angyalom. (Gott befohlen, geliebter Engel.) Dich von ganzem Herzen umarmend, Dein Kleiner.«
Den Tag verbringt Franz Joseph mit der Durchsicht der Staatsakten, dann mit den Vorbereitungen für die Abreise zu den Manövern. Um halb fünf Uhr nachmittag trifft der Generaladjutant Graf Paar aus der Hofburg ein und meldet sich dringend zur Audienz beim Kaiser. Leichenblaß hält er ein Telegramm in der Hand. Es ist aus Genf und berichtet kurz: »Ihre Majestät die Kaiserin gefährlich verletzt. Bitte Seiner Majestät schonend melden.«

[1] Franz Joseph an Elisabeth, letzter Brief, der nicht mehr in ihre Hände gelangte, 10. September 1898. E. A. S. W.

Graf Paar tritt in das Arbeitszimmer des Kaisers. Franz Joseph sieht vom Schreibtisch auf. »Was ist denn, mein lieber Paar?« — »Majestät«, erwidert stockend der General, »Majestät werden heute abend nicht abreisen können. Ich habe leider eine sehr schlechte Nachricht erhalten.« Franz Joseph springt auf.
»Aus Genf!« ruft er sofort und nimmt dem Grafen hastig die Depesche aus der Hand. Erschüttert taumelt er zurück.
»Nun muß doch bald eine zweite Nachricht eintreffen. Telegraphieren, telephonieren Sie! Trachten Sie, Näheres zu hören!«
Da hört man draußen am Korridor Schritte. Ein Adjutant mit einem neuen Telegramm aus Genf! Der Kaiser nimmt es in höchster Aufregung an sich. In seiner Hast, es zu öffnen, reißt er es mitten entzwei. »Ihre Majestät die Kaiserin soeben verschieden«, liest er zu Tode erschrocken. »Mir bleibt doch gar nichts erspart auf dieser Welt.« Schluchzend sinkt Franz Joseph auf den Schreibtischsessel nieder und legt weinend den Kopf auf die Arme. Dann fährt er auf und nimmt sich zusammen. »Die Kinder müssen zuerst verständigt werden.« Schon fliegt die Hiobsbotschaft an Valerie nach Wallsee und an Gisela nach München. Augenblicklich reisen beide nach Wien ab, um ihrem Vater in solch schwerer Stunde Stütze zu sein.

Unmittelbar nach der Tat sucht Lucheni mit größter Schnelligkeit zu fliehen. Er hat genau gespürt, daß die Waffe tief eingedrungen ist. Auf der Flucht wirft er sie weg, die Spitze bricht ab, die unscheinbare Feile bleibt liegen, man findet sie erst viel später. Sofort hat man dem Attentäter nachgesetzt, und der Weichenwärter Antoine Rouge tritt ihm entgegen. Er ist der erste, der den Mann festhält. Passanten und Gendarmen eilen herbei, Lucheni ist verhaftet. Während Rouge ihn hält, ruft der Mann: »Ich gehe ja so zur Polizei[1]!«
Niemand weiß noch, daß es sich um ein Attentat handelt, jeder glaubt bloß, daß der Mann der Kaiserin einen Faustschlag versetzt hat. Beim Transport zum Polizeikommissariat wird er noch gefragt: »Haben Sie sich etwa eines Messers bedient?«
»Wenn ich das gehabt hätte, so hätten Sie es doch gefunden.«
Zwei Gendarmen bringen ihn zum Kommissariat. Da sagt Lucheni den beiden: »Ich bedaure nur, daß ich sie nicht getötet habe.« —

[1] Aussage des Antoine Rouge, 13. September 1898. Akt Nr. 24 der Untersuchungsakten.

»Also Sie würden das wünschen?« fragt der Gendarm Lacroix[1]. Und ohne es zu wissen, sagt er weiter: »Sie haben sie auch ermordet.« — »Um so besser«, erwidert Lucheni. »Ich habe mir gedacht, daß man krepiert, wenn man mit so etwas getroffen wird.«
Da dringt der Gendarm weiter in ihn, und nun erzählt Lucheni ganz ruhig, mit einer dreikantigen kleinen Feile zugestoßen zu haben, deren sich die Tischler bedienen, um ihre Sägen zu schärfen. Der Mann zeigt keine Spur von Reue. Lächelnden Gesichtes geht er zwischen den beiden Gendarmen, ja er singt sogar auf dem Wege, bis man es ihm verweist. Auf dem Posten werden erst einmal seine Kleider genau untersucht. Eine stark abgenützte Geldbörse mit sechs Franken fünfunddreißig, zwei Photographien Luchenis in Militäruniform, der Fremdenliste von Evian, das Diplom seiner Militärmedaille aus Afrika und drei italienische Briefe der Prinzessin von Aragon kommen zum Vorschein[2].
Dann wird Lucheni sofort einem Verhör unterzogen. Er erzählt den Hergang, da klingelt das Telephon. Der Untersuchungsrichter hört mit Schrecken die Nachricht vom Tode der Kaiserin. Man teilt sie Lucheni mit, zynisch äußert er seine Genugtuung: »Es war auch meine Absicht, sie zu töten, ich habe direkt auf ihr Herz gezielt und bin erfreut über die Nachricht, die Sie mir geben.«
»Was sind Sie?«
»Anarchist.«
»Sind Sie schon einmal vorbestraft?«
»Nein.«
Damit ist das erste Verhör[3] beendet, und Lucheni wird auf seine Bitte in einem Wagen, den er selbst bezahlt, nach dem Strafgefängnis Saint-Antoine gebracht. Im Findelhaus Saint-Antoine in Paris hat er sein Leben begonnen, im Gefängnis Saint-Antoine in Genf soll es enden. Auf dem Wege sagt Lucheni zu dem Gendarmen Lacroix:
»Ich bedaure, daß es in Genf keine Todesstrafe gibt. Ich habe meine Pflicht getan. Meine Kollegen werden die ihre tun. Es ist nötig, daß all die Großen daran glauben[4].«
Der Generalprokurator Navazza, der erste und vornehmste Jurist des

[1] Zeugenaussage des Gendarmen Lacroix, Stück Nr. IX. A. G. G.
[2] Akt Nr. 14 der Untersuchungsakten. A. G. G.
[3] Erstes Verhör Luchenis am Polizeikommissariate. A. G. G.
[4] Aussage des Gendarmen Lacroix. A. G. G.

Kantons Genf, wird mit der Aufklärung des Falles betraut. Er studiert Lucheni genau, er fragt ihn in zahllosen Verhören aus und sieht, daß der Verbrecher bemüht ist, die Tat ganz allein auf sich zu nehmen, um sich nur ja den »Ruhm« allein zuschreiben zu können.

»Ich habe niemals einer sozialistischen oder anarchistischen Gesellschaft angehört. Ich bin ein ›individueller‹ Anarchist und habe nur mit den Gleichgesinnten überall dort verkehrt, wo ich hingekommen bin[1].« Immer wieder betont Lucheni, daß ihm am Leben nichts liegt, daß die Strafe ihm gleichgültig ist.

»Ja, warum haben Sie denn dann nach der Tat enteilen wollen?« fragt man ihn. Das paßt ihm nun nicht mehr zu seiner Märtyrerhaltung.

»Ich habe mich nicht retten wollen. Ich bin nur zum Polizeikommissariat gelaufen[2].«

»Warum haben Sie die Kaiserin getötet, die Ihnen nie etwas getan hat?«

»Im Kampf gegen die Großen und Reichen. Ein Lucheni tötet eine Kaiserin, aber niemals eine Wäscherin[3].«

Erschüttert verläßt Navazza den Verbrecher. Das ist ein neuer Herostratos, der dereinst eines der herrlichsten Kunstwerke der Antike, den Artemistempel in Ephesos, in Brand gesetzt hat und dann auf der Folter als Grund den Wunsch angab, seinen Namen unsterblich zu machen.

»Der wahre Größenwahn des Verbrechers spricht aus Lucheni«, sagt sich Navazza. »Noch niemals in meiner Laufbahn ist mir ein derartiger Verbrecher vorgekommen. Er ist stolz auf seine Tat und hört nicht auf zu klagen, daß er dafür nicht aufs Schafott kommen kann.« Weiß Gott, es zeigt sich wieder bei Lucheni, daß Eitelkeit noch mehr verblenden und zu noch wilderen Taten hinreißen kann als Hunger und Liebe. Lucheni will das, was er Ruhm nennt, auskosten bis zur Neige. Die ganze Welt liest nun seinen Namen, spricht von ihm, und darum soll sie aus seinem eigenen Munde hören, was er denkt, warum er so gehandelt hat. Er sinnt nach, wie er das am besten tun könnte. Und da fällt ihm die Neapler Zeitung »Don Marzio« ein, die er

[1] Verhör vom 15. September 1898. Akt Nr. 38. A. G. G.

[2] Verhör vom 15. September 1898. Akt Nr. 40. A. G. G.

[3] Persönliche Mitteilungen des Herrn Generalprokurators im Ruhestande G. Navazza in Genf an den Verfasser.

während seiner Dienstzeit so oft gelesen und von der er weiß, daß sie liberale Tendenzen vertritt. Der Verbrecher beschließt am Tage nach der Tat, dem Chefredakteur einen Brief[1] zu schreiben. Vor allem soll die Zeitung dem entgegentreten, daß Lucheni ein geborener Verbrecher wäre. Ein Unsinn sei die Behauptung Lombrosos, daß ein Individuum schon als Verbrecher auf die Welt komme. »Dann bitte ich Sie auch«, schreibt der Mörder dem Redakteur, »denen entgegenzutreten, die sich etwa zu sagen erlaubten, daß Lucheni seine Tat aus Elend vollführt hat. Das ist gänzlich falsch. Ich schließe mit der Erklärung, daß ..., wenn die herrschende Klasse nicht die Gier zu zähmen versucht, mit der sie dem Nächsten das Blut aussaugt, die gerechten Schläge des Unterzeichneten gegen alle Majestäten, Präsidenten und Minister, gegen jedermann, der versucht, sich seinen Nächsten zu eigenem Gefallen zu unterwerfen, in kürzesten Zwischenräumen folgen müssen. Der Tag ist nicht fern, da die wahren Menschenfreunde alle jetzt geltenden Vorschriften austilgen werden. Eine einzige wird mehr als genügen. Wer nicht arbeitet, der esse auch nicht. Ihr ergebenster Luigi Lucheni, überzeugtester Anarchist.«
Der zweiundachtzigjährige greise Chefredakteur der Zeitung, den man von seiten der Gefängnisdirektion verständigt, kann sich, da ihm Lucheni bisher gänzlich unbekannt war, nicht erklären, wie der Verbrecher auf die Idee gekommen ist, ihm zu schreiben, und rückt in der Nummer der Zeitung vom 13. von dieser Bestie in Menschengestalt ab. Der Mörder hat indessen an den Bundespräsidenten der Schweiz das Ansuchen gerichtet, nach dem Gesetzbuch des Kantons Luzern, in dem es noch Todesstrafe gibt, und nicht nach jenem von Genf abgeurteilt zu werden, das eine solche ausschließt. Er unterzeichnet: »Luigi Lucheni, Anarchist, der allergefährlichsten einer[2].« Dann schreibt er weiter Privatbriefe. Er hat ja nun Zeit im Gefängnis. Zunächst an die Prinzessin d'Aragona: »Als wahrer Kommunist konnte ich solche Ungerechtigkeiten nicht mehr überleben und als wahrer Menschenfreund habe ich so zu erkennen gegeben, daß die Stunde nicht weit ist, in der eine neue Sonne allen gleichmäßig leuchten wird. Ich weiß, es gibt nichts mehr für mich ... Ich habe die Welt in den fünfundzwanzig Jahren,

[1] Brief des Luigi Lucheni an den Chefredakteur Joseph Turko der Zeitung »Don Marzio«, Genf, 11. September 1898. Stück Nr. 84. Original in den Untersuchungsakten.

[2] Lucheni an den Präsidenten der Schweizer Eidgenossenschaft, Genf, 14. September 1898.

die ich sie bewohnte, genügend kennengelernt. Ich versichere Sie, Prinzessin, von ganzem Herzen (dem Herzen eines Wilden, wenn Sie wollen), daß ich mich nie im Leben so zufrieden gefühlt habe wie jetzt. Wenn ich das Glück hätte, wie ich es erbeten habe, nach dem Strafgesetzbuch des Kantons Luzern abgeurteilt zu werden, dann würde ich die Stufen zur geliebten Guillotine in Sprüngen hinaufeilen, ohne erst Helfer zu brauchen, die mich hinaufzwingen[1].« Wenige Tage später ein neuer Brief an die Prinzessin: »Meine Sache ist mit dem Falle Dreyfus zu vergleichen«, steht darin[2].

Wie stolz wäre erst der Verbrecher gewesen, hätte ihm die Gefängnisverwaltung die zahllosen Glückwunschbriefe aus Wien, Laibach, Florenz, Lausanne, Neapel, Sofia, Prag, Baltimore, London, Rumänien, Spanien übergeben, die Lucheni ob seiner Tat aus den Kreisen der Unterwelt zugesandt werden. Da steht zu lesen wie alle, die für das Wohl der Menschheit kämpften, mit seiner »edlen Tat« einverstanden sind, wie er bewiesen habe, daß im Volke noch »Helden« leben, wie er ausharren solle und den Mut nicht verlieren möge, bis das Volk einmal am großen Tage des Sieges seinen Kerker öffnen werde usw.[3].

Aber ebensowenig wie solche Briefe begeisterter Zustimmung übergibt man Lucheni leider die Briefe des Hasses, die noch zahlreicher einlaufen. Da ist vor allem einer von den Frauen und Mädchen von Wien, der eine ganze Rolle umfaßt, denn er trägt nicht weniger als 16.000 Unterschriften. »Mörder, Bestie, Ungeheuer, reißendes Tier«, heißt es da, »die Frauen und Mädchen Wiens seufzen danach, Dein furchtbares Verbrechen, das Du an unserer geliebten Kaiserin begangen hast, zu rächen. Weißt Du, reißendes Tier, was Du verdienst?! Höre, Ungeheuer: Wir wollten Dich auf einen Tisch legen — wir, die wir ein gutes Herz haben, wir könnten mit Vergnügen zuschauen, wie man Dir die beiden Arme und Füße abschnitte. Um deine Schmerzen zu versüßen, würden wir Deine Wunden mit Essig waschen und sie dann mit Salz trocknen. Wenn Du das überlebst und wieder gesundest, so könnte man etwas Ähnliches von neuem beginnen. Oder wir machen Dir einen anderen Vorschlag: Laß Dir dasselbe Instrument ebenso ins Herz stoßen, wie Du es unserer geliebten Kaiserin getan, nur langsam! Willst Du das

[1] Lucheni an die Prinzessin de Vera d'Aragona, 14. September 1898. Gefängnis Saint-Antoine, Genf. A. G. G.
[2] Lucheni an Prinzessin de Vera d'Aragona, 17. September 1898. A. G. G.
[3] »Einer für alle« an Lucheni, Genf, 14. September 1898, Aktenstück Nr. 91. A. G. G.

nicht einmal versuchen? Sei verflucht während Deines ganzen Lebens, Elender, grausames Ungeheuer. Was Du ißt, das bekomme Dir nicht. Dein Körper möge Dir nur Schmerzen bereiten, und Deine Augen geblendet werden. Und du sollst leben in ewiger Finsternis. Das ist der heißeste Wunsch der Frauen und Mädchen von Wien für einen so verruchten Elenden, wie Du es bist[1].«

Elisabeths Leiche liegt aufgebahrt im Hotel. Man hat in Wien angefragt, ob man, wie es das Schweizer Gesetz vorschreibt, Obduktion und Sektion vornehmen darf. Franz Joseph läßt antworten, man möge nach den Gesetzen des Landes verfahren. So erscheinen die Ärzte Professor Reverdin, Gosse und Megévand am 11. September nachmittags zur Autopsie, am 12. zur Sektion. Da liegt die schlanke, schöne Gestalt der Kaiserin ganz nackt, nur von einem leichten Linnen bedeckt, das Gesicht bleich und ganz gelb, von den langen, herrlichen Haaren umgeben, die Lider über die graublauen Augen gesenkt. Die Ärzte sehen nicht mehr Elisabeth in diesem Körper, keine Kaiserin mehr, nur eine Tote. Sachlich untersuchen sie die Leiche, stellen das ausgezeichnete Gebiß fest, messen die Länge des Körpers mit einem Meter zweiundsiebzig Zentimeter und gehen dann daran, die Wunde näher zu untersuchen. Vierzehn Zentimeter unter dem linken Schlüsselbein, vier ober der linken Brustspitze zeichnet sich die Wunde in Form eines V ab. Dann wird das Herz bloßgelegt, man konstatiert eine leichte Erweiterung, fünfundachtzig Millimeter tief ist das Instrument eingedrungen, hat die vierte Rippe gebrochen, die Lunge und die ganze linke Herzkammer durchbohrt. Aber der Kanal ist dünn, die Wunde fein, und nur langsam konnte das Blut tropfenweise aus der Herzkammer in den Herzbeutel gelangen und das Herz so in seiner Funktion allmählich lähmen. Nur so konnte es geschehen, daß Elisabeth im Verein mit ihrer außerordentlichen Energie und bewunderungswürdigen Willenskraft noch hundertzwanzig Schritte bis auf das Schiff gehen konnte und erst dort zusammenbrach[2].

Mit Grauen müssen die Gräfin Sztáray, der Gesandte in der Schweiz

[1] Haßbrief (Rolle) der Frauen und Mädchen Wiens, vom 13. September 1898. A. G. G.

[2] Berichte der Ärzte Prof. August Reverdin und J. A. Megévand, Akt Nr. 23 und Nr. 23 b, vom 11. und 12. September 1898, A. G. G., sowie das Gutachten des Hofrates Dr. Ritter von Bielka über die Krankheitsgeschichte der Kaiserin, Wien, Staatsarchiv.

Graf Kuefstein und General von Berzeviczy der Autopsie der Kaiserin als Zeugen beiwohnen. Dann wird Elisabeth einbalsamiert. Das Gesicht verändert sich sehr auffallend dabei, es schwillt stark an. Aber die Ärzte erklären, daß die lieblichen Züge in Kürze wiederkehren werden. Dann wird sie in ihr schönstes schwarzes Kleid gehüllt, die Haare so geordnet, wie sie sie stets im Leben getragen, und in den Sarg gebettet. — Von allen Seiten strömen Blumenspenden herbei. Auch ein Strauß herrlicher Orchideen aus der Villa Pregny, dieselben, die Elisabeth vor wenigen Tagen noch bewundert hat. Auf dem Tische liegen die Dinge, die die Kaiserin stets und auch auf ihrem letzten Gange getragen. Ungewohnt verlassen, als fragten sie, was mit der Herrin sei, was nun mit ihnen geschehe. Die kleine, einfache Goldkette mit dem Ehering, den Elisabeth nie auf der Hand, immer vom Halse herabhängend unter dem Kleide getragen. Der unvermeidliche einfache Lederfächer, die Uhr aus Chinasilber, auf der vorne das Wort »Achilleus« eingraviert ist, mit dem abgenützten kleinen Lederbändchen mit Steigbügel. Das Armband mit zahllosen, meist mystischen Anhängseln, dem Totenkopf, dem Sonnenzeichen mit drei Füßen, der goldenen Hand mit ausgestrecktem Zeigefinger, Marienmedaillen und byzantinischen Goldmünzen. Dann zwei Medaillons, eines mit den Haaren des Kronprinzen, ein anderes mit dem einundzwanzigsten Psalm der Bibel.

Nun tritt Elisabeth ihre letzte Reise in die Heimat an. Ungeheuer ist der Schmerz im ganzen Reiche. In Ungarn hat die Todesnachricht im Nu Land und Hauptstadt in die allertiefste Trauer versetzt. Überall im Reiche sieht man die umflorten Bilder der Kaiserin. In Budapest gibt es kein Haus ohne schwarze Fahne, die kleinste Hütte trägt zumindest ein Stückchen schwarzes Tuch zur Schau. Erschüttert hört Franz Joseph von der Trauer Wiens, von den Tränen der Ungarn. »Ja, sie können auch weinen«, meint er, »sie wissen gar nicht, welch warme Freundin sie an ihrer Königin verloren haben.« Dann das Leichenbegängnis mit dem altehrwürdigen Trauerprunk des spanischen Zeremoniells. Nun kann sich Elisabeth dagegen nicht mehr wehren. Der Leichenzug langt vor der Kapuzinergruft an. Die Krypta ist geschlossen. Dreimal pocht der Obersthofmeister an die Tür. Da erschallt aus der Tiefe der Gruft die Stimme des Pater Guardian:

»Wer ist da?«

»Kaiserin und Königin Elisabeth begehrt Einlaß.«

Schluchzend stehen der Kaiser und die Kinder vor dem Sarg. Valerie, die eine Mutter verloren, die ihr Kind mehr geliebt hat als je eine

Mutter auf Erden, sieht auf einmal jenen Platz in der Gruft, den Elisabeth ihr im Leben beschrieben, das bißchen Licht und Grün, das aus dem schmalen Fenster hereinblickt. Sie hört die Vögel draußen zwitschern, alles, alles genauso, wie die Mutter es damals geschildert. »Möge sie nun endlich die heißersehnte Ruhe finden!«
Schluchzend auch stehen am Sarge der Kaiserin die treuesten Freundinnen ihres Lebens, Ida Ferenczy, die Elisabeth ob ihres frischen, heiteren, geraden und offenen Wesens, ihres gesunden Menschenverstandes, ihres Taktes und ihrer vornehmen Denkungsweise bei aller Einfachheit des Herzens so geliebt. Sie hat alles nach den letzten Wünschen der Kaiserin erfüllt. Auch den letzten Brief des Kronprinzen an Elisabeth vernichtet. Nun wendet sie sich weinend zu einer Freundin: »Ich habe alles verloren, meinen Mann, meine Kinder, meine Familie, mein Glück, meine Zufriedenheit; denn meine teure Königin war mir dies alles!« Tränenüberströmt steht Marie Festetics neben ihr. »Viel werden wir noch zusammen trauern, Ida, uns gehörte das Beste. Lange, lange haben wir ihre Seele, ihr Herz genossen. — Das wird uns niemand rauben, es ist ein Juwel — wir liebten sie immer, nicht wie viele, die erst daraufkamen, als der Dolch ihr Herz durchbohrte[1].« Ida und Marie sind beide verzweifelt, daß sie in der kritischen Stunde nicht um ihre Herrin hatten sein können. —
Die Ironie des Schicksals aber will auch vor dem Grabe nicht haltmachen. Elisabeths, der Unpolitischen, Begräbnis gibt Anlaß zu einem Streite, der wie ein Wetterleuchten die düstere Zukunft des Reiches plötzlich erhellt. Rund um den Sarg der Toten ist nach alter Sitte ihr Wappen zu sehen, darunter steht: »Elisabeth, Kaiserin von Österreich.« Gleich am ersten Tage ziehen Hunderttausende daran vorüber, darunter ungezählte Ungarn, und sie lesen erstaunt: »Kaiserin von Österreich.« Ja, ist denn das alles? War sie nicht noch etwas anderes? Will man jetzt, wo die tiefe und aufrichtige Trauer um die geliebte Königin im ganzen Lande Ungarn sich in so ergreifender Weise offenbart, Elisabeth nur zur Kaiserin von Österreich stempeln? Oder will man gar damit die schon längst zu Grabe getragenen Ideen der Erzherzogin Sophie wieder aufleben lassen? Nichts von alledem. Man hat sich gar nichts dabei gedacht. Aber es wird anders aufgefaßt. Die Proteste überfluten das Zeremonienamt. Schnell fügt man noch am ersten Abend

[1] Gräfin Marie Festetics an Ida Ferenczy, Söjtör, 22. Oktober 1898. Farkas-Archiv.

»und Königin von Ungarn« hinzu. Aber da folgt der Einspruch des Oberstlandmarschalls von Böhmen und die Anfrage an das Obersthofmeisteramt[1], warum nicht auch die Bezeichnung Königin von Böhmen zu lesen gewesen sei. Da fehlt eben die Kaiserin. Sie hätte einfach gesagt: »Schreibt Elisabeth hin, nichts sonst.«
Der ungarische Ministerpräsident Baron Bánffy führt Klage darüber, daß man der Beisetzung angeblich tendenziös ein österreichisches Gepräge verliehen habe und auf diese Weise absichtlich das Ansehen der ungarischen Staatlichkeit verletze[2].
Bei der Leichenfeier, an der nicht weniger als zweiundachtzig allerhöchste Herrschaften mit ihren Suiten teilnehmen, ist die Kapuzinerkirche nicht imstande, all die Menschen zu fassen, die sich drängen, um der edlen Frau die letzte Ehre zu erweisen. Aber daß ein Ordner gerade die Mitglieder der Deputation des ungarischen Reichstages zurückdrängen muß, um dem Leichenzug Platz zu schaffen, ist ein peinlicher Zufall. »Wir sind doch als Ungarn da, um unsere Königin zu begraben«, erwidert einer der Herren dem Hoforgan[3]. Und die beiden Ministerpräsidenten, die Minister des kaiserlichen Hauses und der Obersthofmeister haben alle Mühe, die im Gefolge davon auftretenden politischen Stürme wieder zu bannen.

Genau einen Monat nach der Schreckenstat steht Lucheni vor seinen Richtern. Vierzig Geschworene sitzen da aus allen Berufen, Elektriker, Architekten, Zahnärzte, Wäscher, Gärtner usw. Der Gerichtshof tritt ein. Lautlose Stille in der ganzen Versammlung, dann erscheint Lucheni. Eitel und schauspielerisch, stets bedacht, auf das Publikum Eindruck zu machen[4]. Er geht an der Bank der Journalisten vorüber. »Ja, ich bin's«, nickt er ihnen zu und dreht sich lächelnd nach dem in Massen erschienenen Publikum um. Er scheint sehr befriedigt von der ganzen Aufmachung. Wenn er spricht, sind alle seine Gesten berechnet, seine Worte genau abgewogen. Er weiß, die werden morgen gedruckt in allen

[1] Oberstlandmarschall von Böhmen Fürst Georg Lobkowitz an das Obersthofmeisteramt, 4. Oktober 1898, Wien, Staatsarchiv.
[2] Der ungarische Ministerpräsident Baron Bánffy an das Obersthofmeisteramt, 30. Oktober 1898. Wien, Staatsarchiv.
[3] Exposé des Zeremonialdirektors Hofrat von Loebenstein über die Unzukömmlichkeiten bei der Leichenfeier, Wien, im Dezember 1898.
[4] Freiherr von Rotenhan an Fürst Hohenlohe, Schilderung der Verhandlung, Bern, 12. November 1898. Archiv des Auswärtigen Amtes, Berlin.

Zeitungen der Welt stehen. Es hat ihm keinen Eindruck gemacht, als man ihm mitgeteilt hat, daß seine Mutter noch drüben in San Franzisko lebe, wenn er das erst durch das Gericht in solcher Lage erfahren muß. Stolz bekennt er sich nach wie vor zu der Untat und begründet sie bloß mit dem Elend seiner Jugend und dem Satz vom Arbeiten und Essen. Wenn ihm der Präsident Widersprüche in seinen Aussagen vorhält, sagt er stolz: »Glauben Sie, was Sie wollen. Ich spreche die Wahrheit.«
»Fühlen Sie denn gar keine Reue?« fragt der Vorsitzende.
»Im Gegenteil.«
»Wenn die Tat ungeschehen wäre, würden Sie sie wieder tun?«
»Sicherlich«, und Lucheni dreht sich triumphierend gegen das Publikum hin, um den Eindruck seiner Worte zu genießen. Nicht genug an dem, er sendet irgendeinem Unbekannten in einer Ecke eine Kußhand zu. Dann erhebt sich der Gerichtsstaatsanwalt Navazza, der berühmte Jurist, zu seinem Schlußplädoyer.
»Dieser Mann«, sagt er, »hat die Freiheit seines ganzen Lebens der wilden Freude geopfert, die er heute zeigt. Er meint, man müsse alle die vernichten, die keinen festen Beruf haben. Er glaubt, sie seien die Glücklichen in diesem Leben. Und der Unglückliche ahnt nicht, daß dem Lachen und der Freude in allen Klassen der Gesellschaft die Tränen auf dem Fuße folgen ... Ach, Lucheni, groß ist die Genugtuung Ihres Ehrgeizes. Sie haben eine aufsehenerregende Tat begangen, als Sie mit Ihrer Feile das Herz einer sechzigjährigen Frau durchbohrten. Sie waren aber auch um so feiger, je leichter es war, sie zu treffen.«
Der Verteidiger weiß nichts anderes zu sagen, als daß Elisabeth, wenn sie könnte, für Lucheni um Gnade bitten würde. Lebenslänglicher Kerker, so lautet das Urteil. Als es verkündet wird, ruft Lucheni gellend in den Saal: »Es lebe die Anarchie, Tod der Aristokratie!«
Der Mörder glaubte, gestraft, gerichtet zu haben! Wie ahnungslos war er! Wie kannte er sein Opfer nicht! Hätte er gemordet, wenn er etwas von ihm gewußt hätte, wenn er geahnt hätte, wie oft diese Frau, diese »Reiche«, diese »Bevorzugte« den Tod ersehnte? — Rasch, ohne Leiden, fern von den Lieben, um ihnen nicht weh zu tun, nicht im Bette, in Gottes freier Natur, die sie so liebte. War das nicht alles durch ihn zur Wahrheit geworden, zu furchtbarer, tragischer Wirklichkeit? Ja, Carmen Sylva hat recht. Elisabeth hätte Lucheni entschuldigt, sie hätte vielleicht mit ihrer manchmal so heiteren, manchmal so traurigen Ironie, mit jenem charmevollen Leuchten um die Mundwinkel, das stets

alle Welt so betörte, gesagt: »Nun, Lucheni, das hast du geschickt gemacht, ganz wie ich's wollte[1]!«

[1] Unmittelbar nach seiner Verurteilung schreibt Lucheni noch einmal seinem alten Schwadronskommandanten, dem Prinzen d'Aragona, dankt für dessen gute Beschreibung, die dem Gerichte vorlag, und verspricht, er werde nun auch der beste Gefangene sein, wie er ihn einst den besten Soldaten genannt habe. »Wenn ich fähig war, Mörder zu sein, so werde ich, nun ein lebender Toter, auch das zustande bringen.« (Brief Luchenis an den Rittmeister Ramiero de Vera d'Aragona, Genf, 12. November 1898. A. G. G.) Und wirklich, zwei Jahre lang ist Lucheni der bravste Gefangene. Er ist nur empört, daß man ihn mit gemeinen Verbrechern zusammensperrt. Er hält sich für einen politisch Verurteilten, also etwas himmelweit Verschiedenes. Er ist sehr empfindlich für gerechte oder ungerechte Behandlung, und wenn er das letztere glaubt, so spielt er mit dem Gedanken, seinem Leben ein Ende zu machen. Einmal, im Februar 1900, hat er eine Schachtel Sardinen bekommen und sich aus dem Schlüssel dazu, den man abzunehmen vergaß, eine Waffe gemacht, mit der er sich selbst töten wollte. Am 20. Februar 1900, als gerade der Direktor des Gefängnisses, Perrin, bei ihm weilt, hat er einen Wutanfall. Er hebt diese Waffe gegen den Direktor, und sie wird ihm erst von der herbeieilenden Wache entrissen. Zehn Tage Einzelzelle ist die Strafe. Dann aber hält er sich wieder tadellos, wird auch verhältnismäßig sehr gut behandelt. Aber er wird immer empfindlicher und nervöser. Da ist ein Gefängniswärter, der häufig betrunken ist. Er riecht immer nach Wein. Nun sagt ihm am 16. Oktober 1910 Lucheni, als er in die Zelle tritt: »Sie sind ein Säufer. Sie stinken immer nach Alkohol.« Es entsteht ein Wortwechsel. Der Gefängniswärter führt beim Direktor, Herrn Fernet, Klage. Der untersucht die Sache, findet eigentlich, daß Lucheni nicht ganz unrecht hat, bestraft aber beide Teile. Lucheni kommt in eine Einzelzelle, er darf nicht arbeiten, und das ist ihm furchtbar, um so mehr, als er sich im Rechte fühlt. Er brüllt in seiner Zelle immer wieder: »Ich habe nur die Wahrheit gesagt«, und wirft alle seine wenigen Sachen beim Fenster hinaus. Darauf kommt er in eine finstere Kerkerzelle. Um sechs Uhr hört ihn die Ronde noch schreien. Abends geht Herr Fernet in Luchenis Zelle, um nach ihm zu sehen, und findet ihn, an seinem Ledergürtel aufgehängt, tot. (Persönliche Mitteilungen des Herrn Fernet an den Verfasser. A. G. G.)

NAMENREGISTER

Abdul Asis, Sultan 184
Albert, König von Sachsen 319
Albrecht, Erzherzog 112, 136, 160, 266, 421
Alençon, Ferdinand von Bourbon-Orléans, Herzog von 175, 285
Alexander II., Zar 113, 215, 266, 285
— König von Serbien 394
— Prinz von Hessen 69, 72, 88, 325
Allen, Reitlehrer 239, 247, 248
Almássy, Gräfin 113
— Graf Kálmán 265
Andrássy, Graf Gyula 20, 21, 77, 78, 126, 127, 128, 131, 138—143, 146—148, 150—153, 155, 156, 161, 172, 176, 180, 181, 184, 185, 188, 192, 193, 196, 197, 198, 206, 207, 212, 213, 218, 219, 230, 242, 251, 257, 258, 266, 274, 287, 305, 315, 321, 354, 376, 385, 386, 392
Angerer, Friseurin (später Feifalik) 197
d'Aragona, Prinz de Vera 443
— Prinzessin de Vera 450, 459, 460
Arany, János 178
Arthur, Prinz von England 216
Athanasio 413
Auersperg, Prinzessin Aglaja 303
— Prinzessin Sárolta 206, 303
Augusta, Erzherzogin 414, 415
— Kaiserin von Deutschland 216
Aumale, Herzog von 291

Bach, Baron 74, 75, 89
Baden, Großherzogin von 240
Badeni, Graf 433
Balassa, Dr. 176, 179
Baltazzi, Gebrüder 238
— Themistokles 52
Bánffy, Baron 464
Barker, Frederic 408, 409, 412, 428, 435, 444, 446
Batthyány, Graf Elemér 206
— Graf Louis 17, 20, 21, 159
Bayzand, Bereiter 248, 264, 269
Beaconsfield, Lord 280
Belcredi, Graf Gustav 150, 154, 155, 158
Bellegarde, Graf Gustav 176, 193, 198, 208, 230, 231
— Gräfin Paula (siehe auch Königsegg) 48, 62, 104
Berzeviczy, Generalmajor Adam von 415, 416, 445 bis 447, 462
Bethlen, Graf 137
Beust, Freiherr von 152 bis 154, 165, 195

Bindshuyden, Leon 309
Bismarck 111, 131, 330, 355
Blome, Graf 117—118, 124, 134
Bloomfield, Lord 100
Borghese, Fürstin Pauline 405
Botzaris, Katharina 10
Bratfisch, Leibfiaker 366
Braun, Kaspar 13
Brown, John 236
Buchensteiner, Bergführer 387, 388
Bukovich, von 384, 405
Bulkeley, Captain 290
Bülow, Pianist 131
Buol, Graf 89
Burridge, Zahnarzt 266
Byron 358

Canova 405
Carmen Sylva 304, 314, 335 bis 338, 340, 422, 465
Carnot, Präsident Frankreichs 418
Carvahal, Graf 94
Cassini, Graf 389
Charlotte, Kaiserin von Mexiko 112, 295
Chiattone, Bildhauer 421
Christomanos, Konstantin 402, 403, 407—409, 415, 416, 417
Clam, Graf Franz 263, 264
Coburg, Herzogin Amalie 246
Collett, John 109, 110
Combermere, Lord 284, 285, 290
Crenneville, Graf Franz 136, 218
Crispi 399

Dardalle, Frau 453
Deák, Franz von 20, 122, 126, 127, 138, 139, 142 bis 144, 146, 147, 152, 154, 155, 160, 162, 180, 192 bis 193, 207, 242
Dolgoruki, Fürst 215, 285
Doria, Fürst 257
Dürckheim, Graf 324, 325

Edinburgh, Herzogin von 237
Eduard, Prinz von Wales 216, 222, 236
Eisenmenger, Dr. Viktor 430
Eisenstein, Baron 259
Elisabeth, Erzherzogin 374, 426
— Königin von Preußen 10, 12, 28
Ella, Erzherzogin 408
Emden, Charlotte von 331, 343
— Ludwig von 351
Eötvös, Freiherr von 20, 113, 142, 157, 159, 178, 193
Esterházy, Graf Moritz 139, 140
— Graf Nikolaus 228
— -Liechtenstein, Gräfin Sophie 48, 50, 67, 73, 79, 84, 94, 104
Eugenie, Kaiserin 116, 165, 166, 167, 170, 183, 186, 190, 418
Eulenburg, Fürst 429

Falk, Max 151, 156—158
Fehér, Josef 135
Feifalik 197, 225, 236, 317, 383
Ferdinand, Kaiser 16, 20

Ferdinand II., König von Neapel 85
Ferenczy, Ida von, ab 114 fortlaufend
— Marie von 114
Festetics, Fürst Tassilo 238, 254
— Gräfin Marie, ab 192 fortlaufend
Fischer, Dr. 100, 105, 119, 124, 145
Franz I., Kaiser 217
— II., König von Neapel 78, 81, 90, 91, 100, 105, 265
— Ferdinand 430
— Joseph, Kaiser von Österreich, fortlaufend
— Karl, Erzherzog 10, 16, 266
— Salvator 319, 330, 334, 338, 345, 346, 350, 352, 362 bis 365, 374, 383, 395, 400, 429, 450
Friedrich III., Kaiser 401
— Herr aus Rotterdam 265
Fugger, Graf 123
Fürstenberg, Landgräfin Therese Vorwort, 120, 134, 137, 163, 167, 253, 258, 261, 273, 292, 303, 304, 316, 348, 349, 354, 362

Garibaldi 90, 91
Gemmingen, Freiherr von 268, 293
Georg, König von Griechenland 359
Giesl, Artur Freiherr von 374
Girardi 313
Gisela, Erzherzogin 63, 66, 72, 73, 74, 75, 84, 102, 103, 119, 191, 200, 204, 222, 244, 304, 311, 314, 320, 321, 326, 376, 377, 379, 385, 426, 435
— Elisabeth, Gemahlin Stephans I. 63
Goëß, Marie, Gräfin von, geb. Gräfin Welsersheimb 195, 218
Golay, Dr. 454
Gondrecourt, Graf 119, 120, 121, 158
Gortschakoff, Fürst 215
Gosse, Professor 461
Grassalkovic, Fürst 149
Grévy, Jules 285
Gruber, Hebamme 79
Grünne, Graf Karl Ludwig 17, 20, 22, 28, 34, 39, 63, 74, 89, 101, 121, 158, 198, 213, 253
Gudden, Dr. 325—327
Gyulay, Graf 82, 89

Hasselries, Bildhauer 406
Hauser, Kaspar 354
Haymerle, Baron 287
Haynau, Baron 21, 70
Healy, Tom, Bereiter 277
Hedwig, Erzherzogin 426
Heine, Heinrich 305, 320, 321, 331, 335—337, 343 bis 345, 351, 352, 357, 380, 405, 406
— -Geldern, Baron 331
Heinrich, Prinz von Orléans 443
Helene, Herzogin in Bayern, spätere Erbprinzessin von Thurn und Taxis 11, 14, 16, 18, 23, 24, 29—32, 46, 60, 61, 81, 101, 102, 107, 164, 204, 258, 393
Herczeg, Alexander 114

Herterich, Bildhauer 306
Hildegard, Erzherzogin 112
Hoff, Braumeister 94
Hohenlohe, Prinzessin Do 290
Holmes, Harry 206
Horváth, Bischof Michael 158, 159
Hoyos, Graf 368, 372
Hubert Salvator, Erzherzog 418
Humbert, König von Italien 289, 444
Hundt, Gräfin 41
Hunt, Oberst 255
Hunyady, Gräfin Lilly 122, 194

Johann Salvator, Erzherzog 103, 334
Jókai, Moritz 113, 177, 178
Jordis, Baron 70
Joseph II. 152
— Erzherzog 192, 423
— Franz, Erzherzog 423
Juda Ha Levi 331

Kálnoky, Graf 313, 315, 385 406
Karl Ludwig, Erzherzog 18—20, 28, 29, 30, 33
— Salvator, Erzherzog 319
— Theodor, Herzog in Bayern 14, 23, 46, 60, 71, 90, 106, 116, 189, 204, 234, 327, 345, 351, 395, 426, 438
Karolina Augusta, Kaiserin 187, 211
Katharina II., Zarin 152
Keglevich, Graf Béla 206, 208
Kendeffy, Gräfin Katinka 78
Kephalas, Janko 402
Kerkápoly, Finanzminister 266
Kerzl, Dr. 328, 427, 428
Kinsky, Graf Ferdinand 254
Klothilde, Erzherzogin 192
Königsegg, Gräfin, geb. Bellegarde 104, 114, 122, 176, 179
— -Aulendorf, Graf 104, 107, 122, 179
Kornis, Gräfin 364
Kossuth, Ludwig 19, 77, 126, 138, 142, 155, 159, 388, 409, 414
Krafft-Ebing, Dr. 340
Kratky, Maler 332
Kromar, Dr. 445, 447, 451
Kuefstein, Graf 462
Kugler-Gerbeaud, Zuckerbäkker 209
Kuhne, Dr. 422

Lacroix, Gendarm 457
Lamberg, General, Graf 19
— Gräfin Karoline 48, 73, 107
Langford, Lord 269, 277, 278, 280, 284, 290
Larisch, Graf Georg 261, 262
— Graf Hans 254
— Graf Heinrich 254, 265, 267
Latour von Thurnburg 95, 121, 122, 172, 329
Leo XIII. 399
Leopold, Prinz von Bayern 200, 212, 220, 304
Lewinsky, Schauspieler 305, 345
Liechtenstein, Prinz Rudolf

176, 254, 263, 265, 270, 271, 277, 284, 290
Linger, Karl 246, 254, 301
Liszt 357
Lobkowitz, Prinz 202
Loisset, Emilie, Kunstreiterin 293
Lombroso 459
Loschek, Kammerdiener 366, 368, 372
Louis Philippe, König 175, 252
Lucheni, Luigi 433—466
Ludovika, Herzogin in Bayern 10, 11, 14, 16, 18, 23, 28, 32—36, 45, 49, 50, 101, 105, 132, 168, 175, 181, 183, 325, 326, 327, 328, 333, 344, 365, 407
Ludwig I., König von Bayern 9, 10, 12, 45
— II., König von Bayern 111, 113, 117, 123, 124, 131, 133, 134, 154, 165, 168—171, 173—175, 183, 205, 213, 221, 223—225, 240—241, 252, 258, 260, 267, 282, 286, 287, 299, 308, 311, 321, 324—330, 331, 332, 338, 357, 358, 370, 415
— XIV. 241
— Herzog in Bayern 11, 82, 90, 181, 182, 189, 253, 259, 287
— Prinz von Baden 354
— von Hessen 30
Ludwig Salvator, Erzherzog 103, 345, 346, 404, 417
— Viktor, Erzherzog 97, 101, 132, 133, 198, 202
Luitpold, Prinzregent 200, 324
MacMahon, Marschall 251
Majláth, Georg von 139, 140
— Graf Johann 40
— Sárolta von 298, 303, 334, 354, 357, 382
Makart, Hans 273, 322
Malatesta, Graf 188
Manna, Graf 268
Margherita, Königin von Italien 289
Maria, Königin von Neapel 14, 78, 81, 85, 90, 91, 96—97, 105—107, 108, 123, 167, 176, 181, 186, 191, 204, 219, 254, 255, 285, 446
— Königin von Sachsen 10, 116
— Zarin 113
— Immakulata 319
— José in Bayern, Infantin von Portugal 234, 235, 332, 333
— Pia, Königin von Portugal 397
— Theresia, Kaiserin 138
Mathilde, Erzherzogin 160
— in Bayern, Gräfin Trani 14, 100, 105, 154, 167, 204, 285, 454
Matsch, Professor Franz von 405, 420
Max II., König von Bayern 41, 45, 191
Max, Herzog in Bayern 10—15, 35, 39, 40, 227, 360
— von Mexiko 18, 72, 100, 112, 164, 165, 295
— Emanuel in Bayern 14, 169, 204, 246
Maximilian I., König von Bayern 9, 11, 112

Mayer, Madame 455
— Mère 353, 388
Mecklenburg, Herzog von 109
Megévand, Professor 461
Metternich, Fürst Clemens 16
— Prinz Fritz 256
Metzger, Dr. 301, 306, 309, 318, 382, 433, 434
Meyendorff, Baron 65
Middleton, Captain 255, 256, 260, 263—265, 267—271, 276—279, 284, 290, 354
Mikes, Gräfin Janka 401, 403, 408, 414, 416, 422
Mikszáth, Kálmán 424
Mittrowsky, Graf 96
Montez, Lola 10
Montpensier, Herzog von 97
Mottl, Felix 358
Müller (»Deutsche Lieder«) 233
Mullot de Villenant, Herr 268
Muzzaffer-Eddin, Schah 217 bis 218

Napoleon I. 9, 12, 251, 398, 405
— III. 82, 86, 88, 139, 165, 189, 190, 298
Navazza, Generalprokuratur 457, 458, 465
Nopcsa, Franz Freiherr von 179, 195, 197, 205, 247, 251, 252, 256, 301, 321, 322, 347, 369, 371, 382, 385, 386, 390, 405, 409, 412, 415

Oberdan, Guglielmo 295
Odescalchi, Prinz 188
Oldenburg, Herzog von 358
Oranien, Wilhelm von 284
Orczy, Baron 254
Orléans, Kronprinz Ferdinand Philippe von 252
Otto, König von Bayern 204, 223, 267, 299, 415
— König von Griechenland 10, 12

Paar, Graf Eduard 369, 455
Pacher von Theinburg, Fritz 226—229, 230, 231, 232, 234, 311, 312, 341, 342
Pálffy, Graf 150
Pali, Alexis 418, 419
Paumgarten, Graf David 15, 24
— Gräfin Irene 15, 24, 28, 302, 355
Pedro, König von Portugal 95, 357
Petöfi, Alexander 178
Piano, Fürst 188
Pius IX., Papst 187, 266
Portugal, Kronprinz von 357
Proelsz, Robert 331

Radetzky, Feldmarschall, Graf 21, 304
Rauscher, Kardinal 22, 51, 69
Rechberg, Graf 81, 89, 93, 95, 100, 104
Reichmann, Opernsänger 358
Renz, Elise 244
— Ernst Jakob 53, 244
Reuß, Prinz Heinrich VII. 393, 398, 399, 414, 415
Reverdin, Professor 461
Rhoussopoulos, Rhousso 389
Robert, Emmerich 356
Rodi, Gouvernante Sisis 33

Romanos, Professor 358
Rónay, Bischof Hyazinth von 203
Rothschild, Ferdinand Freiherr von 255
— Freiin von 445, 446, 447 bis 448, 454
Rouge, Antoine 456
Roux, Kapitän 453
Rudolf, Erzherzog 28
— Kronprinz 79, 92, 103, 117, 118, 122, 135, 136, 141, 159, 168, 172, 184, 191, 192, 203, 244, 252, 253, 260, 262, 266, 268, 275—283, 285, 286, 300, 315, 320—322, 327—330, 333, 334, 339—340, 346, 350, 353, 356, 362—381, 385, 388, 390, 391, 424, 426, 435, 448, 463
Rustimo, Mohr 261
Rutland, Herzog von 238

Schaffgotsch, Gräfin Ludwiga 194, 195, 198, 253
Schiller, Friedrich von 111
Schliemann 310, 314
Schmidl, Kammerfrau 225, 226
Schott, Professor 437
Schratt, Katharina 305, 313, 334, 352, 356, 370, 375, 381, 384, 386, 388, 393, 402, 403, 412, 416, 420, 423, 424, 426, 432
Schuwaloff, Graf 215
Seeburger, Dr. 63, 75, 76, 78, 79, 83, 84
Sennyey, Baronin Marie 428, 429
Serra-Capriola, Herzog 81
Skoda, Dr. 100, 101
Sophie, Erzherzogin, fortlaufend; ihr Tod 201
— Erzherzogin, Tochter der Kaiserin 60—62, 63, 66, 67, 72, 76—78
— von Preußen 401
— von Sachsen 116, 156
— in Bayern, später Alençon, Herzogin von 14, 118, 132, 133, 154, 175, 191, 285, 288, 333, 340, 344, 345
Spencer, Lord 254, 255, 262, 264, 266, 267, 269
Stephan I., der Heilige 63, 172
— Erzherzog 17
Stephanie, Kronprinzessin 280, 281, 300, 303, 305, 344, 370, 373, 375
Strafford, Lord 284
Strakosch, Alexander 357
Suttner, Berta von 427
Széchényi, Graf 157
— Gräfin Paula 257
Szilágyi, Desider, Präsident 424
Sztáray, Gräfin Irma 419, 422, 432, 433, 434, 445 bis 454

Taaffe, Graf 289, 295, 371, 407
Taxis, Fürstin Helene, Hofdame 105—107, 193
Teck, Herzogin von 237
Thermojannis, Dr. 362, 389
Throckmorton, Miß 181, 198, 235
Thurn-Taxis, Erbprinz Maximilian 81, 101, 164
— Prinz Emmerich 253, 257
Tisza, von 238

Trani, Graf Ludwig 100, 167, 323
Tussaud, Madame 237, 354

Üxküll, Graf 95

Valerie, Erzherzogin, ab 172 fortlaufend
Van Dyck, Opernsänger 358
Vetsera, Helene Freiin von 238, 275, 276, 289, 371
— Marie Freiin von 367 bis 373, 380
Viktoria, Königin von England 93, 236, 237, 254, 255, 279, 280, 285, 290, 344, 420
— Kronprinzessin von Preußen 214, 392, 426
Visconti, Baron 187

Wagner, Richard 118, 124, 133, 174, 299
— Frau Cosima 357, 358
Wallersee, Marie, Freiin von 181, 259, 261, 262, 287, 367
— -Mendel, Henriette Freiin von 82, 182, 259, 287
Walterskirchen, Max Freiherr von 262
Warsberg, Freiherr von 315, 347, 348, 351, 352, 358, 360, 361, 382, 384
Weckbecker, Baron 31
Weimar, Großherzogin von 330
Weiß, Dr. 333
Wenckheim, Baron Béla 206
Werther, Freiherr von 195
Westminster, Herzog von 285
Widerhofer, Dr. Hermann 121, 220, 249—250, 297, 319, 329, 372, 373, 380, 387, 401, 438
Wilhelm, König von Preußen, später dann Kaiser Wilhelm I. 144, 191, 216, 240, 304
— II., Kaiser 389, 390, 392
— Erzherzog 208
Wilhelm Herzog von Birkenfeld-Gelnhausen 9
Windisch, Fräulein 332
Winterhalter, Maler 116
Wladimir, Großfürst 292
Wolkenstein, Graf 256
Wulffen, Baronin Luise 14, 15
Württemberg, Herzog Philipp von 132

Zellenberg, Maler 109
Zichy, Graf Viktor 206

VERZEICHNIS DER ABBILDUNGEN

Kaiserin Elisabeth
Nach dem Gemälde von Einsle, Lithographie von Dauthage, 1858

Porträt des Erzherzogs Franz Joseph
Kohlezeichnung von Leopold Kupelwieser, im Besitz des Verfassers

Herzogin Elisabeth im Alter von fünfzehn Jahren
Nach einer Lithographie von H. Kohler, 1852

Herzog Max in Bayern
Nach einem Aquarell

Herzogin Elisabeth im siebzehnten Lebensjahr
Gemälde von Dürck, 1854

Herzogin Elisabeth in der Brautzeit
Nach dem Kaiser Franz Joseph am Weihnachtsabend 1853 geschenkten Gemälde

Aus dem Gedichtbuch der Kaiserin

Elisabeth als Braut zu Pferd in Possenhofen
Nach einem Stich von Andreas Fleischmann, Nationalbibliothek, Wien

Bildnis der Kaiserin Elisabeth
Lithographie von Eduard Kaiser, 1855, Nationalbibliothek, Wien

Verzeichnis der Abbildungen

Franz Joseph und Elisabeth als junges Ehepaar
Stich von Eduard Kaiser, Nationalbibliothek, Wien

Selbstporträt der Kaiserin an ihrem Schreibtisch
Aus dem Skizzenbuch der Kaiserin

Kaiser Franz Joseph am Schreibtisch
Handzeichnung aus dem Skizzenbuch der Kaiserin, etwa 1855

Erzherzogin Sophie von Österreich
Nach einem Stich von Kriehuber

Kaiserin Elisabeth
Nach einem Gemälde von Thoren, 1857

Spazierfahrt Kaiserin Elisabeths in Laxenburg
Nach einem Aquarell, Nationalbibliothek, Wien

Die Kaiserin in der Gondel, Venedig, 1862
Nach einem Gemälde

Die Kaiserin um ca. 1863
Zeitgenössische Photographie

Die Kaiserin mit dem Hunde »Shadow«, ca. 1864
Zeitgenössische Photographie

Elisabeth im Jahre 1864
Gemälde von Franz Winterhalter

Kronprinz Rudolf und Erzherzogin Gisela im Bauernhäuschen, 1863
Nach einer Photographie

Die Kaiserin
Skizze zu F. X. Winterhalters Gemälde in der Hofburg zu Wien, 1864

Elisabeth
Von F. X. Winterhalter, 1865, Hofburg, Leopoldinischer Trakt

Elisabeth und Franz Joseph bei der Krönung in Budapest,
8. Juni 1867
Nach einem Gemälde von Eduard (v.) Engerth
Nationalbibliothek, Wien

Kaiserin Elisabeth im Jahre 1867
Nach einer Photographie von L. Angerer und E. Rabending

Ludwig II. und Sophie in Bayern als Brautleute
Nach einem zeitgenössischen Stich

Kronprinz Rudolf
Nach einer Photographie, Nationalbibliothek, Wien

Erzherzogin Gisela als Braut
Nach einer Photographie von Ellinger, Nationalbibliothek, Wien

Reitjagd in Gödöllö, 1878
Nach einem Gemälde von Julius von Blaas

Elisabeth als Parforce-Reiterin
Stich von Th. L. Atkinson nach einem Gemälde von
John C. Charleton, Nationalbibliothek, Wien

Die Kaiserin verbirgt sich vor dem Photographen
Photographie von Baader, 1887

Korfu, Achilleion
Gesamtansicht mit dem Eingangstor, Photo: Nationalbibliothek, Wien

Ausblick vom Achilleion
Nach einer Photographie

Kaiserin Elisabeth mit ihrem Lieblingsbernhardiner
Gemälde von Wilhelm Richter, 1878

Verzeichnis der Abbildungen

Die Kaiserin um 1896
Nach einem Gemälde von Leopold Horowitz
Nationalbibliothek, Wien

Menükarte der Kaiserin Elisabeth beim Dejeuner
bei Baronin Rothschild

Herzogin Sophie von Alençon
Nach einer Photographie von Angerer

Katharina Schratt in »Versprechen hinterm Herd«
Nach einer Photographie, Nationalbibliothek, Wien

Der Salonwagen der Kaiserin
Im Technischen Museum zu Wien

Depesche Kaiser Franz Josephs an Kaiserin Elisabeth
Von Landskron nach Miramare, 2. IX. 1894
Nationalbibliothek, Wien

Wien XIII, Hermesvilla, Schlafzimmer mit Prunkbett
der Kaiserin Elisabeth
Nationalbibliothek, Wien

Das Königspaar bei der Millenniumsfeier am 8. Juni 1896
Ausschnitt aus dem Gemälde von Benczúr

Elisabeth als Mater dolorosa
Gemälde von Hausleitner

Das Kaiserpaar in Kissingen, 1898
Photographie von Kolb

Der Schauplatz des Attentates in Genf
Photo: Nationalbibliothek, Wien

Der lächelnde Lucheni wird abgeführt
Nach einer Photographie

Verzeichnis der Abbildungen

Handschuh der Kaiserin Elisabeth
Photo: Nationalbibliothek, Wien

Die Mordfeile
Nach dem Original in der Generalprokuratur Genf

Originalbrief Luchenis an eine Zeitung am Tage nach dem Mord
Archiv Cour de justice, Genf

Kaiserin Elisabeth
Nach einer Zeichnung von Koller
Elisabeth-Museum, Budapest, Hofburg

Totenmaske der Kaiserin Elisabeth, 1898
Photo: Nationalbibliothek, Wien

Franz Josephs Gruft. Wien, Kapuzinerkirche
Photo: Nationalbibliothek, Wien

Stammtafel der Kaiserin Elisabeth

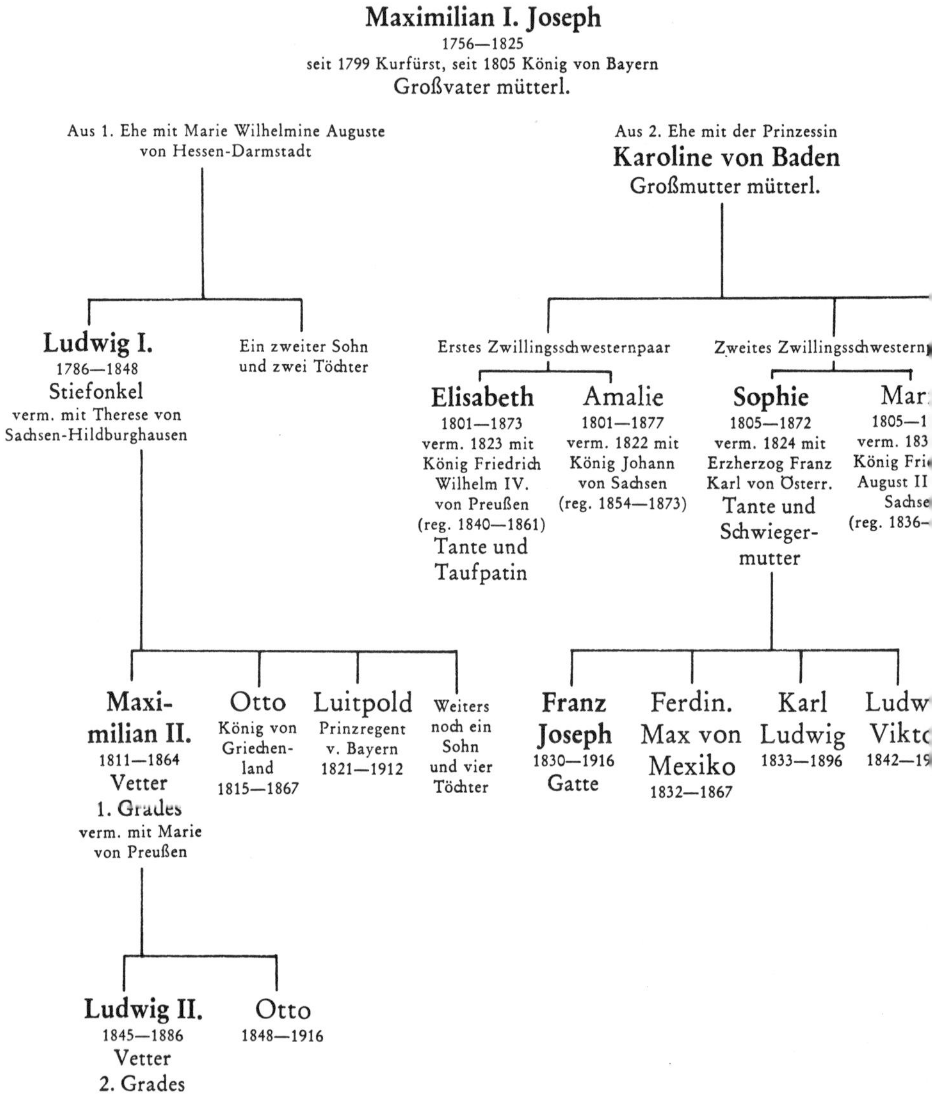